BURT FRANKLIN: RESEARCH & SOURCE WORKS SERIES 553
Essays in Literature & Criticism 89

RACAN

(1589-1670)

Honorat de Bueil Marý.
de RACAN pôëte, et de l'Academie
françoise né en Touraine il mourut
en 1670   fort âgé

Tout Chantre ne peut pas sur le ton d'un Orphée
Entonner en grands Vers la discorde étouffée,
Peindre Bellone en feu Tonnant de toutes parts,
Et le Belge effrayé fuyant sur ses remparts,
Sur un ton si hardi sans estre temeraire ;
Racan pouroit chanter au deffaut d'un Homere.

RACAN (1589-1670)

Estampe d'*Étienne Desrochers*, exécutée vers 1690. (V. p. 651.)
Le plus ancien portrait du poète.

RACAN

(1589-1670)

HISTOIRE ANECDOTIQUE ET CRITIQUE
DE SA VIE ET DE SES ŒUVRES

———

LOUIS ARNOULD

« Entrer en son auteur, s'y installer, le produire sous ses
aspects divers ; le faire vivre, se mouvoir et parler, comme
il a dû faire ; le suivre dans son intérieur et dans ses mœurs
domestiques aussi avant que l'on peut ; le rattacher par tous
côtés à cette terre, à cette existence réelle, à ces habitudes
de chaque jour dont les grands hommes ne dépendent pas
moins que nous autres... »

SAINTE-BEUVE, article sur Pierre Corneille, 1828
(cité par M. Brunetière dans l'*Évolution des
genres*, p. 228).

Volume I

BURT FRANKLIN
NEW YORK

Published by BURT FRANKLIN
235 East 44th St., New York, N.Y. 10017
Originally Published: 1896
Reprinted: 1970
Printed in the U.S.A.

S.B.N. 00936
Library of Congress Card Catalog No.: 70-132532
Burt Franklin: Research and Source Works Series 553
Essays in Literature and Criticism 89

TABLE DES MATIÈRES

PREMIÈRE PARTIE

LA FORMATION : 1589—1608 [p. 1—72]

CHAPITRE I

I. — Les ancêtres de Racan; la Notice qu'il a laissée sur eux. — Les Bueil. Origine italienne. — Parenté avec les Grimaldi. — Les Bueil pendant la Guerre de Cent ans. — Bifurcation de la famille. [p. 1]

La branche aînée, les *Bueil-Sancerre*. Jean V. Louis de Bueil au siège de Saint-Dizier. Les alliances glorieuses, l'alliance royale. [p. 4]

La branche cadette, les *Bueil-Fontaines* dont fait partie Racan. Renseignements qu'il donne sur ses ancêtres Fontaines : la bataille de Vieil-Baugé. [p. 7]

La tradition administrative dans la famille de Bueil. — Le grand-père de Racan, Jean de Bueil. Son grand-oncle, Georges de Bueil. Son père, Louis de Bueil. L'origine du nom de *Racan*. — Son oncle, Honorat de Bueil. [p. 9]

Le coup de main de Sancerre. Louis et Honorat en Bretagne. Le caractère de Louis. Le château de La Roche-au-Majeur. [p. 13]

Puissance de la maison de Bueil. Ses domaines. Les titres littéraires de la famille : le *Jouvencel* de Jean V. Le *Trésor de Vènerie* d'Hardouin de Fontaines. — La sépulture des Bueil au village de Bueil en Touraine. [p. 15]

II. — Le mariage de Louis de Bueil avec Marguerite de Vendômois (15 février 1588). Le petit château de Champmarin. [p. 17]

La naissance de Racan à Champmarin, le 5 février 1589. — Racan angevin [p. 19].

Projet hardi de son père. Le baptême (17 février). Le transport périlleux de l'enfant à La Roche-au-Majeur. [p. 22]

Rectification du lieu de naissance de Racan. [p. 22]

DEUXIÈME PARTIE

RACAN AVANT SON MARIAGE : 1608—1627
POÉSIE PROFANE [p. 73—362]

CHAPITRE V

CHAPITRE VI

III. — Les apologistes. — Racan et Camus. — Racan et le P. « Garassus ».
Racan se trouve cité dans la *Somme théologique*. Sa *Lettre de remerciement*.
Garassus et l'école de Malherbe. *L'Épigramme* de Racan *aux Impies*. [p. 292]

IV. — La tentative de conversion protestante (1618). Racan dans le salon de
Mme des Loges. Le *Bouclier de la Foy*, du pasteur du Moulin. La boutade de Racan :
réponse de Mme des Loges. [p. 298]

Conclusion. — La foi de Racan : indolence et simplicité. Son évolution religieuse. [p. 301]

CHAPITRE XV

TROISIÈME PARTIE

RACAN APRÈS SON MARIAGE : 1628—1670
POÉSIE RELIGIEUSE [p. 363—517].

CHAPITRE XVI

I. — Premières négociations du mariage. La famille du Bois : sa part dans la Renaissance catholique. Madeleine du Bois. [p. 363]
La campagne de La Rochelle, 1627. Racan commande la compagnie d'Effiat [p. 368].
1628. Ses fiançailles (février). L'habit céladon. — Le contrat de mariage. Le mariage, 6 mars. [p. 370]

II. — Retour au siège de La Rochelle. Lettre de Malherbe à Racan. Malherbe au camp de La Rochelle (juillet). Prise de la ville, 27 octobre. — Maladie de Malherbe. Inquiétude religieuse de Racan. Mort de Malherbe (16 octobre). Racan va demander les détails à Porchères d'Arbaud. [p. 373]

III. — Madeleine pendant le siège. Les baptêmes à Saint-Pater. — Tapisserie religieuse. [p. 378]
La campagne de 1629. — Retour de Racan. — Naissance et mort d'une fille [p. 379].
La campagne de 1630. — *L'Ode à d'Effiat.* [p. 381]

IV. — De la traduction des Psaumes à la fin du 16ᵉ et au commencement du 17ᵉ siècle. — Racan et la dernière paraphrase de Malherbe. — Le premier psaume traduit par Racan. — *Les sept Psaumes de la Pénitence.* Leur publication en 1631 : *la Dédicace* à la duchesse de Bellegarde. [p. 384]

CHAPITRE XVII

Pᴿᴼᶜᴱˢ. — Aᶜᴬᴰᴱᴹᴵᴱ. — Gᵁᴱᴿᴿᴱ. — Vᴵᴱ ᴰᴱ Fᴬᴹᴵᴸᴸᴱ.

I. — Mort de la duchesse de Bellegarde (1ᵉʳ octobre 1631). Lettre de Boisrobert à Racan. — Les embarras et les procès de la succession. — Le procès de Sigogne. [p. 393]

II. — Correspondance de Racan avec Maynard et Balzac. — *La Bergerie d'Oranthe.* — *L'Ode à M. de Richemont* (1632). — *L'Ode à Richelieu* (1633). [p. 403]
L'élection de Racan à l'Académie (mars 1634). Son assiduité. Sa harangue *Contre les Sciences* (juillet 1635) : profession de foi littéraire. [p. 406]

III. — Racan se retire du service en 1639 : couardise de l'arrière-ban. [p. 413]

IV. — La vie de famille. — Naissances et baptêmes des cinq enfants (1632—1639). Rapports des châtelains de La Roche avec les habitants du pays. [p. 414]
La reconstruction du château de La Roche : ambition de Racan. La bénédiction de la chapelle Saint-Louis (1636). — La déception du constructeur. [p. 419]

CHAPITRE XVIII

CHAPITRE XIX

QUATRIÈME PARTIE

HISTOIRE POSTHUME DE RACAN : 1670—1895 [p. 519—549]

CHAPITRE XX ET DERNIER [p. 519—549]

CONCLUSION

———

B. — PIÈCES JUSTIFICATIVES PLUS GÉNÉRALES SE RAPPORTANT CHACUNE A PLUSIEURS CHAPITRES

LEXIQUE DE RACAN

APPENDICE ICONOGRAPHIQUE

RÉPERTOIRES

FIN DE LA TABLE DES MATIÈRES

RACAN.

PRÉFACE

—

J'ai à dire en peu de mots l'*origine* et la *méthode* du présent travail, en m'excusant d'avance si je suis obligé de mettre en scène, plus que je ne le souhaiterais, le haïssable moi.

Un jour de l'hiver 1879-1880, étant en seconde, j'entendis mon professeur M. Béraud, qui a la mémoire ornée comme on ne l'a plus guère aujourd'hui, nous réciter, en expliquant l'ode d'Horace à Grosphus, les *Stances* de Racan sur la *Retraite*, qui en sont imitées. Ce fut pour moi, qui avais passé mes premières années à la campagne, une révélation : il y avait donc quelque part dans le 17e siècle, au milieu de ce beau désert de psychologie, une oasis de verdure et de fraîcheur! Après avoir relu la pièce, je cherchai partout des renseignements sur l'existence de ce poète, qui avait évidemment vécu à la campagne pour en avoir si bien exprimé les sentiments. Je ne trouvai partout que quelques lignes qui se terminaient invariablement par la phrase traditionnelle : On ne sait rien de plus sur la vie de Racan.

A huit ans de là, en quête d'un sujet de thèse française, je me souvins de Racan, et, poussé par une réelle sympathie, je me mis bientôt à la chasse des documents sur son compte. J'entrepris une consciencieuse exploration de la Touraine, qui dura cinq ans, fouillant les archives, visitant les châteaux, questionnant les gens, vivant bien des semaines dans cet exquis vallon de Saint-Paterne où s'était écoulée la plus grande partie de l'existence du gentil-homme.

Décidé à composer une étude sur la vie et les œuvres de Racan, j'aurais dù, pour suivre la voie ordinaire de ces sortes d'ouvrages, consacrer quelques pages à la *Vie* du poète, puis faire une *Partie littéraire* beaucoup plus développée, où ses œuvres eussent été méthodiquement examinées et jugées, sa place marquée dans l'histoire de notre poésie, et résolus à part les deux problèmes d'influence qui se posent à son sujet : dans quelle mesure est-il le disciple de Malherbe? dans quelle mesure le précurseur de La Fontaine?

Mais j'étais, depuis longtemps, trop frappé des inconvénients de cette méthode établie pour m'y assujettir.

D'abord, ainsi conçue, la *Vie* d'un homme se réduit le plus souvent à un sec catalogue de dates et de faits, rien ne me semble moins *vivant*, rien ne répond moins à ce que ce mot si bref de *vie* enferme d'admirable variété et de mouvement. On n'aboutit guère ainsi qu'à une image mutilée et informe de la réalité. Un jardin « français », avec ses alignements géométriques, ne peut donner la moindre idée de la richesse et de l'abondance de la nature, et si le paysagiste ne peut pas reproduire la merveilleuse complexité d'une forêt véritable, il doit essayer du moins d'en faire concevoir une idée. Il n'en va pas autrement du biographe.

J'ai toujours estimé que le spectacle attachant par-dessus tout pour un homme est celui d'une *vie d'homme*. La méditation des idées générales est sans doute bien intéressante, mais il leur manque toujours cette part d'humanité, ce coin de tragédie douloureuse, par lesquels une existence nous touche de près, et nous parlons de toutes les existences, quelles qu'elles soient, si modestes qu'elles soient. Elles sont plus ou moins attachantes; mais elles le sont toutes [1]. Comment un homme s'est-il tiré de la difficulté de vivre? comment a-t-il résolu les multiples problèmes de sa propre éducation, de sa carrière, de l'amour, de l'amitié, du mariage, de l'argent, de la conduite des enfants, de la vieillesse,

---

1. La démonstration pratique me semble en avoir été brillamment faite par Sainte-Beuve dans son *Histoire de Port-Royal*, où il raconte en perfection certaines parties de vies modestes de solitaires ou de religieuses, — et en être faite encore chaque jour par M. François Coppée, qui nous intéresse si bien aux humbles, non point par des inventions romanesques, mais en nous ouvrant simplement leur existence.

de la mort? Quels ont été ses espoirs et ses désillusions? car à cela peut se réduire toute vie humaine. Quoi donc de plus passionnant en ce monde, à plus forte raison quand à ces problèmes de la vie s'ajoutent, comme dans une existence d'artiste, les problèmes de l'art?

Je ne vois pas de quel droit on nous défendrait, à nous autres chercheurs, de nous intéresser et d'essayer d'intéresser à une *vie* prise en elle-même et pour elle-même. Pourquoi serait-ce le monopole des romanciers? et, lorsque l'on a passé huit années à accumuler les documents, comment ne serait-il pas permis de les présenter dans leur suite naturelle et d'en faire des tableaux qui rendent quelque couleur de la vie? L'histoire littéraire me semble retarder à cet égard sur sa sœur aînée, l'histoire proprement dite, dont quelques maîtres n'ont pas cru trahir leur mission en racontant d'une façon vivante les choses vivantes. Presque tous nos écrivains, petits ou grands, sont encore à attendre leur biographe : l'on ne peut guère excepter que Bossuet d'une part qui revit sous la plume malheureusement lourde, mais admirablement consciencieuse de M. Amable Floquet, et d'autre part La Fontaine et madame de Sévigné, dont le baron Walckenaer a raconté la vie avec une agréable, bien que digressive érudition [1].

Seulement il s'agit, dans cette sorte d'ouvrages, de ne pas se laisser entraîner par l'imagination. Pour moi j'ai essayé de reproduire de mon mieux la vie si sympathique et si traversée de déceptions de ce gentilhomme-poète, mais sans quitter un moment le sentiment intense de toute la responsabilité de mon devoir d'historien, dont je crois qu'il pourra par delà cette terre m'être redemandé compte.

---

1. A. Floquet, *Études sur la Vie de Bossuet* jusqu'à son entrée en fonctions en qualité de précepteur du Dauphin (1627-1670), 3 vol. 8°, Paris, Didot, 1855-56.

Walckenaer, *Histoire de la Vie et des Ouvrages de La Fontaine*, 1re éd., 1 vol. 8°, Paris, Nepveu, 1820; — 2e éd., 1822; — 3e éd., 1824; — 4e éd. corrigée et augmentée d'après les notes posthumes de l'auteur, 2 vol. in-12, Paris, Didot, 1858.

Mémoires touchant la Vie et les Écrits de la marquise de Sévigné, 5 vol. in-12, Paris, Didot, 1842-1852; — 3e éd., 1856. — (Walckenaer a donné aussi une *Histoire d'Horace*, 2 éditions, 1840 et 1858.)

Dans le genre réduit, la vie de La Fontaine vient d'être écrite avec talent par M. Georges Lafenestre dans sa récente étude sur *La Fontaine* (Paris, Hachette, 1895. Collection des Grands Écrivains français). On pourra voir tout le bien que nous pensons de cette *Vie* dans le *Bulletin critique* du 15 février 1896.

J'avoue donc que je suis loin de limiter ma curiosité aux seules *questions littéraires*, et je trouve même qu'elles n'offrent d'intérêt que pour la part d'humanité qu'elles révèlent. Mais elles ont elles-mêmes tout à gagner à la méthode biographique. Nous éprouvons en effet la plus grande difficulté à nous mettre au point de vue *des autres* et à porter un jugement objectif : aussi, quand nous voulons obtenir la connaissance foncière d'un homme, bien des risques d'erreur sont écartés par la recherche des influences héréditaires ou directes qui ont agi sur lui. Pour avoir chance de se moins tromper dans l'examen d'un ouvrage, la première condition est de le replacer dans le milieu de circonstances particulières où il baignait réellement, surtout quand l'auteur a mis dans son œuvre, comme Racan, autant de son cœur, de ses sentiments, de sa nature même. Comment par exemple comprendre tout à fait les odes de notre poète si l'on ne connaît entièrement ses diverses passions, dont ces odes ne sont que les soupirs quotidiens [1]? et y a-t-il quelque apparence de rapprocher deux de ses pièces religieuses, l'une qu'il a faite à 18 ans, à la Cour, entre deux friponneries de page, et l'autre qu'il a composée à 70 ans dans le repos de la campagne, entouré de ses enfants et de ses petits-enfants [2]? N'est-ce point d'ailleurs simplement profiter de quelques-uns des plus précieux avantages de la méthode historique, qui partout remonte aux sources? Or où sont les premières sources d'une œuvre, sinon dans son auteur même?

Car nous n'entendons nullement tomber dans le déterminisme : malgré tout le talent des écrivains qui l'ont patronné, il nous semble, somme toute, constituer une assez grossière méthode de critique littéraire, tout au plus capable d'expliquer quelques grandes parentés intellectuelles, mais impuissante à rendre compte du fonds propre de chaque individu, et nous demeurons convaincu que dans la composition d'un homme, en dehors des facteurs du *milieu historique*, de la *race* et du *moment*, il reste un élément essentiel, qui est la personnalité libre. Les circonstances

---

1. Par exemple les odes nées des amours de Racan pour la comtesse de Moret ou pour la marquise de Termes, comme nous le racontons plus loin.
2. Ainsi les *Hymnes de la Vierge* faites à Paris avant 1609 et le *Cantique de Judith* fait à La Roche-Racan en décembre 1656, à 47 ans de distance pour le moins.

n'ont ordinairement d'autre effet que de mettre en mouvement et
en activité cet élément personnel, et pour arriver à le dégager
et à le fixer, l'observateur devra principalement recourir à l'étude
attentive de ces stimulants extérieurs. Voilà simplement ce que
nous avons essayé de faire.

Nous pensons que les avantages de cette méthode surpassent
ceux de la méthode opposée : néanmoins nous en percevons clairement les inconvénients.

Le premier est sa lenteur. Connaître un homme dans le
détail demande un travail minutieux, presque infini, nous en
avons fait nous-même l'expérience ; et l'on a pu comparer spirituellement la patience exigée du biographe à celle qui s'impose
à l'entomologiste[1] ; aussi pour peu que l'on s'attache à un grand
écrivain, l'on risque de mourir soi-même avant d'avoir réussi à
faire mourir son héros : c'est ce qui est arrivé à Walckenaer,
qui n'a pas eu le temps de raconter les 16 dernières années de la
marquise de Sévigné, et à M. Floquet, qui a dû arrêter l'histoire
de Bossuet à 30 ans en deçà de la mort du grand orateur[2]. Mais
passons : ce point de vue concerne les auteurs, non les lecteurs
qui s'en soucient peu, et la valeur d'une méthode ne s'est jamais
mesurée aux efforts qu'elle demande, mais bien aux résultats
qu'elle produit.

La seconde objection qu'on peut faire est la plus grave. Ce
que la méthode gagne en vérité, il est incontestable qu'elle le
perd en *clarté*. On ne voit pas d'un coup d'œil tous les résultats
littéraires bien alignés, mais on passe incessamment de la biographie à la critique, et des idées générales au récit.

J'ai fait tous mes efforts pour pallier ce naturel désavantage
en accusant, plus qu'il n'eût convenu autrement, les conclusions

1. Sainte-Beuve, *Lundis*, t. VI, p. 169, précisément à propos de Walckenaer,
qui réussit dans les deux branches.
2. Walckenaer s'est arrêté à l'année 1680, à la fin de son 5ᵉ volume. En 1865,
M. Aubenas publia un 6ᵉ volume, qui complétait le récit des années précédentes
et ne dépasse pas lui-même 1680 (La marquise mourut en 1696). Les éditeurs
annonçaient en même temps une fin de l'ouvrage, qui devait être donnée par « un
ami de MM. Walckenaer et Monmerqué ». Elle n'a jamais paru. — Quant à M. Floquet, il s'est arrêté à l'année 1670 (Bossuet est mort en 1704), après avoir annoncé
pour 1864 un volume sur *Bossuet précepteur du dauphin* (1670-1682), qui n'a jamais
paru.

littéraires partielles, qui sont résumées à la fin dans une conclusion générale et qui se retrouveront facilement au moyen du répertoire spécial qui en a été dressé. Un *Répertoire des Œuvres de
Racan* et un *Répertoire alphabétique des Noms propres* y ont été joints.

On doit voir à présent pourquoi, en suivant de bien loin, hélas !
Sainte-Beuve, l'incomparable miniaturiste des physionomies littéraires [1], et en ayant les yeux fixés sur les brillantes monogra-
phies de Victor Cousin, j'ai composé une *Vie* de Racan, aussi
complète que possible, sans faire de partie littéraire distincte, en
m'appliquant à donner une image fidèle de la complexité même
de l'existence de mon héros.

C'est donc 1[ent] parce que cette existence m'a paru, comme
toute existence, intéressante en elle-même ;

2[ent] parce que le cadre biographique m'a semblé le plus propre
à mettre dans leur vrai jour les jugements littéraires que j'avais
à porter sur Racan.

J'ai à remercier, après Dieu qui m'a soutenu, un grand
nombre de personnes qui m'ont prêté assistance. On ne s'en étonnera pas : aujourd'hui une œuvre d'érudition ne peut être que le
produit de nombreuses collaborations, qui sont grandement facili-
litées par le progrès des communications et par l'accroissement
de solidarité qui en résulte parmi les hommes, entre autres dans
le monde des travailleurs de la pensée.

J'ai à nommer avant tous M. Petit de Julleville, qui m'a encouragé dans le choix de mon sujet et a tout fait depuis pour faciliter
ma tâche ; puis M. Henri Carré, mon excellent collègue et ami de
la Faculté des lettres de Poitiers, qui m'a donné, sans compter,
bien des heures enlevées à des travaux historiques si intéressants ;
M. le président Sachet, qui m'a adouci par ses constants encouragements les longues années de travail ; mon si dévoué ami M. Louis
Flandrin, professeur agrégé au lycée Buffon, qui a fait profiter
beaucoup de pages de mon manuscrit de son ferme jugement ;
M. Fabiou, l'intelligent instituteur de Saint-Paterne, qui s'est fait

---

1. Surtout dans les *Lundis* et les *Nouveaux Lundis*.

mon correspondant infatigable dans la patrie de Racan ; les dévoués
bibliothécaires de Poitiers et de Paris : à Poitiers, M. Lièvre,
conservateur de la bibliothèque de la ville, son adjoint M. Émile
Ginot, et M. Girardin, bibliothécaire de l'Université; à Paris,
M. Bertal, qui m'a rendu de signalés services aux Imprimés de
la Bibliothèque nationale; M. Louis de Grandmaison, qui m'y a
souvent facilité la consultation des manuscrits; M. Léon Legrand,
dont la complaisance m'a ouvert les secrets des Archives nationales; M. Charles de Grandmaison, membre de l'Institut, qui m'a
assisté avec tant de bonne grâce dans l'exploration des Archives
d'Indre-et-Loire; M. Duboz d'affable mémoire, le plus obligeant
des conservateurs, qui m'a tenu ouverte en toute saison et à toute
heure la bibliothèque de la ville de Tours; M. Frédéric Saulnier,
l'érudit conseiller à la Cour d'appel de Rennes, qui a eu la bonté
de s'intéresser à mon travail sans me connaître directement, m'envoyant de nombreuses contributions tirées de sa connaissance
approfondie de l'histoire de la Bretagne ; MM. Larreguy de
Civrieux et Camille Favre qui ont dirigé les premiers pas de mon
enquête, l'un en me recevant avec amabilité au château de La
Roche-Racan pour me livrer les souvenirs, pieusement recueillis,
de son illustre prédécesseur, l'autre en me communiquant toutes
les sources de renseignements qu'il avait rencontrées dans ses
savantes recherches sur les Bueil; enfin, M. le docteur Autellet, qui
a voulu mettre son talent de photographe au service de sa précieuse amitié en allant prendre sur le terrain des vues qui ont
servi à faire la moitié des planches illustrées du livre; mon frère
aîné M. Pierre Arnould, qui à de graves soucis d'ingénieur n'a pas
craint d'ajouter des soins littéraires, en corrigeant minutieusement
une partie du manuscrit et en revisant intégralement les épreuves,
et mon ami M. Paul Gallotti, qui nous assiste courageusement aussi
depuis un an dans cette aride revision. J'y joins encore toutes les
collaborations si affectueuses et en même temps si éclairées que
j'ai rencontrées au foyer de mes parents, à celui de mes beaux-
parents, et au mien, toutes les complicités précieuses autant que
méritoires que nécessite un travail long et absorbant, toutes les
aides, quelles qu'elles soient, qui me sont venues sur ma route.
Que tous et toutes reçoivent ici le témoignage de ma reconnais-

sance profonde pour ce que j'estime au plus haut point, le dévouement désintéressé, et puisse ce livre ne point être trop indigne de
si nombreux et si bienveillants concours !

A Biard, près Poitiers, le 4 août 1896.

————————

N. B. — Dans les citations qui seront faites de Racan l'*orthographe* ancienne
sera conservée à la *prose* pour plus de vérité et de saveur, mais dans les *vers* sera
rétablie l'orthographe moderne pour faciliter autant que possible la lecture courante : seules les rimes garderont l'ancienne orthographe toutes les fois qu'elle
leur donnera plus de régularité ou de richesse.

Nous nous sommes arrêté au parti d'écrire avec une minuscule *le commencement des vers* lorsqu'il ne suit pas un point, afin qu'apparaisse plus clairement le
double rythme, le rythme poétique de la versification rendu sensible par la seule
disposition typographique, et en même temps le rythme logique du sens.

Nous marquons *le numéro d'ordre des siècles* en chiffres arabes qui nous semblent plus clairs, et reconnaissables par leur physionomie même, au contraire des
chiffres romains qui exigent un redoublement d'attention et demandent parfois
que l'on fasse une addition véritable, surtout pour bien distinguer les siècles
que nous sommes si souvent obligés de mentionner, les xvie, xviie et xviiie siècles.
— Nous nous permettons aussi d'écrire *les nombres ordinaires* en chiffres et non
en lettres, quand nous avons besoin de les détacher plus clairement de l'ensemble de la phrase, cherchant ainsi à faire profiter de cette double notation les
nuances de la pensée.

Enfin, comme nous avons souvent à parler de la pastorale, le mot de *poète
bucolique* désignant communément l'auteur d'églogues ou d'idylles, nous proposons, pour dire *l'auteur d'une pastorale dramatique*, le nom de PASTORALIER, comme
on dit *fablier* pour auteur de fables, *animalier* pour peintre ou sculpteur d'animaux : il nous semble que si les historiens de la littérature voulaient adopter ce
terme, ce serait un petit élément de brièveté et de clarté apporté dans notre ter-
minologie des genres. Le nouveau venu a déjà reçu l'approbation d'un de nos
linguistes les plus autorisés, M. Émile Ernault. C'est un parrain qui ne peut manquer de lui porter bonheur.

————————

INDEX BIBLIOGRAPHIQUE

Ne figurent dans cet Index de 200 articles que les manuscrits et imprimés qui se trouvent le plus souvent cités dans l'ouvrage. Nous voudrions qu'il pût rendre aux travailleurs quelques services, comme nous en ont tant rendu plusieurs Index de nos devanciers, particulièrement celui de M. Rigal en tête de son étude sur Hardy. Nous donnons souvent la cote du livre à la Bibliothèque Nationale.

I. — Manuscrits.

ARCHIVES DE LA COUR D'APPEL DE RENNES. Registres d'enregistrement, nos IV et VII. Registres secrets du Parlement, C 2641.

ARCHIVES D'ILLE-ET-VILAINE. Registres des États de Bretagne.

ARCHIVES D'INDRE-ET-LOIRE. G 465 : dossier Bueil; G 850; E 82 et I 51 : dossier des Écotais.

ARCHIVES MUNICIPALES DE SAINT-MALO. AA 8 et E⁴ 116,121.

ARCHIVES NATIONALES (abrévon *Arch. Nat.*). JJ 205, no 172;
P 74³, 348⁴, 355², 405² no 1,211, 562ᴵ ancien 2.022;
X 56.74, 56.86, 5.183, 5.795, 5.918;
X¹ᵃ 2.175, 2.478, 2.479, 2.481, 2.481, 2.557, 2.642, 2.653, 2.793, 5.882.

ARCHIVES DE LA SARTHE. H 494 : abbaye de Vaas.

BIBLIOTHÈQUE DE L'ARSENAL. Mss. de Conrart, vol. 4110, 4119, 5420.

BIBLIOTHÈQUE NATIONALE (abrévon *Bibl. Nat.*). Mss. fr. 20.222, 20.235, 20.786, fo 438 et s.

Pièces originales, vol. 550.

Ms. Clairembaut (abrévon *Clair.*), vol. 123, 124, 941, 1067 : pièces sur les Bueil.

Nouveau d'Hozier, dossier Bueil.

Dom Housseau : pièces sur la Touraine, vol. XIV et XXI.

Cabinet des Titres, dossier bleu, Bueil, nos 1399 et 3543.

BIBLIOTHÈQUE DE LA VILLE DE DIJON. *Lantiniana*, ms. 45 du fonds Baudot (no général 962), de la main de l'abbé Joly, ainsi que la table qui indique 3 articles pour le marquis de Racan, 71, 213, 253.

BIBLIOTHÈQUE DE LA VILLE DE TOURS. Ms. 183 : Livre de famille des Bueil; ms. 905 : Livre de famille des Du Bois.

COLLECTION DE M. LOUIS BRIÈRE, DU MANS. Dossier Longaulnay.

CONRART. *Notice manuscrite sur Racan*. (Voir le texte à la Pièce justificative 48, p. 625.)

CONRART (*Remarques de*) *sur les Psaumes de Racan*. Arsenal. Ms. 5420, p. 999 à 1016.

FROTET DE LA LANDELLE (*Mémoires inédits de* NICOLAS), Archives municipales de Saint-Malo, A A 8.

MINUTES NOTARIALES de Saint-Paterne (Indre-et-Loire). Étude de M⁰ Penot.

NOBILLEAU. *Notice mste sur Saint-Paterne* (à la cure de Saint-Paterne).

RACAN (*Notice de*) *sur ses ancêtres* (Voir à la Pièce justificative 47, p. 620-625).

REGISTRES PAROISSIAUX de Saint-Paterne (Indre-et-Loire); Neuvy-le-Roi (id.); Neuillé-Pont-Pierre (id.); Bueil (id.); Saint-Christophe (id.); Rouziers (id.); Couèmes (id.); Château-La-Vallière (id.); Sonzay (id.); Aubigné (Sarthe); Vaas (id.).

Nous n'avons pu réussir à consulter les *Observations de M. le comte Loménie de Brienne sur les poésies de M. de Racan*, manuscrit 8⁰ de 322 f., qui, après avoir porté le n⁰ 406 sur le catalogue Pécard, a été vendu aux enchères le 24 juillet 1888, pour la somme de 22 fr., à M. Claudin, libraire, pour un anonyme qui assistait à la vente. Nous avons vainement demandé des nouvelles de ce manuscrit, par l'*Intermédiaire des Chercheurs*, dans le n⁰ du 20 février 1894. — Il s'agit évidemment du comte de Brienne qui fit avec La Fontaine une édition de Racan en 1671, voir ci-dessous p. 524. — On trouve déjà une mention du même manuscrit dans l'*Intermédiaire* de 1864, p. 232, sous la signature PE = RD : « Dans mon exemplaire du *Recueil de Poésies* de 1671, dit le correspondant, — au tome I, p. 265, en face d'une pièce de Racan, je lis cette annotation manuscrite d'un auteur inconnu : « Entiè-« rement changée et rendue chrétienne par M. de Brienne auteur du *Recueil* « (voir son commentaire manuscrit sur Racan qui est en mes mains; il y rend « compte de ces changements page 218 jusqu'à 228). Bigeare (*sic*) et ridicule entre-« prise de faire dire aux auteurs ce qu'ils n'ont pas dit. » — L'orthographe du mot *bigeare* montre que cette note a été écrite à la fin du XVII⁰ siècle. »

Nous serions vivement reconnaissant au possesseur actuel de ce mystérieux manuscrit s'il voulait bien nous en donner communication.

II. — Imprimés.

On trouvera la suite des principaux auteurs qui ont jugé notre poète, depuis sa mort jusqu'à nos jours, au chapitre XX, *Histoire posthume de Racan*, — ainsi que la liste chronologique de 61 éditions de ses œuvres de 1614 à 1896, à la fin du volume, Pièce justificative 51, *Notice bibliographique*.

ALLAIS (GUSTAVE), professeur à la Faculté des lettres de Rennes. *Malherbe et la poésie française à la fin du* XVI⁰ *siècle (1585-1600)*. 8⁰, Thèse, Paris, Ernest Thorin, 1891.

Amours de Henri IV (*Histoire des*) [par la PRINCESSE DE CONTI], dans les Archives curieuses de l'Histoire de France, éditées par Cimber et Danjou, tome XIV, 8⁰, Paris, chez Beauvais, 1837.

Anecdotes dramatiques (par J. M. B. CLÉMENT, de Dijon, et l'abbé JOS. DE LA PORTE). 3 vol. 8⁰, Paris, veuve Duchesne, 1775.

Anecdotes inédites sur Malherbe. Supplément de la Vie de Malherbe par Racan, publié avec une Introduction et des notes critiques, par LOUIS ARNOULD, br. 8⁰. Paris, Picard, 1893. (Voir à la fin. Notice bibliogr.)

ANSELME (PÈRE). *Histoire généalogique et chronologique de la Maison de France*, 9 vol. f°. A Paris. Compagnie des libraires associés, 3e édit. 1733. — Nouvelle édition du t. IV et du t. IX (1re et 2e parties) par M. Pol Potier de Courcy. Gr. 4°. Paris, Firmin-Didot, 1881-1891.

ARCERE (de l'Oratoire). *Histoire de la ville de La Rochelle.* 2 vol. 4°, La Rochelle, 1756-57.

ARNAUD (CHARLES), professeur à la Faculté libre des lettres de Toulouse. *Les théories dramatiques au XVIIe siècle. Étude sur la vie et les œuvres de l'abbé d'Aubignac.* 8°, Paris, Picard, 1888.

ARNOULD (LOUIS). *Anecdotes inédites sur Malherbe.* Voir plus haut *Anecdotes inédites.*

ARNOULD (LOUIS). *Un document inédit* (acte d'inhumation de Racan), dans le *Bulletin mensuel de la Faculté des lettres de Poitiers*, 8°, 1891, n° de janvier, p. 20-24. Poitiers, Druinaud.

ARNOULD (LOUIS). *Un reporter au XVIIe siècle. Anecdotes inédites de Racan sur Malherbe,* dans la *Revue bleue* du 3 décembre 1892.

Astrée. V. d'URFÉ.

BAILLET (ADRIEN). *Jugement des Sçavans sur les principaux ouvrages des Auteurs.* 9 vol. 4°, Paris, 1712. (Bibl. Nat. casier BM.)

BALZAC (*Les Œuvres de monsieur de*). 2 vol. f°. A Paris, chez Louis Billaine, 1665 (édition faite par Conrart).

BALZAC (*Les Entretiens de feu monsieur de*). In-12. A Paris, chez Augustin Courbé, 1660.

BÁRTHÉLEMY (ÉDOUARD DE). *Les Grands Écuyers et la Grande Ecurie de France avant et depuis 1789.* 8°. Paris, Librairie des Bibliophiles, 1868. Tiré à 210 exemplaires, rare (Bibl. Nat. 7 f. 8°).

BASSOMPIERRE (*Mémoires du Maréchal de*), dans la Collection des Mémoires relatifs à l'histoire de France, par M. Petitot. 8°. T. XIX. Paris, Foucault, 1822.

BASSOMPIERRE (MARÉCHAL DE). *Mémoires. Journal de ma vie*, publié par le marquis de Chantérac, pour la Société de l'Histoire de France, 4 vol. 8°. Paris, Renouard, 1870-77.

BAYLE. *Dictionnaire historique et critique.* 2 vol. f°, Rotterdam, 1697. (Bibl. Nat. Casier I.)

BAZIN (A.). *Histoire de France sous Louis XIII.* 4 vol. 8°. Paris, Chamerot, 1840.

BEAUCHAMPS (DE). *Recherches sur les Théâtres de France depuis l'année 1161 jusqu'à présent.* 4°, Paris, Prault père, 1735. (Bibl. Nat. Yf. 321.)

BEAUCOURT (G. DU FRESNE DE). *Histoire de Charles VII.* 6 vol. 8°, Paris, Librairie de la Société bibliographique, 1881-1891.

BECQ DE FOUQUIÈRES. *Poésies de F. Malherbe,* accompagnées du *Commentaire d'André Chénier.* 8°, Paris, Charpentier, 1874. (V. à la fin Notice bibliogr.)

BECQ DE FOUQUIÈRES. *Poésies choisies de P. de Ronsard* publiées avec notes et index concernant la langue et la versification de Ronsard. 8°, Paris, Charpentier, 1873.

BELLEFOREST. *Les Grandes Annales.* 2 vol. f°. Paris, Buon, 1579.

BERGER DE XIVREY. *Recueil des Lettres missives d'Henri IV.* 7 vol. 4°. [Imprimerie Nationale] Didot frères (dans la Collection des documents inédits sur l'histoire de France), 1843-58.

BERTAUT, *évesque de Sees, abbé d'Aunay, premier aumosnier de la Royne* (*Les Œuvres poétiques de*) publiées d'après l'édition de 1620, avec Introduction, Notes et Lexique par Adolphe Chenevière, docteur ès lettres. Bibl. elzévirienne. Paris, Plon, 1891.

BESONGNE. *État de la France,* 2 vol. in-12. A Paris chez Pierre Trabouillet, éditions de 1672 et de 1689 (16e édit.).

BLANC (JOSEPH). *Bibliographie italico-française*, 2 vol. 8°. Paris, Welter, 1886.

Bolæana [par Marchesnay]. Gr. 4°, 1740. Paris (Bibl. Nat. Ln²7. 2.200).

BONAFOUS (NORBERT), ancien doyen de la Faculté des lettres d'Aix. *Études sur l'Astrée et sur d'Urfé*, 282 p., 8°. Thèse, Paris, Firmin Didot, 1846.

BOUHOURS (PÈRE). *La manière de bien penser dans les ouvrages de l'esprit. Dialogues*. 4°, Paris, veuve Mabre-Cramoisy, 1687. (Bibl. Nat. Inv. Z. 3.422.)

BOURGOIN (AUGUSTE), professeur au lycée Condorcet. *Un bourgeois de Paris lettré au XVII° siècle : Valentin Conrart et son temps*. 8°. Thèse. Paris, Hachette, 1883.

BRÉDIF. *Segrais, sa vie et ses œuvres*. 8°. Paris, Aug. Durand, 1863.

BRUNETIÈRE (FERDINAND). *La Réforme de Malherbe et l'Evolution des genres*, article dans la *Revue des Deux Mondes* du 1ᵉʳ décembre 1892.

BRUNOT (FERDINAND), maître de conférences à la Faculté des lettres de Paris. *La Doctrine de Malherbe, d'après son Commentaire sur Desportes*. 8°. Thèse, Paris, G. Masson, 1891.

CARRÉ DE BUSSEROLLES. *Dictionnaire géographique, historique et biographique d'Indre-et-Loire et de l'ancienne province de Touraine*. 6 vol. gr. 8°. Tours, Suppligeon, 1878-1884.

CARRÉ DE BUSSEROLLES. *Les Usages singuliers de la Touraine*. 6 broch. 8°. Tours, Suppligeon, 1881-1885.

Catalogue des chevaliers, commandeurs et officiers de l'Ordre du Saint-Esprit, f°, Paris, Imprimerie Ballard, 1760.

CELOT (PÈRE). Voir *Harangue funèbre*.

CHAPELAIN (JEAN), de l'Académie française : *Lettres*, publiées par Ph. Tamizey de Larroque, Correspondant de l'Institut, dans les Documents inédits de l'Histoire de France. 2 vol. Paris, Imprimerie nationale, 1880-1883.

CHAPELAIN (*Liste de Quelques gens de Lettres François vivans en 1662 composée par ordre de M. Colbert par M.*), dans : 1° le *Recueil de Mémoires de la Collection Fontanieu*, p. 175 (Bibl. Nat. Rés. Z 2.284, z. F. 52), 2° les *Mémoires de Sallengre*, p. 37 (Voir plus loin SALLENGRE).

COLBERT DE CROISSY (CHARLES). *Rapport au roi sur la province de Touraine*, en 1664, édition Ch. de Sourdeval. Gr. 8°. Tours, 1863.

COLOMBEY (ÉMILE) [ÉMILE LAURENT]. *Ruelles, Salons, et Cabarets*, histoire anecdotique de la littérature française, 2ᵉ édition, 2 vol. 8°, Paris, Dentu, 1892.

Contrat de mariage de Honorat de Bueil de Racan et de Magdeleine du Bois (1628), document inédit publié par l'abbé ESNAULT, br. de 16 p. Le Mans, chez Pellechat, 1877.

COSTAR (*Mémoire des gens de lettres célèbres de France, par M.*), dans : 1° le *Recueil de Mémoires de la Collection Fontanieu*, p. 112 (Voir plus haut CHAPELAIN, *Liste*...), 2° les *Mémoires de littérature et d'histoire de Sallengre*, p. 317 (Voir plus loin SALLENGRE), ou 3° les *Mémoires du Père Desmolets*, t. II.

COUSIN (VICTOR). *La Société française au XVII° siècle, d'après le Grand Cyrus de Mlle de Scudéry*. 2 vol. 8°. Paris, Didier, 1858.

DANIEL (PÈRE). *Histoire de France*. 3 vol. f°. Paris, 1713, — et 17 vol. 4°, Paris, 1755.

DANIEL (PÈRE). *Histoire de la Milice française*. 2 vol. 4°, fig., Paris, 1728.

DANNHEISSER (ERNST), Assistant an der k. Realschule zu Ludwigshafen a. Rh. *Studien zu Jean de Mairet's Leben und Wirken*. Inaugural-Dissertation zur Erlangung der philosophischen Doctorwürde, vorgelegt der hohen philosophischen Facultät der Ludwig-Maximilians-Universität zu München. Ludwigshafen a. Rh., Julius Waldkirch's Buchdruckerei, 1888. — Brochure 8°, 112 p. (Bibl. Nat. Ln²7. 38,299.)

GENEST (ABBÉ). *Dissertations sur la Poésie pastorale, ou de l'Idylle et de l'Eglogue.* In-12, Paris, J. B. Coignard, 1707. (Bibl. Nat. Inv. Y. 574.)

GOMBAULD. *Amaranthe.* 8°, Paris, Pomeray, 1631.

GOMBOUST (JACQUES). *Plan monumental de la Ville de Paris*, dédié et présenté au Roy Louis XIV (1653). 9 planches et une brochure de description de 74 p. 8°, intitulée *Le Paris du XVIIᵉ siècle*. Le tout réimprimé récemment (sans date) par Georges Chamerot, à Paris, rue des Saints-Pères, 19.

GOUJET (ABBÉ). *Bibliothèque françoise ou Histoire de la Littérature françoise.* 18 vol. in-12. Paris, 1740-56. (Bibl. Nat. Inv. Q 3 425-442.)

Grand Bal de la douairière de Billebahaut. 68 p. 4°, 1626. (Bibl. Nat. Inv. Yf. 815.)

GRANDMAISON (CHARLES DE). *Chronique de Beaumont-lez-Tours.* Tome 26 des Mémoires de la Société archéologique de Touraine, 1876.

GRÉGOIRE (L.). *La Ligue en Bretagne.* 8°, Paris, J.-B. Dumoulin, 1856.

GRESSET (*Les Œuvres de M.*). 2 vol. 8°. A Amsterdam, aux dépens de la Compagnie, 1748.

GUARINI. *Le Berger Fidèle, faict italien et françois pour l'utilité de ceux qui désirent apprendre les deux langues.* In-12, Paris, Mathieu Guillemot, 1610.

Harangue funèbre sur le Trespas de très-haute et puissante Dame Anne de Bueil Duchesse de Bellegarde. Prononcée en la Cérémonie de ses Obsèques le 27 de novembre 1631, par le R. P. LOUIS CELOT de la Compagnie de Jésus. A Paris chez Toussaint du Bray. M. DC. XXXII. Imprimé, in-16, 30 p. (Bibl. Nat., Mss. Clairembaut 941, f. 118-132.)

HÉROARD (*Journal de Jean*) *sur l'enfance et la jeunesse de Louis XIII* (1601-1628), extrait des manuscrits originaux et publié par Eud. Soulié et Ed. de Barthélemy. 2 vol. 8°. Didot frères, fils et Cⁱᵉ, 1869.

Histoire littéraire de la France (*Revue d'*). Paris, chez Armand Colin, 1894, 1895, 1896.

Intermédiaire des Chercheurs et Curieux. Correspondance littéraire, historique et artistique. 8°. Paris, 1864, p. 102, 141, 168, 232. — 10 juin 1882, col. 322. — 20 février et 10 avril 1894.

JOLY (ABBÉ). *Remarques critiques sur le Dictionnaire de Bayle.* 2 vol. 8°. Paris, H. Louis Guérin, 1748. (Bibl. Nat. G 1.021-22.)

Jouvencel (*Le*), par JEAN DE BUEIL, suivi du Commentaire de Guillaume Tringant, publié pour la Société de l'Histoire de France. Introduction biographique et littéraire par *Camille Favre*. Texte établi et annoté par *Léon Lecestre*. 2 vol. 8°. Paris, Renouard, 1887, 1889. (V. à la fin, Notice bibliogr.)

KERGARIOU (Comte de), préfet d'Indre-et-Loire. *Notice sur Racan*, dans les *Annales de la Société d'agriculture... d'Indre-et-Loire*, t. 1ᵉʳ, p. 93-97, 1821.

LA BRUYÈRE. *Œuvres complètes*, éditées par M. Servois dans la Collection des Grands Ecrivains de la France. 8°. Paris, Hachette, 1876.

LACROIX (PAUL.) *Ballets et Mascarades de Cour, de Henri III à Louis XIV, 1581 à 1652, recueillis par —.* 6 vol. in-12. Genève, J. Gay et fils, 1868-1870.

LAFENESTRE (GEORGES), de l'Institut. *La Fontaine.* In-16 de 208 pages, avec portrait. — Collection des Grands Écrivains français. — Paris, Hachette, 1895.

LA FORCE, maréchal de France (*Mémoires authentiques de Jacques Nompar de Caumont, duc de*), recueillis par le marquis de Lagrange. 4 vol. 8°. Paris, Charpentier, 1843.

LA HARPE. *Lycée ou Cours de Littérature ancienne et moderne.* T. IV, 8°. Paris, Lefèvre, 1816.

LALANNE (LUDOVIC). *Œuvres complètes de Malherbe recueillies par M. — ;* 5 vol.

Rapin (Père). *Œuvres*. 3 vol. 8°. La Haye, 1725.(Bibl. Nat. Inv. Z. 20, 165-67.)
Recueil des plus beaux vers de messieurs de Malherbe, Racan, Maynard... 8°. Paris, chez Toussaint du Bray, 1626.
Id. 1627.
Id. 1630. Voir la Notice bibliographique, p. 640 et 641.

Rigal (Eugène). *Esquisse d'une histoire des théâtres de Paris de 1548 à 1635*. Pet. in-12. Paris, A. Dupret, 1887.

Rigal (Eugène), professeur à la Faculté des lettres de Montpellier. *Alexandre Hardy et le Théâtre français à la fin du XVIe et au commencement du XVIIe siècle*. 8°. Thèse. Paris, Hachette, 1889.

Rigault (H.). *Histoire de la Querelle des Anciens et des Modernes*. 8°. Paris, Hachette, 1856.

Robiou (Félix). *Essai sur l'Histoire de la littérature et des mœurs sous le règne de Henri IV*. Nouvelle édition. 8°. Paris, Didier, 1883.

Roederer (P.-L.). *Mémoires pour servir à l'histoire de la Société polie en France*. T. II des *Œuvres complètes*, gr. 8°, 4e partie. Paris, Didot, 1853.

Rolland (Romain). *Histoire de l'Opéra en Europe avant Lully et Scarlatti*, 8°. Thèse. Paris, Thorin, 1895.

Rousseau (Jean-Baptiste). *Œuvres choisies*, édition annotée par Maunoury. In-18. Paris, Poussielgue, 1870. (Bibl. Nat. Inv. Ye 32,527.)

Roy (Émile). *La Vie et les Œuvres de Charles Sorel, sieur de Souvigny*, 1602-1674. 8°. Paris, Hachette, 1891.

Royer (Alphonse). *Histoire universelle du théâtre*. 4 vol. 8°, Paris, Franck. 1869-1870.

Sainte-Beuve. *Tableau historique et critique de la poésie française et du théâtre français au XVIe siècle*. Seconde édition. 2 vol. 8°. Paris, Raymond-Bocquet, 1838.

Sainte-Beuve. *Causeries du lundi*, t. VIII. Malherbe et son école, p. 67-87, 8°, 3e édition. Paris, Garnier, sans date.

Sainte-Beuve. *Nouveaux lundis*, t. XIII. Malherbe, p. 356-424, 1870.

Saint-Marc Girardin. *Cours de Littérature dramatique*, t. III, 10e édition, 8°. Paris, Charpentier, 1870.

Saint-Ussans (*Divers traitez d'histoire, de morale et d'éloquence, par Racan, réunis par l'abbé de*). In-12. Paris, 1672. (Voir à la fin, Notice bibliogr.)

Sales (*Œuvres de saint François de*). Édition complète d'après les autographes et les éditions originales [donnée par *Dom B. Mackey*, O. S. B.]. Gr. 8°. Annecy, imprimerie Niérat; dépôt à Paris, chez Lecoffre. — Tome III. *Introduction à la vie dévote*, d'après l'édition de 1619; en Appendice l'Édition princeps; — avec Préface, Notes et Variantes; 1893.

    La préface de ce tome a été tirée à part sous ce titre : *Étude historique et critique* de l'Introduction à la vie dévote, 68 p. Annecy, chez Niérat. Malheureusement la pagination n'est pas la même que dans le volume complet. Nos références se rapportent au tome III.

Sallengre (de). *Les Mémoires de Littérature*. 2 vol. 8°. La Haye, du Sauzet, 1715-17 (V. à la fin, Notice bibliogr. B, 6).

Segrais. *Athys, poëme pastoral*. 87 p. 4°. Paris, Guill. de Luyne, 1653. (Bibl. Nat. Inv. Ye 1.479.)

Segraisiana. *Œuvres diverses de M. de Segrais*, 1re partie, in-12, Amsterdam, chez François Changuyon, 1723.

Société archéologique de Touraine. Bulletins et Mémoires, in-8°. Tours, Imprimerie Ladevèze.

Société d'agriculture, sciences, arts et belles-lettres du département d'Indre-et-Loire (*Annales de la*). Tours, 8°.

Société de l'Histoire du Protestantisme français (Bulletins de la), 8°.

SOREL (CHARLES). *La vraie Histoire comique de Francion*, publiée par M. Émile Colombey. In-16. Paris, Delahays, 1858.

SOURDEVAL (CHARLES DE). *Le Château de La Roche-Racan*. Broch. de 51 p. 8°, épuisée. Tours, Ladevèze, 1865.

SOURIAU (MAURICE). *L'Évolution du Vers français au XVIIᵉ siècle*. Gr. 8° de 494 pages, Paris, Hachette, 1893.

TAILLANDIER (DOM). Voir MORICE (DOM).

TALLEMANT DES RÉAUX. *Les Historiettes*, 3° édition publiée avec des notes et des éclaircissements historiques par *Paulin Paris et de Monmerqué*. 9 vol. 8°. Paris, Techener, 1854-60. (V. à la fin, Notice bibliogr.)

TAMIZEY DE LARROQUE. *Lettres de Balzac*, dans les *Mélanges historiques*, t. I, p. 393-848. — Collection des Documents inédits, 1873.

TAMIZEY DE LARROQUE. *Le marquis des Termes*, article dans la *Revue des Questions historiques*, t. XII, p. 529 et s.

TASSE (LE). *Aminte, fable bocagère imprimée en deux langues pour ceux qui désirent avoir l'intelligence de l'une d'icelles*, par *Guillaume Belliard*. In-12. A Rouen, Claude Le Villain, 1603.

TASSE (LE), *L'Aminte*, traduction nouvelle par Emmanuel Chambert (texte et traduction). 8°. Paris, imprimerie Jouaust, 1879.

THÉOPHILE (*Œuvres de*), publiées par M. Alleaume, 2 vol. in-16, Bibl. elzévirienne, 1856.

THOU (JACQUES-AUGUSTE DE). *Histoire universelle depuis 1543 jusqu'en 1607*. 16 vol. 4°. A Londres, 1734.

URFÉ (*L'Astrée de messire Honoré d'*). Première partie, 8°, Lyon, chez Simon Rigaud, 1617. — Seconde partie, *id.* — Troisième partie, 4°, à Paris, chez Toussainct du Bray, 1618.

VOLTAIRE (*Œuvres complètes de*). 4°. Paris, Alexandre Houssiaux, Firmin Didot, 1852-1862. (Bibl. Nat. casier O.)

VUY (JULES). *La Philothée de saint François de Sales, Vie de Mᵐᵉ de Charmoisy*. 2 vol. 8°, Paris, Palmé, 1878.

WEINBERG (Dʳ GUSTAV). *Das französische Schäferspiel in der ersten Hülfte des siebzehnten Jarhundests*. 145 p. 8°. Frankfurt a. M., Knauer. 1884.

ZELLER (BERTHOLD), maître de conférences d'histoire à la Faculté des lettres de Paris. *La Minorité de Louis XIII. Marie de Médicis et Sully*, 1610-1612. 8°, Paris, Hachette, 1892.

RACAN

PREMIÈRE PARTIE

LA FORMATION : 1589-1608

CHAPITRE I

Les Ancêtres. — La Naissance à Champmarin : 5 février 1589.

I. — Les ancêtres de Racan ; la Notice qu'il a laissée sur eux. — Les Bueil. Origine italienne. — Parenté avec les Grimaldi. — Les Bueil pendant la Guerre de Cent ans. — Bifurcation de la famille.

La branche aînée, les *Bueil-Sancerre*. Jean V. Louis de Bueil au siège de Saint-Dizier. Les alliances glorieuses, l'alliance royale.

La branche cadette, les *Bueil-Fontaines* dont fait partie Racan. Renseignements qu'il donne sur ses ancêtres Fontaines : la bataille de Vieil-Baugé.

La tradition administrative dans la famille de Bueil. — Le grand-père de Racan, Jean de Bueil. Son grand-oncle, Georges de Bueil. — Son père, Louis de Bueil. L'origine du nom de *Racan*. — Son oncle, Honorat de Bueil.

Le coup de main de Sancerre. Louis et Honorat en Bretagne. Le caractère de Louis. Le château de La Roche-au-Majeur.

Puissance de la maison de Bueil. Ses domaines. Les titres littéraires de la famille : le *Jouvencel* de Jean V. Le *Trésor de Vènerie* d'Hardouin de Fontaines. — La sépulture des Bueil au village de Bueil en Touraine.

II. — Le mariage de Louis de Bueil avec Marguerite de Vendômois (15 février 1588). Le petit château de Champmarin.

La naissance de Racan à Champmarin, le 5 février 1589. — Racan angevin.

Projet hardi de son père. Le baptême (17 février). Le transport périlleux de l'enfant à La Roche-au-Majeur.

Rectification du lieu de naissance de Racan.

I

Un poète succédant à dix générations de soldats, telle est en résumé l'histoire généalogique de Racan.

Il appartenait en effet à la grande famille de Bueil, la plus puissante du nord de la Touraine, et l'une des plus glorieuses, bien que l'une des moins connues aujourd'hui, de l'ancienne monarchie.

Laissons Racan lui-même nous donner une idée de ses ancêtres, car il avait entendu parler de leurs principaux exploits, et il nous a laissé sur eux une notice manuscrite conservée à la Bibliothèque nationale [1]. Seulement il l'a rédigée, selon son caractère, avec tant de nonchalance, tant de bonhomie pour avouer qu'il ne se souvient plus ou qu'il n'est point assez instruit pour savoir, qu'il nous faudra, chemin faisant, corriger ses erreurs et combler ses lacunes. Nous tâcherons de déterminer en même temps le trait distinctif de la race :

« On tient par ancienne tradition de nostre famille, dit-il en commençant, que les Comtes de Bueil d'Italie sont issus des Iscars, anciens Roys de Sicile. » Mais il ajoute lui-même peu de foi à cette parenté qui « n'a aucun fondement que quelques ressemblances des armes [2] ».

Ces comtes tiraient leur nom de leur apanage de Boglio, en français Beuil ou Bueil, situé au fond d'une vallée des Alpes, à peu de distance de la ville de Nice [3].

La maison étant « tombée en quenouille », l'héritière fut mariée à la maison des Grimaldi ; le cadet qui sortit de ce mariage aurait porté le nom de Bueil, « sans emporter la susdite comté », et serait venu s'établir en France vers le 11ᵉ siècle. « Les Grimaldi, ajoute le poète, ne laissent de nous advouer pour leurs parens, aussi bien que les princes de Monaco, encores que nous portions de différents noms. » En 1667, Racan fera admettre l'origine italienne, de même que l'extraction royale des Bueil, par la commission chargée de la revision des titres de noblesse [4].

1. Mss fr. 20 786, fᵒ 438 et s. Original, papier. Cette notice a été publiée en 1889 par M. Cam. Favre dans son édition du *Jouvencel, par Jean de Bueil,* suivi du commentaire de Guillaume Tringant, publié pour la Société de l'Histoire de France. Introduction biographique et littéraire par Camille Favre. Texte établi et annoté par Léon Lecestre. A Paris, librairie Renouard, 2 vol. in-8, 1887, 1889. Cette notice se trouve parmi les Pièces justificatives du t. II, p. 423-427. — Nous l'insérons nous-même parmi nos Pièces justificatives (nᵒ 47). Nous renverrons donc à notre propre texte pour les citations que nous donnerons.

2. Cette origine royale fut affirmée publiquement aux obsèques de la duchesse de Bellegarde (Anne de Bueil) par l'orateur, qui voyait dans les *croisettes* du blason de Bueil les marques de cette royale extraction (Bibl. Nat., Mss. Clairembaut 941, f. 120 v.).

3. Aujourd'hui en France, dans les Alpes-Maritimes, arrondissement de Puget-Théniers, canton de Guillaume. — L'étymologie de Bueil est *bovile* = *étable* : cette famille était prédestinée à produire le principal auteur français de Bergeries!

4. Bibl. Nat. Mss. Cab. des titres, dossier bleu, Bueil, nᵒ 1399. — Ce sont aujourd'hui encore des Grimaldi de Bueil qui règnent à Monaco. Il est juste d'ajouter que le P. Anselme (*Histoire de la maison de France,* t. IV, 485, 496 et 508) nie la parenté des Bueil avec les Grimaldi, et que de nos jours M. Saige, le savant conservateur des Archives de Monaco, partage l'opinion du P. Anselme (V. Cam. Favre, ouv. cité, t. I, ij, note 4).

Il continue : « Ceux qui sont plus sçavans dans les généalogies que moy disent avoir remarqué des seigneurs de bueil dans tous les siècles, depuis Louis le gros. Pour moy qui n'ay guerres leu les histoires anciennes je n'ay fait ceste remarque que depuis la bataille de Créci..., où l'on voit qu'un seigneur de bueil fut tué à l'avangarde. »

S'il avait feuilleté seulement les *Chroniques* de Froissart, il aurait vu que ce seigneur de Bueil était écuyer d'honneur du duc de Normandie (plus tard le roi Jean le Bon), et qu'il avait fait lever aux Anglais le siège de Rennes en 1345. Il aurait surtout entendu à toutes les pages sonner haut et clair les exploits de messire Jean de Bueil, IIIe du nom. Il l'aurait vu combattre les Anglais pendant trente ans, les jeter hors de l'Anjou, et en cent occasions dresser contre eux embûche ou escarmouche. Se cacher « en ung bosquet, saillir hors et percier tout oultre l'ennemi », c'étaient en effet son habileté et sa gloire, et Duguesclin, s'étant trouvé un jour faire partie d'une embuscade préparée par Jean III, n'hésita pas à combattre sous sa bannière. Joignant la prudence à l'audace, il semble avoir échappé à la fièvre d'héroïsme aveugle qui s'emparait alors de toute la noblesse de France : ainsi, enfermé un jour avec deux chevaliers dans une petite place, il entend « la guette du chastel corner » : c'est toute l'armée anglaise qui s'avance. A ses deux compagnons qui proposent une sortie, Jean de Bueil fait observer sagement : « Si nous pourroit nostre yssue si chaudement faite tourner à folie. » — Aussi n'était-il pas moins propre aux ambassades qu'à la guerre. La diplomatie d'ailleurs ne rentrerait-elle point en partie dans la guerre d'embûches?.... Charles V et Charles VI employèrent également Jean III pour harceler Jean Chandos en Poitou ou le duc de Lancastre dans son insolente traversée de la France, et pour aller réclamer au duc de Bretagne la liberté d'Olivier de Clisson. Il avait reçu de ses pères et il transmit à ses descendants ce caractère qui semble être décidément la marque propre de la race, un heureux mélange *de vaillance et de sagesse*, qui se retrouvera jusque dans notre poète [1].

---

1. Sur Jean III, voir dans Froissart, édition Kervyn de Lettenhove, les affaires de Lusignan (t. VII, p. 331), de la Roche-Posay (p. 350), l'assaut donné tout un jour à trois cents Anglais près de Poitiers (p. 391 et ss.), les attaques de Ribémont (t. VIII, p. 289), d'Ouchy (p. 295). Voir aussi t. XIV, p. 321, et consulter l'article Jean III de Bueil à la Table alphabétique (t. XX, p. 478). — « Se cacher en ung bosquet, etc.... », Froissart le peint en ces termes au combat d'Ouchy (VIII, 295). — Duguesclin sous sa bannière (X, 220). — Sa prudence dans le château assiégé (X, 290). — L'ambassade au duc de Bretagne (X, 217 à 232). — Sa réputation est, en propres termes, d'être « sage et vaillant homme » (X, 217). — On trouvera l'expulsion des Anglais hors de l'Anjou par Jean III, vivement décrite dans l'Oraison

Les fils de Jean III rencontrèrent la mort dans la plaine d'Azincourt où périrent, suivant une ancienne tradition, seize chevaliers portant le nom de Bueil [1].

En 1416 il ne reste que des orphelins en bas âge et leur oncle, septuagénaire, Hardouin, évêque d'Angers [2]. Les deux aînés de ces orphelins vont donner naissance chacun à une famille distincte, on voit à cet endroit la tige de Bueil se bifurquer, et deux troncs s'élèvent parallèlement, vigoureux tous deux, tous deux donnant à l'envi des fruits de gloire et de vaillance. L'on se rendra mieux compte de cette bifurcation en consultant le Tableau généalogique placé en tête du chapitre.

Avant de suivre la branche cadette, celle qui a produit Racan, donnons un coup d'œil aux plus illustres personnages de la branche aînée.

Jean V, l'aîné des orphelins, est bien, ainsi que le rapporte le poète, « ce qu'il y a de plus illustre à la maison de Bueil ». Disciple de La Hire, compagnon de Dunois et de Jeanne d'Arc, avec eux il défend Orléans et fait la royale chevauchée de Reims. Il contribue à la reprise de la Normandie et en est récompensé par la charge de grand-amiral de France. En 1453 il gagne la victoire de Castillon, puis, à la tête de

funèbre d'Anne de Bueil, duchesse de Bellegarde (Bibl. Nat., Mss. Clair., 941, f. 120 vº et 121, imprimé).

1. Guillaume Tringant mentionne cette ruine de la famille (§ II, *Jouvencel*, II, p. 269). Voir ce qu'en dit M. Cam. Favre (*Jouvencel*, I, v), moins sévère pour cette tradition que Paulin Paris (*Les Manuscrits français de la Bibl. du Roi*, t. II, p. 131). Un des fils de Jean III, Pierre de Bueil, seigneur du Bois, s'était distingué tout jeune avec son père sous les murs de Bergerac (en sept. 1377). Chargé d'aller quérir à la Réole une machine de guerre, il est enveloppé au retour par un gros d'Anglais :

> Quand Pierre de Bueil vit l'estour (combat) fort et fier
> Au plus fort de l'estour s'alla tantôt fichier.
> « Notre Dame Buel! » commence à huchier.

(Cuvelier, *Chronique de Bertrand Duguesclin*. Documents inédits de l'Histoire de France, t. II, p. 316.) — « Là, dit Froissart, eut tamainte belle jouste et grans appertise d'armes. » (Édit. Kervyn, IX, p. 9.) Le jeune écuyer se dégage par ses prouesses, et arrive heureusement à Bergerac, où il est grandement fêté par le duc d'Anjou et par les barons. Sur ce Pierre de Bueil, consulter la Table analytique de l'édition Kervyn de Lettenhove, t. XX, p. 479.

2. Hardouin de Bueil nous semble une figure intéressante qui mériterait une biographie. (Né en 1347, chancelier du roi de Sicile, évêque d'Angers durant soixante-cinq ans, de 1374 jusqu'à sa mort arrivée seulement en 1439, fondateur de l'Université d'Angers, il acquit de grands biens, entre autres la seigneurie de Chasteaux en Anjou, qui devait rester trois cents ans dans la famille de Bueil-Sancerre, jusqu'à ce que Louis XIV l'achetât en faveur de Louise de La Vallière.) Voir sur ce personnage les notes de M. Cam. Favre (table des matières du *Jouvencel*), la courte notice que lui a consacrée M. Nobilleau (Soc. archéol. de Touraine, *Bulletins*, t. I, 209; t. III, 194, 172-176), dom Morice, *Hist. de Bretagne*, t. IV, 1338, à la Bibl. Nat. le ms. fr. 20222 et le dossier bleu 3.453, fº 54, et aussi *Histoire de Charles VII* par M. du Fresne de Beaucourt, table des matières. — Du temps de Racan, en 1635, la dépouille d'Hardouin fut retrouvée dans la cathédrale d'Angers, étendue en habits pontificaux sur une grille de fer.

l'armée navale composée de trente vaisseaux (Racan a entendu conter ce grand souvenir), il investit Bordeaux qui capitule entre ses mains, amène par là le retour de la Guyenne à la France, et mérite d'être appelé par l'admiration publique le Fléau des Anglais [1]. Entre temps, avec Louis XI encore dauphin, il avait mis les Suisses en déroute à Saint-Jacques, près de Bâle. On ne le craignait pas moins à la cour que dans les combats; il n'y était pas moins hardi. « Ce mesme Jean de Bueil admiral de France, dit notre poète, prist le seigneur de la Trémoïlle, favori de Charles septiesme, et le passa au milieu de touttes les gardes et l'emmena dans son chasteau de Montrésor, qui estoit pour lors de nostre maison, disant qu'il ne faisoit rien que bien à propos pour le bien de l'estat et qu'il emmenoit ledit seigneur de la Trémouille parce qu'il estoit trop puissant dans l'esprit du Roy [2]. » En somme, remuant, ambitieux, par-dessus tout épris des armes, Jean V parut pendant un demi-siècle sur les principaux champs de bataille de l'Europe, et tint une des premières places dans les conseils politiques de Charles VII et de Louis XI; enfin — telle est la conclusion de son récent historien, M. Camille Favre, — « une grande et héroïque part lui revient dans la restauration du pouvoir royal et dans la délivrance du sol français [3] ».

Les expéditions d'Italie et les guerres impériales fournirent encore une brillante et périlleuse matière à l'ardeur belliqueuse de la famille de Bueil, qui avait adopté le fier cri de guerre : *Passavant* [4]. Edmond de Bueil meurt en 1495 dans l'expédition d'Italie. Charles de Bueil succombe à Marignan sous les yeux du roi. Son jeune fils Jean VI court à l'armée dès qu'il est capable de porter les armes, fait avec François Ier l'assaut de la ville de Hesdin et y est tué d'une mousquetade « estant encore à la fleur de son âge » (1537) [5].

Son grand-oncle, Louis de Bueil, devint par ces morts successives le chef de la famille. C'était un vaillant lui aussi : il avait été blessé à

---

1. Des fêtes patriotiques eurent lieu dans toute la France pour célébrer cette victoire de Castillon; voir Germain Bapst, *Essai sur l'Histoire du théâtre*, p. 17 et 18.

2. Mézeray raconte le fait un peu moins glorieusement pour Jean V (t. VI, p. 145-146).

3. On trouvera ce jugement à la fin de la remarquable introduction biographique, en 300 pages, dont M. Cam. Favre a fait précéder le texte du *Jouvencel*, I, p. cclxxxvij. — Voir aussi de fréquentes mentions de ce personnage dans l'*Histoire de Charles VII*, par M. de Beaucourt, Table des matières.

4. Denais, *Armorial de l'Anjou*, art. BUEIL. — Elle l'avait sans doute emprunté aux comtes de Champagne; voir Godefroy, *Dict. historique de la langue française*, art. PASSAVANT.

5. Mot d'une généalogie manuscrite (Bibl. Nat. Mss. 20, 222). — Sur Edmond de Bueil, voir entre autres *ibid.*; sur Charles de Bueil, *ibid.*, dossier bleu 3543, fo 55; sur Jean VI de Bueil, *ibid.*, et P. Daniel, *Histoire de France*, t. IX, p. 484, d'après les *Mémoires* de Martin du Bellay, livre 8.

Marignan et à Pavie. Il eut la gloire en 1544 d'arrêter pendant deux mois Charles-Quint envahissant la France avec Henri VIII. A l'époque de Racan c'était le grand souvenir de famille qui éclipsait tous les autres, « cette histoire, dit-il, est assés commune », c'est-à-dire généralement sue. Louis de Bueil s'était jeté devant l'empereur dans la ville de Saint-Dizier qui était « mal flanquée et mal remparée ». D'abord il inonde un côté de la ville, puis il fait construire aux bourgeois une ligne intérieure de retranchements : une grande brèche ayant été pratiquée par l'artillerie ennemie, il y soutient un furieux assaut qui dure de 9 heures du matin à 4 heures du soir, 800 impériaux succombent, Bueil est blessé au visage des éclats de son épée qu'une volée de canon lui casse dans les mains. Le soir il refuse l'entrée de la ville au trompette qui lui apporte une commission honorable, et il travaille toute la nuit à réparer la brèche. L'empereur ne vint à bout d'une pareille énergie que par le temps et par la ruse, en envoyant au gouverneur une lettre supposée du roi qui enjoignait de ménager ses hommes [1].

Nous retrouverons le fils et le petit-fils du défenseur de Saint-Dizier parmi les contemporains et les amis du poète.

La maison de Bueil, on le voit, pouvait marcher de pair avec les plus grandes du royaume. Aussi les La Trémoïlle, les Brézé, les d'Amboise, les Polignac recherchaient-ils son alliance [2] : au 14e siècle, Jean IV de Bueil avait épousé Marguerite Dauphine, fille du Grand Dauphin d'Auvergne et petite-nièce des comtes de Champagne ; cette union amena aux mains des Bueil le comté de Sancerre qui accrut considérablement leur puissance. Il ne leur manquait que l'alliance royale : en 1461, Antoine de Bueil se marie avec Jeanne de France, fille de Charles VII et d'Agnès Sorel, et Louis XI en lui écrivant l'appelait familièrement « mon frère d'armes » ou « mon cousin [3] ».

1. P. Daniel, *Histoire de France*, 1713, t. III, p. 409-413. — Cf. l'oraison funèbre de la duchesse de Bellegarde, déjà citée, f. 121 v°. — Sur ce Louis de Bueil, voir le P. Anselme, *Histoire de la Maison de France*, t. VIII, 585 et Ronsard, t. VII, 215.

2. Une des filles de Jean III, Marguerite de Bueil, épousa Jean de Brézé ; Anne, fille de Jean IV, épousa Pierre d'Amboise et eut pour fils Georges d'Amboise, le célèbre cardinal ; une petite-fille de Jean IV épouse Georges de la Trémoïlle, celui même qui fut enlevé par un coup de force de son oncle Jean V. Charles de Bueil, qui fut tué à Marignan, était marié à Anne de Polignac.

3. Voir Arch. Nat., JJ 205, n° 172. — Bibl. Nat. Mss. Nouveau d'Hozier, dossier Bueil, f. 15. — Id. Mss Clair. 1067, f. 238, 241, etc. — Cf. l'oraison funèbre de la duchesse de Bellegarde, citée, f. 121, et *Histoire de Charles VII* par G. du Fresne de Beaucourt, t. VI, p. 434. — Sur cet Antoine de Bueil, qui parut à l'assemblée de la noblesse en 1507 avec la veuve de son frère Edmond de Bueil, et son cousin Georges de Bueil, le bisaïeul de Racan (le père de Georges de Bueil, gouverneur de Saint-Malo), lire l'étude de Lambron de Lignin : *L'assemblée de la noblesse sous Louis XII en 1507* (Soc. archéol. de Touraine, t. X, p. 232, 237, 247, Lambron de

*
* *

Comment la seconde branche, dont Racan faisait partie, celle des Bueil-Fontaine, s'était-elle détachée de l'autre, lui-même ne le comprit jamais bien, et les huit lignes où il prétend l'expliquer, contiennent jusqu'à trois erreurs [1]. En réalité, il ignore ou feint d'ignorer qu'elle était, suivant l'ancienne expression, « entée sur bâtardise ». Elle sortait du fils cadet de Jean IV, de Louis de Bueil, intrépide routier, aventurier sans peur et sans mœurs, qui finit en digne chevalier, le dimanche 5 février 1446, combattant à Tours dans un tournoi fameux, contre le champion de l'Angleterre, en présence du roi Charles VII, de la noblesse du royaume et de dix mille spectateurs [2].

Ce Louis de Bueil eut un fils naturel, plus tard légitimé Jacques de Bueil [3], qui se distingua aux armées de Louis XI [4]; il s'unit par mariage, en 1458, à une famille noble de l'Anjou, celle de Fontaines, qui tirait son nom du bourg de Fontaine-Guérin au Bas-Anjou [5] : la famille de Fontaines étant venue bientôt à s'éteindre, les descendants de Jacques de Bueil héritèrent de ses titres, de son nom et de ses armes : un pareil résultat ne fut pas obtenu sans de grands procès (ils ne devaient pas être les derniers de la famille). Racan nous conte que sa bisaïeule, Marguerite de Broc, y employa la moitié de sa vie [6]; elle finit par

Lignin fait à tort de ce Georges de Bueil un frère d'Edmond : ils ne sont pas de la même branche. — Voir encore une *Note sur les sires de Bueil*, par M. Mégret-Ducoudray, en réponse à un article de M. Hucher. (Soc. archéol. de Touraine. Bulletins 1874-1876, p. 223-236, et l'erratum, p. 412.)

1. M. Cam. Favre (ouv. cité, p. 426) en relève deux dans les notes 1 et 4. Sur la note 3, voir ci-dessous la fin de notre note 6 sur Jacques de Bueil. L'erreur signalée dans la note 5 de M. Favre provient d'une erreur de lecture, le texte original portant *valleines*, et non pas *Vallejous*. Mais voici une autre erreur de Racan : « Jacques de Bueil, desjà esloigné des comtes de Sancerre ». Jacques est au contraire le propre neveu du premier comte de Sancerre Jean V.

2. Cf. *Histoire de Charles VII*, par de Beaucourt, *passim* et à la table des matières, Louis de Bueil.

3. L'acte de légitimation a été publié par M. Cam. Favre, *Jouvencel*, t. II, p. 407.

4. Cf. *Histoire de Charles VII*, t. VI, p. 66, n. 4.

5. A deux lieues au S.-O. de Baugé.

6. Jacques de Bueil avait stipulé ce retour dans son contrat de mariage, comme nous l'apprend une généalogie manuscrite (Bibl. Nat. Mss. 20235, f. 10, *Généalogie des Fontaines*), mais elle se trompe en disant que ce fut Jacques lui-même qui recueillit cette succession : ce ne peut être que son petit-fils Jean, cela résulte du passage cité de la Notice de Racan et est confirmé par ce fait que nous ne voyons pas Jacques ni son fils Georges qualifiés de seigneur de Fontaines : ce dernier parait appelé par erreur Georges *de Fontaines* dans un document bien postérieur puisqu'il date de 1667 (Nouv. d'Hozier, doss. Bueil, f. 18). Nous trouvons Jean de Bueil le premier qualifié de seigneur de Fontaines dans les documents contemporains qui le concernent.

Au sujet de la généalogie de Fontaines, M. Cam. Favre nous semble commettre

triompher et par obtenir pour son fils, Jean de Bueil, le grand-père du
poète, le titre de baron de Fontaines, qui sera désormais porté par le
chef de la branche cadette, tout comme celui de comte de Sancerre par
le chef de la branche aînée, et qui finira par arriver un jour à notre
poète lui-même.

Ainsi se constitua, par la fusion de deux familles, la branche angevine des Bueil-Fontaines, qui rivalisa, avec son aînée, les Bueil-Sancerre, et pour la faveur royale et pour la vaillance militaire.

Racan nous donne quelques renseignements intéressants sur l'ancienne histoire de la maison de Fontaines qui avait contribué à former
la sienne : « On dit qu'elle vient d'un seigneur de Fontaines, grand
justicier, en réputation de fort homme de bien, que saint Louis mettoit
en sa place, quand il estoit las de tenir sa justice [1]. »

« Le plus illustre de cette Maison ce fut Guérin de Fontaines qui
desfit les Anglois au Veil-Baugé [2]. Cette histoire se trouve dans Belleforest, qui remarque que l'armée des Anglois estoit douze mille hommes,
commandée par un duc dont je n'ay pas retenu le nom, — (c'était
le duc de Clarence) — et que celle du Roy, commandée par le mareschal de Bousicault, n'estoit que de cinq ou six mille hommes; que
cette armée angloise vint loger sur les terres de la Barronie de Fontaines, ce qui obligea le seigneur du lieu d'assembler ses subjects et ses
amis pour les en chasser et demander au mareschal Boussicault qu'il
donnast l'alarme par tous les quartiers, et qui luy laissast celui du
général, qui estoit au Vieil-Baugé, pour sa part, qu'il en rendroit bon
compte, et du fait cette entreprise fut [si] adroittement exécutée que
toutte l'armée angloise fut entièrement desfaitte et l'on dit que Guérin
de Fontaines combatit et tua le général de sa propre main [3]. »

Cela se passait en 1421. Deux ans plus tard, Guérin succombait

---

une erreur en faisant de la femme de Jacques de Bueil, Louise de Fontaines, la
fille et non la sœur de Renée de Fontaines et de Jean de Daillon (*Jouvencel*, t. II,
p. 426, n. 3). Ici c'est Racan par extraordinaire qui a raison. Son indication est
confirmée par le P. Anselme et par les généalogies manuscrites (Bibl. Nat., Mss. 20235,
f. 10, etc., etc.).

1. Notice généalogique. — Cf. l'oraison funèbre de la duchesse de Bellegarde,
citée, f. 122.

2. C'est probablement le souvenir de ce seigneur qui est demeuré dans le nom
du bourg de Fontaine-Guérin, qui est à côté.

3. Belleforest ne raconte pas la bataille en ces termes (*Les Grandes Annales*,
2 vol. in-f°, Paris, chez Buon, 1579, t. II, p. 1062). Il ne sait pas si le duc de Clarence a été tué par le comte de Bouchan ou par Guérin de Fontaines, « car de tous
deux, dit-il, trouve-je autheur m'asseurant ce meurtre avoir esté commis ». Racan
paraît avoir confondu le récit de Belleforest avec celui de l'un des auteurs favorables à son ancêtre. On notera la langueur de la narration que nous citons : c'est
bien du Racan négligé.

lui-même à la bataille de Cravant. « C'estoit, raconte un écuyer qui l'avait vu à l'œuvre, — un moult bon et vaillant chevalier en son temps [1]. » On vient enfin d'ériger une statue à ce héros sur une place du bourg de Fontaine-Guérin, en septembre 1894 [2].

La mère de Guérin se trouvait être une Marie de Bueil : dès le 14° siècle s'était conclue entre les deux familles une première alliance par les femmes, bien avant que la nouvelle branche n'eût été définitivement fondée en 1458, par le mariage de Jacques de Bueil.

Ce Jacques de Bueil, qui se distingua aux armées de Louis XI, eut pour fils un Georges de Bueil qui mourut en 1516 et pour petit-fils Jean de Bueil, le grand-père du poète.

Avec lui la longue tradition militaire de la race va se compléter par une tradition administrative, car les Valois s'apercevront vite que l'heureux équilibre des qualités chez les seigneurs de Bueil les rend aussi propres aux affaires de la paix qu'aux occupations de la guerre, et ils vont leur confier le gouvernement de quelques-unes des provinces de l'Ouest.

Jean de Bueil occupa d'abord de longues années le poste de lieutenant de la compagnie du duc de Montpensier, et, comme tel, fit la campagne de Lorraine en 1552 contre-Charles-Quint [3]. Il reçut aussi, — Racan l'indique dans sa Notice, — la charge de lieutenant général du roi dans la Touraine, le Maine et l'Anjou [4].

Pendant ce temps, son frère cadet Georges gouvernait une province voisine. Georges de Bueil, sire de Bouillé, avait vu, selon le mot de son petit-neveu Racan, les charges de son beau-père lui « tomber entre les mains » : c'était la lieutenance du roi en Bretagne, la vice-amirauté et le gouvernement de Saint-Malo.

En l'absence du gouverneur de Bretagne, Georges administra réellement cette province pendant vingt ans, de 1559 à 1578 [5], se

---

1. Guillaume Tringant, *Commentaire du Jouvencel*, § 2. (*Jouvencel*, édit. Cam. Favre et L. Lecestre, t. II, p. 268.)
2. Elle a été offerte par la veuve d'un propriétaire de la commune.
3. Nous croyons pouvoir l'induire d'une quittance de solde datée de Saverne, le 3 mai 1552. (Bibl. Nat. Mss. Pièces originales, n° 550, f° 161.)
4. Voir plus loin, p. 624. Racan parle seulement de la lieutenance du roi en Anjou; mais une constitution de procureur, du 15 septembre 1560 (Bibl. Nat. Pièces originales, vol. 550, n° 218) donne à Jean de Bueil le titre de « lieutenant de Sa Majesté en l'absence du duc de Montpensier au gouvernement des pays de Touraine, Anjou, le Maine ».
On trouvera aux Pièces justificatives n° 1 une liste chronologique de documents relatifs à Jean de Bueil.
5. Les lettres de provision de lieutenant général ne sont que de 1559, mais déjà nous le trouvons en 1549 « commissaire du roi pour lever les bleds en Bretagne » (Bibl. Nat. Mss. Pièces orig., vol. 550, n° 177), — en 1557 « vis-amiral de Bre-

montrant, dans des conjonctures difficiles, sévère sans cruauté, prudent sans faiblesse, bon et ferme avec les habitants, simple et net en ses ordres, sincère et pressant avec ses chefs, vigilant à l'égard de ses ennemis ouverts ou cachés, réclamant prompte justice des coupables; mais évitant, selon son expression, de « fouler le pauvre peuple » : enfin, il mérita cet enviable éloge que l'on se passait de père en fils, à Saint-Malo, la ville où il était le mieux connu : « Il estoit doué d'une telle prudence et d'une affabilité si grande que tous nos concitoyens l'aymoient et respectoient d'une façon extraordinaire. Il vivoit avec eux comme un père avec ses enfants [1]. »

L'épreuve du gouvernement semble avoir réussi à la première génération de Bueil : il n'en fut pas ainsi de la suivante, celle qui comprend le père et l'oncle de notre poète.

*
* *

Son père, Louis de Bueil, naquit en 1544, en Touraine, au château du Bois, l'ancien manoir de la famille, construit par un ancêtre du 14ᵉ siècle à la porte du bourg de Neuvy-le-Roi, et il fut nommé Louis par son cousin le comte de Sancerre, Louis de Bueil, l'héroïque défen-

tagne » (Id., n° 178), — en 1558 gouverneur de Saint-Malo (Dom Morice, III, col. 1217 et s., 3 lettres). Frotet de la Landelle, Mémoires inédits, ch. IV (Arch. munic. de Saint-Malo, AA8) déclare même que Georges de Bueil resta quarante-deux ans gouverneur de la ville (de 1536 à 1578).

1. Rapporté par Frotet de la Landelle, Mémoires inédits, ch. IV, p. 15. Copie du 17ᵉ ou du 18ᵉ s. Voir la description de ce ms. dans la Bibl. historique du P. Lelong, t. V, n° 35 415. Il en a été publié une partie en 1837 dans la Revue rétrospective, 2ᵉ série, t. IX, p. 83-124; on y retrouvera plusieurs lettres de la correspondance d'Honorat de Bueil avec Henri IV. — Nicolas Frotet, sieur de la Landelle (1565-1646), zélé ligueur, appartenait à une puissante famille bourgeoise de Saint-Malo, et fut capitaine d'une des compagnies bourgeoises de la ville. Ses Mémoires, que nous avons mis largement à contribution dans ce chapitre, peu exacts pour l'histoire ancienne de la ville, offrent toute garantie d'exactitude pour les faits auxquels l'auteur a assisté et surtout pour ceux auxquels il a participé. Nous en avons pu avoir des extraits considérables, grâce à la parfaite obligeance de M. Saulnier, conseiller à la Cour de Rennes, qui a eu le dévouement de les copier pour nous.

Sur Georges de Bueil, outre les pièces que nous avons citées au bas du texte, on pourra consulter encore : Dom Taillandier, Histoire de Bretagne, II, p. 343. — Frère Augustin du Paz, Histoire généalogique de plusieurs maisons illustres de Bretagne, Paris, 1620, p. 779. — Dans les mss., Archives d'Ille-et-Vilaine. C 2641, p. 403 (Registres des États de Bretagne). — Archives de la Cour d'appel de Rennes. Reg. secrets. Reg. XXIV, f° 11, — L, fᵒˢ 5, 26. — Ibid. Reg. d'enregistrement. Reg. IV, fᵒˢ 21, 291. — Bibl. Nat. Mss., Pièces orig., vol. 550, nᵒˢ 171, 172, 177 à 190, 211. — Ibid. Collection Clairembaut, fᵒˢ 573, 575. Il est étonnant que Georges de Bueil ne soit pas mentionné dans le P. Anselme, et que sa personnalité marquante ait échappé aux savants auteurs de cette vaste entreprise.

seur de Saint-Dizier [1]. Cadet d'une famille de six enfants [2], il fut tout naturellement destiné à « être d'esglise », et il « passa sa jeunesse dans la pédanterie », c'est le mot même de son fils, qui, en bon gentilhomme, désigne par là une instruction soignée [3].

Mais la vocation religieuse ne se montra jamais fort impérieuse dans la famille de Bueil, où elle ne produisit que deux évêques en cinq cents ans [4], et le sang bouillant du jeune homme mit à néant les visées ecclésiastiques de sa famille.

A vingt ans, Louis n'y tient plus; il rejette le Codret et le Despautères, les grammaires latines sur lesquelles il a pâli [5], et il va demander aux camps une vie plus conforme à son humeur vive et aventureuse. Il entre comme guidon dans cette compagnie du duc de Montpensier, où son père était demeuré lieutenant une vingtaine d'années (il l'était peut-être encore), et, pour ses débuts, il fait dans l'avant-garde catholique avec le duc d'Anjou, plus tard Henri III, la chaude campagne de 1569 contre l'amiral de Coligny et le jeune roi de Navarre, son futur maître : il se bat à Jarnac, il est blessé à Moncontour, ce qui ne l'empêche pas de prendre part, quelques jours après, au siège de Saint-Jean d'Angély conduit par Charles IX en personne. C'est ainsi qu'il conquiert au feu tous ses grades : il est enseigne à 25 ans, sous-lieutenant à 34, lieutenant à 37, et à 40 ans il obtient une commission royale pour entretenir une compagnie de cinquante hommes d'armes en qualité de capitaine. L'ancien clerc avait fait son chemin.

Tout jeune, suivant le constant usage de la noblesse, Louis de

1. L'acte de baptême que nous avons trouvé dans les registres de Neuvy-le-Roi est du 22 novembre 1544 : on peut le lire à la Pièce justificative 3, avec les autres pièces relatives à Louis de Bueil. Notre Pièce just. n° 2 est consacrée au château du Bois.

2. Racan, dans sa Notice, parle de neuf enfants, parmi lesquels cinq garçons « dont je ne puis me ressouvenir des noms », dit-il. Il est probable que c'est encore une erreur. Nous n'avons vu mentionnés que six enfants (quatre garçons et deux filles) dans les documents les plus sûrs, entre autres dans ceux qui ont été fournis par le poète lui-même pour la revision de ses titres de noblesse (Bibl. Nat., Mss. Nouveau d'Hozier, doss. Bueil, f° 6, v°). Cf. *ibid.*, n° 20 235, f°ˢ 11 et 13 v°. — Voir le Tableau généalogique. Nous avons retrouvé dans les registres de Neuvy-le-Roi l'acte de baptême de François (6 nov. 1545).

3. Racan, édit. Latour, t. I, p. 320.

4. Hardouin de Bueil, évêque d'Angers, dont nous avons parlé, et l'archevêque de Bourges, François de B., mort en 1525, le frère du vainqueur de Saint-Dizier. L'auteur de l'Oraison funèbre d'Anne de Bueil, duchesse de Bellegarde, rattache encore aux prélats de la famille l'évêque Pierre d'Amboise, fils d'une Anne de Bueil, « qui gît en l'église de Dissais qu'il a fait bâtir ». (N'y a-t-il pas confusion avec le cardinal Georges d'Amboise, fils de Pierre, seigneur de Chaumont et d'Anne de Bueil, sœur de Jean V?) Il cite encore un Louis de B., évêque de Vence, qui parut au concile de Trente (ouv. cit., f° 122, v.).

5. Lettre cit., p. 320.

Bueil avait ajouté à son nom le titre d'une des seigneuries de son père, et, de même que ses frères s'appelaient l'un Honorat, seigneur de Vallènes, l'autre, François, seigneur de Baugé, Anne, seigneur de La Roche-Ambillou, il se disait lui-même Louis, seigneur de *Racan*, du nom d'un fief qu'il avait acheté dans la paroisse de Neuvy-le-Roi, consistant en un moulin et une petite ferme. Tallemant des Réaux se trompe donc tout à fait en racontant ingénieusement que « le poëte portoit le nom de Racan à cause que son père achetta un moulin qui est un fief, *le propre jour que ce filz lui nasquit*, et il voulut que ce petit garçon en portast le nom [1] ». Notre poète est bien capable d'avoir innocemment accrédité cette fable. M. de Sourdeval le premier l'a refutée, il y a trente ans, au moyen d'une pièce imprimée, datée de 1587 [2] : nous avons pu retrouver nous-même de nombreux documents antérieurs où Louis est mentionné avec la qualité de seigneur de Racan, et remonter ainsi jusqu'en 1569, c'est-à-dire vingt ans avant la naissance de l'enfant [3].

Le poète devait succéder à son père dans le titre seigneurial de Racan, et, par un caprice du sort, le plus connu aujourd'hui des seigneurs de la grande maison de Bueil, au lieu d'être appelé par son nom de famille, se trouve désigné par celui d'un humble moulin, qui continue à virer modestement sur son ruisseau de Touraine, sans paraître se douter qu'il a baptisé un homme illustre [4].

---

1. *Historiettes*, édit. Monmerqué, t. II, p. 354.

2. Dans *Le Château de la Roche-Racan*, Tours, Ladevèze, 1865, p. 6. — Cette brochure de 51 pages est, avec la Notice d'Antoine de Latour (Racan, édit. Tenant de Latour), une des meilleures études qui existent sur notre poète. La partie littéraire en est faible, mais le poète est bien replacé dans son cadre, dans ce coin de Touraine, que l'auteur avait longuement pratiqué. Malheureusement l'édition est épuisée. Ce mémoire se trouve aussi inséré dans les *Annales de la Société d'agriculture*, sciences, arts et belles-lettres du département d'Indre-et-Loire, t. XLIII, 2e série, année 1864, p. 139 à 189.

3. Baptême de Jacques, fils d'Honorat de B., au château de Valjoyeux, le 9 décembre 1569. L'un des parrains est « Louis de B., sieur de Raquam » (*sic*). (Bibl. de Tours, ms 183, f. 178.) — Quittance du 30 décembre 1572 de « Louis de B., sieur de Racan ». (Bibl. Nat., Mss. Pièc. orig., vol. 550, n° 265), etc., etc. Mézeray ne l'appelle pas autrement que *Racan* tout court. Son contemporain, Frotet de la Landelle, qui a parlé de lui à maintes reprises dans son journal ms., déjà cité, le désigne sous le nom de *seigneur de Racan*. — Ce point ne fait pas de doute.

4. Le moulin de Racan est à 3 kilomètres au sud de Neuvy-le-Roi, sur la Vendeume, petite rivière poissonneuse, tributaire de l'Écotais, lequel passe à Saint-Paterne. Les habitants appellent aujourd'hui le moulin lui-même *Racan*, et la ferme qui le domine *Haut-Racan*. — Plus tard le poète tâchera de faire appeler ses fils MM. de Bueil, et il ne pourra les faire nommer autrement que Racan (Tallemant, II, 365).

Ce fief est mentionné au « Roolle des Fiefz de la province de Touraine, divisé par les élections de ladite province », ms. de Châtre de Cangé, Bibl. Nat., Mss. fr.

En même temps qu' « il poussoit sa fortune dans les armes [1] », Louis de Bueil avait la chance de s'avancer à la cour, grâce à son frère aîné Honorat, le chef des Bueil-Fontaines, qui y réussissait brillamment [2], et qui, maître pendant plus de vingt ans de la faveur royale, ne manqua jamais de lui en communiquer quelque part.

Ainsi Honorat avait été gratifié par le jeune roi Charles IX du cordon de l'ordre de Saint-Michel et de la charge de gentilhomme de sa chambre à six cents livres d'appointement [3]. Le guidon de la compagnie de Montpensier reçut bientôt les mêmes avantages.

Le roi n'avait point obligé des ingrats : en 1572, le lendemain de la Saint-Barthélemy, la ville de Sancerre en Berri, qui était huguenote, refusant de recevoir le gouverneur choisi par le roi, les deux frères jurèrent de le lui imposer. Louis de Racan se fait livrer le château par l'astuce d'un nommé Cap d'Aillet, homme d'intrigues et rusé, et il va descendre dans la ville et s'en saisir : mais l'alarme est donnée, et un furieux assaut des bourgeois ferme toutes les issues. Le gentilhomme « voyant que le secours qu'il attendait de son frère n'arrivait pas, se sauve par une poterne ouverte sur les champs : Cap d'Aillet ne l'ayant pu suivre pour ce qu'il était blessé, est entraîné par la ville et assommé par la populace [4]. »

En 1577 Honorat hérita de la plus belle charge de la famille, la

n° 4,835, et reproduit dans la copie de ce manuscrit, faite par André Salmon, Bibl. de Tours, n° 1428, p. 250.

1. « Mon père a eu le courage de pousser sa fortune dans les armes. » Racan, I, 320.

2. « Plein de gentillesse et adresse à toutes sortes d'exercices de noblesse » (Harangue funèbre de la duchesse de Bellegarde, déjà citée, f° 122), — « pourvu de beaucoup de dons tant de l'esprit et du corps que de la fortune », au dire même de son ennemi *Frotet de la Landelle*. Mémoires inédits, déjà cités, ch. xxx.

3. Il porte ces titres dès l'époque de son mariage (13 septembre 1568), Bibl. de Tours, ms. 183, f° 8. — V. la quittance de six cents livres tournois pour l'année 1571, 12 mars 1572 (Bibl. Nat., Cab. des titres, Pièc. orig., vol. 550, n° 191). — Depuis l'année 1572, il est qualifié de « premier escuyer du roi » (Bibl. de Tours. Actes de naissance de ses enfants Honorat et Anne, 1572 et 1573, ms. 183, f° 178 v°.) — 1574, acte de vente passé par lui (Bibl. Nat., Cab. des titres, Pièc. orig., vol. 550, n° 192). Il était *premier écuyer de la petite écurie* (Harangue funèbre de la duchesse de Bellegarde, Bibl. Nat., mss Clair., vol. 941, f° 122). — Sur ses armes, voir à la fin la légende du *Blason du* sur les Armes de Racan.

Quant à Louis, il s'intitule pour la première fois « gentilhomme ordinaire de la chambre du Roy » dans la quittance datée de Saint-Jean d'Angély, le 10 décembre 1569 (Bibl. Nat., Cab. des titres, Pièc. orig., vol. 550, p. 167, 1re pièce), et pour la première fois « chevalier de l'ordre du Roy » le 20 octobre 1572 (*id.*, p. 264). — Dans la pièce de la p. 265, datée du 30 décembre de la même année, il reconnaît avoir reçu « sept vingts dix livres » pour octobre, novembre et décembre. — Sous Henri III, il est appelé « conseiller et chambellan du roi ». Vente datée du 23 juillet 1582 (Arch. d'Indre-et-Loire, G 465) et Bail du temporel de l'abbaye de Vaas, 1581 (Arch. de la Sarthe, H 494).

4. Mézeray, *Hist. de France*, éd. 1830, Paris, t. XI, p. 287 et suiv.

lieutenance générale du Roi en Bretagne, avec le gouvernement de la place
de Saint-Malo[1], car Georges de Bueil étant, comme le disent les lettres de
provision, « vieil, caduc et maladif », et n'ayant point d'enfants se fit
adjoindre Honorat, l'aîné de ses neveux, comme coadjuteur avec succession : alors, Louis ne tarde pas à recevoir le gouvernement des ville et île
du Croisic, probablement comme commissionné ou délégué de son frère[2].

Georges de Bueil ayant été promptement emporté par la goutte,
Honorat, le nouveau gouverneur de Saint-Malo, alla prendre possession
de son commandement le dernier jour d'avril 1578. Un récit détaillé de
cette cérémonie se trouve dans le journal manuscrit d'un contemporain,
Frotet de la Landelle[3], qui ajoute : « Il estoit accompaigné du seigneur
de Racan, son frère, qui, jeune et fort insolent, se persuada d'estre
arrivé chez quelques sauvages ou comme en un pays de conqueste auquel
tout lui fust permis, tellement que de jour et de nuit, il commit plusieurs
actions qui nous donnèrent sujet d'en faire plainte audit gouverneur,
lequel ne nous fit aucune satisfaction. »

On le voit, Louis n'était guère plus sympathique aux Bretons qu'aux
Berrichons. Il est juste, pour atténuer la sévérité de ce jugement, de
remarquer que le mécontent était un ennemi juré des deux frères[4].
Néanmoins le père de Racan avait évidemment un caractère entier : il
était ardent, audacieux, autoritaire, ignorant l'art de ménager et même
de prendre les hommes. Il semble qu'en lui l'une des deux traditions
de la famille, celle de sagesse, s'était singulièrement affaiblie.

Il continua avec Honorat à gouverner la ville de Saint-Malo, où
s'augmentaient de jour en jour l'affection pour la Ligue et le mécontene-
tement contre les deux frères[5].

---

1. Il est nommé lieutenant général en Bretagne par lettres patentes signées
de Henri III et datées de Blois du dernier février 1577 (Dom Morice, *Hist. de Bretagne*, Preuves, col. 1433). — Le 12 février 1578, partage du gouvernement de
Bretagne entre le sieur baron de la Hunaudaye et le sieur de Fontaines « qui aura
les évêchés et les sénéchaussées de Vannes, Cornouailles, Léon, Saint-Malo, etc. »
(*ibid*, col. 1436). — Approbation du roi du 25 avril 1578 (Arch. de la Cour d'Appel
de Rennes, Reg. des enreg., reg. VII, f° 378).

2. On trouve Louis de Bueil pourvu du titre de gouverneur du Croisic depuis
l'année 1581 (Bail du temporel de l'abbaye de Vaas, Arch. de la Sarthe, H 494). —
Les lettres de provision ne sont point dans les registres d'enregistrement du
Parlement de Bretagne, ce qui nous fait supposer que'il occupait ce poste, non en
vertu de lettres royales, mais simplement comme commissionné de son frère;
c'est ainsi que plus tard le père de Mme de Lafayette fut gouverneur du Havre
comme *lieutenant du lieutenant* du cardinal de Richelieu.

3. Ms. cité, p. 15. ch. iv.

4. Au point que Frotet de la Landelle sera un des organisateurs du coup de
main de 1590 (voir le ch. suivant).

5. Voir Frotet, entre autres au ch. x, p. 30, et au ch. xii, p. 35 (Louis et
Honorat à Saint-Malo en 1585).

Le bouillant capitaine venait quelquefois, mais rarement, se reposer dans sa maison de Touraine. C'était son lot dans la succession paternelle, un vieux château, ancien bien de famille, assis sur le rocher dans la vallée de Saint-Pater, à égale distance environ des bourgs de Bueil et de Neuvy : les manants du pays appelaient cela La Roche-au-Majeur, parce que le seigneur de Bueil était le majeur ou maire de leur suzerain féodal le chanoine de Saint-Martin de Tours, prévôt d'Oé; c'est entre ses mains qu'en l'absence du prévôt on allait payer les redevances de cette seigneurie ecclésiastique [1].

*
* *

On voit quelle était à la fin du 16e siècle la puissance de cette maison de Bueil, dont les deux familles avaient cheminé du même pas depuis deux cents ans, compagnes, le plus souvent, et d'armes et de gloire. Le nombre et l'étendue de leurs domaines en étaient comme le signe matériel : en dehors du comté de Sancerre en Berri, du comté de Marans et de l'île de Ré en Aunis, la plupart de leurs fiefs formaient au nord de la Touraine un vaste réseau qui débordait sur le Maine et sur l'Anjou. Pour se borner aux principaux, c'étaient, en Touraine les baronnies de Saint-Christophe, de la Marchère, les seigneuries de Bueil, de La Roche-au-Majeur, de Neuvy-le-Roi, de Courcillon, de Pocé, de Montrésor, et de la Motte-Sonzay; dans l'Anjou les châtellenies de Brion, de Vieil-Baugé, et de Bouillé, les baronnies de Fontaines-Guérin, de Marmande, de Faye-la-Vineuse, de Chasteaux (plus tard Château-la-Vallière) avec toute la forêt de Valjoyeux; en sorte que dans toute la région qui s'étend sur la rive droite de la Loire, depuis le château d'Amboise jusque sous les murs d'Angers, et sur une profondeur d'environ vingt lieues, il n'était guère de paroisses où l'on ne vît, au-dessus de quelque porte de castel, glorieusement briller sur son fond d'azur le croissant d'argent des Bueil entouré de ses six croix recroisetées au pied fiché d'or [2].

A cet héritage de gloire se mêle-t-il quelque tradition littéraire, et les sires de Bueil ont-ils su marier le savoir à la vaillance? Racan

1. Cela ressort d'un grand nombre de pièces du dossier G 465, Arch. d'Indre-et-Loire, entre autres celles des années 1393, 1500, 1539, 1553, 1601, 1602.
2. Voir à la fin la reproduction de ces armes en couleur. Ce sont les armes générales de la maison de Bueil (Bueil-Sancerre comme Bueil-Fontaines). Nous les donnons parce que Racan les avait adoptées avec un léger changement, sans prendre d'écusson écartelé : il les fit graver sur la pierre au centre de la façade du château de La Roche-Racan, et il les produisit en 1667 à la revision des titres de noblesse. — Voir la note qui accompagne le Blason.

répond de lui-même à cette question dans une lettre de sa vieillesse :
« Chacun sayt combien le sang de Bueil a produit de héros depuis
six cents ans que les Alpes l'ont donné à la France. Mais s'il a eu de
l'éclat dans les armées, il est demeuré jusqu'à présent en une si obscure
ignorance qu'il y a eu des comtes de Sancerre qui ne pouvoyent escrire
leur nom sans le secours de leur secrétaire [1]... »

Le poète ne semble point savoir que le premier de ces comtes a
fait un livre, le seul apparemment qui soit sorti de la famille de Bueil
avant le 17ᵉ siècle. Jean V, l'amiral, en une année de disgrâce, dicta
à ses secrétaires un traité d'éducation militaire, nourri d'allusions historiques, et destiné à faire aimer aux jeunes gens « l'art de la guerre, qui
est pour lui comme un résumé des misères et des gloires de l'humanité ». Il l'appela le Jouvencel, c'est-à-dire le jeune homme [2].

Les seigneurs de Bueil avaient fait mieux que d'écrire, ils avaient
gravé de leurs épées la grande épopée anglaise sur le sol français.

Parmi les ancêtres de notre poète du côté des Fontaines, nous trouvons un poème, mais un poème de chasse. Le père du vainqueur de
Vieil-Baugé, Hardouin de Fontaines, fait prisonnier par un de ses
voisins en 1394, charma les loisirs de sa captivité en composant un
Trésor de Vènerie, laborieux poème de deux mille vers, où il enseigne
quatorze sortes de cornures ou sonneries, « souvenir de ses bruyantes
excursions dans les royales forêts de l'Anjou » [3].

Un roman de guerre et un traité de chasse, il ne nous déplaît pas
que ce soit là tout le bagage littéraire de ces guerriers : encore ne
se firent-ils auteurs que le jour où ils furent par force exilés de l'action,
et ils écrivirent pour enseigner aux autres à agir.

Après avoir tous si vaillamment travaillé, les seigneurs de Bueil
vinrent se coucher les uns après les autres dans le lieu de repos qu'ils
s'étaient préparé dès le commencement, en gens prudents, qui assurent
leur salut éternel avec le soin qu'ils ont pris pour leur fortune ici-bas.
Des exploits pendant leur vie, des prières après leur mort, — belle et
grande conception des preux du moyen âge pour acquérir la gloire en
le monde et la félicité dans l'autre !

1. Racan, t. I, 321.
2. Cet ouvrage a été publié en 1887-89 par MM. Cam. Favre et Léon Lecestre
pour la Société de l'Histoire de France. Nous avons déjà eu l'occasion de le citer
plusieurs fois.
3. Trésor de Vènerie, composé l'an 1394, par Hardouin, seigneur de Fontaines-
Guérin et publié pour la première fois par H. Michelant. Metz, Rousseau-Pallez,
1856, in-8°. On y voit que le père d'Hardouin était également un grand chasseur.

Au centre de leurs possessions, au village de Bueil en Touraine, ils avaient fondé à perpétuité, nous dit Racan dans sa Notice, « un chapitre composé de six chanoines » réguliers de l'ordre de Saint-Augustin « et un doyen, chantre et enfants de cœur (sic), le tout de valeur de six mille livres ». C'est dans cette collégiale, ajoute notre poète, qu' « est la sépulture des seigneurs de Bueil en deux carrés, l'une pour les comtes de Sancerre aisnés, à la main droite, et l'autre pour les seigneurs de Fontaines-Bueil, à la main gauche... » Suivant le rapport des contemporains, onze seigneurs étaient couchés là ; ils dormaient à l'ombre des reliques des saints, qu'ils avaient rapportées des pays lointains, à l'ombre aussi des enseignes qu'ils avaient enlevées à l'ennemi. C'était à la fois leur Saint-Denis et leur Notre-Dame [1].

II

En 1588 Louis de Bueil avait quarante-trois ans : châtelain de La Roche-au-Majeur, capitaine d'une compagnie, lieutenant royal en Bretagne, gouverneur du Croisic, chevalier de l'Ordre, redouté de ses ennemis, estimé du prince, considéré dans sa province (les poètes tourangeaux lui dédiaient leurs œuvres [2]), il devait songer à s'établir.

1. Sur cette église dédiée aux Saints Innocents, sur sa fondation en 1394 et sa construction, voir des détails intéressants dans une *Notice historique et archéologique sur l'ancienne église collégiale de Bueil*, par l'abbé Bourassé (*Mémoires de la Soc. archéol. de Touraine*, t. VII, p. 183-250). — V. aussi *Notes d'un voyage à Bueil* par M. de Galembert (Soc. archéol. de Touraine, 1871-1873, p. 288), avec une gravure de la statue de Jeanne de Montejean, femme de Jean V, enterrée là. — Hucher, *Monuments funéraires de la famille de Bueil*. — On trouve dans les manuscrits de dom Housseau des détails rapportés *de visu* sur la collégiale (Bibl. Nat. Mss. dom Housseau, XIV, *Histoire de Touraine et d'Anjou*, et XXI, 2e p., fo 71). « On y voit, dit-il, plusieurs reliques fort estimées, que les comtes de Sancerre ont rapportées de leurs expéditions militaires..... Dans la tribune élevée au-dessus du chœur, on voit des *enseignes* des xive, xve, xvie siècles avec un casque : ce sont sans doute les trophées de nos anciens seigneurs de Bueil, qui se sont distingués dans les armées au service de nos rois, pour qui une quantité prodigieuse de ces héros ont répandu leur sang après avoir occupé les premières charges dans les armées. »

A la mode féodale, les seigneurs de Bueil se faisaient fondre de leur vivant une dalle de bronze par quelque maître canonnier. Voir pour Jean V, Cam. Favre, t. I, p. CCLXXXVI.

Quoiqu'elle ait été bien dévastée, la collégiale de Bueil est encore un monument très intéressant à visiter aujourd'hui.

La statue d'une des grandes dames enterrées là, qui a été transportée au château du Plessis, est honorée dans le pays sous le nom de sainte Madeleine. V. sur ce sujet une lecture de M. Nobilleau à la Société archéolique de Touraine, le 25 novembre 1868 (*Bulletins*, t. I, p. 104).

2. Victor Bouchet dédie en 1587 à « M. de Racan, chevalier de l'Ordre du Roi et capitaine de Cinquante hommes d'armes », un petit poème imprimé à Tours et intitulé : *Le triomphe de la victoire par nostre roy très chrestien, obtenue contre les Reitres et associés* (Chalmel, *Histoire de la Touraine*, t. IV, p. 44 et 45). — Bellanger,

C'est alors qu'il rechercha et obtint la main de Marguerite de Vendômois, fille aînée du lieutenant royal du Maine : elle avait une trentaine d'années et était veuve, depuis quatre ans, d'un cousin qu'elle avait épousé en premières noces, Mathurin de Vendômois, sieur de Champmarin, qui lui avait donné une petite fille, placée maintenant sous la tutelle légale de sa mère et de son aïeul maternel.

Le 18 janvier 1588 les parents de Marguerite envoyèrent aux amis des deux familles des *Advis pour parvenir au mariage*; c'étaient les « billets d'invitation » de l'époque [1].

Le 15 février eut lieu la signature du contrat, qui assurait en dot à Marguerite d'abord des meubles, puis les deux tiers de la terre de Vau au Bas-Vendômois, dont son père était seigneur, une créance de 600 livres, plus une somme de 10 000 livres qui devait être employée en fonds de terre et était affectée aux enfants qui naîtraient du mariage, avec la charge d'exclusion de ceux du premier lit. Les biens restaient séparés [2].

La cérémonie religieuse se fit aussitôt [3], et les époux allèrent s'installer dans le joli manoir de Champmarin, appartenant à Marguerite et situé au sud du Mans, dans la paroisse d'Aubigné, sur la limite exacte du Maine et de l'Anjou au point que la maison se trouvait partagée entre les deux provinces [4].

la Touraine ancienne et moderne, p. 571). V. Carré de Busserolles, *Dictionnaire d'Indre-et-Loire*, 1878, art. BOUCHET. Nous n'avons pu en voir un exemplaire; l'ouvrage manque et à la Bibliothèque de Tours et à la Bibliothèque nationale.

1. Nous voyons que l'un de ces *Advis* fut produit par Racan dans le procès de revision des titres de noblesse en 1667 (Bibl. Nat. Mss. Nouveau d'Hozier, doss. Bueil, n° 1399, f° 9).

2. Marguerite avait déjà reçu 10 000 livres au moment de son premier mariage. — Nous tirons cette analyse du contrat, comme un certain nombre des détails qui précèdent ou qui suivent, du Factum Sigogne (factum judiciaire fait pour Racan vers 1648, que nous avons trouvé à la Bibl. Nat.). Nous le publions aux Pièces justificatives, n° 49. — Le contrat de mariage est aussi mentionné dans la pièce manuscrite citée plus haut (n° 1399, f°⁵ 4 et 8 v°); on y voit qu'il fut passé par-devant Mᵉ Macé Bézard, notaire au comté de Lude. — L'âge approximatif de Marguerite nous est donné par la mention du baptême de sa fille Jacqueline sur les registres d'Aubigné en 1581. Son premier mariage avait dû avoir lieu en 1580; elle pouvait avoir vingt ans à ce moment, donc vingt-huit ans en 1588.

3. Probablement le même 15 février, comme le suppose avec vraisemblance Berger de Xivrey (*Lettres missives d'Henri IV*, t. VI, p. 524, n. 5).

4. Champmarin appartenait à Marguerite par son premier mari, Mathurin de Vendosmois; il était dans cette famille depuis bien longtemps, car on en trouve des *hommages* rendus au roi dès 1342. (Voir Legeay, *Recherches historiques sur Aubigné et Verneil*. Le Mans, Julien Lanier, 1857, p. 182. — Arch. Nat. P 348⁴, cote XIIIIᵉ X, hommage de 1489.)

C'est aujourd'hui une ferme appartenant à M. le duc de Grammont, dans la commune d'Aubigné, au N.-E. du bourg, canton de Mayet, arrondissement de La Flèche (Sarthe). Aubigné est une station de la ligne de Tours au Mans. — La situation singulière de Champmarin sur les deux provinces est relatée par Conrart à la

On ne pouvait choisir de cadre plus propice à une lune de miel :
à l'écart du bourg, sur une pente sablonneuse, abrité d'un côté par une
garenne de chênes et de châtaigniers, ouvrant de l'autre sur le vaste et
fertile horizon du val du Loir, le modeste logis féodal s'était blotti, sain,
bien aéré, à la fois solitaire et voyant sur la plaine. Une avenue d'ormes
y conduit encore aujourd'hui, et derrière le vieux puits trois larges
baies invitaient à entrer dans la cour d'honneur. On voyait s'ouvrir à
gauche la boulangerie creusée dans le tuf et surmontée d'un pignon ; à
droite s'étendaient en pente douce vers la plaine les quatre arpents
des jardins clos de murs et coupés par les anciens fossés. Vis-à-vis de
l'entrée s'élevait la petite façade de la maison, flanquée d'un côté par
l'ancienne tour féodale, de l'autre par l'élégante chapelle aux fines
nervures gothiques ; la façade avait subi une restauration Renaissance,
et les fenêtres à meneaux mettaient la demeure féodale au goût du commencement du siècle. A l'intérieur les chambres à poutrelles ornées
de hautes cheminées tout unies, grossièrement taillées par des maçons
de village, étaient présidées çà et là par de naïves statues encastrées
dans le mur, qui témoignaient de la piété des habitants.

C'est dans une de ces chambres qu'un an après son mariage Marguerite de Vendômois mettait au monde un fils, le 5 février 1589.

Racan naissait donc, non pas Tourangeau, comme on l'a cru jusqu'ici, mais Manceau-Angevin. Il se plaisait plus tard à raconter cette
particularité, et son ami Conrart remarquait gravement que, si « sept
villes ont disputé pour la naissance d'Homère, deux provinces peuvent

première phrase d'une notice manuscrite sur Racan que nous avons retrouvée à la
bibliothèque de l'Arsenal et que nous donnons aux Pièces justificatives, n° 48.
Vérification faite, cette affirmation est très vraisemblable. La frontière du Maine
et de l'Anjou passe à cet endroit-là. Expilly, qui fait autorité dans la matière,
place Aubigné dans le Maine, bien que ce pays appartînt à l'élection angevine de
La Flèche. — Qu'on nous permette d'ailleurs de rapporter un fait analogue concernant une ancienne propriété de notre famille, le Bois de l'Arbre, qui se trouve partagée entre les trois communes d'Hermonville, de Pévy et de Bouvancourt (arrond.
de Reims) ; la maison d'habitation est sur Hermonville, mais les communs sont
situés sur les deux autres communes. Une naissance s'étant produite, il y a quelques années, dans la cuisine des communs, on voulut déterminer la commune par
l'emplacement du foyer principal ; la ligne de partage tombait juste au faîte de la
cheminée ; alors, bien que le lit où l'enfant était né fût sur le territoire de Bouvancourt, la plus grande partie de la pièce étant sur celui de Pévy, le nouveau-né
fut enfin acquis à cette dernière commune. Nous tenons ces curieux détails de
M. Léon Arnould, qui était à ce moment propriétaire du Bois de l'Arbre.

Nous avons pu facilement reconstituer l'ancien Champmarin, grâce aux deux
visites détaillées que M. le duc de Grammont nous a facilitées dans sa ferme ; nous
lui en adressons ici tous nos remerciements. — Nous avons fait notre enquête en
ayant à la main une description de 1607 qui se trouve dans un « aveu de la seigneurie de Champmarin » (Arch. Nat., P 743, cote 3624). — On trouvera à la fin
parmi nos gravures deux vues de Champmarin.

disputer pour la naissance de Racan [1] ». Il faisait de plus, nous l'avons
dit, partie de la branche angevine des Bueil-Fontaine : il semble donc
qu'il y ait eu une action angevine exercée sur lui par le sol, le terroir,
les ancêtres. L'Anjou, avec la Pléiade, exerçait alors sa suprématie littéraire en France, avant que la Normandie avec Malherbe et Corneille
lui succédât [2] : Desportes et du Bellay étaient nés aux environs, et Ronsard avait vu le jour au Bas-Vendômois, dans cette même fertile et
douce vallée du Loir, au château de la Poissonnière, qui est à quelques
lieues en amont de celui de Champmarin. Vendômois lui-même par sa
mère, Angevin par ses ancêtres Fontaines et par son lieu de naissance,
Racan naissait pour ainsi dire au milieu de la Pléiade. Nous verrons
qu'il la rappellera plus d'une fois par sa poésie personnelle et gracieuse.

Au mois de février 1589, l'on était en pleine Ligue. Les gens
d'armes emplissaient le pays. Louis de Bueil, qui était si compromis par
sa fidélité au roi et qui se sentait tant d'ennemis, ne se trouva point
en sûreté à Champmarin, lui et son fils, « qui lui estoit fort cher [3] ». Il
lui vint alors une de ces idées téméraires qui étaient selon sa nature :
pendant que sa femme se remettra à loisir, emmener l'enfant et la nourrice, et passer avec eux, coûte que coûte, dans son château de La
Roche-au-Majeur, beaucoup mieux fortifié que la maison basse de
Champarin, tel est son plan.

Il eut soin, à tout risque, de faire baptiser son enfant avant de partir,
et le 17 février, douze jours après la naissance, le curé d'Aubigné vint
à la hâte procéder à la cérémonie dans la jolie chapelle du château.
Voici l'acte qu'on peut lire sur les registres de la paroisse de Saint-
Pater, où il a été recopié :

« Le cinquiesme jour de febvrier 1589, nasquit le filz de noble
homme Loys de Bueil, chevalier de l'ordre du roy, capitaine de cinquante hommes d'armes, et seigneur de Racan, et fut baptisé par le
curé d'Aubigné, nommé Honorat par Cosme, fils de feu Jean Royer, de
Saint-Pater, et par Julian Boussard, de Vas. » (Vaas est le principal
bourg des environs de Champmarin.)

L'enfant fut donc mis, comme son oncle, sous le vocable de saint
Honorat, du grand saint de la Provence, dont les seigneurs de Bueil, de
même que ceux de Grimaldi n'avaient jamais délaissé le culte, semblant

---

1. Notice manuscrite. Voir plus loin, p. 625.
2. Cette ingénieuse généralisation sur les influences provinciales dans notre
poésie nous a été suggérée oralement par M. Brunetière.
3. Notice de Conrart. Nous tirons d'ailleurs de la même source tout cet épisode.

garder par là comme un lointain souvenir de leur origine méridionale [1].

Le registre est muet sur la marraine, que l'on jugea inutile de nommer peut-être parce qu'elle était simplement une personne au service de Marguerite. En tout cas, toutes les bonnes fées ne furent point conviées à son baptême : l'enfant devait s'en ressentir plus tard, et, sans subir de grands malheurs, manquer toute sa vie de ce grain de bonne chance qui fait les destinées heureuses.

Suivant l'usage du pays à cette époque, en sa qualité de garçon il avait deux parrains, de même que les filles étaient dotées de deux marraines [2]. C'étaient deux bourgeois, sans doute deux hommes de la suite du capitaine : tout cela sentait bien un baptême précipité [3]. Mais le véritable parrain, non pas celui qui le tenait sur les fonts (il était engagé au loin dans des affaires trop graves), mais celui qui devait le présenter dans la vie, celui qui lui promettait son appui, et qui lui donnait son nom, c'était le chef de la famille qui jetait un si vif éclat sur le nom de Bueil, c'était le favori de la fortune et des rois, l'allié du comte de Sancerre, dont il avait épousé la sœur [4], c'était le lieutenant général du roi en Bretagne, le gouverneur de Saint-Malo et le vice-amiral de France, le sire Honorat de Bueil, « monseigneur le comte de Fontaines », ainsi qu'on l'appelait dans toute la région de l'Ouest [5]. Comme

1. Ainsi l'on voit dans la famille de Grimaldi deux Honoré de Grimaud, barons de Bueil au 16e siècle, et un *Honorat* de Grimaud vers 1660 (P. Anselme, IV, p. 501-503). On sait que Honoré et Honorat sont deux variantes du même prénom. Il était assez fréquemment donné dans la noblesse à la fin du 16e siècle : Honoré d'Urfé, Honoré de Luynes, — Honoré de Savoie, comte de Sommerive (*Mémoires de la Force*, t. I, 306), Honorat de Beauvilliers né en 1579 (Bassompierre, *Mémoires*, t. II, p. 52, n. 6), Honoré du Teil (*Le Livre de Raison de noble H. du T., 1571-1586*, par Joseph du Teil, Digne, 1894), etc., etc. Racan avait déjà un jeune cousin germain à qui l'on avait donné ce nom, probablement aussi en l'honneur du gouverneur de Saint-Malo; c'était Honorat d'Acigné.

2. Charles de Sourdeval note cet usage à Saint-Pater dans son édition du *Rapport de Charles Colbert*, p. 157. L'usage existait aussi ailleurs, puisque le père de Racan, né à Neuvy-le-Roi, avait eu déjà deux parrains et une seule marraine. Voir son acte de baptême aux Pièces justificatives, n° 3.

3. Louis de Bueil ne put pas même offrir cet honneur à l'un des quarante gentilshommes qu'il allait réunir; et ainsi ce fils de noble fut privé d'un parrain noble, ce qui était très rare. — Nous avons trouvé la mention de l'un des parrains de Racan ou au moins de sa famille dans les Reg. paroiss. de Vaas, où abondent d'ailleurs les Boussard : le 13 février 1668 est inscrit le mariage de Michel Boussard du Joncheray, marchand tanneur, « fils de défunt messire Julien Boussard Sieur du Joncheray, assisté de Messire Julien Boussard Sieur du Joncheray Bourgeois de Paris son frère » (*Julien* est la forme rajeunie de *Julian*).

4. Anne de Bueil. Le mariage s'était fait au château de Valjoyeux, le 13 septembre 1568 (Bibl. de Tours, ms. 183, f° 8).

5. Honorat, seigneur de Vallènes, était devenu comte ou plutôt *baron* de Fontaines par la mort de son père Jean de Bueil vers 1566 : il semble que le changement du titre de baron en celui de comte ait été une flatterie des Bretons favorisée par la complicité d'Honorat.

protecteur pour son fils, Louis de Bueil choisissait naturellement son frère aîné, son inséparable compagnon d'armes et de dangers, son protecteur à lui-même : c'était de la reconnaissance et de la sagesse.

Le capitaine, ayant réuni à la hâte quarante gentilshommes de ses amis et cent vingt mousquetaires, se mit en route avec son précieux trésor, vers le 20 ou le 21 février. Il avait la rivière du Loir et environ six lieues de pays à traverser. Par les chemins il fait rencontre d'un parti de la Ligue, qui l'oblige à rendre combat pour se faire un passage : pendant ce temps, on met la nourrice avec l'enfant derrière un chêne contre lequel portent quelques coups de mousquet qui ne blessent heureusement ni l'un ni l'autre, et l'on parvient sain et sauf à La Roche-au-Majeur [1].

Le nouveau-né recevait donc le baptême du feu incontinent après l'autre, et il faisait son entrée dans la vie, escorté de deux cents hommes d'armes, porté par un ardent capitaine, au travers des balles : c'était bien là le début martial d'un enfant qui semblait voué par sa naissance au commandement des armées et au gouvernement militaire des provinces.

Rectification du lieu de naissance de Racan.

L'opinion que nous émettons sur le lieu de naissance de Racan est entièrement nouvelle.

Nous déplaçons le lieu traditionnel, en le changeant non seulement de village, mais même de province. Toutes les biographies sans exception ont fait naître Racan à Saint-Pater (Pellisson, *Histoire de l'Académie française*, édit. Livet, p. 274 [2], répété par Bayle et par les biographes modernes, Rathery [Biographie Didot-Hœfer] ; Antoine de Latour : Racan, *Œuvres complètes*, 1857, p. xxvi, etc., etc.). La consécration officielle de cette tradition se trouve dans la grande salle de la mairie de Saint-Paterne [3], dont le plus bel ornement aujourd'hui

1. Conrart, Notice manuscrite. — Racan plus tard dut prendre plaisir à retrouver son aventure dans Virgile et à constater sa communauté de sort avec Camille : *Enéide*, XI, 539-566... *tela undique sæva premebant, Et circumfuso volitabant milite Volsci.* Nous ne savons pas comment l'enfant traversa le Loir, mais il est probable que ce ne fut pas de la manière que Camille traversa l'Amasène, attachée par son père à une lance et jetée ainsi par-dessus l'eau. — Il put voir aussi le tableau du Poussin représentant une scène semblable empruntée à l'enfance du roi Pyrrhus.

2. On retrouve peut-être quelque trace de vérité dans l'erreur de Pellisson qui dit que Racan est né au château de La Roche-Racan, *situé sur les confins du Maine et de l'Anjou.*

3. Quand nous parlons du bourg actuel, nous sommes obligé de dire *Saint-*

est une grande plaque de marbre blanc qui porte ces mots gravés en lettres d'or :

HONORAT DE BUEIL
MARQUIS DE RACAN
MEMBRE DE L'ACADÉMIE FRANÇAISE
EST NÉ A SAINT-PATERNE
LE 5 FÉVRIER 1589.

Nous l'avons cru nous-même après avoir lu l'acte de baptême du poète dans les registres paroissiaux de la commune. Nous étions étonné toutefois du retard apporté au baptême de l'enfant, à en juger par le rang qu'il occupe dans le registre. Dans les inscriptions du mois de février 1589 figurent d'abord régulièrement les enfants nés le 7, le 10, le 13, le 17, puis Racan né le 5 février; la série reprend ensuite avec les enfants nés le 23, le 24 et le dernier jour de février. Racan, né le 5, fut donc baptisé entre l'enfant du 17 et celui du 23, c'est-à-dire entre le 17 et le 24 ou 25 février environ, à l'âge de 15 ou 20 jours. Pourquoi ce retard si contraire à l'habitude de nos pères?

En second lieu, pourquoi la date du baptême manque-t-elle, quand tous les autres actes en portent une?

3° Pourquoi la marraine n'est-elle point nommée?

4° Comment est-ce le curé d'Aubigné qui fit le baptême et non celui de Saint-Paterne? comment par ce temps de guerre pouvait-il se trouver dans cette dernière paroisse?

Il restait donc une grave incertitude dans notre esprit lorsqu'en dépouillant, à la Bibliothèque de l'Arsenal, les quarante-deux volumes manuscrits de Conrart, nous eûmes la chance de rencontrer une courte notice biographique sur Racan, écrite de la main même de Conrart avec des renvois aux lettres que lui avait adressées son ami. Elle commence par ces mots : « Monsieur de Racan est né en une maison nommée Champmarin, qui est moitié dans le Maine et l'autre moitié dans

Paterne, et non plus Saint-Pater. Le changement de dénomination dut se faire dans le langage à la fin du 17e siècle, car il apparaît dans les registres paroissiaux aux premières années du 18e. On commence alors à dire *Saint-Paterne* et à baptiser les enfants *Paterne* et non plus Pater. La première mention du nouveau nom se trouve dans l'acte de baptême du 15 février 1704; c'est le vicaire Leroy qui en prit l'initiative. Dans beaucoup d'actes antérieurs, la nouvelle syllabe fut ajoutée après coup, comme en témoigne la différence de couleur des encres. Le curé Duverger hésita pendant plusieurs années entre le nouveau nom et l'ancien; mais l'en-tête imprimé des registres paroissiaux, fait à Tours, porta Saint-Paterne à partir de 1725, et le nouveau nom fut probablement adopté d'une façon définitive depuis cette époque. Cette petite lutte entre les deux vocables est assez curieuse.

l'Anjou... Cette maison appartenoit à Mathurin de Vendosmois, premier Mary de Marguerite de Vendosmois [1]. »

Vérification faite, le fief de Champmarin appartint en effet à la
famille de Vendômois pendant les 15e et 16e siècles et la moitié du 17e [2],
et c'est lui que désigne Racan lui-même dans la Notice de ses Ancêtres
quand il parle du premier mari de sa mère « mathurin de vandosmois,
sieur de *Chammarin* [3] ».

Conrart ajoute, nous l'avons vu, que l'enfant fut transporté par
son père, à l'âge de trois semaines, au château de La Roche-au-
Majeur.

Les choses ont donc dû se passer comme nous les avons racontées.
N'oublions pas que le pays était en état de guerre. Avant de partir,
l'enfant a été baptisé à Champmarin par le curé de la paroisse, le curé
d'Aubigné. Une famille aussi chrétienne n'eût certainement pas laissé
un enfant de quinze ou vingt jours sans baptême, et surtout ne l'aurait
jamais engagé sans cette précaution dans un voyage dont on prévoyait
le danger. Après la cérémonie, Louis de Bueil se fit délivrer un certificat par le curé d'Aubigné. Aussitôt arrivé à Saint-Pater, il prit soin
de prévenir le nouveau curé que son fils était baptisé, et l'on se borna
à inscrire sur le registre de Saint-Pater une simple constatation qui
n'était qu'un résumé du certificat, et où l'on ne mentionnait ni la marraine, ni le jour du baptême, dont on n'avait que faire.

Mais alors, dira-t-on, l'acte de baptême complet doit se retrouver
dans les registres d'Aubigné?

Les registres originaux de cette paroisse n'existent plus malheureusement pour l'époque qui nous occupe. Ils sont remplacés par un
résumé alphabétique de chaque année, sorte d'ancien répertoire qui
semble avoir été composé avec soin. Dans ce répertoire les baptêmes,
qui sont nombreux jusqu'en 1586, se font rares en 1587, 1588, 1589,
et la raison de cette diminution est donnée par un nota placé à la fin
de l'année 1589, qui est évidemment copié sur les registres originaux :
« *Nota* : Les séditions causées par les gens d'armes sont cause qu'il y
a eu beaucoup de baptêmes qui n'ont pas été enregistrés *depuis le mois
de septembre 1589 et au delà.* »

Le baptême de Racan doit être de ce nombre, d'autant plus que
Louis de Bueil, qui fuyait les Ligueurs et qui cachait son fils, ne devait

---

1. Plus loin, p. 625.
2. Trois pièces aux Arch. Nat., l'une de 1489, P 348⁴, cote XIIIIᶜ X, l'autre de
1607, P 74³, cote 3624, et l'autre de 1647, P 355², cote VIᵉ LVIII.
3. Plus loin, p. 625, haut.

point tenir à faire mentionner le baptême sur un registre public et à désigner ainsi la résidence de sa femme restée seule à Champmarin.

Enfin, une dernière confirmation de notre hypothèse nous vient d'une pièce manuscrite que nous avons trouvée à la Bibliothèque nationale. Dans le *Nouveau d'Hozier*, dossier Bueil, nous lisons sur la liste des pièces fournies en 1667 par Racan pour la preuve de sa noblesse, cette mention, au folio 9 :

« *Original* du baptistaire de Racan par lequel il appert qu'il est né le 5ᵉ de février 1589 et a été baptisé le 17ᵉ dud. mois. »

Voilà donc le certificat dont nous parlions, celui qui avait été délivré par le curé d'Aubigné à Louis de Bueil et que Racan garda toute sa vie dans ses papiers de famille [1]. Il nous donne la date du baptême, que nous ignorions, le 17 février, et il nous prouve que l'acte original de baptême fut fait sur une feuille séparée et ne doit se trouver par conséquent ni dans les registres d'Aubigné, ni dans ceux de Saint-Pater. Ces derniers ne contiennent, comme nous l'avions supposé, qu'une mention résumée et incomplète.

Enfin les trois dates dont nous disposons se rapportent parfaitement, celle du baptême le 17 février, celle du voyage donnée par Conrart (l'enfant âgé de *trois* semaines), celle de l'inscription du baptême à Saint-Pater (entre l'enfant du 17 et celui du 23).

Racan naquit donc le 5 février à Champmarin ; il y fut baptisé le 17, il fut emmené par son père le 21 ou le 22, c'est-à-dire au milieu de sa troisième semaine, et il fut inscrit sur les registres de Saint-Pater le 23 ou le 24, et les anomalies et les lacunes de l'acte de Saint-Pater s'expliquent du même coup. Ces différents points nous paraissent à présent hors de doute.

---

1 Au contraire pour Antoine, le fils aîné de Racan, dont l'acte de baptême se trouve tout au long dans les registres de Saint-Pater, on produisit pour la revision des titres de noblesse non pas l'*Original*, mais l'*Extrait* de son baptistaire (*ibid.*, fº 4, vº). La différence considérable est à noter.

CHAPITRE II

L'Enfance à La Roche-au-Majeur.

1589-1602

La lutte d'Honorat de Bueil, oncle de Racan, contre la ville de Saint-Malo. Son assassinat (11 mars 1590). Changement dans la destinée de Racan.
    Rôle de son père dans la bataille de Craon (1592).
    Enfance à La Roche. Le premier paysage. — Éléments d'instruction : catéchisme, latin, sciences, musique, poésie.
    L'enfant parrain au village. Le baptême des cloches (1596). La baronnie de Longaulnay.
    Honneurs de Louis de Bueil; sa mort en 1597; son tombeau.
    Le tuteur de Racan. Démêlés de sa mère avec le prévôt d'Oé. La première signature de Racan. Mariage de sa demi-sœur, 1599.
    Mort de sa mère, 1602. — Départ de l'orphelin pour Paris.

L'enfant de Champmarin avait échappé à la terrible tempête politique qui ébranlait toute la France ; elle sévit de nouveau contre la famille de Bueil, et y fit cette fois une illustre victime.

Les nouvelles de Bretagne n'arrivaient pas rassurantes au château de La Roche-au-Majeur : à Saint-Malo, le poste occupé par Honorat de Bueil commençait à devenir périlleux. Déjà son prédécesseur, Georges de Bueil, sire de Bouillé, avait souvent trouvé les Malouins bien peu « gracieux », comme il le disait ; mais il avait eu l'habileté de tourner doucement les obstacles : c'était un diplomate [1]. Honorat s'obstina à les heurter de front : c'était un militaire. Plus la ville se montrait attachée à la Ligue, plus le gouverneur parlait du roi. On s'entretenait aussi à voix basse des richesses de cet ancien favori de Charles IX, on comptait les bijoux de sa femme, les trésors et les

---

1. On le voit par toute sa correspondance déjà citée (Dom Morice, *Histoire de Bretagne*). — « Les habitants ne font aucune gracieuseté aux soldats », écrit-il entre autres au gouverneur de Bretagne en 1588 (t. V, col. 1219).

meubles précieux qui entraient dans la grosse tour du château. Enfin la fierté, la foi et la cupidité conspiraient pour suggérer l'espoir d'une république indépendante, et pour entretenir vis-à-vis du gouverneur royal une constante hostilité [1].

Le 2 janvier 1589, à la nouvelle du meurtre des ducs de Guise, dans une proclamation téméraire, il décrète l'enthousiasme.

Le 31 mars (sept semaines après la naissance de son neveu), il écrit fièrement au roi qu'il conservera le château « au péril de sa vie et, par ce moyen, la ville, chastiée si elle s'oublie en quelque chose ».

Le 14 août, lorsqu'il apprend l'assassinat de Henri III, il enjoint au procureur-syndic de reconnaître Henri IV, et il fait crier par des enfants dans toute la ville : « Vive le roi de France et de Navarre! » Pour le coup, les bourgeois se révoltent et poussent des barricades jusqu'aux portes du château. La paix se rétablit bientôt; ce ne devait être qu'une trêve.

Les passions fermentent pendant l'hiver, et les Malouins entrent en relations avec le duc de Mercœur, le chef de la Ligue en Bretagne. Au printemps se répand par la ville le bruit que Fontaines a « dessein d'introduire une forte garnison et de rançonner les riches marchands ». Aussitôt on gagne un valet de la chambre du gouverneur, et, « la nuit d'entre la vigile et la feste de monsieur saint Grégoire, onzième jour du mois de mars mil cinq cens quatre-vingt-dix », à la faveur de la nuit profonde, cinquante-cinq jeunes gens des plus intrépides escaladent la grande tour au moyen d'échelles et grâce aux hunes des navires amarrés au pied; ils tuent les hommes de garde ou les forcent à se rendre. Le comte s'habille tranquillement [2], et, précédé d'un page qui porte le flambeau, il va regarder sur le port par une fenêtre du donjon : il tombe mort d'un coup d'arquebuse sans proférer une parole. Le château est mis à sac, on emporte les meubles et les diamants, on partage l'argent, on vole les lettres, et la foule, suivant son éternel instinct, vient commettre des lâchetés sur le corps impuissant de son ennemi [3]. — Ainsi finissait par ce dénouement tragique la lutte d'un homme contre une ville.

---

1. Nous résumons toute cette histoire d'après les Mémoires inédits de Frotet de la Landelle, cités plus haut (ch. xiv, xx, etc.), — Mézeray (édit. 1830, t. XV, p. 459 et s.), — L. Grégoire (*La Ligue en Bretagne*, 1856, ch. iv).
2. « Il s'habilla tout à loisir comme pour aller à des nopces. » (Frotet, ch. xx.)
3. Un certain nombre de Malouins, parmi lesquels Frotet, furent « accusés d'avoir exercé des inhumanités contre le corps mort dudit deffunt sieur de Fontaines, pris, ravi, emporté tous ses biens, meubles, or, argent monnoyé et monnoyes, lettres, tiltres et enseignemens à luy appartenant ». Arrêt du Parlement

L'enfant de La Roche était trop jeune pour soupçonner ce drame, mais on lui décrivit plus tard et la gloire de l'oncle Honorat et sa mort violente, et peut-être ce récit souvent renouvelé devait-il donner plus d'accent aux admirables stances :

> ... Plus on est élevé, plus on court de dangers :
> les grands pins sont en butte aux coups de la tempête,
> et la rage des vents brise plutôt le faîte
> des maisons de nos rois que des toits des bergers [1].....

Le grand pin qui couvrait de son ombre la moitié de la Bretagne avait été abattu en une nuit.

C'était pour le jeune Honorat la perte de son protecteur, de celui qui devait lui enseigner à régir une province. C'était un grave changement dans sa destinée : car selon toute probabilité, sans ce coup imprévu, la lieutenance générale en Bretagne et le gouvernement de Saint-Malo, demeurés depuis 50 ans dans sa famille, lui auraient été transmis par son oncle Honorat dont il allait être l'unique héritier mâle, et Racan aurait fait sa carrière dans le gouvernement des provinces.

Il lui reste au moins son père, son père tout prêt, dès que le moment sera venu, à lui servir de maître sur les champs de bataille.

Louis de Bueil, en effet, ne tardait pas à prouver avec éclat, dans une circonstance qui fut pourtant désastreuse pour ses troupes, sa haute compétence militaire. Il avait dû retourner à la guerre, mandé par Henri IV, qui voulait frapper un grand coup sur les « Ligueux » de l'Ouest, et en 1592 il était sous les murs de Craon dans le Maine, avec l'armée de Bretagne, et avec celle d'Anjou, dont il était maréchal de camp. Mais le duc de Mercœur surprend l'armée royale, et, pour l'attaquer, commence à traverser la rivière sur un pont de bateaux que

---

de Rennes du 11 janvier 1592 (Arch. municipales de Saint-Malo, cote E4, n° 121).
Honorat a mérité les honneurs d'une mention dans la *Satire Ménippée*, qui le fait tuer dans son lit par son valet et le regarde comme une des victimes de la Ligue. Voir à la fin de la description des drogues mirifiques, le *higuiero* et le *catholicon* : « Il y a de pires saincts en Bretagne que le catholique valet de monsieur de Fontaines, gouverneur de Sainct-Malo, qui coupa la gorge à son maistre en son lict, moyennant deux mil escus pour nostre mère saincte Église : le devot chrestien est par les Bas Bretons estimé un second sainct Yves pour ce qu'il n'est jamais desgarni de higuiero et de catholicon. » Edit. Labitte, p. 11. On voit comment la *Ménippée* écrit l'histoire.
En commémoration de la funèbre date fut établie à Saint-Malo une fête religieuse d'actions de gráces. Acte notarié du 8 mars 1591 (Arch. munic. de Saint-Malo, E4, n° 116). — Voir aux Pièces just., n° 4, une liste de documents relatifs à ce personnage.
1. Racan, t. I, p. 197.

l'on a négligé de rompre. Aussitôt, pour sauver la situation, Louis de
Bueil conseille de charger l'avant-garde de Mercœur avant que le reste
soit passé. Tous les chefs approuvent, mais au milieu de la confusion
générale, l'ordre est mal exécuté. Bueil, qui entame la charge, n'est pas
soutenu, il est blessé et fait prisonnier, et alors commence une retraite
lamentable qui dura huit heures. Mercœur rentra en triomphe à Nantes
avec onze canons, trente-cinq cornettes et un millier de prisonniers. Le
coup d'œil et le sang-froid du maréchal de camp à la bataille de Craon,
s'ils eussent été entièrement suivis d'effet, auraient sans doute décidé
la victoire, et arrêté six ans plutôt la guerre civile en Bretagne [1].

Maintes fois, au milieu des camps, sa pensée se reportait vers la
frêle et chère existence qu'il avait laissée en Touraine. Là le petit
Honorat s'éveillait à la vie entre sa mère, sa nourrice et sa sœur Jacqueline de Vendômois, au milieu de la nature qui était, pour ainsi dire,
sa première éducatrice.

Tandis qu'il prenait ses ébats sur la terrasse du château de La
Roche, qui fait si bien balcon sur la vallée, des images fortes et gracieuses à la fois s'imprimaient en son âme d'enfant.

Au-dessus de sa tête il entend le frémissement des grands arbres
du parc; à quarante pieds de profondeur la petite rivière formant
chute fait tourner un moulin avant de baigner le pied du château. Par
toute la largeur du vallon s'étendent des prairies humides, coupées de
haies vives et semées d'animaux qui paissent. Le coteau d'en face,
habillé de futaies, est troué de caves habitées, qui regardent comme de
gros yeux; et, quand la vue suit la sinueuse coulée du vallon, à droite,
elle se repose, au delà du premier tournant, qui fait comme une passe
de verdure, sur l'entremêlement gai des peupliers verts et des blanches
maisons du bourg de Saint-Pater; à gauche, ayant plus longue et plus
large carrière, elle remonte de prairies en prairies jusqu'à un lointain
clocher qu'on distingue parmi les arbres de l'horizon élargi.

Tel est le joli vallon de Touraine qu'embrasse la vue de La Roche-
au-Majeur, si bien baignée d'air pur sur son flanc de coteau, vrai nid
d'oiseau et berceau de poète.

Ce tableau gracieux et rustique s'empare de l'imagination de l'en-

---

1. Nous suivons les récits de Mézeray, t. XVI, p. 378-382, et de dom Taillandier, t. II, p. 416, complétés par les Mémoires de l'un des combattants, Montmartin
(Taillandier, t. II, p. ccxciv et v), qui parle seul de la charge de Louis de Bueil et
de sa blessure, quoiqu'il ne l'aime pas : « Le sieur de Racan qui se tenoit, dit-il,
pour grand capitaine... » — Nous ne nous expliquons pas le nom qu'il lui donne
en certains endroits : « M. *Picherie* de Racan, ou M. de *Pichairie*. » — Dom Taillandier, d'après Montmartin, fait honneur du conseil opportun à un commandant
de régiment nommé Lestelle (p. 417).

fant à son insu, et devient pour lui le paysage ineffaçable, cette première vue des choses dont on se souvienne, qui forme pour toute la vie
comme la toile de fond éternellement fraîche de la mémoire.

Quant à sa première instruction, elle est à peu près nulle, telle qu'il
convient à un gentilhomme. La « pédanterie » d'ailleurs a-t-elle fait
autre chose que retarder la carrière militaire de son père? Sa mère et
sa nourrice restée auprès de lui, lui apprennent le catéchisme, auquel
il se tiendra fidèlement toute sa vie; elles lui répètent ses prières, qu'il
oublie à mesure qu'il les apprend; on lui met dans les mains une
grammaire, une logique et une rhétorique qui le font bâiller. Les rudi-
ments du latin ne lui entrent point dans la tête. Les principes des
sciences ont un peu plus de succès, et il prend quelque plaisir aux
leçons de choses les plus simples. Enfin il apprend à jouer du luth,
mais il ne peut pas l'accorder, parce qu'il a l'oreille et la voix fausses [1].

Il n'est qu'une seule chose pour laquelle il ait vraiment du goût,
ce sont les vers français. Il aime à en entendre, et, entendus une fois, il
les retient. Quelques recueils de vers arrivent au château, des provinces
circonvoisines, où la poésie est fort en honneur, de la Touraine, du
Maine, de l'Anjou, et aussi de Paris. On les lit à La Roche, on les imite
même, et le jeune Honorat voit souvent ses parents se délasser à aligner
des rimes; ils les écrivent à mesure dans un gros volume que l'enfant
se plaît bien souvent à feuilleter. Lui-même, pris par la contagion,
s'essaie parfois naïvement à composer aussi quelques vers de sa façon [2].

En somme, intelligence dure, mémoire en général ingrate, il comprend peu, ne retient jamais ce qu'il ne comprend pas, et, comme il
est paresseux, il reste ignorant. Qu'importe, pourvu qu'il sache bientôt
gouverner un cheval et manier une épée!

Pour ses promenades, il descend au bourg avec sa mère et sa
sœur de Vendômois, qui a huit ans de plus que lui, et, suivant une
touchante habitude de la noblesse de cette époque, il sert de parrain aux enfants des paysans, leur donnant son nom ou celui de son
père absent qu'il représente : aussi le pays se peuple-t-il d'Honorats.

---

1. Lettre à Chapelain, édit. Latour, t. I, p. 329, et Harangue à l'Académie,
ibid., p. 246.

2. Tallemant, t. II, p. 355, n. — Racan, *Lettres.* — *Ode*, t. I, p. 161 :

> ... Enflé de cette belle audace,
> à peine savais-je marcher
> que j'osai vous aller chercher [les Muses]
> au plus haut sommet de Parnasse, etc.

« Ma passion, disait-il, etoit de faire des Vers dès ma plus tendre jeunesse. »
(Segraisiana, 1723, 1re pie, p. 129.)

Il commence à rendre cet office à l'âge de sept mois (ce jour-là il fallut lui trouver un procureur), et dans 70 ans il tiendra sur les fonts les petits-fils de ses premiers filleuls [1].

Un des plus joyeux souvenirs de son enfance devait assurément se rapporter au 6 juin de l'année 1596, jour de la bénédiction solennelle des deux cloches de Saint-Pater. La plus grosse fut nommée Louis par son père et par sa mère, « l'autre nommée Marie par noble fils Honorat de Bueil, âgé de sept ans, baron de Longaulnay, et par damoiselle Françoise de Castelnau, femme de Monseigneur de la Fosse Saint-Aulbin, et par damoiselle Marguerite de Chantemelle, femme de Monseigneur de la Vallée [2] ». Tout le bourg était là : le jeune baron devait se redresser, quoique sa baronnie fût, à vrai dire, d'assez fraîche date. Ses parents, gens pratiques, lui avaient acheté en 1591 les terres et les bois de Longaulnay, sis à peu de distance, au Maine, lorsque Henri IV pressé d'argent avait autorisé l'aliénation du domaine royal : ils avaient pu rester maîtres des enchères pour la somme de 13 890 livres, ce qui était une bonne affaire, puisque ce fief, d'après l'évaluation officielle, rapportait plus de 1080 livres : ils faisaient donc un placement rapportant près de dix pour cent (ils en avaient grand besoin), et ils posaient une couronne de baron sur la tête enfantine de leur fils [3].

---

1. Reg. de Saint-Pater : 22 sept. 1589, bapt. d'Honorat Bressan. — 12 août 1592, Honorat Laloie (Jacqueline de Vendosmois étant marraine). — 25 sept. 1594, Honorat Rigault, — 27 mai 1595, etc. V. la Pièce just. 31.

Jacqueline paraît avoir passé beaucoup de temps, sinon tout son temps à La Roche : elle est marraine à Saint-Pater le 17 mai et le 12 août 1592, le 21 juillet 1593, sous le nom de *Jacqueline de Champmarin*, avec Romain de la Baume, un des serviteurs du château (V. baptême du 24 janvier 1618).

2. V. Pièce just. 31, acte 6. On peut juger de l'importance de ce baptême par les signatures, qui attestent la présence de cinq prêtres en dehors du clergé paroissial. — Cette Françoise de Castelnau était la fille du maréchal de Castelnau, l'auteur des *Mémoires*, qui habitait le château du Rouvre, tout voisin de La Roche-au-Majeur. (Cette vieille gentilhommière est encore très curieuse à visiter.) M. de la Fosse était l'ami de Louis de Bueil ; c'est probablement le même que cet « André de la Fosse, seigneur dudit lieu, demeurant à Saint-Christophe », archer de la compagnie de Montpensier, qui avait été spécialement chargé par Louis de Bueil en 1577 d'empêcher que sa solde d'enseigne « ne fust mise ès mains d'autres que de luy » (Bibl. Nat., Mss. Coll. Clair., vol. 123, f. 479). — Ce seigneur de la Fosse Saint-Aubin tirait très probablement son nom du fief de La Fosse, qui existe encore aujourd'hui dans la commune de Saint-Aubin, voisine de Saint-Paterne, au N. du bourg de Saint-Aubin.

Les Castelnau étaient liés aussi avec la branche aînée des Bueil, et l'on voit en 1562 (14 juillet) Louis de Bueil, comte de Sancerre, rendre hommage au roi de la baronnie de Marans et de l'île de Ré, par « Pierre de Castelnau, écuyer, sieur de la Mauvissière, son procureur ». C'était le frère du maréchal (Arch. Nat., P 562¹, pièce 51, anc. 2 022).

3. Dossier Longaulnay. Collection de M. Louis Brière, du Mans. — Nous remercions vivement de ses communications obligeantes M. Brière, un négociant comme on en compte peu, qui emploie une partie de l'argent qu'il gagne labo-

On commençait à entretenir Honorat des hauts faits de son père, qui faisait campagne sur les pas de Henri IV, non plus contre les Ligueurs, mais contre les Espagnols, en qualité de maréchal de camp de l'armée du prince de Conti. Il apparaissait rarement à La Roche, « soulevait son fils sur sa poitrine chamarrée d'ordres, le posait à terre et remontait à cheval [1] ». Le mot des généraux de Napoléon Ier ne peut-il pas se dire presque aussi bien de ceux de Henri IV?

Au milieu de l'expédition de Picardie, en 1597, Louis de Bueil était compris dans la troisième promotion de l'ordre du Saint-Esprit (il était déjà chevalier de Saint-Michel depuis vingt-cinq ans), et le roi lui passait solennellement au cou le cordon bleu de l'ordre, à Rouen, dans l'église de Saint-Ouen, ainsi qu'à son cousin le comte de Sancerre et à plusieurs seigneurs appartenant comme lui aux plus grandes familles du royaume, les Montmorency, les Rohan, les Luxembourg, les La Trémoïlle (5 janvier) [2].

Quelques mois après, le maréchal de camp suivait son maître au célèbre siège d'Amiens, coup décisif tenté contre les Espagnols : le comte de Saint-Luc ayant été tué d'une arquebusade dans la tête, Bueil fut chargé par le roi des fonctions de Grand Maître de l'artillerie [3]. Il

rieusement dans ses affaires à sauver de la destruction les archives intéressant l'histoire de sa province. — Ce dossier de Longaulnay contient entre autres pièces une ancienne copie, qui doit remonter au milieu du 18e s., des divers titres de propriété de la baronnie de Longaulnay. Les premiers titres en sont :

1° Une évaluation des revenus de la baronnie faite « d'après les comptes de l'ordinaire » le 17 avril 1591.

2° L'acte de vente de Longaulnay passé par les commissaires du roi à Louis de Bueil et à Marg. de Vendosmois le 1er juillet 1591. Le domaine leur était adjugé par engagement, sauf la présentation aux offices et la coupe des bois de haute futaie. Ils s'engageaient à faire dans les cinq ans « un papier terrier » du domaine « pour éviter les usurpations qui leur pourroient être faites ».

3° La quittance donnée par le trésorier général de l'Extraordinaire des guerres à Louis de Bueil, qui a payé comptant le jour même de la vente, le 1er juillet 1591.

4° L'édit du roi, daté d'oct. 1590, portant permission de vendre et d'aliéner le domaine du roi, etc. Nous aurons l'occasion de citer d'autres pièces de ce dossier.

Le fief de Longaulnay, qui a donné son nom au bois de Longaulnay, écrit à tort L'Augonay sur la carte de l'État-Major, se trouve auj. dans le département de la Sarthe, arrondissement de La Flèche, canton de Malicorne, com. de Mézeray, qui a une station sur la ligne du Mans à La Flèche. Le bois est au N. de la commune.

Avec Longaulnay Louis de Bueil acheta encore les terres et métairies de Forges et Moulinneuf (Factum Sigognes, cité).

1. Musset, *Confession d'un enfant du siècle.*

2. *Catalogue de l'ordre du Saint-Esprit*, 1760. — Le P. Anselme fait donc erreur en rapportant au 31 décembre 1583 la nomination de Louis de Bueil comme chevalier du Saint-Esprit (t. IX, p. 125).

3. Anselme, t. VII, p. 854. — Bibl. Nat., Mss. Nouveau d'Hozier, doss. Bueil,

voulut tenir avec éclat ce haut rang, aussi s'équipa-t-il en grand seigneur, achetant plusieurs chevaux de prix et beaucoup de meubles précieux, dont il avait le goût aussi bien que son frère Honorat [1].

L'ancien guidon de la compagnie de Montpensier s'était élevé
à tous les grades; au bout de 30 ans d'aveugle fidélité aux rois qui
s'étaient succédé, de service infatigable contre les ennemis de la monarchie, quels qu'ils fussent, huguenots, ligueurs, Espagnols, il touchait
aux plus hautes dignités militaires. Encore peu de mois, et Henri IV,
qui allait rendre définitivement la paix à la France, récompenserait par
es suprêmes honneurs ceux qui avaient pour lui affronté le plus de
dangers, et le sire de Bueil, au sein d'un glorieux repos, pourrait préparer lui-même son fils à cette carrière qu'il avait si brillamment par-
courue.

Le destin, dur pour l'enfant, ne le permit pas. Louis de Bueil
mourut quelques jours après sa nomination de Grand Maître de l'artillerie, au mois de septembre 1597, sous les murs d'Amiens, âgé de
52 ans, avant d'avoir assuré l'avenir de son fils [2].

Henri IV, qui l'aimait pour sa bravoure appuyée de sang-froid,
pour sa hardiesse allant jusqu'au goût du péril, pour l'égalité de son
zèle en dépit des retards de solde, pour son esprit solide et cultivé, lui
passait sa témérité et sa suffisance, et il regretta sincèrement un aussi
fidèle serviteur; il assurait encore, huit ans après, que la « mémoire
lui en estoit très-fresche et recommandée [3] ».

Le corps du maréchal de camp fut ramené dans son village natal,
dans le caveau de famille de l'église de Neuvy-le-Roi [4], et l'on grava

f° 7, v° (Revision des titres de noblesse de 1667). — Berger de Xivrey, *Collection
des Lettres missives d'Henri IV* (t. VI, p. 524, n. 4), etc.

1. V. Factum Sigogne, notre Pièce just. n° 49.

2. La date de la mort de Louis de Bueil échappa à tous les biographes du
temps. Aussi dans les recueils postérieurs, comme le Catalogue des chevaliers du
Saint-Esprit (1760), la place de la date est-elle laissée en blanc. Nous savions que le
maréchal de camp vivait en janvier 1597 (promotion du Saint-Esprit) et qu'il était
déjà mort le 14 mai 1599 (Arch. d'Indre-et-Loire, G 465). Nous avons pu établir la
date exacte grâce à la Notice manuscrite de Conrart, qui dit positivement, en parlant
de Racan : « à 8 ans il perdit son père », par conséquent en 1597. Elle est confirmée par le Factum Sigogne. Voy.] à la fin ces deux documents, Pièces just.
48 et 49.

Saint-Luc fut tué le 8 septembre, et Antoine d'Estrées fut nommé le 1er octobre.
Louis de Bueil, nommé en remplacement de Saint-Luc, dut mourir dans le courant
du mois de septembre. La mort devança la commission royale, ce qui explique que
le nom de Louis de Bueil ne figure pas dans la liste des Grands Maîtres, ni chez le
P. Anselme, ni chez le P. Daniel (*Histoire de la Milice française*, t. II, p. 553). —
C'est ainsi que Henri IV, dans la lettre que nous citons plus bas, pouvait dire que
ce vaillant capitaine était mort *à son service*.

3. Lettre de Henri IV, du 17 septembre 1605 (Recueil de Berger de Xivrey).

4. Cela ressort du mot de Racan dans la Notice sur ses ancêtres : « Mes ances-

plus tard sur sa tombe une des premières poésies de son fils, cette épitaphe empreinte d'une noble fierté et d'une mâle douleur :

> Celui de qui la cendre est déssous cette pierre
> avecque peu de bien acquit beaucoup d'honneur,
> fut grand par sa vertu plus que par son bonheur,
> aimé durant la paix et craint durant la guerre.
>
> Quand les rois ont détruit avecque leur tonnerre
> le pouvoir des Titans, qui s'égalait au leur,
> aux campagnes de Mars on a vu sa valeur
> peupler les monuments et déserter la terre.
>
> Après tant de travaux et de faits généreux,
> son esprit est au ciel, parmi les bienheureux,
> et ne peut désormais ni désirer ni craindre.
>
> Passant, qui dans la France as son nom entendu,
> en voyant son tombeau garde-toi de le plaindre,
> plains plutôt le malheur de ceux qui l'ont perdu [1].

Ils étaient dignes de pitié, en effet, la veuve et les deux orphelins qui reprirent tristement leur vie monotone à la campagne.

Marguerite se chargea de la *garde noble*, c'est-à-dire de l'entre
tien de son fils, avec le droit de jouir, pendant la minorité de l'enfant,
des biens qui lui appartenaient par la mort de son père [2]. Mais il fallait
lui nommer un tuteur. Heureusement sa belle et riche cousine, Anne
de Bueil, la fille de la victime de Saint-Malo, avait fait un brillant
mariage en épousant un des plus hauts officiers de la cour, le grand
Écuyer de France, Roger de Bellegarde [3]. Celui-ci, adoptant son jeune
cousin, le filleul de son beau-père, accepta sa tutelle honoraire, pendant
qu'un conseiller au siège royal de Château-du-Loir, du nom de Mathurin
Jamin, était nommé son « curateur [4] ».

---

tres se sont servi (*sic*) de la sépulture de Bueil jusques à ce qu'ils en ayent fait
faire une autre, en l'église du bourg Neuvi. » (V. Pièce just. 47.) Les cendres de
son grand-père et de son père doivent y reposer, et lui-même y fut inhumé,
comme nous le prouverons dans la suite.

1. I, 205. Sur le 4e vers du 2e quatrain, voir à la fin notre Lexique, articles
MONUMENT et DÉSERTER.
Quatre-vingt-dix ans plus tard, en 1686, son arrière-petit-fils, l'un des petits-fils
de R. s'entendit avec le curé de Saint-Pater lorsqu'on reconstruisit l'église du bourg
pour y faire mettre une épitaphe en l'honneur de Louis de Bueil, qui était en
somme le seigneur le plus célèbre de la famille : mais le prévôt d'Oé s'y opposa
en faisant valoir ses droits de suzerain féodal. Voir une pièce de cette curieuse
querelle dans les Arch. d'Indre-et-Loire, G 465 (liasse 1686-1783), une opposition
du prévôt d'Oé au curé de Saint-Pater, de 1686. Il s'agissait peut-être de cette
épitaphe en vers.
2. Factum Sigogne.
3. En 1594.
4. Ratification par le roi de la vente de la baronnie de Longaulnay,

Cependant l'épitaphe n'avait encore que trop raison. Louis de Bueil avait acquis « beaucoup d'honneur et peu de bien ». Les 10 000 livres de la dot de sa femme n'avaient jamais été payées, et le capitaine avait récemment encore épuisé ses ressources par son luxueux équipement. Marguerite de Vendômois eut donc à se débattre contre les créanciers qui, ayant patienté du vivant du chef de famille, harcelaient à présent sa veuve sans pitié. Nul ne se montrait plus acharné que le chapitre de Saint-Martin de Tours en la personne de « vénérable maître Jean de la Faye, chanoine et prévost d'Oé », suzerain féodal de La Roche-au-Majeur, qui adressa plusieurs sommations à Marguerite, et obtint contre elle une sentence de la Chambre des requêtes en date du 22 janvier 1600, la condamnant par défaut à rendre foi et hommage au prévôt d'Oé, et à lui payer 29 années d'arrérages de deux écus cinquante-sept sols six deniers de cens chacune, ce qui revient à peu près à deux mille francs de notre monnaie [1].

Le jeune Honorat se trouvait mêlé lui-même à ces affaires, comme héritier des charges et des droits de son père. Louis de Bueil, en acquérant Lougaulnay et en devenant le principal seigneur de la paroisse de Mézeray, avait accordé dans l'église le droit de banc à un petit gentilhomme nommé le sieur de Marcé. Des contestations s'étant élevées pour l'exécution, l'assemblée paroissiale de Mézeray fut réunie et accorda le susdit droit de banc, en invitant Marcé à offrir quelques rentes pour l'entretien de l'église. Après la mort de Louis de Bueil, Marcé jugea prudent de se faire confirmer son droit, et, le 14 avril 1600, Marguerite de Vendômois et son fils, « ayant bonne mémoire que Louis de Bueil avait accordé le second degré de prééminence au sieur de Marcé », lui confirment son privilège, à la charge qu'il tiendra cet honneur comme foi et hommage lige et qu'il paiera un denier par an à la baronnie. Marguerite signa l'acte et ensuite « fit signer » son fils ; Racan, qui avait 11 ans, le fit d'une grande écriture appli-

16 juin 1606 (5ᵉ pièce d'une copie ancienne des titres de la baronnie, doss. Longaulnay. Collection de M. Louis Brière, au Mans), et Factum Sigogne.

1. Au commencement du 17ᵉ siècle l'argent valait environ 7 fois plus que le nôtre, la livre d'argent pesant 12 gr. 50, ce qui fait 2,44 fois le poids de notre franc, et en second lieu, le pouvoir de l'argent étant à peu près 3 fois supérieur à celui du nôtre. Donc une livre d'alors valait environ 2,44 × 3 = 7ᶠ,32. — Tous les actes concernant cette procédure sont réunis aux Arch. d'Indre-et-Loire (G 465) : on y remarque un dossier considérable rassemblé prudemment par le prévôt d'Oé en vue de ce procès.

La prévôté d'Oé avait été créée au commencement du 12ᵉ siècle. Sur son organisation et ses droits, voir Carré de Busserolles, *Les Usages singuliers de la Touraine*, 6 broch., 8°, Tours, Suppligeon, 1881-83, notamment la brochure 5, *les Nouveaux mariés de Saint-Paterne.*

quée : *Honorat de Bueil,* et sa mère d'une fine et ferme écriture de femme : *Marguerite de Vendosmois.* C'est la première signature que nous ayons de l'un, la seule que nous ayons de l'autre [1].

Marguerite eut la satisfaction en 1599 de marier sa fille Jacqueline de Vendômois, qui avait 18 ans, à Antoine de Beauxoncles, sieur des Rivaudières ; le mariage se fit sous le régime de la communauté, et il fut stipulé que le tiers du reliquat qui pourrait être dû par l'examen des comptes de la tutelle exercée par Marguerite, entrerait dans la communauté. Ce compte de tutelle devait cinquante ans plus tard imposer à Racan l'embarras d'un long procès.

Il naquit bientôt de ce mariage un fils qui fut nommé César, mais Rivaudières mourut aussitôt, et Marguerite vit le sort de sa fille offrir une triste conformité avec le sien propre. Deux veuves et deux enfants, c'était tout ce qui composait la famille au commencement du 17e siècle [2].

La pauvre châtelaine de La Roche continuait vaillamment à lutter pour éteindre ses dettes et celles de son mari quand elle mourut elle-même en 1602 [3].

Un beau-frère dut se charger des frais funéraires ; il paya les dettes criardes et se fit l'exécuteur du testament. Il fallut vendre les meubles, mais la recette fut dépassée encore par les premiers frais, d'une somme de 585 livres, c'est-à-dire de plus de 4000 francs de notre monnaie, dont l'enfant demeurait redevable à son oncle [4].

1. Collection de M. Louis Brière. Doss. Longaulnay : « Concession du droit de banc dans l'église de Mézerai », faite par l'assemblée paroissiale au sieur de Marcé, le 10 mars 1597. » — « Confirmation du droit de banc dans l'église de Mézeré (*sic*) accordé par Dame Marguerite de Vendosmois à M. de Marcé », le 14 avril 1600. Pièces originales.

2. Ce mariage et ses suites nous sont encore révélés par le Factum Sigogne. — Jacqueline se remaria en 1603 à un Louis de Perriers, à qui elle apporta le castel de Champmarin, la maison natale de Racan, où elle vécut avec son mari jusqu'en 1617 (Reg. paroiss. d'Aubigné. Répertoire, année 1603, et Arch. Nat. Hommages au Roi, aveux de Champmarin, P 352², cote II° IIII^xxv. — P 74³, cote 3.624. — P 355², cote VI° LVIII).

En 1647, Louis de Perriers vendit Champmarin à Charles Perrot, sieur de la Malmaison (les Vendômois le possédaient depuis plus de trois siècles) ; en 1680 le domaine était aux mains de Jacques-Honoré Barentin, ancien premier président du Grand Conseil, en 1707 à Charles Barentin, puis à Louis Gauthier, marquis de Chiffreville, seigneur de Mangé, dont la fille porta la terre dans une famille noble d'Irlande, les O'Brien. La fille de Charles O'Brien la porta dans la maison de Choiseul-Praslin, à qui elle appartenait en 1789. Elle est venue dans notre siècle aux mains du prince de Beauvau, puis de M. le duc de Grammont, qui la possède aujourd'hui, comme nous l'avons dit dans le chapitre précédent. — V. Legeay, *Recherches historiques sur Aubigné et Verneil.* Le Mans, Julien Lanier, 1857, p. 1-74 et 173-183.

3. Cette date nous est fournie par la Notice manuscrite de Conrart : « Racan perdit sa mère environ à treize ans », et elle nous a été confirmée par le Factum Sigogne.

4. C'était un sieur Daschon, qui avait épousé Sidoine de Vendômois, sœur cadette et unique de Marguerite. (Factum Sigogne.)

Racan avait 13 ans ; il avait perdu son oncle, son père, son beau-
frère, sa mère : il était plusieurs fois orphelin. Il demeurait seul survi-
vant de sa famille, seul héritier mâle de la race des Bueil-Fontaines,
il portait un grand nom dont la vieille gloire venait d'être brillamment
rajeunie : noblesse oblige. Il lui fallut donc dire adieu au vieux manoir
de son enfance et aux champs de la Touraine. Son bon temps d'oisiveté,
de famille et de campagne était fini. Recueilli par son cousin le comte
de Bellegarde, il doit aller maintenant à Paris, demander au centre de
la politesse le double apprentissage des galantes manières et de l'équitation, c'est-à-dire de ce qui constitue dans son essence même l'éducation du gentilhomme [1].

---

1. Peut-être Racan revint-il à Paris dès 1601, un an avant la mort de sa mère ;
voir la Notice de Conrart, commencement. Mais son véritable adieu à la Touraine date de 1602, lorsqu'il eut perdu sa mère.

CHAPITRE III

L'Adolescence à la Cour.

1602-1608

Racan à l'Académie d'équitation. — Racan page de la Chambre de Henri IV. Le service de la Chambre. Les pages. Leur instruction. Leurs fonctions de cour. Leur esprit.

La cour en 1603. Fête perpétuelle.

Henri IV. L'éducation du dauphin. Son jeu de mots sur Racan. — Amour de Henri IV pour la comtesse de Moret, cousine de Racan. — Le roi emmène Racan dans ses équipées de ville.

Exemples que le page reçoit du comte de *Bellegarde*. Le baron de *Termes*. Frivolité et corruption de ce milieu.

Échec de Racan à la cour. Les causes. La première déception, la déception mondaine.

Embarras financiers du page. Double intervention de Bellegarde auprès du roi en sa faveur. Bienveillance de Henri IV.

Études de sciences : arithmétique, géométrie, astronomie. Musique. — Poésie : la veine voluptueuse, la veine religieuse.

L'ambition militaire.

L'orphelin de La Roche-au-Majeur fut ramené de la campagne par son protecteur le comte de Bellegarde, et mis dans une de ces académies d'équitation où il y avait « force gentille jeunesse [1] » qui se préparait avec une brillante ardeur au métier des armes. Bellegarde choisit pour son jeune cousin l'académie qui était dirigée par M. de Belesay. Mais l'enfant, qui n'avait que 13 ans et était d'une constitution délicate, se trouva « encore trop faible pour les exercices du corps et principalement pour monter à cheval » [2]. Il fallut chercher autre chose.

A sa charge de Grand Écuyer de France, Bellegarde joignait celle

1. Mot du maréchal de La Force parlant vers cette époque d'une académie d'équitation, I, 294 (V. Index bibliogr.). *Le Plan de Gomboust* en 1647 indique à Paris 6 académies, dans les planches et dans la description p. 16 (voir Index). On prend quelque idée des excès qui y étaient commis, dans une *Instruction pour la visite des cantons des paroisses* (1656), citée par J. Laurentie (voir Index). — Ces académies avaient été fondées par Antoine de Pluvinel, directeur des grandes écuries du roi. — Cf. plus loin, p. 486 et n. 1.

2. Conrart, Notice manuscrite V. notre Pièce just., n° 48.

de premier gentilhomme de la Chambre du roi, et, comme tel, il avait sous ses ordres six pages pour le moins, qu'il devait gouverner et entretenir. Il fit agréer son jeune cousin au roi, qui était bien disposé pour le fils de son compagnon d'armes. C'était en 1603, l'adolescent avait 14 ans; il allait demeurer à la cour jusqu'à l'âge de 19 ans [1].

Il entrait à la Chambre du roi, où, depuis cinquante ans, son grand-père avait servi Henri II, son oncle et son père Charles IX et Henri III, en qualité de gentilshommes ordinaires. Il suivait la tradition.

Le service de la Chambre était le plus envié peut-être dans la Maison du roi parce que nul autre ne rapprochait plus constamment du maître souverain. Une centaine d'officiers lui formaient un brillant cortège où se glissait le coquet état-major des petits pages de la Chambre, avec leur jolie livrée de velours rouge brodé d'or, chamarré d'un galon d'or entre deux galons d'argent [2].

L'institution des pages était, comme l'on sait, un legs de la féodalité : le jeune fils d'un gentilhomme au moyen âge commençait par être attaché comme *page* à la personne d'un seigneur plus puissant que son père : c'était le premier stage de la chevalerie. Plus tard les fils des grands seigneurs entrèrent au service du roi [3].

A la cour de Henri IV, les pages de la Chambre font deux parts de leur temps; l'une est consacrée à leur instruction, l'autre à des fonctions de cour. Chaque groupe de six pages est confié à un gouverneur et à un sous-gouverneur ou premier valet de chambre, à un « Maître des Mathématiques, un Maître en fait d'armes et un Maître à danser ». Est-il nécessaire de dire qu'ils préfèrent ces deux derniers aux autres, avec les écuyers qui leur donnent des leçons d'équitation à la Grande Écurie? N'est-ce pas l'éternelle histoire de la jeunesse [4]?

1. Conrart date ainsi l'entrée de Racan à la Chambre : « environ l'an 1603 ou 1604 ». Nous opinons pour 1603, car ce fut probablement aussitôt en sortant de chez M. de Belesay qu'il fut mis à la Chambre; les registres de Saint-Pater témoignent d'ailleurs de son absence de Touraine à cette époque. — L'abbé de Marolles (Paulin Paris, éd. de Tall. des Réaux, t. II, p. 377) dit : « Son père estoit chevalier des ordres du Roy, à qui il donna son filz à l'aage de douze ans, et pour estre page de sa chambre. » Ce ne fut certes pas en 1601 que Racan entra à la cour, et de plus Louis de Bueil était mort depuis quatre ans. L'abbé fait donc erreur; Antoine de Latour probablement aussi, en fixant à 1605 son entrée aux pages (Racan, p. xxvii).

2. Nous tirons ces renseignements de *l'Etat de la France* de Besongne, 16ᵉ éd. 1689, véritable annuaire de la cour, en les adaptant autant que possible à l'époque de Henri IV, et en ôtant la correction compassée et la solennité qui distinguent la cour de Louis XIV. V. ch. III, p. 92, 100, 106, 112 et *passim*. — On voit à la page 100 que c'est Louis XIII qui doubla le nombre des premiers gentilshommes de la Chambre; ils n'étaient que deux sous Henri IV.

3. Voir sur cette histoire : *Les grands écuyers et la grande écurie de France, avant et depuis 1789*, par Edouard de Barthélemy, 1868 (tiré à 210 ex., rare), p. 88 et suiv.

4. Charlemagne reprochait aux jeunes nobles de son palais de négliger « l'étude

En second lieu, les pages de la Chambre remplissent certaines
fonctions auprès de la personne du roi. Le matin ils lui prennent ses
mules et le soir ils les lui donnent, ainsi que dans le jour au Jeu de
Paume. A la nuit tombante, ils éclairent le roi, partout où il va, même
dans les cours et les jardins, en portant devant lui un grand flambeau
de poing en cire blanche. La nuit, ils attendent son retour, pour l'accompagner dans l'escalier jusqu'à sa chambre. Après la chasse, ils sont
admis au débotté du roi, afin de l'assister. Quand le roi monte en carrosse à deux chevaux, comme pour aller à la paroisse, ils montent sur
le devant, aux côtés du cocher, ou bien derrière avec les pages des
Écuries. A l'armée ils servent d'aides de camp aux aides de camp du
roi, et, sitôt hors de page, ils reçoivent un brevet d'enseigne dans un
régiment d'infanterie, ou de cornette dans une troupe de cavalerie [1].
L'école des pages ressemble en somme à une élégante ébauche d'école
militaire.

Dans les cérémonies publiques les pages de la Chambre ont le pas
sur tous les autres, sur ceux de la Grande et de la Petite Écurie, sur
ceux de la reine et des princes du sang, et ils sont fiers de leur préro-
gative [2].

Tous ces pages de cour, quels qu'ils soient, s'acquittent de leur
office avec sérieux et correction; mais avec quel entrain ils se détendent
en particulier, à table, dans leurs chambres, ou en ville, à la foire,
pendant que leurs maîtres perdent leur argent au jeu ou font la cour aux
belles! et combien cette jeune population de la cour y fait éclater d'insouciance, d'effronterie, de corruption précoce et de gaieté! Ils jasent
de tout, de l'aventure amoureuse de la nuit et du poulet porté le matin;
ils chuchotent du succès de tel ou tel d'entre eux auprès d'un courtisan
blasé; ils inventent des espiègleries qui leur valent le fouet; ils man-
gent à belles dents, rient de même, et roulent en leur jeune cervelle de
merveilleux rêves de guerre et d'amour pour le jour prochain où ils
vont pouvoir eux-mêmes s'élancer dans la carrière [3].

---

des lettres pour de frivoles exercices » (Eginhard, cité par Barthélemy, p. 87). Voir
ibid, p. 92, l'explication très vive qui eut lieu en 1824 entre le premier écuyer de
la nouvelle école des pages et le ministre de la guerre, qui reprochait aux pages
de « négliger le côté sérieux des études ».

1. *État de la France*, p. 107-110.

2. *Ibid.*, p. 109. Nous verrons plus loin un conflit entre ces différents pages, à
propos des fils mêmes de Racan, p. 429.

3. En 1616, Adrien de Montluc, comte de Cramail (le petit-fils du maréchal)
disait dans sa comédie des *Proverbes* : « Je le trouve... *plus effronté qu'un page
de cour* », dans Parfait, *Histoire du Théâtre françois*, t. IV, p. 223. — Sur les
vices dont ces jeunes gens étaient victimes, voir Tallemant, t. II, 383, n. 2, au sujet
de Boisrobert; I, 341, 353 au sujet de des Yveteaux, et *passim*. — *Les dents d'un page*

L'adolescence de Racan, se passant dans ce milieu, va en recevoir une profonde et durable empreinte [1].

Chaque année à la cour est gaiement inaugurée par des fêtes : le
jour des Rois en donne le signal, puis vient la foire de Saint-Germain,
le rendez-vous de *tout Paris*, où l'on va en joyeuse compagnie essayer
l'effet d'un nouveau pourpoint, acheter des rubans pour ses maîtresses
et jeter sur le tapis 10 000 pistoles avec le roi. Souvent les pages et
les laquais s'y battent, les seigneurs échangent des mots vifs, et le lendemain la querelle est vidée sur le Pré-aux-Clercs, si le roi n'a point
réussi à l'accommoder [2].

Le carnaval, le carême-prenant, comme l'on dit, ramène toujours
les ballets, véritables comédies de cour, ingénieux mélanges de traves-
tissements, de poésie, de musique et de danse, assaisonnés de piquantes
actualités, dans lesquels jouent les seigneurs les mieux faits et les plus
b elles femmes de la cour [3].

Le carême, apaisant ces fêtes, attire toute la cour aux prêches du
Père Cotton à Saint-Germain l'Auxerrois, ou à ceux du Père Séguiran
à Notre-Dame, et ce sont de nouveau des œillades et des coquetteries,
et, à la sortie, des gerbes de mots malicieux sur le sermon, le sermonnaire et les sermonnés.

Les Pâques une fois faites, le roi a coutume de passer à Fontainebleau, pour y demeurer toute la belle saison. Le jour est employé
à courre le cerf, la nuit à jouer un jeu effréné [4], et les intrigues
amoureuses vont leur train, on cajole ses maîtresses de cour sans
oublier celles de ville ; la Seine est sillonnée de bateaux qui montent
et qui descendent, parés des couleurs de Sa Majesté, et, sur le chemin
de Paris, une foule de gentilshommes courent la poste, volant à leurs
affaires privées ou à celles du roi [5].

---

en appétit sont prises comme le terme suprême de la vivacité par Saint-Amand,
la *Gazette du Pont-Neuf*, cité par P. Paris, éd. Tallemant, II, 267. — Sur la question du *fouet*, voir encore Tallemant, I, 110, 119, 251 et *passim*.

1. Pour faire l'esquisse de la cour nous nous servons principalement des t. I
et II de Tallemant des Réaux, du *Journal* de l'Estoile de 1602 à 1607, des *Mémoires*
de la Force et de ceux de Bassompierre (t. I, coll. Petitot).

2. Sur ce mal social du duel, qui était alors à l'état aigu, voir Tallemant, I,
23 ; — L'Estoile, VIII, 281, 283, 335. On comptait, dit ce dernier, 4000 gentilshommes « dévorés chaque année par ce monstre ».

3. Voir entre autres le ballet de 1597 à Rouen (*Mém.* de la Force, 1, 279), celui
de 1598 (Bassompierre, I, p. 268), ceux de 1600 (p. 278), de 1602 (L'Estoile, VIII,
4, 16), de 1605 (La Force, I, 391), celui des Quatre Éléments 1606 (Bass., 354), celui
des Echecs 1607 (*id.* 368), ceux des Inconstants, de Maître Guille, des Dieux ma-
rins, etc., 1608 (*id.* 371, 376 ; et *Histoire des amours de Henri IV*, 338).

4. La Force, 1, 295 ; Bassompierre, I, 374, etc., etc.

5. La Force, I, 421 ; Bass., I, 273 : il parle du bateau de Gabrielle d'Estrées et
de bien d'autres.

Tous ces hommes de guerre ont la nostalgie de la guerre, et ces héros d'Arques, d'Amiens et de Fontaine-Française souhaitent chaque année que le roi trouve enfin l'occasion qu'il cherche toujours de marcher contre l'Espagnol. Les gentilshommes les plus imprudents vont conspirer dans leur province, mais le bon roi est inexorable sur la matière, et l'exécution du maréchal de Biron donne à réfléchir.

A plusieurs reprises toute la noblesse de France tressaille d'aise en voyant le roi commencer une campagne, mais celle de 1601 n'est qu'une brillante promenade militaire à travers la Bresse et la Savoie, celle de 1604 un voyage judiciaire à Limoges, celle de 1605 une entrée solennelle à Sedan. Les plus impatients obtiennent alors congé du roi d'aller guerroyer contre la Hollande, sous les ordres de Spinola. La plupart attendent, et, faute de dangers réels, s'en créent de factices. Ils risquent leur fortune au jeu, leur vie dans les duels et les périlleuses amours : on se plaît aux sièges réputés impossibles et aux assauts dangereux, à ceux qui peuvent rapporter cartels ou prison, et ainsi l'on s'étourdit et l'on oublie qu'on est toujours en paix.

Henri IV sentait bien que le jour où le roi de France ne lancerait plus sa bonne noblesse à la guerre ou au plaisir, elle susciterait des révoltes ou des guerres civiles, et comme il n'avait pas l'humeur de l'énerver et de la réduire en domesticité, il l'amusa. Voilà pourquoi, tout en favorisant malheureusement les penchants les plus frivoles, il ne fit pas de mauvaise politique en menant gaillardement en personne pendant douze ans, de 1598 jusqu'à la fin, cette éclatante fête de jeunesse.

Elle battait son plein en 1603, quand le jeune Racan y fit son entrée, et ses fonctions le placèrent précisément aux côtés de ceux qui la menaient le plus allégrement.

Henri, malgré sa barbe grise, restait le plus vert-galant de son royaume. Quelques jours après la mort tragique de Gabrielle d'Estrées, il s'était consolé avec Henriette d'Entraygues, qu'il avait faite bientôt marquise de Verneuil. Dans le même temps, ayant obtenu la dissolution de son mariage avec Marguerite de Valois, il avait épousé la belle Florentine Marie de Médicis, avait installé au Louvre sa nouvelle maîtresse et sa nouvelle épouse, Henriette et Marie, à peu de distance l'une de l'autre, et tous les enfants du roi sans distinction étaient élevés à Saint-Germain et à Fontainebleau [1]. C'est là que Racan les voyait, qu'il jouait avec eux, et qu'il partageait, pour ainsi dire, leur éducation ;

---

1. *Histoire des amours de Henri IV* (V. Index bibl.), p. 336-338, Bass., I, 287, etc.

on la connaît par les curieux détails que le médecin de la Cour, Jean
Héroard, a naïvement notés dans son journal [1] ; c'est à se demander
vraiment si ce n'est point Rabelais en personne qui y présida ; mais,
en y regardant de près, Pantagruel paraît avoir été mieux élevé que
Louis XIII... Le prince grandit dans les châteaux royaux où la cour se
transportait parfois, et alors c'était une espèce de sérail bigarré, composé du roi, des reines, l'ancienne et la nouvelle, des maîtresses, des
bâtards, des chiennes et des singes, des fous et des folles de cour,
Guillaume, Olyvette et Engoulevent, nains, culs-de-jatte, musiciens et
poètes détraqués admis à toutes les licences par l'humeur caustique du
bon roi.

Nul ne pouvait contempler de plus près cette éducation bizarre que
le jeune page, qui voyait familièrement le dauphin tout le temps que
la cour passait auprès de lui [2]. Il eut même un jour, ainsi qu'un de ses
camarades, l'honneur d'être l'objet d'un naïf et faible jeu de mots de la
part du royal enfant. C'était le samedi 14 octobre 1606. L'on était
à Fontainebleau où les enfants de France venaient d'être baptisés. Le
Dauphin avait cinq ans ; voyant passer Racan, il cria à Mme de Montglat, sa gouvernante : « *Mamanga, velà l'arc-en-ciel!* » pour ce qu'il
tournoit, dit Héroard, le nom en son entendement, imaginant Arcan et
ajoutant *ciel* en sa petite fantaisie ; il avoit et se plaisoit à de pareilles
rencontres [3]. » On voit qu'il était besoin de forcer bien des choses pour
pouvoir faire de Racan une aussi poétique comparaison.

Le page passait beaucoup plus de temps encore avec le père qu'avec
le fils, et, par son service personnel auprès du roi, se trouvait être le
confident de sa vie intime de tous les jours, et aussi de toutes les nuits.

Peu de mois après son arrivée à la cour, en octobre 1604, il vit son
maître se lasser de la marquise de Verneuil, et, selon le catalogue exact
de ses caprices qu'on trouve dans un libelle contemporain, « *les Amours
du grand Alcandre* », devenir amoureux d'une jeune fille qu'il maria
aussitôt après, et puis d'une autre bien plus belle [4]. Cette dernière,
rencontre singulière, était la propre cousine du page, mademoiselle Jac-

1. *Journal de Jean Héroard sur l'enfance et la jeunesse de Louis XIII*, éd.
Soulié et de Barthélemy, Firmin Didot, 1868, 2 vol. 8°. — Tallemant le jugeait
ainsi plaisamment : « Héroard a fait plusieurs volumes... où vous ne voyez rien,
sinon à quelle heure Louis XIII se réveilla, déjeuna, cracha... » (nous passons le
reste), II, 242. — Voir aussi le tableau de l'éducation de Louis XIII dans Berthold
Zeller, *Minorité de Louis XIII*, p. 126-136.
2. Si l'on veut se faire une idée plus précise de cette « éducation », voir dans
Héroard notamment, t. I, p. 42, 61, 162, 293, 307, 313, 315, — 288, — 45, — 51, 423,
— 233, 376, Introduction, p. IX, etc.
3. Héroard, I, 221. — *Mamanga* était sa manière de dire : *Madame de Montglat.*
4. *Histoire des amours de Henri IV*, 341.

queline de Bueil, de la branche aînée de la race. Henri IV trouva un gentilhomme assez ruiné pour l'épouser moyennant finances, et il établit Mlle de Bueil sa maîtresse en titre, lui conférant le titre de comtesse de Moret. A cette date d'octobre 1604, la famille de Bueil est donc représentée à la cour par trois de ses membres, qui y occupent des places bien diverses : Anne de Bueil-Fontaines la femme du Grand Écuyer, Honorat de Bueil-Racan le page de la Chambre du roi, Jacqueline de Bueil-Courcillon la maîtresse du roi [1].

Les aristocratiques amours du Louvre ne suffisaient point à Sa Majesté, qui aimait à aller courir la nuit quelque beauté vulgaire, tout comme un simple escholier de son Université. Pour ces joyeuses équipées, il s'adjoignait seulement quelques bons compagnons, tels que le comte de Bellegarde et le sire de Roquelaure. On allait d'abord souper dans une auberge [2], après le souper on jouait, puis les seigneurs laissaient le roi, après l'avoir déshabillé, et s'en retournaient à leur logis dans son carrosse. Un soir, nous dit Tallemant, que Roquelaure traitait le roi et ses compagnons d'habitude à l'auberge des Trois-Mores, au Marais, on décida d'emmener un page pour deux. Mais le roi en prit un pour lui tout seul. « Car un page de ma chambre, dit-il, ne voudra servir que moy. » Ce page fut « M. de Racan [3] ».

Grâce à l'honneur de ce choix, l'adolescent se trouvait encore initié de fort près aux aventures vulgaires du roi avec la Glandée ou quelque autre beauté des ruisseaux de Paris [4]. C'était une école singulièrement brûlante pour des sens de quinze ans.

Les exemples donnés à Racan par son roi n'étaient malheureusement contredits en rien par ceux qu'il recevait de son tuteur. « Aussi célèbre, disent les contemporains, par son assurance dans les combats que par sa gentillesse à la cour », le comte de Bellegarde, pre-

---

1. Racan voyait en même temps un de ses oncles courtiser la comtesse de Moret. « On a aussi défendu de la voir — écrit Malherbe en 1607, — à un gentilhomme breton, *qui la hantoit fort*, nommé Grandbois. Il est proche parent de Mme Le Grand », t. III, p. 49. C'est Jean d'Acigné comte de Grandbois, oncle de Racan et de Mme de Bellegarde (V. le Tableau généalogique en tête du chapitre i).

2. Le plus souvent derrière l'Arsenal où dormait paisiblement Sully, — à l'hôtel de Sébastien Zamet, qui avait reçu le nom expressif de *Maison des menus plaisirs du roi*.

3. Tallemant, I, 14. Cette anecdote lui fut probablement contée par Racan lui-même. — L'auberge des Trois-Mores était dans la rue qui s'appelle aujourd'hui rue Quincampoix, entre la rue de la Reynie et la rue des Lombards, en plein cœur de Paris. — Sur ce qui précède, voir Tallemant, I, 14, 21; II, 477; Bassompierre, I, 276, 372.

4. Bassompierre, 276; voir aussi Tallemant, I, 8 et 25.

mier gentilhomme de la Chambre du roi et Grand Écuyer de France,
M. Le Grand, comme on l'appelait, passait pour « un des plus galants
hommes de son siècle ». On racontait sa belle conduite à Arques et
à Fontaine-Française [1]. On parlait surtout de la passion du beau
Roger pour Gabrielle d'Estrées, et l'on riait de l'imprudence amoureuse de ce nouveau Candaule qui avait trop vanté à son roi l'admirable beauté de sa maîtresse. L'ami trahi restait d'ailleurs le rival
heureux de son roi et comme l'amant de cœur de Gabrielle, ce qui
l'obligea finalement à quitter la cour, « avec défense de ne point
revenir qu'il ne fust marié et qu'il n'amenast sa femme [2] ». C'est
alors qu'il avait épousé par nécessité la cousine germaine de Racan,
la fille du malheureux gouverneur de Saint-Malo, la belle Anne de
Bueil-Fontaines (1594).

A son retour, il n'en continua pas moins ses relations avec
Gabrielle, en commença de nouvelles avec Mlle de Guise, et entreprit
bientôt de consoler la jeune reine Marie de Médicis.

A cette date de 1603, Bellegarde portait haut ses quarante ans :
sans être très bel homme de cheval, il était grand et fort, se faisait
remarquer sous les armes, avait un port agréable, riait de fort bonne
grâce, et, n'était son incorrigible goutte au nez qui faisait enrager si fort
Sa Majesté, il était regardé par elle comme un de ses meilleurs compagnons de plaisirs. Tel était le père adoptif de Racan, celui qui n'avait
pas hésité à assumer la responsabilité morale de l'éducation de sa
jeunesse [3].

Le page vivait à l'ombre de son protecteur, mais l'homme qui cap-
tivait son admiration, nous en aurons des preuves, et qui figurait à
toute la cour le parfait modèle du gentilhomme, était le jeune frère de
M. Le Grand, César-Auguste de Saint-Lary, baron de Termes. Couvert
de gloire à la fleur de l'âge, lui qui passait les pages de quelques
années à peine, il avait eu la rare fortune de se battre aux côtés de leurs
pères, entre autres près du maréchal de camp, Louis de Bueil, qui
l'avait vu, âgé de moins de dix-sept ans, abattre au siège d'Amiens un

1. Tallemant, I, 62; *Amours de Henri IV*, 306, 307.
2. Il n'échappa même une fois à la mort que par la complaisance du capitaine
des gardes, qui fit beaucoup de bruit en traversant le palais pour aller le tuer, et
lui permit ainsi de se sauver.
3. Sur Bellegarde, voir *Amours*, 316, 319, 326, 327; Tallemant, I, 59, 60, 81, 198
et toute son historiette; Malherbe, lettre du 16 janvier 1611; la correspondance de
Roger et de Gabrielle, Arsenal, Mss. Recueil Conrart, t. V, p. 89, 93 et *passim*.
On trouvera dans Tallemant la tentative plaisante de Henri IV pour guérir Bellegarde de sa goutte au nez. — Le Grand Écuyer était né en 1562, et était neveu du
maréchal de Bellegarde qui joua un grand rôle sous Henri III.

capitaine espagnol venu porter le défi dans les lignes françaises. Élégant écuyer, excellent danseur, audacieux partout, en amour comme en guerre, au jeu comme en amour, jetant gaiement 100 000 écus sur le tapis ou traversant la rue sur une échelle à trente pieds de haut pour « galantizer » quelque nonne, prêt à tous les ballets comme à tous les duels, poète à ses heures, adoré des femmes, envié des hommes, admiré des jeunes gens, il offrait un parfait modèle de débauche élégante, d'insouciante témérité, et d'impertinence gracieuse [1].

Tel est l'entourage immédiat de Racan, pour nous borner aux trois personnes qu'il fréquentait le plus assidûment, car si l'on voulait donner aussi une idée des seigneurs qu'il voyait souvent, il faudrait décrire toute la cour de France et tracer le portrait de beaucoup d'autres gentilshommes qui ne furent pas moins célèbres, entre autres le maréchal de Bassompierre, ce gentilhomme allemand qui, en se rendant à la cour d'Espagne, était demeuré à celle de France, conquis à jamais par la bonne grâce de Henri IV et par la satisfaction de trouver là, déclare-t-il dans ses *Mémoires*, « tous les divertissements qu'un jeune homme riche, débauché et mauvais ménager pouvoit désirer [2] ». Et ce serait encore le duc de Guise, et Roquelaure, plus âgé que tous et comme le doyen du plaisir [3], et tant d'autres, qui ne sont que des exemplaires nuancés, tous chatoyants, du gentilhomme français d'alors vivant à la cour, mélange d'élégance, de courage, de grâce et de paillardise.

On peut du moins, par ce que nous en avons dit, se faire quelque idée de ce foyer épicurien où grandit l'adolescence de Racan. C'était pour le jeune page la plus sûre école d'élégantes manières, de grâce d'esprit, et malheureusement aussi de volupté. Les impressions sensuelles de la cour vont dès lors se joindre et s'amalgamer dans son âme d'enfant aux impressions rustiques de la Touraine, et ce mélange se retrouvera toujours au fond de l'inspiration du poète.

Par bonheur, pour jouer un rôle actif et brillant dans un pareil milieu, il fallait apporter certaines dispositions natives, de la vigueur de corps, de la facilité d'humeur et de l'aisance mondaine. Telles

1. Voir Tallemant, I, 73, 74; Malherbe, t. III, 138, 254, 269, 371, 583; IV, 228; Bassompierre, I, 270, 342; L'Estoile, VIII, 123; Tamizey de Larroque, *Revue des questions historiques*, t. XII, p. 529, 530, etc.

2. *Mémoires* (coll. Petitot), I, 351. Voir aussi p. 272, 297, 329, 330, 340, 345, 348, 356, 357, 361, 365, 371. Bassompierre s'est peint naïvement dans ses *Mémoires*, écrits avec de la facilité et une bonhomie cynique. Il était né en 1579 « le jour de Pâques fleuries ». Il avait donc 24 ans en 1603.

3. Antoine de Roquelaure, lieutenant général au gouvernement de Guyenne, un des chefs du parti calviniste, Maître de la Garde-Robe du roi, et maréchal de France en 1605, mort à 82 ans en 1625. Voir son historiette dans Tallemant, I, 36.

n'étaient point les qualités du jeune campagnard de Touraine : sur le tard il en convenait de bonne grâce. Il était d'une complexion délicate, il était « mal fait », il avait comme la face moutonnière, et la mine effarée, qu'il conserva toujours, d'un rustique transféré à la ville, il bégayait et ne pouvait prononcer l'*r* ni le *c*, ce qui lui faisait dire, par exemple, qu'il était « page de la chamble d'Henli Tatlième », et qu'il s'appelait *Latan*. Il était maladroit, « malpropre », comme on disait alors, c'est-à-dire mal soigné dans ses vêtements ; il était ignorant et il passait pour « stupide », parce qu'étant timide et prodigieusement distrait, il brillait peu dans la conversation. En un mot il était ridicule, ce qui était le seul crime qu'on ne pardonnât point dans ce monde frivole[1].

Aussi le roi, qui aimait à retrouver chez les autres ses propres qualités, fut-il peu satisfait du service de son page, et sans doute son humeur railleuse ne lui épargna point les gausseries[2].

Tout prouvait donc à Racan qu'il n'était point fait pour réussir dans le monde et qu'en somme il échouait à la cour, échec heureux et salutaire qui l'empêchait de devenir un gentilhomme comme tous ceux qui l'entouraient, un homme à bonnes fortunes et un matamore, ou bien un poète libertin tel que Théophile ou Faret.

C'était sa première déception mondaine : elle devait être suivie de plus d'une autre.

Le page était encore rappelé aux réalités difficiles de la vie par les nouvelles qui lui arrivaient de sa situation financière. Sa mère, nous l'avons vu, avait laissé une succession très obérée : il fallut vendre par autorité de justice la terre de Vau qu'elle avait reçue de ses parents. Par son curateur, qui s'occupait sur place de ses affaires, Racan eut à payer en plus 50 000 livres de dettes pressantes[3], et les autres créanciers, espérant tirer parti de sa présence auprès du roi, vinrent le relancer jusque dans la cour.

1. Sur Racan à cette époque, voir une lettre de son voisin de Touraine, l'abbé de Marolles, publiée par P. Paris, édition de Tallemant, II, 376, complétée par l'historiette de Tallemant sur lui, II, 354, et par des passages des lettres du poète, entre autres, t. I, p. 323 et 332. — Voir aussi son *portrait gravé* en tête de notre ouvrage.
2. Marolles, dans Tallemant, II, 377.
3. Voir Factum Sigogne, Pièce just. 49. On y voit que Racan vers cette époque fut encore obligé de faire au profit de sa sœur utérine Jacqueline de Vendômois le remploi de 26 000 livres provenant de la vente d'une terre de *Bessé* ; il était tenu également de payer les intérêts de cette somme, qui montaient à plus de 102 000 livres. Il dut plus tard fournir un compte de ce chef à son neveu Sigogne et à Louis de Perriers, sieur du Bouchet, second mari de sa sœur.
En 1608, Mathurin Jamin, le curateur du jeune homme, rend à Bellegarde son compte de tutelle de Racan.

Heureusement le roi, qui riait de la maladresse de son page, aimait l'ardeur militaire qù'annonçait le jeune gentilhomme, et il le lui témoigna par une bienveillance effective. Sur les instances du comte de Bellegarde, il intervint personnellement auprès du chancelier, M. de Bellièvre, afin de suspendre pour un temps les poursuites des créanciers. Il lui écrivait le 17 septembre 1605 :

« Monsieur le Chancellier, Je n'ai pas moins esté meu de pitié que d'équité, à accorder à M. Le Grand le respit de deux ans *dont il m'a supplié avec grande instance* pour le jeune Racan, cousin de sa femme et duquel il est tuteur. Car, oultre que le père de ce jeune gentilhomme est mort à mon service, après m'avoir assisté en ces dernières guerres et que je sçay la plus grande partie de ses debtes procéder à cause de mondit service, la perte de ses père et mère, au bas âge où il se retrouve, me convie de contribuer ce remède à la manutention de sa personne et maison; *et puis, je désire conforter le fils en l'inclination qu'il a de continuer les services de son père*, dont la mémoire m'est très fresche et recommandée. Je vous prie donc ne différer lui depescher le dit respit pour ce temps là, et vous ferés chose qui me sera très agréable. A Dieu, Monsieur le Chancellier. Ce xviie septembre à Saint-Germain-en-Laye. »

« HENRY [1]. »

Bellegarde s'employait en même temps à conserver et même à augmenter les rentes de son pupille. En 1606 il jugea prudent de faire ratifier par le roi l'acquisition avantageuse de la terre de Longaulnay, faite il y a quinze ans, par le père et la mère de Racan, à l'époque où le roi de France avait, comme il le disait gaiement lui-même, « son pourpoint troué aux coudes ».

De plus dans le contrat de vente de Longaulnay on avait omis d'inscrire une rente annuelle de vingt livres (environ cent quarante francs de notre monnaie) due à la seigneurie, et Bellegarde en demanda le rétablissement au profit du jeune Racan. Par l'édit du roi du 16 juin 1606, la possession de Longaulnay fut ratifiée au page, et la rente omise rétablie en sa faveur [2].

---

1. *Lettres missives d'Henri IV*, collection Berger de Xivrey, t. VI, p. 523. L'original autographe de cette lettre se trouve à la Bibliothèque impériale de Saint-Pétersbourg, ms. 849, lettre 2.

2. Collection de M. Louis Brière, au Mans; dossier Longaulnay. Ancienne copie des titres de propriété de la baronnie, 3e titre, « Ratification par le roi pour la baronnie de Longaulnay ».

Vers la même époque « haut et puissant seigneur Messire Honorat de Bueil »

Si sa nature s'accommodait mal de la vie brillante de la cour, Racan paraît en revanche avoir assez goûté les éléments d'instruction scientifique qui étaient donnés à l'école des pages. Un seul maître en était chargé, c'était celui de mathématiques, qui devait en enseigner les quatre parties, à savoir l'arithmétique, la géométrie, l'astronomie (ou comme l'on disait alors l'astrologie), et la musique. Racan nous a entretenus de ces quatre études de son enfance, avec son parti pris habituel de dénigrement de lui-même qui est chez lui comme une coquetterie à rebours. Nous devrons donc, pour savoir la vérité, ne pas le prendre au mot, et interpréter toujours ses déclarations en bonne part.

« L'arithmétique, dit-il, estoit la science que j'ay le mieux entendue; mais je formois et arrangeois si mal mes chiffres que je ne les pouvois reconnoistre, et le plus souvent j'estois réduit, après avoir brouillé deux ou trois feuilles de papier, à faire par cœur mes divisions et mes multiplications, en me servant, pour soulager ma mémoire, de certaines règles brèves que j'avois inventées par les parties aliquotes et aliquantes », c'est-à-dire en décomposant les nombres en petites parties qui y étaient contenues ou non [1].

« J'eusse peut-être réussy en la géométrie, sinon que j'avois la main trop maladroite à manier la règle et le compas et les instruments dont l'on se sert à mesurer les hauteurs et les longueurs, ce qui me rendoit incapable de pratiquer ce que je savois par théorie, et toute ma suffisance n'alloit point plus avant qu'à démontrer une proposition d'Euclide après l'avoir bien conçue. » Savoir démontrer un théorème, n'était-ce donc déjà rien pour un jeune gentilhomme de quinze à seize ans? Ne serait-ce rien encore aujourd'hui, par notre temps de culture scientifique?

Il déclare qu'il n'a « jamais seu gouster l'astrologie ». Il en trouvait « les démonstrations trop peu assurées » et ne voyait pas de raison décisive pour « prendre party du costé de Copernic » ou « de celluy de Ptolomée et de Sacrobosco » et « je prenois, ajoute-t-il, beaucoup plus de plaisir quand on me disoit que le tout estoit plus grand que sa partie et le contenant que le contenu, que quand l'on m'entretenoit des comètes

---

est parrain par procuration dans un baptème de Saint-Pater, où la marraine est sa cousine, Mme de Bellegarde, 16 juin 1604 (Registres paroissiaux : registre broché, 1603-1607). Il fut obligé de se faire représenter par un ami de sa famille, M. de la Fosse Saint-Aubin. C'est ce seigneur dont la femme, Françoise de Castelnau, avait été marraine avec le jeune Racan en 1596. Voir ch. II.

On voit que la comtesse de Bellegarde fut marraine à Sonzay, le 6 sept. 1605 (Reg. paroiss.).

1. Latour, I, 336, et pour la suite 331, 335.

et des tremblements de terre. » Nous relèverons néanmoins dans sa poésie, chemin faisant, bien des preuves de son goût marqué pour les phénomènes célestes.

Enfin il continuait à aimer la musique et à jouer un peu du luth, sans avoir de dispositions plus sensibles qu'auparavant [1].

N'est-on pas frappé de ce goût des sciences chez un futur poète et du besoin instinctif de précision qu'il apporte dans son instruction? Cela ne contribuera pas peu à la netteté de sa pensée et de son style.

Cependant il feuillette quelques in-folios d'histoire, comme les *Grandes Annales de France* de Belleforest, publiées en 1579. Il lit aussi Ronsard et Desportes. « Les comédies de Hardy qu'il voit représenter à l'Hostel de Bourgogne, où il entre sans payer, l'excitent fort. » Il ouvre souvent le gros volume des vers de ses parents, qu'il a apporté de La Roche au milieu de ses hardes, et il lui semble que les vers de sa mère valent bien mieux que ceux de son père; lui-même « commence, selon son propre mot, à rimailler de méchants vers », et il pourra dire plus tard, en parlant de Henri le Grand :

> Mon Apollon sous sa livrée
> a produit ses premières fleurs [2].

Ce sont de petites pièces voluptueuses, fruits naturels de ce milieu, tout gonflés, pour ainsi dire, de la sève libertine des pages de cour. En voici une, par exemple, adressée à un vieux mari :

> Vieux corps tout épuisé de sang et de mouëlle
> d'où l'âme se départ,
> jouirez-vous toujours d'une chose si belle
> sans nous en faire part?

> Ces beaux yeux, hors d'espoir d'échauffer par leurs charmes
> votre froide amitié,
> méprisant leurs attraits, ont leur recours aux larmes
> pour vous faire pitié.

> Ainsi l'on voit l'Aurore, en sortant de sa couche,
> soupirer et gémir,
> quand son vieil impuissant, aussi mort qu'une souche,
> n'a rien fait que dormir.

---

1. *Mémoires pour la vie de Malherbe*, Lalanne, I, LXXXIV.
2. *Ode à Louis XIV*, t. II, 24. — Cf. *Mémoires*, LXV. Racan dit dans sa *Notice généalogique* (Pièce just. 47) qu'il n'a « guères leu les histoires anciennes », traduisons : il les a un peu lues; d'ailleurs il cite ou croit citer plus loin Belleforest (Cf. plus haut, ch. I). — Nous verrons dans les chapitres suivants son goût pour Ronsard et Desportes. — Sur Hardy et les vers des parents de Racan, voir Tallemant, II, 351, n. 1.

Notre goût suit nos ans. La vieillesse désire
        un bon vin savoureux,
au lieu que la jeunesse incessamment soupire
        les plaisirs amoureux.

L'Amour, encore enfant, chérit cette verdure
        et ces fleurs du printemps,
fuyant ces vieux rochers où l'on voit la froidure
        demeurer en tout temps.

Puis donc que désormais vos vieux membres de glace
        ne lui sont qu'ennuyeux,
ne lui défendez point de mettre en votre place
        quelqu'un qui fasse mieux.

Laissez en liberté cette beauté céleste ;
        n'en soyez point jaloux :
quand j'en prendrai ma part, vous en aurez de reste
        plus qu'il n'en faut pour vous [1].

Cette petite pièce égrillarde et spirituelle n'est-elle pas tout à fait dans le ton de la cour de Henri IV?

A côté de la poésie galante, nous rencontrons une autre veine bien différente, c'est celle de la poésie pieuse : ces deux filons qui marquent si bien les deux aspects du Français de cette époque continueront parallèles pendant toute la vie de Racan, et nous les retrouverons jusque dans ses dernières années.

Le page se plaisait donc à traduire quelques hymnes en vers, mais sa traduction est très lourde en général [2]. A la même époque se rattache un sonnet moins faible, paré d'antithèses très nettes, mais trop spirituelles, *sur le Bois de la vraie croix*. Il commence par ces vers :

        Beau cèdre aimé des cieux, dont l'heureuse mémoire
        ne craint point de l'oubli les rigoureuses lois,
        ne blâme point le sort qui fit mourir ton bois,
        puisque le même sort a fait naître ta gloire...

et il se termine ainsi :

        Mon Dieu, de quel miracle est ta bonté suivie :
        jadis un bois vivant nous apporta la mort,
        un bois mort aujourd'hui nous apporte la vie [3] !

---

1. I, 185. C'est Tallemant qui en fixe l'époque (II, 355). — Voir à notre Lexique les articles Se départir, Hors, Recours, Soupirer, Puis donc que, Ennuyeux, En prép., i. — Ce rythme, que Racan n'emploiera pas ailleurs, est emprunté à Malherbe.

2. Ten. de Latour, II, 405. Lire à cette même page la note de l'éditeur, qui se trouvait, du vivant même du poète, dans l'édition de 1660. Voir, au Lexique, Vouloir, A, i, Chemin, où, Faire.

3. *Ibid.*, II, 411. — Cette antithèse entre le bois de la croix et celui de l'arbre

Mais ce n'étaient là pour Racan que des badinages sans conséquence. « Cet heureux ascendant qui donne l'être, dit-il lui-même, ins-
piroit dans mon âme une ambition démesurée de m'élever au-dessus du
commun et de faire durer mon nom et ma mémoire plus longtemps que
ma vie », et il ne voyait alors, « pour assouvir son ambition », que la
voie des armes où avaient marché si glorieusement tous ses ancêtres. Il
voulait « imiter son père et continuer ses services » ; Henri IV le savait
bien, lui avec qui il s'en était ouvert plus d'une fois. Aussi, au milieu
de la paix du royaume, notre jeune poète gardait-il les yeux fixés sur
« la guerre des Espagnols et des Hollandais, où le grand roy, dit-il,
envoyoit servir tous ceux qui avoient l'honneur de porter ses livrées » [1],
et il accueillait avec ardeur les nouvelles de là-bas qui éclataient de
temps à autre au milieu des fêtes de la cour, — tristes ou gaies, mais toujours glorieuses : c'était la généreuse mort de Ramoville, le frère de
Bassompierre, à l'interminable siège d'Ostende [2] ; c'était le fils du duc de
la Force, blessé d'une mousquetade et revenant se faire soigner à Paris,
au milieu de l'enthousiasme général. Il tardait à Racan de pouvoir
s'échapper de cette cour où il avait si peu de succès et d'aller à son
tour, renouant la tradition de ses pères, tenter la fortune des armes.
Avec la fierté de son âge, il avait confiance que le mauvais courtisan
pourrait faire un bon capitaine.

Mais, avant de partir, il fit une rencontre qui devait, à son insu,
décider de toute sa vie.

---

du bien et du mal se trouve d'ailleurs dans toute la liturgie chrétienne, mais ces
sortes de pointes font toujours meilleur effet en vers latins qu'en vers français.
Cf. Bossuet : « Chrétiens...., le fruit d'un arbre vous avait perdus; voici un autre
arbre qu'on me propose, auquel est attaché Jésus-Christ, le vrai fruit de la vie. »
Sermon sur la dévotion à la Sainte-Vierge. Édit. Lachat, XI, 366 (cité par G. Lanson,
Bossuet, 1890, p. 73).
    1. *Lettres.* Latour, I, 321, 323.
    2. Bassompierre, I, 333. Ce siège dura 39 mois. Ostende se rendit aux Espagnols
le 20 septembre 1604 (Voir de Thou, livre CXXX).

CHAPITRE IV

La Rencontre de Malherbe.

1605

Arrivée de Malherbe à la cour.
La première entrevue de Malherbe et de Racan (octobre 1605). — Leurs relations d'après Racan.
L'enseignement de Malherbe à Racan.
I. — *La lecture des auteurs.* — Opinion de Malherbe sur les Grecs et les Latins. — L'enseignement français. — L'italien.
Jugements de Malherbe sur les poètes du 16ᵉ siècle. Ronsard. Haine de Malherbe. Sympathie de Racan.
La Pléiade. — Régnier. — Desportes. — Bertaut. — Foi de Malherbe en lui-même.
II. — *Le travail devant Racan.* — La recette de l'Ode. — Collaboration de Racan. La chanson composée avec Mᵐᵉ de Bellegarde.
III. — *La correction des essais de Racan.* — Racan est encouragé en se comparant aux autres.
Ce que Racan doit à Malherbe.

L'éducation religieuse, l'éducation morale données par Malherbe à Racan. — Mœurs légères et insouciance religieuse du jeune homme. — L'école d'énergie. — Racan page de Malherbe.
Son départ pour la guerre de Hollande.

Au mois d'août de l'année 1605, il n'était bruit à la cour de France que du nouvel arrivant, d'un poète qui venait de « faire sa révérence au roi [1] ». Il y avait longtemps qu'on entendait parler de lui : beaucoup savaient par cœur ses stances de consolation à Du Périer. La jeune reine Marie de Médicis se souvenait des gracieux souhaits de bienvenue que le poète lui avait adressés à son passage à Aix-en-Provence [2] ; et tout récemment, au dernier carnaval, Bassompierre et ses compa-

---

1. *Mémoires pour la vie de Malherbe*, par Racan, Lalanne, *Œuvres de Malherbe*, t. I, p. LXV. Nous désignerons cet écrit par l'abréviation *Mém.*, quoique M. Lalanne lui donne simplement le titre de *Vie de Malherbe.* — *Ibid.*, XXI.
2. Lalanne, p. 38, 65, 44.

gnons avaient provoqué leurs adversaires dans un cartel qu'il avait rimé.

Les détails de l'entrée de Malherbe à la cour sont connus grâce à Racan. C'est le cardinal du Perron qui, le premier, avait signalé le poète au roi [1]. Puis M. des Yveteaux, « toutes les fois qu'il lui en parloit, lui offroit de le faire venir de Provence; mais le Roi, qui étoit ménager, craignoit que le faisant venir de si loin, il seroit obligé de lui donner récompense, du moins de la dépense de son voyage [2] ».

Enfin, au commencement du mois d'août 1605, Malherbe vint à passer par Paris, rappelé à Caen, son pays natal, par « ses affaires particulières... M. des Yveteaux, continue Racan, prit son temps pour donner avis au Roi de sa venue, et aussitôt il l'envoya quérir. » Le roi le reçut avec bienveillance, lui donna l'ordre « de se tenir près de lui et lui assura qu'il lui feroit du bien [3]. »... « Comme il étoit sur son partement pour aller en Limousin, il lui commanda de faire des vers sur son voyage; ce qu'il fit, et les lui présenta à son retour. C'est cette excellente pièce qui commence :

O Dieu, dont les bontés de nos larmes touchées.

« Le Roi trouva ces vers si admirables qu'il désira le retenir à son service, et commanda à M. de Bellegarde de le garder jusques à ce qu'il l'eût mis sur l'état de ses pensionnaires. M. de Bellegarde lui donna sa table, et l'entretint d'un homme et d'un cheval, et mille livres d'appointements [4]. » Malherbe avait le titre d'Écuyer de la Grande Écurie, et il fut bientôt nommé, grâce encore à Bellegarde, l'un des vingt-quatre gentilshommes ordinaires de la Chambre du roi [5].

Racan ne manquait pas d'occasion d'apercevoir le nouveau venu, soit à la Chambre, soit à la Grande Écurie, ou mieux chez son cousin M. de Bellegarde, et le cœur dut battre au petit page inconnu qui

1. Racan, *Mém.* LXIV, confirmé par une lettre de Malherbe citée par Lalanne, p. XXII, et le témoignage de Racan à Ménage, Ménage, *Observations sur Malherbe*, p. 353.

2. On remarquera ce curieux emploi du conditionnel là où nous mettons aujourd'hui l'imparfait du subjonctif : il craignoit qu'il *seroit* obligé... Ce tour est encore usité en Poitou.

3. Lettre de Malherbe citée par M. Lalanne p. XXII. Voir Gustave Allais, *Malherbe et la poésie française à la fin du XVIe siècle*, 1891. Ch. XIII.

4. *Mém.* LXV.

5. Opinion de M. Lalanne, p. XXIII. — Sur l'office et le nombre des gentilshommes ordinaires, voir l'*État de France*, par Besongne, 1672, t. I, p. 108 et suiv. — On lira avec fruit le ch. II de M. Brunot sur l'arrivée de Malherbe à la cour; on y trouvera une appréciation intéressante et sévère du bagage poétique qu'il y apportait.

s'essayait à rimer dans le silence, à la vue d'un des plus grands poètes de son temps, de l'homme qui avait conquis par ses seuls vers la considération publique et la faveur royale. Il ne tarda pas vraisemblablement à lui être présenté dès le mois d'octobre [1].

« J'imagine, raconte brillamment Antoine de La Tour [2], que Mme de Bellegarde, pour faire à son nouvel hôte les honneurs de sa maison, lui dit négligemment qu'il y avait par là un petit page qui se mêlait aussi de faire des vers. On fit sans doute avertir le jeune homme, qui vint en rougissant saluer Malherbe. Je crois le voir regarder à la dérobée et avec une pieuse crainte cette belle et sévère figure; puis, pour obéir à sa noble parente, récitant d'une voix émue cette première élégie » que nous avons nous-même citée précédemment : *Vieux corps tout épuisé de sang et de mouëlle* [3]. « Le page embarrassé froisse sans doute sa toque à plumes, et jette tour à tour un coup d'œil furtif à la comtesse dont il redoute fort la colère, et à l'auguste étranger, dont il attend l'arrêt avec tremblement. J'ignore comment la belle comtesse prit les vers; mais je ne doute pas qu'ils n'aient été du goût de Malherbe. Il n'y avait rien dans les idées qui fût de nature à lui déplaire, et la versification avait une sorte de fermeté qui dut le charmer. J'ai peine à croire que les choses ne se soient point passées de la sorte. Racan emporta sans doute de cette première entrevue *du bonheur pour toute sa vie*; ce n'était pas, comme Chérubin, le baiser de Rosine, c'était le sourire d'un grand poète. »

Ce jour-là l'enfant de Saint-Pater et le poète d'Aix s'étaient providentiellement rencontrés dans une chambre de l'hôtel Bellegarde. Racan pouvait bénir le ciel, car il avait trouvé, sans le savoir, un maître, un initiateur, un père et un ami.

Encouragé par le premier accueil, il prit plaisir à revenir, bien qu'avec une certaine timidité tout d'abord. Il s'accoutuma peu à peu à cette figure décidée d'homme de guerre qui rappelait, avec la sévérité en plus, celle du roi lui-même [4]. Désormais il n'était plus seul pour s'adonner sérieusement à sa chère poésie! Quand il pouvait

---

1. Racan lui-même dit dans les *Mém.*, p. LXXXI : « La connaissance qu'avoit eue Racan avec M. de Malherbe étoit lorsqu'il étoit page de la chambre chez M. de Bellegarde, *âgé au plus de dix-sept ans.* » Il avait seize ans et demi.

2. Édition de Racan, 1857. Notice, p. XXVIII. Nous y changeons seulement le titre de Mme de Bellegarde, qui alors n'était pas encore duchesse (elle ne le fut qu'en 1620).

3. Au ch. III.

4. Voir les estampes de Malherbe, entre autres dans les *Portraits des hommes illustres des* XVIIe *et* XVIIIe *siècles.* 3 vol. in-4°, 1805 (t. II, p. 25), et à la Bibl. Nat., Cabinet des Estampes.

échapper à son service, qui ne le divertissait guère, il allait trouver Malherbe chez Mme de Bellegarde, ou même dans la modeste chambre garnie que le maître occupait en ville, et personne à la cour ne s'apercevait de son absence, ni ses jeunes camarades qui chevauchaient gaiement sans lui, ni le roi, qui se passait fort bien des gaucheries de son page.

Le poète officiel de son côté s'attachait à ce jeune homme dont il se sentait compris et admiré et qui ne le regardait pas seulement, ainsi que la foule des gentilshommes, comme le fournisseur de vers de Sa Majesté. Il s'établit donc entre ces deux hommes égarés à la cour, le poète de cinquante ans et l'adolescent de seize, un commerce assidu dont le principal lien était la poésie : l'un y aspirait, l'autre y excellait. Celui-ci, qui était né pour l'autorité, va se mettre naturellement à instruire celui-là, et durant plusieurs années.

Racan élève de Malherbe, un de nos poètes instruit par un autre, et non pas seulement par lui conseillé, comme le seront par Boileau Molière ou Racine, mais bien enseigné par lui; un pareil rapprochement forme un épisode unique dans notre histoire littéraire, digne à la vérité des Grecs, qui aimaient à saluer ces rencontres chez leurs écrivains, et au besoin à les inventer [1].

Il nous est aisé de reconstituer *ces premières relations* grâce aux notes, aux « Mémoires » que Racan lui-même nous a laissés sur son maître et qui ont été publiés depuis deux cents ans sous le nom de *Vie de Malherbe* : nous les compléterons au moyen des anecdotes qui avaient été rapportées oralement par Racan à Conrart et que nous venons de mettre au jour, et aussi par la lettre écrite sur Racan par son ami l'abbé de Marolles, en tenant un grand compte des importants travaux qui ont été faits récemment sur le maître [2]. Nous laisserons,

---

1. M. Alfred Croiset en fait la remarque à propos de Thucydide et d'Hérodote (Édition de Thucydide. Hachette, 1886, t. I, p. 7).

2. Le meilleur texte des *Mémoires pour la vie de Malherbe* est celui que M. Ludovic Lalanne a donné au 1er tome de son édition de Malherbe : 5 vol. in-8°, Hachette, 1862, p. LXIII-LXXXVIII. Nous y renverrons toujours. — Voir ce que nous en disons dans nos *Anecdotes inédites sur Malherbe. Supplément de la Vie de Malherbe par Racan*, publié avec une introduction et des notes critiques. Br, in-8°, Paris, Picard, 1893, — Introduction, p. 5-8. — La lettre de l'abbé de Marolles a été en partie publiée par Paulin Paris dans son édition de Tallemant des Réaux, t. II, p. 376-378. Sur Malherbe nous nous sommes servi surtout des trois ouvrages considérables de MM. Brunot, Allais, Souriau, parus en 1891, 1892, 1893, auxquels nous ajoutons le compte rendu des leçons sur Malherbe professées à la Sorbonne par M. Faguet en 1894. (V. notre Index.) — Il manque pour ce chapitre un document capital que nous n'avons malheureusement pas réussi à retrouver; c'est une lettre écrite par Racan à Conrart : Racan en parle dans les *Mém.*, p. LXVI, 1re l.; et Conrart y renvoie dans sa Notice manusc. sur Racan; il met en marge : *Voir la*

autant que possible, la parole à l'élève, en essayant seulement de coor-
donner ses notes naïves et sans ordre, et d'aboutir à quelques conclusions générales.

* *

Aligner deux vers médiocres, Malherbe s'aperçut vite qu'à cela se
réduisait l'instruction littéraire de son nouvel écolier et qu'il avait tout
à lui apprendre en fait de style, de grammaire et de versification.

Pour y pourvoir, Malherbe ne procéda point par un enseignement
théorique des formules nouvelles qu'il entendait faire prévaloir : il
n'avait pas d'ailleurs réduit sa poétique en système, et il arrivait à
Paris avec le sentiment intense plutôt qu'avec la vision raisonnée de
ce qu'il voulait faire. Nous en trouvons une preuve dans le désordre
absolu avec lequel sont semées les règles du maître dans les notes
rédigées par Racan. Quelle que soit l'humeur flâneuse du biographe,
lui qui reproduit exactement jusqu'aux mots les plus insignifiants de
Malherbe, il n'eût pas manqué de laisser quelque trace d'un exposé
dogmatique s'il en avait entendu le moindre. Il a même fallu récemment de considérables travaux d'érudition littéraire et grammaticale et
de recherche en quelque sorte philosophique pour rapprocher « les membres épars du poète » et pour reconstruire la *Doctrine* de Malherbe [1].

Le réformateur concevait avec une clarté lumineuse chacune de
ses nouvelles règles, mais il n'était point assez philosophe pour en
faire lui-même la synthèse. Aussi sa méthode d'enseignement avec
Racan fut toute empirique, et consista principalement en 3 exercices :
lire avec lui, travailler devant lui et corriger ses essais. Ses propres
vers et ceux des autres lui donnaient ainsi l'occasion d'émettre de
son ton bourru, comme des axiomes tranchants, les nouvelles lois de

---

lettre à moy pour son enfance, et plus loin : *Voy. la lettre pour ce qui se passa estant
page, la connoissance de Malherbe et les vers.* V. Pièce just. 48. Nous souhaitons
sincèrement à de plus heureux de la découvrir.

On notera que nous ne traitons ici que des *premières relations* de Malherbe et
de Racan, nous consacrons un chapitre de la suite (le ch. IX) à leurs relations
ultérieures, que nous nous sommes appliqué à distinguer des premières.

1. La *doctrine* de Malherbe en fait de *grammaire* et de *style* a été magistrale-
ment exposée par M. Ferdinand Brunot, d'après le commentaire sur Desportes. —
Voir ce qu'il dit dans sa préface sur les difficultés de ce travail. — Il ne restait
plus à rassembler que la *doctrine* de Malherbe sur la *versification* : c'est ce qui
vient d'être fait par M. Maurice Souriau dans son récent ouvrage, aussi plein
d'idées que de faits : *L'évolution du vers français au* XVIIᵉ *siècle* (Hachette, 1893),
p. 1-107. — Pour nous qui essayons de faire revivre dans cette biographie l'enseignement *oral* du maître, nous ne devons pas mettre en relief trop nettement les
résultats de ces grands travaux d'ensemble.

la réforme, concernant les rimes, les mètres, les licences, les chevilles, la grammaire ou les idées. Toutes ces remarques de détail contribuaient à faire comprendre à Racan l'idée qui les inspirait toutes et en formait l'unité, à savoir cette volonté implacable de ramener la poésie française des sommets nuageux de l'imitation antique dans la voie large du bon sens et de la clarté parfaite, et de la guérir des excès de la Renaissance et de la Pléiade, ce qu'il exprimait d'une façon pittoresque en répétant ce mot que Racan nous a conservé : « Mes maîtres pour le langage... ce sont les crocheteurs du Port-au-Foin [1]. »

I

D'abord il lit avec Racan les auteurs anciens. A la vérité il trouve son disciple bien peu versé dans les langues mortes, ne sachant pas de grec et très peu de latin. Écartons une bonne fois, en commençant, cette légende que Racan ne savait pas un mot de latin : elle vient d'une de ses coutumières vantardises d'ignorance, faite imprudemment devant un ami, soigneusement notée par celui-ci, envoyée par lui à un ministre et pieusement répétée depuis trois siècles [2]. L'examen de ses œuvres y donne un perpétuel démenti, la vérité sur ce point nous est livrée par l'abbé de Marolles, qui connaissait bien le poète : « Racan, dit-il, entendoit assez bien les poètes latins pour les pouvoir lire en leur langue ; mais il estoit très peu sçavant dans la langue latine, qu'il n'eut jamais assez d'esprit pour bien apprendre ; *ce qui faisoit qu'il disoit à tout le monde qu'il n'en sçavoit pas un mot* [3]. » Les éléments surtout lui avaient fait défaut. On pense bien que le maître jugea inutile de combler cette lacune, et d'imposer à son élève une forte culture antique qui le fournirait d'idées générales. On n'avait que trop abusé des anciens au temps de la Pléiade, et Ronsard s'en était trouvé tout gâté !

Pour les Grecs, il se contentait donc de lui déclarer qu'il « ne les estimoit point du tout » et de lui parler du « galimatias de Pindare [4] ».

1. Malherbe s'est néanmoins beaucoup plus servi de la Pléiade et de Ronsard qu'il ne le croyait : ce point très curieux a été fort bien étudié par MM. Brunot et Allais, et par M. Brunetière, *Revue des Deux Mondes*, 1er décembre 1892.
2. Le coupable est *Costar* dans son *Mémoire des gens de lettres célèbres de France*, rédigé secrètement sur la demande de Mazarin, vers 1657 : « De Racan... *Il a si peu de naturel pour le Latin, qu'il n'a jamais pu apprendre son Confiteor ; et il dit qu'il est obligé de le lire lorsqu'il va à confesse...* » Mémoires de Sallengre, p. 317. — V. plus loin notre ch. xix.
3. Marolles, dans Tallemant, t. II, 376, 377.
4. *Mém.* lxx.

Quant aux Latins, il pouvait les lire avec Racan, et nous savons par celui-ci les goûts de Malherbe à leur endroit : il aime ceux qui ont su donner du relief ou du sel à leurs pensées : « celui qu'il estime le plus, poursuit Racan, est Stace, et après luy Sénèque le Tragique, — qui eut aussi un peu plus tard tant d'attrait pour Corneille —, Horace, Juvénal, Ovide et Martial. » Le poète du sentiment, Virgile, est naturellement exclu de cette liste ; Racan le goûte néanmoins, bien qu'il entende son maître y « reprendre beaucoup de choses, entr'autres le vers

> *Euboïcis Cumarum allabitur oris.*

C'est comme si on disoit, ajoute-t-il, *Aux rives françaises de Normandie*[1]. » Il ne se doutait pas que, tout Malherbe qu'il était, il lâchait là une « excellente ânerie », comme celles qu'il reprochait si bien à Desportes, l'Eubée ne désignant ici nullement le pays où est située Cumes, mais celui des fondateurs de la ville. Il prouvait ainsi par son exemple ce qu'il soutenait souvent, « que nous n'entendons point les finesses des langues que nous n'avons apprises que par art », et si, selon sa menace, Virgile et Horace étaient revenus en ce monde bailler le fouet à Nicolas Bourbon et au P. Sirmond parce qu'ils faisaient des vers latins, il eût bien pu lui-même, pour ses contresens, en attraper quelques coups[2].

En somme, pour lui la connaissance des langues anciennes est plus nuisible qu'utile à un poète français : donc point d'humanités. Racan qui ne les a pas faites avant de connaître Malherbe, ne les fera pas avec lui, et cette ignorance sera, aux yeux de son maître, une garantie de sincérité pour son inspiration.

On est étonné de trouver dès l'année 1605 un des premiers engagements de la moderne guerre faite au latin, et de rencontrer dans Malherbe l'ancêtre des inventeurs de l'enseignement français. Ses plus décidés partisans d'aujourd'hui n'iraient même pas, peut-être, jusqu'à l'approuver, car pour lui il ne s'agissait point de l'instruction du plus grand nombre, mais de celle d'un poète. En outre on était aux premières années du 17e siècle, et non aux dernières du 19e : notre langue trempait encore profondément dans ses origines latines, et de plus l'enseignement français, avec trois siècles de littérature en moins, était vraiment réduit à de maigres ressources.

---

1. Nos *Anecdotes inédites*, p. 37.
2. *Mém.* LXXIX. — Ces deux poètes latins devaient chanter souvent Louis XIII et Richelieu ; voir entre autres les deux recueils publiés en 1635, à Paris, chez Cra-

C'est là en somme un épisode de cette éternelle querelle des anciens et des modernes, qui se renouvelle sans cesse. Malherbe était ou du moins se croyait partisan des modernes, parce qu'il regardait Ronsard comme un *ancien.*

Il ne fallait rien moins que la remarquable étroitesse d'esprit du poète pour qu'il se privât, lui et ses disciples, de la plus abondante source d'idées générales que l'on connaisse. Malherbe savait peu les anciens, Racan les connaîtra moins encore, et toujours manqueront l'abondance, la variété et la vigueur à ses qualités natives de charme et de grâce qui, n'ayant pas un sol riche où se développer et se fortifier, demeureront toujours grêles comme des arbrisseaux plantés dans une terre aride. Il est certain qu'en cela Malherbe lui rendit un mauvais service. —

Les langues vivantes remplaceront-elles du moins les langues mortes? Malherbe ne connaît que l'italien, qui est plus que jamais prisé et parlé à la cour depuis l'arrivée de la jeune reine florentine ; lui-même a commencé par imiter un poète de l'Italie dans sa pièce des *Larmes de saint Pierre*, mais il la désavoue aujourd'hui devant Racan ; c'est là une détestable voie qu'il a abandonnée depuis longtemps, et il déclare à son disciple que sauf le Tasse dans l'*Aminte*, il estime fort peu les Italiens, et que tous les sonnets de Pétrarque sont aussi mauvais que les épigrammes de Mlle de Gournay : c'est tout dire [1]!

Malherbe ignorant avec tout son siècle notre littérature du moyen âge, il ne lui reste plus qu'à lire avec Racan nos poètes du 16e siècle. Mais là encore il est, comme on sait, peu enthousiaste : « Il n'estime aucun des poëtes françois », nous le tenons de son disciple lui-même [2].

Le plus célèbre de tous, Ronsard, est plein de latineries ridicules, et il a « le cerveau fantastique », si bien qu'un Français n'y comprend goutte, et devant son élève il couvre les marges de son Ronsard de *Moilon, Moilon,* « comme s'il eust voulu dire, explique Racan, que ces endroits-là ressembloient au moilon, dont on ne se sert dans les bastimens que pour faire des murs », par opposition à la pierre de taille ; et il finit par barrer rageusement toutes les pages, et il déclare

---

moisy : *Le Parnasse royal ou les Immortelles actions de Louis XIII*, 2e p[ie], *Palmæ regiæ,* et *le Sacrifice des Muses au grand cardinal de Richelieu*, 2e p[ie], *Epinicia Musarum.* — Sur l'élection de Nicolas Bourbon à l'Académie en 1637, voir une lettre satirique de Balzac, où il est incidemment question de Racan. *Œuvres de Balzac,* 1665, t. I, 756.

1. *Mém.* lxx. — Lalanne, t. I, p. 4, et *Anecdotes*, p. 37.
2. *Mém.* lxix.

à tout venant qu'il estime plus une chanson du Pont-Neuf que toutes les œuvres de Ronsard ensemble [1].

Ronsard est l'ennemi-né, parce qu'il cherche sa double source d'inspiration dans l'imagination et dans l'imitation abondante de l'antiquité, et le nouveau législateur pense avoir reçu du bon sens français la mission de guérir notre poésie du tort que lui ont fait ces deux maux.

Racan ne peut partager cette haine ; au contraire une sympathie secrète l'attire vers Ronsard, dont il comprend la force, la hardiesse, la grâce amoureuse et qui lui plaît surtout par son vif sentiment de la nature ; peut-être se dit-il au fond du cœur qu'il eût préféré l'école de Ronsard à celle de Malherbe, et que, si celui-là avait consenti à lui faire grâce sur la question du grec, tous deux se seraient sans doute bien entendus. Il ne discute pas avec Malherbe, il ne l'ose pas encore, mais il lit Ronsard en sa présence, et cette imprudence n'est pas sans lui attirer quelquefois la mauvaise humeur de son maître [2].

Les autres poètes de la Pléiade ne sont pas mieux traités :

> *Du Bellay* est trop facile,
> *Belleau* ne parle pas comme on parle à la ville.
> Il a des mots hargneux, bouffis et relevés
> qui du peuple aujourd'hui ne sont pas approuvés [3].....

Avec les poètes contemporains, Malherbe ne pèche pas non plus par excès d'indulgence. Pourtant « Régnier le Satirique » trouve grâce à ses yeux : selon Racan, « il l'estime en son genre à l'égal des Latins », mais il lui reproche ses longueurs, relève ses négligences et compte ses hiatus, et telle est, ajoute Racan, « l'aversion de Malherbe contre les fictions poétiques » qu'un jour rudement il demande compte à Régnier d'une de ses allégories représentant la France s'élevant vers Jupiter pour se plaindre de la Ligue : « En quel temps cela est-il arrivé ? J'ai toujours demeuré en France depuis cinquante ans, et je ne me suis point aperçu qu'elle se soit enlevée hors de sa place [4]. » Couper à la poésie les ailes de la fiction ! est-il possible en vérité de se montrer moins poète ?

Néanmoins Malherbe est l'ami de Régnier en ces années-là, et le

---

1. Satire IX de Régnier, qui fut longtemps son ami, comme on le verra plus loin. — *Anecdotes*, p. 36 et 40 ; *Mém.* LXXVII.
2. *Anecdotes*, p. 39.
3. Régnier, Sat. IX, v. 25 et suiv. Il répète ironiquement ce qu'il a entendu dire à Malherbe.
4. *Mém.* LXXI. Voir dans Brunot, livre II, ch. III, l'horreur de Malherbe pour toutes les fictions, sauf les histoires mythologiques bien connues.

page eut certainement l'occasion d'approcher maître Mathurin qui était un des favoris de la jeune cour, à cause de la licence de sa vie et de ses peintures.

Racan dut être avec Régnier et Malherbe du fameux déjeuner de Vanves chez Desportes, l'oncle de Régnier, au mois de décembre 1605; il en parle en témoin. Il entendit l'impertinence que Malherbe, à peine entré, décocha à l'abbé sur ses psaumes qui « valaient moins que son potage ». Pendant tout le repas, il observa avec intérêt le silence gros de menaces que Malherbe et Desportes gardèrent l'un vis-à-vis de l'autre et, aussitôt sorti de table, il accompagna Malherbe dans sa retraite précipitée [1].

Il vit alors son maître entreprendre une guerre acharnée contre Desportes, telle qu'on en fait à ceux envers qui l'on a eu des torts, déclarer qu'on ferait de ses fautes un livre plus gros que toutes ses poésies ensemble, faire lui-même ce livre, et annoter tous les vers du vieillard avec une prodigieuse constance d'impatience, en écrivant partout dans les marges : *Cheville*, *Bourre*, *Superflu*, *Ridicule*, etc., laissant ainsi un monument immortel de critique étroite et pédante [2].

Ici encore Racan fait ses réflexions à part lui : il s'amuse de ces rigueurs, mais il les trouve injustes au fond, et il prend plaisir souvent à se laisser bercer par la mollesse élégante des élégies et surtout des bergeries de Desportes [3].

Il nous apprend que son maître méprise encore des Yveteaux; « il n'estime qu'un peu Bertaut...; encore, dit Malherbe, pour trouver une pointe à la fin de ses stances, il fait les trois premiers vers insupportables ». Tel est le poète à qui il donne le plus d'éloges [4].

On le devine, il n'y a en réalité qu'un seul poète que Malherbe estime complètement, c'est Malherbe, et de cela nous ne songeons pas à lui faire un reproche : nous trouvons tout naturel que les grands artistes, quand ils donnent des conseils sur l'art, ne fassent autre chose que de réduire leur pratique en théorie : que peuvent-ils apprendre aux autres sinon ce qu'ils croient le meilleur, c'est-à-dire ce qu'ils font? Cicéron, dans ses ouvrages de rhétorique, s'est donné innocemment comme

---

1. *Mém.* LXIX. — Voir dans Brunot, ch. IV, l'appréciation de cette « *rupture* », qui marque pour l'auteur l'avènement de la poésie classique.

2. Tallemant, I, 275, note, etc. On trouvera traitées dans le livre de M. Brunot toutes les questions concernant ce commentaire, qui a été publié par M. Lalanne, *Œuvres de Malherbe*, t. IV, p. 249 et s. — Malherbe avait pourtant commencé à imiter Desportes d'après M. Allais, *passim* et *Conclusion*.

3. Nous en donnerons la preuve plus loin, en étudiant les sources des Stances sur la Retraite.

4. Tallemant, I, 275; *Mém.* LXIX.

modèle, Buffon croira un jour parler sur *le style* et mettra le sien en
principes, Ingres en voulant former des élèves à la peinture les initiera
seulement au genre classique où il excelle. Pour ces esprits originaux
pratique et théorie ne peuvent que se confondre. Seulement ils apportent dans l'appréciation des écoles opposées plus ou moins d'intolé-
rance, et nul n'en montra jamais autant que Malherbe.

II

A côté de cette critique toute négative, Malherbe travaille devant
Racan : c'est le second point de son enseignement, et le principal.
N'est-ce pas d'ailleurs un des moyens d'instruction les plus rares et les
plus efficaces? Il applique en présence de son disciple sa recette pour
faire de bons vers : elle est facile, sinon à appliquer, du moins à
retenir, vu qu'elle se compose d'un petit nombre de prescriptions
catégoriques.

Il ne s'agit bien entendu que des *odes*. Il ne cultive pas l'*élégie*
proprement dite, qu'il dédaigne comme un genre inférieur au point de
vue rythmique, parce qu'elle est en vers suivis, et non en strophes.
Pour le *théâtre* il s'en abstient prudemment, tout en déclarant bien haut
qu'il ne pourrait manquer d'y réussir. Il ne travaille que dans l'ode,
c'est sa spécialité [1].

Voici donc pour bien faire une ode le procédé auquel Malherbe
initie Racan :

Prendre pour sujet un grand personnage comme le roi ou le comte
de Bellegarde, ou encore une grande dame; fabriquer en son honneur
un certain nombre de strophes en se défiant avant tout de l'audace de
l'imagination (si l'on en a), et de la hardiesse des tours; travailler
chaque strophe jusqu'à ce que la pensée soit d'une limpidité parfaite,
la construction de chaque phrase d'une correction et d'une régularité
absolues, sans inversion, ou à peu près, — chaque mot d'une propriété
rigoureuse et choisi parmi les termes de l'usage courant, — les rimes
d'une grande richesse, et le sens achevé à chaque césure; cela fait,
revoir encore la strophe et en bannir non seulement les hiatus, mais les
répétitions de voyelles et de consonnes dans l'intérieur d'un vers; polir
et repolir le tout, jusqu'à ce que l'on obtienne, au risque d'arriver en

---

1. *Anecdotes*, p. 38 et 42.

retard avec sa pièce, la réalisation de toutes ces qualités, tel est le moyen de parvenir à cette force lumineuse de la pensée et à cette harmonie du vers, dont l'ensemble constitue la perfection de la forme [1].

C'est cette perfection de la forme que la première génération du 17e siècle salua avec enthousiasme dans les odes de Malherbe parce qu'elles en présentaient le premier modèle dans notre langue, et que l'on sentait vaguement qu'il posait ainsi l'une des principales conditions du véritable art d'écrire.

La joie qu'inspira la première vue de cette précision donna le change sur la pauvreté de l'imagination, et on couronna l'auteur grand poète : il n'était qu'un grand artiste de mots, un virtuose en mosaïque. Avec son bon sens aigu, il en avait bien conscience, et il disait à Racan : « Voyez-vous, Monsieur, si nos vers vivent après nous, toute la gloire que nous en pouvons espérer est qu'on dira que... nous avons eu une grande puissance sur les paroles, pour les placer si à propos chacune en leur rang, et que... nous avons été deux excellents *arrangeurs de syllabes* [2]. »

Arranger les syllabes, voilà en définitive ce que pratiquait Malherbe, c'est lui-même qui l'a dit, et voilà ce qu'il apprit à son disciple : il lui fit faire de minutieuses classes de grammaire.

C'est d'après ce système arrêté que Racan voit son maître travailler en ce temps à quelques odes considérables, celles au roi sur l'attentat du mois de décembre 1605, et sur son voyage à Sedan au printemps de 1606, celle au comte de Bellegarde, puis « des vers de nécessité », comme il appelle ceux qui lui sont commandés pour les fêtes et les ballets de la cour, enfin des sonnets amoureux dont il fournit le roi ou Bellegarde ou qu'il envoie lui-même à sa Caliste, la vicomtesse d'Auchy, une jeune veuve à qui il fait une cour assidue [3].

A mesure que quelque partie de l'ode se compose, Malherbe la récite à son jeune ami; il lui annonce aussi les corrections qu'il a trouvées, il lui en demande même, et ainsi l'apprenti, dans cette sorte d'atelier des Muses, assiste et contribue à cette élaboration, et il suit les diverses transformations que subit une période poétique avant de devenir parfaite. Il a le loisir d'observer, car chaque pièce reste généralement plusieurs mois sur l'enclume : il a mentionné comme un

---

1. Sur la construction d'une pièce par Malherbe et l'unité logique qu'il lui donne, cf. Brunot, l. II, ch. ii, et Faguet, *Malherbe*, Revue des Cours, 17 mai 1894, p. 294-95.

2. *Mém.* LXXVI.

3. Lalanne, I, p. 75, 87, 107, — 84, 105, 146, 149, — 141, 151, etc., — les pièces à Caliste aux p. 128, 130, 132, 134, 137, 139, 141, etc.

événement extraordinaire un sonnet de l'année 1609 terminé par son maître en un jour : 14 vers en 24 heures [1] !

Malherbe admet quelquefois son disciple à collaborer directement avec lui : un jour de l'été de 1606, se trouvant tous deux chez Mme de Bellegarde, ils se mettent en tête de composer avec elle une chanson amoureuse à l'imitation d'une petite pièce espagnole. Il paraît, d'après Racan, que Mme de Bellegarde tint le premier rang dans cette aimable association : mais on peut croire que, en dépit de l'œil sévère du maître, l'adolescent ne fut pas en reste sur cette matière d'amour. C'est la chanson qui commence :

> Qu'autres que vous soient désirées,
> qu'autres que vous soient adorées,
>   cela se peut facilement ;
> mais qu'il soit des beautés pareilles
> à vous, merveille des merveilles,
>   cela ne se peut nullement. etc. [2].

III

Critiquer devant son disciple, — travailler devant lui ou avec lui, ce n'était pas là tout l'enseignement du maître. Il voyait encore les essais de Racan, et nous pouvons, par les notes que celui-ci nous a laissées, nous faire une idée du mode et du ton de ces corrections.

Il les fait à sa coutume, brusque et bégayante, — crachotant toujours, parlant peu, mais ne disant mot qui ne porte et qui n'emporte [3]. Il arrête Racan à chaque vers, mécontent de tout, trouvant mille défauts, obscurité, impropriété, cacophonie, etc.... Rencontre-t-il des mots superflus qui ne servent qu'à la rime? « C'est une bride de cheval, s'écrie-t-il, attachée avec une aiguillette ! » — « Les vers qui ne sont ni bons ni mauvais lui déplaisent extrêmement », et, dans son langage pittoresque, il les appelle « des pois pilés », de la *purée*, dirions-nous aujourd'hui [4]. Il est impitoyable sur l'article des *rimes*,

---

1. Lalanne, I, 149.
2. d'après Ménage, qui le tenait de Racan (Malh., t. I, p. 96). — Tallemant dit que ces couplets ont été faits par *M. de Bellegarde* et « raccommodés » seulement par Malherbe (Tallemant, I, 296). C'est sans doute une erreur pour Mme de Belle-garde. Ainsi le pense d'ailleurs Paulin Paris (Tallemant, I, 319) ; — cf. *Anecdotes*, p. 64.
3. *Mém.* LXVI, LXXIX et *passim*; Tallemant, I, 287; *Anecdotes*, p. 62; etc., etc.
4. *Mém.* LXXIII; *Anecdotes*, p. 44. — Sur cette expression bizarre de pois pilés, dont le sens est encore mal élucidé, voir Petit de Julleville, *Mystères*, t. I, p. 421, n. 1.

RACAN.

qu'il exige riches, non seulement pour les oreilles, mais pour les yeux[1].

Sous le déluge qui l'assaillait, de réprimandes, de chicanes, de railleries et de jurons, Racan par bonheur sut ne point se noyer. C'est qu'il comparait son sort à celui de la plupart des autres poètes qui venaient montrer leurs vers à Malherbe et à qui cet ancêtre vivant d'Alceste demandait : « Êtes-vous condamné à faire des vers ou à être pendu? à moins que cela, vous ne devez pas en faire, il ne faut jamais hasarder sa réputation que pour sauver sa vie[2]! »

A lui du moins Malherbe ne tenait pas ce langage, et il avait la condescendance de critiquer ses vers. Racan avait sans doute, comme Horace, un *plagosus Orbilius* pour premier maître, et il était initié aux lettres à coups de martinet; mais il se voyait l'un des seuls qui, après le terrible examen d'entrée, avaient permission de suivre la classe, et cette tolérance était pour lui un suffisant encouragement.

Il eut certes du mérite à endurer cette discipline austère lorsque rien ne l'y contraignait, mais il sentait à quel point elle lui profitait, ce qui honore grandement son jugement, et, tout en faisant ses réserves sur les haines de Malherbe et sur la rigueur de ses règles, il proclamait plus tard qu'il avait appris de lui tout ce qu'il savait de la poésie française[3]. Sa modestie le trompait. Malherbe ne lui avait rien appris de la poésie proprement dite, il en avait apporté en naissant la pure source au fond de lui-même, et elle s'était abondamment accrue parmi les impressions rustiques de son enfance, il fallait même qu'elle fût vive pour ne point être tarie par ce travail de canalisation grammaticale à outrance que son maître lui fit subir, mais elle y résista, et dès lors Racan devra à Malherbe cette limpidité, cette exquise correction, sans laquelle il aurait mal exprimé les sentiments sincères qui étaient en son âme. Dieu et la Touraine l'avaient fait poète, Malherbe le fit versificateur.

*
* *

L'éducation que Racan reçut de son maître ne fut point purement intellectuelle; elle s'exerça aussi par contre-coup dans le

---

1. *Mém.* LXXXIII. Nous reviendrons au ch. IX sur la théorie de Malherbe concernant les rimes.

2. Racan. Lettres, édit. Latour, t. I, p. 344. — M. Souriau, *Vers français*, pense que Molière a emprunté la boutade d'Alceste aux *Mémoires de Racan*, — p. 259, n. 2 (le renvoi à la Vie doit être p. LXXIII et non LXXXIII). La chose est vraisemblable, l'ami de Molière, La Fontaine ayant eu connaissance des *Mémoires* vers la même époque (fable du Meunier); d'ailleurs Molière aura pu lire aussi cette boutade dans la lettre de Racan que nous citons plus haut.

3. *Mém.* LXV.

domaine moral et religieux, et elle agit de ce côté en différents sens.

Pour ce qui est de la *religion* et des *mœurs* proprement dites, le commerce de Malherbe n'était point pour Racan une école fort édifiante, et sous ce rapport les paroles et les exemples de son maître ne corrigeaient en rien les fâcheuses impressions qui lui venaient de la cour.

Il voyait bien le poète s'acquitter exactement de ses devoirs religieux, mais il lui entendait dire, quand on lui parlait de l'enfer et du paradis : « J'ay vescu comme les autres, je veux mourir comme les autres et aller où vont les autres. » Il riait de le voir biffer dans son livre d'Heures les litanies des saints, et les remplacer par une invocation collective : « *Omnes sancti et sanctæ Dei, orate pro nobis* », et il nous raconte qu' « il échappoit à son maître de dire que la religion des honnêtes gens étoit celle de leur prince. » Ce révolutionnaire en poésie était un conservateur renforcé en politique et en religion, ce qui ne se contredit pas, car sa révolution poétique n'avait été qu'un excès de conservatisme, une constitution de tyrannie démocratique pour obliger les poètes à exprimer les idées de tout le monde dans la langue de tout le monde.

Racan a beau nous assurer que son maître parlait toujours de Dieu et des choses saintes avec grand respect, nous n'en croyons rien, nous le voyons décocher ses épigrammes aux catholiques comme aux protestants, impartialement, et nous nous persuadons qu'il pratiquait la religion catholique sincèrement, mais plutôt par bienséance, et surtout par respect inné de l'autorité établie : ce qui veut dire que, vivant à d'autres époques plus sceptiques, il eût été sans doute du côté des incroyants [1].

Cette influence agit visiblement sur le disciple. A la fin de l'année 1607, Racan dînait un jour en aimable société parmi des gens d'esprit et de condition : par amusement, dit-il, « entre la poire et le fromage, sans que pas un y eust aucune attache sérieuse, l'on proposa de faire une religion nouvelle; l'on me demanda si je n'en serois pas, je dis que non, et que la mienne estoit assez bonne pour ce que j'en avois affaire ». Là-dessus grand tapage, les dévots se scandalisent et crient à l'indiffé-

---

1. *Mém.* LXXXVII, LXXXVIII, LXXVII, etc.; nouvelle anecdote sur *Malherbe et la guerre religieuse, Anecdotes inédites*, p. 51 et la note : on y verra signalés les articles protestants qui revendiquent Malherbe, comme ayant été un protestant au fond du cœur. Voir encore *ibid.*, p. 54, 68, 76, 81. — Ailleurs Malherbe est revendiqué comme un *libre penseur* : Souriau, *Vers français*, p. 77 et s. — cf. Armand Gasté, *La jeunesse de Malherbe*, p. 11; — les *Etudes religieuses*, n° du 23 décembre 1893, où le P. Delaporte approuve la formule que nous avions donnée, à savoir que « Malherbe fut sincèrement, mais froidement catholique ».

rence. Non, leur est-il répondu, ce n'est que l'assurance d'un homme qui se sent dans la religion orthodoxe. La cour en parle six mois durant, et « ne s'en fallut guère, ajoute Racan, que la Sorbonne n'en eust le nez bridé. Mais, quoy qui en fust arrivé, j'estois résolu de demeurer dans ce sentiment de ne point chercher une autre religion que la mienne, après avoir ouï-dire plusieurs fois à M. Coeffeteau, et à M. de Malherbe que *bonus animus, bonus Deus, bonus cultus*.... Je veux dire après ces deux grands hommes que bien vivre est bien servir Dieu ».... Et il continue sa lettre sur ce ton, laissant voir son dédain pour le détail positif de la forme religieuse et réduisant toute la religion à la morale [1]. Dans cette profession d'insouciante orthodoxie perce avant tout l'élève de Malherbe, mais l'homme se dévoile également, avec sa paresse d'esprit qui l'empêche de se rendre compte, et d'aller au fond des questions : ne pas s'agiter, ne pas se travailler, mais prendre les choses bonnement comme elles s'offrent, tel est décidément son goût en religion comme ailleurs, et tel il restera toute sa vie.

Pour ce qui est de la liberté des mœurs et du langage, Malherbe n'avait pas à se gêner à la cour de Henri IV. Sans qu'il ait probablement jamais *aimé*, il fit beaucoup l'amour, et impérieusement, comme il faisait toutes choses. Lorsqu'il en parlait, sa propriété de termes allait à la crudité ; et comme il visait toujours au mot plaisant, il le cherchait jusque dans le cynisme, ce qui ne le distingue pas d'ailleurs de beaucoup d'autres hommes : nous ne signalons le fait qu'au point de vue de la formation morale de Racan. Celui-ci nous rapporte un certain nombre de réponses gaillardes lancées par son maître ; il en est même une tellement grossière sur le jeune Louis XIII qu'aucun éditeur depuis deux cents ans n'a heureusement pris sur lui de la publier. Il avait dans son sac des anecdotes égrillardes qu'il débitait à l'occasion. Tout cela divertissait Racan, qui était jeune et avait en lui un réel fond de sensualité ; et avec une puérilité indiscrète qui sent déjà le reportage moderne, le disciple a eu la singulière idée de mettre par écrit tous ces détails dans les notes qu'il envoya à Ménage sur son maître. Trois lignes de ces notes suffiront à résumer ce sujet délicat :

« M. de Malherbe a toujours été fort adonné aux femmes, et se

---

1. Lettre à Chapelain, Latour, I, 333. — Nous avons rétabli la citation latine qui est faite d'une façon singulière dans la copie originale de la lettre par Conrart : « bonus animus, bonus Deus *sculptus* ». Tenant de Latour en tire une preuve que Conrart ne savait pas le latin, nous pensons simplement que c'est un lapsus. — La citation complète et exacte est d'ailleurs dans les *Mémoires* de Racan, p. lxxxviii. Elle signifie évidemment que *adorer le vrai Dieu et lui rendre le vrai culte, consiste simplement à avoir une âme bonne*. — Sur l'expression *avoir le nez bridé*, voir plus loin, dans le Lexique, Bridé.

vantoit en sa conversation ordinaire de ses bonnes fortunes et des merveilles qu'il y avoit faites. »

Voilà qui nous explique pourquoi chez M. de Bellegarde, où l'on
n'était pas suspect de pruderie, on l'appelait en riant le *père Luxure*[1].
C'est en cette qualité qu'il reçut de Racan le récit des « friponneries
de page » que commit le jeune homme avec son immoralité précoce,
dans les hôtelleries ou dans les mauvais lieux; Malherbe, dit-il, « en
jugeoit favorablement..., et il m'ordonna d'en mettre une en vers.
J'en avois déjà fait les deux derniers », ceux de la pointe de l'épigramme, « mais quand il reconnut, après l'avoir bien tastée, que l'on
ne la pouvoit exprimer heureusement sans un hyatus, il révoqua son
ordonnance et me conseilla de n'y plus penser »[2]. Le respect des lois
de la versification l'emportait encore chez lui sur la gaillardise.

Pour une autre fredaine du page, Malherbe, dit encore celui-ci,
en jugeait « l'intrigue trop embarrassée pour la mettre en vers... Il
ne la trouva jamais bonne que pour faire un entretien gaillard dans
le cercle de madame de Lacroix, où elle fut produite », Racan allait
la contant aussi de son côté[3], et le maître et le disciple ne s'accor-
daient que trop à prendre dans leur conversation le ton gaulois de la
cour de Henri IV[4].

Mais, ce point important mis à part, la volonté de Racan se fortifiait en général au contact de son maître. En effet l'école littéraire
de Malherbe était avant tout une école d'énergie. Trouver de grandes
pensées peut se faire sans effort, par un simple coup de l'inspiration;
mais faire produire tout ce dont elles sont capables à des pensées
médiocres, ne peut être que le fruit d'une âpre ténacité, et des trois
qualités principales requises par le maître, le bon sens, la patience et
l'application, deux d'entre elles au moins sont des vertus. L'un des
grands honneurs de l'art classique, qu'inaugurait Malherbe et qui
repose sur la perfection de la forme, est d'exiger de ses adeptes une
volonté ferme jointe à un esprit sensé, et ceux qui en ont été les plus

---

1. V. sur ce sujet Racan, éd. Latour, t. I, 266 (mot omis à dessein par
M. Lalanne); *Mém.* LXXV, LXXVI, LXXVIII et *passim*; *Anecdotes*, p. 54 et 74. — On lira
d'excellentes pages sur *l'amour chez Malherbe* dans Brunot, p. 42; Souriau, p. 80;
Allais, ch. II et X. Sur ce point les opinions sont unanimes, avec une teinte d'indulgence en plus chez M. Allais.

2. Racan continua si bien à y penser qu'il finit laborieusement cette pièce à
l'âge de 65 ans. Latour, I, 326, 343.

3. Tallemant, II, 355.

4. Le respect de notre lecteur nous empêche de raconter ces aventures. On les
trouvera dans la lettre de Racan à Chapelain, Ménage et Conrart, sous le titre
d'*Histoires véritables*, Latour, I, 327. Une histoire analogue à la seconde est attribuée par Tallemant au comte de Moret (I, 157).

puissants initiateurs, Malherbe et Boileau, se trouvent être en même temps d'éloquents apôtres de l'énergie.

Être disciple du premier fut pour Racan un bienfait d'autant plus grand que sa nature était faite de paresse et d'indolence : la direction de Malherbe lutta vigoureusement, sinon victorieusement, contre cette tendance. Il acquit auprès de son maître l'habitude du travail qui ne lui avait jamais été donnée, il apprit de lui ce noble mécontentement de soi-même, cette incessante recherche du mieux, qui n'est pas moins utile dans la vie que dans l'art et qui fait les grands caractères comme les grands artistes. Racan ne devait être ni l'un ni l'autre, mais du moins il lui reste d'avoir entrevu l'utilité de l'effort, et d'avoir diminué sa paresse par une lutte de plusieurs années. Il pouvait donc avoir une juste reconnaissance pour son maître qui lui avait appris et la grammaire et l'énergie, car, privé de lui, sans doute il eût moins entrepris encore et comme poète et comme homme [1].

On appréciera mieux ce service si l'on se souvient du milieu frivole et facile où était alors plongée son adolescence. Dans cette cour, que nous avons décrite plus haut [2], où le plaisir était partout, l'effort nulle part, où tous, depuis le roi jusqu'aux pages, se laissaient glisser sur la pente des instincts naturels, l'exemple de Malherbe était le meilleur que Racan eût sous les yeux. Au sortir d'une conversation galante ou d'un ballet, entre un récit de Termes et un conte de Bassompierre il lui était salutaire d'aller travailler avec son maître. C'était l'apparition du labeur au sein des voluptés. Il voyait peiner Malherbe, mais il l'entendait répéter avec confiance : *Ce que Malherbe écrit dure éternellement.* Cela le faisait songer, et il se reportait instinctivement à un avenir de postérité où les éclatants feux d'artifice de Fontainebleau seraient depuis longtemps rentrés dans la nuit, depuis longtemps les brillants écuyers du Louvre couchés dans la tombe, où, seuls survivants de tout ce monde élégant, émergeraient de l'universel oubli quelques vers du poète laborieux.

Tel fut pendant le séjour de Racan à la cour, de 1602 à 1608, le principal événement de sa formation intellectuelle et morale. Le jeune homme passait beaucoup de temps avec son maître; aussi des courtisans d'esprit, trouvant qu'il était bien plus à sa suite qu'à celle du roi, l'appelaient-ils *le page de Malherbe* [3].

---

1. Cf. Faguet, *Malherbe*, Revue des Cours, 3 mai 1894, p. 234 et *passim.* — V. la part de la *volonté* dans les révolutions littéraires, Brunetière, *Revue des Deux Mondes,* 1er avril 1891, p. 692.
2. Ch. III.
3. Voir Marolles, dans Tallemant, II, 378.

Mais leurs rapports en réalité n'étaient nullement ceux de gentilhomme à page, ils n'étaient même pas seulement, en dépit des apparences, ceux de professeur à écolier; il s'y mêlait autre chose, à cause de la différence des âges et de l'affection vraie du poète pour l'orphelin de seize ans. Racan l'a déterminé lui-même au juste quand il a dit en parlant de cette époque : « Je respectois toujours M. de Malherbe comme mon père, et M. de Malherbe vivoit avec moi comme avec son fils [1]. »

Sous cette forte et paternelle formation, le page fit en poésie des progrès qui surprirent son maître (Racan le contait plus tard à l'abbé de Marolles), en même temps « qu'ils étonnèrent, racontait-il, toutes les personnes qui ne le connaissoient que par sa stupidité et sa malpropreté naturelles », et à la cour, dès qu'on lui connut un talent, il fut l'objet d'un retour de faveur sur lequel il ne comptait guère [2]. Mais il n'en jouit pas longtemps. Il avait toujours présent à l'esprit le souvenir de son père, qui avait laissé sans doute un volume de mauvais vers, mais surtout une glorieuse réputation militaire. Sitôt ses 19 ans sonnés, dans les premières semaines de l'année 1608, il dit adieu à Malherbe et à la poésie, le cœur rempli d'une ardeur toute juvénile, et, pour son *hors de page*, il « courut » avec les compagnons de son âge, en qualité d'enseigne, à la guerre des Hollandais et des Espagnols [3].

1. *Mém.* LXXXI.
2. Marolles, dans Tallemant, II, 378.
3. Lettre de Racan à Chapelain (Racan, I. 323). — Racan eut dix-neuf ans le 5 février 1608. « En sortant de page, dit Conrart, dans sa Notice manuscrite, Henri le Grand l'envoya à Calais porter les armes sous M. de Vic, qui en estoit gouverneur. C'estoit vers l'an 1608. » — D'autre part l'enseigne étant resté « près de dix-huit mois » à Calais (Conrart, *id.*) jusque vers le mois de mai ou de juin 1609, son départ dut se faire au commencement de 1608.

DEUXIÈME PARTIE

RACAN AVANT SON MARIAGE : 1608-1627
POÉSIE PROFANE

CHAPITRE V

Calais.

1608-1610

I. — Racan à l'école militaire de Calais. — M. de Vic. — Le quatrain sur la mort. L'*Astrée*.
L'entrée en campagne : la trêve de douze ans. La première déception militaire.

II. — Retour à Paris, mai 1609. L'incident du quatrain : explication.
Racan demande conseil à Malherbe. *Le Meunier, son fils et l'âne* : origine de la fable.
Le grand armement. — Racan, enseigne au régiment de *Bourgogne*. — Voyage
en Touraine. — Assassinat de Henri IV. — Retour précipité à Paris. — La seconde
déception militaire.

I

Il y avait longtemps que Henri le Grand suivait d'un œil attentif la
lutte que la Hollande soutenait depuis quarante ans contre l'Espagne.
Sans rompre officiellement avec la cour catholique de Madrid, il encou-
rageait sous main les gentilshommes impatients de porter les armes, à
aller prendre du service dans les rangs des Hollandais, préparant ainsi
l'éducation militaire de cette jeune génération, dont il comptait se
servir prochainement dans une grande guerre européenne contre la
maison d'Autriche.

Il y envoyait en particulier « tous ceux qui avoient l'honneur de

porter ses livrées [1] », tous les pages de sa Chambre, en qualité d'enseignes, à la solde de 200 écus, c'est-à-dire environ 4000 francs de
notre monnaie [2].

Notre enseigne ne fut pas dirigé aussitôt sur le théâtre même des
opérations, mais dans la garnison frontière de Calais, où le gouverneur
de la ville, M. de Vic, un officier intelligent, avait organisé une véritable
école militaire.

Homme d'une basse naissance, mais d'une haute valeur, M. de
Vic avait été compagnon d'armes du père de Racan [3], et il s'était
signalé en tant d'occasions que le roi l'avait élevé jusqu'à l'important
gouvernement de la place de Calais. Là, dans ce poste avancé, en face
de l'Anglais et de l'Espagnol, à la porte même de la guerre, il établit
dans sa garnison une discipline si exacte et un si habile entraînement
que les seigneurs de la plus haute condition étaient jaloux de lui
envoyer leurs fils « pour y apprendre les règles et les véritables principes de l'art militaire ». Il se fonda là, non point par l'édit d'un
monarque, mais, ce qui vaut mieux, grâce aux rares qualités d'un chef,
une espèce d'*école des cadets*, la première école militaire du siècle,
qui sera imitée plus tard par Louis XIV à Cambrai, à Tournai, et dans
les autres villes frontières [4].

Racan ne pouvait être en de meilleures mains. Il arriva à Calais
sur la fin de ce terrible hiver de 1607-1608, qui glaça toutes les
rivières, gela toutes les vignes, tua un grand nombre de voyageurs par
les chemins, et que l'on appela pendant un siècle « le grand hiver »,
jusqu'à celui de 1709 [5]. Aussitôt arrivé, il fut placé par M. de Vic à la
tête d'une compagnie, et il dut, secouant sa nonchalance, s'exercer lui-
même et exercer ses hommes au maniement de la pique et du mousquet, et aux mouvements de l'infanterie. Il retrouvait là beaucoup de

1. Racan, Lettre, t. I, p. 323.

2. C'est ce que recevaient les anciens pages de la Chambre, *État de France*, I,
p. 109. Il s'agit de l'écu de 3 livres, ce qui met à 600 livres. Ce traitement des
anciens pages équivalait précisément à la solde d'enseigne qui se montait à
600 livres. Tous les pages de la Chambre servant comme enseignes pour leur hors
de page, il n'est pas probable qu'ils eussent une solde distincte comme enseignes.
Plus de 4000 francs est déjà un joli début pour des jeunes gens qui ont, la plupart, de la fortune personnelle.

3. Il commandait 1500 hommes au siège d'Amiens où Louis de Bueil mourut
Grand-Maître de l'artillerie.

4. Sur M. de Vic et son école militaire de Calais, voir le P. Daniel, *Histoire de
Fance*, XII, 286, 288; XIII, 40; le même, *Histoire de la milice française*, II, p. 432;
Mercure françois, I, 529; B. Zeller, *Minorité de Louis XIII*, p. 100-103 (V. Index bibl.).

5. Mézeray, t. III, p. 1280; *Mercure françois*, I, 229. Dans la région de l'Ouest,
d'où était Racan, des registres paroissiaux constatent que l'on ne pouvait enterrer
les morts, tant la terre était dure (Cél. Port, *Questions angevines*, p. 163 et s.). —
L'été suivant fut en revanche très chaud.

jeunes gentilshommes de la cour, et toute cette jeunesse apportait l'ardeur de son âge, mais avec moins de frivolité qu'à Paris, et là, au milieu de ce vif esprit militaire qu'on ne trouve qu'à la frontière, tous ces jeunes officiers complétaient admirablement leur éducation à peine ébauchée au Louvre, prêts au premier signal à être, tout entraînés, lancés sur les Pays-Bas.

A côté des occupations militaires qui prenaient la plus grande partie de son temps, Racan s'adonnait aux mathématiques, pour lesquelles il avait du goût, nous l'avons vu; un maître de mathématiques, comme un maître d'armes, était probablement attaché, dès cette époque, à l'école militaire de la frontière [1].

Il charme encore ses loisirs en faisant un peu de poésie, et il chante la mort avec l'enthousiasme irréfléchi d'un jeune homme qui vit dans l'exaltation d'un camp armé, où l'on ne souhaite rien tant que d'avoir à s'exposer :

> Estime qui voudra la mort épouvantable,
> et la fasse l'horreur de tous les animaux.
> Quant à moi, je la tiens pour le point désirable
> où commencent nos biens et finissent nos maux [2].

Il lit aussi. Un roman vient de paraître, une pastorale aimable imitée de l'italien, où les bergers et les bergères, déguisant sous des dehors rustiques les sentiments du bel air, devisent sur les nuances les plus exquises de l'amour. Dès son apparition, l'*Astrée* a une vogue considérable, et tandis que Henri IV au Louvre, les nuits où la goutte le tient éveillé, se la fait lire par Bassompierre ou Bellegarde, la brillante jeunesse de Calais la dévore avidement. Le jeune enseigne, tout le premier, s'abandonne au charme du style et des sentiments, heureux de saluer dans Honoré d'Urfé son idéal de tendresse, de délicatesse et de langueur : cette lecture va le marquer d'une profonde et ineffaçable impression [3].

---

1. P. Daniel, *Milice française*, t. II, p. 432.
2. Ce quatrain ne se trouve dans aucune des éditions complètes de notre poète. Il devrait pourtant y figurer, d'après ce que rapportent les contemporains et les amis de Racan, entre autres Ménage, *Observations sur Malherbe*, p. 255, — comme on le verra dans la fin du chapitre. — Antoine de Latour dans sa Notice va même jusqu'à dire : « Il est probable qu'il y fit aussi des vers (à Calais); mais aucune pièce, dans son recueil, ne porte assez distinctement la date de cette époque. » Tenant de Latour, p. xxviij.
3. Nous le verrons plus loin à propos de la pastorale de Racan. — La première édition de l'*Astrée* a été découverte récemment par M. Tross (Brunet, Supplément, t. II, p. 823). Elle porte la date de 1607 : le privilège étant du 18 août 1607, elle dut paraître dans les derniers mois de 1607 ou les premiers de 1608 : Racan lut donc ou finit de lire vraisemblablement la Première Partie de l'*Astrée* à Calais.

Il espérait chaque jour que le moment viendrait de passer la frontière, et que les laborieuses négociations du président Jeannin pour
obtenir une trêve seraient enfin rompues; depuis 18 mois il attendait
en vain [1].

Un beau jour du mois de mars 1609, l'ordre attendu arrive enfin.
Voulant en finir avec les Provinces-Unies, qui ne se décidaient pas à
conclure la paix, le roi agissait sur leurs députés par menaces. C'était
pour toute cette bouillante jeunesse la guerre, la joie, l'espoir de la
gloire. Pour Racan comme pour tous ses compagnons la mort ou plutôt
le danger de la mort était bien en réalité « le point désirable » où
aspirait toute son âme, et il conduisit ses vingt ans allégrement au feu.

Hélas! quand il arriva le feu était éteint et pour longtemps. « Ce
fut trop tard », comme il le dit [2]. Le 25 mars, les députés des États
s'étaient enfin réunis à Anvers avec ceux de l'Espagne, et le 14 avril,
à défaut de paix, la trêve de douze ans fut proclamée. Plus d'un de
ces jeunes seigneurs dut sans respect envoyer au diable le président
Jeannin, qui avait trop bien réussi dans son entreprise. Notre enseigne
était du nombre : après avoir pendant si longtemps cru toucher au
moment de se battre, il le voyait échapper définitivement. La cour lui
avait infligé une déception mondaine : il essuie en Hollande une déception militaire, et, en vertu de la malchance qui le poursuit, ce ne sera
point la dernière [3].

II

Racan fut donc obligé de revenir piteusement de sa première campagne dans l'été de 1609; à Paris pas un fait d'armes à raconter, ni
assaut, ni prise de bastion, pas même de demi-lune : il se rejette alors

1. Voir l'impatience témoignée dans les garnisons voisines par les gens de
guerre espagnols, « qui ne se peuvent tenir d'aller à la picorée », et qui se font
battre ou tuer par les garnisons françaises, *Mercure*, I, 263.
  Nous n'avons pu retrouver aucune trace laissée par Racan de son séjour à
Calais, pas même une signature donnée à un baptême ou à un mariage dans les
Registres de l'état civil de la Citadelle, que M. Reboul, archiviste de la ville, a bien
voulu consulter pour nous. Les registres paroissiaux ne commencent qu'en 1625.
Les archives départementales du Pas-de-Calais ne contiennent rien non plus à ce
sujet : d'ailleurs le fonds de la *Justice royale* de Calais a précisément une lacune
entre 1600 et 1616.
2. *Lettre*, Latour, I, 323.
3. *Ibid.* — Conrart. Notice manuscrite : « De là (Calais) il passa en Hollande,
mais comme la Tresve s'estoit faite un peu auparavant, et qu'il n'y avoit plus
d'apparence de guerre, son voyage fut fort court. » — Il revint donc à Paris vers
le mois d'avril ou de mai 1609, et non 1608, ainsi que le. suppose Antoine de
Latour (p. xxx).

sur ce qui a occupé ses loisirs de Calais, et il parle de vers à ceux qui s'y intéressent. Un jour il rencontre son ami Yvrande, un ancien camarade des pages de la Chambre, poète amateur comme lui, et il lui récite son quatrain sur la mort. Yvrande reprend en souriant : « Je ne donne pas dans ce panneau, je sais fort bien que ces vers sont de Mathieu, et que c'est le premier quatrain de son livre qui vient de paraître, intitulé : *les Tablettes de la Vie et de la Mort*. » Racan proteste : il n'a jamais vu ce livre, et il conteste « longuement et opiniâtrément » que Pierre Mathieu puisse avoir fait ces vers. Yvrande s'entête (il n'était pas Breton pour rien), il va chercher le livre de Mathieu, et Racan, en face de son quatrain imprimé, reste interloqué, bouche béante [1].

Il conta toute sa vie cette aventure à ses amis, naïvement, comme un prodige qui lui était arrivé, et devant ce fait étrange qu'il avait si bien accrédité lui-même, les critiques du 17e et du 18e siècle sont demeurés fort embarrassés. Les uns se sont inclinés simplement, comme devant une espèce de miracle ; les autres se sont partagés entre deux explications : ou bien rencontre fortuite, qui se vérifie dans une moindre mesure chez d'autres auteurs pour un ou deux vers, ou bien réminiscence inconsciente de vers entendus jadis. « Le petit Racan, dit Bayle dans son Dictionnaire, avait ouï dire à sa gouvernante ou à sa mère quelques-uns de ces quatrains. » Cette dernière explication est inadmissible : la première édition de Mathieu parut seulement en 1610, ou au plus tôt en 1609, pendant que l'officier était à Calais. Mais alors, dit-on, il avait lu en manuscrit ou entendu réciter ces vers avant leur publication. En ce cas, il faudrait supposer qu'il ait fait son quatrain quelques mois seulement après avoir lu ou entendu celui de Mathieu, et l'on ne comprendrait pas sa stupéfaction avec Yvrande et sa protestation de « n'avoir jamais vu ces vers », ou bien cela témoignerait d'une singulière faiblesse d'esprit, et ce ne sont pas ses prouesses en Hollande qui auraient pu lui faire perdre à ce point la mémoire... Reste la rencontre fortuite, qui, appliquée à quatre vers tout entiers, est franchement invraisemblable.

Pour nous qui commençons à démêler le tempérament intellectuel de notre homme et son manque absolu de précision, la solution de cette difficulté ne nous paraît pas impossible. Peut-être faut-il y voir à la fois et une part de hasard et un phénomène de mémoire combinés.

Que Racan et Mathieu se soient dans le même temps rencontrés à peu près sur le même sujet, cela est fort plausible. Ce sujet, stoïcien

---

1. Ménage, *Observations sur Malherbe*, p. 255 et s.

et chrétien à la fois, de l'excellence de la mort est aussi banal que le
sont les vers avec ces rimes *animaux, maux*; *épouvantable* et *dési-*
rable. Les deux quatrains devaient se ressembler fort dans la médiocrité, sans être pourtant *identiques*; Racan, par exemple avait-il bien
mis *le point désirable*, ou *le but désirable*, ou la *fin souhaitable*, ou
toute autre variante de la même espèce? nous ne le savons pas; lui-
même le savait-il bien, lui qui récitait par cœur ses vers et ne les avait
sans doute pas même écrits? Un jour, on lui montre des vers qui ressemblent beaucoup aux siens : il ne se donne pas la peine de relever
les différences de détail, il crie au miracle, et raconte l'histoire pendant soixante ans de sa vie. La connaissance intime du caractère d'un
homme ne peut-elle pas quelquefois aider ainsi à débrouiller ces petits
problèmes littéraires [1]?

Avec son maître, Racan s'entretient, au retour, d'objets plus graves.
Il revient à Paris déçu et, de plus, incertain sur ce qu'il doit faire. Il
voit devant lui plusieurs sortes de vie, et il recule devant les inconvénients de chacune; aussi va-t-il consulter non pas M. de Bellegarde,
mais son vrai père adoptif, Malherbe ; il lui expose son embarras :
« La première vie et la plus honorable, dit-il, est de suivre les armes,
mais d'autant qu'il n'y a maintenant de guerre qu'en Suède ou en Hongrie, je n'ai pas moyen de la chercher si loin, à moins que de vendre
tout mon bien pour m'équiper et pour fournir aux frais du voyage [2]. »

« La seconde est de demeurer dans Paris pour liquider mes affaires,
qui sont fort *brouillées*, et celle-là me plaît le moins [3]. »

« La troisième est de me marier, sur la créance de trouver un bon
parti dans l'espérance que l'on aura de la succession de Mᵐᵉ de Bellegarde qui ne me peut manquer; mais cette succession sera peut-être
longue à venir, et cependant, épousant une femme qui m'obligera, je
serai contraint d'en souffrir, en cas qu'elle fût de mauvaise humeur. »
Voilà qui témoigne d'un bon sens avisé.

« Je pourrais aussi me retirer aux champs », à La Roche-au-Majeur,

---

1. Il se pourrait faire encore que Mathieu ait composé son recueil, comme cela
arrive pour les ouvrages de ce genre, en s'aidant de contributions venant des
autres, et alors ce quatrain, qui aurait fait quelque bruit au milieu de toute cette
jeunesse de Calais, lui serait revenu indirectement. — Voir une note sur cette
question aux Pièces justificatives, n° 5.

2. Racan parle ici de la guerre entre Sigismond de Pologne et son oncle Charles
de Suède, qui avait un contingent de 750 Français (*Mercure fr.*, II, 38 et s.). — En
Hongrie, il s'était fait dès 1609 un engagement entre les protestants et les catholiques, qui était comme un prélude de la guerre de Trente Ans (*id.*, I, 379 et s.).

3. Nous avons parlé dans les chapitres précédents de la succession si embarrassée de ses parents.

« *à faire petit pot* (quelle charmante expression pour dire : mener
un train de vie modeste !) — ce qui ne seroit pas séant à un homme
de mon âge, et ce qui ne seroit pas aussi vivre selon ma condition. »

La vie militaire au bout de l'Europe, la vie d'affaires à Paris, un
beau mariage ou le « petit pot » en Touraine, telles sont les principales
voies qui s'offrent au jeune homme ; et avec sa nature hésitante il ne
sait laquelle choisir.

Lorsque Racan eut fini de parler, Malherbe lui répondit en
ces mots :

« Il y avoit un bonhomme âgé d'environ cinquante ans qui avoit
un fils qui n'en avoit que treize ou quatorze. Ils n'avoient pour tous
deux qu'un petit âne pour les porter en un long voyage qu'ils entre-
prenoient. Le premier qui monta sur l'âne, ce fut le père ; mais après
deux ou trois lieues de chemin, le fils commençant à se lasser, il le
suivit à pied de loin et avec beaucoup de peine, ce qui donna sujet à
ceux qui les voyoient passer de dire que ce bonhomme avoit tort de
laisser aller à pied cet enfant qui étoit encore jeune, et qu'il eût mieux
porté cette fatigue-là que lui. Le bonhomme mit donc son fils sur l'âne
et se mit à le suivre à pied. Cela fut encore trouvé étrange par ceux
qui le virent, lesquels disoient que ce fils étoit bien ingrat et de mauvais naturel, d'aller sur l'âne, et de laisser aller son père à pied. Ils
s'avisèrent donc de monter tous deux sur l'âne, et alors on y trouvoit
encore à dire. « Ils sont bien cruels, disoient les passants, de monter
ainsi tous deux sur cette pauvre petite bête, qui à peine seroit suffisante
d'en porter un seul. » Comme ils eurent ouï cela, ils descendirent tous
deux de dessus l'âne et le touchèrent devant eux. Ceux qui les voyoient
aller de cette sorte se moquoient d'eux d'aller à pied, se pouvant soulager d'aller l'un ou l'autre sur le petit âne. Ainsi ils ne surent jamais
aller au gré de tout le monde ; c'est pourquoi ils se résolurent de faire
à leur volonté, et laisser au monde la liberté d'en juger à sa fantaisie. »

« Faites-en de même, dit Malherbe à Racan pour toute conclusion ; car quoi que vous puissiez faire, vous ne serez jamais généralement approuvé de tout le monde ; et l'on trouvera toujours à redire
en votre conduite [1]. »

Naturellement, la fable n'était point de l'invention de Malherbe, qui n'en eût guère été capable ; c'était un vieux conte oriental
qu'il avait lu quelque part [2], et que La Fontaine retrouvera plus

---

1. *Mém.* LXXXI.
2. On ne sait pas au juste où ; voir *Gaston Paris*, qui étudie l'histoire de cette
fable, dans « La Poésie du Moyen-âge. Leçons et lectures, 2ᵉ série, 1895 », p. 92-101.

tard, pour l'immortaliser, dans les *Mémoires* mêmes de Racan [1].

Le jeune officier n'en était pas plus éclairé; mais c'était mieux qu'un conseil particulier qui lui venait de son maître, c'était une leçon générale d'indépendance, de mépris du qu'en dira-t-on, qui était donnée par un homme décidé à un indécis. Nous n'avions donc pas tort de conclure le chapitre précédent en affirmant que Malherbe avait enseigné à Racan autre chose que la versification et qu'il lui avait donné plus d'une fois des leçons d'énergie. Voilà certes la plus opportune et non la moins aimable.

En dépit de l'apologue de son maître, Racan ne savait pas où se tourner, quand les circonstances tranchèrent pour lui et conformément à ses préférences.

C'était dans l'été de 1609. Henri le Grand, sollicité par tous les princes de la chrétienté, ne songeait à rien de moins qu'à la destruction de la maison d'Autriche, au refoulement des Turcs en Asie, à la constitution de l'Europe en une république chrétienne, où le pape entretiendrait la paix perpétuelle. C'était, comme l'appelait Sully, « le Grand Dessein », qui devait jeter un éclat incomparable sur la France et sur son roi.

En face d'une aussi riche matière, les jeunes officiers avaient le cœur enflé d'une noble ambition : l'enseigne voyait se rouvrir devant lui « la voie la plus honorable pour un gentilhomme », comme il appelait lui-même la carrière des armes, et ce n'était plus cette fois pour aller attendre obscurément dans une garnison le moment d'entrer en campagne, il allait mener sa compagnie au feu dans une grande guerre européenne.

« L'Amour, comme dit galamment Mézeray, presta son flambeau pour ayder à allumer cette guerre, comme il a presque allumé toutes les plus grandes qui ayent jamais esté [2]. » Le roi venait de tomber éperdûment amoureux de la jeune princesse de Montmorency et l'avait mariée au prince de Condé, comptant, pour ses desseins pervers, sur la coquetterie de la femme et la pauvreté du mari. Mais le prince emmena subitement sa femme à Bruxelles, au mois d'août, et Henri IV envoyait à celle-ci les plus touchantes élégies qu'il faisait composer par Malherbe, heureusement inspiré dans ce rôle douteux. Alcandre soupirait harmonieusement pour Oranthe, et dépêchait en même temps ambassadeur sur ambassadeur aux archiducs espagnols, pour obtenir

---

1. Nous parlerons de cette question délicate dans la suite, aux chapitres xviii et xix fin.

2. T. III, p. 1440. *Abrégé Chronologique*, Paris, Billaine, 4°, 1667.

l'extradition de leurs nobles hôtes, tout en pressant son grand armement contre la maison d'Autriche [1].

Racan suivait avec intérêt ce nouveau travail poétique de son
maître. Un jour même il le surprend occupé à compter cinquante sous
à un ouvrier qui lui a fait quelque ouvrage. Il les alignait symétriquement en mettant dix, dix et cinq, puis encore dix, dix et cinq : « Pourquoi cela? lui dit Racan. — C'est que je songeois à la pièce que j'ay
faite pour le Roi, qui commence :

> Que d'épines, Amour, accompagnent tes roses!

où il y a deux grands vers et un demi-vers, puis deux grands vers
et un demi-vers. » Malherbe était à ce point hanté par le rythme
qu'il payait en mesure [2]!

Voilà qu'au mois de mars la mort du duc de Clèves et les difficultés de sa succession embrasent l'Europe, « le tambour bat par
toutes les provinces » de France, le roi fait marcher sur la Champagne
50 000 hommes qu'il rejoindra dès qu'il aura présidé au couronnement
de la reine à Saint-Denis, et en même temps le nouveau maréchal de
France Lesdiguières, à la tête de 14 000 hommes, s'apprête à entrer
dans le Milanais avec le duc de Savoie. C'est alors que Bellegarde,
comme gouverneur de Bourgogne, forme un régiment d'infanterie qui
portera le nom de *Bourgogne*, et il le place sous les ordres d'un
de ses lieutenants dans la province, le jeune Henry de Baufremont,
marquis de Sennecey [3]. Celui-ci offre aussitôt à Racan le commande-

---

1. Lire une nouvelle appréciation du prince Henri de Condé et de sa femme
dans le chapitre ɪᴠ de M. B. Zeller, *la Minorité de Louis XIII*.

2. Nos *Anecdotes inédites*, p. 69. — C'est la meilleure des cinq pièces composées
à ce moment par Malherbe pour Henri IV (n° xʟᴠ de Lalanne). Il n'en est peut-
être pas dans toute son œuvre où Malherbe ait mis plus de sentiment!

3. Henri de Baufremont, marquis de Sennecey, lieutenant pour le roi au
comté de Mâcon, gouverneur des ville et château d'Auxonne, avait épousé, le
8 août 1607, Marie-Catherine de La Rochefoucauld, comtesse, puis duchesse de
Randon, qui devint sous le règne suivant première dame d'honneur de la reine
Anne d'Autriche et *gouvernante de Louis XIV* dans son bas âge. Le marquis de
Sennecey fut député de Bourgogne aux États-Généraux de 1614, où il prit la parole
comme président de la noblesse; ambassadeur extraordinaire en Espagne en 1617
et 1618, il fut récompensé de ses services par le cordon du Saint-Esprit en 1618 et
par la charge de bailli et capitaine de Chalon-sur-Saône. Il fut blessé en 1622 au
siège de Royan, où il servait en qualité de maréchal de camp, et mourut à Lyon
des suites de sa blessure. — Ses deux fils moururent sans héritiers en 1641, l'aîné
comme colonel du régiment de Piémont, le cadet tué à La Marfée, et le titre de
Sennecey passa aux ducs de Foix (P. Anselme, III, 389 B C; IV, 437 B; IX, 143
C, 144 A, on y voit aussi les armes de Sennecey). Voir article Sennecey à la
Table des matières, t. IX, et Bazin, *Hist. de Louis XIII*, I, 269; II, 35. C'est à tort
que Bazin ne lui donne que le titre de baron; il était marquis : c'était son père

ment de la première compagnie du régiment, le poste honorable d'enseigne de la compagnie colonelle ou « d'enseigne-colonelle », comme
on disait alors, et il l'envoie dans sa Touraine, avec une commission
royale, « pour lever des gens considérables, afin de rendre sa compagnie plus belle [1] ».

Racan accourt dans son pays natal, où il n'est guère revenu depuis
son enfance; il frappe à la porte de tous les castels qui environnent
le sien : à Saint-Pater chez les de Robert, à La Mothe-Sonzay et à
Neuvy-le-Roi chez ses cousins; au Rouvre chez les de Castelnau, exci-
tant l'ardeur guerrière de tous, des anciens compagnons de son père, des
anciens combattants des guerres civiles et des jeunes seigneurs comme
lui qui rêvent de la gloire. On était au milieu de mai, au cœur d'un
doux et parfumé printemps de Touraine. Soudain une nouvelle arrive,
terrible, dans ces frais vallons, traversant toute la France comme un
éclair : « Le roi est assassiné! » Et l'on n'entend que clameurs et
gémissements. Les hommes de toute qualité, les larmes aux yeux, s'en-
tredemandent : Que deviendrons-nous? Le dauphin n'a que huit ans!
C'en est fait de la félicité de la France [2]!

L'enseigne revint promptement à Paris [3]. Sa seconde déception
militaire se perdait dans son chagrin patriotique et filial, et il mêlait
ses larmes à celles de la France entière : comme elle il avait perdu son
protecteur bien-aimé, et le lendemain il n'aura qu'à se souvenir pour
chanter tristement :

Claude de Baufremont qui était baron : sur celui-ci voir aussi Dom Plancher, *Hist.
de Bourgogne*, IV, 586, 589, 591, 595, 605, 609 et cdxxix. — Son père s'étant marié
en 1571 et n'ayant eu que deux enfants, Henri de Baufremont devait avoir en 1610
trente-cinq ans ou un peu plus.

Il ne faut pas confondre cette famille de Baufremont de Sennecey avec la
famille Bauderon qui acquit au 17ᵉ siècle la terre de Sennecé-les-Mâcon, appartenant aussi aux Baufremont, en prit le nom et produisit au commencement du
18ᵉ siècle le poète badin *Sénecé*, dont les œuvres ont été publiées dans la Bibliothèque Elzévirienne, en deux volumes, par M. Émile Chasles, 1855. —

Le P. Daniel, dans son *Histoire de la milice française*, donne peu de détails sur
le régiment de Bourgogne (t. II, p. 424, 471).

1. Conrart, Notice manuscrite. — Cf. *Mercure françois*, t. I, p. 417. — Racan
eût donc été directement sous les ordres du marquis de Sennecey, car la compagnie
colonelle n'avait pas de chef particulier, mais était commandée directement
par le colonel ou le commandant du régiment. — Le terme d'*enseigne-colonelle*
qu'emploie Conrart n'a jamais été très usité, à cause de cette anomalie d'un
nom masculin composé de deux mots féminins, substantif et adjectif, qui encore
ne se rapportent pas l'un à l'autre.

2. Le grand roi fut assassiné le 14 mai. Le *Mercure* peint la désolation publique
t. I, p. 425).

3. Conrart, *Notice*. — L'événement étant du 14 mai, Racan put l'apprendre
le 17 et être à Paris le 20.

... Nos prospérités sont de courte durée ;
il n'est point ici-bas de fortune assurée :
elle changea bientôt nos plaisirs en douleurs,
quand, durant une paix en délices fécondes,
la Seine, par la mort du plus grand roi du monde,
vit rouler dans son lit moins de flots que de pleurs [1].

1. Ode au duc de Bellegarde, str. 7. (Latour, I, 149. On remarquera que le poète
prend la fortune au 2e vers comme nom commun à l'indéfini, et au 3e comme
divinité.) — Malherbe ne fit pas mieux dans ses *Vers funèbres sur la mort de
Henry-le-Grand* (Lal., t. I, 179), et dans la str. 5, où il fait également intervenir
la Seine, il a une métaphore moins hardie et beaucoup plus lourde, en décrivant
le désespoir de Marie de Médicis :

> L'image de ses pleurs, dont la source féconde
> jamais depuis la mort ses vaisseaux n'a taris,
> c'est la Seine en fureur qui déborde son onde
> sur les quais de Paris.

L'aumônier du roi, Dupeyrat, fit en 1611 un gros volume du *Recueil de diverses
poésies françoises, latines, grecques, espagnoles, italiennes sur le trespas de Henry-
le-Grand*. Malherbe n'y figure pas, et naturellement il n'y est pas question de
Racan, qui ne chanta que plus tard et incidemment la mort de son maître. Le
Mercure parle de *un million d'épitaphes* faites sur Henri IV.

CHAPITRE VI

Guerre, Politique, Amour.

1610-1615

I. — **La Guerre.** — Issue des expéditions de Julliers et de Suède. Alerte sur les Alpes en 1611. Nouvelle alerte en 1613. — La première guerre civile (1614). Indignation de Malherbe. Racan lieutenant de Carabins. — Découragement.
II. — **La Politique.** — Les deux cabales : Racan est figurant dans celle de Bellegarde. Le procès de magie. — Le chevalier de Guise. Ses exploits, Sa mort : Racan poète *guisard*. — Les États-Généraux de 1614. Racan épicurien et disciple d'Horace : *l'Ode bachique* à Maynard. *L'ode* printanière *au marquis de Termes*.
III. — **L'Amour.** — Les amours champêtres : Sylvie. — Histoire d'une passion : Racan et la comtesse de Moret. L'amour à distance. — Racan et Ovide. — Le poète élégiaque. L'influence de Ronsard. — Mélancolie [1].

I

Racan était à peine revenu de Saint-Denis, où il avait conduit les restes de son maître vénéré, qu'il tournait déjà les yeux vers la frontière de l'Allemagne. Mais la catastrophe avait bien réduit le grand armement, quatre mille hommes seulement allèrent porter le secours promis aux princes protestants, et, grâce aux hésitations de la régente, ils arrivèrent juste pour leur voir prendre Julliers. Racan, demeuré à Paris, ne regretta point cette expédition, qui ne lui eût que trop rappelé la campagne manquée de Hollande.

Il ne dut pas moins se féliciter d'avoir renoncé à la guerre de Suède, où il avait eu une forte envie de se rendre, on s'en souvient, en

---

1. Pour le cadre historique de cette période, nous nous sommes servi surtout du *Mercure françois*, de la Correspondance de Malherbe, de l'*Histoire de France sous Louis XIII* de Bazin, et des récentes études de M. Berthold Zeller, qui est en train de renouveler l'histoire de Louis XIII particulièrement au moyen des dépêches des ambassadeurs italiens, entre autres dans *la Minorité de Louis XIII, Marie de Médicis et Sully, 1610-1612*.

revenant de Calais [1]. Des huit cents hommes partis en 1608, revinrent à ce moment 120 malheureux dans le plus absolu dénuement. Tous les autres avaient été trahis et massacrés par les Suédois [2].

L'enseigne attend une nouvelle occasion qui ne peut manquer de s'offrir, et il surveille avec impatience l'Europe agitée, pour savoir sur quelle frontière il pourra déployer sa valeur.

Voici qu'au mois de février 1611 le duc de Savoie se jette brusquement sur Genève; tout le monde au Louvre, y compris la reine et le petit roi, s'apprête à partir. Mais le duc désarme, et la jeune cour reprend les galanteries, le jeu effréné et les duels en pleine rue.

Deux ans après, en avril 1613, la succession de Mantoue réclame l'intervention de la France. Trois armées sont envoyées en Italie sous les ordres du duc de Guise, du maréchal de Lesdiguières et du comte de Bellegarde : celui-ci ne manqua pas de confier à Racan une de ses enseignes. Mais l'Espagne réussit à accommoder l'affaire, et « les seigneurs qui étaient partis dans l'espoir d'une guerre d'Italie » sont obligés de revenir sur leurs pas [3].

La guerre étrangère manquant toujours, l'exubérance des princes et des grands devait fatalement déborder dans une guerre civile. Irrités par la faveur croissante du maréchal d'Ancre et encouragés par la faiblesse des ministres, Condé et ses amis quittèrent brusquement la cour au mois de janvier 1614, sans demander le congé de la reine : c'était la révolte ouverte.

La reine lève 6000 Suisses et fait mettre en état les troupes royales. MM. de Termes, de La Rochefoucauld, de Courtenvaux et le marquis de Sablé forment chacun une compagnie de chevau-légers [4]. Racan y est pourvu d'un commandement de *carabins*. On appelait ainsi le petit escadron qui flanquait à gauche chaque corps de chevau-légers : il se composait d'une cinquantaine de cavaliers, armés d'un petit casque, d'une cuirasse, d'une arquebuse et d'un pistolet; il était chargé de faire escarmouche, d'entamer vivement l'action ou de protéger la retraite. Le jeune enseigne fut commissionné en qualité de lieutenant pour commander un de ces escadrons. C'était, on le voit, un poste de hardiesse, de péril et d'honneur [5].

---

1. *Mém.* LXXXI. Cf. ch. v. Il n'avait été retenu que par la crainte des frais d'équipement.
2. *Mercure*, II, 38.
3. Voir P. Daniel, t. XIII, 64, et Bazin, t. I, 231-233.
4. Malherbe, Correspondance, t. III, 392.
5. Notice manusc. de Conrart. — Nous tirons ces détails peu connus sur les carabins de l'*Histoire de la milice française* par le P. Daniel, 1728, t. I, l. IV, ch. III, 232-236. — Le cardinal de La Valette s'étant trop exposé de sa personne au com-

Un souffle de guerre passe à ce moment sur la cour. Louis XIII, encore enfant, donne l'exemple de la plus noble impatience [1], le sceptique Malherbe est très animé lui-même contre les révoltés, et Racan l'entend un jour dans une grande compagnie s'écrier tout à coup en levant les yeux au ciel : « O bon Dieu! où est ta fièvre, ta peste, ton mal caduc? qu'en fais-tu que tu ne les envoies à ces gens qui troublent l'État [2]? »

Cependant toute l'armée du roi commandée par le maréchal de Praslin, — 18 000 hommes de pied et 500 chevaux, — s'assemble à Épernay en face de l'ennemi. Cette fois la lutte est imminente, mais il faut compter avec la modération de la reine, qui songe toujours à négocier, et l'on se contente d'appuyer les conférences de Soissons par la prise de Vitry-le-François. Condé répond par l'occupation de Sainte-Ménehould, où le traité est signé : les révoltés obtiennent tout ce qu'ils souhaitent, en fait de pensions, de pardons et d'honneurs (15 mai 1614).

A son retour à Paris, au mois de mai, Racan vit que l'indignation de son maître s'était tournée en belles strophes dans sa paraphrase du psaume 128, et il lut avec admiration ces vers :

> La gloire des méchants est pareille à cette herbe
> qui, sans porter jamais ni javelle ni gerbe,
> croit sur le toit pourri d'une vieille maison.
> On la voit sèche et morte aussitôt qu'elle est née,
>   et vivre une journée
> est réputé pour elle une vieille saison [3].

bat de Montbéliard, le 24 mars 1635, s'attira cette honorable réprimande de Richelieu : « Une personne de la dignité dans laquelle vous êtes peut bien faire le capitaine, mais non le carabin. » Bazin, III, 392. — Louis XIII modifia l'armement et le costume de ce corps (P. Daniel, p. 234), mais ce ne fut probablement point avant 1614. — Nous supposons que Racan eut alors les fonctions de lieutenant, car les carabins n'avaient comme officiers spéciaux qu'un lieutenant, un maréchal des logis et deux caporaux, pas d'enseigne ni de cornette par conséquent.

L'étymologie du mot est douteuse, mais elle n'est sûrement pas celle qu'a donnée sans rire M. de Montgommery : *cara*, visage en espagnol, et *binus*, double, en latin, « comme qui les dirait à deux visages, à cause de leur manière de combattre, tantôt fuyant, tantôt tournant tête comme les Parthes ». Le P. Daniel trouve cette étymologie « peu fondée » (p. 233). — Littré propose *calabrinus* parce que cette cavalerie venait surtout de la Calabre. Il montre comment le mot actuel de *carabin*, qui sert à désigner familièrement un étudiant en médecine, est une application de ce terme militaire.

Les carabins que Racan commanda durent être ceux qui flanquaient la compagnie du marquis de Termes.

Ces trois compagnies de chevau-légers occasionnèrent une dépense de 920 000 livres (Bazin, I, 294). La modeste solde de Racan devait être prise sur cet ensemble.

1. Malherbe, III, 399, et P. Daniel, *Histoire de France*, t. XIII, 76.
2. *Anecdotes inédites*, p. 49.
3. Malherbe, t. I, 208. — Après la lecture de ces strophes guerrières, la reine

Il goûta si fort cette paraphrase qu'il se refusa toute sa vie à en tenter une du même psaume [1].

Mais il s'agit bien de psaumes! C'est la guerre qui importe à notre officier de cavalerie, et depuis sept ans elle s'obstine à le décevoir. Fausses alertes, démonstrations militaires, chevauchées de parade à travers la France, armes aussitôt prises, aussitôt posées,... comme tout cela ressemble peu à ces mêlées de guerres religieuses et de guerres espagnoles où a été lancée sans répit la jeunesse de son père! et il évoque avec une secrète envie le courage, les blessures, les honneurs, la gloire de Louis de Bueil, lui dont

> aux campagnes de Mars on a vu *la* valeur
> peupler les monuments et déserter la terre [2]!

II

La plupart des seigneurs de la cour tâchent d'oublier les déceptions militaires dans les intrigues politiques. Henri le Grand n'avait pas plus tôt disparu que, maintenus jusqu'alors par sa main ferme, ils ont relevé tout à coup la tête, et se sont mis à combiner des alliances favorables au jeu de leurs intérêts et de leur ambition, mais singulièrement dangereuses pour la paix du royaume.

Deux cabales ne tardent pas à se former : ce sont les Bourbons et les Lorrains; d'une part les princes du sang, le jeune Condé accouru de l'exil et son oncle le comte de Soissons prétendent, selon leur droit séculaire, à diriger l'État [3]. Le duc de Guise, le prince de Joinville et le chevalier de Guise, c'est-à-dire les trois princes de la maison de Lorraine, si populaires parmi les catholiques, soutenus par le duc d'Épernon et par le Grand Écuyer, le comte de Bellegarde entendent maintenir leur crédit et faire échec aux premiers. Concini, le jeune Italien qui prend de plus en plus d'ascendant sur l'esprit de la reine régente, va, selon les conjonctures, d'un parti à l'autre, et les ministres cherchent de l'appui où ils peuvent. La cour de France, qui était, nous l'avons vu, un centre de plaisirs sous Henri IV, devient alors par

---

disait au poète : « Prenez un casque. » C'est le plus juste commentaire de la pièce. — Cf. Ménage, *Observations*, p. 248.

1. *Psaumes* de Racan. Avis du libraire au lecteur (Latour, II, p. 32).

2. Latour, I, 206. Épitaphe à son père, que nous avons citée au ch. II, en racontant la mort de Louis de Bueil, mais que Racan fit sans doute seulement vers l'époque qui nous occupe ici. — Voir, au Lexique, MONUMENT et DÉSERTER.

3. Voir Zeller, *Minorité*, p. 14, n. 2.

la faiblesse du gouvernement un foyer d'intrigues politiques, que Richelieu seul réussira plus tard à éteindre dans le sang.

C'est dans ce milieu que les circonstances ont jeté pour dix ans la
jeunesse de Racan, de 1610 à 1620. Nul homme peut-être n'était moins
que lui né pour l'intrigue : une volonté nonchalante, une mémoire confuse, un esprit distrait, le respect naturel de l'autorité légitime, la
droiture absolue de l'esprit et du cœur qui exclut la souplesse constituent dans ce métier des vices rédhibitoires. Aussi ne lui vint-il même
pas l'idée de s'en mêler : il se contenta d'évoluer obscurément dans le
parti lorrain, à l'ombre de son haut protecteur Bellegarde, jouant un
rôle plus effacé encore que ces confidents qui commençaient sur la
scène tragique à s'attacher aux pas des principaux acteurs.

En l'année 1612 il eut à craindre fortement pour son protecteur
et partant pour lui-même. Le comte de Bellegarde n'avait-il pas eu la faiblesse d'écouter un magicien qui lui avait proposé d'interroger un miroir
enchanté, où il verrait comment le Florentin et sa femme avaient gagné
l'amitié de la reine et comment il pourrait l'obtenir lui-même? C'était une
application, faite à la politique, des sortilèges et des conjurations dont on
se servait fréquemment dans les entreprises amoureuses et que Hardy,
d'Urfé et tant d'autres venaient de transporter dans le roman et sur la
scène.

La reine prévenue dénonça l'affaire au Parlement. Mais le bruit
s'étant répandu que c'était un coup préparé pour enrichir le favori des
dépouilles d'un seigneur opulent, les pièces du procès furent brûlées,
Bellegarde sauvé du feu et son jeune cousin de la disgrâce [1].

En 1614, après la première guerre civile, le parti lorrain fit une
perte sensible, celle du chevalier de Guise, le plus jeune des trois frères,
qui s'était fait une éclatante renommée à la cour par son audace pré-
somptueuse, un curieux type de cette époque troublée. Ainsi un jour,
le 3 janvier 1613, à cheval dans la rue Saint-Honoré, il avait croisé un
agent du parti de Condé, le vieux baron de Luz, qui cheminait en carrosse : Guise met pied à terre, crie à Luz d'en faire autant, tire son
épée, lui en traverse la poitrine, remonte tranquillement à cheval et
continue sa promenade au petit pas, pendant que Luz tombe mort dans
l'allée d'une maison voisine.

---

1. Bazin, I, 205-6. — Voir aussi l'histoire de Bellegarde s'opposant, en janvier
1611, à ce que Concini, qu'il déteste, prenne son nouveau service de gentilhomme
ordinaire de la Chambre du roi (B. Zeller, p. 181). En mars de la même année, le
Grand Écuyer est reçu à coups de mousquet par le gouverneur protestant de
Bourg-en-Bresse, une des villes de son gouvernement (*ib.* 275, 310). On sent que
les passions politiques couvent et sont près d'éclater.

La reine pleura d'abord abondamment, puis elle accorda au chevalier son pardon avec la lieutenance générale du gouvernement de Provence.

Le fils de la victime ne tarde pas à envoyer un cartel, et Guise tue le fils au faubourg Saint-Antoine vingt-huit jours après avoir tué le père. Cette fois l'enthousiasme de la cour ne connut plus de bornes. La reine et le jeune roi envoient féliciter le vainqueur. Le double exploit est chanté en vers et célébré en prose. Tous ces gentilshommes ont une telle passion pour les armes, que, en l'absence de la guerre qui fuit toujours, ils en sont à envier et à exalter les heureux du duel qui font couler le sang dans les ruisseaux de Paris [1].

Il est juste que les violents périssent violemment : le 4 juin 1614, le chevalier de Guise, le tueur des Luz visitait le château des Baux, dans son nouveau gouvernement de Provence; il s'obstina à faire partir un canon, qui creva entre ses mains, et il expira deux heures après [2].

Ce fut un deuil pour toute la cour, mais particulièrement pour la maison de Guise et pour le parti de Bellegarde. Malherbe se met à une lettre de consolation en vingt-cinq pages à l'adresse de la princesse de Conti, sœur du défunt [3], et les poètes « guisards », comme l'on disait, paient leur tribut de regret à la famille. Parmi eux Racan envoie au duc de Guise un sonnet qui sent un peu son admiration de commande, mais qui n'est point sans grâce. Il se termine ainsi :

..... Il est vrai que ses jours sont bientôt limités;
mais tel est ici bas l'âge des belles choses,
les destins sont jaloux de nos prospérités,
et laissent plus durer les chardons que les roses.

Crois-moi, donne à ton mal un sage réconfort,
et, cessant désormais de te plaindre du sort,
défends à ta douleur cette persévérance;

ou, si tu veux avoir un légitime ennui,
soupire avecque nous le malheur de la France
qui n'aura jamais rien qui soit pareil à lui [4].

---

1. Voir Bazin, I, 219-225.
2. Malh., I, 357; III, 433 et n. 4, 450; IV, 195.
3. Malherbe, IV, p. 195-218. Nous venons de publier une bizarrerie de Malherbe à propos de cette lettre, *Anecdotes inédites*, p. 59.
4. Latour, I, 211. Le dernier trait rappelle la fin de l'épitaphe de son père, à savoir cette idée si vraie que *le mort est moins à plaindre que les survivants.*
L'excellent 4e vers de la citation fait nécessairement penser à la durée des roses si heureusement exprimée par Malherbe.

..... Et rose elle a vécu ce que vivent les roses,
        l'espace d'un matin.   (Lalanne, 1, p. 40, v. 15 et 16.)
Sur le v. 3, voir Lex., OUTRE.

Le principal événement de cette période, celui qui fournit le plus d'aliments aux intrigues de cour fut la session des États-Généraux au mois d'octobre 1614. Elle fut surtout marquée par la lutte du Tiers-État et du Clergé, écho des passions mal étouffées de la Ligue. La lutte devint aiguë et les évêques menacèrent de se retirer et de mettre la France en interdit.

Un jour, M. de Bellegarde en grand émoi parle à Malherbe de cette perspective : « Au contraire, vous vous en devez réjouir, répond brusquement le poète ; devenant tout noir, comme sont les excommuniés, vous n'aurez plus la peine de vous peindre tous les jours la barbe et les cheveux ! » Racan, qui entendit le mot, s'en amusa, le retint et le raconta [1].

Mais lui-même, que fait-il pendant cet hiver si troublé, au milieu des ardents démêlés de la politique et de la religion ?

Il se chauffe, il lit Horace, il aime et il boit.

Il a un ami, un condisciple un peu plus âgé de l'école de Malherbe, François Maynard, actuellement président au présidial d'Aurillac, qui, au fond de sa province où son peu de bien le confine la plupart du temps, se travaille à composer des vers quelquefois crus, souvent piquants, avec l'inquiétude de ne point arriver à forcer la renommée : à présent en bon parlementaire, il se fait de la bile contre le Clergé, dans la grande querelle des États-Généraux [2]. Alors, au mois de décembre, Racan envoie à Maynard, l'insouciance adresse à l'inquiétude cette ode pénétrée d'un grand charme de volupté épicurienne :

ODE BACHIQUE

A M. *Ménard*, *président d'Aurillac*.

1.   Maintenant que du Capricorne
le temps mélancolique et morne
tient au feu le monde assiégé,
noyons notre ennui dans le verre,
sans nous tourmenter de la guerre
du Tiers-état et du Clergé.

1. *Mém.* LXXIV. « Le peuple croyait autrefois que, par un effet physique de l'excommunication, tout le corps de ceux qui en étaient frappés devenait entièrement noir. » Note de Tenant de Latour (Racan, I, 268).

2. Voir une délicate esquisse sur Maynard dans Sainte-Beuve, qui le donne comme « le type de l'écrivain *atteint du mal de province* et qui a peur d'être devenu suranné avant l'âge ». *Causeries du lundi*, VIII, 66. On nous promet pour bientôt une étude d'ensemble sur ce poète intéressant. — Il avait sept ans de plus que Racan, étant de 1582.

« La guerre du Tiers-État et du Clergé » dont il est question dans la première strophe, dura de novembre 1614 au 6 janvier 1615 ; Racan y parle aussi du « temps mélancolique du Capricorne », c'est-à-dire du mois de décembre. Il faut donc rapporter l'Ode avec certitude au mois de décembre 1614.

2. Je sais, Ménard, que les merveilles
    qui naissent de tes longues veilles
    vivront autant que l'univers ;
    mais que te sert-il que ta gloire
    se lise au temple de Mémoire
    quand tu seras mangé des vers ?

3. Quitte cette inutile peine,
    beuvons plutôt à longue haleine
    de ce nectar délicieux,
    qui pour l'excellence précède
    celui même que Ganymède
    verse dans la coupe des Dieux.

4. C'est lui qui fait que les années
    nous durent moins que des journées ;
    c'est lui qui nous fait rajeunir
    et qui bannit de nos pensées
    le regret des choses passées
    et la crainte de l'avenir.

5. Beuvons, Ménard, à pleine tasse ;
    l'âge insensiblement se passe,
    et nous mène à nos derniers jours ;
    l'on a beau faire des prières,
    les ans non plus que les rivières
    jamais ne rebroussent leurs cours [1].

6. Le printemps vêtu de verdure
    chassera bientôt la froidure,
    la mer a son flux et reflux ;
    mais depuis que notre jeunesse
    quitte la place à la vieillesse,
    le temps ne la ramène plus.

7. Les lois de la mort sont fatales
    aussi bien aux maisons royales
    qu'aux taudis couverts de roseaux.
    Tous nos jours sont sujets aux Parques ;
    ceux des bergers et des monarques
    sont coupés des mêmes ciseaux.

8. Leurs rigueurs, par qui tout s'efface,
    ravissent en bien peu d'espace
    ce qu'on a de mieux établi,
    et bientôt nous mèneront boire
    au-delà de la rive noire
    dans les eaux du fleuve d'oubli [2].

1. Nous ne pouvons nous empêcher, malgré la différence des siècles et des genres, de rapprocher de ces vers ceux de notre chansonnier Gustave Nadaud, qui présentent la même image dans la chanson « les Enfants » :

> « L'affection comme les fleuves
>   descend et ne remonte pas. »

Voir Lex., REBROUSSER.

2. Latour, I, 154. — V. ce que dit Marmontel sur le genre de l'*Ode bachique*, « dont le temps est passé ». T. I, 780 (voir notre Index).

Et le président, amené à une philosophie plus douce, répond ainsi aux conseils de son jeune ami :

> Racan, Parnasse m'importune,
> je n'en goûte plus les douceurs,
> ceux qui sont flattés des neuf sœurs
> ne le sont pas de la fortune.
> Ces pauvres filles m'ont promis
> plus de nom qu'à tous leurs amis :
> je veux pourtant quitter leur bande,
> l'art des vers est un art divin ;
> mais son prix n'est qu'une guirlande
> qui vaut moins qu'un bouchon à vin [1].

Il faut reconnaître que dans cette correspondance bachique entre les amis, le prix de la délicatesse revient au jeune officier : on sent bien que c'est le désœuvrement qui le fait boire, mais que pour l'autre, c'est le dépit.

Dans l'ode de Racan, le disciple de Malherbe paraît de deux manières, par la fermeté avec laquelle est construite chaque strophe, et par la reprise du lieu commun sur l'égalité des hommes devant la mort ; Malherbe avait déjà dit, dans son ode à du Périer, avec un grand bonheur de rythme et d'expression :

> Le pauvre en sa cabane, où le chaume le couvre,
> est sujet à ses lois ;
> et la garde qui veille aux barrières du Louvre
> n'en défend point nos Rois.

Et Racan imite sans trop d'infériorité la strophe du maître dans la sienne.

> Les lois de la mort sont fatales
> aussi bien aux maisons royales
> qu'aux taudis couverts de roseaux.
> Tous nos jours sont sujets aux Parques,
> ceux des bergers et des monarques
> sont coupés des mêmes ciseaux [2].

---

1. *Recueil des plus belles épigrammes des poëtes françois* depuis Marot jusqu'à présent, publié par Breugière de Barante, 1698. — VIe épigramme de Maynard.

2. V. les raisons pour lesquelles Voltaire met Racan bien au-dessous de Malherbe dans la comparaison de ces deux strophes, *OEuvres complètes*, éd. Garnier, 1885, t. VII, p. 329.

Racan s'était sans aucun doute inspiré aussi de ces vers que venait de faire Maynard et qu'il rendait meilleurs :

> Le temps dévore tout, et les cruelles Parques
> filent également la trame de nos jours :
> leur homicide feu n'épargne les monarques
> non plus que les bergers dans leurs secrets séjours.
>
>   Édit. Garrisson, I, 333.

Ménage (Commentaire de Malherbe, p. 370 et 371) prétend trouver dans cette

Nous sommes aujourd'hui blasés sur cette idée, songeons néanmoins comme elle avait plus d'à-propos et d'éloquence au sein d'une
société essentiellement aristocratique fondée sur l'inégalité. Ce nivelle-
ment posthume des hommes était alors comme un renversement et une
revanche éclatante de la vie [1].

Il est facile de s'apercevoir que Racan s'est reporté ici à l'original
même, c'est-à-dire à Horace, qui lui a fourni la plupart des idées, la
doctrine et le ton de la pièce, et qu'en définitive il relève bien moins
de son maître français que du poète latin.

Deux odes surtout l'ont inspiré, l'ode hivernale :

> Vides ut alta stet nive candidum
> Soracte..... (I, IX)

dont il a pris le cadre général et la peinture de l'hiver, — et l'ode à
Postumus (II, XIV), à laquelle il a demandé des traits pour décrire vivement la mort, la rapidité du temps et l'inutilité des prières contre la
fatalité suprême [2].

ode deux autres imitations de Malherbe : il s'agit d'abord des deux premiers vers
de la 4e strophe :

> C'est lui qui fait que les années
> nous durent moins que des journées.

Il les rapproche de deux vers de l'ode de bienvenue adressée par Malherbe à
Marie de Médicis :

> C'est là [en votre sein].....
> c'est là qu'il faut que les années
> lui coulent comme des journées.
> (Lalanne, p. 52, v. 155 et 156.)

Il rapproche aussi la 7e strophe sur les rois et les bergers d'une strophe de
Malherbe dans la pièce *Aux Ombres de Damon* (Lal., t. I, p. 58).

> Mais, ô loi rigoureuse à la race des hommes,
> c'est un point arrêté, que tout ce que nous sommes,
> *issus de pères rois et de pères bergers*,
> la Parque également sous la tombe nous serre.
> (Ménage, p. 546.)

1. Là où nous trouvons ce lieu commun le plus hardiment exprimé (en attendant Bossuet, voir Lebarq, II, 521 et passim), c'est dans une autre pièce de l'école
de Malherbe, dans le *Songe* du gentilhomme Patrix, cousin et ami du maître. Il
rêve qu'il se trouve inhumé « côte à côte d'un pauvre », à qui il crie :

> « Va pourrir loin d'ici ! »

et le pauvre lui répond :

> « Ici tous sont égaux ; je ne te dois plus rien :
> *je suis sur mon fumier comme toi sur le tien.* »
> *Annales poétiques*, Paris, Mérigot, 1780, t. VII, p. 103.

2. Pour préciser davantage, la 1re strophe de Racan est inspirée particulièrement des huit premiers vers de l'ode I, IX; la 5e strophe est une agréable traduction des sept ou huit premiers vers de l'ode II, XIV.

La strophe 7 sur l'égalité des hommes devant la mort est imitée des v. 9 et s.
de l'ode II, XIV, et surtout de I, IV, v. 13 et s.

Mais ce qui révèle surtout l'imitation d'Horace, c'est ce ton aimablement enjoué du début de la pièce. Malherbe ne pouvait pas apprendre à Racan cette manière délicate de donner un conseil bachique ou amoureux à un ami. S'il avait célébré les États-Généraux, il aurait probablement composé une grande ode de ton héroïque, remplie d'idées générales. Racan chante sur un ton plus modeste et s'adonne à un genre plus familier. Que de fois n'a-t-il pas goûté ces pièces charmantes où Horace exhorte tous ses amis, qui s'agitent dans la guerre, la littérature ou l'intrigue, à noyer leurs soucis dans une coupe de Falerne d'une bonne année! S'il prend tant de plaisir au commerce d'Horace, c'est que sa naturelle indolence s'accorde à merveille avec cette doctrine épicurienne, et alors il parle naturellement à Maynard du ton dont Horace parlait à Postumus ou à Torquatus.

Par cette sympathie de nature pour Horace, pour un ancien, Racan se rapproche plus de Ronsard que de Malherbe, et il reprend l'ode *épicurienne* de la Pléiade, mais avec plus de fermeté dans le style, plus de sobriété dans la mythologie, plus de franche clarté, un goût décidé pour les idées générales et philosophiques, toutes qualités qu'il doit à Malherbe, de sorte que l'ode de Racan réalise une sorte de compromis entre les deux écoles rivales, et c'est ce qui lui donne un charme et un prix tout particuliers.

Tout à fait du même ordre, quoique plus longue et dans un rythme plus soutenu est l'ode que notre poète adresse, l'un des printemps suivants, au baron de Termes, qui était par ses prouesses brillantes en guerre et en amour, nous l'avons vu, le riant et perpétuel printemps de la cour de Henri IV [1]. Racan s'y souvient des deux odes printanières

> Solvitur acris hiems grata vice veris et Favoni..... (II, IV.)

et

> Diffugere nives, redeunt jam gramina campis
> arboribusque comae..... (IV, VII.)

où Horace dit avec une grâce exquise à ses amis Sestius et Torquatus : « Regardez, la nature est en fête et en amour, elle vous donne l'exemple, hâtez-vous parce que cette jeunesse de l'année reviendra sans cesse et que la vôtre s'enfuit chaque jour », conseil éloquent de

---

1. Voir son portrait au ch. III.

la sagesse purement humaine, auquel les enseignements chrétiens ont peine à nous fermer l'oreille; car en nous tous, même parmi les plus religieux,

... il existe souvent
un *païen* endormi toujours jeune et vivant [1],

à qui les poètes, hélas! ne s'adressent guère en vain, quand ils lui tiennent un pareil langage, surtout à chaque retour de la saison douce. Racan par l'ode suivante se place en un bon rang parmi ces gracieux philosophes, conseillers du plaisir :

La Venue du Printemps

A M. de Termes.

Ode.

1. Enfin, Termes, les ombrages
    reverdissent dans les bois,
    l'hiver et tous ses orages
    sont en prison pour neuf mois;
    enfin la neige et la glace
    font à la verdure place;
    enfin le beau temps reluit,
    et Philomèle assurée
    de la fureur de Térée,
    chante aux forêts jour et nuit.

2. Déjà les fleurs qui bourgeonnent
    rajeunissent les vergers;
    tous les échos ne résonnent
    que des chansons de bergers;
    les jeux, les ris et la danse
    sont partout en abondance;
    les délices ont leur tour,
    la tristesse se retire,
    et personne ne soupire,
    s'il ne soupire d'amour.

3. Les moissons dorent les plaines,
    le ciel est tout de saphirs,
    le murmure des fontaines
    s'accorde au bruit des zéphyrs....

5. La jeunesse de l'année
    soudain se voit terminée;
    après le chaud véhément
    revient l'extrême froidure,
    et rien au monde ne dure
    qu'un éternel changement.

1. ... Et souviens-toi qu'en nous il existe souvent
    un poète endormi toujours jeune et vivant.
    Musset, A Sainte-Beuve, *Poésies nouvelles.*

6. Leurs courses entre-suivies
vont comme un flus et reflus;
mais le printemps de nos vies
passe et ne retourne plus.
Tout le soin des destinées
est de guider nos journées
pas à pas vers le tombeau!
Le Temps de sa faux moissonne,
et sans respecter personne,
ce que l'homme a de plus beau.

7. ... Crois-moi, tant que Dieu t'octroie
cet âge comblé de joie
qui s'enfuit de jour en jour,
jouis du temps qu'il te donne,
et ne crois pas en automne
cueillir les fruits de l'amour [1].

III

Le poète joignait l'exemple au conseil, et, dans l'oisiveté de la paix indéfinie, lui-même « cueillait » en son printemps « les fruits de l'amour ».

C'étaient d'abord des amours champêtres : il faisait parfois la cour à la fille de quelque gentilhomme du voisinage, une jeune nymphe insensible comme la Sylvie du Tasse [2].

Un jour il est parti pour rendre visite à sa belle, qui demeure dans le Maine, à quelques lieues au nord de son château, près de Champmarin peut-être; mais voici qu'il est arrêté par une crue du Loir, et il adresse au cours d'eau d'aimables imprécations, sur le

---

1. Latour, I, 151. Cette ode nous semble surtout imprégnée de l'ode à Torquatus (IV, VII). L'idée générale et le sentiment sont les mêmes. Les quatre premières strophes françaises sont un heureux développement de la venue du printemps exprimée dans les deux premières strophes latines. — La strophe 4 nous montre que c'est décidément sous une image malicieuse et sensuelle que l'Aurore se présente à l'esprit du poète. Cf. ses premières stances (Latour, I, p. 185, str. 3) citées au ch. III. L'expression est devenue moins crue et plus gracieuse. — A la troisième strophe d'Horace, correspondent les strophes 5 et 6 de Racan, qui luttent sans désavantage avec le modèle, et la dernière est une heureuse adaptation de la 6ᵉ et de la 7ᵉ d'Horace. — Cette pièce est comme un développement de la strophe 6 de l'ode bachique qui semblait la promettre. — Tout cela est antique, et il se trouve, par un retour des choses, que c'est tout moderne, et comme de notre temps. M. Sully-Prudhomme ne désavouerait peut-être pas ces vers :

... Rien au monde ne dure
qu'un éternel changement.

et quelques-uns des suivants.
2. Dans l'*Aminte*.

modèle d'Ovide, lequel a gourmandé dans une élégie un torrent grossi
par les neiges qui avait arrêté sa course amoureuse (liv. III, VI).

Racan apostrophe la rivière, dont il peint le débordement en termes
expressifs :

> 1. ..... *On voit* sur tes rivages,
>   durant ces funestes ravages,
>   les peuples maudire tes eaux,
>   quand leurs familles effrayées
>   cherchent de leurs maisons noyées
>   les débris parmi les roseaux !
>
> 2. Déjà, dans les terres prochaines,
>   ton courroux, enflé de bouillons,
>   traînant les arbres dans les plaines,
>   arrache les blés des sillons ;
>   déjà les peuples des campagnes
>   cherchent leur salut aux montagnes ;
>   les poissons logent aux forêts,
>   quittant leurs cavernes profondes,
>   et la nacelle fend les ondes
>   où le soc fendait les guérets.
>
> 3. Mais pour voir des châteaux superbes,
>   détruits par tes débordements
>   à peine laisser dans les herbes
>   les marques de leurs fondements ;
>   pour voir les champs les plus fertiles
>   changés en marais inutiles,
>   cela ne m'offenserait pas,
>   si ton impétueuse rage
>   ne s'opposait point au voyage
>   où l'amour conduisait mes pas [1].
>   etc.

Racan, qui a évidemment imité l'élégie d'Ovide, l'a fait avec une
intelligente indépendance. Par exemple, Ovide explique le gonflement
du torrent en le supposant amoureux de quelque nymphe :

> Te quoque credibile est aliqua caluisse puella ;

le poète français fait mieux, en voyant dans le Loir un rival, et en lui
prêtant, à la fin, l'amour de sa propre belle qui sera venue se mirer
dans « le cristal liquide ». D'une façon générale il sait donner à la
rivière du Perche une allure toute différente du torrent de montagne
italien ; et surtout, tandis que la partie mythologique forme les trois

---

1. Latour, I, 166. — Ce n'était pas la première fois que les poètes avaient à se
plaindre de ce cours d'eau : Ronsard, qui avait failli s'y noyer, lui adresse ses
reproches (édit. Moland, p. 219).

quarts de l'élégie d'Ovide, Racan la réduit à dix vers, suivant ainsi la
sobriété recommandée par son maître sur le chapitre des fictions [1].

Le jeune enseigne osa porter les yeux plus haut, il aima Cloris.
Cloris n'était autre que sa belle cousine, la comtesse de Moret [2]. Il
l'avait vue naguère dans tout l'éclat du triomphe, alors que lui n'était
qu'un petit page de la Chambre du roi [3]. Il revenait vers elle à l'âge
d'homme. Elle le dépassait de quelques années à peine, elle était encore
belle et jeune, et elle, l'ancienne maîtresse royale, elle se donnait une
séduction de plus, celle de la vertu et de la dévotion, comme elle
l'avait essayé déjà dans les derniers temps de Henri IV : « Elle recom-
mençoit, écrivent les contemporains, à parler du ciel, à fermer sa
gorge (possible est-ce pour le froid, — ajoutaient les mauvaises langues),
— à n'avoir que du linge uny, une grande pointe, une robe de serge,
les mains nües : c'estoit, ajoutait-on, pour les montrer, car elle les
avoit belles [4]. » Elle vivait largement à la cour grâce à une pension de
14 000 livres que lui servait le nouveau gouvernement en souvenir du
défunt [5].

La succession royale était donc à prendre, et bien des adorateurs
se présentaient, mais ce qui en éloigna quelques-uns sans doute, c'est
que la comtesse n'y voyait pas d'un œil. Malherbe mande à son ami

---

1. Malherbe, nous l'avons dit, ne tolérait que les plus connues parmi celles de
la mythologie, voir Brunot, l. II, ch. III.
  La source de cette ode n'avait pas, à notre connaissance, été encore indiquée.
Voici le complément de ce qui a été dit dans le texte sur l'imitation d'Ovide :
les vers d'Ovide 5, 6, 89-98 ont inspiré la quatrième strophe de Racan, qui est
même un peu exagérée, le Loir n'étant jamais, même à l'ordinaire, « un petit
ruisseau ». — Strophe 5 : les quatre premiers vers sont presque la traduction des
vers 23 et 24 d'Ovide, les six derniers sur l'Achéloüs qui n'est pas nommé, sont le
développement plus harmonieux que clair des vers 35-38. — Strophe 6 : les quatre
premiers, qui designent l'Alphée, sont inspirés des vers 29 et 30. — Le premier
développement, le tableau de l'inondation, ne se trouve pas dans l'élégie d'Ovide,
mais il est traité ici un peu à sa manière, il doit être imité d'un autre passage
du poète latin. Enfin les derniers vers de Racan,

> Autant vaut-il que je me noye
> dans ce fleuve que dans mes pleurs,

sont, hélas! bien de lui-même, ou plutôt ils appartiennent au jargon amoureux de
l'époque.
  2. On trouvera aux Pièces just., n° 6, une note sur l'histoire de l'amour de
Racan pour la comtesse.
  3. Voir au ch. III.
  4. Lettres de Malherbe, Lalanne, t. III, p. 153, 359; Tallemant, historiette de
Mme de Moret, t. I, p. 158.
  5. Voir trois quittances signées d'elle et une ordonnance signée du roi, avec
mention qu'il ne soit pas « rabattu pour le dixième denier destiné à l'ordre et
milice du Saint-Esprit », dans les années 1612 et 1614 (Bibl. Nat., Mss., Pièces originales 550, pièces 206-210).

Peiresc à la date du 4 décembre 1614 : « Madame la comtesse de Moret
va perdre un œil sans remède, à ce que disent les médecins; elle n'en
voit déjà plus goutte, et les médecins disent que c'en est fait : ce sera
une belle borgne; Dieu veuille qu'elle ne soit pas aveugle! car la chose
n'est pas sans difficulté[1]. » Mais elle fut si bien soignée par M. de
Mayerne, « un médecin célèbre qui estoit fort son amy », disait-on,
qu'elle recouvra la vue d'un œil, et il paraît qu' « elle se remit à faire
l'amour tout de nouveau[2] ».

Racan se porte hardiment sur les rangs, mais il ne paraît pas
obtenir beaucoup de succès. On en devine bien la cause : il est éloquent
surtout de loin, et c'est du fond de son château de Touraine qu'il envoie
les déclarations les plus ardentes : là dans la solitude il soupire son
amour, et il prend à témoin de sa souffrance les chênes séculaires qui
balancent leurs cimes au-dessus de son manoir :

> 1. Plaisant séjour des âmes affligées,
>   vieilles forêts de trois siècles âgées,
>   qui recelez la nuit, le silence et l'effroi,
>   depuis qu'en ces déserts les amoureux, sans crainte,
>   viennent faire leur plainte,
>   en a-t-on vu quelqu'un plus malheureux que moi?

> 2. Soit que le jour, dissipant les étoiles,
>   force la nuit à retirer ses voiles
>   et peigne l'orient de diverses couleurs,
>   ou que l'ombre du soir, du faîte des montagnes,
>   tombe dans les campagnes,
>   l'on ne me voit jamais que plaindre mes douleurs.....

Voici les dernières de ces strophes vraiment musicales :

> 5. Il faut pourtant, après tant de tempêtes,
>   borner mes vœux à de moindres conquêtes.
>   Je devrais être sage aux dépens du passé;
>   mais ses perfections, ses vertus immortelles
>   et ses beautés sont telles,
>   Que pour être insensible il faut être insensé.

> 6. Son œil divin, dont j'adore la flame,
>   en tous endroits éclaire dans mon ame,
>   comme aux plus chauds climats éclaire le soleil;
>   et si l'injuste sort, aux beautés trop sévère,
>   a fait mourir son frère,
>   c'est que le Ciel voulut qu'il n'eût point de pareil.

---

1. Lettre de Malherbe du 4 décembre 1614, t. III, p. 480.
2. Tallemant, I, 158. C'est lui qui fait l'insinuation vraisemblable contre
Mayerne. Voir sur ce médecin quelques renseignements dans la note de Paulin
Paris, ibid., p. 162, n. x.

Il n'y a qu'un amant, et un amant français, pour savoir chanter avec une impertinence aussi raffinée un visage borgne [1].

> 7. Ainsi Daphnis, empli d'inquiétude,
>   contait sa peine en cette solitude,
>   glorieux d'être esclave en de si beaux liens.
>   Les nymphes des forêts plaignirent son martyre,
>   et l'amoureux Zéphyre
>   arrêta ses soupirs pour entendre les siens [2].

La belle comtesse, si elle avait du goût, dut être charmée en recevant cette élégie. En tout cas Malherbe s'en montra satisfait, et lui trouva de la grâce jusque dans les détails, particulièrement dans la première strophe [3]. C'est Ovide encore, et de plus Virgile dans ses *Bucoliques*, qui ont soutenu cette fois l'inspiration du poète [4].

1. Paulin Paris a copié dans un ms. de la Bibl. Nat. un joli distique latin, plus insolent, qui fait remonter la cécité de la comtesse au temps de sa liaison avec le Roi :

> Cum longas noctes ab Amore Moreta rogaret,
>   favit ei Fatum continuasque dedit.

(Bibl. Nat., suppl. fr. n° 3901, cité dans Tallemant, t. I, 162.)
En un siècle où tous les amoureux faisaient des vers, il s'en fit nécessairement d'autres sur une maîtresse borgne, et parfois de non moins ingénieux que ceux de notre poète. Ainsi dans un *Recueil de diverses poésies* paru chez Cardin Besongne, à Paris, en 1646, nous avons trouvé à la p. 52 un *Sonnet pour une belle femme qui perdit un œil par un caterre* (sic); il se termine ainsi :

> Non, non, quittez, Iris, cette douleur profonde,
> l'autre œil vous reste encore, et vous n'ignorez point
> qu'il n'y saurait avoir qu'un soleil dans le monde.

2. Latour, t. I, p. 164. — Str. 6, voir Lex., ÉCLAIRER.
3. *Mém.* LXXXV.
4. On reconnaît l'imitation d'Ovide, que La Harpe signale pour la première strophe, et celle des *Bucoliques* de Virgile, qui apparaît, par exemple, à la deuxième :

> Soit que l'ombre du soir, du faîte des montagnes
>   tombe dans les campagnes.

> (Majoresque cadunt altis de montibus umbræ. Egl. I.

et autres vers poétiques sur l'ombre du soir.)
Dans le vers de la fin sur Daphnis :

> Les nymphes des forêts plaignent son martyre,

n'y a-t-il pas un souvenir de l'

> Extinctum Nymphæ crudeli funere Daphnim
> flebant. (Egl. v)?

La Harpe place cette ode parmi les meilleurs vers de Racan; il la trouve « en général... d'un ton intéressant et d'un rythme bien choisi ». *Lycée*, IV, 94. Il relève pourtant au quatrième vers « une expression équivoque... *les amoureux sans crainte* : *sans crainte* se rapporte, dit-il, à *viennent faire leur plainte*, et paraît à l'oreille se rapporter d'abord à *amoureux* ».

Décidément il avait bien raison, Daphnis, de faire sa cour à distance; lorsqu'il était en présence de celle qu'il aimait, avec sa gaucherie native il restait là immobile, sans pouvoir dire un mot; il perdait contenance, et, s'il se contraignait à parler, il n'émettait que quelques bégaiements humiliants.

Une fois, toujours de la Touraine, il s'excuse spirituellement de ses silences embarrassés, qu'il met tour à tour sur le compte du respect, de la violence de la passion, ou de la discrétion. C'est l'ode :

> Bien que je brûle incessamment
> d'une ardeur qui ne peut s'éteindre,

dont les strophes de dix vers se succèdent assez prosaïques par elles-mêmes, mais formant régulièrement « voûte », selon l'expression imagée de Sainte-Beuve. Elle se termine ainsi :

> Ces bois si doux à mes ennuis,
> ces vallons amis du silence
> savent de quelle violence
> je me plains les jours et les nuits.....
> Et si bientôt *le long usage*
> *ne vous fait voir dans mon visage*
> comme je meurs pour les appas
> dont les Grâces vous ont pourvue,
> je croirai que *vous n'avez pas*
> *encore recouvré la vue* [1].

Lorsqu'à la fin de l'automne Racan gagne Paris, il retrouve sa Cloris; il bégaie encore, et il rime encore. Une fois, hélas! il n'y a pas un mois qu'il jouit de sa chère présence quand les médecins (M. de Mayerne apparemment) ordonnent à Mme de Moret de passer l'hiver dans le Midi; alors pendant la nuit

> Daphnis, en tous endroits où sa rage le porte,
> accablé sous le faix de son ennui secret,
> au Ciel, qui ne l'oit pas, se plaint en cette sorte :
> . . . .
> « Elle s'en va cette inhumaine,
> sans avoir pitié de la peine
> dont j'ai le cœur atteint;
> et, sans vouloir attendre un temps plus agréable,
> elle met en hiver les roses de son teint
> à la merci du froid, aux fleurs impitoyable [2].
> . . . .

Toute l'ode est sur ce ton de tendresse élégante.

1. Latour, t. I, p. 173.
2. Latour, t. I, p. 174.

Au moment même du départ, à son habitude il ne trouve rien à lui dire, et il est obligé de lui faire passer un billet pour lui expliquer que le silence est sa manière de parler :

> C'est parler inutilement
> de vous dire à ce partement
> de mon regret la violence :
> mon visage triste et changé
> vous dit *pour moi que le silence*
> est *le parler d'un affligé* [1].

C'en est fait, elle est partie, et Paris et la cour et la nature elle-même n'ont plus de charme, le printemps et la joie ne reverdiront plus, et par les mornes journées d'hiver Daphnis va gémir au long de la Seine, dans les coins écartés des jardins du Louvre où coulent les sources solitaires :

> Pour la dernière fois,
> Nymphes de ces fontaines,
> oyez ma triste voix,
> prenez part à mes peines :
> celle qui nous rendait ce rivage si doux
> à jamais s'éloigne de nous.
>
> Si quelque sentiment
> touche votre pensée
> de voir en un moment
> tant de gloire effacée,
> arrachez de vos bords la verdure et les fleurs,
> et joignez vos pleurs à mes pleurs.
>   etc. [2]....

Ce rythme alerte ne peint plus la rêverie paresseuse, mais plutôt les fiévreux battements du cœur de l'amoureux.

Cloris revint cependant à la cour, et son amant continua de la poursuivre de ses odes et de ses attentions : tantôt elle le console par un mot bienveillant, alors il exulte et il rime, un peu trop tôt peut-être, dans un rythme haletant, ce que les contemporains appellent une *jouissance* :

---

1. P. 227. Epigramme. Sur le mot *partement* pour *départ*, voir Lexique.

2. Latour, t. I, p. 186. Cette pièce est certainement une des premières où Racan emploie le sixain, car il le fait encore, comme Malherbe, sans pause après le 3ᵉ vers. Sur le rythme, voir le *Tableau de la versification*, Pièce just. nº 50. — Les vers 3 et 4 de la dernière stance citée auraient-ils inspiré le beau vers de Don Diègue :

   OEuvre de tant de jours en un jour effacée ! *Cid*, I, 4, v. 246 ?

La dernière stance de la pièce contient un des plus étonnants exemples qu'on puisse voir du mauvais goût de l'époque.

. . . .
Les ris suivent les pleurs ;
des épines viennent les fleurs,
mes peines passées
sont récompensées,
et l'excès des plaisirs
m'ôte l'usage des désirs [1].

Tantôt il est abattu :

. . . .
Depuis que vous tenez ma franchise asservie,
je n'ai fait jour et nuit que plaindre et soupirer,
et semble que jamais je ne doive espérer
la fin de mon tourment qu'en la fin de ma vie [2].

Le voile de religion dont la comtesse vient de couvrir ses charmes
l'idéalise aux yeux de Racan, et il mélange par un badinage assez indé-
cent, mais qui n'étonnait point alors, sa foi et son amour [3].

A son confesseur, qui lui a fait une sainte défense « d'être toujours
à l'amour attaché », il répond :

... J'avais juré devant le grand autel
de n'adorer jamais rien de mortel
le dernier jour que je fus à confesse.
Au nom de Dieu, Père, pardonnez-moi :
puisqu'aujourd'hui je sers une déesse,
je ne crois pas avoir faussé ma foi [4].

La Semaine Sainte arrive, et il chante ainsi les divers sentiments
qui l'animent :

Durant ces jours de pleurs que mon Dieu me convie
de noyer dans son sang mon désir insensé,
le juste repentir de l'avoir offensé
me devrait amender le reste de ma vie.
. . . .
En ces divers remords dont je suis combattu,
que ferais-je, Seigneur, pour apaiser ton ire,
si même je t'offense en aimant la vertu [5] ?

1. P. 188. « Stances. » — Encore des stances de six vers, sans pause au 3ᵉ vers.
C'est une nouvelle preuve que ces deux poésies, qui se suivent dans le *Recueil*
de 1620, appartiennent à la même époque. Racan ne composa ainsi que 4 pièces.
Son instinct musical le fit bientôt se rendre à la pause. Voir la Pièce just. 50.
2. P. 208. « Sonnet. » Sur l'emploi de *plaindre* dans ce sonnet, et plus haut à
la p. 100, voir Lexique. — *Et semble* voir Lex., IL, II.
3. Ce mélange se trouve même chez les abbés poètes, V. *Œuvre du cardinal*
Duperron.
4. Latour, t. I, p. 209. 2ᵉ Sonnet.
5. *Ibid.,* 1ᵉʳ Sonnet.

La vertu de la Moret! en vérité avait-elle assez bien joué la comédie!

Somme toute, l'adorateur ne se fait pas d'illusion sur la témérité de l'entreprise, mais pour une fois sa faible volonté est comme piquée par l'obstacle, et il court à la conquête de Cloris avec une ardente fierté. Nous détachons quelques vers d'une dernière ode toute vigoureuse qu'elle lui inspire.

. . . .
```
5.  Henri, de qui le nom fut plus grand que la terre,
        et de qui le tonnerre
    a fait taire les vents de nos séditions,
    s'estimait honoré d'une gloire plus belle
        d'être vaincu par elle
    que d'être le vainqueur de tant de nations.

6.  Au moins, si sa rigueur rend ma plaie incurable,
        ma mort est honorable,
    puisque je suis blessé par de si belles mains;
    et j'ai ce réconfort, en souffrant tant de peines,
        d'avoir porté les chaines
    qui soulaient enchainer le premier des humains.

7.  En l'excessive ardeur de ma persévérance,
        d'une belle espérance
    l'Amour essaie en vain de consoler mes pleurs;
    mais ne sait-on pas bien qu'il a cette coutume
        de sucrer l'amertume,
    et que tous ses filets sont tendus sous des fleurs?
```
. . . .
```
10.  Je sais combien d'orage et combien de tempête
         sa cruauté m'apprête,
     et combien mon dessein sera laborieux;
     mais aux braves efforts d'un courage invincible
         il n'est rien d'impossible :
     les pénibles conseils sont les plus glorieux [1].
```

Jamais le poète ne dépassera la virilité de ces derniers accents; n'annoncent-ils pas vraiment quelques vers du *Cid*, qu'ils semblent avoir inspirés [2]?

Daphnis était dans ces dispositions énergiques lorsque le marquis

---

1. Latour, t. I, p. 178. Les divers éditeurs n'ont pas pris garde qu'ils publiaient deux fois la fin de cette ode, à savoir les quatre dernières strophes depuis : « En l'excessive ardeur de ma persévérance... » Tout en la donnant en entier, Coustelier en publie séparément la fin (t. II, p. 163). Tenant de Latour répète cette erreur (I, p. 168). Nous ne voyons pas ce qui a pu tromper Coustelier, car l'ode ne se trouve pas à cet état tronqué, dans les éditions originales de Racan.

2.   A qui venge son père il n'est rien impossible.
       ... A vaincre sans péril, on triomphe sans gloire, etc. (Acte II, sc. 2).

Corneille est plus resserré, mais il faut savoir gré à Racan, encore si près du 16e siècle par les dates, d'avoir déjà autant de nerf.

de Vardes, doué sans doute d'une plus grande facilité d'élocution, et de plus d'expérience, se fit agréer de Cloris, l'épousa et avec elle la pension royale et le comté de Moret (1617) [1]. Le roman était coupé.

Dans cette première partie de sa carrière poétique, on le voit, Racan était surtout à l'école des Latins, d'Ovide qu'il aimait pour sa mollesse gracieuse et abandonnée, d'Horace qui le charmait par sa philosophie élégante et fine. Il s'inspira d'eux avec bonheur, et il reprit la lyre épicurienne et élégiaque qui depuis la Pléiade n'avait fait entendre que quelques sons harmonieux avec Bertaut et Desportes. Il avait en lui de la facilité, de la tendresse, de l'élégance et de l'esprit. Malherbe lui avait appris la fermeté et la concision de la pensée, la correction et la logique, la sobriété du détail, et ainsi se révélait vers l'année 1615 un charmant chantre d'amour, comme si l'un des plus tendres poètes de la Pléiade était revenu au monde, avec plus de discipline et plus de goût [2].

Mais dans la réalité Racan n'était pas plus heureux en amour qu'en guerre. Le sort de l'amant comme celui de l'enseigne semblait être de manquer et d'attendre. Les déceptions de cœur s'ajoutent aux déceptions militaires, et une tristesse tempérée par l'insouciance, une mélancolie douce commence à s'emparer de l'âme du jeune homme.

---

1. Sur le marquis, voir Tallemant, I, 158, et la note xi de Paulin Paris, à la p. 162.

2. Par malheur Racan sacrifie largement, moins que beaucoup de ses contemporains, mais plus que Malherbe, à la manie des fausses pointes et au jargon amoureux de l'époque. On a pu en remarquer quelques exemples dans les citations; nous signalons encore dans l'édition Latour, p. 168, la fin de l'ode, car hélas! ces badinages sont trouvés si aimables par l'auteur et par ses contemporains qu'on les met à la place d'honneur, à la fin : parfois toute la pièce semble presque faite pour cette pointe finale. — Celle qui a le prix dans Racan, c'est la fin ridicule des jolies stances de Daphnis aux fontaines (Latour, p. 188) :

> Un feu si véhément
> avait épris son ame
> que de l'embrasement
> qui provint de sa flâme,
> comme dans le Scamandre, on vit dans ces ruisseaux
> flamber les joncs et les roseaux.

En disant que Racan reprend l'élégie, nous employons le mot dans le sens général de poésie d'amour triste, et non dans celui de pièce en vers suivis, que lui donnait Malherbe (Anecdotes inédites, p. 42). En 1610 on appelle encore élégies des pièces que nous traiterions d'épîtres; voir les Œuvres de Théophile.

M. Allais (ch. vii) montre l'élégie tombée dans la galanterie froide de 1585 à 1600. Il en fut de même dans les dix années qui suivirent, nous comptons pour rien les mille petites pièces banales rimées à ce moment par les amoureux de Cour.

CHAPITRE VII

Guerre, Politique, Argent.

1615-1620

I. — **Guerre et Politique.** — La deuxième guerre civile. Campagne de 1615 : Racan à la Cornette blanche. Trois mois à Tours en 1616 : Racan à la chasse. — Satisfaction générale : *la Chanson de Bergers à Marie de Médicis*. — *L'Ode au Roi* : Racan poète lyrique. Racan et Malherbe.

Arrestation de Condé. — Expulsion de René de Bueil de la ville de Sancerre. — Assassinat de Concini, 1617 : mot de Malherbe; l'exécution de la maréchale d'Ancre. Réflexions de Racan.

Alerte aux Alpes. — La cour à Tours en 1619. — 1620 : Guerre de la Mère et du Fils. Combat des Ponts-de-Cé. — *Scène de bivouac*. Gaieté et découragement.

II. — **Argent.** — Vente aux Lavardin de la baronnie de Longaulnay. Racan et Mme de Sévigné à Malicorne.

La Cour à Tours en 1619 : gêne de Racan. Il vend ses vers.

L'hommage féodal au prévôt d'Oé. — Vers à M. Roger.

Conclusion.

Nous avons vu le commencement de la jeunesse de Racan attristé par des déceptions. Les années suivantes, celles qui vont de 1615 à 1620, accorderont-elles à notre jeune gentilhomme la compensation que la vie semble lui devoir? L'enseigne va-t-il pouvoir exercer dans une guerre glorieuse son ardeur militaire si longtemps contenue? et la mélancolie qui pointe en son âme cédera-t-elle à la joie de pouvoir vivre enfin selon ses goûts?

I

Au mois d'avril 1615, les princes, ayant Condé à leur tête, allumaient la seconde guerre civile.

La reine Marie de Médicis paya d'audace. Elle avait préparé dès longtemps le mariage de son fils avec l'infante espagnole Anne d'Autri-

che et celui de sa fille Élisabeth avec l'héritier du trône d'Espagne ;
elle résolut d'affronter l'hostilité des princes et de s'avancer solennellement avec le jeune roi et la cour jusqu'aux Pyrénées pour faire
l'échange des deux princesses.

On équipa deux armées qui devaient, l'une protéger Paris, l'autre,
sous les ordres du duc d'Epernon, couvrir la marche royale : Racan
servit dans l'armée d'escorte, non plus à la tête des carabins comme
en 1614, mais sous la Cornette blanche, ainsi que nous l'apprend la
Notice manuscrite de Conrart [1].

La Cornette blanche était un corps d'élite, commandé par le roi
en personne et composé de noblesse, officiers de la couronne, vieux
capitaines qui n'avaient pas leur compagnie dans l'armée, jeunes gentilshommes volontaires comme notre enseigne, etc..., tous équipés en
gens d'armes avec l'armure féodale complète. C'est la garde d'honneur
du roi. Elle tire son nom du pennon royal d'étoffe blanche que le
porte-cornette vient chercher chaque matin dans la ruelle du lit de
Sa Majesté, et qu'il doit, mort ou vif, conserver sur le champ de
bataille, parce que c'est le centre du ralliement et le signe éclatant à
tous les regards de la présence et de la fortune du prince [2].

C'est donc au vrai cœur de l'armée, au centre de la noblesse, aux
côtés de son roi que Racan va faire cette campagne et celles qui sui-
vront, et il nous faudra désormais chercher à l'ombre de la cornette
blanche le croissant d'argent de son écu d'azur.

Le singulier cortège nuptial, parti de Paris le 17 août 1615, arriva
à Bordeaux le 7 octobre. On échangea les princesses à la Bidassoa, et,
après de magnifiques fêtes, le jeune couple royal se remit en route par

---

1. « Depuis il a presque toujours suivi les armées sous la cornette blanche,
durant les guerres civiles des Princes et de la Religion... » V. plus loin, Pièce
just. 48.

2. Nous tirons ces détails peu connus, croyons-nous, d'une longue et intéressante dissertation du P. Daniel sur la Cornette blanche (*Histoire de la Milice française*, t. I, l. VI, ch. X). On y voudrait plus de clarté encore. — Outre cette cornette
blanche royale, il y avait une cornette blanche de la cavalerie légère. Mais quand
on parlait en général de « la cornette blanche », comme fait Conrart au sujet de
Racan, il s'agissait ordinairement de celle du roi. D'ailleurs Racan avait droit par
sa naissance à ce poste honorable.

Le porte-cornette blanche avait à ce moment 7200 livres d'appointements par
an, plus une pension de 3000 livres. La charge était héréditaire dans la famille
de Rodes, à cause d'un fameux exploit qui aurait été accompli par un seigneur
de cette maison au moyen âge, selon l'*État de France* de 1661 : Daniel conteste le
fait. Quoi qu'il en soit, le porte-cornette était alors Guillaume Pot de Rodes,
l'ancien cornette de Henri IV, qui mourut en 1616. C'est entre ses mains que Racan
s'enrôla, et c'est à lui qu'il demanda, en cas de besoin, des certificats pour ne pas
être inquiété au retour dans ses immunités fiscales par les juges de sa province.

On peut voir à la page 504 du P. Daniel une image de la petite cornette blanche.

un rude hiver : il était protégé par les deux armées qui s'étaient
rejointes sous le commandement en chef du duc de Guise, celui que
Racan venait d'appeler dans ses vers

> L'heur de la paix et la foudre des armes [1].

Bientôt le roi permit aux princes de se réunir à Loudun pour
traiter, et il attendit à Tours pendant trois mois l'issue de la conférence, février à mai 1616.

C'était pour notre jeune gentilhomme une bonne aubaine que de
séjourner ainsi dans son pays, à quelques lieues de ses terres et de son
château. Il fit les honneurs de la région aux plus hauts seigneurs de la
cour, et il les emmena plus d'une fois à la chasse. C'était, à vrai dire,
un compagnon plus obligeant que brillant, et il arrivait même qu'on
pouvait marcher toute une journée à ses côtes et oublier complètement
sa présence. A Tours, le généralissime, M. de Guise, qui était d'ailleurs
lui-même assez distrait, lui dit un jour : « Allons à la chasse. » Il y
fut et toujours auprès du duc ; le lendemain M. de Guise lui dit : « Vous
avez bien fait de n'y point venir, nos chiens n'ont rien fait qui vaille. »
Voyant cela, Racan se crotta une autre fois tout exprès, et fit semblant
d'avoir été à la chasse avec lui : « Ah ! vous avez bien fait, lui dit
M. de Guise ; aujourd'hui nous avons eu bien du plaisir. » Racan aima
toute sa vie à conter ces traits de la distraction de M. de Guise, tout
comme on contait les siens : il ne s'apercevait pas, dans sa candeur,
qu'ils prouvent à la fois deux choses, et que le duc de Guise manquait
d'attention à la chasse et que lui-même y manquait d'entrain [2].

La paix ayant été enfin conclue, la cour quitta la Touraine et
rentra à Paris le 16 mai 1616, au milieu des acclamations enthousiastes
des bourgeois de la ville, ravis de la grâce de leur petite reine [3]. Deux
mois après, le prince de Condé y faisait aussi son entrée triomphale :
il y avait plus d'un an que la Cour n'était au complet.

Il se produisit en France, à ce moment, vers le mois de juillet 1616,
un grand épanouissement de sécurité et d'allégresse : on respirait enfin.
Ce long voyage qui avait excité tant de critiques d'une part et d'appré-

---

1. Sonnet sur la mort du chevalier de Guise (Latour, I, 211).
   L'attention a été récemment attirée de nouveau sur les fêtes données alors à
Bordeaux, par la publication, due à M. Tamizey de Larroque, d'une relation contemporaine, *Une fête bordelaise en 1615*, Bordeaux, Imprimerie nouvelle, A. Bel-
lier, 1892, vii, — 8 pages.
2. Tallemant, II, 362, n. 1.
3. Voir une brillante description de cette entrée, qui se fit par Bourg-la-Reine,
dans le *Mercure françois* de 1616, p. 84.

hensions de l'autre était heureusement terminé. Pour la seconde fois, la guerre civile qui avait divisé en deux le royaume, était éteinte. Le gouvernement semblait sortir des longs embarras où il se débattait depuis la mort de Henri IV : la régente avait mené à bien sa grande entreprise, le jeune roi touchait à l'âge de régner par lui-même, et la petite reine espagnole, assez impopulaire de loin, venait, comme cela arrive chez nous, de traverser tout le royaume, portée par l'enthousiasme national. La France se prenait vraiment à sourire pour la première fois depuis son malheur [1].

Racan se fait alors l'écho du sentiment public qu'il a éprouvé de près en traversant le pays à la suite du cortège nuptial, et il adresse avec délicatesse félicitations, vœux et louanges aux trois personnes royales, à la régente et au jeune couple qui font en ce moment les délices de la France.

Nous avions vu jusqu'ici notre jeune poète chanter les sentiments personnels dont il était animé et soupirer ses amours. Le voici maintenant qui se rapproche de Malherbe en élevant son émotion à un plus haut degré de généralité, et en s'essayant au rôle difficile de porte-parole de son pays. Nous avons prêté l'oreille à l'amoureux, nous allons entendre le sujet ou plutôt le citoyen célébrer la fin des guerres civiles. Il est assurément très malaisé d'établir une hiérarchie parmi les genres poétiques, néanmoins celle-là semble bien être une des plus nobles missions du poète, qui consiste à tresser une couronne faite des sentiments de tout un peuple.

D'abord, en l'honneur de Marie de Médicis Racan fait chanter des bergers, qui exhortent gracieusement leurs brebis à paître, dans la sécurité et dans la joie. La pièce est agréable par son mélange de fermeté et de fraîcheur. Quelques couplets permettront d'en juger :

> 1. Paissez, chères brebis ; jouissez de la joie
>   que le ciel nous envoie.
> A la fin sa clémence a pitié de nos pleurs.
> Allez dans la campagne, allez dans la prairie ;
>   n'épargnez point les fleurs :
> il en revient assez sous les pas de Marie.
> . . . .
> 3. Nous ne reverrons plus nos campagnes désertes,
>   au lieu d'épis, couvertes

1. On peut noter un avant-goût de ce sentiment de joie, dès avant le départ pour Bordeaux, dans la *Description du ballet de Madame, sœur ainée du Roi*, 1615, p. 3. — Lire, au dernier chapitre de l'ouvrage de M. Perrens, *Les Mariages espagnols sous le règne d'Henri IV et la Régence de Marie de Médicis*, l'analyse de toute la littérature en prose (pamphlets ou apologies) suggérée par ces mariages.

de tant de bataillons l'un à l'autre opposés ;
l'innocence et la paix règneront sur la terre,
            et les dieux apaisés
oublieront pour jamais l'usage du tonnerre.

. . . .

5. Son bonheur nous rendra la terre aussi féconde
            qu'en l'enfance du monde,
à l'heure que le Ciel en était amoureux,
et jouirons d'un âge ourdi d'or et de soie,
            où les plus malheureux
ne verseront jamais que des larmes de joie.

. . . .

7. En nos tranquillités aucune violence
            n'interrompt le silence ;
nos troubles pour jamais sont par elle amortis :
depuis les premiers flots de Garonne et de Loire
            jusqu'à ceux de Thétis,
on n'entend autre bruit que celui de sa gloire.

8. La Nymphe de la Seine incessamment révère
            cette grande bergère
qui chasse de ces bords tout sujet de souci,
et, pour jouir longtemps de l'heureuse fortune
            que l'on possède ici,
porte plus lentement son tribut à Neptune.

Paissez donc, mes brebis, prenez part aux délices
            dont les destins propices
par un si beau remède ont guéri nos douleurs.
Allez dans la campagne, allez dans la prairie ;
            n'épargnez point les fleurs :
il en revient assez sous les pas de Marie [1].

On sent dans ces vers quelque influence de la pièce analogue
que Malherbe avait composée l'année précédente pour le ballet
du 19 mars 1615, avant le départ pour Bordeaux :

Houlette de Louis, houlette de Marie,
dont le fatal appui met notre bergerie
        hors du pouvoir des loups [2].....

Le vent soufflait à la pastorale.

De part et d'autre nous avons une chanson de bergers en l'honneur de « Marie », un salut à la fin des guerres civiles et à l'abondance
renaissante. C'est aussi, à peu de chose près, le même sixain d'harmonie
savante, et même un couplet de Malherbe est rappelé par celui de

1. Latour, I, p. 10. — Sur l'ellipse du pronom *nous* au 3ᵉ couplet cité (*et joui-*
rons), V. Lex., Jᴇ, ɪ.
2. I, 228.

Racan, qui contient la périphrase géographique pour désigner toute la France. Mais il ne nous semble guère possible de ne pas trouver chez Racan plus de facilité et de simplicité, un ton plus pastoral. C'est comme un doux prélude des *Bergeries* [1].

C'est ainsi que grâce à l'ode de bienvenue composée par Malherbe en 1600, à la chanson de Racan de 1615, et aussi aux peintures de Rubens de 1620, la reine florentine nous apparaît, en dépit des sévérités de l'histoire, entourée par l'art d'une triple et gracieuse auréole.

Pour célébrer Louis XIII et Anne d'Autriche Racan osa davantage.
Il avait placé les louanges de la Reine mère dans un cadre aimable et pastoral. Rompant à présent avec tout ce qui est élégiaque ou bucolique, il se rapproche plus hardiment de son maître, il adjure les Muses

> *qui* jadis aux rives de Loire
> *ont* récité l'histoire
> de *ses* incurables douleurs
> *de* quitter cette inutile peine....,

et il leur demande à présent que sa lyre

> aux deux bouts du monde aille dire
> des chansons dignes de *son* Roi.

Prenant en main la grande strophe lyrique, dont Malherbe s'est servi, il y a quinze ans, pour fêter le mariage de Marie de Médicis, il chante à son tour le nouveau couple royal, Louis victorieux à la fleur de l'âge et la jeune Anne qui semble, dit-il, ramener l'âge d'or dans les boucles de ses cheveux; à la fin quand il lève les yeux vers Henri le Grand glorieux au ciel, et surtout lorsqu'il lance le jeune prince à la guerre sainte, à la croisade contre les Turcs, qui hante depuis longtemps l'imagination de tous les poètes, sa muse est emportée par un élan vraiment lyrique [2]. Voilà le trophée qu'il rapporte de son

---

1. Les deux couplets qui se ressemblent sont le 5e de Malherbe et le 7e de Racan. — Racan a emprunté le sixain de Malherbe avec une légère différence : 1° il a mis le premier vers de six pieds à la deuxième place au lieu de la troisième, 2° il a terminé le dernier vers par une rime féminine. Il en résulte une petite irrégularité par le rapprochement de deux rimes féminines différentes (la 1re du couplet avec la dernière du couplet précédent). Sur ce rapprochement, voir *Anecdotes inédites*, p. 85; Souriau, *Vers français*, p. 98.
Nous ne pensons pas que cette chanson de bergers de Racan ait été faite en même temps que celle de Malherbe pour le ballet de mars 1615, car il n'en est pas question dans la *Description du ballet de Madame, sœur aînée du Roi*, Lyon, 1615.
2. La croisade contre les Turcs et contre les musulmans d'Afrique est un des lieux communs de la poésie lyrique à la fin du 16e et au commencement du 17e siècle : stances de Jean Godard en 1591; ode de Malherbe sur la prise de

expédition de 1615 : l'enseigne de la Cornette blanche n'a pas tiré l'épée,
le poète prend sa revanche en sonnant de toute son âme la trompette
royale. Qu'on écoute plutôt les principales strophes de cette pièce :

3. ... Dès son printemps, chacun s'étonne
de la sagesse de ses mœurs,
et juge qu'avant son automne
il produira des fruits tout meurs.
Fit-il pas voir à ces armées,
d'injuste colère animées,
que rien ne pouvait l'empêcher
de leur faire mordre la poudre,
et qu'il a su jeter la foudre
aussitôt qu'il a su marcher ?

4. Déjà la discorde enragée
sortait des gouffres de l'enfer,
déjà la France ravagée
revoyait le siècle de fer,
et déjà toutes les Furies,
renouvelant leurs barbaries,
rendaient les Vices triomphants
par une impiété si noire
que la Nuit même n'eût pu croire
avoir produit de tels enfants.

5. Toutefois, nos rages civiles
ont trompé l'espoir des méchants :
la Paix rend la pompe en nos villes
et l'abondance dans nos champs ;
et maintenant qu'en assurance
il conduit la nef de la France,
et que les plaisirs ont leur tour,
ses yeux, qui pour venger nos larmes
s'armaient d'éclairs, dans les alarmes,
sont armés d'attraits pour l'amour.

6. Cette belle nymphe du Tage,
pour qui nous fîmes tant de vœux,
tient ce miracle de cet âge
dans les chaînes de ses cheveux.
Les Grâces, dont elle est suivie,
la font admirer de l'Envie ;
tous les mortels sont éblouis
d'y voir tant de flammes paraître.
Aussi les Dieux l'avaient fait naître
pour Jupiter ou pour Louis.
. . . .

Marseille (dernière strophe) vers l'année 1600 ; stances sur Henri IV, de P. L. s. D. P.
et stances de A. de Vermeil en 1599 (citées par Allais, 296, 297, 349, 351) ; en 1601
pièce de Bertaut sur la naissance de Mgr le Dauphin, *Œuvres*, p. 55 ; Malherbe,
I, 92, 1re strophe, en décembre 1606 ; vers de Bordier et de Durand au ballet de 1615
(*Description du ballet de Madame, sœur du roi*, p. 13 et 18).

8. Ce grand Henri, dont la mémoire
    a triomphé du monument,
    est maintenant comblé de gloire
    sur les voûtes du firmament.
    La nuit pour lui n'a plus de voiles,
    il marche dessus les étoiles,
    il boit dans la coupe des dieux,
    et voit sous ses pieds les tempêtes
    venger sur nos coupables têtes
    la juste colère des Cieux.

9. Mais quoi que ce Roi considère
    de tout ce qu'il voit aux deux bouts
    de l'un et de l'autre hémisphère,
    il ne voit rien d'égal à vous.
    Aussi, combien qu'après sa vie
    son âme, d'honneur assouvie,
    possède ce bonheur entier
    qu'à ses vertus le Ciel octroie,
    il n'a point de si grande joie
    que d'avoir un tel héritier.

10. Il voit dans les choses futures,
    qui sont présentes à ses yeux,
    les glorieuses aventures
    de vos exploits laborieux;
    il voit déjà les citadelles
    que défendent les infidelles
    cacher sous l'herbe leur sommet,
    et dans Byzance reconquise
    les fleurs de lis venger l'Église
    des blasphèmes de Mahomet.

11. O que lors, dans ses deux rivages,
    le Nil oira nos combatans
    faire jour et nuit de ravages
    dans les provinces des sultans!
    Que Bizerte dans ses murailles
    verra faire de funérailles,
    et que de peuples déconfis
    pleureront leurs maisons superbes
    quand l'on moissonnera les gerbes
    sur les ruines de Memphis [1]!

Voilà deux strophes dont le mouvement, le son et la couleur ont
été rarement dépassés dans notre langue. Il faut aller jusqu'aux *Orientales* pour trouver mieux, je veux dire plus de vitesse encore, plus de
musique et plus d'éclat, je ne dis pas plus de goût [2].

1. Latour, I, p. 6.
2. Dans la 1re strophe, on verra que Racan, dont la science mythologique est
assez courte, confond les Nymphes et les Muses : nous en retrouverons d'autres
exemples. — Sur le 1er vers : *victorieuses* des années, v. *Lexique*. — Il est probable

RACAN.

Dans cet épithalame d'Anne d'Autriche Racan imitait encore
Malherbe, qui en avait jadis composé un pour Marie de Médicis :

> Peuples, qu'on mette sur la tête
> tout ce que la terre a de fleurs.... [1].

Il emprunte avec raison à son maître, qui l'a définitivement constitué,
ce beau rythme emporté des dizains octosyllabes avec cet arrêt de
la fin du 4e vers, d'où la pensée poétique, un instant reposée, s'élance
avec une hardiesse sonore en un superbe jet prolongé. Il reprend
naturellement aussi quelques-unes des idées, voire même des mots de
Malherbe. Les deux pièces se ressemblent donc par la forme métrique,
par les principales pensées, par une certaine manière commune de
considérer les choses. Mais comme l'ode de Racan est plus claire, plus
concise, mieux affranchie de longueurs et de conventions mythologiques, plus animée par la fiction, grâce à l'apothéose de Henri IV, plus
délicate dans sa grâce discrète à l'égard de la jeune mariée, mieux
suivie enfin dans son plan : fin des guerres civiles, prospérité du
royaume, conquêtes prochaines, c'est-à-dire le triste passé, l'heureux
présent, le glorieux avenir [2]!

Nous regrettons presque d'être obligé, à deux reprises aussi
rapprochées, de mettre Racan au-dessus de Malherbe : cette préférence
pourra sembler de la partialité. Nous ne pensons point mériter ce
reproche, et nous avons confiance que tout juge indépendant estimera
comme nous que dans ce genre difficile de l'épithalame il reste au

---

qu'au milieu de l'année 1615, le poète pensait encore à la comtesse de Moret, qui
ne se maria qu'en 1617 (voir notre chap. VI), et pas encore à Mme de Termes, comme
le croit Tenant de Latour (p. 6, n. 1). — Str. 3. Allusions aux récentes campagnes
de 1614 et de 1615, où le petit roi, âgé de douze et de treize ans, était à la tête de
son armée. — Str. 8. *Monument*, V. Lex. — Str. 11. *Oira*, V. Lex.

1. Malherbe, I, 44.

2. Voir l'intéressante analyse du rythme employé dans cette ode, par M. Allais,
à propos de l'ode de Malherbe sur Marie de Médicis (393-98). Il fut adopté à cette
époque pour célébrer les grands événements publics, par exemple la prise de la
Rochelle; voir le *Parnasse royal* de 1635. Racan eut bien raison de résister à Malherbe, quand il voulut imposer une seconde pause après le 7e vers (*Mém.* LXXXIV).
Voici la liste des imitations particulières de Racan : il a repris la cessation
« des *rages civiles* qui ramène la beauté dans les *villes* » (5e str.), Malh., p. 49,
v. 91 et s.; l'annonce des conquêtes du jeune roi par les oracles (str. 2, v. 5 et 6),
Malh., v. 105 et 106; le tableau exclamatif des destructions futures (dern. str.),
Malh., v. 111 et s. (Ménage relève cette dernière imitation, p. 367); l'antithèse,
comme les aimait le vieux poète, de l'herbe qui couvrira les grandes villes (2 dern.
strophes), Malh., v. 229, 230, etc.
Comparer leurs vers respectifs sur les jeunes reines, R. 6e str., Malh. v. 24,
150 et s., etc..... Faut-il s'étonner que le *Père Luxure* se soit montré moins que
discret en célébrant les charmes de la fiancée du roi débauché?

maître le mérite considérable d'avoir servi de modèle, mais que la palme revient au disciple, qui montre en définitive plus d'inspiration [1].

Le poète élégiaque se révélait du premier coup *poète lyrique*, et en ce genre il ne dépassera jamais son coup d'essai.

Donc, à en croire Racan, interprète de la France, la paix et le repos sont revenus avec Anne d'Autriche... Naïve illusion de peuple, touchant rêve de poète!

A peine rentré à Paris, Condé y entretient une sourde agitation contre le ministre florentin, la reine mère et peut-être le roi.

Quelle ne dut pas être la stupéfaction de notre gentilhomme, qui n'avait été mis au courant de rien, qui ne s'était aperçu de rien, lorsqu'en arrivant au Louvre le 1er septembre 1616 il apprit que Condé venait d'être arrêté! Singulier renversement de la fortune, le premier prince du sang, la terreur de la reine et des ministres, l'idole de Paris jeté à la Bastille pour plusieurs années!

Ce coup d'état eut son retentissement dans la province : à Sancerre entre autres, les réformés indignés jetèrent à la porte de leur ville René de Marans, le fils aîné de leur seigneur catholique Jean VII de Bueil [2]. En voyant les Sancerrois chasser son cousin, Racan ne manqua pas de se souvenir des récits que son père lui avait faits de sa propre expulsion de Sancerre, il évoqua aussi la grande ombre de son malheureux oncle Honorat, assassiné par les Ligueurs de Saint-Malo [3], et il conclut apparemment que depuis cinquante ans les Bueil n'avaient pas la main heureuse dans le gouvernement des villes soit protestantes, soit catholiques ; cependant il ne savait se défendre d'un secret dépit de ne pas recevoir lui aussi quelque faveur royale, et d'en être réduit au titre honorifique de gouverneur du Croisic, qui lui avait été laissé après la mort de son père, pauvre reste de l'immense pouvoir que les Bueil du 16 siècle avaient détenu en Bretagne.

L'arrestation de Condé fut le signal de la 3e guerre civile. Mais le Roi ne partant pas lui-même, Racan demeura avec lui à la cour.

Pendant que trois armées tenaient la campagne contre les princes, un événement incroyable vint bouleverser la situation politique : le

1. Voir une étude très complète de l'ode de Malherbe et sa comparaison avec le poème de Bertaut, au dernier chapitre de la thèse de M. Allais, *Malherbe*.
2. *Mercure françois*, 1616, p. 253. — V. plus haut le Tableau généalogique, avant le ch. i.
3. Les Bueil ne semblent pas avoir été heureux dans le choix de leurs agents à Sancerre : Louis de Bueil avait Cap d'Aillet qui lui porta malheur, et le capitaine du comte de Marans, Vaugour, s'était fait détester des habitants.

24 avril 1617 au matin, à l'instigation de son fauconnier de Luynes, le jeune roi faisait assassiner lâchement le maréchal d'Ancre dans la cour du Louvre. Marie de Médicis disgraciée était tenue prisonnière dans son appartement, et bientôt le peuple en furie, déterrant le cadavre de l'illustre victime, le déchirait en morceaux.

Ainsi, des deux plus puissants personnages du royaume, Condé et Concini, Racan voyait l'un en prison, l'autre tué. Après le coup d'état l'assassinat politique, et toujours la lâcheté générale. Il assistait au revirement de la masse des courtisans qui se tournaient vers Luynes avec autant d'empressement qu'ils s'étaient prosternés devant Concini. Il entendait son maître Malherbe, doué d'un parfait tempérament de poète courtisan, lui qui célébrait hier le grand maréchal sous le nom mythologique de Pan, s'écrier, un matin que Mme de Bellegarde était à la messe : « Est-ce qu'elle a encore quelque chose à demander à Dieu, après qu'il a délivré la France du maréchal d'Ancre? [1] » — Racan se trouvait à la cour à Fontainebleau, pendant le mois de juin, lorsque Malherbe lui fit dire par leur commun ami Peiresc « qu'il ne s'en allât pas chez lui sans voir un spectacle qui vaut bien que l'on vienne du bout de la France pour le voir ». Il s'agissait de l'exécution de la maréchale d'Ancre, dont Malherbe disait cruellement dans la même lettre : « Pour la Conchine, je crois que vous aurez loisir de la voir en ses beaux atours, car à ce que m'ont dit des gens qui le doivent bien savoir, la chose ira jusques à samedi [2]. »

Ces révolutions violentes, sanglantes de la faveur portaient en elles de terribles leçons. Le jeune enseigne les comprit, et il se mit à les méditer au plus profond de lui-même.

Cependant Racan vit bientôt s'offrir une belle occasion de faire la guerre, cette fois contre l'étranger. Le maréchal de Lesdiguières passa les Alpes pour secourir le duc de Savoie contre l'Espagne, il fut rejoint par une foule de gentilshommes de la cour, à qui manquait maintenant la guerre civile, et il fit lever le siège d'Asti aux Espagnols, mais le traité de Pavie rétablit la paix une fois encore (octobre 1617) [3].

En 1619, le vieux duc d'Épernon faisait évader du château de Blois la reine mère exilée, et se fortifiait avec elle à Angoulême. Mais un traité accordait bientôt à la reine le gouvernement de l'Anjou et

1. *Mém.* LXVIII. — Cf. Malh., I, 231.
2. Malherbe, III, p. 534 et 535, lettre à Peiresc.
3. A l'année 1618 se rapportent deux sonnets assez faibles de Racan, que nous jugeons inutile de citer, l'un au nouveau secrétaire d'état M. de Puisieux (Latour, I, 214), l'autre en l'honneur du cardinal du Perron, mort en septembre (*ibid.*, 211).

lui assurait une entrevue avec son fils. Louis XIII avec la cour alla attendre à Tours trois mois que sa mère consentît à le voir, puis on revint à Paris.

Étrange mouvement de bascule des partis, bien digne de faire réfléchir un esprit observateur comme celui de Racan et de lui inspirer à jamais le dégoût des intrigues de cour! Marie de Médicis, qui avait eu à lutter pendant toute sa régence contre les guerres civiles, venait d'en allumer une à son tour, et ce ne devait pas être la dernière.

Au commencement de l'année 1620 la cour se divisa sur une question de présentation de serviette au roi, et les mécontents gagnèrent Angers pour se grouper autour de la Reine mère, devenue le chef de l'opposition. Louis XIII, *au milieu de sa Cornette blanche*, quitta Paris le 10 juillet, parcourut en triomphe la Normandie, le Perche et le Maine, et marcha sur les Ponts-de-Cé avec son armée, composée de 2000 hommes de pied et 1200 chevaux. Le 7 août une escarmouche bien conduite par Créqui et Bassompierre amena l'ouverture d'Angers. Le soir à onze heures, le roi, qui avait surveillé le combat tout le jour, ayant été dix-sept heures à cheval, raconte le *Mercure françois*, « fit quelques passades *à la tête de sa cornette blanche*, ce qui fit juger que ses ennemis auraient affaire à un corps infatigable [1] ».

Après la signature du traité d'Angers, il poussa son voyage en Guyenne et en Béarn pour recevoir la soumission de ces provinces, et il revint à Paris le 7 novembre avec ses gentilshommes.

Racan venait enfin de faire campagne pendant six mois. Mais était-ce bien la guerre cette promenade militaire dirigée contre la veuve de son royal bienfaiteur?... et encore le plus glorieux exploit de la Cornette blanche avait été une passe d'armes faite la nuit, une fois le combat terminé!... Décidément la vraie guerre s'obstinait à fuir perpétuellement devant lui.

Durant ses trop faciles campagnes il lui était arrivé quelques aventures de route : il adressa en vers le joyeux récit de l'une d'elles à sa maîtresse restée à Paris, probablement la comtesse de Moret [2].

1. *Mercure françois*, année 1620, 336 v°. — Neuf jours après ce combat, Racan figure à Saint-Pater comme parrain d'Honorat Genest (Reg. paroiss., 16 août 1620). Voir Pièce just. 31, acte 12.
2. Nous avons deux raisons pour le croire : 1° Cette ode est placée la treizième dans le recueil original de 1620, entre une ode adressée à la comtesse et une épigramme qui se rapporte probablement à elle (voir notre ch. vi). — 2° La destinataire de l'ode est peinte sous un air de gaieté cruelle. « Vous qui riez de mes douleurs », et ressemble fort à la « belle inhumaine », qui « ne fait que rire de mes pleurs », de l'Ode au roi. Or cette dernière pièce est de 1615, et nous avons vu qu'il y est probablement question de la comtesse de Moret.

C'est une piquante scène de bivouac, un vif crayon de la réalité, tel qu'on n'en trouve pas d'autre dans l'œuvre de notre poète et bien peu dans notre littérature du 17ᵉ siècle. A la même époque Maynard, Théophile, Saint-Amand s'essaient en ce genre, qui sera malheureusement très vite étouffé par les genres dits « nobles », et il faudra aller jusqu'aux contes en vers de Voltaire pour retrouver une image aussi nette de la vie réelle. Voici donc un échantillon de prix qui mérite une place honorable dans la galerie si pauvre du réalisme chez les classiques. Nous y jugerons de la variété mal connue du talent de Racan, qui s'adonne en même temps à l'ode élégiaque, à l'ode lyrique et à l'ode satirique. On se croirait ici en face d'un petit tableau de Téniers.

1.   Vous qui riez de mes douleurs,
beaux yeux qui voulez que mes pleurs
ne finissent qu'avec ma vie,
voyez l'excès de mon tourment
depuis que cet éloignement
m'a votre présence ravie.

2.   Pour combler mon adversité
de tout ce que la pauvreté
a de rude et d'insupportable,
je suis dans un logis désert,
où partout le plancher y sert
de lit, de buffet et de table.

3.   Notre hôte avec ses serviteurs,
nous croyant des réformateurs [des réformés]
s'enfuit au travers de la crote,
emportant, ployé sous ses bras,
son pot, son chaudron et ses dras,
et ses enfants dans une hote.

4.   Ainsi, plus niais qu'un oison,
je me vois dans une maison
sans y voir ni valet, ni maitre ;
et ce spectacle de malheurs,
pour faire la nique aux voleurs,
n'a plus ni porte ni fenêtres.

5.   D'autant que l'orage est si fort
qu'on voit les navires du port
sauter comme un chat que l'on berne ;
pour sauver la lampe du vent,
mon valet a fait en rêvant
d'un couvre-chef une lanterne.

6.   Après maint tour et maint retour,
notre hôte s'en revient tout cour

en assez mauvais équipage,
le poil crasseux et mal peigné,
et le front aussi renfrogné
qu'un écuyer qui tanse un page.

[Souvenir de la Chambre du roi.]

7. Quand ce vieillard déjà cassé
d'un compliment du temps passé
à nous bienveigner s'évertue, [à nous souhaiter la bienvenue]
il me semble que son nez tors
se ploie et s'allonge à ressors
comme le col d'une tortue.

8. Force vieux soldats affamés,
mal habillés et mal armés,
sont ici couchés sur du chaume,
qui racontent les grands exploits
qu'ils ont faits depuis peu de mois
avecque monsieur de Bapaume.

9. Ainsi nous nous entretenons
sur le c.. comme des guenons,
pour soulager notre misère.
Chacun y parle en liberté,
l'un de la prise de Paté,
l'autre du siège de Fougère.

10. Notre hôte qui n'a rien gardé,
voyant notre souper fondé
sur d'assez faibles espérances,
sans autrement se tourmenter,
est résolu de nous traiter
d'excuses et de révérences.

11. Et moi, que le sort a réduit
à passer une longue nuit
au milieu de cette canaille,
regardant le ciel de travers,
j'écris mon infortune en vers
d'un tison contre une muraille.

12. O beau soleil, le seul flambeau
qui conduit mes jours au tombeau!
quand vous saurez ce qui se passe,
je vous assure, sur ma foi,
si vous n'avez pitié de moi,
que je n'espère plus de grace [1].

1. Latour, I, 175. — Il y a quelque embarras dans la 4ᵉ strophe, venant de ce que « ce spectacle de malheurs » est une périphrase désignant la *maison*. Il y a aussi une certaine négligence marquée par la double répétition de *voir*, qui se trouve encore une troisième fois dans la strophe suivante; cf. Lex., Voir ii. Mais il ne faut pas être trop sévère pour ces *pochades* poétiques. — A la 6ᵉ strophe, Racan augmenta dans la suite l'ironie du 3ᵉ vers : il remplaça en *assez mauvais équipage* dans les *Délices* de 1621 et de 1623 par : *en un somptueux équipage.* V. Lex., Crasseux, Poil, Renfrogné. — Str. 7 : *bienveigner* V. Lex.

Quel est ce port de mer catholique où les protestants font si grand peur aux hôtes? Est-ce Saint-Malo, ce vieux repaire des Ligueurs? est-ce le Havre? serait-ce Bordeaux où l'enseigne passa en effet avec le roi? Quel est ce « monsieur de Bapaume », et quels sont ces exploits de Paté et de Fougère? Le poète a su cacher si malicieusement les véritables noms sous des noms d'emprunt qu'il nous a été impossible de les retrouver [1]. Mais cela n'est pas nécessaire pour goûter la bonne grâce spirituelle avec laquelle il acceptait les misères de la vie des camps. Nous relevons trop souvent les mécomptes que lui valait son insouciance pour ne pas noter ici les services qu'elle lui rendit. Dans les petites difficultés de la vie, l'insouciance n'est-elle point une force et presque une philosophie? Elle aidait Racan à supporter et à se déguiser un peu à lui-même sa déception militaire, dont il souffrait pourtant profondément.

II

Il avait encore d'autres sujets d'ennuis. Il ne réussissait pas à mener à bien cette « liquidation d'affaires brouillées », dont il parlait naguère à Malherbe.

La succession de ses parents était toujours pendante, et les créanciers, ajournés pendant deux ans par l'intervention personnelle de Henri IV, étaient revenus plus avides, ne cessant plus maintenant de harceler notre enseigne. Son service à la Cornette blanche, plus honorable que lucratif, ne lui permettait pas de répondre à leurs exigences [2]. Le comte de Bellegarde ne pouvait plus rien pour lui; il lui fallait trouver de l'argent liquide.

Alors, au milieu du voyage militaire à Bordeaux, il se décida à vendre cette baronnie de Longaulnay, que son père lui avait achetée quand il avait deux ans, et qui était vraiment trop loin de ses terres de Touraine. Il eut la chance de trouver acquéreur au prix d'achat, à savoir 13 890 livres plus 2000 livres pour les frais de vente, le tout équivalant à 100 000 francs environ de notre monnaie (4 décembre 1615) [3]. Ce fut le fils du maréchal de Lavardin, le jeune Henri de

1. V. une note sur cette ode aux Pièces just., n° 7.
2. Le P. Daniel pense que les officiers de la Cornette blanche n'étaient pas payés : ils jouissaient seulement de certaines immunités fiscales. On voit Henri IV leur épargner autant que possible la dépense (*Milice*, t. I, l. VI, ch. x, p. 512).
3. Collection de M. Brière, au Mans, dossier Longaulnay. État des titres de la propriété : 4° extrait de titres.

Beaumanoir, qui la réunit à son domaine de Malicorne, où Mme de Sévigné devait s'arrêter si souvent au retour des Rochers pour « bavardiner » avec sa vieille amie : ainsi, par une curieuse rencontre, ces futaies de Longaulnay au fond du pays manceau eurent le privilège de voir passer sous leurs ombrages, à cinquante ans d'intervalle, deux des rares amateurs de la nature et des bois au 17e siècle, Racan et Mme de Sévigné [1].

Par cette vente Racan avait cru se débarrasser d'un souci et se procurer aussitôt 16 000 livres : il n'en reçut comptant que 7000, moins de la moitié, et se mit de nouvelles affaires sur les bras. Les 9000 livres qui restaient à payer devaient lui être versées avant la Noël de l'année suivante. Mais le marquis de Lavardin, lui-même à court d'argent, ne put s'acquitter à temps, et il fut obligé de repasser à Racan ses créances sur ses propres fermiers. Ces détails donnent une juste idée des embarras financiers où s'agitait communément la noblesse d'alors et qui furent pour notre poète l'entrave de toute sa vie : les fermiers ne payaient pas Lavardin, qui n'arrivait pas à se dégager envers Racan, lequel était impuissant à désintéresser les créanciers de son père [2].

En 1619, pendant les trois mois d'été que la cour passa en Touraine, attendant l'entrevue de la Mère et du Fils, elle y mena une vie brillante. « On passait très bien son temps », dit Bassompierre, on banquetait à table ouverte, on causait de tout, on courait en poste à Paris, on allait dans le pays environnant de château en château [3]. Mais le pauvre Racan pendant ce temps se heurtait à ses difficultés de finances, retrouvant en Touraine ses amis et ses voisins, mais aussi ses créanciers, et vivant en somme fort à l'étroit. Il était réduit à emprunter, et même à trafiquer de sa muse. Boisrobert le trouva une fois en train de composer une chanson pour un petit commis qui lui avait promis de lui prêter 200 livres (1400 francs d'aujourd'hui). Boisrobert les lui avança [4].

---

1. Lettres de madame de Sévigné, édit. Monmerqué, II, 223, 224; IV, 392; VIII, 391, etc., table : *Lavardin* et *Malicorne*. Il est vrai que Lavardin vendit Longaulnay le 7 mars 1639, au seigneur de Champlais, baron de Courcelles (Collect. Brière, au Mans, dossier Longaulnay, extrait des titres de propriété, extrait du contrat de vente). Mais les bois de Longaulnay restèrent près de Malicorne, et il n'est pas possible que Mme de Sévigné ne les ait pas vus plus d'une fois.

2. V. une note sur la vente de Longaulnay aux Pièces just., n° 8.

3. V. Bassompierre, *Mémoires*, II, 144, et une page intéressante d'Arnauld d'Andilly, sur les agréments et la liberté de la table de Bassompierre (*Mémoires* d'Arnauld d'Andilly. Hambourg, 1733, 1re partie, p. 136), citée par le marquis de Chantérac à l'appendice des *Mémoires* de Bassompierre, II, 419.

4. Tallemant, II, 354, n. 1. — Racan était pauvre, malgré le titre pompeux que prenait à ce moment-là son cuisinier, Romain de la Baume, qui se disait « maistre-

En 1620, à peine rentré à Paris de la campagne des Ponts-de-Cé, il doit accourir à Saint-Pater, assigné par le suzerain ecclésiastique du pays pour lui jurer hommage. On se rappelle que vingt ans plus tôt sa mère avait été poursuivie par le prévôt d'Oé, qui entendait rétablir sur La Roche ses anciens droits seigneuriaux. Le successeur ne les laissa point déchoir. Le 23 novembre, Racan s'en va donc de l'autre côté du bourg, au lieu seigneurial de Hodebert, siège de cette justice ecclésiastique. L'audience est présidée par Jean Ladoire, licencié en droit, avocat au siège présidial de Tours, bailli et juge ordinaire, civil et criminel des châtellenies de la prévôté d'Oé : devant lui comparaissent d'un côté le prévôt, François Brissonnet, seigneur de Launay, « conseiller et aumônier du roi, chanoine prébendé en l'église de Monsieur Saint Martin de Tours », assisté de son procureur fiscal ; — de l'autre « messire Honorat de Bueil », qui est pompeusement qualifié de « chevalier de l'Ordre du roi, conseiller en ses conseils d'état et privé, capitaine de 50 hommes d'armes de ses Ordonnances, Gouverneur et Lieutenant de Sa Majesté dedans les ville et chastel du Croisic, seigneur de Racan et de la terre et seigneurie de La Roche au Majeur [1] ». Son avocat conseil Jacques Roger l'accompagne.

Racan reconnaît solennellement qu'il doit foi et hommage lige à M. le prévôt d'Oé « à cause de sa seigneurie de La Roche, appartenances et dépendances » ; puis dans la formule prescrite par la Coutume de Touraine, il fait serment de soumission sur « les Sainctes Évangiles » comme dit l'acte. Alors le juge le déclare quitte et convient de lui en « bailler aveu dedans les prochaines assises », avant lesquelles Racan paiera ses devoirs au fermier de la Cour d'Hodebert, devoirs

---

d'hostel de M. de Racan ». Registres paroissiaux de Saint-Pater, 24 janvier ⸱⸱18 : « Parrain Romain de la Baume (déchirure du registre)... d'hostel de M. de Rac... » (nouvelle déchirure). Il ne peut y avoir de doute. — Nous retrouverons ce Romain de la Baume parmi les soldats de la compagnie de Racan.

En même temps « l'homme de chambre de Monseigneur de Racan » est Nicolas Deschamps, qui est plusieurs fois parrain à Saint-Pater, avec une « damoiselle Loyse de Racan », qui a signé clairement l'acte, entre autres les 7 janvier 1619 et 6 avril 1622. Une *Louise de Racan* ne peut être rigoureusement qu'une fille légitime ou naturelle du père de Racan, Louis de Bueil : Charles de Sourdeval en fait timidement la supposition (*Le Château de la Roche-Racan*, p. 18, n.). De plus Racan est quelquefois appelé « fils *aîné* de messire Louis de Bueil », ainsi Bibl. Nat., Mss. 20222, f° 100. Mais nous sommes obligé de renoncer à cette hypothèse, devant le silence absolu du poète et de ses amis au sujet de cette sœur, et devant la qualification de *fils unique* qui lui est donnée dans un grand nombre d'actes paroissiaux et surtout dans un grand nombre d'actes judiciaires. Nous ignorons donc quelle est cette personne.

1. Racan n'était nullement chef d'une compagnie des ordonnances, mais il est probable qu'on lui donnait facilement ce titre, depuis qu'il faisait partie de la Cornette blanche, composée en partie de « capitaines de 50 hommes d'armes ».

consistant en 2 écus 57 sols 6 deniers (une cinquantaine de francs de notre monnaie). Enfin l'on rédige le procès-verbal, qui est signé par tous les intéressés, et que nous avons eu la bonne chance de retrouver dans les Archives d'Indre-et-Loire [1].

Dans le flot d'affaires qui le submergeait, Racan trouvait heureusement bienveillance et conseils auprès du lieutenant-criminel de Tours, M. Roger. Voici de quelle façon spirituelle et économique il le remercie :

> Si, pour tant de plaisirs divers,
> de peine et de sollicitude,
> je ne vous donne que des vers,
> ne m'accusez d'ingratitude :
> les dieux, de qui vous imitez
> toutes vos belles qualitez,
> si rares au temps où nous sommes,
> combien qu'en diverses façons
> ils veillent pour le bien des hommes,
> ils n'en sont payés qu'en chansons [2].

Ainsi les embarras d'affaires étaient l'obsession douloureuse du jeune officier. Peut-être eût-il pu sortir de cette pénible situation à force d'application, de souplesse, de sens pratique et d'expérience. Mais ces qualités n'étaient point siennes, et il resta dans sa gêne. Elle affectait la forme la plus pénible qui soit, la gêne des gens riches ou qui le paraissent, celle qui doit jouer la comédie du luxe, la gêne en chapeau à plume et en pourpoint de velours. Les contemporains nous apprennent que le sien était souvent râpé, et il faisait triompher les railleurs, qui affirmaient que les Muses mènent à la misère [3].

1. V. à la fin Pièce just. 9.

2. Latour, I, 223. Si Racan avait montré cette épigramme à Malherbe, il lui en aurait marqué les faiblesses : « pour tant de *plaisirs* » faits à Racan est immédiatement suivi des mots « de peine et de sollicitude », qui se rapportent à M. Roger : incohérence de personnes. — 2° Peut-on dire : « J'imite mes qualitez de vous » ? — Mais il ne faut pas compter comme faute l'emploi du double sujet : *les dieux* et *ils* (n'en sont payés); c'est l'usage courant du 17e siècle. — V. Lex., COMBIEN QUE.

3. J. de Boissières le faisait entrer, vers ce temps, dans sa plaisante galerie de poètes gueux : peu de poètes alors étaient gagés par de grands seigneurs et presque aucun n'était encore pensionné par l'État :

> Là les beaux manteaux de Porchères
> chez le frippier vont aux enchères;
> et *le velours-plein de Racan*
> *est plus ras que mon barracan.*

Le *velours-plein*, en réalité le velours plain, est le velours uni, par opposition aux diverses sortes de velours orné. Le *barracan*, qui fait avec Racan une rime riche, s'il en fut, est un manteau en camelot, étoffe grossière de poil de chameau. (V. Lacurne de Sainte-Palaye.) *La Pauvreté des Muses*, satyre sans venin, dans

Les soucis d'argent venaient donc apporter dans cette existence leur amertume, capable d'empoisonner la vie d'hommes qui seraient heureux par ailleurs, et Racan ne l'était pas.

Il atteignait la trentaine en 1619, il était à cet âge où l'on se retourne pour la première fois en arrière parce qu'il est temps de mesurer le chemin parcouru et de voir si la vie a commencé de tenir ses promesses. Les réflexions qui l'assiégeaient n'étaient point gaies.

Lui, gentilhomme, fils du maréchal de camp Louis de Bueil, dernier rejeton d'une lignée de preux, il n'avait rêvé que la gloire militaire, une ardeur dix fois séculaire bouillait dans ses veines ; il nous en fait lui-même la confidence : il voulait, dit-il, « suivre dans les armes les généreux exemples de ses ancêtres », et la nature « avait inspiré dans son âme une ambition *démesurée* de s'élever au-dessus du commun et de faire durer son nom et sa mémoire plus longtemps que sa vie ». Où donc cet enthousiasme juvénile a-t-il pu se déverser ? Depuis treize ans il a pris, il est vrai, 6 fois les armes : mais en Hollande il est arrivé pour voir signer la longue trêve, dans la guerre de Julliers il n'est même point parti, en 1614 il a mené ses carabins appuyer le traité de Sainte-Ménehould, en 1615 il a fait partie d'un cortège nuptial, en 1619 il a conduit le roi à Tours embrasser sa mère, en 1620 il a paradé le soir du combat des Ponts-de-Cé. Voilà le tableau de ses états de service : force est de convenir qu'il n'est pas brillant. Lui-même en faisait le résumé plus tard : « Toutes les guerres de Henry-le-Grand se passèrent pendant mon enfance ; je n'avois que neuf ans quand on fit la paix de Vervins. Elle ne laissa que la guerre des Espagnols et des Hollandois. J'y courus comme les autres en sortant de page, mais ce fut trop tard ; cette longue trêve qui a duré douze ans étoit déjà faite. *Depuis ce temps-là, il ne s'est passé que quelques petites émotions de guerre civile, qui ont été aussitôt éteintes qu'allumées*[1]. » Et il est obligé de conclure par cette douloureuse constatation « qu'il est venu trop tôt ou trop tard au monde ».

Il se donne bien de ces consolations qui ne consolent personne, et

le *Nouveau Recueil des plus belles poésies*. Paris, Loyson, 1654, in-12. La pièce fut faite bien avant cette date, du vivant de Malherbe, avant 1628.

Nous avons trouvé, dans un ms. de la Bibl. de l'Arsenal (4123, p. 317), une variante, d'ailleurs obscure, de ces vers :

Et le velours-plein de Racan
plus ras que mon vieux barracan,
ne trouve filou qui l'aborde
qu'il ne menace de la corde.

1. Lettre écrite en 1656 à Chapelain, Ménage et Conrart. Latour, I, 319 et suiv.

par lesquelles nous essayons d'ordinaire de nous pallier à nous-mêmes
nos déceptions : « Pour deux ou trois, dit-il, qui se signalent dans les
armées, il en meurt à milliers dont on ne parlera jamais. Il n'y a que
les souverains qui naissent généraux d'armée; les gentilshommes, de
quelque illustre naissance qu'ils soient, n'y peuvent arriver que par
d'extrêmes richesses — (et l'on sait que ce n'est point son cas) —,
comme le Walstein et Spinola, ou par de longs et assidus services...
Tout ce qui est au dessous de ces hautes charges ne peuvent espérer
que de voir en une médiocre fortune

> leur plus bel âge qui s'écoule
> dans les soins et dans les regrets
> de vivre à l'ombre dans la foule
> comme les houx dans les forêts [1]. »

Il ne pouvait pas dire en termes plus poétiques le profond découragement qui attristait à ce moment son âme.

L'effacement, tel a été jusqu'ici son sort dans les armes : le plus
triste c'est qu'il y est maintenant condamné dans l'avenir, et il en a
conscience. A présent « il est dans un âge trop avancé, observe-t-il
sagement, pour n'être que simple soldat, — (voire même simple
enseigne) —, et il a trop peu d'expérience pour être capitaine et pour
parvenir à des charges dignes de sa naissance ». Il reconnaît avec sa
bonhomie ordinaire qu'il n'est pas fait pour la guerre, ni physique-
ment, ni moralement : « La guerre demande une présence d'esprit, et
une parole aisée pour les commandemens, et un corps robuste et infatigable pour l'exécution, qui sont des qualitez qui ne sont point en moy.
La moitié de mon âge que j'ai passée dans le repos ne me permet pas
de changer ma façon de vivre pour m'accoutumer à la fatigue des
armées. Je suis d'une assez bonne constitution, mais qui a besoin d'estre
choyée [2]... »

Le gentilhomme a rêvé la gloire des armes, et son caractère, son
esprit, son tempérament, les circonstances surtout, tout a conspiré à
la lui fermer : c'est la plus cruelle déception de sa vie, la déception
militaire. —

En le tenant écarté des hauts grades, la paix le prive du même
coup des grandes charges administratives, aussi lucratives que glorieuses, qui les accompagnent d'ordinaire. Il voit les lieutenances, les

---

1. « Tout ce qui est au-dessous... ne peuvent espérer », V. Lex., Tout, 2°.
2. Quelle délicate expression ! — Pour plus de vivacité, nous accommodons au
temps présent les phrases de cette lettre, qui fut écrite plus tard.

gouvernements de places et de provinces, que ses ancêtres, ses parents, ses oncles, son père ont si longtemps possédés, que ses cousins de la branche aînée possèdent encore, passer aux mains des autres, qu'il envie secrètement. Que lui a donc servi pour sa fortune politique d'être le cousin de Mme de Bellegarde, le pupille du Grand Écuyer, le page de Henri IV et le compagnon de jeu de Louis XIII? Il a récolté en tout le titre banal de « conseiller du roi en ses conseils d'Estat et privé » et la charge honorifique de « gouverneur des ville, chastel et isle du Croisic ». Là encore il espérait mieux. Pas plus que la chance militaire la faveur ne souffle dans ses voiles : déception politique. —

Enfin le spectacle qu'il a sous les yeux n'est pas de nature à lui donner quelque réconfort patriotique : un gouvernement faible et hésitant, des princes du sang, qui devraient en être les soutiens et qui s'en font les ennemis publics, la minorité protestante du royaume voulant faire la loi, des favoris adulés subitement jetés et oubliés à la Bastille, ou assassinés à la cour et dépecés par la populace, des partis qui, selon le mot du roi, « ne se peuvent accorder entre eux que pour troubler le royaume [1] », enfin le règne désordonné de l'ambition, de la faveur, de la menace, de la lâcheté et de l'orgueil, telle est la pièce qui se joue sous ses yeux et qu'il voit du premier rang : il la trouve mauvaise et grossière, comme il l'écrit à l'un de ses amis :

> Ne t'étonne, Armilly, de voir la conscience,
> l'honneur qu'on doit aux lois, la foi, ni la raison,
> non plus que des habits qui sont hors de saison,
> n'être point approuvés parmi la bienséance.
>
> Ne t'étonne de voir mépriser la science,
> l'impiété partout épandre son poison,
> et l'État, dépité contre sa guérison,
> courir à sa ruine avec impatience.
>
> Ne t'étonne de voir le vice revêtu
> des mêmes ornements qui parent la vertu,
> la richesse sans choix injustement éparse.
>
> Si le monde fut pris des plus judicieux
> pour une comédie au temps de nos ayeux,
> peut-être qu'à présent l'on veut jouer *la farce* [2].

L'énergie de ce mot sera comprise de tous ceux qui savent quelle

---

1. Lettre aux princes révoltés, en août 1620 (*Mercure françois*, 1620, p. 322 et suiv.).
2. Latour, I, 205. — Le vocatif *Armilly* fut remplacé par *Damer* à partir de l'édition de 1630.

était la grossièreté des farces qui terminaient d'ordinaire les représentations d'alors [1].

Racan feint d'en rire selon son habitude, et son insouciance essaie de se donner le change, mais on sent bien qu'au fond son amour sincère de la France, sa passion innée de l'ordre, sa droiture et sa loyauté sont blessés. A toutes ses déceptions personnelles s'ajoute donc une tristesse patriotique.

Ainsi, sous ses dehors de nonchalance épicurienne, notre jeune enseigne cache maintes sources secrètes de désenchantement, qui ont peu à peu distillé la mélancolie au fond de son cœur. Il en est à présent rempli, et, un jour de sincère confidence, il va l'épancher en une œuvre admirable qui se trouvera être le chef-d'œuvre de toute sa poésie.

1. V. Parfait, t. IV, 254-264; Rigal, *Hardy*, 155-157.

CHAPITRE VIII

Les Stances sur la Retraite.

Vers 1618

I

Peines de cœur, tracas d'argent, délicatesse de santé, impuissance
politique, écœurement patriotique et par-dessus tout déception militaire,
rien ne manqua, nous l'avons vu, à notre jeune enseigne pour attrister
le temps qui s'écoula de sa vingtième à sa trentième année, la plus
belle saison d'ordinaire de la vie humaine.

A quoi bon désormais prolonger la lutte inégale contre les événements et les hommes? La défaite semble assurée, et il lui prend des
velléités de se retirer de l'action comme un vaincu.

Chez notre jeune gentilhomme cette désespérance ne se tournera
pas, comme on en verra plus tard des exemples, en désespoir et en
suicide; son âme est profonde, mais en même temps douce, sensée et
chrétienne. Il se souvient qu'il n'a pas toujours habité ce pays de mensonges et de déceptions, qui s'appelle la cour, mais qu'il y a débarqué un
jour de sa province, et que là-bas, dans un doux vallon, non loin d'un
village aux paisibles habitants, dort le manoir paternel avec ses tours

un peu délabrées, ses belles futaies et ses terres bien cultivées ; et du
fond du Louvre où il pâtit, l'enfant transplanté de la Touraine aspire
quelquefois, comme un parfum qui le réconforte, une bouffée d'air frais
du pays natal. C'est là sans aucun doute qu'est marqué le refuge de son
existence désemparée. Déjà, il y a dix ans, au retour de Calais, il a eu
la pensée « de se retirer aux champs à faire petit pot », et il l'a écartée,
imprudent qu'il était, jugeant que « ce n'était pas séant à un homme de
son âge et... de sa condition », comme s'il était plus séant à un homme
de sa condition et de son âge de languir à la ville, enseveli dans
toutes les médiocrités [1]. Bien des fois depuis, il est retourné passer quelque temps à La Roche pour ses affaires ou son délassement, pour soupirer en paix ses amours du Louvre, pour se retrouver. Et chaque fois,
quel agrément et quel repos « Daphnis » a rencontrés dans les grands
bois paternels et dans les prairies de son enfance ? nous en avons au
passage noté l'expression dans son œuvre élégiaque. Mais chaque fois
aussi, il est retourné à ce foyer de la cour qui lui fait mal et qui l'attire,
vers les courtisans et les coquettes, vers l'attente découragée de la
guerre éternellement fuyante. C'en est fait à présent. Jamais la campagne ne lui est apparue, avec une aussi lumineuse clarté, comme le
terme désiré, le port où va se ranger sa barque ballottée, le lieu béni
où s'épanouiront à l'aise son esprit et son cœur. Là enfin, plus d'intrigues, plus de complots criminels, plus de révolutions de la faveur, de
servitude ni d'insolence, plus d'orgueilleux ni d'hypocrites, mais le
calme, la sérénité, les plaisirs simples des champs, la vue de la moisson
et de la vendange et du changement des saisons, la chasse, la rêverie
au bord de l'eau, et par-dessus tout, le doux sentiment du retour à la
tradition de famille, à la terre qui a nourri les ancêtres et qui contient
leurs cendres : le gentilhomme d'armes aspire avec force à se faire gentilhomme campagnard [2]. Certes le parti lui coûte, et l'on devine qu'il
a longuement lutté avant d'avoir étouffé son ambition, avant d'avoir
écrasé tout à fait l'espérance si vivace au cœur de l'homme, et de s'être
avoué définitivement vaincu.

Tel est l'état d'âme où est parvenu notre jeune héros aux environs
de l'année 1618. C'est dans ces sentiments que, s'adressant, comme il
est probable, à son voisin de campagne et ami de cœur René d'Armilly,

---

1. *Mém.* LXXXI, dans la consultation demandée à Malherbe. — Voir notre
ch. v.

2. Demogeot rapproche ingénieusement de Racan Olivier de Serres, qui avait
si bien décrit, quelques années auparavant, dans son *Théastre d'agriculture et mes-
nage des champs* (1600), cette vie utile, saine et patriarcale à laquelle Racan
aspire (*Littérature avant Corneille*, p. 1 à 12).

il soupire ses admirables stances sur la Retraite avec une plénitude forte de mélancolique harmonie. C'est le chef-d'œuvre du poète, parce qu'il y met, sans s'en douter, son âme tout entière, sa lassitude de la lutte, son ambition déçue, son besoin de repos, et en même temps son amour sincère de la campagne et sa soif sensée d'honnêteté rustique [1].

  1. Thirsis, il faut penser à faire la retraite :   *Vers* 1
      la course de nos jours est plus qu'à demi faite.   2
      L'âge insensiblement nous conduit à la mort.
      Nous avons assez vu sur la mer de ce monde
      errer au gré des flots notre nef vagabonde ;
      il est temps de jouir des délices du port.   6

  2. Le bien de la fortune est un bien périssable ;
      quand on bâtit sur elle on bâtit sur le sable.
      Plus on est élevé, plus on court de dangers :
      les grands pins sont en butte aux coups de la tempête,
      et la rage des vents brise plutôt le faîte
      des maisons de nos rois que des toits des bergers.

  3. O bienheureux celui qui peut de sa mémoire
      effacer pour jamais ce vain espoir de gloire
      dont l'inutile soin traverse nos plaisirs,
      et qui, loin retiré de la foule importune,
      vivant dans sa maison content de sa fortune,
      a selon son pouvoir mesuré ses désirs !   18

  4. Il laboure le champ que labourait son père ;   19
      il ne s'informe point de ce qu'on délibère   20
      dans ces graves conseils d'affaires accablés ;
      il voit sans intérêt la mer grosse d'orages,
      et n'observe des vents les sinistres présages
      que pour le soin qu'il a du salut de ses blés.   24

  5. Roi de ses passions, il a ce qu'il désire,
      son fertile domaine est son petit empire ;
      sa cabane est son Louvre et son Fontainebleau ;
      ses champs et ses jardins sont autant de provinces,   28
      et, sans porter envie à la pompe des princes,
      se contente chez lui de les voir en tableau.   30

  6. Il voit de toutes parts combler d'heur sa famille,
      la javelle à plein poing tomber sous la faucille,

1. Nous proposons comme une hypothèse qui nous paraît vraisemblable l'identification de Tircis avec d'Armilly; nous montrerons bientôt l'intimité de Racan avec René d'Armilly, à qui il adresse ses réflexions les plus tristes et les plus profondes sur les excès qui l'entourent, tel le sonnet que nous avons cité à la fin du chapitre précédent. D'Armilly avait son château en Touraine tout près de La Roche-Racan, et l'on dirait que dans les Stances le poète dit à Tircis : Faisons notre retraite ensemble, au même lieu, dans le même vallon de Touraine (*Stances* 1, 13, 14, 15). — Tircis ou Thirsis est un nom de berger de Théocrite, très employé à cette époque. — Les Stances parurent pour la 1re fois en 1620 (voir plus bas à la Notice bibliographique, p. 639).

le vendangeur ployer sous le faix des paniers,
et semble qu'a l'envi les fertiles montagnes,
les humides vallons et les grasses campagnes
s'efforcent à remplir sa cave et ses greniers.

7. Il suit aucunesfois un cerf par les foulées   37
   dans ces vieilles forêts du peuple reculées
   et qui même du jour ignorent le flambeau ;
   aucunesfois des chiens il suit les voix confuses,
   et voit enfin le lièvre, après toutes ses ruses,
   du lieu de sa naissance en faire son tombeau.   42

8. Tantôt il se promène au long de ses fontaines,   43
   de qui les petits flots font luire dans les plaines
   l'argent de leurs ruisseaux parmi l'or des moissons ;
   tantôt il se repose avecque les bergères
   sur des lits naturels de mousse et de fougères,
   qui n'ont autres rideaux que l'ombre des buissons.

9. Il soupire en repos l'ennui de sa vieillesse   49
   dans ce même foyer où sa tendre jeunesse   50
   a vu dans le berceau ses bras emmaillottés ;   51
   il tient par les moissons registre des années,
   et voit de temps en temps leurs courses enchaînées
   vieillir avecque lui les bois qu'il a plantés.   54

10. Il ne va point fouiller aux terres inconnues,
    à la merci des vents et des ondes chenues,
    ce que Nature avare a caché de trésors,
    et ne recherche point, pour honorer sa vie,
    de plus illustre mort, ni plus digne d'envie,
    que de mourir au lit où ses pères sont morts.

11. Il contemple du port les insolentes rages
    des vents de la faveur, auteurs de nos orages,   62
    allumer des mutins les desseins factieux,   63
    et voit en un clin d'œil, par un contraire échange,
    l'un déchiré du peuple au milieu de la fange,
    et l'autre à même temps élevé dans les cieux.   66

12. S'il ne possède point ces maisons magnifiques,
    ces tours, ces chapiteaux, ces superbes portiques,
    où la magnificence étale ses attraits,
    il jouit des beautés qu'ont les saisons nouvelles,
    il voit de la verdure et des fleurs naturelles,
    qu'en ces riches lambris l'on ne voit qu'en portraits. 72

13. Crois-moi, retirons-nous hors de la multitude,
    et vivons désormais loin de la servitude
    de ces palais dorés où tout le monde accourt.
    Sous un chêne élevé les arbrisseaux s'ennuient,   76
    et devant le soleil tous les astres s'enfuient,
    de peur d'être obligés de lui faire la court.

14. Après qu'on a suivi sans aucune assurance
    cette vaine faveur qui nous paît d'espérance,

l'envie en un moment tous nos desseins détruit.
Ce n'est qu'une fumée, il n'est rien de si frêle ;
sa plus belle moisson est sujette à la grêle,
et souvent elle n'a que des fleurs pour du fruit.

15. Agréables déserts, séjour de l'innocence,
où loin des vanités, de la magnificence,
commence mon repos et finit mon tourment ;
vallons, fleuves, rochers, plaisante solitude,
si vous fûtes témoins de mon inquiétude,
soyez-le désormais de mon contentement [1].

1. Latour, t. I, p. 196. — Nous donnons quelques observations de détail sur les Stances, en nous tenant en dehors de la question d'imitation, qui sera traitée dans la suite du chapitre.
St. 1, v. 1, V. Lex., RETRAITE. — v. 2. Racan ne comptait que sur cinquante à soixante années de vie ; il en eut quatre-vingts. — v. 6. Malherbe avait dit au jeune couple royal :

C'est à vous à goûter les délices du port (I, 234, v. 24).

L'imprimeur de 1627 (*Recueil des plus beaux vers*) laissa échapper cette singulière coquille :

Il est temps de jouir des délices du mort.

St. 2, V. Lex., MAISON.
St. 3, v. 18. *Selon son pouvoir* signifie sans doute *conformément à ses moyens* et non *en faisant tout son possible*, ce qui ôterait beaucoup de force au vers.
St. 4, v. 19. Racan avait dit d'abord :

Le labeur de ses bras rend sa maison prospère.

(*Mém.* LXXII.) Il fut repris par le marquis de Termes à cause du mot *prospère*, voir plus loin p. 154. La correction introduit l'idée nouvelle de la tradition de famille ; elle a aussi l'avantage de s'appliquer aussi bien au gentilhomme qu'au paysan, et le poète semble avoir en vue l'un et l'autre. — v. 20. V. Lex., DÉLIBÉRER. — v. 24. C'est un grand « soin », un de ceux qui inquiètent le plus la vie des ruraux.
La stance 5 est remarquablement suivie et toute de couleur *ancien régime*. Littré cite le premier vers (Roi 11°) en donnant faussement les *Bergeries* comme référence. — Le vers 28 désigne *autant de provinces* qu'il *gouverne*. — Sur le v. 30, V. Lex., IL, II, 2°.
St. 7, v. 37 et 42, V. Lex., FOULÉE et EN, II.
St. 8, v. 43, V. Lex., LONG, III, 2°.
St. 9, v. 49, V. Lex., SOUPIRER. — v. 50 et 51, V. Lex., EMMAILLOTTÉ. — v. 54, V. Lex., VIEILLIR, 2°.
St. 10, V. Lex., FOUILLER et CHENU.
St. 11, v. 61 et 62. Cette image est bien assortie à celle de la première stance *la mer de ce monde* et *la nef vagabonde*. — v. 63. V. Lex., CONTEMPLER. — v. 66. V. Lex., MESME, I.
St. 12, v. 72. C'est le pendant du vers 30 où le campagnard ne voit qu'*en tableau* la pompe des princes. — v. 76. Ce vers gracieux et fort est une variation de cet autre de Racan que nous avons cité un peu plus haut (fin du ch. VII).

... les regrets
de vivre à l'ombre dans la foule
comme les houx dans les forêts. (Latour, I, 322.)

St. 15. Cette stance marque clairement que c'est au château de La Roche que Racan aspire à se retirer : voilà *le vallon* de Saint-Pater, les ruisseaux que la poésie agrandit en fleuves ; les *rochers* de tufeau qui affleurent partout en Tou-

Tel est ce poème qui se déroule avec ampleur, comme l'ondulation même des grands blés mûrs, avec une certaine monotonie forte qui est bien celle de la campagne cultivée [1].

On est frappé de la perfection de sa facture, de la netteté de la pensée, de la force sereine des antithèses, de la richesse des rimes, de l'absence, si rare même chez les meilleurs poètes, de toute cheville. Tout au plus peut-on y relever quelques négligences de détails, quelques répétitions de mots, un ou deux embarras de construction qui semblent reculer légèrement la pièce avant Malherbe [2].

Mais on demeure charmé par cette mélancolie douce qui n'est pas la tristesse, qui ne procède point de l'orgueil, comme tant d'autres, mais qui est le fruit de la pratique de la vie et du bon sens profond : aussi ces stances resteront-elles le vrai chant mélodieux des désillusions de la vie (or qui de nous, même entre les plus heureux, n'en ressent pas plus ou moins?).

Et puis, la mélancolie du poète ne se tourne pas en une vague et brumeuse rêverie sur la nature, mais il aspire à suivre les travaux de nos bons champs français qu'il aime en réalité et que nous reconnaissons bien dans ses vers, et par là de nouveau il nous atteint tous. Au fond de ses stances vibre le *contentement*, comme il dit avec nos pères, simple, naïf, un peu bourgeois si l'on veut, et par là bien vivant et gaulois, du cultivateur qui voit se remplir sa grange et son cellier, ces vers sont tout dorés de l'éclat des moissons [3], de sorte qu'ils sont de nature à trouver écho dans le cœur de tous ceux, grands ou petits, qui possèdent ou qui soignent un arpent de terre au soleil, ou même qui y aspirent. Et comme le poète a eu le haut goût d'appuyer sur les traits

---

raine, cette *solitude* où s'élève en effet le château, tous ces lieux qui furent naguères *témoins* de l'*inquiétude* amoureuse du poète.

La dernière antithèse de l'*inquiétude* passée et du *contentement* futur est très forte, car ces deux mots avaient alors un sens fort. *Inquiétude* est encore traité cinquante ans plus tard de *mot hardi* par Pascal, qui condamne son emploi à côté d'un autre *mot hardi*, comme dans l'*inquiétude de son génie*. C'est par contre l'approbation du vers de Racan : l'éditeur de Pascal, Ernest Havet, le cite d'ailleurs en note, art. xxv, pensée 25, 3e §. Le mot *contentement*, qui est un peu amoindri aujourd'hui, indiquait alors le *bonheur* dans toute sa plénitude.

1. Cf. Sainte-Beuve : « Ce qui règne et ce qu'on respire en ces belles et harmonieuses stances déroulées avec tant d'ampleur et de mollesse d'abandon dans un style un peu vieilli, qui n'en ressemble que davantage aux grands bois paternels et aux hautes futaies voisines du manoir, c'est la paix des champs, c'est l'étendue et le silence. » *Lundis*, 3e éd., VIII, p. 79.

2. On notera, entre autres, l'abus de *voir* employé à toute occasion, souvent d'une façon bizarre comme au vers 51, et l'ellipse du sujet *il*, par exemple aux vers 30 et 34; cf. Lex., VOIR, II, et IL, II.

3. On trouve des moissons dans le tiers des stances, 5 sur 15, st. 4, 6, 8, 9, 14 : c'est un aspect de la vie rustique qui avait profondément frappé l'auteur.

pittoresques dans la bonne mesure, assez nettement pour composer
une précise esquisse de l'aisance campagnarde, tout en restant assez
général pour n'exclure personne, il se trouve, et c'est là un signe
authentique du chef-d'œuvre, qu'il peut toucher profondément chacun
de nous en particulier, depuis le gentilhomme qui reconnaît dans ces
Stances son portrait en pied, jusqu'au dernier de nos paysans surpris de
trouver là l'expression de la poésie qui se remue confuse au fond de son
cœur. Le secret du poète consiste à avoir su élever une veine de poésie
commune à une hauteur toute philosophique.

Enfin cette pièce a eu la rare fortune de conserver depuis 300 ans
toute sa fraîcheur et de ne pas être comme recouverte par un grand
nombre d'œuvres du même genre. On a depuis cette époque célébré la
nature sur tous les modes, mais combien sont-ils ceux qui ont dit les
champs et les travaux des champs, simplement, sans aucun mélange
sentimental? Le recueil n'en serait pas volumineux. Mettons les *Laboureurs*
dans Jocelyn, quelques vers de de Laprade, surtout dans *Pernette*,
quelques parties des romans champêtres de George Sand, et
quelques strophes de Mistral, et nous ne serons guère loin d'avoir tout
cité [1]. Nous avons bien une école toute contemporaine qui chante,
avec bonheur parfois, notre terre de France, elle est représentée entre
autres par les noms de Clovis Hugues et de François Fabié,... mais ces
poètes nous touchent par une sorte d'attendrissement de panthéistes
pour la terre saluée comme la grande nourricière qui produit éternellement
des germes. Nous sommes loin de la simple poésie rustique
des Stances, qui nous apparaissent décidément comme la plus pure
floraison poétique de la glèbe de France. Racan nous a donné le premier
fragment, et qui est resté l'un des seuls, de nos Géorgiques
françaises.

---

1. On y peut joindre quelques traits de peinture de l'exploitation rurale dans
Voltaire (*Épitre sur l'Agriculture* et surtout lettre du 7 juin 1769 à M. Dupont sur
les *Saisons* de Saint-Lambert); — dans un autre genre, les *Chants du paysan* de
M. Paul Déroulède, 1894, dont la poésie un peu fruste est d'un accent sincère.
   Nous ne mentionnons pas Brizeux, qui n'est nullement un *rural*; il aime à se
retremper dans les choses de sa Bretagne en revenant de Paris ou d'Italie, comme
un malade qui vient quelques jours au grand air. C'est dans l'épopée des *Bretons*
beaucoup plus que dans *Marie* qu'il faudrait chercher quelques accents campagnards.
— Voir sur Brizeux le jugement sévère de Sainte-Beuve, qui le met bien
au-dessous de Racan pour la naïveté (*Lundis*, VIII, p. 76, n. 1).

II

C'est bien en effet le souvenir de Virgile dans .ses *Géorgiques* qu'évoquent ces vers profonds et un peu tristes qui forment une sorte de variation moderne du fameux

> Fortunatus et ille deos qui novit agrestes! [1]

Racan a imité aussi Horace, son autre poète latin de prédilection, ou, pour mieux dire, il a rencontré chez lui des moyens d'expression pour son inspiration personnelle, et dans les vers de son devancier romain il a pris en quelque sorte conscience de ses propres sentiments.

Les traces de cette imitation originale ne sont pas rares. En veut-on un exemple? Racan a depuis longtemps l'âme impressionnée par les catastrophes des rois, des grands et des ministres qu'il voit de si près, par les assassinats de son oncle, de Henri IV et de Concini, par la disgrâce de Bellegarde et tant d'autres coups s'abattant sur les têtes les plus hautes, et dans le même temps il lit l'ode d'Horace à Licinius et ces vers qui s'appliquent d'une manière si frappante aux temps dramatiques que lui-même traverse :

> Sæpius ventis agitatur ingens
> pinus et celsæ graviore casu
> decidunt turres feriuntque summos
> fulgura montes [2],

et aussitôt dans son esprit l'idée générale revêt cette image précise et forte :

> Plus on est élevé plus on court de dangers :
> les grands pins sont en butte aux coups de la tempête,
> et la rage des vents brise plutôt le faîte
> des maisons de nos rois que des toits des bergers.

On notera que le mot de *maisons* avait alors un sens beaucoup plus noble qu'aujourd'hui et qu'il désignait couramment les *palais* et les *châteaux* [3].

---

1. *Géorg.*, II, 492. Les vers suivants paraissent avoir inspiré la st. 4 de Racan; de plus il y a peut-être dans la stance 7, sur la chasse, un souvenir des vers 409-413 du 3ᵉ chant des *Géorgiques*.

2. Odes, II, x, v. 9 et s.

3. V. Lexique.

Parmi les nombreuses pièces d'Horace dont Racan s'est inspiré dans les Stances, il n'en est certes pas une qui lui ait fourni autant de matière que la charmante Épode

Beatus ille, qui procul negotiis [1].....

Nous savons même par Tallemant des Réaux que, la lisant mal dans le texte, il s'aida de la traduction en prose que lui en fit son cousin le chevalier de Bueil [2].

C'est aussi chez Horace un délicat éloge de la campagne, accompagné du rêve d'y passer sa vie. Un financier de Rome entrevoit dans une reposante apparition la paix des champs loin des affaires, les plaisirs de la culture et de la chasse, et à l'automne, la cueillette des fruits qu'on offre aux dieux champêtres, et le repos au bord des sources, et, au lieu des amours inquiètes de la ville, la présence d'une chaste épouse qui prépare, le soir, par les soins de la maison et des enfants, l'arrivée de son mari fatigué, et encore la simplicité des mets, et le spectacle des troupeaux et du riche essaim des jeunes esclaves.

Le rêve du financier romain et celui du courtisan français offrent entre eux plus d'un point commun, et nous trouvons de part et d'autres le riant tableau de l'abondance rustique et des plaisirs champêtres. Mais il faut être injuste ou étroit pour affecter, comme Tallemant ou la Harpe, de ne voir dans les stances françaises qu'une imitation d'Horace [3].

D'abord les strophes campagnardes de Racan sont tout environnées d'autres strophes sur le désenchantement de la vie, qui leur donnent une haute portée mélancolique : l'ode latine n'offre rien de semblable.

Pour nous en tenir même aux parties communes, on dirait vraiment que le poète français n'a emprunté la plupart de ses traits à son

---

1. 2ᵉ Épode.
2. Tallemant, t. II, p. 356. Il déclare à ce propos que Racan n'a jamais su le latin, ce qui paraît, nous l'avons vu au ch. IV, p. 58, très exagéré.
3. Voici le jugement de La Harpe tout entier : « Racan, qui formait son goût sur celui des anciens, emprunta souvent leurs idées morales sur la rapidité et l'emploi du temps — (est-ce bien correct?) — sur la nécessité de mourir, sur les douceurs de la retraite; mais il paraphrase un peu longuement, et s'il imite leur naturel, il n'égale pas leur précision. C'est le seul défaut de ces Stances sur la Retraite plus d'une fois citées par ses amateurs comme un de ses meilleurs morceaux. Les vers se lient facilement les uns aux autres, ils sont doux et coulants; mais comme la pièce est un peu longue, cette sorte de langueur qu'on aime pendant trois ou quatre stances devient monotone quand on en lit sept ou huit. » (*Lycée*, édition Lefèvre, 1816, t. IV, p. 94, 95.)

prédécesseur que pour les transposer pour ainsi dire dans le mode de sa nature propre et de la campagne de France.

Par exemple les vers élégants d'Horace sur la cueillette des poires et du raisin, « à l'époque où l'automne élève dans la campagne sa tête parée de fruits mûrs », sont devenus cette stance, la plus pleine de simple abondance rurale que nous connaissions dans toute notre poésie :

> Il voit de toutes parts combler d'heur sa famille,
> la javelle à plein poing tomber sous la faucille,
> le vendangeur ployer sous le faix des paniers,
>   etc [1]....

Le Romain se réjouit d'avance de la battue au sanglier et des petits pièges tendus aux grives,... et le gentilhomme français répond en bon veneur par la chasse au lièvre qui revient d'ordinaire se faire tuer au gîte, avec la voix des chiens dans le lointain, et par la chasse au cerf dont on suit les « foulées » sous les grandes futaies.

L'épicurien antique évoque les doux sommes au bord de l'eau, le poète moderne aspire simplement à se promener au bord des sources

> de qui les petits flots font luire dans les plaines
> l'argent de leurs ruisseaux parmi l'or des moissons,

l'un des vers de description du sol les plus colorés et les plus vrais de notre poésie classique.

Ce n'est pas que le financier romain ignore la campagne : il l'a vue, il l'a même observée dans les villas de Tibur et de la Sabine, mais le tableau qu'il en fait est trop bien nuancé, trop complet sans être faux, trop bien assorti pour venir d'un amour profond [2].

Il aimera à voir le troupeau s'acheminer à la maison et les bœufs d'un pas fatigué ramener la charrue renversée, mais ce sera pendant ses repas, comme d'autres reposent leur vue sur un paysage de tenture.

Il se nourrira d'olives et d'oseille, mais en pensant aux huîtres

---

1. Sainte-Beuve cite le second de ces vers comme « le plus riche et le plus copieux échantillon des vers pleins, tout d'une venue, de ces vers qui emportent la pièce... et qui se font dire *ore rotundo*, à pleine lèvre ». *Port-Royal*, I, 171.

2. Cf. Sainte-Beuve : « Horace, même quand il célèbre la campagne, est plus brillant, plus travaillé ; il y porte cette curiosité heureuse, cette ciselure de diction qui ne l'abandonne jamais dans ses odes et qui rappelle l'art ; son expression est vive et concise, son image serrée et polie jusqu'à l'éclat : elle luit comme un marbre de Paros, comme un portique d'Albano au soleil. » *Lundis*, VIII, p. 79.

Nous nous trouvons honoré de nous rencontrer sur la plupart des points avec le maître critique jugeant les Stances (*ibid.*, 76-81), quoique nous ayons voulu les juger par nous-même sans nous préoccuper nullement de son opinion.

du lac Lucrin et aux pintades d'Afrique, qu'il n'avalerait pas de meilleur appétit. Il y a chez ce rustique récemment converti, du citadin heureux de déjeuner un jour sur l'herbe, parce qu'il y trouve un régal de
nouveauté dans son existence de blasé. Il y a en lui du dilettantisme [1].

Nos inquiétudes sur la sincérité de notre homme sont d'ailleurs
pleinement justifiées par la conclusion de l'épode :

« Ayant dit ces mots, l'usurier Alfius, qui allait se faire campagnard, fit rentrer tout l'argent qui lui était dû le mois dernier, et déjà
il cherche à en placer pour le prochain. » Ainsi cet amour de la campagne n'était qu'amour de tête, et ce rêve rustique n'était qu'un caprice
brillant d'imagination entre deux coups de Bourse [2].

Horace d'ailleurs faisait d'autant mieux parler son financier qu'il
aimait lui-même la campagne à peu près de même sorte : son esclave
Davus le lui dit franchement le jour où il lui débite ses vérités :

Romæ rus optas, absentem rusticus urbem [3],

et le maître en convient de bonne grâce [4]. L'amour d'Horace pour les
champs est un amour qui ne vient guère que des nerfs, celui de Racan
vient vraiment de son cœur ; voilà l'abîme qui les sépare, et le modeste
poète français mérite d'être salué comme un des écrivains infiniment
rares qui ont été de vrais amoureux de la campagne. La meilleure preuve
d'ailleurs est dans les actes : beaucoup comme Horace consacrent bien
à la campagne quatre ou cinq jours de suite (c'était sa mesure ordinaire) ; Racan lui a donné 40 ans de sa vie [5].

Ce que notre poète a trouvé surtout chez Horace, et varié à l'infini
dans les Odes et dans les Épîtres, c'est l'idée qui le hante lui-même à
présent, à savoir que le bonheur n'est pas dans le pouvoir ou dans le

---

1. « Ces ressouvenirs de la vie gastronomique, qui sont bien à leur place dans
la bouche du citadin fraîchement converti et bientôt relaps, feraient tache dans
un tableau simplement puisé au cœur de la vie rustique. Ce n'est donc pas tout à
fait un désavantage pour Racan de s'en être tenu dans sa peinture à des images
plus générales et plus larges : il y a gagné de produire une inspiration plus *uni-
ment* champêtre, et sa pièce, moins curieuse pittoresquement que celle d'Horace,
a bien plus de naïveté. » Sainte-Beuve, p. 80.

2. Nous risquons le mot à la suite de Sainte-Beuve (p. 78).

3. Sat., II, vii, 28.

4. Entre autres, Ep. I, viii, 12 ; — Sat., II, vi, 60. Horace reste toujours un
rat de ville qui, aux champs, a la nostalgie de la ville. — Il remarque que les
amoureux de la campagne sont en général les citadins, comme les amoureux de la
ville sont les campagnards, et il fait rentrer ce fait dans la loi du mécontentement
universel : voir, entre autres, Ep. I, x, 10, 11 ; toute l'épître, I, xiv ; l'épisode de
Vulteius Ména dans l'Ep. I, vii.

5. Mécène, qui ne savait se passer d'Horace, s'irrite contre lui une fois qu'il
est resté plus de quelques jours à la campagne (Ep. I, vii).

luxe, ni dans l'agitation et la poursuite fiévreuse d'un but lointain. Ainsi, pour le philosophe latin, de toutes les existences qui l'entouraient, celle qui lui paraissait la plus opposée à la vraie sagesse c'était celle du marin marchand qui affrontait mille périls pour courir après les richesses, et il ne lui ménage pas la pitié méprisante [1]. Nous en retrouvons un écho direct dans ces trois vers de Racan qui trahissent clairement l'imitation :

> Il ne va point fouiller aux terres inconnues,
> à la merci du vent et des ondes chenues,
> ce que Nature avare a caché de trésors,

mais la stance se relève aussitôt par un accent tout personnel, par le sentiment vif de la tradition de famille :

> et ne recherche point, pour honorer sa vie,
> de plus illustre mort, ni plus digne d'envie,
> que de mourir au lit où ses pères sont morts.

Le bonheur est dans la modération des désirs; ainsi pensait Racan après toutes ses déceptions, et il était charmé de retrouver cette opinion cent fois répétée dans Horace, qui la pratiquait et la prêchait à ses amis. Seulement celui-ci leur conseillait, pour mieux réduire leurs besoins, de se retirer entièrement de l'action, et il tenta toute sa vie d'amener au repos et au plaisir tout ce qui était de soldats, de trafiquants, d'avocats, d'hommes politiques autour de lui; doctrine décevante au fond, qui ne s'adresse qu'à des riches et qui a le tort d'en faire aujourd'hui des oisifs et demain des vicieux.

Tout en rendant sienne la doctrine de la modération, Racan ne renonce pas pour cela à l'action; il maudit seulement l'agitation et la vie factice des villes, et il n'aboutit pas comme son devancier à l'énervante oisiveté, mais à une sorte d'activité virile à la campagne. Il a pris la sagesse d'Horace et lui a laissé la sensualité : ses vers ont je ne sais quoi de plus mâle et de plus sain.

Il a d'ailleurs ramassé son idée sur le bonheur avec une rare netteté d'expression dans la troisième stance :

> O bienheureux celui qui peut de sa mémoire
> effacer pour jamais ce vain espoir de gloire

1. Entre autres, Ode I, i, 15 et suiv.; II, xvi, 1, 21...; Ep., I, i, 45 et suiv.

> dont l'inutile soin traverse nos plaisirs,
> et qui, loin retiré de la foule importune,
> vivant dans sa maison content de sa fortune,
> *a selon son pouvoir mesuré ses désirs* [1].

Voilà sur le bonheur, nous semble-t-il, le dernier mot de la sagesse purement humaine, lorsque toutefois elle entend rester digne, et ni Horace, ni aucun autre moraliste laïque n'a mieux dit : ne pas compter sur les choses humaines pour nous donner la félicité, mais déraciner notre ambition, tel est certes le moyen d'être, non pas heureux, mais le moins malheureux possible.

En dehors, il ne reste que la conception religieuse, qui est plus haute. Racan n'en est pas encore là, mais il est déjà moins païen qu'Horace et nous sentons que sa philosophie, grave dans le fond, est pour lui une sorte d'acheminement vers un idéal plus élevé [2].

Parmi les sources latines des Stances, il faut encore mentionner Claudien, disciple lui-même de Virgile et d'Horace. Il n'est pas possible en effet que plusieurs vers de Racan, et notamment ceux de la 9ᵉ stance, ne soient point en partie inspirés du beau portrait du *Vieillard de Vérone qui n'est jamais sorti de chez lui* (Epigr. II) :

> Felix qui patriis ævum transegit in agris,
>   ipsa domus puerum quem videt, ipsa senem ;
> qui, baculo nitens in qua reptavit arena,

---

1. Nous avons fait remarquer plus haut que *selon son pouvoir* avait sûrement ici le sens fort de : *conformément à ses moyens* et ne signifiait pas *en faisant son possible*.

2. Racan est moins sensuel qu'Horace, mais il est moins pieux dans ses vers. Les Stances ne contiennent aucune note religieuse, au contraire d'Horace, Épode, v. 21, 22, 59, 66, etc.

Voici entre les deux poètes quelques autres rapprochements, qu'il convient d'ajouter à ceux que nous avons déjà signalés : Racan, v. 3, et un grand nombre de vers d'Horace, entre autres, Ode II, xiv, 1 et suiv. — Racan, v. 19, et Horace, Épode 2ᵉ, v. 3. — Racan, st. 5, et Horace, Épître, I, x, 32, 33. — Racan, st. 13 et l'inspiration de l'Ode II, x (déjà citée pour la stance 2), entre autres v. 7 et 8, Satires, II, vi, fin, et Épîtres, I, vii ; I, x, 32 à 43 et *passim* ; II, x.

Dans le ton général et l'inspiration des Stances on relève une certaine parenté avec l'Ode II, xvi, sur les douceurs de la retraite et le bonheur de la médiocrité, entre autres ces vers :

> Vivitur parvo bene, cui paternum
> splendet in mensa tenui salinum...
> Quid brevi fortes jaculamur ævo
> multa?...
> Non... gazæ neque consularis
> summovet lictor miseros tumultus
> mentis et curas laqueata circum
>   tecta volantes.

unius numerat sæcula longa casæ !
..... *Frugibus alternis, non consule, computat annum* ;
..... ingentem meminit parvo qui germine quercum,
        æquævumque videt consenuisse nemus.....

Il soupire en repos l'ennui de sa vieillesse
dans ce même foyer où sa tendre jeunesse
a vu dans le berceau ses bras emmaillottés ;
il tient par les moissons registre des années,
et voit de temps en temps leurs courses enchainées
vieillir avecque lui les bois qu'il a plantés.

III

Les influences latines sont arrivées sans doute directement à notre poète, mais aussi à travers des intermédiaires français qui ont beaucoup plus d'importance encore si l'on veut expliquer complètement l'inspiration des Stances.

L'épode d'Horace *Beatus ille...* avait été fort goûtée à la fin du 16e siècle, prise dans son sens sérieux, sans qu'on ait eu l'air d'en apercevoir l'ironie. Au milieu de cette ère de guerres civiles, plus d'un se prenait à rêver à la campagne, à la vie bonne, douce, religieuse et pacifique qu'on y peut mener, ornée par l'amour et l'amitié, charmée par les divertissements naturels comme la chasse et la pêche... Ces aspirations vagues, qui ne savaient pas encore bien s'exprimer, s'attachèrent avidement à l'épode d'Horace : on la lut, on la traduisit, on l'imita en vers, en y joignant des souvenirs des *Géorgiques*, en la paraphrasant longuement au moyen de mille traits empruntés au château ou à la chaumière française, et la pièce latine donna naissance à un courant abondant de poésie rustique.

En 1583, la librairie Lucas Breyer eut l'idée de rassembler les principales pièces de ce genre et d'en faire un tout petit volume destiné apparemment à être glissé dans la doublure du pourpoint des hommes d'armes et à les rafraîchir un instant entre deux combats.

L'ouvrage s'ouvrait par « *Les Plaisirs du gentilhomme champêtre*, de Nicolas Rapin, Poitevin », charmant tableau où figure le campagnard avec sa femme, ses enfants, ses amis qui viennent passer avec lui les jours de fêtes, le tout agrémenté d'aimables détails tels que la première grappe de raisin suspendue au grand autel, le jour de la Sainte-Madeleine.... Puis, à la suite des Quatrains de Pibrac, naïf résumé de la sagesse, viennent « *Les Plaisirs de la Vie rustique* » du même; c'est une nouvelle variation sur le sujet, qui nous montre la vie de Colin et de

Marion jusque dans le détail familier, vie de travail et d'amour, coupée régulièrement de pieuses prières : de temps en temps échappent au poète des plaintes d'accent tout sincère sur le sort des paysans. Suit la belle ode de Desportes intitulée aussi « *Sur les plaisirs de la Vie rustique* »,

> O bienheureux qui peut passer sa vie
> entre les siens, franc de haine et d'envie,...

tableau, plus ramassé que les précédents, des plaisirs des champs opposés aux soucis de la ville. Puis vient la longue chanson bachique de Ronsard, « *le Voyage d'Hercueil* » [1], et le petit volume se termine par les poésies doucement sensuelles de Claude Binet, entre autres « *Les Plaisirs de la vie rustique et solitaire* », idylle, surchargée de détails, de *Jeannot* et de *Fleurie*, qui habitent avec leurs enfants dans un antre et se nourrissent surtout de leur propre pêche [2].

Le recueil eut tant de succès que les éditions s'en renouvelèrent, plus ou moins modifiées, pendant tout un siècle [3].

Nul doute que le capitaine Louis de Bueil, qui aimait les vers et la campagne, n'en eût fait son compagnon de route, et il y a fort à parier que Racan connut, bien jeune, la place de ce petit livre dans la « librairie » paternelle du château de La Roche.

Il en exprima le suc, il s'en nourrit, et quand à son tour, non plus par lassitude militaire, mais par dégoût de la cour, il aspira à la campagne, son esprit se trouva être tout plein de ces vers; on s'en aperçoit à bien des traits particuliers de sa peinture, et aussi à cette incertitude où il a laissé le lecteur de savoir si son campagnard est gentilhomme

---

1. Voir Ronsard, édition Blanchemain, t. VI, p. 358.

2. Le volume ne porte pas de titre collectif, pas plus que de pagination uniforme; il est formé de la juxtaposition de 4 petites plaquettes distinctes : la 1ʳᵉ comprend Rapin, la 2ᵉ Pibrac et Desportes, la 3ᵉ intitulée « *Les Plaisirs de la Vie rustique,* qui sont divers poèmes sur ce sujet, extraits de plusieurs excellens autheurs de nostre temps* », ne contient pourtant que l'Ode de Ronsard; la 4ᵉ comprend les poésies de Claude Binet. Chacune de ces parties est datée de 1583 et porte, comme nom d'éditeur, celui de la Veuve Lucas Breyer.

Ce groupe de poètes est loin d'être isolé au 16ᵉ siècle; voir Vauquelin de la Fresnaie, Jean de la Taille, Claude Gauchet, qui publie en cette année même de 1583 un poème intitulé *Les Plaisirs des champs*, etc.

3. Ainsi en 1639, puis en 1660 paraissent encore les quatrains de Pibrac, suivis de ses *Plaisirs de la Vie rustique*, de l'ode de Desportes, des *Plaisirs du gentilhomme champêtre* de Nicolas Rapin et des quatrains du président Favre.

M. Marcou a eu l'heureuse idée de faire de larges emprunts au recueil de 1583 dans ses *Morceaux choisis de poètes*, 3ᵉ édition. On trouve à la p. 125 une partie de l'ode de Desportes et à la p. 164 des extraits du poème de Rapin. C'est une des notes de M. Marcou (p. 109, n. 3) qui nous a mis sur la voie de cette source importante et inconnue des Stances.

.ou manant, car le poète nous parle tour à tour de sa « cabane » et de ses grandes chasses.

Mais autant la veine des ancêtres s'est étalée familièrement en détails diffus, autant la pièce de Racan est sobre et ferme : il a su choisir, ce qui était un mérite inconnu au 16ᵉ siècle ; il se privait nécessairement ainsi de maintes ressources pittoresques, mais en revanche il encadra son paysage d'idées philosophiques qui lui donnaient une singulière portée.

Considérées en elles-mêmes, les Stances peuvent nous sembler gauches et naïves en plus d'un endroit : mais rapprochées de ces poèmes composés 40 ans plus tôt, elles permettent de mesurer tout le progrès réalisé par la poésie et en général par la pensée française.

Les Stances sur la Retraite vérifient cette loi, qui est confirmée par tant de grandes œuvres : souvent celles-ci nous apparaissent de loin comme isolées, et en réalité elles ne forment que la fin et l'aboutissement de toute une littérature qui les a précédées, qu'elles résument dans ses grandes lignes et suppriment en quelque sorte pour la postérité. La tige et la racine échappent à notre vue pour ne laisser apparaître que la fleur éclatante. Les Stances sont donc plus que le chant des désillusions du poète; elles nous offrent aussi cet intérêt plus général d'incarner le rêve rustique de tout le 16ᵉ siècle [1].

Parmi toutes les pièces du recueil, celle dont s'inspira le plus notre poète est évidemment l'ode de Desportes : c'est donc la seule que nous examinerons en détail.

Racan avait été élevé dans le mépris de Desportes et il avait vu couvrir d'un Commentaire impitoyable les marges de ses œuvres. Malgré tout il ressentait une secrète sympathie pour la nature du charmant poète, amoureuse et nonchalante un peu comme la sienne propre, et il le lisait avec plaisir, parfois avec délices. Ainsi il goûtait profondément dans le petit recueil l'ode de Desportes *Sur les Plaisirs de la Vie rustique*, en dépit des critiques rigoureuses dont il l'avait vu cribler par Malherbe et que l'on peut lire encore au cours du Commentaire. Nous mettons sous les yeux du lecteur quelques strophes de cette pièce, qui est en définitive la *vraie source* des Stances sur la Retraite [2].

1. Il faut encore rapprocher le 31ᵉ sonnet des *Regrets* de Joachim du Bellay :

    Heureux qui comme Ulysse.....

Il offre quelques traits communs avec la st. 5 de Racan.

2. On la trouve en entier dans les *Œuvres de Philippe Desportes*, édition Alfred Michiels, Paris, Delahays, 1858, p. 431, où elle est intitulée *Chanson de Bergers*.

1. O bienheureux qui peut passer sa vie
    entre les siens, franc de haine et d'envie,
    parmi les champs, les forêts et les bois,   *Vers* 3
    loin du tumulte et du bruit populaire,
    et qui ne vend sa liberté pour plaire
    aux passions des princes et des rois.

. . . .

3. Il ne frémit, quand la mer courroucée
    enfle ses flots, contrairement poussée
    des vents émus, soufflant horriblement;
    et quand la nuit à son aise il sommeille,   16
    une trompette en sursaut ne l'éveille,
    pour l'envoyer du lit au monument.

4. L'ambition son courage n'attise;   19
    d'un fard trompeur son âme il ne déguise,
    il ne se plait à violer sa foi;
    des grands seigneurs l'oreille il n'importune,
    mais en vivant content de sa fortune,
    il est sa cour, sa faveur et son roi.

. . . .

10. Que de plaisir de voir deux colombelles,
    bec contre bec, en trémoussant des ailes,   56
    mille baisers se donner tour à tour,
    puis, tout ravi de leur grâce naïve,
    dormir au frais d'une source d'eau vive,
    dont le doux bruit semble parler d'amour!

11. Que de plaisir de voir sous la nuit brune,
    quand le soleil a fait place à la lune,
    au fond des bois les nymphes s'assembler,
    montrer au vent leur gorge découverte,
    danser, sauter, se donner cotte-verte,
    et sous leur pas tout l'herbage trembler!   66

13. Le bal fini, je dresse en haut la vue,
    pour voir le teint de la lune cornue,   68
    claire, argentée, et me mets à penser
    au sort heureux du pasteur de Latmie.
    Lors je souhaite une aussi belle amie,
    mais je voudrais en veillant l'embrasser.
        etc. . . . .
15. Douces brebis, mes fidèles compagnes,
    haies, buissons, forêts, prés et montagnes,
    soyez témoins de mon contentement!
    Et vous, ô dieux! faites, je vous supplie,
    que cependant que durera ma vie,
    je ne connaisse un autre changement [1].   90

---

[1]. Voici les notes de Malherbe sur ceux des vers de Desportes que nous citons
(Lalanne, t. IV, p. 449-450); elles serviront à donner une idée du genre de corrections du maître : v. 3. « Cette différence de forêts et de bois est bonne aux maîtres
des eaux et forêts ou aux veneurs; mais je ne suis pas d'avis qu'un poète soit si
pointilleux; un bois n'est pas une forêt, mais une forêt est un bois. » — v. 16. « On

La ressemblance de cette pièce avec les Stances est manifeste : les deux morceaux sont visiblement imités de l'Épode d'Horace [1], et ils sont inspirés l'un et l'autre par l'amour de la campagne et aussi par le mépris de l'ambition. Non seulement les sentiments sont communs, mais des mots, des vers, des strophes presque entières de Desportes ont passé dans Racan [2]. Celui-ci a emprunté à son devancier jusqu'à sa forme rythmique, ce sixain tout harmonieux où résonnent quatre rimes féminines coupées seulement par deux sons masculins, et même, soit intention, soit hasard, le nombre des strophes est identique, si bien que l'on compte 90 vers de part et d'autre [3].

Pour être complet il convient d'ajouter que Racan a fait aussi

ne *sommeille* point à son aise, mais on peut dormir à son aise. » — v. 19. « *Attiser*, pour *brûler*, mal à propos. » — v. 56. *En trémoussant.* « Nota », c'est-à-dire à blâmer. — v. 66. « Je n'aime point *herbage* pour *herbe*. *Herbages*, proprement, sont *pâturages.* » — v. 68. « Ceci n'est point un plaisir des champs ; il se peut prendre aussi bien en la ville. » — v. 90. « Mal dit : *que je connaisse un autre changement* c'est présupposer qu'il y en a eu un précédent. »

Le pendant intéressant de ces critiques serait l'appréciation des stances de Racan par Malherbe. Nous n'avons rien retrouvé sur ce sujet.

1. Outre les ressemblances générales entre Horace et Desportes on saisit chez celui-ci de naïves traductions de certains vers latins, par ex. Horace, v. 5 ; Desportes, v. 17 et 18.

2. Le vers :   Il ne se paît d'une espérance vaine

est devenu   Cette vaine faveur qui nous paît d'espérance. —

            Vivant, content de sa fortune

a donné   Vivant dans sa maison, content de sa fortune. —

            Si je ne loge en ces maisons dorées

et toute la strophe sont transportés par Racan dans sa 12e stance :

            S'il ne possède point ces maisons magnifiques... etc.

La 1re et la 2e strophes de Desportes correspondent à la 3e et à la 14e de Racan. L'apostrophe finale de Desportes :

            Haies, buissons, prés et montagnes,
            soyez témoins de mon contentement

a été suivie de bien près par notre poète :

            Vallons, fleuves, rochers, plaisante solitude,
            si vous fûtes témoins de mon inquiétude,
            soyez-le désormais de mon contentement.

3. Racan a observé dans toutes les stances de cette pièce la pause du troisième vers, à laquelle il s'était converti, comme on le verra au chap. suivant.

Le genre même des stances paraît très bien convenir ici aux sentiments de Racan. Sans qu'on ait pu encore bien déterminer la différence qu'il y a alors entre les stances et les odes, on voit bien que les stances ont moins de prétention lyrique que l'ode, que le sens se termine après chaque stance, qu'elles ont plus de calme et moins de mouvement. (Voir la distinction qu'essaient d'établir MM. Allais, p. 393, n. 1, Souriau, *Vers*, p. 95, n. 3.) En tout cas les stances étaient en pleine vogue depuis Du Perron, Bertaut et Malherbe.

RACAN.

entrer dans ses Stances un sonnet rustique de Desportes [1]; il en a imité
le vers si expressif, inspiré lui-même d'Horace :

> Roi de tous mes désirs, content de mon parti [2].....

ainsi que ce charmant quatrain :

> J'aime mieux voir un pré bien tapissé de fleurs,
> arrousé de ruisseaux au vif argent semblables
> et tout *encourtiné* de buissons délectables
> pour l'ombre et pour la soif durant les grand's chaleurs [3].

En dépit de tous ces emprunts l'on voit ici, plus facilement encore
qu'avec Horace, puisque la similitude est plus complète, comment
chaque poète a mis sa personnalité dans ses stances.

Les premières stances de Desportes sur la vie de cour ne manquent pas d'une certaine fermeté, mais la rhétorique n'en est pas
absente. L'auteur peint les inconvénients de la faveur en homme qui
en a bien joui toute sa vie et qui est pourvu de cinq bonnes abbayes.
Il a pour la fortune le mépris tout artificiel et tout poétique de celui
qui a été gâté par elle; nous sommes loin du renoncement douloureux de
Racan qui, l'ayant poursuivie en vain, lui dit adieu non sans souffrance.

Là où Desportes est plus personnel, c'est quand il décrit sa vie à
la campagne, ce *far-niente* doucement sensuel avec ses plaisirs variés,
ses amours faciles, et surtout ses rêveries de nuit parmi les danses de
nymphes au clair de lune. Mais on sent bien que le cœur de l'homme
n'est pas pris par les véritables charmes de la campagne, c'est seulement l'imagination du poète rêveur qui est touchée [4].

---

1. OEuvres, p. 433.
2. qui est devenu dans Racan :
> Roi de ses passions, il a ce qu'il désire.

Malherbe jugeait rudement le second hémistiche de Desportes : « Cela ne veut
rien dire. » (Malh., IV, 450.) — Cette royauté philosophique a été maintes fois
chantée par Horace, entre autres :
> Rex denique regum. » Ep., I, i, 107.
> Vivo et regno. » Ep., I, x, 8, etc...

3. On reconnaît la 8ᵉ stance de Racan où brille le vers que nous avons admiré
plus haut sur l'*argent des ruisseaux* heureusement imité de Desportes : dans la
fin de la stance, au contraire, en parlant des *lits naturels*
> qui n'ont d'autres rideaux que l'ombre des buissons,

Racan n'a pas osé être aussi naïf, et du même coup il est moins vrai que l'original : on devine là une chicane de Malherbe dans le genre de celle-ci : « Sottise.
Ce sont les buissons, non l'ombre, qui font rideau. »
4. Cette imagination est même parfois un peu mignarde et alexandrine, comme
dans la stance des « deux colombelles ».

Chacun d'eux évidemment aime la campagne à sa manière. Mais comme celle de Racan est plus forte, plus saine, plus élevée! Ce qu'il aime dans la campagne, ce ne sont pas les attraits épicuriens qu'elle offre aux sens, ni le noctambulisme des poètes, qui dorment le jour; c'est le spectacle de sa fertilité, des labeurs qu'elle demande et qu'elle paie par l'abondance, c'est aussi la reprise par le fils de la fécondation séculaire du champ des aïeux, et, s'il ne dédaigne pas les plaisirs, ils ont, dans ses vers, quelque chose de plus relevé, sans rien d'artificiel.

Puis la facture du poème est bien supérieure chez Racan. Elle est d'abord beaucoup plus moderne, car chez Desportes l'usage des hiatus, des vieux mots, de la simple négation *ne* au lieu de *ne pas*, etc., met entre ces deux pièces qui sont peut-être distantes d'une vingtaine d'années, tout l'intervalle d'un demi-siècle, ce qui arrive d'ordinaire entre l'œuvre d'un vieillard et celle d'un jeune homme, parce que chacun reste, à son insu, fidèle à sa vingtième année. Il y a en outre dans la vieille chanson une mollesse et souvent une impropriété et une superfluité d'expressions qui lui ôtent beaucoup de force. De plus le poète y a bien trop parlé de lui-même au lieu d'avoir, comme Racan, le bon goût d'attribuer ses propres sentiments au campagnard dont il vante le bonheur dès les premiers vers. Et nous ne parlons pas des chicanes de détail que lui a adressées Malherbe : Racan n'eut garde, dans son imitation, de retomber dans aucune des fautes qu'il vit reprocher par son maître à Desportes.

Notre poète lui a bien emprunté ses quinze sixains, mais il a remplacé le vers de dix syllabes par le grand alexandrin, et ce simple changement matériel qui lui a été inspiré par son tempérament de poète est le signe extérieur de la différence essentielle des deux inspirations. Racan n'a pas craint d'affronter la grande strophe alexandrine, parce qu'il avait à y verser de larges et harmonieuses périodes exprimant les forts sentiments dont il avait l'âme remplie.

Il est poète lui aussi, non parce que son imagination se joue dans la nature et la peuple de gracieux fantômes mythologiques, mais simplement parce qu'il recueille en ses vers la poésie qui monte naturellement de la terre remuée par l'homme, comme la rosée aux matins d'été, et cette simplicité même fait la beauté et le prix de son inspiration. N'y a-t-il pas entre ces deux tableaux champêtres quelque chose de la différence qui sépare en peinture Corot de Rosa Bonheur?

*
* *

Bien des éléments étrangers, somme toute, entrent dans la composition des Stances, on a remarqué que c'est la loi de presque toutes les œuvres vraiment originales [1], et, pour faire sa pièce, Racan, sans se cacher, a puisé à pleines mains dans Virgile, dans Horace, dans Claudien et dans Desportes, leur empruntant des idées, des sentiments, des mots, des images et presque des vers, et l'on ne doit point le regretter, car son manque de culture première et sa paresse naturelle l'auraient peut-être empêché toujours de construire ce poème s'il n'en avait pas trouvé les matériaux tout prêts sous sa main. Il les a presque tous empruntés, mais le dessin grand et simple suivant lequel il les a agencés lui appartient en propre, et le sentiment qui l'a inspiré, nous l'avons vu dans le détail, lui est absolument personnel.

En définitive une douce et profonde *mélancolie*, venant de la chute des chères illusions de jeunesse et en même temps un riant et naïf *amour de la campagne*, tels sont les deux sentiments pénétrants qui, harmonieusement fondus, ont rencontré une expression définitive dans les Stances sur la Retraite : ne nous étonnons point de cet amalgame singulier au premier abord, en remarquant que tous les grands sentiments de l'âme humaine sont teintés de mélancolie, car notre cœur est ainsi fait que nous n'aimons jamais si fortement les biens de ce monde que le jour où nous les avons perdus et que nul ne chante mieux la patrie que l'exilé, la santé que le malade, l'amour que l'amant trahi, la foi que l'apostat, la campagne que le citadin forcé....; c'est ce qui fait que nos plus grands poètes de sentiments sont des mélancoliques, tels Chénier, Lamartine et Musset. Racan est un de leurs lointains et modestes devanciers dans une gamme moins douloureuse, plus apaisée, plus sensée et plus française [2].

Nous ne voyons guère que deux reproches sérieux à lui adresser : c'est de ne pas avoir osé faire entrer plus franchement la famille dans son tableau du bonheur champêtre (on la devine plus qu'on ne la voit), et d'y avoir tout à fait omis la religion, malgré la gravité philosophique, presque religieuse de certaines stances. Les naïfs chantres rus-

1. Nous l'avons montré ailleurs, à propos de La Fontaine : *De la Vie actuelle de La Fontaine en France* ; 2ᵉ édition, br. 8°, Poitiers, Druinaud, novembre 1895; p. 20.

2. On voit donc avec quelles réserves il faut faire de Racan un des ancêtres de « la mélancolie ».

tiques du 16ᵉ siècle avaient été à cet égard mieux inspirés. Mais il
devait ailleurs réparer cette double omission.

Telle qu'elle est, cette pièce nous révèle l'existence d'une 3ᵉ corde
dans la lyre de notre jeune poète; l'une, celle de l'élégie, nous avait
fait entendre les grâces plaintives d'un cœur amoureux, l'autre les
vifs accents des émotions lyriques; celle-ci, celle des Stances, fait
vibrer avec une sonorité plus grave les pleins accords de la philosophie morale.

En somme, des 6000 vers de notre poète, les 90 vers des Stances
forment le seul fragment resté debout, au milieu de la ruine générale
opérée dans son œuvre par le temps, et il mérite d'être immortel.

Jamais il ne fut plus opportun de le remettre en honneur que dans
la fin de notre 19ᵉ siècle. Un des maux dont nous souffrons, de l'aveu
de tous, dont nous pourrions bien mourir, pour peu que cela continue, conséquence de notre civilisation intensive, c'est le dépeuplement
des campagnes, c'est cette fièvre qui nous prend tous, tant que nous
sommes, noblesse, peuple ou bourgeois, et qui nous arrache au château
ou au sillon de nos pères pour nous précipiter dans les villes, vers la
vie ardente du cœur ou de l'esprit, de l'ambition ou des sens. Il en est
qui reviennent un jour à la terre, mais comme Racan, blessés, mutilés,
résignés, au lieu d'avoir consacré généreusement et sagement au sol
leur jeunesse, leur santé et leur première ardeur, en sorte que la pauvre
terre est devenue surtout le refuge des malades, des enfants, des vieillards, des vaincus de la vie, des ruinés, des retraités de tout genre et
des sots. Certes elle est assez hospitalière pour accueillir tous ceux-là,
mais elle mérite mieux; elle voudrait encore, ce qu'elle trouve si rarement, de la virilité, de la force intacte, de l'intelligence, de la jeunesse,
— toute prête à donner en échange ces biens inestimables qui se nomment la santé, la paix qui est la santé de l'âme, l'honnêteté, l'équilibre
heureux des facultés.

Nous voudrions qu'aujourd'hui plus que jamais il se fît une conspi-
ration de toutes les bonnes volontés autour de cet admirable poème,
pour le remettre en belle place et le faire sentir à nouveau, pour ramener l'attention de chacun au jeune gentilhomme d'autrefois qui, ne
trouvant pas le bonheur dans tout ce qui le lui avait brillamment promis,
revient, à l'âge de trente ans, vers la terre qu'il a quittée enfant, cette
éternelle méprisée dans les bras de qui il vient se jeter pour trouver la
paix et le bonheur comme dans le sein d'une mère aimée que l'on a
méconnue...., et alors, si par cas il arrivait que cette pièce où palpite
tout un cœur d'homme, expliquée, ou simplement lue avec émotion,

retenait un seul homme à la glèbe de France, ce jour-là il faudrait jeter au feu tous les commentaires de La Harpe, de Sainte-Beuve et des autres; elle en aurait un désormais admirable, le seul qui fût vraiment digne d'elle [1].

Pour ce qui est de l'existence que nous étudions, les Stances en forment donc vraiment la borne centrale, borne de Janus à deux visages, dont l'un reflète sans amertume toutes les déceptions accumulées de la jeunesse, dont l'autre sourit doucement à l'avenir rêvé de la vie rustique.

1. On trouvera aux Pièces justif. n°s 10 et 11 une comparaison des Stances avec l'épître VI de Boileau et le « Songe d'un habitant du Mogol » de La Fontaine, et une note sur une curieuse adaptation faite des Stances par Camus dans un de ses romans.

CHAPITRE IX

Racan chez Malherbe.

1610-1620

Pour achever le tableau complexe des dix années de Racan, qui vont de 1610 à 1620, de cette période de sa vie militairement si vide et littérairement si pleine, il nous reste à parler de sa pastorale dramatique. Mais auparavant il est nécessaire que nous suspendions un peu la suite du récit pour étudier quels furent pendant cette période les rapports de notre poète avec Malherbe. C'est une partie capitale de sa vie littéraire. S'il cultive par lui-même les diverses variétés de la poésie lyrique, c'est aux côtés de Malherbe, dans le cercle gouverné par lui qu'il complète ses idées sur la poésie, et qu'il fixe sa pratique.

Au milieu de l'inaction forcée que lui imposaient les circonstances l'enseigne avait là une heureuse ressource pour fuir l'ennui et pour occuper agréablement les heures : il retournait, prolongeant ses études, à l'école de poésie tenue par Malherbe.

Avec lui, en 1605, il a fait ses premiers pas et il s'est engagé dans la carrière poétique sous cette impérieuse direction qu'il acceptait, nous l'avons vu, sans en goûter également toutes les parties, donnant à son maître son cœur, non son esprit sans réserve [1].

Les années se sont écoulées, il est devenu homme et poète à son tour. Il a acquis le droit maintenant d'affirmer ses premières velléités d'indépendance et, en présence de Malherbe, de joindre de l'assurance au respect qu'il lui montre. Celui-là de son côté pourrait baisser un peu le ton avec son ancien disciple, aujourd'hui son émule.

Qu'en advint-il en réalité? et quels changements ont subis au bout de dix ans, vers l'année 1615 par exemple, les rapports de Malherbe et de Racan? L'un s'est-il fait moins sévère, et l'autre plus hardi [2]?

On voit bien que dans le simple cadre d'une entrevue de personnes, nous touchons à la question si importante de l'originalité des idées littéraires de Racan. Nous avons déjà constaté par voie expérimentale au cours de cette étude, que ses poésies lyriques sont loin de ne former qu'un écho de celles de Malherbe, et que sa muse a souvent fait entendre des notes personnelles [3]. Écoutons maintenant ses discours en présence de son maître, observons son attitude, voyons si en face de lui il sait garder et défendre au besoin ses opinions, et si sa parole sait être indépendante à l'égal de sa plume.

Nous nous servirons encore pour cette étude des notes pleines de naïveté et de bonhomie que le disciple lui-même a laissées sur Malherbe, en les complétant par les anecdotes inédites de Racan que nous avons publiées [4].

1

Racan et Malherbe se voyaient d'abord régulièrement chez leurs communs protecteurs, le comte et la comtesse de Bellegarde, où le vieillard avait sa place à table et le jeune homme sa chambre, dans ce

1. Ch. iv.
2. En 1615 Malherbe a 60 ans et Racan 26.
3. Voir aux chapitres vi, vii, viii.
4. Les notes intitulées à tort *Vie de Malherbe*, puisque ce ne sont que des *Mémoires* de Racan pour la Vie de Malherbe, se trouvent, comme nous l'avons dit, au t. Ier de l'éd. complète des Œuvres de Malherbe donnée par M. Lalanne, p. lxi-lxxxviii. Toutes nos références s'y rapporteront, et nous adopterons cette indication abrégée, *Mém.* Pour nos *Anecdotes* (Anecd.), cf. plus haut l'Index bibliographique.

magnifique hôtel que le Grand Écuyer, avec son goût des beaux bâtiments, venait de faire construire par le célèbre architecte du Pont-
Neuf et de la galerie du Louvre, Androuet du Cerceau. C'était à deux
pas du Louvre, dans la petite rue de Grenelle Saint-Honoré [1].

« Cette maison, dit un contemporain, veritablement celebre à
cause de sa regularité que nos architectes avoient tout nouvellement
rapportée d'Italie, semble mesme majestueuse, parce qu'elle est faite de
briques liées avec des chaines de pierre, comme la Place Royale, la
Place Dauphine... Il n'y eut neanmoins rien qui surprist davantage et
donnast plus d'admiration que son grand escalier suspendu en l'air,
inventé et conduit par Toussaint Verger [2]. » Le jardin spacieux
s'étendait jusqu'à la rue du Bouloi [3].

Dans cette somptueuse demeure notre orphelin se regardait
comme chez lui. Sa cousine Mme de Bellegarde (qui avait alors une
quarantaine d'années) était à son égard d'une bonté à toute épreuve :
privée d'enfants, elle lui servait vraiment de mère, s'intéressant à lui,
le soignant, l'encourageant, le fournissant sous main d'argent dont il
avait grand besoin au milieu de ses embarras d'affaires, et lui assurant
sa succession [4].

Avec elle, il lui arriva, certains jours, sa distraction aidant, de
singulières mésaventures. Une après-dînée, il revient tout mouillé, il
entre dans la chambre de la comtesse, pensant entrer dans la sienne,

---

1. Voir sur le plan du vieux Paris que nous donnons en tête du chapitre.
2. Sauval, *Antiquités de Paris*, II, 196, cité par Paulin Paris dans *Tall.*, I, 315,
n. XXI.
3. Bellegarde fit construire son hôtel à la place de deux maisons réunies,
qu'il acheta en 1612, et qui avaient porté successivement depuis 1573 les noms
d'hôtel de Condé, d'hôtel de Soissons et d'hôtel de Montpensier. L'hôtel de Bellegarde devint en 1633 l'hôtel Séguier, et le chancelier l'augmenta d'une double
galerie qui fut peinte par Simon Vouet, et fit dessiner le jardin par Lebrun.
L'Académie y siégea pendant trente ans, de 1643 à 1673, et y reçut la reine Christine
de Suède en 1656. En 1690 l'hôtel fut acheté par les fermiers du roi, qui y établirent leurs bureaux. Le vieil hôtel des Fermes fut détruit vers 1850, ce fut à cette
époque un des « Embellissements de Paris ». (Paulin Paris, dans *Tall.*, I, 315,
n. XXI.) — N'y aurait-il pas là pour un artiste lettré la matière d'une intéressante
monographie d'hôtel? la noblesse, les lettres, les arts, la justice, les finances :
grandeur et décadence...
On se souvient qu'en 1605 Henri IV, ne pouvant entretenir Malherbe à la cour,
l'avait mis à la table du Grand Écuyer. Maintes anecdotes le montrent mangeant à
cette table (nous en citons deux plus loin) ou en sortant, celle entre autres des
Mém., p. LXXVII, ou Tallemant, I, 289, qui représente Malherbe rentrant chez lui
après souper, ayant devant lui son homme qui lui porte le flambeau, toujours
positif, brusquant les gens qui lui font brûler de la chandelle en bavardant pour
ne rien dire : joli sujet de tableau de genre pour un Tony Robert-Fleury.
Racan avait évidemment sa chambre à l'hôtel Bellegarde, puisqu'il lui arrivait
de se tromper et d'entrer chez la comtesse, comme nous allons le voir.
4. On le voit dans la scène du Meunier, son fils et l'âne, *Mém.* LXXXI.

sans voir Mme de Bellegarde et Mme des Loges qui occupent les deux coins du feu. Elles ne disent rien pour voir jusqu'où ira « ce maistre resveur ». Il se fait débotter et dit à son laquais : « Va nettoyer mes bottes, je ferai sécher ici mes bas. » Alors il s'approche du feu avec ses bas à bottes. (Les bonnes langues ajoutaient même qu'il les étendit bien proprement sur la tête des deux grandes dames qu'il prenait pour deux chenets.) Puis il se met à se chauffer. « Elles se mordoient les lèvres de peur de rire, enfin elles esclattèrent [1]. »

La comtesse riait de ses rêveries ; elle les lui passait en faveur de son bon cœur et aussi de son génie poétique qui établissait un trait d'union entre eux : car elle aussi, comme un grand nombre de femmes qui ont beaucoup de temps, cultivait la muse, bien digne par ses propres goûts d'avoir opéré ce rapprochement si fécond de Malherbe et de Racan. On se rappelle que dans sa chambre, un jour d'été de l'année 1606, elle avait composé une chanson en compagnie de ses deux poètes [2]. Nous pouvons donc juger avec quelle affectueuse et compétente sympathie la maîtresse du logis devait suivre les progrès poétiques de son jeune cousin.

Quant à Bellegarde, il était connu pour son amour des vers [3]. Son frère, l'élégant marquis de Termes, se piquait même de poésie, et, à ce titre, il prêtait attention aux vers de l'enfant de la maison. Il le reprend un jour d'un vers des Stances sur la Retraite, où il a mis en parlant du campagnard :

> Le labeur de ses bras rend sa maison prospère.

C'était à cause du mot *prospère*, auquel les puristes du 17ᵉ siècle ne firent jamais très bon accueil. « M. de Malherbe, répond Racan, a bien usé de ce mot *prospère* en ces vers :

> O que la fortune prospère.... »

« Eh bien, mort Dieu ! s'écrie Malherbe qui écoutait, si je fais un... une sottise (le mot de Malherbe est plus énergique), en voulez-vous faire

---

1. Tall., II, 361. Le trait qui montre Racan étendant ses bas sur les deux têtes doit être de l'invention du conteur.

2. Voir plus haut, p. 65, et Malherbe, I, 96.

3. Les poètes lui dédiaient leurs œuvres, par exemple *Les premières œuvres poétiques et souvenirs amoureux* de Guy de Tours, Paris, 1598 (Allais, 315 et s.). — Mais nous avons dit p. 65, n. 2, que c'est sans doute par erreur que Tallemant (I, 296) attribue à M. de Bellegarde les couplets faits par Mme de B. avec Malherbe et Racan.

une autre ? » Racan finit d'ailleurs par se rendre à l'observation de
M. de Termes, et il adopta cette variante heureuse que nous avons
citée :

> Il laboure le champ que labourait son père [1].

Racan dînait presque tous les jours à la table de Bellegarde, à côté
de son maître. On devine le tour littéraire que devait prendre souvent
l'entretien. Malherbe y donnait le ton, et non seulement en poésie,
mais, chose curieuse, même en cuisine, comme en témoigne une de
nos nouvelles anecdotes.

On sert un jour un faisan tout garni de ses plumes, comme à l'ordinaire. M. de Bellegarde les arrache et veut les jeter. Le maître
d'hôtel le supplie de n'en rien faire : cela est nécessaire à ce faisan pour
le discerner d'avec les chapons. « Mettez-y plutôt un écriteau dessus,
répond brusquement Malherbe, et y écrivez que c'est un faisan si vous
avez peur qu'il ne soit point reconnu. » — « Cela fut cause que M. de
Bellegarde défendit de mettre plus de plumes aux faisans que l'on
servoit à sa table. » — Voilà une des rares réformes du législateur qui
ne lui aient pas survécu. Les cuisiniers ont vaincu Malherbe [2].

. . . .

L'on voudrait avoir autre chose que de simples indications sur cet
intérieur qui fut pendant quinze années celui de Racan. Elles suffisent
néanmoins, ce semble, pour donner une idée de cet hôtel de grande
noblesse ouvert à un choix d'hommes politiques, de femmes d'esprit,
d'hommes de guerre et d'hommes de lettres, où régnaient l'amour de
l'action et la vaillance, la beauté parée des grâces du cœur et de l'esprit

---

1. *Mém.* LXXII. Il s'agit, comme le dit M. Lalanne, du 1er vers de la 4e stance
sur la Retraite (I, 197), et non, comme le croyait Latour (I, 265), d'un vers des
Bergeries. — Cette anecdote se place entre 1605, date de la pièce de Malherbe, et
1620, date de la publication de celle de Racan ; elle appartient donc bien à la période
qui nous occupe. — L'anecdote est répétée dans les mêmes termes par Tallemant,
I, 294.

M. Roy (*Sorel,* 98) donne toute une famille au mot de Malherbe ; c'est d'abord
« un *vieux dicton* » cité du Bellay dans la *Deffense et Illustration,* l. II, ch. III,
probablement cette réflexion qu' il ne faut pas « faire comme ceux qui, voulans apa-
roitre semblables à quelque grand Seigneur, immiteront plus tost un petit geste... ».
Il rapproche ensuite les mots équivalents de *Francion* et des *Femmes savantes,* I, 1 :

> Quand sur une personne on prétend se régler...

2. *Anecd.*, p. 71. — Notre version éclaire celle de Tallemant (I, 283), qui est
équivoque : on pourrait croire chez lui que c'est Malherbe qui arrache les plumes.
Il est probable que Malherbe prit moins régulièrement ses repas chez Bellegarde à partir de 1610, la reine lui ayant donné alors 500 écus de pension (revenant à environ 10 500 francs de rente actuelle), « ce qui lui donna moyen, dit
Racan, de n'être plus à charge à M. de Bellegarde ». *Mém.* LXVI.

et le goût décidé des beaux vers, de ce logis majestueux et élégant que fréquentaient Mme des Loges, Bassompierre et les Guise, où habitait Anne de Bueil entre le comte de Bellegarde et le marquis de Termes, où étaient hébergés Malherbe et Racan.

Sous le rapport littéraire c'était évidemment l'influence de Malherbe qui dominait, un peu tempérée par la grâce des femmes, l'élégance des hommes, l'importance des desseins politiques et militaires. Cette atmosphère saine de franchise, de littérature et d'action paraît avoir été favorable à la croissance poétique de notre jeune héros, qui y reçut avec de maternelles attentions et la sécurité de la vie réelle, une certaine tenue ferme et douce à la fois pour sa Muse et plus d'une heureuse inspiration pour ses vers.

II

L'influence de Malherbe pure de tout adoucissement, l'enseignement du maître dans son entière âpreté, c'est chez Malherbe lui-même que Racan les recevait.

Le vieux poète s'était logé aussi tout près du Louvre, à l'auberge Notre-Dame, devant la croix des Petits-Champs [1]. En l'absence de sa femme et de son fils qu'il avait laissés en Provence [2], il habitait modestement une chambre garnie, où se trouvaient un lit, une cheminée, un buffet, une table et sept ou huit chaises de paille [3]. Elle lui suffisait d'ailleurs, car jamais il ne chercha l'élégance ni en vers ni en meubles. N'est-il pas vrai que nous marquons naturellement notre empreinte sur notre demeure, et n'y a-t-il pas une analogie frappante entre cette chambre propre et nue, pourvue seulement du nécessaire, et les odes qui y furent composées?

Cette simple chambre, qui ressemblait plutôt à celle d'un écolier

---

1. Correspondance de Malh. — Cf. Feuillet de Conches, *Causeries d'un curieux*, IV, 7. — Voir notre plan, p. 151. — Cette auberge, qui était à l'Image Notre-Dame comme un très grand nombre d'auberges de Paris, n'est pas mentionnée dans les *Rues de Paris*, coll^on de la ville de Paris, ce quartier n'ayant pas encore été dépouillé.

2. Il les avait laissés à Aix. Il alla les voir en 1616 (il y avait 11 ans qu'il était séparé d'eux!). Il ramena à Paris en 1617 son fils Marc-Antoine, qui était âgé de seize ans. (Voir des détails piquants sur ce séjour du jeune homme, dans Lalanne, *Malh.*, I, p. xxxiv et notes.)

3. *Mém.* lxxviii. Racan parle des chaises, Tallemant de la cheminée (I, 288), il en est question ainsi que du buffet dans une anecdote que nous citerons plus loin. On trouve la table mentionnée ou indiquée *Mém.* lxxv, lxxvii et *passim*.

qu'à celle d'un maître, vit accomplir une réforme capitale de la poésie française, dont les moindres effets devaient durer deux siècles.

En sortant de l'hôtel Bellegarde, Racan était en un instant chez son maître. Il y avait ses entrées franches par un privilège qui paraît n'avoir appartenu qu'à lui. Il y montait à toutes les heures du jour, et il eut ainsi l'occasion de surprendre plus d'un curieux spectacle.

C'est là, nous l'avons dit, qu'il trouva Malherbe, un jour du mois de janvier 1610, payant un ouvrier en mesure et alignant symétriquement cinquante sols sur la table en forme de strophe [1].

Le 3 février 1618 était un samedi, le lendemain de la fête de la Purification de la Sainte-Vierge. Il fallait reprendre ce jour-là le maigre du samedi, que l'Église suspendait de Noël à la Chandeleur, pendant le temps correspondant aux couches de la Vierge, comme cela se pratique encore dans certains diocèses [2]. A sept heures du matin, Racan entre chez son maître et le trouve en face d'une bonne grillade d'un reste de gigot de mouton qu'il a gardé du jeudi : « Quoi! Monsieur, s'écrie-t-il, vous mangez de la viande? Notre Dame n'est plus en couche. — Les dames ne se lèvent pas si matin », répond brusquement Malherbe [3].

Le poète était très frileux. Par un grand hiver Racan entre chez lui et voit sa fenêtre tendue de trois ou quatre aunes de frise verte (l'astracan de nos pères) : « Qu'est-ce que vous voulez faire de cette frise? — Je pense qu'il est avis à ce froid qu'il n'y a plus de frise à Paris, répond Malherbe en bougonnant; je lui montrerai bien que si [4]. »

Un matin du même hiver, Racan arrive juste pour... lui voir mettre ses bas. Il était fort affairé, enfilant les unes par-dessus les autres un certain nombre de paires, presque toutes noires. Dans la crainte de favoriser une jambe plus que l'autre, le bonhomme marquait à mesure avec des jetons le nombre de bas qu'il mettait à chaque jambe. Racan pour une fois, la seule sans doute, plus pratique que son maître, lui conseilla d'attacher à chacun de ses bas un ruban de couleur par ordre alphabétique, *amarante*, *bleu*, *cramoisi*, etc. Malherbe approuve le conseil et l'exécute sur l'heure. Le lendemain, rencontrant

1. V. au ch. v.
2. Celui d'Autun par exemple.
3. *Mém.* LXVIII. Tall., I, 284. L'éditeur a omis ici les crochets qui indiquent un emprunt fait par Tallemant à Racan. — Nous avons calculé que le 3 février est tombé un samedi en 1612 et en 1618. Racan paraît avoir été à Paris à ces deux dates; nous choisissons la seconde, époque à laquelle il avait pris plus d'assurance avec son maître.
4. *Mém.* LXXIII et Tall., I, 290.

son disciple, comme à l'ordinaire, à la table du comte de Bellegarde, au lieu de bonjour il lui dit : « J'en ai jusques à l'L. » Tout le monde fut fort surpris, Racan tout le premier, lui qui n'avait jamais l'esprit très présent. Il eut de la peine à entendre que son maître signifiait par cette énigme qu'il avait mis douze paires de bas [1].

Aider quelqu'un à enfiler ses bas, n'est-ce pas — en fait d'amitié du moins, — le terme suprême de l'intimité? Elle se marquait aussi d'autre sorte. Malherbe avait assez de confiance en Racan pour le consulter ordinairement sur ses propres vers. Et croit-on que l'élève se bornait à encenser son maître? Nullement, il lui disait franchement son opinion. Quelquefois il poussait plus loin la hardiesse.

Un jour Malherbe lui récite des vers nouvellement faits et lui en demande son avis. « Je ne les ai pas bien entendus, répond celui-ci : vous en avez mangé la moitié. » C'était rappeler au maître son bégaiement et s'exposer sûrement à le vexer, ce qui ne manqua point : « Mort Dieu! s'écria-t-il en colère, si vous me fâchez, je les mangerai tous; ils sont à moi puisque je les ai faits, j'en puis faire ce que je voudrai. » Rappeler aux gens leurs défauts physiques, voilà qui s'appelle avoir avec eux son franc parler [2].

Quelquefois en tête à tête avec Racan, Malherbe lui parlait de leur art, de la poésie, mais avec quel prosaïsme positif! La confidence bien connue est bonne à retenir, elle contient tout Malherbe : « Voyez-vous, Monsieur, lui disait-il, si nos vers vivent après nous, toute la gloire que nous en pouvons espérer est qu'on dira que nous avons été deux excellents arrangeurs de syllabes..., et que nous avons été tous deux bien fous de passer la meilleure partie de notre âge en un exercice si peu utile au public et à nous, au lieu de l'employer à nous donner du bon temps, ou à penser à l'établissement de notre fortune [3]. » Voilà qui n'était guère encourageant pour un débutant. Mais Racan ne se faisait pas non plus d'illusion, lui qui n'était poète que par oisiveté et qui eût tant préféré, comme ses pères, courir le royaume à cheval, l'épée au côté!

On voit déjà comme les rapports de l'élève favori avec le maître sont

---

1. *Mém.* LXXIII et Tall., I, 291.

2. *Mém.* LXXIX et Tall., I, 287. Les jours où il était de meilleure humeur, Malherbe disait « de luy-mesme qu'il estoit de *Balbut* en *Balbutie* ». — Il est très probable que Racan témoigna son admiration à son maître pour l'ode sur le voyage de Henri IV en Limousin (*Malh.*, p. 69), voir *Mém.* LXV, en même temps qu'il fit en sa présence la critique qu'il adressait au vers 66, voir *Malh.*, I, p. 72, n.

M. Souriau (*Vers*, p. 41, n. 2) pense qu'il faut attribuer à Racan la variante heureuse que Ménage a donnée à un vers de Malherbe (Malh., I, p. 153, v. 22).

3. *Mém.* LXXVI et Tall., I, 281.

devenus libres et familiers; c'est le tête-à-tête de deux amis, de deux intimes. Plus de crainte, plus de contrainte. La liberté et la cordialité règnent absolues entre eux avec un certain sans-gêne de camarades, prenant du côté de Racan la forme de l'aisance et de la hardiesse, de l'autre celle de la bonhomie tolérante et de la brusquerie bon enfant.

*
* *

Mais si Racan a pris avec son maître, quand il est seul avec lui, une singulière assurance, peut-être en public, lorsque Malherbe est en compagnie, redevient-il le disciple des commencements, et, comme on l'appelait, il y a dix ans, le page de Malherbe.

Suivons-le donc, remontant, sur le soir, dans la chambre de son maître, à l'heure où se tient presque chaque jour une « petite conférence » littéraire[1]. Il y trouve le président Maynard qui, chaque fois qu'il peut s'échapper de sa lointaine province, vient se loger tout auprès[2], le sieur de Touvant, Dumonstier, le peintre-poète[3], Yvrande, l'ami de Racan et son ancien compagnon des pages, le normand Colomby, compatriote et cousin de Malherbe, grand et gros homme, aussi vain que gros, qui eut un jour l'impertinence de dire à Racan : « Je n'ose retourner en mon pays parce que mon Père me gourmanderoit d'avoir fait si peu de chose à la Cour, n'ayant encore que 10 000 livres de pension », quelque chose comme 70 000 francs de rente actuelle[4]. On comptait encore quelques autres poètes moins connus[5].

Il importait d'arriver à temps, car une fois la chambre au complet, c'est-à-dire les 7 ou 8 chaises occupées, on fermait la porte à l'intérieur. Les retardataires venaient-ils à heurter, Malherbe leur criait : « Attendez, il n'y a plus de chaises », estimant, dit Racan, qu'il valait

---

1. *Mém.* LXX et Tall., 276.
2. Latour, I, 266. Sur Maynard, voir notre chapitre VI.
3. Telle est la véritable orthographe du nom, et non pas *Dumoutier*, généralement adopté. C'est ainsi qu'il signait ses portraits (Lalanne, t. I, p. CXXV, n. 1). On sait d'ailleurs que le latin *monasterium* a donné le français *moutier* et *montier* : *Noirmoutier* et *Montierneuf*, église de Poitiers.
4. Nous empruntons ce portrait raccourci à une notice manuscrite que Conrart a consacrée à Colomby (Arsenal) et qui a été en partie seulement publiée par Paulin Paris dans Tallemant (I, 311). Le mot à Racan est inédit.
Il avait 1200 écus (3600 livres) comme « Orateur du Roy pour les affaires d'Estat », titre créé pour lui, et de plus il avait obtenu une grosse pension par son parent, M. Morant, trésorier de l'Épargne.
5. *Mém.* LXX et Tall., 276.

mieux ne les point recevoir que de leur donner l'incommodité d'être debout [1].

Dans ce petit cénacle de poètes Malherbe maintenait énergiquement sa primauté. Un jour, un habitant d'Aurillac, où Maynard était président au siège présidial, vient frapper à la porte en demandant : « Monsieur le Président est-il point ici? » Malherbe se levant brusquement court répondre à l'Auvergnat : « Quel président demandez-vous? Apprenez qu'il n'y a point ici d'autre président que moi [2]. » Son fauteuil présidentiel est une simple chaise de paille, près de la cheminée à cause de sa « crachotterie » perpétuelle [3].

Les disciples qui ne sont pas présidents de cour judiciaire, comme Maynard, sont pour la plupart *de qualité* [4]. Mais celui qui a de tous la meilleure noblesse est incontestablement Racan, de la vieille souche de Bueil, et nul ne saurait comme lui citer des maréchaux, des gouverneurs de province et des amiraux parmi ses ancêtres. Il est trop simple à coup sûr pour en tirer vanité. Et puis Malherbe, avec ce ton méprisant et agressif qui lui est familier, prend soin souvent de le maintenir dans la modestie, dont il ne songe pourtant pas à sortir. « C'est une folie, lui répète-t-il, de se vanter d'être d'une ancienne noblesse; plus elle est ancienne, plus elle est douteuse; il ne faut qu'une femme lascive pour pervertir le sang de Charlemagne et de saint Louis; tel qui pense être issu d'un de ces grands héros est peut-être issu d'un valet de chambre ou d'un violon [5]. » Il était dificile d'être plus insolent.

Bien entendu l'on cause surtout de littérature, de poésie en général et en particulier de poésie lyrique. La méthode du maître est la même avec sa *classe* de poètes que dans ses leçons particulières à Racan. Il n'aime pas à disserter théoriquement sur les formules nouvelles de sa poétique, et il se soucie peu de composer avec ses idées un système régulier. Son procédé à peu près uniforme est de lire les vers d'un

---

1. *Mém.* LXXVIII et Tall., 289. Malherbe disait selon la forme de son temps : « Il n'y a plus de *chaires.* » C'est ce qui explique son jeu de mots rapporté par Tallemant d'une façon peu claire, p. 289.

2. *Mém.* LXX et Tall., 277.

3. Tallemant (I, 287) prétend d'après Balzac qu'il crachait *au moins* six fois en quatre vers qu'il récitait; c'est peut-être de la caricature. On connaît en tout cas le mot assez juste du cavalier Marin qu'il n'avait jamais vu homme plus humide ni poète plus sec. V. *Anecd.*, p. 62.

4. MM. de Malherbe, de Touvant, de Colomby, etc.

5. *Mém.* LXXVI, Tall., I, 281. C'était peut-être au fond jalousie de roturier : de même Malherbe se prétendait noble, et était, suivant Balzac (*Entr.*, p. 212, éd. de 1660), fort entêté de sa noblesse qu'il disait venir des compagnons de Guillaume le Conquérant. Voir l'*Instruction de F. de Malherbe à son fils.* Il trouvait que « l'épée est la vraie profession du gentilhomme » : c'est pourquoi il s'était engagé en 1579 dans la carrière des armes (V. Allais, p. 50 et n.).

mort ou d'un vivant et d'en faire une critique minutieuse et positive, ardente et pittoresque.

Il arriva pourtant aux amis, certains jours, de s'élever jusqu'à des idées générales sur la poésie. Ainsi quelques-uns (mais ce n'était pas Malherbe) déclaraient que « le principal dessein de toutes les inventions poétiques est d'instruire à la vertu agréablement en faisant voir, contre l'opinion des athées, que la justice divine agit dès ce monde; que les gens de bien ne sont pas toujours malheureux, ni les méchants toujours heureux... etc. » Suivant cette conception philosophique et chrétienne, la poésie doit en quelque sorte corriger la vie et répondre à l'éternelle objection des athées contre la Providence [1]. Racan recueille et approuve cette idée, ainsi que les autres règles qui sont données à la suite d'Horace sur le poème épique, par exemple la continuité de la vertu du héros et la constance de tous les caractères.

Mais les considérations de ce genre sont rares et l'on revient vite à la critique textuelle.

Cette critique chez Malherbe est essentiellement négative. Elle s'exerce seulement dans le sens du blâme, qui tourne vite à la raillerie et à l'invective. Quant à la louange, elle est rare, parce que l'idéal poétique est, sinon très élevé, du moins très compliqué, et aussi parce que la noble faculté d'admiration est atrophiée chez Malherbe.

Le grand mort que l'on dissèque le plus souvent, comme nous l'avons vu, est Ronsard. A son sujet Racan nous a conservé un fragment de dialogue qui fait bien entendre à distance le ton des conférences.

Racan, Yvrande et Colomby feuillettent un jour le Ronsard de Malherbe sur sa table :

Racan — Approuvez-vous ce que vous n'avez point effacé?

Malherbe — Pas plus que le reste.

Colomby — Si l'on trouve ce livre après votre mort, on croira que vous aurez trouvé bon ce que vous n'aurez point effacé!

Malherbe — Vous dites vrai.

Et sur l'heure il achève d'effacer tout le reste [2].

1. Lettre de Racan à Chapelain en 1654 (Latour, I, 350). — Cf. plus loin, p. 210. — Cette objection des athées a toujours été l'une de leurs principales. Elle est produite au 3e siècle de l'ère chrétienne par Minucius Félix, *Octavius*, ch. 5, Garasse la combat au temps de Malherbe dans sa *Somme Théologique*, et Bossuet plus tard s'attache à la réfuter dans ses deux sermons sur la Providence.

2. *Mém.* LXXVII. Nous avons fini de mettre ces lignes en style direct. Tallemant l'a fait en partie p. 288. — Nous ne voyons pas bien quelles sont les raisons de M. Brunot (*Doctrine*, p. 107) pour écarter l'idée que la critique de Ronsard et celle de Desportes aient servi aux conférences de Malherbe.

Les contemporains y passent chacun à son tour, et avant tous, les ennemis personnels de Malherbe.

Certains soirs il annote tout haut la *Diane* et la *Cléonice* de Desportes, en criblant les interlignes de : Bourre, excellente sottise, cheville, chevillissime, *quo me vertam!* etc., etc..., et, ces notes qui nous sont arrivées toutes chaudes de l'indignation manuscrite de Malherbe, nous donnent une idée probablement assez juste de l'exercice ordinaire des réunions [1].

Par ces critiques, les disciples voient clairement ce que le maître n'aime pas et souvent pourquoi il ne l'aime pas. Ils sont d'autre part édifiés sur ce qu'il aime quand il lit ses propres vers. Pourtant il le fait mal, crachotant sans cesse et mangeant la moitié des mots [2]. Lorsqu'il rencontre dans ses œuvres quelque chose de dur ou d'impropre, il s'arrête tout court et déclare : « Ici je ronsardisois [3]. » Ses disciples d'eux-mêmes arrivent quelquefois à le prendre en défaut sur un détail. Alors, on le pense bien, il regimbe. Ainsi lorsqu'il lit ses paraphrases de psaumes sur la guerre des protestants, on lui marque les endroits où il n'a pas bien suivi le sens de David. « Je ne m'arreste pas à cela, répond-il, j'ay bien fait parler le bonhomme David autrement qu'il n'avoit fait [4]. »

Lorsque les érudits de la conférence, tels que Colomby qui est latiniste, lui jettent ce reproche d'infidélité dans ses traductions, il répond encore : « Je n'appreste pas les viandes pour les cuisiniers [5]. » C'est peut-être en face des savants uniquement que Malherbe a revendiqué la liberté du poète. Racan, qui rapporte cette doctrine particulière de son maître, l'approuve fort, regrettant seulement qu'il ne l'étende pas à tout le reste.

1° Ne pas faire comme Ronsard,

2° Faire comme Malherbe,

tel est en deux mots le fond de l'enseignement de Malherbe.

---

1. Pour tout ce qui regarde ce « Commentaire de Desportes » (singulier commentaire !), il faut avoir, bien entendu, recours à l'ouvrage si complet de M. Brunot.

2. Tall., I, 287, d'après Balzac, et Racan, *Mém.* LXXIX. Racan avait l'*impression* que son maître « avoit fort peu travaillé depuis la mort d'Henri le Grand », *Mém.* LXVI. En réalité il composa depuis 1610 presque la moitié de son œuvre (environ 2300 vers avant et 1800 après), suivant la note de M. Lalanne.

3. Ménage, *Obs. sur Malherbe*, p. 527.

4. *Anecd.*, p. 43. Nous y interprétons *bien... autrement* dans le sens de *bien mieux*. Cf. A. Darmesteter, *Vie des mots*, 4e éd., p. 103. On pourrait encore entendre : Je l'ai fait parler en bons termes, tout en le faisant parler d'autre manière. — Quoi qu'il en soit, le sens général reste le même.

5. *Mém.* LXXX.

Ses disciples aussi se risquent à lire leurs vers, et le « grammairien en lunettes et en cheveux gris », comme il s'appelle lui-même [1], taille, raille, s'indigne, rature, barbouille le papier [2], jure et tempête, et de lui ils supportent tout. Les deux éléments de la douceur et de la politesse, les fauteuils et les femmes, manquent singulièrement dans ce premier cercle littéraire du 17e siècle, mais jamais on n'en vit un peut-être donner de pareils exemples de franchise.

Malherbe la poussa jusqu'à l'extrémité la plus périlleuse : assigner des rangs à ses familiers.

C'est dans son esprit seul qu'il leur en distribue, car dans son cœur ils sont tous égaux, du moins il le prétend. Il le leur prouva un jour d'une façon plaisante ; il avait prié à dîner quatre de ses compatriotes ; d'abord ses deux cousins Colomby et Patrix, puis un enseigne, M. de Fouquerolles, et M. de la Masure, de la suite du comte de Bellegarde. La veille du dîner, Racan et Yvrande arrivent de La Roche-Racan, et Malherbe les invite par surcroît. Le lendemain le festin se composa uniquement de sept chapons bouillis : chacun eut le sien, et le maître de la maison commença le dîner par ce petit discours : « Messieurs, je vous aime tous également, c'est pourquoi je vous veux traiter de même et ne veux point que vous ayez d'avantage l'un sur l'autre [3]. »

Au fond il trahissait légèrement la vérité et sacrifiait, comme il lui arrivait parfois, la franchise à l'originalité. Racan savait bien qu'il tenait le premier rang dans l'affection du maître. Voyons si dans son jugement il occupait une aussi bonne place.

Des sept ou huit poètes que Malherbe admettait à l'entendre, il n'en avouait que 4 pour ses écoliers : ce sont Touvant, Colomby, Maynard et Racan. Encore leur faisait-il payer cher l'honneur de ce modeste brevet, en leur disant à chacun son fait.

« Vous, Touvant, vous faites fort bien des vers — il ne disait pas en quoi il excellait ; — Colomby, vous avez fort bon esprit, mais vous n'avez point le génie à la poésie. — Pour vous, Maynard, vous êtes celui de tous qui fait le mieux des vers, mais vous n'avez point de force, et vous vous êtes adonné à l'épigramme à laquelle vous n'êtes point propre, parce que vous n'avez pas assez de pointe. — *Quant à vous, Racan, vous avez de la force* — (c'est-à-dire *de l'inspiration*) —, *mais vous ne travaillez pas assez vos vers ; le plus souvent,*

---

1. Balzac, *Socrate chrétien* (OEuvres, t. II, p. 261).
2. Voir ce que dit Marolles à propos de Racan (*Tall.*, II, 377).
3. *Mém.* LXXV.

*pour mettre une bonne pensée, vous prenez de trop grandes licences,
et de vous et de Maynard on ferait un grand poète* [1]. »

Notre héros, on le voit, ne tient pas parmi les disciples de Malherbe
le premier rang, que lui a décerné la postérité. Malherbe lui fait bien
l'honneur de le consulter sur ses vers, ce qui prouve le crédit poétique
qu'il lui accorde; néanmoins, à la réflexion, il paraît bien préférer
Maynard : Racan ne travaille pas assez ses vers, grief capital de la
part d'un homme dont l'idéal poétique est un genre de perfection en
grande partie acquise, et qui, devançant la célèbre formule, juge que
le génie des vers n'est guère « qu'une plus grande aptitude à la
patience [2] ». Nous surprenons ici la divergence la plus profonde entre
ces deux natures, celle qui les sépare plus à fond que leurs 34 ans de
distance : l'un fut un des travailleurs les plus acharnés que présente
l'histoire des lettres, un stoïcien de labeur; l'autre était un indolent,
un épicurien de lettres, un jeune frère de Montaigne.

Mais sous cette inégalité d'application, il est clair qu'il se cache
autre chose qu'une simple distinction de tempérament : il y a une différence dans les idées et dans la conception de la poésie, et c'est là
vraiment le point intéressant. Si Racan ne travaille pas plus ses
vers, le plus souvent c'est qu'il ne veut pas les travailler. Il est aisé de
s'en rendre compte en entrant dans le détail des querelles littéraires
qu'il soutient avec Malherbe.

Elles portent sur la liberté des tours de phrases, la hardiesse des
expressions, la variété des pensées, la liberté de la versification et de
la métrique.

D'abord Malherbe reprend en général Racan « de beaucoup de
choses pour la construction de ses vers [3] ». Il s'agit vraisemblablement
des licences de syntaxe. Racan se les passe, au dire de Malherbe lui-
même, « pour mettre une bonne pensée », sacrifiant ainsi la perfection
de la forme à la valeur du fonds, au lieu que dans la doctrine il doit
y avoir parité absolue entre l'une et l'autre. Si à force de travail il ne
les peut accorder, Malherbe opte résolument pour les mots; Racan par
goût, par paresse aussi peut-être, tient pour l'idée. Il se place à un point
de vue plus général, et lorsqu'il est harcelé par les critiques minutieuses de Malherbe, alors reprenant contre lui ses propres armes, il

---

1. *Mém.* LXXX. — Malherbe leur tenait ce langage avant 1615 (date où Touvant dans les recueils de poésie du temps est déjà traité de *feu*). — Un des sens
du mot de *force* est « aptitude à concevoir et à imaginer ». (Littré, 10°.) Aujour-
d'hui nous employons plutôt le mot pour désigner l'aptitude à *combiner*.
2. Buffon.
3. *Mém.* LXXXIII.

se défend en ces termes : « Vos censures sont fort justes, mais les
fautes què vous me reprenez ne sont connues que de trois ou quatre
personnes qui vous hantent, et je fais mes vers pour ètre lus dans le
cabinet du Roy et dans les ruelles des dames plutôt que dans votre
chambre ou dans celles des autres savants en poésie[1]. »

En second lieu, Malherbe, nous l'avons vu, a de l' « aversion contre
les fictions poétiques », qui sont cependant une bonne part du lyrisme, et
Regnier s'étant permis une allégorie de la France, il lui en demande compte
une fois brutalement[2]. On comprendra qu'il reproche maintenant à Racan
« quelques façons de parler trop hardies[3] ». Il est fâcheux que celui-ci
ne se soit point expliqué davantage, trouvant que ces choses « auroient
meilleure grâce dans un art poétique que dans la vie de Malherbe ».
Mais il paraît bien certain que des deux le plus rassis était le maître, le
plus poète au sens moderne le disciple.

Inquiété sur ses hardiesses, Racan faisait remarquer de son côté à
Malherbe le retour trop fréquent des mêmes idées dans ses vers. « Je
veux qu'on le trouve bon, répondait le maître ; quand j'ai mis un tableau
sur ma cheminée, il m'est permis de le mettre sur mon buffet quand je
veux. — Oui, repartait ingénieusement Racan, mais ce portrait n'est
qu'en un lieu à la fois, et la pensée que vous répétez demeure en même
temps en toutes les pièces où vous l'avez mise[4]. » Malherbe ne pouvait
point répliquer par la vraie raison, à savoir que sa galerie de tableaux
n'était pas assez riche pour qu'il en pût mettre un sur sa cheminée et
un autre sur son buffet.

Leurs plus fortes querelles portaient sur la versification et la
métrique ; et qu'on ne dise point qu'il s'agit là de vétilles ; c'est le cœur
même de la réforme de Malherbe.

En somme Malherbe fut avant toute autre chose un grand métricien,
ou, si l'on veut, un grand musicien de poésie. C'est là son incontestable
originalité, que devront toujours reconnaître ceux mêmes qui le goûtent
peu ; ce fut pendant sa vie sa constante préoccupation. En dehors de sa
première poésie de jeunesse, qu'il reniait, on ne lui connaît pas une
seule pièce qui ne soit partagée en strophes[5]. Perfectionner les rythmes

1. *Mém.* LXXX.
2. *Mém.* LXXI.
3. *Mém.* LXXXIII. Cf. le chapitre de M. Souriau sur le *lyrisme* de Malherbe
(*Vers*), particul[t] p. 103.
4. *Anecd.*, p. 61. — Tall., I, 293.
5. Nous ne parlons pas du court fragment I, 264. — La pièce de jeunesse, ce
sont les *Larmes de Geneviève Rouxel*, récemment retrouvée (Gasté, *Jeunesse de
Malherbe*, p. 37). Le fait qu'elle était en vers suivis est probablement une des raisons qui firent que Malherbe en rougissait et la laissa tomber dans l'oubli. Racan

existants, en inventer d'autres, tel est son grand souci. Il fait des strophes avec des sous sur sa table, pour bien voir le rythme avec les yeux comme il l'entend avec l'oreille ; il méprise les deux genres poétiques qui s'écrivent en vers suivis, l'élégie et le théâtre, et il tente de leur imposer la strophe ; selon sa propre image, il dédaigne de *marcher*, ne rêvant que de *sauter*, et il en trouve jusqu'à 45 façons différentes [1] ; Malherbe est le virtuose de la strophe, il ne conçoit pas la poésie autrement. Ainsi est fait son esprit, c'est un cerveau de musicien, et toute sa réforme littéraire et grammaticale revient à remplir la strophe de sons utiles, précis, sonores par eux-mêmes et forts par la pensée qu'ils expriment, en mettant sa suprême application aux syllabes finales du vers, aux rimes, qui en constituent la sonorité principale. C'est surtout en ce sens qu'il convient sans doute de prendre le titre qu'il se donne à lui-même d'*arrangeur de syllabes*.

Voilà ce qu'on n'a peut-être pas encore assez étudié, croyons-nous ; il resterait à faire une esthétique intime de la versification de Malherbe, à rechercher, musicalement parlant, quels sont les principaux types d'harmonie qui hantaient ce cerveau et à les opposer à ceux de Ronsard, l'inventeur de la plupart des rythmes que Malherbe a perfectionnés [2].

On comprend donc l'importance capitale que devait avoir pour un semblable artiste toute discussion de versification ou de métrique, instituée contre lui. Autant vaudrait devant un grand musicien autoritaire venir lui discuter ses mesures, ses mouvements, ses coupes, ses sons de prédilection, ce qui forme enfin pour lui toute la musique.

Racan l'osa.

D'abord Malherbe lui reprochait ses « licences » de rimes. Il le blâmait de rimer *ent* et *ant*, le simple et le composé comme *temps* et *printemps*, les mots de même racine, comme *admettre* et *commettre*, les mots qui ont quelque convenance comme *père* et *mère*, les noms propres ensemble comme *Italie* et *Thessalie*, *qu'ils ont eu* avec *vertu* parce que les Parisiens prononcent *qu'ils ont éu* en quatre syllabes. De même il reproche à Racan de rimer sur *malheur* et *bonheur*, parce que la pro-

a d'ailleurs subi en grande partie l'influence de ce goût : en dehors de son poème dramatique, nous ne trouvons dans toute son œuvre qu'une seule pièce en vers suivis (l'églogue à Mme de Termes). C'est un grand changement avec les poètes qui précèdent, par exemple Bertaut. Mais il ne poussait pas l'amour de la strophe et de ses divisions aussi loin que le maître.

1. *Anecd.*, n°s 6 et 9 ; Souriau, *Vers*, p. 101.
2. M. Souriau a étudié la partie *mathématique* de la versification de Malherbe, M. Allais seul a étudié la partie *musical* d'un ou deux rythmes du poète ; il faudrait étendre cette étude à tous les autres en y apportant une précision peut-être plus scientifique.

nonciation de ces mots n'est pas fixée et qu'on dit à Paris *malhur* et
bonhur. Il lui déclare que *flamme*, dont la quantité est longue, ne peut
rimer qu'à *épigramme*, tandis que Racan le rime ordinairement à
âme [1], etc., etc. En somme, il veut imposer la *rime riche* à Racan, qui
s'y refuse.

C'est Racan lui-même qui se livre, non sans une pointe d'ironie,
à un long et complaisant exposé de ce reproche. Il note que Malherbe
avec l'âge devint de plus en plus « rigide en ses rimes » : sur la fin « il
avoit peine à souffrir que l'on rimât les verbes de la termination (*sic*) en *er*
qui avoient tant soit peu de convenance, comme *abandonner*, *ordonner*
et *pardonner*, et disait qu'ils venoient tous trois de *donner* ». Le disciple paraît avec raison assez sceptique sur cette étymologie [2]. « La
raison, ajoute-t-il, qu'il disoit pourquoi il falloit plutôt rimer des mots
éloignés que ceux qui avoient de la convenance est que l'on trouvoit de
plus beaux vers en les rapprochant qu'en rimant ceux qui avoient presque
une même signification ; et s'étudioit fort à chercher des rimes *rares*
et stériles, sur la créance qu'il avoit qu'elles lui faisoient produire
quelques nouvelles pensées, outre qu'il disoit que cela sentoit son grand
poëte de tenter les rimes difficiles qui n'avoient point encore été
rimées [3]. » On remarquera que c'est la seule prescription, dans toute
la doctrine essentiellement verbale de Malherbe, qui ait pour but l'invention des idées, et encore ces idées ne seront-elles trouvées qu'au
moyen des rimes, c'est-à-dire toujours au moyen des mots.

Cette théorie de la rime génératrice de la pensée rapproche singulièrement Malherbe de la poétique moderne, en passant par-dessus
Boileau, qui professait la théorie opposée de la rime « esclave » et
enseignait qu'il faut commencer par penser, et enfermer ensuite sa
pensée dans des rimes exactes, riches même si l'on en est capable [4].
Les romantiques au contraire et leurs successeurs, ayant élevé la rime
en honneur au détriment de la raison, prétendent dans leurs théories
que l'idée avec sa rime toute prête apparaît spontanément dans le cerveau du poète [5], mais en fait ils semblent bien rechercher ou accueillir
avec prédilection la rime rare, par qui ils se laissent conduire volon-

1. Ce renseignement nous prouve que l'*a* de *épigramme* était prononcé alors
plus longuement qu'aujourd'hui. — Sur *malhur*, voir le Lex., SAUMEUR.
2. Elle n'a quelque fondement que pour *pardonner*, qui vient de *per-donare*,
mais *abandonner* vient du bas latin *bando-onis*, prescription et *ordonner* vient de
ordinare.
3. *Mém.* LXXXII.
4. V. un excellent exposé de la question dans Souriau, *Vers*, 368.
5. Théodore de Banville, *Petit traité de poésie française*, p. 51, et Théophile
Gautier, *Histoire du romantisme*, p. 153, dans Souriau, 374.

tiers vers l'idée [1], aussi a-t-on dit spirituellement que Malherbe est l'ancêtre des *Parnassiens* [2]. Or l'expérience est faite aujourd'hui, à la fin de ce siècle. La richesse de la rime n'est décidément pas en rapport avec celle de la poésie, et quand l'une s'enrichit, c'est au détriment de l'autre. Trois cents ans de poésie ont donné raison à la rime suffisante que soutenait Racan contre la rime riche défendue par Malherbe [3].

Le conflit était plus aigu encore sur les questions de métrique.

Malherbe veut que les élégies aient un sens parfait de 4 en 4 vers, et même de 2 en 2 s'il se peut [4]. Racan s'opposa toujours à cette complication ; il nous le dit lui-même, et ses œuvres sont là pour l'attester [5].

Mais voici quelle fut, de l'aveu de notre jeune poète, sa plus grande contestation avec Malherbe et les autres disciples.

Il s'agit des *sixains*. Malherbe les fit jusqu'en 1612 sans pause obligatoire à la fin du 3e vers. Le premier qui s'aperçut que cette observation était nécessaire à la perfection des vers, ce fut Maynard, « et c'est peut-être la raison, ajoute Racan, non sans quelque peu d'envie, pour quoi M. de Malherbe l'estimoit l'homme de France qui savoit le mieux faire des vers ». Racan fut le premier à se rendre au parti de Maynard, par égard pour les musiciens, qui ne pouvaient faire leur reprise sans cette pause, car il jouait lui-même un peu du luth et il aimait la musique. Enfin Malherbe suivit [6].

Ces détails éclairent bien vivement la formation de la doctrine du maître et servent encore à nous prouver qu'il ne l'apporta pas à Paris façonnée de toutes pièces, mais qu'il la compléta au fur et à mesure de ses réflexions, voire même des réflexions de ses disciples.

---

1. Telle semble avoir été la pratique de Victor Hugo. Jules Tellier, *Les manuscrits de Victor Hugo*, dans la *Revue bleue* du 6 oct. 1888, cité par Souriau, 53.

2. M. Souriau, p. 34. Il cite dans la note 3 l'avis du littérateur Suard qui se rencontre tout à fait avec Malherbe au sujet de la rime : « Outre qu'elle est nécessaire, souvent on lui doit des inspirations et des beautés qu'on n'eût point trouvées sans l'examen et l'attention nécessaire à sa recherche. » *Mémoire sur la versification*, par le comte de Saint-Leu (Louis Bonaparte), 1819, p. 29-30. — V. tout ce chapitre de M. Souriau, très précis sur la *rime*, étudiée dans la théorie et dans la pratique de Malherbe.

3. C'est aussi l'opinion de M. Souriau, qui s'appuie sur Scherer, Alph. Karr, Sully-Prudhomme (52 et 53).

4. *Mém.* LXXXV et Tall., 300. Cf. *Anecdotes*, p. 42. Il le voulait aussi pour les sonnets (Brunot, 487).

5. Il a fait de véritables élégies en strophes de plus de quatre vers, et même une élégie en vers suivis sous le nom d'*églogue*.

6. *Mém.* LXXXIV et Tall., 298 (rédaction un peu différente). Voir l'étude de M. Souriau sur les sixains de Malherbe, p. 97. — Racan fit 4 pièces de sixains sans pause au 3e vers, voir le *Tableau de sa versification*, Pièce just., n° 50. Ménage approuvait cette pause. *Obs. sur Malh.*, 1689, p. 266. Malherbe, dès le commencement, avait déjà observé la pause dans une partie des stances des *Larmes de saint Pierre*, dans toutes celles, sauf une, de la pièce pour Montpensier (V. Allais, 188).

Racan, dans cette affaire, s'était rendu aux exigences de l'harmonie. Mais cette réforme en entraîna bientôt une autre, celle de la *strophe de 10 vers*. On était très occupé de ce rythme dans le cercle de Malherbe : inventé par Ronsard, puis délaissé par Desportes, du Perron et Bertaut, il avait été repris et définitivement constitué par Malherbe, qui en avait fait la strophe lyrique par excellence.

Ronsard l'avait formé au moyen de la juxtaposition d'un quatrain et d'un sixain, si bien qu'une pause lui était restée après le 4e vers. Mais à présent que le sixain isolé prend un arrêt après le 3e vers, il semble que le sixain contenu dans la strophe de 10 doit en prendre un également; cette strophe, comprenant désormais deux pauses, l'une après le 4e, l'autre après le 7e vers, se décomposera naturellement en un quatrain et deux tercets.

Ronsard d'ailleurs a souvent observé cette seconde pause. Malherbe et Maynard veulent la rendre obligatoire. Racan s'y opposa. « Les stances de dix vers ne se chantent presque jamais, dit-il, et quand elles se chanteroient, on ne les chanteroit pas en trois reprises; c'est pourquoi il suffit bien d'en faire une au quatrième vers. » La raison qu'il donne semble toute matérielle, mais la vraie raison, qu'il sent bien au fond de son âme de poète, c'est que l'admirable beauté de ce rythme vient précisément de la succession d'une courte harmonie de 4 vers suivie d'une harmonie plus large, de 6 vers, qui perd tout son effet à être fragmentée. C'est le mètre des grands sujets et des grandes périodes, dont l'élan se trouverait rompu par cette seconde coupure. Ayant le courage de son opinion, Racan n'observa presque jamais cette règle arbitraire instituée par son maître, et il composa d'après ses propres idées l'Ode à Louis XIII dont nous avons parlé [1].

Dans les conférences, on le voit, Racan est le représentant de l'indépendance. C'est le libéral dans l'état despotique de la rue des Petits-Champs.

Il est un seul point où il renchérit sur son maître, et il engage avec lui une nouvelle dispute où les rôles sont renversés; c'est au sujet du *sonnet*. Il est le premier à s'apercevoir que l'école n'observe pas toutes les règles du sonnet, elle ne rime pas ensemble les deux qua-

---

1. *Mém.* LXXXIV et Tall., 300. J.-B. Rousseau bserva ces deux pauses, et Marmontel (V, 158) l'en loue, donnant tort à Racan· (cité par Souriau, p. 101, n. 1). Voir aussi à la fin de cette page quelques réflexions sur la question de la musique et des stances. — Victor Hugo adopta la pause du 7e vers et il l'observa constamment dans les *Odes et Ballades*. — D'ailleurs, Malherbe lui-même observe très rarement cette pause, remarque M. Allais, p. 396. — Nous nous sommes inspiré de l'étude si précise que M. Allais fait de ce rythme (393-398).

trains. Racan a fait lui-même ses deux premiers sonnets de cette façon,
« sur le bois de la vraie Croix » et « sur le chevalier de Guise ». Il
essaie d'en détourner Malherbe, et il lui déclare un jour qu'avec une
pareille licence il n'y a pas de sonnet ; « Eh bien, Monsieur, s'écrie
Malherbe en colère, si ce n'est un sonnet, c'est une sonnette ! » Cette
boutade équivalait à une défaite. Colomby se joignit bientôt à Racan,
mais Malherbe s'entêta avec Maynard et quelques autres, et il ne changea que « lorsque Colomby ni Racan ne l'en persécutoient plus. C'étoit
son ordinaire de s'aheurter contre le conseil de ses amis, ne voulant pas
être pressé, pour y revenir après que l'on ne l'en pressoit plus [1]. » On
sait que la règle rappelée par Racan s'établit définitivement et dure
encore.

Nous voilà loin, n'est-il pas vrai, de la légende qui montre Racan
condamné à une contrainte perpétuelle et n'osant s'émanciper du vivant
de Malherbe. Nous ne savons qu'un point de détail sur lequel il ne prit
son entière liberté qu'à la mort de son maître : c'est pour l'emploi
de *cent* et de *mille* comme nombres indéterminés. « C'est encore une
des censures à quoi je ne me pouvois rendre, dit-il, et néanmoins je
n'ai osé m'en licencier que depuis sa mort [2]. »

Plus libre en somme, plus large, plus naturelle, plus facile, plus
proche de Ronsard et du 16e siècle, et par conséquent du nôtre, se
révèle l'humeur lyrique de Racan en face de celle de Malherbe. Ce n'est
pas nous autres modernes qui nous en choquerons, nous dont le goût
a été si extraordinairement élargi par le romantisme, et il n'est pas
beaucoup de personnes aujourd'hui, croyons-nous, dont la sympathie
n'aille plutôt à Racan dans ces petites disputes intérieures.

Sans doute, il n'eut pas assez d'initiative pour maintenir hautement
les droits de l'inspiration contre la discipline excessive de son maître,
et en définitive il accepta celle-ci dans son ensemble, mais il ne le
fit qu'avec réserve, disputant le terrain pied à pied, contrôlant judicieu-
sement les règles, en repoussant un certain nombre, élargissant la doctrine pour lui-même et peut-être un peu pour tous. Enfin il put se
rendre plus tard ce témoignage sincère : « Je me suis toujours opposé

---

1. *Mém.* LXXI et Tall., 293. Malherbe s'y était entêté avec un M. de Laleu ou de
La Loy. Maynard s'y refusa toujours. Racan confesse avoir fait « un ou deux »
sonnets de ce genre ; il ne connaissait même pas bien ses poésies ; nous avons dit
les deux qu'il fit en réalité. Ce fait nous a aidé pour la chronologie des vers de
Racan, en rejetant après le mois de juin 1614, date du dernier sonnet « irrégu-
lier », tous les sonnets réguliers.

2. *Mém.* LXXXV.

tant que j'ay pu aux *gesnes* où l'on vouloit mettre notre poésie [1]. »

Aussi peu préparé qu'il l'était par ses études premières, il ne put puiser cette force de résistance que dans la claire conscience de son propre tempérament de poète lyrique, car il en avait un décidément, et il trouva le moyen de l'affirmer et de le fortifier par la conversation et la discussion dans ces conférences du soir de la rue des Petits-Champs. Il y gagna de raisonner sur son art, ce qu'il n'eût jamais fait au même degré sans Malherbe, avec son ignorance et sa paresse naturelles, et de suivre plus résolument la pente de son génie.

Mais devant toutes ces révoltes partielles, le grand pontife de l'orthodoxie le déclarait « hérétique en poésie, pour ne se tenir pas assez étroitement dans ses observations » [2]. Heureuse hérésie qui lui valut d'être le seul vraiment original et personnel parmi tous les disciples du maître [3]!

1. Lettre de 1654 à Chapelain. (Racan, I, 352 et 353). — Pour entendre la force de ce mot, voir Lexique GEHENNES et GESNES.

2. *Mém.* LXXXII et LXXXV. — Tall., I, 297.

3. Sur cette question. nous jugeons à peu près comme M. Brunot, qui la résume p. 569-71.

CHAPITRE X

Catherine de Termes, 1618. — Racan et la Pastorale italienne, 1602-1619.

I

Pour achever maintenant l'histoire de cette période si féconde de la vie de Racan, qui s'étend de 1610 à 1620, nous avons à étudier sa pastorale dramatique et à chercher quelles circonstances l'amenèrent à composer cette pièce qui couronne brillamment l'œuvre poétique de sa première jeunesse.

Nous l'avons vu faire une cour assidue et poétique à la comtesse de Moret, et Cloris, plus rebutée par la gaucherie du soupirant que charmée de la grâce du poète, accorder sa main au marquis de Vardes[1].

Après ce premier échec notre enseigne se tourna vers une jeune fille de Bretagne, dont il rechercha la main avec ardeur. Il était en quête « d'un bon parti », comme il l'avait exposé à Malherbe[2] : c'était là le meilleur moyen de remettre ses affaires en état. Les renseignements nous manquent malheureusement sur cet épisode breton ; il y faut rapporter sans doute les deux pièces que notre poète adresse à Amarante[3].

Un jour il est obligé de la quitter pour partir en campagne, et, tout frémissant d'ardeur belliqueuse, en montant à cheval il lui dit adieu :

. . . .
2. Mon roi voit ses villes désertes,
    ses plaines d'escadrons couvertes ;
    la violence a tout permis,
    on ne voit que fer et que flâme,
    et s'il[4] n'a point tant d'ennemis
    comme j'en porte dans mon ame.

. . . .
4. Dans la presse de ses armées
    d'injuste colère animées,
    si je vais la Mort invoquer,
    quiconque verra mon teint blême
    aura crainte de m'attaquer
    et me prendra pour la Mort même.

5. Parmi les hasards de la guerre,
    où Mars, du bruit de son tonnerre,
    étonne la mer et les cieux,
    qu'est-ce qui peut m'ôter la vie,
    puisqu'avec les traits de vos yeux
    Amour ne me l'a point ravie[5]?

. . . .

1. Chapitre VI.
2. *Mém.* LXXXI.
3. Latour, I, 171 et 207. Ces deux pièces occupent les places 2 et 3 des œuvres de Racan dans les *Délices de la poésie françoise* de 1620 ; elles se trouvent même avant les pièces à Cloris. — La seconde, qui contient le nom d' « Amaranthe », porte ce titre : « Sonnet sur *sa* maladie », ce qui prouve que l'Ode précédente lui est aussi adressée. Latour semble avoir perdu de vue cette communauté de destinataire.
Nous proposons l'hypothèse de l'identification de cette « Amaranthe », sur laquelle nous n'avons trouvé aucun document, avec la Bretonne qui rebuta notre poète et dont parle Malherbe dans une lettre à Racan (Malh., IV, p. 33). — Nous rétablissons la véritable orthographe d'*Amarante*, en supprimant l'*h* indu qu'y ajoutait Racan.
4. Et *pourtant* il n'a point tant d'ennemis, voir Lex., SI, II.
5. Latour, I, 171. — Dans la strophe 2, on remarquera la rime *flâme, ame*, une

Un autre jour Amarante est malade, et il soupire ce joli sonnet où se trouvent, je pense, les plus agréables vers que l'on ait jamais faits sur un teint brouillé :

. . . .
Ses roses et ses lis, où mes vœux font hommage,
paraissent dans son teint affligé de tourment,
comme on voit en hiver reluire tristement
les feux du point du jour au travers d'un nuage.

Dieux! qu'avait-elle fait pour souffrir la rigueur
de ce mal violent dont l'extrême longueur
ravit à mes désirs tout espoir d'allégeance?

O Juge souverain qui présidez sur nous!
si de sa cruauté j'ai demandé vengeance,
pourquoi m'exauciez-vous [1] ?

Amarante se rétablit, mais refusa décidément les vœux du jeune homme, qui mettait, paraît-il, dans sa poursuite un peu de sa nonchalance habituelle. Le pauvre amant en fut *malheureux*, nous le savons par Malherbe [2], et, à la suite de cette double déception, il se promit bien de surveiller son cœur à l'avenir et de le tenir à jamais affranchi des soucis de l'amour.

C'étaient les serments de l'homme, mais le poète n'y trouvait point son compte. On sait quelles étaient les mœurs littéraires de ce temps. De même que dans un tournoi tout chevalier était jadis tenu de choisir une belle à qui il faisait honneur de ses exploits, chaque poète de cour doit alors se pourvoir d'une dame à qui il consacre ses bonnes grâces poétiques. Rien ne prouve mieux que la poésie à ce moment n'est point

de celles que Malherbe blâmait chez Racan (*Vie*, LXXXIII), parce que le mot *flamme* était régulièrement *court* d'après son étymologie que lui restituait Malherbe, et en même temps prononcé *long*, comme il l'est encore aujourd'hui à Paris. C'est pourquoi Malherbe prétendait qu'il ne pouvait rimer qu'à *épigramme*. Racan, on le voit, a opté pour la *quantité* de la prononciation, celle des « crocheteurs du Port au Foin » ; de même Corneille, *Méd.*, II, 6 et *passim.* — L'imprimeur a même ajouté un accent circonflexe au mot pour insister sur la longueur de la prononciation. — Str. 3. V. Lex., DÉLIBÉRER, 1°. — Strophe 4. V. Lex., 1. PRESSE. — Racan a déjà employé ces deux premiers vers presque textuellement à la troisième strophe de l'Ode au roi (Latour, I, p. 7). — Str. 5. V. Lex., ESTONNER, et AMOUR, II. — Cette pièce, comme plusieurs autres de Racan, offre le rapprochement de rimes féminines différentes (la dernière d'une str. avec la première de la str. suivante). Cf. Souriau, *Vers*, p. 98, n. 2, et nos *Anecdotes*, p. 85.

1. Latour, I, 207. Pour l'explication du 1er quatrain, que nous ne citons pas, voir Lex. COURAGE. — Pour le 1er des vers que nous donnons, voir Lex., Où, II, 1°. On a la certitude que ce sonnet est postérieur à 1614, puisqu'à cette date Racan faisait encore les sonnets *irréguliers*, c'est-à-dire avec les deux quatrains ne rimant pas (Sonnet au duc de Guise, p. 211).

2. Lettre citée, IV, p. 33.

affaire de cœur ni de sentiment, mais en général d'élégance et de cour-
toisie. Heureux ceux, comme Racan, qui sont trop sincèrement poètes
pour ne pas se prendre eux-mêmes à ce badinage et ne point mettre
un peu de leur cœur sous des fadeurs de convention !

Il cherchait donc une dame de ses pensées, il en parlait à Malherbe,
qui se trouvait précisément dans le même cas, depuis qu'il avait renoncé
à sa *Caliste*, la vicomtesse d'Auchy, et tous deux jetaient les yeux sur
les personnes « de mérite et de qualité » qui les entouraient à la cour
et à la ville [1].

Un jour ils se communiquent leur choix : Malherbe s'est arrêté à
Mme de Rambouillet, qui l'attire avec honneur dans son salon ; Racan
a choisi une nouvelle arrivée, qui vient d'épouser en 1615 le frère du
comte de Bellegarde, le brillant marquis de Termes. Racan la voit tous
les jours à l'hôtel Bellegarde : c'est une Bourguignonne très jeune, très
belle avec ses yeux clairs, un peu coquette, d'un esprit vif et cultivé,
possédant une belle voix et habile à « sonner du luth », l'instrument
à la mode, dont l'enseigne joue lui-même un peu, bref l'une des plus
séduisantes jeunes femmes de la cour [2].

Les deux amis s'entretiennent de leurs nouvelles héroïnes, qu'ils
célébreront à l'avenir dans leurs vers, sans leur engager nullement
leur cœur, du moins le croient-ils... Selon le privilège de familiarité
départi aux poètes, ils les chanteront par leurs prénoms. Mais, rencontre bizarre, elles se nomment toutes les deux Catherine : Catherine
de Vivonne, Catherine Chabot ! Cette découverte divertit infiniment
Malherbe, qui promet sur-le-champ d'en faire le sujet d'un dialogue
poétique entre deux bergers sous les noms de Mélibée pour lui et
Arcas pour Racan [3]. Dans cette églogue le même nom de Catherine

1. Voir ce récit fait par Racan lui-même dans les *Mém.*, p. LXXXVI, en y corrigeant les erreurs que nous signalons plus loin dans la *Discussion sur la date
d'Arthénice*, au milieu du présent chapitre.

2. Nous nous sommes servi pour ce portrait des poésies de Racan et des
lettres de Malherbe. Malheureusement il n'existe à la Bibl. Nat., département des
Estampes, ni portrait gravé, ni crayon de la marquise de Termes. — Pour le luth
qui était alors à la mode, voir entre autres Parfait, IV, 77. C'est Racan lui-même
qui nous apprend qu'il en jouait (*Mém.* LXXXIV).

3. Voilà une pièce de Malherbe à retrouver ; nous la signalons à la sagacité
de M. Armand Gasté, qui est si zélé et si heureux dans ses recherches sur les
gloires normandes. Racan en avait « ouï réciter plus de quarante vers » à Malherbe. — Tallemant, qui fait le même récit d'après Racan — (I, 301), donne, au lieu
d'*Arcas*, le nom d'*Arcan*, qui est l'anagramme exact de Racan. Il est probable
néanmoins que c'est une faute de lecture ou de mémoire de Tallemant, car 1° les
Mémoires donnent *Arcas* ; 2° Malherbe semble avoir cherché des pseudonymes plutôt
que des anagrammes, puisqu'il prit pour lui le nom de Mélibée, qui n'a que les
trois consonnes communes avec le sien ; 3° *Arcas* est un nom antique, et non
Arcan ; il venait d'être remis en lumière dans une pastorale de Hardy, qui fut

servant pour toutes deux va amener des confusions ; il en faut chercher un autre. Et alors nos deux poètes se mettent à l'œuvre et passent « tout le reste de l'après-dînée » à retourner le nom en tous sens, à en fabriquer des anagrammes « qui aient de la douceur » pour entrer en vers. De tous ceux qu'ils trouvent ils n'en réservent que trois : *Arthénice*, *Eracinthe* et *Carinthée*. C'est le premier, *Arthénice*, qui remporte le prix. Il a été trouvé par Malherbe, qui court le porter à l'hôtel de Rambouillet : « Ah ! Madame, dit-il à la marquise, si vous étiez femme à faire faire des vers, j'ai trouvé le plus beau nom du monde en retournant le vôtre [1] ! »

Racan de son côté va en faire hommage à Mme de Termes et cherche surtout l'occasion d'en essayer l'effet poétique. Car l'élégant anagramme est encore, pour ainsi dire, indivis entre les deux poètes, et il demeurera la propriété de qui lui donnera le premier la publicité dans ses vers. C'est donc entre les amis une lutte implicite de facilité poétique. Sur ce terrain la victoire n'est pas douteuse.

Racan ne tarde pas en effet à saisir l'occasion des premiers ballets qui sont donnés en cour [2] ; Malherbe, se trouvant devancé, en conçoit un vif dépit contre son élève, et, dédaignant les deux anagrammes qui restent, il se rejette sur le nom de Rodanthe, prétentieux équivalent du nom de Rose, tout en déclarant qu'il va se mettre à une pièce qui commence ainsi :

Celle pour qui je fis le beau nom d'Arthénice,

représentée vers 1613 ou 1614 (V. Rigal, 511, 517) ; 4° Racan prit ce même nom d'*Arcas* dans l'églogue qu'il composa vers 1621 (Latour, I, p. 136).

1. Tallemant, I, 302. — Il est étrange que Somaize, dans son *Dictionnaire des Prétieuses*, 1661, ne rapporte pas le célèbre anagramme d'Arthénice ; il ne donne que le nom de *Rozelinde* pour la marquise de Rambouillet : aurait-il quelque rapport avec celui de *Rodanthe* que Malherbe lui donna par la suite ? On l'appela aussi Cléomire et Minerve.

2. Racan dit qu'il a d'abord employé le nom dans sa pastorale, mais les erreurs abondent dans cette page des Mémoires. Il est vraisemblable qu'avec sa timidité il commença par une déclaration détournée à Arthénice dans des ballets et qu'il fit en son honneur au moins une ode (celle que nous citerons tout à l'heure), avant de faire toute une pièce de théâtre. D'ailleurs si ces vers n'ont pas été composés en même temps que la pastorale, ils en sont bien voisins, et ce sont en tout cas les premiers publiés, où parut le nom d'Arthénice. — Antoine de Latour (*Latour*, I, xxxvi) croit que cette pastorale, dans laquelle Racan gagna Malherbe de vitesse, est l'églogue qui est imprimée à la suite des Bergeries (*id.*, 136). Nous pensons qu'il se trompe : 1° une *églogue* n'est pas une *pastorale*, ces deux genres sont alors absolument distincts ; — 2° Racan parle de « sa pastorale » et non d'*une* pastorale : c'est sa seule pastorale, sa pastorale par excellence, les Bergeries ; — 3° l'églogue n'a été composée évidemment qu'après la mort de M. de Termes, après 1621, et Racan avait composé avant 1620 d'autres pièces en l'honneur d'Arthénice (*Délices*, de 1620), et probablement aussi sa pastorale dramatique.

afin de revendiquer auprès des contemporains et de la postérité ses droits d'inventeur [1].

Racan avait donc pris les devants sur son maître en composant des vers de *ballets*. Alors régnait la pleine vogue du ballet de cour, cette danse rythmée, exécutée en musique par les seigneurs les mieux faits de la cour et encadrée dans une action fantastique, à la fois merveilleuse et bouffonne, spectacle plus vivant et plus varié que la comédie, grâce à la danse et à la musique, se pliant à toutes les circonstances comme à tous les lieux, toujours prêt à la fantaisie, à l'allégorie, à l'allusion maligne ou mordante, et s'accommodant aisément à la médiocrité des auteurs, ingénieux rendez-vous des arts aimables et enchantement de tous les sens qui préparait l'opéra, vrai passe-temps enfin d'une société frivole [2].

Les éléments divers qui composent le ballet sont, par ordre d'importance, la grâce des acteurs, qui jouent indistinctement les rôles de femmes et les rôles d'hommes [3], les machines et les décors, qui sont portés à une grande perfection, les costumes, la danse, la musique, et en dernier lieu la poésie.

Souvent les acteurs dansent en silence, et leur rôle n'est indiqué

1. *Mém.* LXXXVII; Tallemant, I, 302. La marquise de Rambouillet, suivant Tallemant, n'avait jamais entendu parler du nom de Rodanthe, ce qui paraît bien surprenant. Voir Malh., I, 248, v. 42; IV, 190. — M. Lalanne croit à tort que Malherbe désigne Mme de Rambouillet en parlant d' « Arthénice », IV, 13 et 25. Il s'agit évidemment de Mme de Termes, quoiqu'un tel emploi de son anagramme ait dû lui coûter (l'erreur est à rectifier aussi à la Table générale, art. *marquise de Rambouillet*). Il semble en somme que Malherbe, à son corps défendant, renonça au nom d'Arthénice pour Mme de Rambouillet, en le réservant, comme son jeune ami, à la marquise de Termes.

2. Nous en parlons après avoir lu bien des recueils de ballets, entre autres les six volumes de *Ballets et Mascarades de Cour, sous Henri IV et sous Louis XIII,* de 1581 à 1652, recueillis et publiés par Paul Lacroix, à Genève et à Turin, chez J. Gay, de 1868 à 1870. Cette publication eut-elle lieu à l'étranger parce que la censure ne l'aurait pas tolérée en France? Un grand nombre de pièces fort grossières permettent de le supposer. — Voir aussi sur les ballets un livre assez curieux, quoique manquant de critique : *La Danse et les ballets, depuis Bacchus jusqu'à mademoiselle Taglioni,* par Castil-Blaze, Paris, 1832, in-12, — le ch. XXX, « les ballets en France », de l'*Histoire universelle du Théâtre,* par Alphonse Royer, 4 vol. 8°, Paris, Franck, 1869-70, — les *Recherches sur les théâtres de France,* de Beauchamps, Paris, 1735, — Feuillet de Conches, *Causeries d'un Curieux,* t. IV, p. 148, et sur les ballets considérés au point de vue musical comme ancêtres de l'opéra, la belle étude de M. R. Rolland, *Histoire de l'Opéra en Europe avant Lully et Scarlatti,* 1895, particulièrement, p. 241-248. Mais la meilleure étude sur le Ballet de cour est assurément celle qui est due à Victor Fournel dans son second volume des *Contemporains de Molière,* Paris, Didot, 1866, 8°, l'*Histoire du Ballet de cour,* p. 170-221.

3. Les ballets sont proprement une *galanterie* offerte par les hommes aux dames. L'emploi des hommes dans les rôles de femmes est dans ces vers une source perpétuelle de plaisanteries égrillardes.

que par leur costume, par leurs gestes, et par le livret en vers qui a été distribué aux spectateurs [1].

D'autres fois les danseurs débitent devant le parterre de dames des couplets galants, souvent grivois et pleins d'équivoques obscènes. C'est un signe de mœurs bien caractéristique que l'obsession de l'amour physique qui poursuit cette société, et la hardiesse avec laquelle elle parle aux jeunes filles comme aux jeunes femmes. On comprend que les âmes délicates, comme Mme de Rambouillet, fuient la cour. Les esprits les plus larges, après une enquête sérieuse faite sur pièces, ne pourront s'empêcher de voir dans les ballets de cour l'école officielle et royale de l'immoralité de cette époque [2].

A ce moment où tout gentilhomme est un peu rimeur, la plupart des acteurs de ballets fabriquent eux-mêmes les vers qu'ils ont à dire ou à chanter, et leur bonne grâce fait passer sur la pauvreté de la marchandise. Mais si par fortune l'on a sous la main de vrais poètes, tels que le vieux Malherbe ou le jeune Racan, on tâche d'en user et l'on courtise pour un jour ceux que l'on dédaigne tout le courant de l'année.

Racan avait trop harmonieusement chanté ses maîtresses pour que l'on ne songeât pas à lui emprunter sa lyre. Il la prêta de bonne grâce dans deux ballets de ce temps qui doivent à ce privilège d'être très supérieurs aux productions ordinaires et aux vers de Bordier, le librettiste officiel d'alors, « ayant charge de poésie auprès de Sa Majesté ». Il faut reconnaître également que, tout en étant sensuel, Racan n'est jamais grossier [3].

Dans le premier ballet il fit parler avec une singulière force de volupté la déesse de la *Nuit*, qui commençait ainsi son chant aux dames :

> Jusques-à quand, ô soleils de la terre !
> me ferez-vous la guerre ?

---

1. Nous pensons que Fournel exagère un peu en présentant comme l'usage ordinaire les *entrées muettes* des acteurs.

2. C'est d'ailleurs l'avis de M. Rolland, *L'Opéra*, p. 244, n. 1.

3. Malgré de longues recherches dans les ouvrages cités et dans bien d'autres, nous n'avons pu déterminer ces deux premiers ballets dont Racan fut un des poètes (nous avons été plus heureux pour le suivant). Ils furent évidemment dansés tous deux entre 1606 ou 1607 d'une part, à cause de la fermeté des vers, qui ne trahissent pas la faiblesse des débuts de Racan, et d'autre part 1620, date de la publication de ces vers. Le second ballet, où Racan fit des stances pour le roi de Perse en l'honneur d'Arthénice, ne dut pas être fait, en raison de ce nom, avant 1615 ou 1616 : ce ne doit pas être le même que celui qui fut dansé pour la naissance de M. de Vendôme et où Porchères fit des vers *Pour les Perses*, qui parurent en 1611 dans le *Temple d'Apollon*, t. I, 221.

On trouvera une belle description d'un grand ballet de cette époque (février 1619) dans le *Mercure*, t. V, IIe partie, p. 88, 111, 122 et suiv.

Qu'ai-je commis contre votre beauté?
Je renferme le jour dedans mes voiles sombres
pour vous faire jouir en pleine liberté
des plaisirs que l'amour recèle dans mes ombres.

Chassez plutôt ce fâcheux luminaire,
    dont la route ordinaire
  nuit tous les jours à vos contentements :
c'est celui qui vous rend de si mauvais offices
et qui vous vient ravir des bras de vos amants,
lorsque vous rendez l'âme au milieu des délices [1].

. . . .

Un peu plus tard un autre ballet fut donné en cour, et Racan
pourvut de poésie trois danseurs d'importance inégale, un diable, un
capitan et le roi de Perse [2].

Le *Diable* s'avançait en dansant vers les dames (c'est toujours elles
qui servent de cible poétique à tous les personnages), et, en visant
une du coin de l'œil, il lui décochait ce sixain avec une malice toute
française :

    Bien que ma forme épouvantable
  me rende à chacun redoutable,
  belle, n'en ayez point d'effroi :
ce dieu, que vos yeux ont fait naître,
à mes dépens a fait connaître
qu'il est bien plus diable que moi.

Le *Capitan*, qui, par un mélange des types anciens et des modernes,
se trouve être en même temps l'un des Géants de la fable, avise la
même dame et il vient lui jeter cette galante et vigoureuse antithèse :

  Enfin, las d'employer la force de mes mains
  à punir ici bas l'audace des humains,
  contre le firmament j'ai planté l'escalade
  pour tirer la raison de la mort d'Encélade.
  Les astres effrayés tremblèrent sous mes pas,
  et, n'était que les dieux sont exempts du trépas,

1. Latour, I, 232. Str. 1, V. Lex., Dedans et Recéler.
2. Ces trois pièces sont séparées dans l'édition Latour, les stances du Roi de
Perse sont à la p. 190, l'épigramme du diable à la p. 226, avec cette mention
bizarre ici : *Pour un diable qui dansoit au même ballet* (la pièce précédente est un
madrigal à Anne d'Autriche!); enfin les vers du capitan à la p. 233 : *Pour un
Capitan qui dansoit au même ballet*, ce qui donne une indication fausse, car la pièce
qui précède est la chanson de la *Nuit aux Dames*. Nous avons pu rapprocher ces
trois pièces grâce à l'édition de 1620 des *Délices de la poésie françoise* : elles
occupent les places 26, 27, 28 des poésies de Racan; au n° 26 sont les stances du
Roi de Perse *pour un ballet*, et les pièces 27 et 28 mentionnent qu'il s'agit du *même
ballet*. — Ces morceaux étaient encore réunis dans le *Recueil des plus belles épigrammes* de Breugière de Barante, paru en 1698 (t. II, p. LVII); ils furent disjoints
à tort et publiés avec des erreurs par Coustelier, puis par Latour.

leur Olympe aujourd'hui serait un cimetière.
Mais, combien que je sois en tous lieux triomphant,
les yeux d'une déesse aussi belle que fière
font que je suis vaincu par la main d'un enfant [1].

Le *Roi de Perse*, plus hardi comme il convient, ose nommer dans ses stances cette belle qui inspire le poète et à qui il fait vraiment les honneurs du ballet. S'adressant à l'escorte de jeunes filles qui l'a amené sur la scène :

1.   Beautés pleines d'appas
            qui conduisez mes pas,
     si jadis au soleil je faisais sacrifice,
        lorsque le ciel a voulu m'inspirer,
            j'ai connu qu'*Arthénice*
     était le vrai soleil qu'on devait adorer.

2.   Du bout de l'univers,
            par des climats divers,
     je viens payer mes vœux à sa vivante image,
        et sur l'autel de sa divinité,
            à qui je rends hommage,
     faire offre de mon sceptre et de ma liberté.

3.   *Le nom de mes aïeux*
            est monté jusqu'aux cieux ;
     les bornes de la terre ont borné leur fortune,
        et leur orgueil dessus mille vaisseaux,
            plus enflé que Neptune,
     a jadis châtié l'insolence des eaux.

4.   Mais si, par mon bonheur,
            jamais j'ai cet honneur
     que de sa cruauté j'obtienne la victoire
        et mets à fin ce que je me promets,
            j'acquerrai plus de gloire
     que mes prédécesseurs n'en acquirent jamais.

5.   Ses aimables attraits,
            inévitables traits,
     savent dompter les cœurs en amour invincibles ;
        même les eaux, les rochers et les bois
            cessent d'être insensibles,
     et se laissent traîner aux charmes de sa voix.

6.   Tout ce que les esprits
            ont de rare et de prix
     sont de ce bel esprit les grâces ordinaires,
        et *de son luth* les charmes decevants
            font par effets contraires
     ressusciter les morts et mourir les vivants [2].
     . . . .

1. Latour, I, 233. Pour *tirer la raison* et *combien que*, V. Lex., RAISON, 2°, et
COMBIEN QUE. V. aussi ESCALADE.
2. Latour, I, 190. — Stance 1 : nous rétablissons au premier vers *Beautés*

Au milieu des banalités inhérentes à la galanterie, il est facile de reconnaître certains traits particuliers qui s'appliquent à Racan et à Mme de Termes, tels les aïeux de l'un, la voix et le luth de l'autre.

Le jeune poète avait cédé à la tentation d'adresser à la dame de ses pensées une déclaration détournée; il avait conscience de son imprudence, et le roi de Perse, son avocat fidèle, déclarait en finissant :

> 7.   Bien que mon jugement
>   m'apprenne sagement
>   combien en cet amour mon entreprise est haute,
>   *nulle raison* ne m'en peut divertir.
>   D'une si belle faute,
>   c'est faillir doublement que de s'en repentir.
>   . . . .

Racan se sentait faiblir : son cœur était peu à peu gagné par son imagination. Il lutta, il discuta avec lui-même. Sa raison lui opposait ses souffrances passées, ses résolutions, la folie de ce nouvel amour pour une femme récemment mariée..... Tout cela est vrai, mais les attraits de Catherine sont si puissants! Enfin..., et c'est toujours le dernier refuge des amants poussés à bout, *le sort, la fatalité* le veut ainsi. Va, tu es vaincue, pauvre Raison, et ne sais-tu pas bien que tous les serments d'amoureux se valent et quand ils protestent d'aimer toujours, et quand ils jurent de n'aimer plus jamais?

L'écho de toute cette lutte intime se retrouve dans une des plus charmantes odes du poète, que l'on pourrait appeler l'Ode à la Raison :

> 1.   Dépité contre Amour, mon cœur s'était promis
>   que jamais ce tyran ne le verrait soumis
>   aux lois d'une maitresse;
>   mais, *ô sage Raison*, qui fais tout pour le mieux!
>   l'on n'est point obligé de tenir la promesse
>   qu'on fait contre les dieux.

au pluriel, que donnent les *Délices* de 1620 et de 1627. — V. Lex., Cognoistre.
St. 3 : V. Lex., Dessus.
La 5ᵉ stance présente une certaine incohérence d'images, qui est rare dans notre poète : les attraits sont représentés comme des *traits* et comme sachant *dompter*. — Pour le derniers vers, v. Lex., A, iii, 1°.
6ᵉ stance, 2ᵉ v. Nous croyons que la vraie leçon est *prix*, quoique les *Délices* de 1627 donnent *pris*; l'expression *de prix* équivaut ici à *précieux*, et la phrase revient à ceci : tout ce que les esprits ont de *rare et précieux*. Il est probable que Racan a voulu faire une allitération avec le mot *esprit* qui se trouve dans le vers précédent et dans le suivant. Ce sont les petitesses du goût de l'époque.
Voici encore une pièce qui offre la succession de deux rimes différentes du même genre (rimes masculines, dernière d'une stance et première de la stance suivante).

2. Les beaux yeux d'Arthénice, aussi fiers que puissans,
    ont, malgré tes efforts, rendu mes propres sens
                ennemis de ma vie,
    et me donnent la mort par un si doux poison
    que, si je perds l'espoir, je perds aussi l'envie
                de voir ma guérison.
    . . . .

5. Après mes longs travaux, après tant de tourment,
    que ferai-je, Raison, si d'aucun sentiment
                la pitié ne la touche?
    Tous ses charmes sont pleins de chaînes et de traits,
    et même les refus d'une si belle bouche
                ne sont point sans attraits.

6. Quand tu vois dans ses yeux ce monarque des cœurs,
    toi-même tu me dis qu'à de plus doux vainqueurs
                je ne pouvais me rendre.
    Tu braves ce tyran quand tu ne le vois pas;
    mais, sitôt qu'il paraît, au lieu de me défendre,
                tu mets les armes bas.

7. Reconnais ta faiblesse et cède à la beauté
    dont la douce rigueur me retient arrêté
                d'une chaine éternelle.
    Tu t'opposes en vain aux *volontés du sort*,
    puisque tu n'y peux rien : je dois attendre d'elle
                ou ma vie, ou ma mort [1].

Dans vingt ans, le Cid, engagé lui aussi dans un amour imprudent, discutera également avec lui-même dans les fameuses stances :

> Percé jusques au fond du cœur
> d'une atteinte imprévue aussi bien que mortelle...
> Que je sens de rudes combats! etc....

C'est le vrai pendant de cette ode. Mais chez Rodrigue la raison finira
par l'emporter sur l'amour. Ce sera alors comme la virile revanche
de la grandeur morale et de l'énergie sur la faiblesse et la grâce
amoureuses.

Voilà donc notre enseigne, au milieu de l'oisiveté de la paix,
redescendu dans la lice d'amour par une porte dérobée, et il nous avoue
lui-même « qu'il se trouva engagé à changer son amour poétique en
une véritable [2] ».

---

1. Latour, I, 180. — On aura remarqué l'esprit de la fin de la 6e strophe; elle
peint vivement Racan et tous les timides qui ont des intentions bonnes et une
volonté molle. Ce sera aussi Chrysale devant Philaminte. — Strophe 3, non citée :
voir Lex., Où, II, 1º. — Ici encore succession de deux rimes masculines différentes.
2. *Mém.* LXXXVII.

Ce sentiment dont nous voyons poindre l'aurore vers l'année 1618 fut la grande passion de sa vie, la plus profonde, la plus durable, et la plus féconde en fruits poétiques. Pour Cloris, Racan avait composé des odes ou des stances d'une tendresse élégante. Pour Arthénice il fit plus : après avoir rimé ces quelques vers de ballets, il souleva sa paresse dans un immense effort bien inattendu, *amor addidit alas*, et il entreprit en son honneur une pastorale dramatique de 3000 vers.

II

Discussion sur la date de la composition et de la représentation d' « Arthénice ».

Avant d'aborder même de loin l'étude de la pièce d'*Arthénice*, il est préalablement nécessaire d'essayer de fixer l'époque de sa composition et de sa représentation.

Nous devons tout d'abord reconnaître avec franchise qu'il est très difficile dans l'état actuel des documents de la déterminer avec une certitude absolue, à cinq ou six années près, entre 1618 et 1624. La date traditionnelle et généralement acceptée aujourd'hui pour la représentation est l'année 1618. Elle a été donnée avec assurance au 18e siècle par les frères Parfait, sans qu'ils en fournissent d'ailleurs de raisons bien concluantes.

I. — Les auteurs du 17e siècle qui parlent de cette époque, tels que Marolles (*Mémoires*, p. 24), Sorel (*Bibliothèque françoise*, p. 185), etc., mentionnent la représentation de l'*Arthénice* de Racan comme toute voisine de celle du *Pyrame* de Théophile. Mais la date de cette dernière pièce est elle-même restée jusqu'ici une énigme ; les Parfait (IV, 274, n.) et La Vallière (*Bibliothèque du théâtre françois*, I, 476) la fixent à 1617, sans alléguer de documents. Les éditions originales de Théophile, de 1628, 1651, 1656 ne donnent rien sur cette date, pas plus que l'édition moderne de ses *Œuvres complètes* publiée par M. Alleaume, 2 vol. in-16, 1856. M. Petit de Julleville a adopté la date de 1619 dans *le Théâtre en France*, 1889, p. 102, et il est suivi par M. Lintilhac dans son *Précis de la littérature française*, t. II, p. 33. En Allemagne M. Dannheisser termine une dissertation sur le sujet par cette conclusion sceptique : « Le but de ces lignes est atteint si un historien de la littérature peut mettre un point d'interrogation devant la date de 1617 donnée par Parfait. » (*Studien zu Jean de Mairet's Leben und Wirken*,

1888, ch. ii.) Le même savant, en 1889, dans un article sur l'*Histoire de la Pastorale en France*, admet que *Pyrame* fut représenté en 1625 ou 1626, et il conclut en déclarant que « la tragédie de Théophile restera peut-être toujours une *croix* pour l'historien du théâtre français » (Kœrting, 1889, p. 68), et en 1892, dans un article sur l'*Histoire des unités en France*, il donne comme sûre la date de 1626 (Kœrting, 1892, p. 66). Il nous manque en France une étude définitive sur Théophile. En attendant, on voit que la date si controversée de *Pyrame* ne peut pas servir de base à une détermination chronologique d'*Arthénice*.

II. — L'un des textes les plus précis est un passage de Mairet dans son *Épître familière sur la tragédie du Cid* (reproduit dans Parfait, IV, 354) : « Pour ma *Sylvie*, elle a brillé dans un temps que les Pièces de M. Hardy *n'estoient pas encore hors de saison*, et que celles de ces fameux Ecrivains, Messieurs de Racan et Théophile *conservoient encore dans les meilleurs esprits cette puissante impression qu'elles avoient justement donnée de leur beauté.* »

Pour que Mairet puisse ainsi parler du souvenir *encore* sensible de pièces qui avaient eu un grand succès, il faut bien admettre qu'elles étaient antérieures de quelques années, de deux ans au moins, à la sienne. Mais quelle est la date exacte de la représentation de *Sylvie*? Nouveau problème. M. Dannheisser affirme, après une étude approfondie, que la pièce fut achevée et représentée en 1626 (*Studien*, p. 110), en même temps pour ainsi dire que le *Pyrame* (dans son article de 1889 il admet que la *Sylvie* est postérieure, p. 79, et dans sa chronologie de 1892 il la place avant le *Pyrame*, p. 66). Un pareil rapprochement des deux pièces s'accorde bien mal, on l'avouera, avec l'affirmation de Mairet lui-même. Enfin la *Sylvie* n'est pas encore un terrain sûr et ne peut servir de base à une détermination chronologique de l'*Arthénice* : il est vraiment étrange que les trois principales pièces de cette période du théâtre français soient enveloppées, quant à la date de leur première représentation, dans une commune obscurité.

On notera seulement que Mairet nomme Racan avant Théophile comme si *Arthénice* était antérieure à *Pyrame*.

III. — Il nous reste à interroger Racan lui-même, qui nous fournira peut-être quelque lumière soit dans sa prose, soit dans ses vers. A en croire ses *Mémoires pour la vie de Malherbe* (Lalanne, p. lxxxvii), il aurait composé sa pastorale après la mort de M. de Termes, c'est-à-dire après 1621. Mais outre que le texte de cet ouvrage est loin d'être pur, comme nous le montrerons plus loin (ch. xviii), il fourmille d'erreurs dues probablement à l'infidélité de la mémoire du conteur, qu[i] écrivait à soixante ans passés ses souvenirs de jeunesse et se trompe plus d'une fois gravement, même sur ce qui le touche de plus près. Le passage qui raconte l'invention de l'anagramme d'*Arthénice*, et à la fin duquel se trouve l'indication relative à la pastorale, est rempli de fautes :

1° Racan cite comme faites après cette entrevue avec Malherbe, qui serait elle-même postérieure à 1621, deux pièces de son maître adressées sous le nom de Rodanthe à Mme de Rambouillet : « *Chère beauté que mon âme ravie...* » que Malherbe adresse en effet à Mme de Rambouillet, mais qui parut en 1620 (Lalanne, I, 247), et « *Ils s'en vont ces rois de ma vie* », qui fut publiée en 1615 (Lalanne, I, 221) : d'ailleurs Mme de Rambouillet affirmait à Tallemant que ces vers n'avaient pas été faits pour elle (Tallemant, I, 302), et Ménage déclarait qu'ils avaient été faits pour Caliste.

2° Racan dit avoir accaparé l'anagramme en s'en servant « dans sa pastorale qu'il fit incontinent après ». Or il se servit certainement de l'anagramme avant 1621, puisque dans les *Délices de la poésie françoise* de 1620, nous lisons aux numéros 26 et 32 deux pièces en l'honneur d'*Arthénice* ; ce sont les Stances du Roi de Perse aux dames (Latour, I, 190) et l'Ode à la Raison (Latour, I, 180), que nous avons citées plus haut l'une et l'autre.

3° Alcidor étant évidemment la figure du marquis de Termes, il est bien invraisemblable que Racan ait célébré les amours de la marquise avec le mari qu'elle venait de perdre ; cette galanterie au contraire s'explique tout naturellement de leur vivant à tous deux, quelques années après le mariage. On peut comparer d'ailleurs au ton joyeux et même un peu sensuel de la pièce le ton mélancolique de l'églogue que Racan adressa à Mme de Termes après la mort du marquis et qui corrigeait en quelque sorte l'impression heureuse de la pièce. Non seulement le ton est différent, mais les personnages le sont aussi ; car si Alcidor représente le marquis de Termes dans la pièce et dans l'églogue, l'églogue est mise dans la bouche d'*Arcas* qui représente évidemment Racan et qui ne se trouve point dans la pastorale. Il y a donc plutôt opposition que ressemblance entre ces deux œuvres.

IV. — Racan, dans sa lettre à Malherbe du 15 janvier 1625 (Latour, I, 14) et dans sa lettre au P. Garasse de la fin de l'été de la même année (I, 301 — nous déterminons avec certitude sa date et son destinataire dans notre chapitre XIV), désigne sa pastorale par ces mots : *les folies de ma jeunesse*. En parlerait-il ainsi si elle était toute récente, si elle était de l'année 1624 ou 1623 ?

V. — Enfin nous avons essayé de dater la pièce à l'aide de certains vers du Vieil Alcidor (acte V, sc. v, p. 131) qui mentionne une inondation antérieure avec une singulière précision :

> Ce fut l'an que la France
> se vit couverte d'eau en si grande abondance ;
> depuis ce jour fatal les moissons de Cérès
> ont par *dix et neuf fois* redoré nos guérets.

Il y eut un assez grand nombre d'inondations à la fin du 16ᵉ et au commencement du 17ᵉ siècle ; toutefois la plus forte qui ait affligé l'ouest de la France, où vivait le poète à cette époque, est celle de 1600 (C. Port, *Questions angevines*, p. 110), ce qui mettrait la représentation à 1619.

Ainsi, la date de la publication des pièces lyriques de Malherbe, celle de la publication des pièces lyriques de Racan, l'inconvenance choquante qu'il y eût eu à célébrer les amours de la marquise de Termes et de son mari après la mort de celui-ci, et l'allusion à l'inondation, voilà 4 faits qui concourent à ébranler l'affirmation de Racan disant qu'il a composé sa pastorale après 1621, et à fixer la date de cette composition vers 1619.

L'invention de l'anagramme put donc se faire vers 1617 ou 1618. Racan s'éprit alors de la marquise de Termes, après le mariage, arrivé en 1617, de la comtesse de Moret, pour qui il avait soupiré si longtemps ; il composa aussitôt après les pièces lyriques qu'il adressa à Arthénice et il les publia en 1620 ; la pastorale fut composée presque en même temps et probablement représentée en 1619. Malherbe, de son côté, composa alors la première pièce qui est mentionnée dans les Mémoires et qui parut en 1620. Quant à l'autre, qui parut en 1615, il est probable qu'elle n'a pas été composée pour Mᵐᵉ de Rambouillet.

Il n'en reste pas moins étrange que Racan se trompe sur la principale passion de sa vie : il a dû confondre à distance l'amour réservé et poétique qu'il eut d'abord pour la jeune femme avec l'amour « véritable et légitime » qu'il éprouva quelques années plus tard pour la veuve.

La seule discussion sérieuse dont cette date ait été l'objet, à notre connaissance, a été faite en Allemagne par M. Ernest Dannheisser, professeur à l'école des arts et métiers de Ludwigshafen-sur-le-Rhin. Dans la thèse de doctorat sur Jean de Mairet (*Studien zu Jean de Mairet's Leben und Wirken*) qu'il a présentée en 1888 à la Faculté de Munich, il consacre un chapitre important (le chapitre III) à la « Détermination chronologique des Bergeries de Racan » : par une démonstration aussi fragile qu'approfondie il aboutit à la conclusion que la pièce fut représentée pour la première fois vers la fin de l'année 1623. Il s'appuie principalement sur le passage, que nous avons mentionné plus haut, des Mémoires de Racan, sur le prologue de la pièce qu'il rapporte à la même année que l'Ode à Louis XIII, sur l'églogue, sur une lettre de Balzac à Racan, et sur un passage de la pastorale.

Or, 1° le passage des Mémoires est rempli d'erreurs, comme nous venons de le montrer.

2° Il n'est nullement prouvé que le prologue, ou du moins le prologue tel que nous l'avons, ait été récité à la première représentation, et, s'il est évident qu'un vers fait allusion à la paix signée avec les protestants en 1623, rien ne montre que ce ne soit pas, ainsi que nous le croyons, une de ces flatteries postiches au roi comme les auteurs avaient l'habitude d'en ajouter le jour où ils imprimaient leurs pièces. Quant à trouver une confirmation dans la comparaison avec l'Ode à Louis XIII que l'auteur rapporte sûrement après 1623, c'est une erreur formelle, car cette ode parut dans les *Délices* de 1620 et est évidemment de 1616, comme nous l'avons montré (ch. VII).

3° Le rapprochement fait naturellement par les éditeurs de Racan entre la pastorale et l'églogue ne prouve pas qu'elles aient été composées en même temps, ce qui eût constitué, nous l'avons vu, une grave inconvenance.

4° La lettre de Balzac peut servir d'argument pour l'année 1623, à la seule condition qu'on lise 1623 au lieu de 1633, dans la date donnée à la lettre par Conrart (édition des *Œuvres complètes* de Balzac); c'est ce que demande M. Dannheisser. La chose est possible, mais nullement probable, car la lettre ne me paraît aucunement s'appliquer à la pastorale d'*Arthénice*; il s'agit d'une petite pastorale de salon qui doit être représentée, non pas à la cour, ni sur un théâtre de Paris, mais en société, au château de La Roche-Racan, et Balzac nous donne les noms de deux personnages qui sont Orante et Oriane et qui, comme on le sait, ne se retrouvent nullement dans le personnel d'*Arthénice*. Pour moi il s'agit évidemment d'une seconde pastorale que nous avons malheureusement perdue. D'ailleurs, je ne vois nulle part, comme le fait valoir M. Dannheisser (p. 84), que Balzac reproche à Racan d'avoir voulu payer tribut à la mode pastorale, ce qui s'appliquerait mal, selon lui, à l'année 1633. Mais simplement Balzac, qui goûte peu la pastorale et lui préfère la tragédie, engage son ami à abandonner l'une pour l'autre.

Enfin M. Dannheisser invoque le passage du Ve acte (p. 111) où

Cléante célèbre la paix qui réjouit les bords de la Seine et de la Marne,
et, observant que cette région ne fut troublée que par la guerre de
Louis XIII et de Marie de Médicis, il en conclut que la pièce ne peut
avoir été écrite qu'après la paix de la Mère et du Fils signée en 1620,
de même que la *Chanson de Bergers* en l'honneur de Marie de Médicis.
Mais d'abord nous ne pensons pas qu'il faille prendre aussi à la lettre
ce passage des *Bergeries*; le théâtre de l'action étant au confluent de
la Marne et de la Seine, il est naturel que les bergers qui chantent
la paix en célèbrent les bienfaits, non pas en général et d'une façon
vague, mais par rapport au pays où ils vivent. Quant à la *Chanson de
Bergers* elle n'est point postérieure à 1620; le contenu indique assez
clairement qu'elle est adressée à Marie de Médicis encore régente, c'est-
à-dire qu'elle a été faite avant 1617. Seulement, lorsque Racan publia
ses premières œuvres dans les *Délices* de 1620, il combattait dans les
rangs de l'armée royale contre Marie de Médicis révoltée, il ne put
donc publier sa pièce, et n'osa le faire que lorsque cette guerre civile
fut apaisée, c'est-à-dire en 1626, dans le *Recueil des plus beaux vers*,
ce qui explique comment Sorel, en 1627, dans son *Berger extravagant*, se moquait d'une actualité en commençant son ouvrage par cette
parodie de la chanson de Racan :

> Paissez, paissez librement, chères Brebis.

Racan lui-même ne joignit la *Chanson de Bergers* à sa pastorale
que dans la 4ᵉ édition des *Bergeries*, en 1628.

M. Dannheisser, nous l'avons dit, termine sa dissertation de 1888
en concluant d'une façon peu péremptoire que la pièce fut représentée « vers la fin de l'année 1623 ». Mais, chose curieuse chez un
savant aussi consciencieux, dans l'article sur l'*Histoire de la Pastorale
française* qu'il publia l'année suivante dans la *Revue de la langue et
de la littérature française* de Kœrting, il déclare que Racan représenta
sa pièce « vers 1624 » (1889, p. 74), sans qu'il appuie sur aucune nouvelle raison cet avancement insidieux. Il est vrai que dans l'essai de
chronologie qu'il donna en 1892 du théâtre français sous Louis XIII il
revenait à l'année 1623, mais sans avoir la sagesse de faire suivre cette
date du point d'interrogation dont il accompagne plusieurs autres de la
même période (Kœrting, 1892, p. 66).

N. B. — Nous rétablissons l'orthographe d'*Arthénice* anagramme
de *Catherine*, en y mettant une *h*, quoique bien des lettrés modernes

aient gardé l'habitude de l'écrire sans *h*. Pour nous, nous attendrons,
pour la supprimer, que la réforme orthographique ait retranché celle
de *Catherine*.

III

Racan et la Pastorale italienne, 1602-1619.

Reprenons à présent le cours de notre récit, et cherchons d'abord
quels sont les différents mobiles et les diverses influences qui ont pu
pousser Racan à choisir, pour chanter Arthénice, le genre de la pastorale,
que nous ne connaissons plus guère et qui nous apparaît de loin comme
le triomphe du fade, du précieux et du faux [1]? Ce genre une fois admis,
de quelle façon le comprit-il? Tels sont les deux points que nous allons
tenter de déterminer en nous appuyant sur les documents les plus précis,
sur la pièce elle-même en particulier.

Cette étude doit nous offrir un triple intérêt, comme contribution
à l'histoire de l'homme, de l'œuvre et du genre : elle pourra en effet
jeter quelque jour sur la nature et sur les goûts de notre poète. Puis
elle nous révélera la plupart des sources de sa pièce. Enfin elle nous
suggérera en passant quelques réflexions sur l'évolution de ce genre,
charmant autant qu'éphémère, de la pastorale, qui était alors en pleine
floraison et qui s'allait faner si vite [2].

Dans les premières années du 17e siècle le théâtre français présentait une lutte acharnée entre le vieux drame du moyen âge qui
résistait encore, et le drame récent de la Renaissance qui voulait con-
quérir sa place, l'un avec ses éléments de liberté et de variété, l'autre
fondé sur l'ordre et la régularité [3].

---

1. Avec les vers de ballets examinés dans ce chapitre, nous en finissons avec
l'étude et l'histoire de 31 des 33 pièces de Racan parues en 1620; les deux dernières sont un Noël, que nous analysons plus loin p. 285, et une assez faible
épitaphe sur un jeune homme, que nous n'avons pu éclairer par aucun document.
Latour la donne à la page 215, en la rangeant à tort parmi les sonnets. Si nous
ajoutons à ces 33 pièces la chanson faite en collaboration avec Malherbe et Mme de
Bellegarde, le quatrain de Calais et les 4 hymnes de la jeunesse de Racan qui ne
parurent qu'en 1660, nous arrivons à un total de 39 sur les 91 petites pièces du
poète (toute son œuvre en dehors de la pastorale et des psaumes).

2. Nous essayons d'appliquer en quelques parties de ce chapitre, comme en
d'autres chapitres d'ailleurs, quelque chose de la méthode littéraire si ingénieuse
de M. Brunetière.

3. Pour cette brève esquisse des genres alors cultivés, nous nous servons
surtout du récent livre si approfondi de M. Rigal sur *Hardy et le Théâtre français
à la fin du* xvie *et au commencement du* xviie *siècle.*

Les Mystères n'existaient plus nominalement depuis 1548, par ordre du Parlement, mais il ne faut pas croire que la tragédie et la comédie classiques leur aient succédé du jour au lendemain; on le voit bien par le succès inégal des quatre formes dramatiques qui étaient cultivées à l'époque de Racan. D'abord la *farce* du moyen âge était demeurée intacte dans sa verve grossière, et elle était à cette époque l'objet d'un particulier engouement [1] : la comédie n'était pas née. Le théâtre libre était représenté encore par la *pastorale*, et aussi par la *tragi-comédie*, pièce de sujet romanesque, d'intrigue abondante et variée, qui excitait le rire et les larmes, une aïeule de notre drame populaire d'aujourd'hui [2]. Au milieu de ces genres tout divertissants, farce, tragi-comédie et pastorale, la *tragédie* avec sa marche savante, son allure noble et ses sujets anciens conquérait difficilement son droit de cité, ayant peine à sortir des estrades de cour et des théâtres de collège [3].

Ce dernier genre, le plus relevé de tous, était fermé d'emblée à Racan par son ignorance de l'antiquité. Il n'était pas question pour lui de composer une farce, et le défaut de variété de son imagination l'éloignait de la tragi-comédie. Quant à la pastorale, qui avait d'abord été pendant cinquante ans un mystère déguisé, elle subissait maintenant une profonde transformation et devenait, sous les influences espagnole et italienne, une *élégie dramatique* dans un cadre rustique [4] : c'est vers elle que se tourna notre poète élégiaque, porté par la mode, par ses goûts, par le genre de son talent, par sa passion pour Arthénice, par tout son passé aussi, par son vif amour de la campagne et ses chers souvenirs des champs de Touraine, en somme par tout son esprit et tout son cœur.

Mais de quelle façon entendit-il ce genre? quelles sont les influences particulières, lectures, représentations, conversations, qui agirent sur lui et contribuèrent à la conception qu'il s'en fit? Recherchons-le en embrassant toute sa jeunesse, depuis l'époque où il était page de la Chambre du roi jusqu'au moment où il donna sa pièce, depuis 1603 jusqu'à 1619.

---

1. Rigal, 98 et *passim*.
2. Voir surtout sur ce genre si intéressant, qui a donné le *Cid* et qui semblait contenir en germe le mélange d'imagination et de raison que l'on pouvait souhaiter sur notre théâtre, Rigal, liv. III, ch. i et iv.
3. Rigal, liv. II, ch. i, et *passim*.
4. Nous verrons plus loin que le cadre italien n'est pas très rustique en réalité, mais il l'était en principe. Sur la pastorale-*mystère*, voir Rigal, 95, 509, et Sainte-Beuve, *Tableau*, p. 218.

Il subit avant tout l'action des littératures étrangères, celle de l'Espagne et plus encore celle de l'Italie.

Toutes les choses d'Espagne, depuis la littérature jusqu'aux modes de cuisine, de vêtements et de coupe de barbe faisaient fureur à la cour de France, surtout depuis le mariage du roi avec Anne d'Espagne, « cette belle nymphe du Tage » que Racan avait escortée et chantée [1]. En 1615 le théâtre espagnol n'arrivait pas encore chez nous, ce devait être pour la génération suivante, avec Corneille. Mais à la suite de son volumineux roman chevaleresque de l'*Amadis* qui était encore lu, l'Espagne nous envoyait ses romans pastoraux, et les exploits des hidalgos avaient fait place aux aventures amoureuses des bergers [2].

Le chef-d'œuvre de ce nouveau genre était la *Diane* de George de Montemayor qui avait peint les malheurs de son propre cœur [3]. Elle avait paru en 1561 et avait été traduite en français par Colin en 1578, et depuis cette époque nombre d'auteurs en transportèrent le sujet sur notre théâtre, par exemple dans la seule année 1613, Hardy dans sa *Félismène* [4], et Chrétien des Croix dans sa *Grande Pastorelle*.

Montemayor avait donné un heureux exemple qui devait être suivi par le plus grand nombre de ses successeurs, en racontant sous des noms inventés son histoire et ses aventures de cœur. Ainsi voilà un genre que l'on a bientôt fait d'appeler faux, et qui se prête naturellement aux confidences du poète : c'est d'abord une condition de succès immédiat, parce que la curiosité mondaine se trouve toujours intéressée

1. Anne d'Espagne est le nom que lui donne encore Bossuet dans l'oraison funèbre d'Henriette d'Angleterre, il est plus juste que celui d'Anne d'Autriche qui a prévalu. — Voir Racan, *Œuvres*, t. I, p. 6 et notre chapitre vii.
La manie de l'Espagne sévissait dès avant le mariage, témoin dans Régnier le fameux portrait du gentilhomme *espagnolisant*.
Voir sur ce sujet l'étude très intéressante de M. Morel-Fatio : *Etudes sur l'Espagne : l'Espagne en France*, t. I, p. 1 à 106. Sur la pastorale en Espagne et en Italie, lire une causerie agréable et assez superficielle de Saint-Marc Girardin, t. III, ch. lxv; une étude très creusée de Weinberg : *Das französische Schäferspiel der ersten Hälfte des siebzehnten Jahrhunderts*; Frankfurt A.-M., Knauer, 8°, 1884, p. 1 à 11 et s.
2. On lisait surtout la traduction de Herberay des Essars, parue de 1548 à 1581 en trois in-folio finement illustrés. Si l'on veut avoir une idée de ce roman, on peut lire dans le t. III du *Cours de littérature dramatique* de Saint-Marc Girardin le chapitre xxxix. La pastorale avait déjà fait son entrée dans l'*Amadis*, au IXe livre, qui raconte les aventures de la bergère Sylvie et du berger Darinel. Sur les causes du succès de l'*Amadis* et en général sur « l'influence de l'Espagne dans la littérature française », voir une synthèse très suggestive de M. Brunetière, *Revue des Deux Mondes* du 1er mars 1891.
3. Sur la *Diane*, voir Saint-Marc Girardin, *Cours de littérature dramatique*, t. III, 252-257.
4. Voir Rigal, 477 et 511.

à fouiller dans la vie intime des écrivains; c'est surtout une garantie de mérite durable, parce que c'est un gage de sincérité.

Il arrivait de la sorte que cette forme de la poésie dramatique devenait une forme de la poésie élégiaque, et non la plus mauvaise. C'est même là sans doute qu'il faut aller chercher quelques-uns des meilleurs vers d'amour de ce temps : les poètes alors mettent surtout de l'esprit dans leurs odes et leurs stances, ils réservent pour les pastorales leurs souffrances, leurs joies et leurs espoirs d'amour, le vrai fond de leur cœur; et à l'époque où se constitue la littérature tout *impersonnelle* du grand siècle, la pastorale nous apparaît dès le début comme le seul genre essentiellement *personnel*, réalisant pendant un moment fugitif des conditions qui ne seront plus redemandées à la poésie que deux cents ans plus tard, et se trouvant être, par une conséquence inattendue, l'un des ancêtres authentiques du romantisme élégiaque.

Racan entra résolument dans cette voie, ouverte par Montemayor; si nous avons vu qu'il a semé un peu de son cœur dans ses Odes, nous constaterons bientôt qu'il en a déposé le meilleur dans sa pastorale : en faisant œuvre dramatique, il n'abandonnait pas pour cela l'élégie.

*
* *

L'influence de l'Espagne n'avait d'égale à la cour de France que celle de l'Italie. Lassée d'un siècle de guerres civiles et altérée de guerre étrangère, notre noblesse était à la fois belliqueuse et polie, et en même temps que par souvenir et par regret elle songeait à l'Espagne, la patrie traditionnelle de la chevalerie, elle tournait instinctivement les yeux vers la patrie de l'amour, de l'élégance et du luxe, vers l'Italie, que la régence de Marie de Médicis avait rendue, pour ainsi dire, plus voisine de nous.

De tous les genres littéraires cultivés au delà des Alpes, aucun ne plaisait mieux à nos gentilshommes que la pastorale, récemment fondée en Italie en même temps qu'elle l'était en Espagne, éclose là de l'imitation de Théocrite et de Virgile et embellie de toute l'imagination gracieuse et du génie lyrique des Italiens [1]. Ce monde innocent et rustique de bergers uniquement occupés de l'amour répondait aux vagues aspirations de ces soudards encore grossiers, mais galants, qui avaient soif, pour se reposer des brutales réalités, de tous les enchan-

---

1. Voir une étude intéressante de l'influence espagnole subie par les auteurs de pastorales italiennes, en particulier par le Tasse, dans Weinberg, p. 2 et 3.

tements de l'art; il apparaissait à cette génération, candidate à l'amabilité, comme une sorte d'âge d'or idéal où il faisait bon vivre par l'imagination.

On a trop dit, croyons-nous, que la pastorale se développe, comme une vivante antithèse, aux époques tumultueuses et troublées ; elle apparaît bien plutôt au sortir de ces époques, quand la société aspire au calme et à la paix, de même que c'est après des émotions violentes, et seulement lorsqu'elles sont passées, que nous goûtons le mieux le charme d'un doux paysage. Les deux floraisons de pastorales que l'on remarque, chez les Romains sous Auguste et chez nous sous Louis XIII, sont là pour l'attester[1]. Quant à celle du temps de Louis XV et de Louis XVI, elle échappe à toute classification, étant le résultat combiné de la frivolité excessive de la haute société, des nouvelles prédications de Rousseau sur la sensibilité et de l'influence du poète allemand Gessner[2].

Enveloppé par la mode de l'Italie, à la cour où des comédiens italiens venaient jouer souvent, à l'hôtel de Rambouillet chez la marquise d'origine italienne qui arrivait de Rome et en faisait bientôt venir le cavalier Marini, partout enfin, on pense que Racan ne résistait pas, nul n'étant mieux fait que lui pour aspirer ce souffle d'au delà des Alpes[3]. Il était, on s'en souvient, de sang italien, il avait dans l'esprit de la délicatesse et de la grâce italiennes, et le petit-fils des Boglio et des Grimaldi se retrouvait là, transporté dans sa patrie lointaine, patrie du sang et de l'intelligence, lorsqu'il goûtait toutes ces œuvres exquises faites d'harmonie musicale, de galanterie élégante et de cette *languidezza* d'amour dont il sentait quelque chose circuler dans ses veines[4].

Il est surtout deux œuvres qui fondaient véritablement la pastorale dramatique et qui firent sur Racan une impression décisive, ce sont l'*Aminte* du Tasse et le *Fidèle Berger* de Guarini[5]. Leur influence ne lui arriva pas d'une façon vague et indirecte comme à la plupart des

1. Voir cette question étudiée très philosophiquement, mais non sans lourdeur par les Allemands : Ruth, *Geschichte der italienischen Poesie*, Leipzig, 1847, IIe vol., p. 596. — Lotheissen, *Geschichte der französischen Litteratur im XVII. Jahrhunderte*, Wien, Gerold Sohn, 1877-1884 (Ier vol., p. 140). — Weinberg, ouvrage cité, p. 5-8.
2. V. Revue d'histoire littéraire de la France, 1895, p. 169-200, *La littérature allemande en France au XVIIIe siècle*, par Virgile Rossel, et notre ch. XX.
3. Il vint au moins 8 troupes italiennes de 1599 à 1624 (Rigal, p. 107). — Sur la connaissance de l'italien chez la marquise, voir Tallemant, II, 485. — Sur le séjour de Marini (1615-1617) on peut lire quelques pages piquantes dans Demogeot, *Tableau de la littérature française au XVIIe siècle, avant Corneille et Descartes*, p. 212-215. Cf. ci-dessous, p. 220.
4. Sur cette origine italienne de Racan, voir notre chapitre I.
5. On trouvera un tableau résumé de la pastorale italienne dans Alph. Royer, *Histoire universelle du théâtre*, t. II, p. 83-89.

pastoraliers de son temps [1], mais par une lecture évidemment personnelle, attentive et réfléchie. Nous allons la refaire après lui, en suivant
autant que possible la façon dont lui-même dut s'y prendre, c'est-à-dire
en étudiant la marche générale du poème et en insistant sur certaines
parties qui le charmèrent spécialement, au point de l'inspirer à son
tour [2].

*
* *

L'*Aminte* est, comme l'on sait, le récit de la victoire de l'amour
sur une bergère insensible.

L'Amour apparaît dans le Prologue en habit de berger, s'apprêtant
à percer le cœur de la belle indifférente. C'est Silvie, la compagne d'enfance d'Aminte, qui l'aime sans pouvoir seulement la rendre attentive à
sa flamme. Le Tasse reprenait ce thème charmant de l'*amour d'enfance*, que Dante avait inauguré d'une façon toute mystique avec sa
Béatrice de la *Vie nouvelle*, et que le Napolitain Sannazar avait plus
récemment développé dans son *Arcadie*. Cela devenait une tradition
à laquelle la plupart des successeurs devaient rester fidèles.

« Estant encore petit enfant, dit Aminte, dans une confidence
dont Racan se souviendra, — si qu'à peine pouvois-je attaindre de ma
petite main à cueillir les fruits des rameaux courbez des arbres, je
devins affectionné de la plus belle et chère pucelle qui jamais déployast
ses cheveux d'or au vent... Nos maisons estoyent bien conjointes, mais

---

1. Y compris Hardy, qui se sert beaucoup des Italiens, mais ne paraît pas
les avoir étudiés de très près; nous parlons de lui dans le chapitre suivant.
Nous avons proposé à la fin de la Préface le mot *pastoralier* pour désigner un
auteur de pastorale dramatique, comme on dit *fablier*, le mot de *poète bucolique*
semblant s'appliquer plutôt aux auteurs d'idylles ou d'églogues.
2. Nous avons fait ces lectures comme dut les faire Racan lui-même, dans la
traduction, en la comparant au texte auquel il dut se reporter plus d'une fois. —
Il put se servir pour le Tasse (dont la pièce fut représentée en 1573), de l'*Aminte*,
« fable bocagère, imprimée en deux langues pour ceux qui désirent avoir l'intelligence de l'une d'icelles » par Guillaume Belliard, à Paris, chez Abel l'Angelier,
in-12, 1596, édition qui eut du succès, puisqu'elle fut réimprimée à Rouen en 1598,
1603 et 1609 (Joseph Blanc, *Bibliographie italico-française*, p. 1338). — Pour Guarini
il put user de la « traduction en prose et en vers, par Rolland Brisset, sieur du
Jardin », in-12, Tours, 1593, ou *Le Berger Fidèle, faict italien et françois pour l'utilité de ceux qui désirent apprendre les deux langues*, in-12, Paris, Mat. Guillemot,
1610. — Nous avons voulu nous servir nous-même de cette dernière édition, ainsi
que de la traduction de l'*Aminte* par G. Belliard, de 1603. — Racan put lire vingt
ans après la composition de sa pièce : *Le Berger fidèle, traduit en prose par le
chevalier Du Bueil* (sic), son cousin Claude de Bueil; Paris, Aug. Courbé, 47 p. in-8,
1637 (Blanc, *Bibliographie italico-française*, et Marolles, *Mémoires*, III, 248). La Bibl.
Nat. n'en possède pas d'exemplaire et nous n'avons pu en trouver nulle part.

nos cœurs estoyent plus conjoints. L'aage estoit conforme, mais plus conformes les pensées... Peu à peu vint en mon sein, je ne scay de quelle racine (comme une herbe qui se germe de soy-mesme), une affection incognue qui me faisoit désirer d'être toujours présent à ma belle Silvie, et beuvois de ses yeux une étrange douceur, qui laissoit à la fin je ne scay quoi d'amer [1]... »

Puis Aminte raconte son premier baiser. Silvie savait guérir avec ses lèvres les piqûres d'abeilles : il feint d'être piqué à la bouche et elle, naïve, s'offre à le secourir.

Un chœur de bergers, à la fin du Ier acte, bénit l'âge d'or où les amants s'ébattaient en liberté, et maudit l'honneur, le cruel honneur, qui a inventé les vêtements, qui a inspiré les scrupules et tout ce qui contrarie les plaisirs d'amour. —

Le Satyre, qui incarne le libertinage brutal, désire Silvie aussi grossièrement qu'Aminte l'aime délicatement, et il résout de la surprendre au bain. Aminte de son côté reçoit le conseil, s'il veut être aimé de la bergère, de lui témoigner moins de délicatesse et de la forcer dans cette même occasion. Aminte s'y décide avec peine, et le chœur des bergers entonne un nouvel hymne à l'amour (acte II).

On vient maintenant nous faire le récit de cette double tentative à laquelle a échappé la bergère. Aminte a chassé le Satyre et délivré respectueusement la belle nymphe qui s'est enfuie courroucée.

Puis un second récit nous apprend la fin tragique de Silvie dévorée par des loups dans une chasse hardie. A cette nouvelle, Aminte s'évanouit de douleur et, revenu à lui, court se donner la mort (acte III).

Mais Silvie reparaît; elle raconte comment elle a été sauvée du danger, et elle laisse échapper des pleurs sur la disparition d'Aminte. Sa compagne le lui fait observer; elle répond que ce sont « pleurs, non d'amour, mais de pitié. — La pitié, lui dit-on, est messagère de l'Amour, comme l'éclair du tonnerre. »

> La pieta messaggiera è dell'Amore,
> come 'l lampo del tuono [2].....

Nous entendons à présent le récit de la mort d'Aminte, qui s'est précipité du haut d'un rocher, et Silvie s'éloigne en pleurant pour l'ensevelir (acte IV).

Aminte, comme bien l'on pense, n'est pas plus mort que Silvie; sa

---

1. *Aminte, fable bocagère, traduite par G. Belliard*, Rouen, 1603, p. 33 et 35.
2. Acte IV, sc. 1. — Cf. Chimène « pâmant » plus tard au récit de la mort du Cid.

chute a été amortie par un buisson opportun, Silvie par ses baisers l'a fait revenir à lui, et ils attendent le père de la bergère qui doit consacrer leur union.

Les bergers du chœur chantent une dernière fois, déclarant que pour eux ils préfèrent des amours moins longues et des beautés plus faciles (acte V).

Tel est ce poème d'une simplicité et d'une netteté qui rappellent les anciens en dépit de la prépondérance de l'amour, et qui révèlent l'imitation de Théocrite et des bucoliques grecs, avec en plus un parfum italien de grâce sensuelle [1].

La grande innovation matérielle du Tasse par rapport aux pastorales qui ont précédé, est l'introduction du *prologue* et des *chœurs* imités des tragédies grecques : un chœur de bergers suit l'action et, à la fin de chaque acte, célèbre l'amour dans le ton de la situation présente. Racan nous donnera aussi un prologue et des chœurs.

Il empruntera également au Tasse le Satyre libertin et brutal, généralement conservé dans les œuvres françaises pour faire contraste avec le héros [2], — la description de l'amour d'enfance, la peinture de l'âge d'or où l'amour était libre, et les malédictions contre l'honneur.

Le Tasse orientait décidément la pastorale vers l'élégie, et l'on voyait bien que toute sa pièce n'était qu'une déclaration détournée à la princesse Éléonore d'Este. Ses bergers et ses bergères ne sont occupés que d'amour ; ils s'en entretiennent dans un langage raffiné et rappellent fort en somme, sous leur naïveté d'emprunt, les cavaliers et les grandes dames de la cour de Ferrare.

Si Racan trouvait trop de raffinement dans le langage et en général dans les sentiments, l'amour sensuel qui remplit le poème n'était cependant pas pour lui déplaire, non plus qu'à toute la société qui l'entourait : c'était le plus communément répandu dans ce monde ; il tenait le milieu entre l'amour grossier à la Henri IV, dont on était las, et l'amour chevaleresque du Moyen-Age auquel le monde précieux n'avait pas encore été ramené.

Mais cette *fable bocagère*, comme l'avait appelée l'auteur, men-

1. Le Tasse, qui avait beaucoup cultivé Théocrite, en a laissé un exemplaire entièrement annoté de sa main (Préface de l'abbé Serrasi, traduite en français dans la *Traduction nouvelle de l'Aminte* par Emmanuel Chambert. Impr. Jouaust, 1879).

2. Saint-Marc Girardin (*Littérature dramatique*, t. III, p. 246-252) montre que les modernes, sans le savoir, ont rendu au Satyre la brutalité de ses mœurs primitives, qui avaient été bien adoucies par les poètes grecs. Voir la théorie de Guarini sur les Satyres, qu'il *prend aux anciens pour le divertissement des spectateurs* (*Compendio della poesia tragicomica* dans Royer, II, 88).

tait à son titre. Elle présente bien quelques descriptions des chasses
de Silvie, chasses toutes mythologiques, inspirées de celles de Diane,
mais rien de rural, aucune de ces peintures reposantes des champs et
de la vie qu'on y mène. De ce côté la pastorale manquait son but et
trompait ses promesses, et il est à jamais fâcheux pour elle que le Tasse
n'ait pas été un amateur des champs. Racan, qui en était un, le sentait
bien, et il aspirait d'instinct à faire une œuvre plus imprégnée de campagne.

Bref, malgré ses réserves, Racan goûtait profondément ces vers, et
il constatait autour de lui l'enthousiasme général qu'ils excitaient,
jusque chez ceux dont il l'attendait le moins. Son maître lui-même,
un jour que la marquise de Rambouillet lui demandait ce qu'il estimait
le plus de tous les vers qu'il avait lus pendant sa vie : « J'aimerois
mieux, répondit-il, avoir fait l'*Aminte* du Tasse que tout le reste [1]. »
Ce fut peut-être son unique enthousiasme littéraire.

*
* *

Racan demanda à Guarini plus encore qu'au Tasse.

Guarini avait fait une œuvre beaucoup plus considérable que
l'*Aminte*, si l'on regarde à la complexité de l'intrigue, au nombre des
personnages et à la quantité des vers. Le *Pastor Fido*, le *Fidèle
Berger* n'était pas une simple idylle racontée sur la scène, mais un véritable poème dramatique avec de l'action, des épisodes, tout un groupe
de famille, presque un peuple s'agitant sous le théâtre. Aussi, comme
toutes les œuvres copieuses et fortes, servit-il de mine où vinrent s'ap-
provisionner tous les auteurs de pastorales, de sorte que nul poète ne
contribua davantage à fixer la poétique du genre. Les Français vinrent
le piller en foule [2], et Racan parmi eux. On comprend donc comme il
est nécessaire que nous donnions une idée brève autant qu'exacte de
cette pièce qui a pesé d'un si grand poids sur les destinées de la pastorale française; ensuite parmi les nombreux éléments dramatiques dont
nous constaterons la mise en circulation par le poète italien, il nous
sera facile de distinguer ceux que Racan a acceptés, ceux qu'il a
repoussés, et rien n'éclairera mieux son goût et ses réflexions sur la
pastorale.

1. Nos *Anecdotes inédites*, n° 5.
2. Il suffit, pour s'en rendre compte, de parcourir l'analyse des pastorales
composées en France pendant les 30 premières années du 17° siècle (Parfait, t. IV).

Nous sommes ici en Arcadie, dans une société régie par des prêtres, qui communiquent directement aux bergers la volonté des dieux.

Au lieu d'un couple intéressant d'amoureux, le poète nous en présente deux d'importance presque égale : Mirtil et Amaryllis, Silvio et Dorinde.

Mirtil aime Amaryllis à travers tous les obstacles, c'est le type du berger amoureux, fervent, fidèle, le *Pastor Fido*. Amaryllis l'adore, mais elle a la force de ne lui en rien témoigner, parce qu'elle est fiancée à Silvio et que cette union des deux bergers de race divine doit causer le salut du pays.

Le fiancé Silvio n'aime personne, pas même Amaryllis : c'est une sauvage nature de chasseur qui n'a d'yeux que pour les bêtes fauves; mais il est passionnément aimé et poursuivi par la nymphe Dorinde.

Au 1er acte, après avoir entendu les ardentes déclarations de Silvio sur la chasse et le désespoir de Mirtil causé par la perspective du prochain mariage d'Amaryllis, nous voyons arriver un singulier personnage, Corisque, une nymphe rouée qui professe hautement la théorie de l'infidélité en matière d'amour. Pour l'instant elle aime Mirtil, et afin de supplanter sa rivale Amaryllis elle usera de tous les moyens. Nous devinons que cette Corisque va être le mauvais génie de tous les personnages.

Puis arrivent les pères des deux fiancés : celui de Silvio raconte à son compagnon qu'une inondation a emporté, il y a 20 ans, le berceau de son plus jeune fils.

Enfin le Satyre apparaît; il était, dans son temps, respectueux des femmes, mais il a trop vu toutes les tromperies féminines; d'ailleurs les femmes, au fond, ne veulent pas trop de respect [1]. Pour lui il désire Corisque (n'est-il pas digne d'elle?), et il essaiera de la séduire.

Le chœur termine par une invocation à l'Amour.

Ainsi cette exposition nous montre la *farandole* [2] compliquée des amoureux qui se poursuivent : le Satyre aime Corisque, qui aime Mirtil, lequel aime Amaryllis, qui va épouser Silvio, qui est aimé de Dorinde. Nous voyons que les deux héros, Mirtil et Amaryllis, sont séparés par deux obstacles qui paraissent insurmontables, le mariage d'Amaryllis qui va se conclure ce jour même, et la jalousie de Corisque, que le poète nous a laissés soupçonner.

Le IIe acte, où triomphe la grâce moelleuse de l'imagination italienne, est la célébration du *baiser d'amour* et pourrait s'appeler,

---

1. Nous avons déjà relevé cette idée dans l'*Aminte*, au rôle de Daphné.
2. Joli mot de M. Rigal à propos d'une pastorale de Hardy (p. 531).

comme la fameuse valse, *il Bacio* : premier baiser ravi par Mirtil à
Amaryllis dans un concours de baisers où il était déguisé en fille (c'est
un renchérissement sur la piqûre d'abeille de l'*Aminte*); — baiser
mendié par la pauvre Dorinde à Silvio, à qui elle rend son fidèle chien
de chasse dans une scène admirable de comique et de passion [1].

Mais la fatale Corisque a résolu, au lieu de fuir sa rivale Amaryllis,
de la suivre partout, de la conseiller, de la compromettre à la fin avec
Mirtil : or les lois arcadiennes punissent de mort toute fiancée infidèle.

Restée seule, Corisque est surprise par le Satyre, qui l'entraîne
par les cheveux : ô merveille, les cheveux lui restent dans la main! La
nymphe portait perruque, donnant ainsi raison au Satyre qui prétend
que tout est faux chez les femmes.

Enfin le chœur chante toutes les grâces mignardes des baisers
d'amour.

Le IIIe acte nous fait assister à l'exécution du plan satanique de
Corisque. Elle commence par s'assurer d'une façon toute gracieuse de
l'amour réciproque d'Amaryllis et de Mirtil en jetant celui-ci dans les
bras de la jeune fille, qui, les yeux bandés, jouait à l'*aveugle*, à la *cieca*,
avec ses compagnes. Puis elle pousse Amaryllis à aller constater dans
une caverne voisine l'infidélité que lui fait, avec une gardeuse de troupeaux, Silvio réputé insensible. Elle décide de même Mirtil à entrer
dans la même caverne pour surprendre de son côté la prétendue
trahison d'Amaryllis. De la sorte elle fera saisir par les prêtres les deux
amoureux ensemble et perdra sa rivale. —

La pauvre Amaryllis surprise est donc interrogée par le prêtre
Nicandre. Cette Iphigénie d'amour ne peut tout dire, elle se contente
de réponses vagues et touchantes en affirmant son innocence. Malgré
l'émotion qu'il ressent, le prêtre, dans cette justice sommaire, la condamne à mort suivant la loi, et la victime dit adieu à la vie et à son
cher Mirtil.

A cette nouvelle Silvio, comme on pense, maudit Vénus plus que
jamais et, en bravant tout haut l'Amour dans la campagne, il entend
l'écho, répétant toutes ses dernières syllabes, lui annoncer sa défaite
prochaine.

Un loup paraît : Silvio le perce d'une flèche. C'était Dorinde qui
avait choisi ce sauvage déguisement pour le toucher enfin. Il l'emporte

---

1. Ce mélange, si fréquent dans la vie, si rare dans l'art d'une façon naturelle,
du badinage et de la passion, était la base même de la théorie dramatique de
Guarini dans son *Compendio della poesia tragicomica*, sorte de Préface de Cromwell
au 16e siècle. V. Royer, t. II, p. 88.

mourante en son logis, résolu, s'il l'arrache à la mort, de lui donner
son cœur. Comme sa sœur aînée la Silvie du Tasse, Silvio ne se trouve
donc amené à l'amour que par la pitié.

Le chœur final des bergers chante l'âge d'or où l'amour était plus
libre, où « il n'y avait qu'un nom pour désigner le mari et l'amant »
(acte IV).

Au V° acte, Carino, le père putatif de Mirtil, revient en Arcadie à
la recherche de son enfant. Il le trouve qui s'est offert pour mourir à
la place d'Amaryllis, agenouillé devant Montan qui va le sacrifier. Il
reconnaît son fils d'adoption, se désole, raconte de qui il l'a reçu, voilà
longtemps, à la suite d'une inondation. Montan se trouble, entreprend
fiévreusement une enquête sur le père de Mirtil et, comme jadis Œdipe,
arrive à se convaincre que celui qu'il cherche n'est autre que lui-même,
en sorte que par la cruauté du sort il va être le bourreau de son
enfant [1].

Le vieux prophète aveugle Tirenio sauve à la fin tous ces personnages de l'abîme de maux où ils se débattent. Mirtil ne mourra point :
étant décidément de sang noble comme Silvio, il peut épouser Amaryllis
à sa place, et ce mariage apaisera aussi bien les dieux.

Les deux pères, si torturés tout à l'heure, s'abandonnent à la joie et
à la tendresse. On annonce en même temps le mariage de Silvio et de
Dorinde. Corisque vient recevoir des amoureux le pardon de tout le
mal qu'elle leur a causé, et le chœur des bergers entonne l'épithalame
du *Pastor Fido*. —

Guarini, on s'en aperçoit, a singulièrement fécondé la matière qu'il
recevait du Tasse. Il a multiplié les personnages, présenté deux idylles
au lieu d'une, montré les *dieux* qui gouvernent tout ce peuple, et les
prêtres qui sont leurs interprètes, moitié païens, moitié chrétiens, les
pères dont la volonté s'oppose à celle des enfants, le *traître* enfin qui
par jalousie amoureuse et aussi par amusement pervers cherche à
perdre les amants [2]. Grâce à toutes ces inventions de personnages, il
a réussi à nouer fortement son intrigue, et il la présente d'une façon
très vivante, mettant sous les yeux des spectateurs tout ce que son

---

1. Le rapprochement avec Sophocle est suggéré par la simple lecture, on le
retrouve d'ailleurs dans les réflexions de Guarini sur sa pièce : *Compendio...* déjà
cité; nous n'admettons nullement le blâme qu'adresse à ce jugement du poète
M. Alph. Royer (t. II, p. 88), qui se montre d'ailleurs bien souvent superficiel (*Histoire universelle du théâtre*).

2. Le germe de ce personnage intéressant est dans la Daphné du Tasse qui
enhardit la timidité d'Aminte. Corisque jouant son double rôle aura des frères
cadets dans bien des traîtres classiques, entre autres le Narcisse de *Britannicus*.
On sait que le romantisme donnera un singulier relief à ce genre de personnages.

devancier mettait en récit, jusqu'à oser faire voir sur la scène l'attaque
de la Nymphe par le Satyre. Pour le dénouement il a eu le tort de
reprendre à la comédie antique le procédé enfantin et trop invraisemblable de la reconnaissance finale.

Au milieu de cette intrigue abondante et compliquée le poète a pris
plaisir à multiplier de gracieux petits tableaux sur lesquels notre vue
se repose, tels que le concours de baisers, le jeu de la *cieca*, le dialogue
avec l'Écho, subtil et ingénieux tour de force sur les mots, etc. [1].

Quant à la partie rurale et proprement pastorale, elle est aussi
pauvre que dans l'*Aminte*. S'il y a plus de chasse encore que chez le
Tasse [2], les premiers personnages ne portent même pas le nom de bergers qui ne semble réservé qu'à quelques infimes [3], et les champs y
jouent un fort médiocre rôle [4]. En somme cette pièce, beaucoup plus
dramatique que pastorale, annonce clairement les tragi-comédies que
l'on devait jouer en France au début du 17ᵉ siècle.

Parmi tant de matériaux mis au service de la pastorale par la
prodigalité de Guarini, qu'a pris Racan? qu'a-t-il laissé?

Tous les jolis thèmes de détail où se joue l'imagination italienne,
ruses d'amour, déguisements, dialogues avec l'Echo... ont été aban-
donnés par lui comme si c'étaient trop petites choses et trop mignardes
pour le théâtre français [5].

Mais toute cette société religieuse régie par des *prêtres*, avec l'in-
terrogatoire de l'innocente, l'appareil du sacrifice humain et son cortège
dramatique de terreur et de pitié; les *pères* des jeunes gens, même le
traître machinant la perte des héros, Racan a emprunté à Guarini ces
trois grandes nouveautés [6].

Il s'assimile encore la reconnaissance de la fin, reprend malheu-

---

1. Ces thèmes aimables, traités pour eux-mêmes et en dehors du drame,
forment le genre tout italien et souvent immoral des *contes* et des *nouvelles*
amoureuses.

2. Silvio est une vivante incarnation de la chasse. Outre son rôle même, il faut
citer une magnifique description de sa chasse au sanglier, au début du IVᵉ acte.

3. Le seul qui soit traité de *berger* dans la liste des personnages est Lupin,
« *Capraio* servo di Dorinda », et Amaryllis n'a pas assez de dédain quand Corisque
lui fait croire que Silvio la délaisse pour Lisette, « la *pecoraia* » (acte III, sc. 5).

4. Ce qu'il y a peut-être de mieux en ce genre, ce sont les stances d'Amaryllis sur le bonheur de la *pastorella* (acte II, sc. 5), et la poétique invocation de
Mirtil au printemps (III, 1).

5. Racan est un des seuls auteurs de pastorales qui se soient abstenus d'un
dialogue avec l'Écho; cf. Rigal, p. 508, n. 4. — On en trouvait partout : les jésuites
de Poitiers eurent même l'idée d'en composer pour célébrer la prise de la Rochelle :
La Rochelle captive aux pieds du Roi, 1628.

6. Son propre génie ne le poussait pourtant guère à la peinture des âmes
criminelles; nous verrons d'ailleurs comment il s'en est tiré.

reusement la théorie à la Boccace sur la pudeur féminine qui aime à être forcée, ainsi que la mise en scène de l'attentat du Satyre.

Il renonce, malgré son intérêt, à la donnée du Tasse que Guarini d'ailleurs a déjà reléguée au second plan, la naissance de l'amour dans une âme insensible [1], et il s'attachera principalement, comme Guarini, à peindre les épreuves d'un berger fidèle et le rapprochement laborieux de deux jeunes gens qui s'aiment.

Cela revient à dire que Racan n'aura aucune originalité dans le choix de sa fable, mais qu'il la transportera toute du *Fidèle Berger*, et encore en la déroulant dépassera-t-il l'inexpérience relative de Guarini dans l'agencement des scènes : en somme, son intrigue ne sera, avec quelques détails pris à l'*Aminte*, qu'une faible adaptation française du *Pastor Fido*.

Mais, en revanche, il a été choqué des lacunes de la partie proprement pastorale, et pour une bonne part il les comblera dans son œuvre excellemment.

N'anticipons point. Par un long chemin nous sommes enfin parvenus à cette conclusion : l'idée que Racan s'est faite de la pastorale est empruntée surtout aux modèles italiens [2]; il nous reste à voir comment elle fut complétée et couronnée dans son esprit par des influences françaises contemporaines.

---

1. Ou plutôt il n'en conserve que la vigoureuse peinture de l'importunité d'une bergère avec le berger qui la dédaigne (Ydalie et Alcidor). — Cette victoire de l'amour est cependant le sujet le plus fréquemment traité par les pastorales françaises.

2. Nous donnons à la Pièce justificative 13 une liste détaillée des emprunts faits par Racan, dans sa pièce, aux auteurs italiens.

CHAPITRE XI

Racan et la Pastorale française.

1602-1619

I. — **Influence de l'« Astrée » sur Racan.** — La *Première Partie* en 1607. Racan partage le sentiment général de la cour. Son goût pour l'histoire d'Astrée et de Céladon. La description du Forez. La peinture des bergers. La magie. — La *Seconde Partie* en 1610. — La *Troisième Partie* en 1618. Les druides et les vestales. Racan et d'Urfé chez Malherbe. Leurs traits communs.

II. — **Influence de saint François de Sales sur Racan.** — La *Philothée* en 1608, M. de Sales et M. d'Urfé. — M. de Sales et Racan. Les trois délicats.

III. — **Influence du théâtre sur Racan.** — Les représentations à l'Hôtel de Bourgogne, leur grossièreté. Les pastorales de Hardy. Goût du public pour les *feintes*. Succès de la magie. Les rôles de *pères*. L' « excitation » de Racan aux pièces de Hardy. Son rêve dramatique.

IV. — **Racan à l'Hôtel de Rambouillet.** — L'influence des grandes dames sur Racan, opposée à celle de Malherbe.

I

Parmi les diverses influences pastorales françaises que subit Racan, il convient de distinguer les lectures et les représentations.

Le principal livre qui agit sur lui fut l'*Astrée* [1].

1. Nous en parlons en connaissance de cause, nous étant astreint à la lecture des *trois parties* qui parurent avant la pièce de Racan, soit 1625 pages dans les éditions originales, les deux premières parties dans l'édition originale de 1617 (Simon Rigaud à Lyon), la IIIe dans celle de 1618 (Toussaint du Bray à Paris), c'est-à-dire dans les éditions mêmes où Racan put lire ce roman. Nos références s'y rapporteront. Il faut lire aussi les *Etudes sur l'Astrée et sur d'Urfé*, de Norbert Bonafous, ancien doyen de la Faculté des lettres d'Aix, in-8°, 282 p., à Paris chez Firmin Didot, 1846, thèse (apologie de d'Urfé très intéressante et très élevée), — le ch. xl du IIIe volume du *Cours de littérature* de Saint-Marc Girardin (p. 62-101), — les 30 p. brillantes de M. André Le Breton, en tête de son livre *le Roman au xviie siècle*, Hachette, 1890, — un article enthousiaste de M. Philippe Godet dans la *Vie contemporaine* de décembre 1893, intitulé *le Roman de l'amour platonique*.

En 1607, Racan avait 18 ans et était encore à la Chambre
d'Henri IV quand parut ce roman de 500 pages intitulé : « Les douze
livres d'Astrée où par plusieurs Histoires et sous personnes de Bergers
et d'autres sont déduits les effets de l'honneste amitié, de messire
Honoré d'Urfé, gentilhomme ordinaire de la Chambre du Roy, Capitaine
de cinquante hommes d'armes de ses Ordonnances, Comte de Chas-
teauneuf, baron de Chasteaumorand, etc. [1]. »

Toute la cour dévora le livre, qui fut vite appelé le *Bréviaire* des
courtisans. Henri IV se le faisait lire la nuit par Bellegarde et ses
autres gentilshommes [2].

On ne se contentait pas de le *lire*; c'était une émulation en Europe
pour le *vivre*, ce qui est le terme suprême de l'enthousiasme. Des
cercles, des académies se fondaient en France et en Allemagne pour
deviser et se conduire sur le modèle des bergers du Lignon [3]. L'Hôtel
de Rambouillet naissant prenait l'*Astrée* pour code de l'amour et des
relations entre les deux sexes : des gentilshommes comme des Yveteaux
devaient bientôt aller jusqu'à se tenir en leur hôtel habillés en bergers,
un chapeau de paille doublé de satin rose sur la tête, menant à la houlette, le long de leurs allées, des troupeaux imaginaires [4]. C'est le plus
grand succès enregistré par l'histoire littéraire de la première moitié
du 17ᵉ siècle [5].

L'auteur était un gentilhomme, un ancien ligueur du Forez, qui vivait
à présent retiré à la petite cour de Savoie, qu'il quittait seulement pour
prendre de temps en temps l'air de la cour de France; il avait puisé
dans cette atmosphère de cour l'exact état d'âme de la noblesse d'alors :
elle aimait encore, nous l'avons vu, les chevaliers de l'Espagne et commençait à goûter les bergers de l'Italie; les Amadis et les pastorales se
disputaient la vogue. Un besoin nouveau de délicatesse se faisait sentir
partout, des femmes de mérite donnaient un ton de décence aux réunions
du monde; l'amour chaste, au lieu des vieilles railleries gauloises,
recueillait tous les honneurs, et, par suite, commençait à s'établir le
délicat plaisir de la conversation, qui est comme une première forme

---

1. Cette première édition a été récemment découverte par M. Tross; voir
Brunet, Supplément, t. II, 823. Elle parut à Paris chez Toussaint du Bray, in-8°, avec
privilège du 18 août 1607. — On donnait jusqu'ici la date de 1610 pour la publication de l'*Astrée*, ce qui rendait difficile d'expliquer comment Henri IV la lisait
en 1609. Bonafous, sans trouver la vérité, l'avait soupçonnée (p. 250, n. 1).

2. *Mémoires* de Bassompierre, 385, éd. Petitot.

3. Voir Bonafous, p. 72.

4. Tallemant, I, 341, et Vigneul de Marville, *Mélanges de littérature*, 1725, t. Iᵉʳ,
p. 177 et suiv. (cité par Prosper Blanchemain, édition des *Œuvres poétiques* de
Vauquelin des Yveteaux, p. VII).

5. Voir pour les détails, Bonafous, 247 et suiv.

RACAN ET LA PASTORALE FRANÇAISE　　　205

de la chasteté dans les rapports du monde [1] ; et voilà que l'on rencontrait la fusion de l'élément pastoral et de l'élément chevaleresque dans un roman dont les amours aussi nombreux qu' « honnestes » étaient rapportés sous la forme de fines conversations. La première génération du 17ᵉ siècle, trouvant harmonieusement réuni dans ce livre ce qui charmait tous ses goûts les meilleurs, ses regrets du passé et ses rêves d'avenir, l'acclama avec enthousiasme : elle y sentait vivre toute son âme.

Ce sentiment général était bien partagé par Racan, aussi lut-il l'*Astrée* avec autant de plaisir qu'homme de la cour. Les peintures de tournois et de combats singuliers le touchaient peu, mais il s'intéressait à ces idylles entrecroisées et multipliées des bergers avec les bergères, des chevaliers avec les princesses.

L'auteur avait justement choisi comme principale action l'intrigue de Guarini qui plaisait à Racan : l'histoire de deux jeunes gens qui s'aiment, séparés par mille obstacles, entre autres par les calomnies d'un jaloux [2]. Dès le début du roman retentissent les sanglants reproches adressés à tort par Astrée à Céladon ; elle lui défend de paraître jamais devant elle, et le pauvre berger désespéré va se précipiter dans la rivière du Lignon, mais il est heureusement recueilli par une princesse, qui l'emprisonne dans une cour d'amour où s'agitent mille passions chevaleresques, comme dans les hameaux de la plaine se remuent mille passions pastorales.

Racan fut si fort charmé de l'importance donnée par d'Urfé aux effets de la jalousie, et de la modification ainsi apportée à l'intrigue de Guarini, qu'il l'adopta complètement, et nous verrons un jour son couple amoureux brouillé par la jalousie, nous entendrons son héroïne accabler de reproches son héros, qui se jettera lui aussi dans le fleuve et se trouvera sauvé par des mains compatissantes. Il devra définitivement à l'*Astrée* la forme générale de son intrigue.

Sur d'autres points, il fut, sinon inspiré, du moins encouragé et éclairé par la lecture de d'Urfé. Ainsi il aime ce cadre champêtre où se déroulent tous les amours de l'*Astrée*, il goûte délicatement ces fines et réelles descriptions du Forez qui font passer sous nos yeux le Lignon, les prairies et les saules qui le bordent, les montagnes, les rochers, les forêts de chênes qui le dominent, les fontaines ombragées, tout ce

---

1. Voir cette idée brillamment développée par Roederer (*Mémoire pour servir à l'histoire de la société polie*. OEuvres complètes, t. II, p. 404). Il montre que les mœurs chastes causent, tandis que le cynisme est laconique.

2. Sémire, qui amène les principales aventures du roman, mais que l'auteur ne nous fait guère connaître.

fond rustique, peint d'après nature, sur lequel sont brodées les subtilités sentimentales qui emplissent le livre. Ce Forez bien français vaut mieux à son sens que l'Arcadie de convention des poètes italiens [1], et son goût approuve fort pour nos poètes cette naturalisation française du théâtre de l'action pastorale : c'est une garantie de *vérité* pour le genre. Voilà encore un exemple qu'il ne manquera pas de suivre.

Les bergers de l'*Astrée* sont moins occupés de chasse que leurs frères italiens ; ceux-là ont vraiment des troupeaux, et ils portent jupes de bure, chapeaux de paille, houlettes et panetières, comme le montre bien le joli frontispice des éditions de Lyon. Malheureusement leurs sentiments et leur langage sont l'opposé de la naïveté rustique, d'Urfé l'a voulu ainsi, et à plusieurs reprises il prend soin de nous prévenir que ce sont des seigneurs et de grandes dames qui ont choisi ce genre de vie pour vaquer plus à l'aise à leurs amours [2]. Racan est choqué de cette fausseté, et il lui semble que si l'on introduit des bergers dans le roman ou sur la scène, il faut les faire sans honte plus bergers, pour ainsi dire, et ne point leur prêter un langage trop raffiné qui jure avec leur condition. Sans doute il est légitime de leur donner de la finesse et de l'esprit, mais à condition d'y joindre de la franchise et de mettre quelquefois dans leur bouche des accents vraiment rustiques qui trahissent leurs travaux de chaque jour. Il est presque le seul à penser ainsi, et ce jugement, dans la société raffinée qui l'entoure, fait singulièrement honneur à son goût [3].

Enfin il approuve l'introduction délicate du merveilleux dans le roman de l'Astrée, et notamment les *miroirs magiques*, et cette charmante Fontaine de la Vérité d'Amour où l'on voit les images de celle qu'on aime et de celui qu'elle aime [4]. Par ce discret emprunt aux scènes de magie qui remplissent les pastorales espagnoles et en particulier la *Diane* de Montemayor, d'Urfé répondait au sentiment général français qui se défiait sans doute des imposteurs (et il y en a dans l'*As-*

---

1. D'Urfé s'excuse pourtant dans sa Préface, p. 2, d'avoir choisi le Forez et d'être sorti de l'Arcadie. — On trouve des descriptions de la nature, entre autres, Ire partie, p. 1, 152, 155, 156, 520, 527 (la poétique fontaine des Sycomores où se passent plusieurs scènes de l'action), 560-577. — IIe partie, p. 21, 89, 154, 215-220, 255, 341, 414, 506. — IIIe partie, 107, etc., etc.

2. Ire partie ; Préface, p. 38, 39 et *passim*.

3. Ainsi un auteur de Poétique contemporain, La Mesnardière, soutient qu'il ne faut donner aux bergers que des sentiments élevés et des discours sublimes (p. 309-310, cité par Rigal, 506, n. 3). C'était le sentiment général de ce siècle qui allait se scandaliser de la *vérité* des peintures d'Homère. La Mesnardière se place à ce point de vue que la pastorale est une description de la *Cour*, où il ne peut y avoir de « dames laides et stupides ».

4. V. Ire partie, p. 10, 192, 570 ; IIIe partie, 524, etc. — Sur le merveilleux dans l'*Astrée*, lire les pages 192 et 193 de Bonafous.

trée), mais qui ajoutait foi à la magie et à la sorcellerie, les procès de Ravaíllac et de la maréchale d'Ancre allaient le prouver, et Racan voyait, nous l'avons dit, son protecteur le comte de Bellegarde manquer se perdre en usant contre Concini d'un miroir enchanté... Nous trouverons un miroir magique dans la pastorale de notre poète.

Ainsi, tantôt blâmant, tantôt approuvant, mais toujours charmé par la douceur à la fois abondante et réglée du style, qualité entièrement nouvelle en notre littérature, Racan lit le fameux volume, et en le fermant il brûle comme tout le monde d'en savoir la suite. Car Céladon s'est bien échappé de la prison dorée de Galathée, mais c'est pour se consumer en regrets dans une caverne, tant il craint de désobéir à Astrée en se présentant devant elle [1].

Le jeune officier à ce moment dut se rendre en garnison à Calais, où il finit peut-être l'*Astrée* pendant son séjour de 18 mois [2], et lorsqu'il revint à Paris, au printemps de 1610, il trouva toute la cour occupée à lire avidement la *Seconde Partie* du roman.

Céladon continuait à dépérir dans sa caverne, pendant qu'Astrée et ses compagnons, le croyant mort, lui élevaient un mausolée avec l'aide des *Vestales* voisines. A la fin Céladon était visité dans sa retraite par le sage *Druide* Adamas, qui le recueillait chez lui et le déguisait sous les vêtements de sa fille Alexis enfermée au loin chez les *filles druides*. Astrée doit aller dans trois jours visiter la belle Alexis.

Racan et la cour attendirent ces trois jours pendant 8 ans. La *Troisième Partie* parut seulement en 1618 [3] : Astrée se met en route vers la demeure du Druide, mais elle est reçue d'abord dans la maison des Vestales, qui font un sacrifice à la Bonne Déesse ; après quoi elle arrive chez Adamas où elle se lie d'une tendre amitié avec la fausse Alexis, dont le déguisement la trompe. La reconnaissance n'est pas faite encore à la fin du XIIe livre de cette IIIe partie, et l'auteur devrait mourir avant d'avoir le temps de la raconter au public.

L'un des traits caractéristiques de ces deux derniers volumes est qu'ils sont pleins de Druides et de Vestales. Racan donne la plus grande attention à ces nouveaux personnages de la pastorale.

D'Urfé, qui a la prétention de faire une évocation d'histoire en même temps qu'une œuvre d'imagination, a placé son action au 6e siècle de notre ère, et remplacé les prêtres de Guarini, encore voisins des

---

1. Ce qui augmentait encore la curiosité excitée par l'*Astrée*, c'étaient tous les portraits qu'on y croyait reconnaître : par exemple le tuteur de Racan, Bellegarde, passait pour avoir été peint sous les traits d'Alcidor.

2. Voir plus haut, p. 75.

3. et non en 1619, comme le dit Bonafous, p. 71.

devins antiques, par des *Druides gaulois* qui sont, au fond, célibat à
part, des prêtres chrétiens : leur théologie transparente autant que
leur caractère le prouve. Ce sont eux qui font les sacrifices aux dieux,
et ils exercent autour d'eux un ministère compatissant [1].

Les lecteurs de l'*Astrée* saluaient avec plaisir ce rôle de paix res-
titué enfin à la religion qui n'avait été que trop souvent compromise
dans les guerres civiles d'où l'on sortait, et l'on trouvait là une compensation à la sorte de laïcisation qui avait été faite du théâtre par
l'interdiction des Mystères. Racan résolut, s'il composait une pastorale, de conserver sans doute à la tête de l'action les *prêtres sacrificateurs* de Guarini qui sont dramatiques, mais d'en faire des *Druides*
dans le goût de d'Urfé.

Celui-ci avait encore osé introduire dans son roman les ordres
religieux de femmes, sous le nom de *filles druides* et de *Vestales*, et
Racan approuva hautement cette idée. D'Urfé, qui s'était entouré d'un
grand nombre de documents scientifiques [2], nous explique avec gravité
comment les Romains, arrivant en Gaule, y trouvèrent des maisons
religieuses de *filles druides* qui rendaient leur culte à la déesse-mère
dont l'image se voit chez les Carnutes, avec cette inscription : *A la
Vierge qui enfantera* (allusion à la Vierge noire honorée encore
aujourd'hui dans la crypte de la cathédrale de Chartres) ; ils se conten-
tèrent d'adjoindre à cet ordre indigène leur ordre similaire des *Vestales*
et, ne sachant pas bien à laquelle de leurs divinités correspondait la
Vierge gauloise, ils établirent dans les temples de ces maisons deux
autels égaux, l'un à Vesta, et l'autre à la Bonne Déesse, la divinité
spécialement honorée par les femmes romaines. La maison des Vestales
est regardée dans le roman comme le séjour de l'innocence, de la piété,
de la charité, de la paix absolue opposée aux traverses du monde, et
ces temples de la virginité servent quelquefois d'asiles aux victimes de
l'amour [3]. Il n'est personne qui ne reconnaisse là les couvents du

---

1. Pour ce qui est de leur théologie, voir une page curieuse où est exposée
la doctrine sur Theutatès, dieu unique en trois personnes : Tharamis, le Père ;
Hésus, le Fils, le dieu-homme, fils d'une Vierge, et Belenus, l'Amour (II° partie,
p. 410), les belles pages 396 et suiv. sur l'emploi que nous devons faire des richesses. Sur le rôle des Druides, voir le X° livre de la Ire partie (rôle d'Adamas à
la cour de Galathée), II° partie, p. 94, surtout les VIII°, X° et XI° livres de cette
II° partie, etc. La compassion des Druides s'exerce surtout en faveur de la jeunesse livrée aux tourments d'Amour.

2. Il demanda entre autres des « mémoires » sur les antiquités gauloises au
jurisconsulte Papon, lieutenant général de Montbrison. V. sur cette question une
note très instructive de M. Roy (*Sorel*, p. 116, n. 5).

3. Cf. II° partie, 568. Voir sur les Vestales surtout le II° livre de la III° partie.
L'enceinte de leur maison est fermée aux hommes. Elles célèbrent tous les deux

17e siècle, et, comme pour ôter le moindre doute sur ce sujet, la principale maison de Vestales que d'Urfé nous ait décrite en détails, est celle de Bonlieu en Forez : là était en réalité une abbaye de religieuses cisterciennes fondée par ses ancêtres, qui y avaient tous leur sépulture [1]. Il met à la tête de cette maison la bonne Chrysante, qui désigne sans doute une de ses parentes abbesses.

Grâce à d'Urfé nous aurons donc des Vestales, et des Vestales toutes chrétiennes dans la pastorale de Racan, il y sera fait une large place au culte de la Bonne Déesse, et le personnage qui lui témoignera le plus de dévotion s'appellera précisément « Crisante ».

Nous pouvons à présent juger d'ensemble l'effet produit sur notre poète par la lecture de l'*Astrée* : tout ce que le roman avait de plus *vrai*, vérité de la nature, vérité large du cœur humain, vérité des mœurs contemporaines, c'est-à-dire description réelle d'un coin de campagne française, peinture des effets de la jalousie et du désespoir, introduction du christianisme par les Vestales et les Druides, voilà, en y joignant la magie, ce qu'emprunta Racan. Il ne prit rien heureusement des subtiles dissertations de sentiments qui remplissent ces livres et donnent aux personnages le ton d'une cour d'amour savante et raffinée. Il prouvait ainsi son goût si juste par nature et si vigoureusement formé à l'école de Malherbe. Il rêvait en un mot une pastorale nourrie de ferme observation morale, aussi chrétienne et française que possible, et plus rurale que toutes celles qu'il avait vues jusqu'alors.

Il put d'ailleurs s'entretenir de ce sujet directement avec l'aimable auteur, qu'il eut l'occasion de voir plus d'une fois chez son maître. D'Urfé, qui fréquentait la cour en ces années-là et qui se piquait de poésie, ne manqua point de se mettre en relations avec Malherbe, reconnu pour le chef incontesté du Parnasse, et Racan entendit les deux poètes critiquer librement les vers l'un de l'autre; il a rapporté lui-même à Ménage quelques chicanes que d'Urfé adressa devant lui à Malherbe sur

jours dans leur temple un sacrifice qui est l'image de notre messe catholique. Elles portent, tout comme certaines religieuses, une robe blanche, dont elles relèvent une partie sur leur tête pendant l'office (IIIe partie, p. 114), etc. Ce nom de *vestales* fut adopté après d'Urfé par les précieuses pour désigner les religieuses. Ainsi dans les cercles précieux « Siridamie, grande prêtresse d'un célèbre temple de vestales dans la ville de Rotemburge », est Mme de Saint-Amand, abbesse d'un couvent de Rouen. *Somaize, Dict. des Prétieuses*, éd. Livet, t. I, p. 292. — On vit aussi plus tard la mode des Vestales en peinture : portrait d'une fille de Louis XV en *vestale*, par Nattier (Louvre, n° 661).

1. Bonafous, p. 67, 80, 242 et n. Il est probable que les restes d'Honoré furent aussi transportés à Bonlieu.

des vers de description de la nature [1]; le maître les lui rendait avec usure et ne cessait de lui déclarer tout net qu'il ferait mieux de renoncer à la poésie [2], auquel cas sa franchise avait certes bien raison. Il devait estimer davantage la prose du romancier, mais il paraît difficile qu'il ait pu en être aussi charmé que Racan.

D'Urfé paraît bien avoir eu l'âme la plus élevée et la plus chrétienne parmi les visiteurs de Malherbe, et je ne vois que lui à qui ait pu faire allusion notre poète dans une lettre concernant l'épopée et *le roman*, regardés alors comme deux genres tout voisins [3] : « Je pense avoir ouï dire à *quelqu'un de ces grans hommes* qui me faisoient l'honneur de me souffrir en leur compagnie en mon habit de page que le principal dessein de toutes les inventions poétiques étoit d'instruire à la vertu agréablement, en faisant voir, contre l'opinion des athées, que la justice divine agissoit dès ce monde ; que les gens de bien n'estoyent pas toujours malheureux, ni les méchans toujours heureux ; qu'enfin la vertu trouvoit sa récompense et le vice sa punition ; *qu'il faut que le héros soit parfaitement vertueux et ne face jamais rien contre son honneur, quelque persécution qu'il ayt de la fortune;* que généralement tous les personnages que l'on propose ne changent jamais d'humeur [4]..... »

Il y avait réellement entre l'auteur de l'*Astrée* et celui d'*Arthénice* une certaine affinité de talent, avec plus de souffle, de science et de nourriture antique d'un côté, plus de naïveté et de saveur de terroir de l'autre. N'était-il pas même quelque ressemblance de destinée entre Honoré d'Urfé et Honorat de Bueil, tous deux appartenant à une vieille et illustre noblesse de province, gentilshommes d'armes tous deux et s'adonnant aux lettres en amateurs, l'épée au côté, faute de guerre, et avant tout pour les ruelles? Le gentilhomme de la Touraine et le gentilhomme du Forez sympathisaient dans la petite chambre de Malherbe, et l'intervalle de vingt ans qui séparait leurs âges se trouvait comblé par tous leurs goûts communs [5].

---

1. Il le reprenait « d'avoir parlé de fleurs dans son ode de bienvenue à Marie de Médicis, n'en étant pas la saison » (Ménage, *Observations sur Malherbe*, 355), et encore d'avoir parlé « d'ombrages vers » dans son sonnet au parc de Fontainebleau (n° xxxiv de l'édition Lalanne) : Ménage là-dessus donne tort à d'Urfé (p. 463). Ces remarques pourraient trouver place dans une seconde édition de l'ouvrage de M. Lalanne.

2. *Segraisiana*, Amsterdam, 1723, p. 117.

3. Il ne faut pas oublier que d'Urfé avait composé, avant l'*Astrée*, un poème épique.

4. Latour, I, 350. Sur cette accommodation chrétienne de l'*Art poétique* d'Horace, V. ci-dessus, p. 161. — « *face* jamais », V. Lex., FAIRE, I.

5. Ils purent s'entretenir ensemble de la *forme* même de la pastorale :

II

Il nous faut signaler maintenant l'influence exercée sur Racan par un autre livre que l'on ne s'attendrait pas à voir citer à propos de pastorales.

La Ire partie de l'*Astrée* avait paru dans l'automne de 1607 ; dans celui de 1608 parut un ouvrage fait aussi pour la cour, par un autre gentilhomme de Savoie, — rempli de grâce et de force lui aussi, et la noblesse qui dévorait l'*Astrée* de M. d'Urfé se jeta sur la *Philothée* de M. de Sales [1].

En vérité la matière des deux ouvrages était bien différente, mais le milieu mondain où avaient vécu les deux auteurs, imprimait aux deux livres un cachet commun de distinction fine et légère ; c'était écrit *à la cavalière* ou *à la courtisane*, comme l'on disait alors. Honoré d'Urfé avait entrepris de conduire l'amour loin des voies grossières où il répugnait aux natures délicates, et François de Sales essayait de faire sortir la dévotion du désert où elle rebutait les hommes du monde. Il s'ensuivait même que les langues, naturellement si diverses des genres où ils écrivaient, se faisaient des échanges : l'un, pour conférer plus de dignité et de force à l'amour, lui prêtait fréquemment la langue et les coutumes religieuses [2], et l'autre, pour donner plus de grâce à la

---

en France serait-elle décidément écrite en vers ou en prose? serait-elle roman comme en Espagne, drame comme en Italie, ou bien poème épique? D'Urfé lui-même avait varié sur ce point, ayant commencé par composer en sixains une sorte de pastorale épique, la *Siréine*, en 1599 (Voir Bonafous, p. 129-138) et devant retourner bientôt à la pastorale en vers avec la *Sylvanire* (Bonafous, p. 138). L'*Astrée*, au contraire, est en prose semée de chansons en vers, et distribuée par parties de XII livres chacune, comme les *Amadis* et les épopées : d'Urfé expliquait son intention de publier son œuvre en 5 parties qui feraient comme 5 actes, divisés eux-mêmes en 12 scènes figurées par les 12 livres : c'est un compromis savant entre la prose et les vers, entre le roman à nouvelles, le drame et le poème épique. Cette solution complexe du problème de la pastorale ayant obtenu un éclatant succès va donner lieu à un très grand nombre de *suites* de l'*Astrée*. Mais elle n'est pas destinée à triompher, parce qu'elle exige une étendue de connaissances, une puissance de souffle et une richesse d'imagination peu communes. La solution dramatique continuera de tenter davantage les auteurs en France, et Racan tout le premier. Il est déjà beau que sa paresse s'en soit accommodée.

Bonafous (p. 138) juge que par la *Siréine* d'Urfé « comme poète pastoral ou élégiaque vient immédiatement après Duperron et Bertaut et, se plaçant bien au-dessus de des Yveteaux, tend la main à *Racan* et à Segrais ».

1. Il faut consulter sur l'Edition Princeps de la *Philothée* une très intéressante publication nouvelle faite d'après les documents inédits par dom B. Mackey O. S. B. : *Étude historique et critique sur l'Introduction à la Vie dévote*, préface du t. III de l'édition de saint François de Sales, 1893. V. notre Index bibliogr. : SALES.

2. Voir entre autres le Ve livre de la IIe partie.

dévotion, la parait souvent des profanes attraits de l'amour, et nous ne voulons même pas rappeler l'infusion de christianisme faite par d'Urfé dans la pastorale. Les deux tempéraments avaient évidemment des points communs du côté de la douceur et du besoin de plaire, aussi n'était-on point surpris d'apprendre que ces deux hommes nourrissaient une grande sympathie l'un pour l'autre, qu'ils étaient heureux de se rencontrer soit à la cour, soit chez leur ami commun le bon Camus, évêque de Belley, et que d'Urfé lui-même rapprochait naïvement leurs deux œuvres en disant que chacun « avait peint pour l'éternité, le bienheureux sa *Philothée*, qui est le livre de tous les dévots,..... et luy l'*Astrée*, qui est le bréviaire de tous les courtisans [1] ». On croirait même, à la lecture de certains passages, que l'évêque de Genève s'est pénétré de l'*Astrée* pour se disposer à écrire [2].

Le succès de *Philothée* ou *l'Introduction à la Vie dévote* fut à la cour presque aussi grand que celui du roman, et les éditions de l'une et de l'autre se succédèrent à l'envi [3].

Racan, qui avait vu d'ailleurs l'évêque au Louvre, goûta infiniment le livre [4]. Nous dirons bientôt comme il blâmait le « libertinage » qui l'entourait : il accueillit donc avec plaisir un ouvrage qui apprenait avec une si rare force de persuasion le moyen de vivre en chrétien « emmy les affaires et les plaisirs ». Il était séduit aussi par ce titre de *Phi-lothée* : Philothée, c'est-à-dire, comme l'auteur l'explique dans sa pré-face, une « amatrice ou amoureuse de Dieu », expressif pseudonyme sous lequel le prélat voilait cette jeune et délicate Mme de Charmoisy,

---

1. L'*Esprit de saint François de Sales*, par Camus, t. VI, p. 119 (cité par Bona-fous, 210, 211). Nous avons vu que Camus aimait les stances de Racan, dont il inséra une adaptation dans son roman d'*Elise* en 1621, V. notre Pièce just. n° 11.

2. Voir la page 95 du t. III de l'édition de dom Mackey, citée plus haut.

M. Emile Montégut a été frappé comme nous de la ressemblance des deux inspirations : « Il n'y a pas seulement analogie, il y a presque identité d'inspira-tion et de nature de talent entre l'*Introduction à la Vie dévote* et l'*Astrée*. Le roman de d'Urfé est au fond un véritable manuel, ou, comme on aurait dit autre-fois, un trésor de spiritualité politique à l'usage des courtisans, gentilshommes et gens de parti, comme l'*Introduction à la Vie dévote* est un trésor de spiritualité religieuse à l'usage des mondains. » *Impressions de voyage et d'art. Revue des Deux Mondes* du 15 mai 1874, p. 317.

3. La 2ᵉ éd. de l'*Intr. à la Vie dévote* paraissait dès le mois de septembre 1609 à Lyon chez Rigaud. En 1620 le livre avait été réimprimé plus de 40 fois, en 1656 il avait été traduit en 16 langues (V. Dom Mackey, p. xxi-xxx). Sainte-Beuve com-pare le succès de la *Vie dévote* à celui qu'obtinrent les *Méditations* deux siècles plus tard (Lundis, VII, 215).

4. Il était arrivé lui-même à la cour en 1602 au milieu du grand succès que saint François de Sales y remportait. Voir l'influence de ce séjour et celle même de Henri IV sur la composition de l'ouvrage, dom Mackey, p. vii.

qu'il dirigeait et qui venait de temps à autre embellir la cour de sa
présence [1].

Le style fait les délices de notre poète. Cette sorte de pieux Montaigne le charme infiniment, avec sa grâce toute naïve d'imagination,
ses comparaisons prises au train de la vie ordinaire ou de la vie des
champs [2], cet air engageant dont il présente les plus solides doctrines, avec tant de conseils pratiques pour les jeunes gentilshommes
et les soldats comme lui [3]. Enfin il se délecte vivement de cet ouvrage,
on s'en apercevra bientôt dans la partie religieuse de sa pastorale qu'il
teintera de *Vie dévote* : aux Vestales qu'il introduira à la suite de
M. d'Urfé, il donnera tout naturellement un cœur selon M. de Sales,
c'est-à-dire qu'il leur accordera l'expérience du monde, la sagesse, le
tact exquis, et, pour exprimer toutes ces qualités fortes, le charme de
la langue amoureuse; la principale *Vestale* chargée de représenter cet
heureux ensemble s'appellera elle-même Philothée. Racan amènera
donc ses Vestales des rives du Lignon, mais non pas directement, en
les faisant passer à travers la Savoie et séjourner un peu dans l'un des
monastères naissants de la Visitation.

Quelle charmante collaboration et quelle rencontre agréable vers les
années 1610-1615 que celle de cette triple postérité de l'auteur des
Essais, de ces trois gentilshommes, Honoré d'Urfé, Honorat de Bueil,
François de Sales, ayant développé tous trois dans la société des cours,
et dans le voisinage, le séjour ou le commerce de l'Italie, leur facilité
native et leur grâce amoureuse, qu'ils répandent en même temps dans
le roman, dans la poésie et dans l'ascétisme! Et n'est-il point vrai que
par eux il passa à ce moment sur notre littérature un souffle léger de
délicatesse, où l'on sentait comme les brises du Loir, du Lignon et du
lac d'Annecy, trop tôt desséchées malheureusement par la force aride
du style et la raison abstraite, qui étouffèrent au midi du siècle les
fraîches qualités de son aurore?

1. Voir sur elle la biographie pleine de sympathie et d'élévation que lui a
consacrée M. Jules Vuy : *La Philothée de saint François de Sales*; vie de Mme de
Charmoisy. Paris, Palmé, 1878, 2 vol. in-8°, et *dom Mackey*, p. x et *passim*. — Sur
la prédilection du saint pour le nom de *Philothée*, V. le même, p. LV, n. 1.

2. Entre autres, p. 9, 10, 96-99; l. III, ch. 23, etc. Il y a même deux vers français traduits des Psaumes, p. 127.

3. P. 19 et 20 par exemple.

III

Des diverses influences pastorales françaises qui agirent sur Racan, la plus profonde fut sans contredit celle des représentations théâtrales. Il lisait d'Urfé et François de Sales, mais il *voyait* jouer Hardy.

Le seul théâtre ouvert alors à Paris était celui de l'*Hôtel de Bourgogne*, où il allait souvent, et depuis longtemps : il avait commencé à le fréquenter étant page du roi, dès son arrivée à la cour, et, ne se plaisant pas aux exercices du corps contrairement à la plupart de ses camarades [1], il trouvait au théâtre l'une de ses meilleures distractions.

Ce qu'étaient ces représentations de l'Hôtel de Bourgogne on vient récemment de nous l'apprendre à la suite d'une enquête approfondie, et, grâce à M. Eugène Rigal, nous pouvons suivre notre page quand il va à « la comédie », à deux heures de l'après-dînée, toutes les fois qu'on joue, c'est-à-dire deux ou trois fois la semaine [2].

Il entre sans payer, il le raconte lui-même [3] : il passe devant le portier sans lui remettre les 5 sols du parterre, ce qui fait l'affaire de sa bourse et aussi de sa vanité, car tel est le privilège de la Maison du roi, partagé seulement par les mousquetaires et les grands seigneurs, et l'aristocratie y met son amour-propre [4].

Une fois dans la salle longue, étroite et mal éclairée, la vieille salle des confrères de la Passion, Racan se trouve dans un public mêlé et turbulent de marchands, de bourgeois, de laquais, de filous, de grands seigneurs et de courtisanes, la plupart debout, tout ce monde criant, riant, crachant, jurant et tempêtant (les laquais se gourment avec les pages, qui sont la partie jeune et folle de l'auditoire), et réclamant à grand tapage le joyeux Bruscambille, qui vient enfin débiter son Prologue bouffon destiné à apaiser les spectateurs et à permettre aux acteurs d'achever leurs apprêts [5].

La pièce pour laquelle Bruscambille réclame un peu de silence est

---

1. Voir notre ch. III, comm[t]. — Il devait aller souvent au théâtre avec son ami d'Armilly, comme il ressort des nombreuses allusions qu'il fait avec lui aux usages dramatiques (V. sonnet et lettres, I, 205 et 305, etc.).

2. Rigal, *Alexandre Hardy et le Théâtre français à la fin du* xvie *et au commencement du* xviie *siècle*; Hachette, 8°, 715 p.; 1889. Nous nous servons, pour l'esquisse suivante, surtout du ch. II du l. II, p. 104 à 161.

3. Tallemant, II, 355, n. 1.

4. C'était la même chose en Espagne (Rigal, p. 114, n. 2). — Voir à cette même page les plaisantes doléances de Bruscambille sur ces entrées gratuites.

5. C'est dans ces Prologues que l'on prend une idée bien vive de l'attitude des spectateurs. Cf. Rigal, 145.

presque toujours de Hardy; c'est lui alors le fournisseur à peu près unique et infatigable de la troupe. Il tente d'acclimater dans ce milieu populaire la tragédie. Mais ses auditeurs aiment avant tout le mouvement et la vie, et depuis qu'ils sont sevrés des Mystères, ils préfèrent de beaucoup à la tragédie la farce, la tragi-comédie et la pastorale.

La toile se lève donc souvent sur une pastorale, et l'on aperçoit ce décor primitif et invariable, legs du Moyen-Age, par lequel s'expliquent bien des particularités intérieures des œuvres dramatiques d'alors [1] : il représente, sur le côté, quelques maisons rapprochées qui figurent des lieux fort éloignés dans la réalité, et parfois une petite grotte; dans le milieu, de grossiers simulacres d'arbres, d'eau et de prairie, et, au fond, la maigre tapisserie dont le changement est souvent seul à indiquer que l'action se transporte d'un lieu dans un autre [2].

Racan vit ainsi bien des pastorales de Hardy qui furent jouées dans ces années-là, entre autres *Alcée ou l'infidélité*, *Corine ou le silence*, *le Triomphe d'amour*, *l'Amour victorieux ou vengé* [3]. Lui qui savait ses Italiens, il saluait au passage tous les emprunts que leur avait faits le poète français : tout le personnel italien était en effet présent, toute la poétique italienne reproduite : prêtres, bergers et bergères, dont chacun aime qui ne l'aime pas, Satyres luxurieux et battus; dialogues avec l'Écho, malédictions contre l'honneur ennemi de l'amour, sacrifices humains et reconnaissance finale d'un berger par son père, qui l'a ordinairement perdu dans un « déluge ».

Malheureusement ces intrigues sont transposées de l'italien dans une langue sèche, plate et incorrecte qui ne garde absolument rien de la saveur de l'original [4]. Les lettrés comme notre poète le regrettent, mais qu'importe à Hardy puisqu'il a su intéresser son grossier public à ces aventures invraisemblables! L'invraisemblance est même un

---

1. comme M. Rigal en a si bien fait la démonstration.
2. Voir, sur la mise en scène, l'étude très détaillée de M. Rigal, faite en grande partie d'après le ms. de Mahelot, — p. 161 et 217, et les restitutions de mise en scène qu'il fait pour chacune des pastorales de Hardy, p. 513, n. 1; 517, n. 2; 520, n. 1; 525, n. 2; 531, n. 1.
3. Nous suivons la nouvelle chronologie établie par M. Rigal et rectifiant celle des F. Parfait (Rigal, 511 et surtout 73-82). Ces quatre pièces que nous citons auraient paru entre 1600 et 1618. Elles font partie des cinq pastorales publiées par Hardy. *Alcée* est au tome II de l'édition originale de 1623-1628, en 6 vol. (Analyse dans Rigal, 513-516), *Corine* au t. III (anal. Rig., 517-520), *le Triomphe d'Amour*, au t. IV (Rig., 520-525), et *l'Amour victorieux ou vengé*, au t. V (Rig., 525-530). — Nous mentionnons pour mémoire les quelques pages de Saint-Marc Girardin, sur la pastorale dans Hardy (*Litt. dramatique*, t. III, p. 304-317).
4. malgré les prétentions de Bruscambille : « Nos Bergers... vous feront voir... qu'ils ont Cupidon au cœur, Minerve en la tête et Pithon sur la langue. » Prologue pour une pastorale, cité par F. Parfait (t. IV, 145).

charme de plus pour les spectateurs, et ils ne trouvent jamais qu'il y ait assez de *feintes*, comme l'on dit alors. Ils sont haletants lorsque la magicienne reçoit quelques bergers inquiets sur le seuil de sa grotte (trop petite pour qu'ils puissent entrer), lorsqu'elle trace mystérieusement des *cernes* magiques sur le sol, et qu'à son appel les divinités infernales apparaissent en mille flammes et fusées de toutes formes, avec un vacarme plus assourdissant que celui « de tous les armuriers de la rue de la Heaumerie [1] ».

Racan, qui approuvait déjà le discret emploi du merveilleux chez d'Urfé, en constate là l'heureux effet sur les spectateurs. Aussi son miroir enchanté pris à l'*Astrée*, il le mettra au fond d'une grotte, aux mains d'un magicien qui, avant de le consulter, se livrera à une bruyante évocation infernale.

Il est une autre originalité de Hardy qui obtient aussi les suffrages de notre poète, c'est le développement des rôles de *pères*. Le Tasse les avait écartés de la scène, Guarini les y avait fait figurer, Hardy leur donne un type plein de vérité : ce sont la plupart de braves gens, tendres et égoïstes à la fois, qui aiment bien leurs enfants, mais leur imposent toujours le plus riche parti, et ainsi nous rencontrons au fond de ces pastorales quelques scènes de l'éternel conflit, qui défraiera toujours la comédie parce que c'est une part importante de la vie humaine, — entre les enfants qui aiment et les parents qui comptent [2].

Nous reconnaîtrons chez les *pères* de l'*Arthénice* un sensible air de famille avec ceux-ci.

On le voit, Racan n'a pas perdu son temps « à la comédie »; il est profondément frappé de la vie du genre dramatique, dont il entend si peu parler chez Malherbe, et c'est décidément sur le théâtre que la pastorale lui semble le plus intéressante. Mais tout en suivant avec plaisir les spectacles qui se déroulent à ses yeux, il se demande si l'on

---

1. Bruscambille dit plaisamment aux spectateurs dans un prologue : « Si l'on vous donne quelque excellente pastorale, où Mome ne trouveroit que redire, celuy-ci la trouve trop longue, son voisin trop courte. Eh quoi! dit un autre, allongeant le col comme une grue d'antiquité, n'y devroient-ils pas mêler des intermèdes et des *feintes*?... Mais comment appelez-vous, lorsque un Pan, une Diane, un Cupidon, s'insèrent dextrement au sujet? Quant aux *feintes*, je vous entens venir, vous avez des sabots chaussez; c'est qu'il faudroit faire voler quatre diables en l'air, vous infecter d'une puante fumée de foudre, et faire plus de bruit que tous les armuriers de la Heaumerie. Voilà vraiment bien débuté; notre théâtre sacré aux Muses qui habitent les montagnes pour se reculer du bruit, deviendroit un banc de Charlatan. Hélas! messieurs, c'est votre chemin, mais non pas le plus court; s'il nous arrive quelquefois de faire un tintamarre de fusées, ce n'est que pour nous accommoder à votre humeur... » Prologue de l'Impatience, cité par Parfait, t. IV, 147.

2. Voir entre autres les pères dans *Alcée* et dans *le Triomphe d'amour*.

ne pourrait pas aller plus loin dans la voie frayée par Hardy, diminuer la grossièreté et mettre plus d'ordre et de régularité, non pas plus d'antiquité ni d'érudition, mais plus de vérité, de douceur et de grâce italienne, plus de *littérature*, en un mot, sur la scène... Et il n'est pas le seul à penser ainsi; il a bien des voisins de parterre, et il y en a encore plus dans les loges, gentilshommes, bourgeois lettrés, lecteurs de Montchrétien et de Garnier, qui pensent de même; avec le progrès du goût et des lumières il se forme dans le public une minorité qui aspire à un art plus fin et plus relevé.

Bref, les pièces de Hardy (Racan l'avouait lui-même plus tard) l'*excitoient fort* [1]; on s'en aperçoit bien à son langage qui se colore, en prose et en vers, de toutes sortes d'expressions de théâtre [2]. Or qu'est-ce donc, quand on est poète et quand on a 20 ans, qu'une vive *excitation* à une représentation ou à une lecture, sinon une noble émulation et une envie ardente de faire aussi bien ou mieux?

Alors, après avoir ouï la farce finale, plaisante et grossière, et la chanson de Garguille qui clôt la séance, vers 4 heures 1/2 du soir, l'enseigne s'éloignait de l'Hôtel de Bourgogne à pas rêveurs; il songeait que c'était sans doute une tentative téméraire à lui gentilhomme ignorant et nonchalant de vouloir mener la société polie, au travers des rangs du populaire, à l'assaut du théâtre, mais aussi il était si fortement hanté par la conception d'un art plus profond et plus aimable à faire prévaloir sur la scène! et puis il serait soutenu par ceux et celles pour qui il combattrait, et, à présent, par-dessus tout, l'amour lui fournirait des forces.....

Ce ne serait sans doute pas lui qui doterait la France lettrée du théâtre qu'elle désirait confusément. Mais du moins pouvait-il tenter d'en montrer la voie. La plus vive aspiration de toute sa vie littéraire était née dans son esprit [3].

---

1. Tallemant, II, 355, n. 1. Ces impressions de Racan remontent bien à cette époque-là, entre 1602 et 1608, comme l'a pensé M. Rigal, p. 33, n. 2 : car, ainsi qu'il l'a soupçonné, les dates entre lesquelles Antoine de Latour resserre le temps de page de Racan sont fausses, nous l'avons montré aux ch. III et v. Ces premières impressions ne firent pendant les dix années suivantes que se confirmer jusqu'à l'éclosion de la pièce d'*Arthénice*.

2. V. entre autres le sonnet à M. d'Armilly, fait entre 1614 et 1620 (I, 205), et la lettre au même, du 26 décembre 1616 (I, 303).

3. Nous avons conscience de ne pas amplifier ici le rôle de Racan; nous nous rencontrons avec l'opinion de M. Rigal, p. 133, 149, 199 et *passim*, de M. Weinberg, p. 53, 61 et suiv. Telle était déjà celle de M. Demogeot, *Tableau...*, p. 444. Elle ressort de l'étude du théâtre de cette époque; c'était l'avis des frères Parfait, t. IV, préface et p. 289, et *passim*.

Il se peut faire que Racan ait été encouragé dans la réalisation de son désir par un exemple parti de la cour, si la représentation de la tragédie de *Pyrame et*

IV

La plupart des influences diverses qui agissaient sur Racan pour former sa conception de la pastorale dramatique, se donnaient rendez-vous, pour ainsi dire, dans un salon qu'il fréquentait assidument, celui de l'Hôtel de Rambouillet.

La marquise venait de l'ouvrir par dégoût des grossièretés de la cour, et notre gentilhomme, présenté dès le début par Malherbe, s'était trouvé avec son maître l'un des premiers visiteurs lettrés de la Chambre bleue [1].

Thisbé de Théophile précède celle des *Bergeries*. On aurait grand tort de juger de cette pièce par l'étiquette injuste que Boileau y a fixée pour toujours, en en citant deux vers ridicules. Le drame, fort écourté, est doublé d'une élégie entièrement nouvelle par son ton de tendresse molle et élégante, relevée de quelques traits vigoureux. Ni d'Urfé en prose, ni Hardy en vers, n'avaient rencontré d'accents aussi touchants que ceux des *duos d'amour* de Pyrame et de Thisbé; c'était la première apparition au théâtre de l'école poétique et sentimentale de Ronsard et de Desportes (aussi Malherbe estimait à rien sa poésie, lettre à Racan, Lalanne, IV, p. 8) avec une langue de vingt ans plus mûre, et tout le monde applaudit des vers comme ceux-ci, qui offrent quelque ressemblance avec certains vers de la pastorale de Racan :

　　　1° Hélas! ne pourrons-nous jamais dire qu'un mot!
　　　Les oiseaux dans les bois ont toute la journée
　　　à chanter la fureur qu'Amour leur a donnée;
　　　les eaux et les zéphirs, quand ils se font l'amour,
　　　leur rire et leurs soupirs font durer nuit et jour.　　(Acte II, sc. 2, fin.)

Cf. Racan, a. I, sc. 3 et sc. 1 (t. I, p. 32, dern. v. et p. 33, v. 1-10, p. 26, v. 10-12). M. Rigal nous fait observer que le *bonheur des oiseaux* se trouve également dans la *Chriséide et Arimant*, de Mairet (III, 2) :

　　　O vous, petits oiseaux, qui toujours amoureux
　　　vivez en liberté, que vous êtes heureux!

　　　2° Théophile :

　　　On n'oit que le silence, *on ne voit rien que l'ombre.*

Racan : J'ouvre et hausse la vue, et *ne vois rien parestre*
　　　　que l'ombre de la nuit, (I 26).

Racan a-t-il imité Théophile, ou Théophile a-t-il imité Racan? Le rapport chronologique des pièces est impossible à déterminer actuellement. Voir le résumé de la question dans notre *Discussion sur la date de la représentation d'Arthénice*, p. 183. Il existe en tout cas une parenté réelle entre le *Pyrame* et les *Bergeries* du côté du *ton* de douceur élégiaque et de la facilité mélodieuse du style.

1. La date exacte du commencement des réunions n'est pas fixée : la marquise avait fait construire son hôtel entre 1610 et 1617. Reçut-elle avant la fin de son aménagement ou même avant cette construction? telle est la question. Rœderer place la première période de l'Hôtel entre 1600 et 1610 (*Mémoires pour servir à l'histoire de la société polie*); Cousin, au contraire, n'ouvre les réunions qu'en 1617 ou 1618 (*la Société française au XVII*e *siècle*, t. I, p. 271). — Voir sur notre Plan, p. 151, la proximité du logis de Racan et de l'Hôtel de Rambouillet.

Cette société à la fois aristocratique et littéraire lui plaisait. Il voyait là le vieil évêque de Nantes Cospeau, Gombauld le poète protestant de Mme des Loges, puis le gouverneur de Louis XIII, le maréchal de Souvré, avec sa fille, la future marquise de Sablé, le duc et la duchesse de la Trémoïlle alliés à ses cousins de Bueil, la belle princesse de Condé, Charlotte de Montmorency, la dernière passion malheureuse de Henri le Grand, et Mlle Paulet qui charmait tout le monde par son admirable chevelure dorée, par la beauté de sa voix et son talent sur le théorbe [1].

Au milieu de cette société aimablement présidée par la jeune marquise également délicate de cœur et d'esprit, notre poète respirait une tout autre atmosphère qu'à la cour. Catherine, qui avait le goût le plus vif des choses de l'esprit, voulait que l'on dît tout avec naturel, mais aussi avec réserve et avec grâce. Elle y accoutumait les écrivains comme les gentilshommes, qu'elle recevait d'ailleurs sur le pied d'égalité, et en donnait elle-même l'exemple avec un tact parfait.

Dans ce milieu paré de toutes les élégances, Racan brillait peu, et il lui arriva, avec son étourderie, de faire plus d'une bévue comme de prendre un jour Vaugelas pour Balzac [2], mais il ne perdait rien de ce qu'il entendait, et c'était pour lui une excellente école de délicatesse littéraire et morale qui corrigeait heureusement les exemples reçus au Louvre et même dans la chambre de Malherbe.

1. Sur cette première période de l'Hôtel, voir *Rœderer*, ch. ii à v; *Cousin*, ch. vi; Livet, *Précieux et Précieuses*, p. 4 et suiv. On en trouvera de bons résumés dans l'édition des *Précieuses ridicules*, de M. Larroumet, Garnier, 1884, p. 14, et dans le remarquable *Précis de la littérature française* de M. Lintilhac, chez André, 1894, t. II, p. 10 et 11. — Sur l'Hôtel de Rambouillet, aux sources connues il faut ajouter maintenant la vivante restitution de M. Lorin : *Une Soirée au château de Rambouillet, en novembre 1636* (Mémoires de la Société archéologique de Rambouillet, série in-8° 1889-90, t. IX, p. 171-447).

2. C'est ce que raconte M. Colombey, dans son livre si piquant et un peu fantaisiste : *Ruelles, Salons et Cabarets*, dont la 1re édition a paru en 1859, la 2e en 1892 (Paris, Dentu). Malheureusement il ne donne pas la source de son récit, et, interrogé par nous en 1894, il n'a pu la retrouver dans ses notes. Voici le passage : « Le bon Vaugelas, quoique sexagénaire, rougit, comme un enfant. Les éloges de Mme de Rambouillet l'embarrassent presque autant que les plaisanteries de Saint-Pavin. Il cherche à s'échapper, et, dans sa précipitation, il va heurter le Brancas des poètes, Racan, qui prend Vaugelas pour Balzac et qui lui demande si Claude Fabre de Vaugelas a émis véritablement cette opinion « qu'il n'y a point de salut hors de l'histoire romaine ». Le pauvre grammairien est tout déconcerté par cette interpellation, qui lui semble grosse d'un cartel. Il finit cependant par s'effacer et prendre la fuite. » Édit. 1892, t. II, p. 49. V. aussi *Racan*, à la Table générale.

Le fait que Vaugelas était sexagénaire reporte la scène après 1645; nous doutons qu'à cette époque Racan fréquentât encore l'Hôtel.

Au point de vue particulier de la pastorale, l'influence de l'Hôtel fut considérable sur son esprit.

Il y voyait d'abord l'*Astrée* mise en action, et la plupart des qualités qu'il goûtait dans la lecture de d'Urfé devenir des grâces ou des vertus chez beaucoup de ces hommes et de ces grandes dames.

La maison lui faisait aussi l'effet d'une sorte de colonie littéraire de l'Italie : sa langue était en honneur; on s'enivrait de sa littérature, Le Tasse et Guarini étaient sus par cœur, et, pendant deux ans, de 1615 à 1617, un poète italien, Marini, faisait les beaux jours de l'hôtel, agitant, le sourire aux lèvres, devant tous les yeux éblouis, « le feu follet » de son esprit, de sa grâce et de sa fécondité [1].

Si l'on prisait tant les pièces italiennes dans le salon de la rue Saint-Thomas du Louvre, c'est qu'on y trouvait ce qui faisait si cruellement défaut à notre scène. La marquise était passionnée de théâtre [2], mais elle ne pouvait s'adonner librement à son goût à cause de la grossièreté des spectacles, et d'ordinaire elle ne revenait guère plus satisfaite d'une matinée de l'Hôtel de Bourgogne que d'un ballet de la cour. Ici et là son exquise sensibilité se trouvait heurtée par le mauvais goût du sujet et la brutalité des paroles. Son idéal était, pour les pièces sérieuses, une certaine grandeur toute romaine qu'elle contribuera à inspirer à Corneille, et pour les autres une élégance soutenue, une noble et ingénieuse *galanterie*, comme l'on disait, qui vous transportât dans un monde enchanteur. C'est dans ce sens que, à défaut de pièces de son goût, elle inspirait des divertissements, des fêtes, des comédies pleines de grâces mythologiques, et d'aimables et brillantes surprises, qu'elle donnait en son hôtel parisien, ou dans son parc de Rambouillet [3].

Racan entendait à merveille ces vœux de la marquise et de ses hôtes, et dans le même temps, nous l'avons vu, il cherchait en son for intérieur s'il ne pourrait essayer d'y répondre et de faire monter sur la scène un peu de ces grâces rêvées. Peut-être sacrifierait-il moins à la mythologie que ne l'eût souhaité la maîtresse du logis, et se laisserait-il aller à son goût sincère de la campagne, mais du moins tenterait-il de répandre de la délicatesse dans sa pièce et, en fin de compte, il réussirait peut-être à causer quelque agréable surprise à la marquise qui aimait tant elle-même à en faire aux autres; ce serait, pour lui,

---

1. Lire le piquant portrait tracé par M. de Puibusque (cité par Demogeot, *Tableau de la littérature française au* xviie *siècle,* p. 213).
2. Livet, 65.
3. Tallemant en conte quelques-unes fort gracieuses (II, 489, et note de Paulin Paris, et *passim*). — Il est certain qu'un tel régime prépara bien cette génération à l'avènement de l'opéra.

atteindre un double but et toucher à la fois les deux Arthénice, celle
qui avait charmé son esprit et celle qui avait enflammé son cœur, en
remerciant l'une de ses bontés passées et en implorant de l'autre sa
bienveillance pour l'avenir.

L'influence de l'Hôtel de Rambouillet, qui résume toutes les
autres et leur donne la vie, paraît avoir été décisive sur l'esprit de
Racan pour le pousser à la pastorale.

Bien qu'il se retrouve là avec son maître [1], il sent bien que c'est
une tout autre école littéraire que celle de la rue des Petits-Champs. Le
cercle précieux continue, il est vrai, l'épuration de la langue commencée par Malherbe, mais en reprenant les traditions d'amabilité et de
grâce de Ronsard et des Valois. Racan y trouve son compte, et sa
nature facile et gracieuse s'y sent à l'aise.

Sans doute Malherbe lui a rendu l'inestimable service de l'initier
aux laborieux secrets de la correction, de lui enseigner le mécontén-
tement de soi-même, et il l'a prémuni contre les écueils inhérents à la
facilité. Mais c'est l'action des femmes, de Mmes de Bellegarde, de
Termes, des Loges et surtout de Mme de Rambouillet qui lui donne
confiance dans les ressources de ses propres qualités aimables [2], et ce
n'est que dans la douce atmosphère de la *Chambre bleue* que le jeune
poète ose ouvrir ses ailes.

Si l'on s'en tient seulement à l'influence de Malherbe sur Racan,
comment expliquer en effet que le maître n'admette pour lui que des
genres de poésie courte et sérieuse, tandis que le disciple s'adonne
à un genre abondant, tout galant et aimable, — que celui-là n'ait
jamais osé monter sur la scène où se risque celui-ci, que l'un ait
passé 75 ans à limer 4000 vers quand l'autre en compose 3000 en
quelques mois?

D'ailleurs l'induction du bon sens se trouve confirmée par un texte,
et Racan nous apprend lui-même qu'il ne craignait pas, en face de
Malherbe en personne, d'appeler de ses critiques au jugement de la
cour et des dames : « Je fais des vers, lui disait-il, pour être lus dans
le cabinet du Roi et dans *les ruelles des dames*, plutôt que dans votre
chambre ou dans celles des autres savants en poésie [3]. »

1. Sur Malherbe à l'Hôtel, voir *Lalanne*, table; *Colombey*, table, et nos *Anecdotes
inédites*, n°s 5, 16, 18, 21.
2. Nous parlerons plus loin de Mme des Loges, au ch. XIV.
3. *Mém.* LXXX. — Racan était contemporain de la marquise; il avait deux ou
trois mois de moins qu'elle : en 1617, par exemple, ils avaient 28 ans l'un et
l'autre.
V. aux Pièces just. n° 12, une note sur *Racan et la Guirlande de Julie* où nous
montrerons que Racan n'y eut probablement aucune part.

Les dames avaient donc fait Racan poète délicat, Hardy l'avait fait poète dramatique, les Italiens et d'Urfé poète pastoral. Voilà pourquoi, échappant tout à fait un jour à la tutelle littéraire de son maître, il se mit à composer une pastorale dramatique en l'honneur de la jeune marquise de Termes dont il était si profondément épris, et, comme la Touraine depuis longtemps l'avait fait poète rural, sa pièce, se distinguant de toutes les autres du même genre, contiendra, ainsi que nous le verrons, des parties excellentes [1].

1. « Pour former un poète parfait, dit Daguesseau, il faudrait le faire naître en Italie, le faire voyager en Espagne, et le fixer en France pour le perfectionner en le tempérant et en retranchant seulement les superfluités d'une nature trop vive et trop abondante. » 3e Instruction sur l'étude des Belles-Lettres, t. XV des *Œuvres complètes*, p. 97. — En somme, n'est-ce pas en partie l'histoire de Racan, qui a voyagé dans la littérature de l'Italie pour se fixer chez Malherbe ?

CHAPITRE XII

« Arthénice » (les Bergeries).

Vers 1619 [1]

I. — **La composition d' « Arthénice »**. — Les deux premiers actes. Les remaniements de vengeance.
Fin de la composition. Les critiques de Malherbe. Résistances de Racan. Différence de largeur entre le goût de l'un et celui de l'autre.
La pièce à l'Hôtel de Bourgogne. Les coupures. Acteurs et spectateurs.

II. — **Analyse et citations des 5 actes.**

I

Décidé à donner une pastorale au théâtre en l'honneur de Mme de Termes, Racan s'inspira du récent mariage de la marquise, qui avait occupé toute la cour et dont la conclusion avait été passablement laborieuse [2], et il prit pour motif principal de son intrigue l'amour réciproque et contrarié du berger Alcidor et de la bergère Arthénice. Nous savons d'où vient l'anagramme d'Arthénice [3]. Quant au nom tout romanesque d'Alcidor, signifiant en grec : *qui a reçu la force en partage* [4], il désignait le brillant marquis si vigoureux dans tous les exercices du corps : le poète reprenait ce nom à d'Urfé, lequel s'en était servi pour peindre un personnage qui, disait-on, n'était autre que le frère même du marquis de Termes, le comte de Bellegarde.

Racan s'attacha avec ardeur au travail, tout étonné lui-même de son application, et, servi par son inspiration habituelle, il composa d'emblée deux actes sur cinq.

1. Voir plus haut notre Discussion sur la date, p. 183-188.
2. Cf. Malherbe, III, 361.
3. V. p. 175 et 176.
4. ἀλκή, force, et δῶρον, présent. Le mot composé n'existe pas en grec : il a été formé artificiellement par une double analogie, d'une part avec les mots qui viennent de ἀλκή, tels que *Alci*biade, *Alci*damas et d'autre part avec ceux qui viennent de δῶρον, comme *Doro*thée, Théo*dore*.

Maucroix nous a conservé un curieux détail matériel sur la manière de composer de notre poète : il écrivait ses vers bout à bout comme si c'était de la prose. Il avait si fort en lui-même le sentiment de la mesure qu'il n'avait pas besoin d'aligner ses vers les uns au-dessous des autres, tel un musicien qui composerait sans se donner la peine de noter la mesure, qu'il observerait néanmoins [1].

Deux actes étaient donc ainsi écrits. Mais voilà qu'Arthénice, à qui il n'avait point fait connaître toute la peine qu'il s'imposait pour elle, lui causa, nous dit-il, de vifs « déplaisirs », en se moquant sans doute trop ouvertement de lui. Notre amant-poète, sans être nulle- ment guéri de sa passion, juge qu'il fait vraiment trop un métier de dupe, et il remanie les deux actes déjà faits, pour ne point donner à la marquise, comme il le dit lui-même, « le contentement de voir l'histoire de ses amours dans mes vers [2] ».

En quoi consistent ces remaniements? il serait bien intéressant de le connaître avec précision, mais en l'absence de textes il ne semble pas impossible de s'en faire une idée. Il suffit de mettre en regard le per- sonnage actuel d'Arthénice avec l'amoureuse idéale telle que la faisait la mode de ce temps, particulièrement dans les pastorales. Amaryllis, dans Guarini, l'on s'en souvient, n'aime que Myrtil, et elle s'achemine vers le mariage de Silvio avec une mélancolique résignation. Astrée n'aime, n'a aimé et n'aimera jamais que Céladon : elle l'aime mort comme elle l'a aimé vivant, et son cœur lui est à tout jamais consacré. En un mot la *fidélité* absolue et irrévocable, qui est un des dogmes du parfait amour de tous les temps, fleurit à cette époque dans toutes les œuvres d'ima- gination, et ce n'est que plus tard que les romanciers prétendront nous montrer la coquetterie incurable de la femme et l'infidélité foncière du cœur humain [3]. Mais alors, dans le Décalogue de l'amour que d'Urfé vient de donner à la France, voici la loi qu'impose à l'amant la deuxième table :

> Qu'il n'aime jamais qu'en *un* lieu.
> ..... Et n'ayant jamais qu'*un* objet,
> tous les bonheurs qu'il se propose
> soient pour cet *unique sujet* [4].

Or Arthénice aime Alcidor, mais depuis son enfance elle aimait Lucidas à qui elle vient de manquer au moment de l'épouser, et, ce qui

---

1. Maucroix, édition Louis Paris, t. II, 228.
2. Lettre de Racan à Malherbe, Latour, I, p. 16.
3. Romans du 18ᵉ et du 19ᵉ siècle, par exemple, pour en citer trois entre mille, *Manon Lescaut* de Prévost, *Madame Bovary* de Flaubert, *Cruelle énigme* de M. Bourget.
4. *Astrée*, IIᵉ partie liv. V, édition de 1617, p. 226.

est beaucoup plus grave, sur un songe envoyé par la Bonne Déesse elle
fait ce qu'elle peut pour rendre Tisimandre amoureux d'elle afin de
l'épouser. Ainsi elle a aimé jadis un berger, et elle en courtise deux
à présent, si bien que l'héroïne de la pièce est un vrai type d'infidélité
et de légèreté.

Je ne puis pas admettre que Racan ait d'abord conçu de la sorte
son héroïne, en commettant une aussi grave hérésie pastorale, et il
m'apparaît de façon évidente qu'il a commencé par la représenter
comme ayant été poursuivie jadis par Lucidas, sans lui avoir jamais
donné le moindre espoir, et comme ayant toujours aimé l'unique Alcidor.
La trahison qu'elle commet vis-à-vis de Lucidas et la poursuite choquante qu'elle fait de Tisimandre me semblent être de ces inventions
postérieures par lesquelles Racan a essayé de se venger d'Arthénice.
Nous devons les regretter, car si le poète ajoutait ainsi de la réalité au
portrait individuel de la coquette marquise, il enlevait à l'héroïne de
la pièce beaucoup de sympathie générale et d'intérêt.

Il continua sur son nouveau plan et vint à bout de ses cinq
actes. « Je me trouve moy-mesme, disait-il, tellement estonné d'une
si longue navigation, que j'ay peine à me ressouvenir du port d'où je
suis party. J'ai fait comme ceux qui, entreprenans un bastiment avec
irresolution, le continuent sur divers desseins dont les derniers condam-
nent ce que les premiers avoient approuvé [1]. »

Il communiqua nécessairement son œuvre à Malherbe. On pense
que les critiques minutieuses et les chicanes de détail ne lui manquèrent pas, d'autant plus que la sympathie du maître n'allait point à ce
genre poétique, qu'il n'avait pas lui-même cultivé [2]. Racan se montra
docile devant certaines de ces observations, mais il regimba contre
beaucoup d'autres, et avec un sens plus large que celui de son maître
il revendiqua les justes libertés du théâtre. Devant le rappel de toutes
les règles méticuleuses de la poésie, de la versification et du style il
déclarait à Malherbe qu' « il est impossible que les grandes pieces puissent estre polies comme une ode ou comme une chanson..., qu'il est
plus aisé de tenir cent hommes en leur devoir que dix mille, et n'est pas
si dangereux de naviger (sic) sur une rivière que sur l'Océan [3]. » C'était
rappeler à Malherbe qu'il n'avait jamais quitté la navigation d'eau
douce, bien qu'il déclarât avec suffisance que sur l'océan dramatique il

---

1. *Latour,* I, 16.
2. Malherbe avait simplement composé un *Récit de berger* en stances pour le
ballet de 1615 (I, 228).
3. Lettre à Malherbe, *Latour,* I, p. 15. — Sur *naviger,* voir Lexique.

RACAN.

serait sûr de se bien conduire [1]. Racan répondait surtout : « La
poésie dragmatique ne doit estre considérée que comme ces grans
tableaux qui ne sont faits que pour estre veus de loin au haut des
églises, où il suffit qu'il paroisse quelques couleurs vives pour contenter la vue [2]. » Ce n'était plus là une excuse, mais l'affirmation
sensée des conditions mêmes du genre.

Malherbe, qui rêvait avant tout de *rythmes*, avait l'horreur et le
mépris des vers *suivis* ; aussi en lyrique professionnel qui n'entend rien
aux choses dramatiques, il ordonnait encore à son jeune ami de fermer
le sens tous les quatre vers dans sa pastorale, et il était soutenu dans
cette prétention par son puissant disciple Maynard. « Mais moy, dit
Racan, qui me suis toujours opposé tant que j'ay pu aux gesnes où l'on
vouloit mettre notre poésie, je n'y ay jamais su consentir, et me sembloit que ce seroit faire des stances, et non pas des vers de suite...
Mon opinion estoit qu'il suffisoit que le sens se fermât avec la ryme
au 2, au 4, au 6 et rarement au 8 [3] » (au 2e, au 4e, au 6e vers, etc.).

Refusant donc, comme il avait refusé jadis pour les élégies [4], d'introduire au théâtre des groupes lyriques qui, dans un poème de longue
haleine, ne manqueraient pas d'amener de la monotonie, il entendait
maintenir la variété au moyen de périodes de longueurs inégales, sans
aller pourtant jusqu'à la théorie hardie des enjambements, bien qu'il
s'en trouve plus d'un dans la pièce.

« Cette grande justesse, ajoute-t-il, me sembloit ridicule quand
j'estois obligé de décrire des passions violentes et désordonnées, et
j'avois peur d'imiter le procès-verbal que l'on fit d'une émotion populaire qui arriva dans Tours... et qui dura trois jours et trois nuits.

« Le maire et les prud'hommes qui l'assistèrent à en faire l'infor-
mation eurent tant de soin de ne se point départir de leur style et de
leurs règles ordinaires, qu'ils la divisèrent en six pauses, pour marquer
les intervales du temps qu'ils prenoyent pour leurs nécessitez ; et après
avoir décrit les blasphèmes, les massacres et les sacrilèges qui se com-
mettoyent, ne manquoyent jamais, à onze heures et à six heures du

---

1. Cf. nos *Anecdotes inédites*, n° 6.
2. Lettre de Racan, *Latour*, 1, 356. — L'orthographe de *dragmatique* est singulière et repose sans doute sur une fausse assimilation avec *practique* et *prag-
matique* : il faut probablement l'attribuer à Conrart, de qui est le manuscrit de
cette lettre.
3. I, 352. — Le mot de *gesnes* a alors le sens de *tortures*, voir Lexique. Ce sens
est très important à noter pour permettre d'apprécier le jugement de Racan
sur la réforme de son maître. — *Et me sembloit* : sur cette ellipse fréquente chez
Racan, voir Lex., IL, II.
4. V. au ch. IX.

sòir, de sursoir leur procès-verbal par ces mots : *Et arrivant l'heure*, etc., *nous nous sommes tous retirez pour prendre nostre réfection*. Et recommençant à sept heures du matin et à une heure après midy à jurer, rompre les portes et piller les maisons, aussitost que l'horloge sonnoit, il faisoit retirer cette populace émue avec autant de docilité que fait le parlement de dessus les fleurs de lys... Il y peut avoir des sottises régulières, et le grand ordre est aussi ridicule à représenter ces extravagances de nos passions comme de rapporter à bastons rompus des conseils d'estat et des affaires sérieuses [1]. » Ici Racan, avec autant d'esprit que de fermeté, défend pour le théâtre les droits de l'inspiration contre les excès de la critique minutieuse.

Nous l'avons déjà vu maintenir ses idées en face de celles de Malherbe dans les questions de poésie lyrique. Aujourd'hui, en cette circonstance solennelle de sa vie littéraire, sans rompre avec son maître, il secoue résolument son joug dramatique, opposant à la doctrine du labeur méticuleux, de l'indéfini polissage du détail, de l'abus du rythme, les droits de l'élégance primesautière de la peinture à grands traits, de la variété, de l'inspiration large et féconde.

Enfin, telle qu'elle était et sans la mettre au point du goût de Malherbe (il y aurait bien fallu une dizaine d'années pour le moins), Racan porta sa pièce à l'Hôtel de Bourgogne vers l'année 1619.

Mais là, voici que les acteurs la trouvèrent trop longue. Il avait laissé couler et déborder sa veine sur ce sujet pastoral avec une abondance gracieuse et nonchalante. Le public était habitué aux pièces enlevées et alertes de Hardy, et il apportait une longue élégie de 3000 vers [2] en dialogues et en monologues, au lieu d'une pièce de théâtre animée d'un mouvement rapide, cela ne nous étonnera pas de notre grand indolent qui ne sut jamais se hâter. Il fallut donc couper largement dans les monologues, dans les plaintes des amoureux, dans

---

1. I, 356. Cette page présente quelques particularités intéressantes pour la langue : 1er §. *Emotion*, V. Lex.; *dans* Tours, V. DANS, I. — 2e §. V. Lex., ASSISTER. *Ne manquoient jamais*, ellipse habituelle, V. IL, II, 2°; *il faisoit retirer* (se retirer), V. FAIRE, III. Il s'agit du maire; Racan oublie que jusqu'ici il parlait au *pluriel* en désignant le maire et les prud'hommes. — *Il y peut avoir* : V. AVOIR, II. — La dernière phrase est assez irrégulière : avant les mots *de rapporter* il faut sous-entendre non pas : *l'ordre est ridicule*, mais : *il est ridicule*. — *A* représenter : nous dirions aujourd'hui *pour* (Cf. Lex. de Malh., A, 2°). — *Aussi... comme*, V. COMME, 1°.
Nous voyons que ces magistrats de Tours avaient l'habitude de manger vers 11 h. 1/2 du matin et 6 h. 1/2 du soir.
2. Exactement 2992. Il n'égalait pas cependant Guarini, dont la pièce a 7500 vers, mais est plus pleine d'événements que celle de Racan. L'*Aminte* n'a que 2000 vers; le *Pyrame* de Théophile 1300. On sait [que nos tragédies classiques en comptent en moyenne 1800.

les scènes de confidences, surtout dans le rôle de Tisimandre ajouté
après coup et qui retardait la marche de l'action. On faisait tomber
ainsi beaucoup de jolis vers, mais c'était le seul moyen de rendre la
pièce « théâtrale [1] ».

Elle fut représentée par la troupe de Valleran Lecomte. Valleran
lui-même ne manqua pas d'y paraître, ainsi que Marie Laporte, la première femme qui soit montée sur les planches de notre théâtre, où elle
remportait naturellement un grand succès : elle dut faire le rôle d'Arthénice, et l'on y vit aussi La Fleur, qui joua le grand prêtre ou le magicien; Henri Legrand, qui faisait les fourbes et se chargea apparemment
du traître; Fléchelle, Gastrau, Longueval, Mabille ou La Fontaine,
enfin l'élite sérieuse de la troupe, avec quelques-uns des bons comiques
pour faire les rôles des deux pères [2].

La cour se rendit en foule au théâtre, ainsi qu'une grande partie
de l'Hôtel de Rambouillet : une pièce composée par un officier, un
gentilhomme, un seigneur de la cour! L'événement était trop nouveau
pour que l'on manquât un pareil spectacle. Et puis c'était une pastorale,
le genre favori de la haute société, et l'on savait déjà qu'elle célébrait
le roman véritable de M. de Termes et de Mlle de Mirebeau.

Allons nous-mêmes prendre place au milieu de tout ce brillant
monde, et assistons à la représentation pour juger du sort d'une bataille
si hardiment livrée par notre jeune poète [3].

Juger *Arthénice* en nous plaçant au point de vue de la représentation nous paraît en effet un procédé à la fois plus vivant et plus équi-
table : Racan, comme plus tard Molière, réclamait le feu de la rampe
pour être apprécié. « Vous sçavez, écrivait-il à Malherbe, qu'il est mal
aisé que ceste sorte de vers, qui ne sont animez que par la represen-
tation de plusieurs acteurs, puissent reussir à n'estre leus que d'une
seule personne : d'où vient que ce qui semblera excellent sur un theatre
sera trouvé ridicule en un cabinet [4]. »

1. Parfait, IV, 288, n. a. Il est probable que notre poète a imprimé sa pièce
complète dans les éditions que nous possédons en rétablissant les passages sup-
primés à la représentation, en en développant même peut-être d'autres. Nous les
indiquerons d'une façon générale d'après les longueurs mêmes de la pièce et d'après
les scènes qui manquent dans l'analyse de Parfait (acte II, 3 premières scènes;
acte III, 2 premières scènes). Cf. plus loin, p. 276, fin de la note.

2. Pour cette restitution des interprètes d'*Arthénice* nous nous sommes servi
du ch. II du livre II de M. Rigal (*Hardy*) et de son *Esquisse d'une histoire des
théâtres de Paris* de 1548 à 1635, Paris, A. Dupret, pet. in-12, 1887.

3. Nous ne savons pas au juste d'où Segrais tirait son affirmation : « Quand
M. de Racan fit ses Bergeries au commencement de ce siècle, ce fut plutôt pour
se divertir que pour les faire jouer. » *Segraisiana*, 155. D'ailleurs ce passage ne
manque pas d'erreurs.

4. Latour, I, 15.

Nous nous appliquerons donc à faire *voir* et à faire *entendre* la
pièce, et nous appuierons notre analyse sur un grand nombre de citations, d'abord parce que la pastorale de Racan est la partie à la fois la
plus originale et la moins connue de son œuvre ; ensuite parce que
nous croyons indispensable de mettre sous les yeux du lecteur les principaux motifs du jugement approfondi que nous porterons dans le chapitre suivant et pour lequel nous pourrons alors remplacer avantageusement les citations expresses par de simples allusions.

II

Tout d'abord, afin de faciliter l'intelligence de l'intrigue, qui est
compliquée, et des diverses inclinations qui s'y croisent, nous donnons,
en guise de liste des interlocuteurs, une sorte de *schéma d'amour*, où
les flèches indiquent les sentiments des personnages :

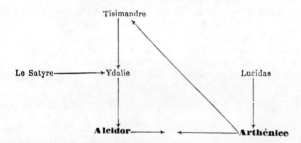

Au lever du rideau le théâtre représente, autant que permettent
de voir les ombres de la nuit, une sorte de carrefour pittoresque au
milieu des bois et des rochers : on aperçoit des ruines ; dans le fond
coulent les eaux de la Seine. Sur les côtés s'ouvrent deux maisons de
bergers, et un peu plus loin s'élève au milieu d'un parc une sorte de
couvent avec un petit temple. Nous sommes à *Luthessie*, à peu de distance du confluent de la Marne et de la Seine, c'est-à-dire aux portes
de Paris, dans les bois de Charenton ou de Saint-Mandé [1].

---

1. Nous reconstituons le décor avec les vers mêmes de la pièce, en nous aidant
des indications générales fournies par M. Rigal (*Hardy*), *passim*.
Pour le texte de la pièce nous suivons la première édition originale, celle de 1625,
en renvoyant au texte de Tenant de Latour, qui en diffère peu (t. I, p. 18 à 139 ; les
vers n'y sont malheureusement pas numérotés : nous en numérotons un certain
nombre, en général ceux qui sont l'objet d'une note). — Nous rappelons le parti
auquel nous nous sommes arrêté pour les citations de vers : pour rendre plus de
vie à cette poésie ancienne, nous rétablissons l'orthographe moderne partout, sauf

Du bord de l'eau s'avance la Nymphe de la Seine qui vient dans un Prologue apporter au roi compliments et vœux, et l'implorer en faveur des bergers de ses rives, qui vont paraître [1].

Acte I.

La pièce commence. A la fenêtre d'une des maisons se montre Alcidor, jeune berger étranger, depuis plusieurs années installé dans le pays, où il aime Arthénice : il ne peut pas dormir, en proie à la fièvre d'amour :

> Je saute à bas du lit, je cours à la fenestre,
> j'ouvre et hausse la vue, et ne vois rien parestre   50
> que l'ombre de la nuit, dont la noire pâleur
> peint les champs et les prés d'une même couleur;....
> Les coqs ne chantent point, je n'entends aucun bruit,
> sinon quelques Zéphirs qui le long de la plaine
> vont cajolant tout bas les Nymphes de la Seine.
> Maint fantôme hideux, couvert de corps sans corps,
> visite en liberté la demeure des morts.
> Les troupeaux, que la faim a chassés des bocages,
> à pas lents et craintifs entrent dans les gagnages;
> les funestes oiseaux qui ne vont que la nuit
> annoncent aux mortels le malheur qui les suit;
> *les flambeaux éternels qui font le tour du monde*
> *percent à longs rayons le noir cristal de l'onde,*
> et sont vus au travers si luisants et si beaux
> qu'il semble que le ciel soit dans le fond des eaux [2].....

Alcidor sait que son affection est payée de retour par Arthénice, mais les parents de la bergère le trouvent trop pauvre, et veulent faire épouser à leur fille le riche berger Lucidas, qui lui a plu jadis.

> Mais l'Amour qui se loge en un jeune courage
> n'est pas de ces oiseaux que l'on enferme en cage.....

dans les mots qui terminent le vers lorsque l'ancienne orthographe accroît la richesse de la rime. Nous gardons la ponctuation originale, peu différente d'ailleurs de la nôtre.

1. Ce prologue imité des pastorales italiennes dut être composé dès le commencement, mais Racan y ajouta sans doute pour l'impression, après 1622, le vers de la fin qui fait allusion à la paix conclue avec les protestants :

> Depuis qu'ils (vos exploits) ont dompté l'orgueil de l'hérésie.

L'usage des prologues se perdit très vite au théâtre.

Nous ne savons au juste à quoi répond la mention de *Première journée* inscrite en tête de la pièce. Il semble bien qu'*Arthénice*, contrairement à d'autres pièces du même temps, fut jouée en une seule fois, malgré sa longueur.

2. Acte I, sc. 1. Latour, I, p. 26. — v. 50, le texte donne la faute d'orthographe : *voit*. — v. 51. L'ombre de la nuit dont la *noire pâleur*, belle expression avec laquelle luttera Corneille dans le *Cid* : *cette obscure clarté* qui tombe des étoiles. — Sur *cajoler* et *gagnages*, V. le Lex.

Et l'amant plein d'espoir, voyant poindre le matin, rentre chez lui
afin de *faire sortir ses brebis de l'étable.*

Lucidas arrive alors dans le bois, se plaignant de l'abandon
d'Arthénice, et il va consulter le magicien Polistène qu'il chérit depuis
son enfance. Le voici justement

> qui tout seul se promeine,
> un livre dans sa main, au long de cette plaine [1].

Lucidas l'aborde avec respect, lui confie son tourment, et Polistène
met affectueusement son art à la disposition du jeune homme : comme
Alcidor est poursuivi par l'amour d'Ydalie, le magicien les fera voir tous
deux à Arthénice, dans un miroir enchanté, *jouissant des privautés de
femme et de mari,* et ainsi par la jalousie on guérira la bergère de sa
passion pour Alcidor. Chacun s'en va préparer l'entreprise.

Arthénice paraît à son tour, à la porte de la maison de ses parents,
faisant sortir son troupeau. Il fait petit jour. Elle se lamente d'être
obligée de cacher son amour, maudit l'honneur qui tyrannise les belles
passions, ce qui est, nous l'avons dit, un des lieux communs de la
pastorale [2], et prend plaisir à se raconter encore une fois à elle-même
sa première entrevue avec Alcidor; cette narration est un chef-d'œuvre
de grâce légère, de vérité matérielle et de finesse morale :

> Il est vrai, je ressens une secrète flame   245
> qui, malgré ma raison, s'allume dans mon ame,
> depuis le jour fatal que je vis sous l'ormeau
> Alcidor qui dansait au son du chalumeau.
> La grâce qu'il avait me plut de telle sorte
> qu'à tous autres objets mon cœur ferma la porte [3];
> dès l'heure sourdement je tâchai de savoir   251
> les lieux les plus fréquents où l'on le soulait voir.
> On me dit que c'était où les flots de la Seine
> vont arrousant le pied des cousteaux de Surène;   253
> et dès le lendemain, en mes plus beaux habits,
> aussitôt qu'il fit jour j'y menai mes brebis.
> A peine du sommet je voyais la première
> descendre dans ces prés que borne la rivière,
> que j'entendis de loin sa musette et sa voix,
> qui troublait doucement le silence des bois.

1. V. Lex., LONG, III. — Nous avons laissé au nom de *Polistène* l'orthographe que
lui a donnée le poète parce qu'il faudrait y faire un double changement et écrire
Polysthène, de même que plus loin il faudrait écrire *Chrysante* au lieu de *Crisante.*

2. Ensuite se place un autre lieu commun de la pastorale, *l'envie aux oiseaux*,
ce passage que nous avons rapproché de deux autres de Théophile et de Mairet
p. 218, fin de la note.

3. Le marquis de Termes était en effet un renommé danseur.

Lors, tous mes sens ravis de ces douces merveilles,   261
mes yeux portent envie à l'heur de mes oreilles ;
je passai tout le front par-dessus un buisson,
du côté d'où venait cet agréable son.
De quel aimable trait fut mon âme blessée,
quelle timide joie entra dans ma pensée,
lorsque j'en vis l'auteur sous un chêne écarté
qui remplissait le lieu de sa propre clarté !
Tel était Apollon au service d'Acmète,   269
alors que de sa lyre il fit une musette.
Quand je vis de plus près ses aimables appas,
feignant de me cacher, je redoublai le pas ;
mais toujours dessus lui j'eus la vue attachée
pour voir s'il me verrait avant qu'être cachée.   274
Il vint droit où j'étais, il s'approche de moi,
et, me voulant dès lors assurer de sa foi,
ses yeux qui, demi-morts, dans les miens se mirèrent,
bien mieux que ses discours de sa foi m'assurèrent.
Alors, le cœur joyeux d'un si riche butin,
je rends grâces tout bas à mon heureux destin,.....
ne pouvant plus celer ce qu'il avait dans l'ame,
il me dit le sujet de sa nouvelle flame.
Maints zéphirs amoureux, dans les feuilles cachés,
furent à ce discours par l'oreille attachés,
et la nymphe de Seine, en sa couche profonde,
fit cesser pour l'ouïr le murmure de l'onde [1].

. . . .

Mais la Bonne Déesse, à qui Arthénice est consacrée, lui apparaît souvent en songe, lui défendant d'épouser un étranger ; c'est pourquoi elle s'est rejetée sur Tisimandre [2].

Cependant, en sortant de si bonne heure,

tout ce qu'elle appréhende
est qu'au cri des agneaux son père ne l'entende,

et justement il arrive :

Ma fille, à quelle fin
voulez-vous aujourd'hui vous lever si matin ?

1. Latour, p. 33. — v. 245 : nous rappelons une fois pour toutes, à propos de la rime *flame*, *ame*, fréquente dans Racan, que le mot *flamme* était long par la prononciation comme il l'est resté d'ailleurs : Malherbe, partagé entre l'orthographe et la prononciation, ne permettait de rimer *flamme* qu'à *épigramme* (*Mémoires*, LXXXIII). Racan et Corneille ont pris franchement le parti de la prononciation, qui se trouve être ici le plus commode. — Sur les v. 251 et 252, V. Lex., HEURE et SOULOIR. — Sur le v. 253, où nous laissons les anciennes formes plus harmonieuses ARROUSANT, COUSTEAU, V. Lex., ALLER, ARROUSER, COUSTEAU. — Sur le v. 261, V. LORS. On peut remarquer une légère contradiction dans la pensée entre ce vers et le suivant : — 262. V. HEUR. — 269 : *Acmète* : la forme ordinaire est *Admète* : — 274 : V. Lex., AVANT QUE.

2. Ces songes, dont il est souvent question dans la pièce, sont un des rares procédés de l'école savante de la *tragédie*, qui aient passé dans la pastorale.

Le soleil n'a pas bu l'égail de la prairie [1].
Cela mettra le mal en votre bergerie.

ARTHÉNICE.

Notre chien, qui rêvait de moment en moment
au loup que son penser lui forgeait en dormant,   320
d'un véritable loup m'a fait naître la crainte.

SILÈNE.

..... Je sais ce qui vous met la puce dans l'oreille :   325
je vis hier ici le loup qui vous réveille,
mais sitôt qu'il me vit il reboussa ses pas,   327
fâché d'avoir trouvé ce qu'il ne cherchait pas.
Il ne faut point pour lui ni rougir ni sourire.

ARTHÉNICE.

Je ne puis deviner ce que vous voulez dire

SILÈNE.

..... Ce n'est pas avec moi qu'il faut faire la fine.
Je sais que vous aimez celui qui, l'autre jour,
menait le premier branle en notre carrefour,   336
et souffrez, sans mon su, l'affection secrète
de ce pauvre inconnu qui n'a que sa houlette.....
Mais ces jeunes bergers, si beaux et si chéris,
sont meilleurs pour amants qu'ils ne sont pour maris ;
ils n'ont aucun arrêt : ce sont esprits volages   345
qui souvent sont tout gris avant que d'être sages.....
Oubliez, oubliez l'amour de ce berger,
et prenez en son lieu quelque bon ménager   352
de qui la façon mâle, à vos yeux moins gentille,
témoigne un esprit mûr à régir sa famille,
et dont la main robuste au métier de Cérès
fasse ployer le soc en fendant les guérets [2].....

Quelle saveur de bon sens rustique dans le langage de ce brave
fermier de Touraine ! Il y a là, dans la franchise du ton, comme un
avant-goût de Molière, et Silène est vraiment un frère aîné de Chrysale...,
en sabots.

C'est Lucidas qu'il désire pour gendre :

La fortune lui rit, tout lui vient à souhait ;
de vingt paires de bœufs il sillonne la plaine ;
tous les ans ses acquêts augmentent son domaine [3] ;
dans les champs d'alentour on ne voit aujourd'hui
que chèvres et brebis qui sortent de chez lui ;

1. L'*égail*, la rosée, V. Lex. — V. aussi MATIN, 2°.
2. P. 35. — vers 320 : V. Lex., PENSER. — 325 : Lex., PUCE. — 327 : Lex., REBROUSSER.
— 336 : Lex., BRANSLE. — 337 : Lex., SCEU. — 345 : Lex., ARREST. — 352 : Lex., MÉNAGER.
3. V. Lex., ACQUEST.

> sa maison se fait voir par-dessus le village,
> comme fait un grand chêne au-dessus d'un bocage.....
> Mais le voici qui vient au long de cette roche [1] ;
> je m'en vais vous quitter avant qu'il soit plus proche.
> Bien qu'Amour soit enfant, c'est un enfant discret,
> qui n'oserait parler s'il ne parle en secret.

Accomplissant sa fourberie, Lucidas annonce à Arthénice qu'elle est trompée par Alcidor. Le dépit mal dissimulé de la bergère est fort justement peint. Elle répond à cette douloureuse révélation :

> Qu'ils fassent à leur gré : je n'y demande rien ;
> je ne regrette point ce qui n'était point mien ;
> le Ciel rende en leurs vœux la fortune prospère !
> Je quitte de bon cœur la part que j'en espère ;
> mais comment, Lucidas, se seraient-il promis
> sans le consentement de parents ni d'amis [2] ?

Le traître lui propose de venir voir la réalité dans le miroir du magicien :

> Je n'ai point d'intérêt à leurs folles amours ;

répond-elle,

> mais je prendrai plaisir à voir l'expérience
> des effets merveilleux que produit sa science.

Lucidas s'éloigne, cherchant à étouffer ses remords, et un chœur de jeunes bergers, les uns paraissant dans le bois, les autres invisibles dans leurs maisons, chante avec une grâce charmante le matin du jour et le matin de la vie : en voici seulement trois strophes :

> 1. Sus, bergers, qu'on se réjouisse,
>   et que chacun de nous jouisse
>   des faveurs qu'Amour lui départ.
>   Ce bel âge nous y convie :
>   on ne peut trop tôt ni trop tard
>   goûter les plaisirs de la vie.
>   . . . .
> 4. L'astre doré qui sort de l'onde
>   promet le plus beau jour au monde
>   que puissent choisir nos désirs.
>   *Tout rit à sa clarté première*,
>   qui semble apporter les plaisirs
>   en nous apportant la lumière.
>   . . . .

---

1. La négligence que Malherbe reprochait à Racan se marque plus d'une fois comme ici par des répétitions de mots (se fait, fait), V. Lex., Faire, iv et viii. — V. aussi Long, III, 2°.

2. P. 38. — *Promis*, V. Lex., Promettre. — Sur le 1er vers, V. Lex., Y.

7. En l'Orient de nos années,
   tout le soin de nos destinées
   ne tend qu'à nous rendre contents.
   Les délices en sont voisines,
   et l'Amour, ami du printemps,
   a plus de fleurs et moins d'épines [1].

. . . .

L'intrigue est bien nouée à la fin de ce Ier acte ; nos deux amants se trouvent séparés par un triple obstacle : défense du père, interdiction de la Bonne Déesse et surtout fourberie de Lucidas, et l'auteur, chemin faisant, nous a mis sous les yeux quelques charmantes peintures.

Acte II.

Au commencement du second acte nous entendons le Satyre soupirer dans le bois le mal qu'il souffre en aimant,

depuis que les attraits de la belle Ydalie
ont fait naître en son cœur cette douce folie.

Mais comme elle n'a pas égard à lui, il avise un autre moyen :

Peut-être son désir s'accorderait au mien
si, dessous les efforts de ma flamme insensée,
sa pudeur pouvait dire avoir été forcée.
Je sais que le matin elle ne manque pas
de prendre dans les eaux conseil de ses appas,
afin qu'un élément aussi perfide qu'elle
lui montre à me dresser quelque embûche nouvelle.
Dans ce buisson épais, loin du monde et du jour,
je m'en vais me cacher pour la prendre au retour.

Ydalie arrive en effet, tout occupée de sa passion pour Alcidor, qu'elle aime, nouvelle Chloé, depuis l'enfance ; elle se redit la naissance et les progrès de ce fatal amour. La peinture est des plus délicates :

Je n'avais pas douze ans quand la première flame
des beaux yeux d'Alcidor s'alluma dans mon ame ;

1. Nous retrouvons ici le délicat poète épicurien de l'Ode bachique et de l'Ode au printemps, le disciple d'Horace et l'émule de Ronsard, qui semble plus maître de son talent qu'il n'a jamais été. Ces strophes, dont la forme est nette, sont remplies de la fraîcheur de la matinée ; l'on y respire, en quelque sorte, la *novitas florida mundi* que célèbre si bien Lucrèce (V. 940). *Tout rit à sa clarté première* : nous ne connaissons que de Vigny pour avoir fait un aussi heureux emploi du mot *première*, c'est dans le premier vers du *Déluge*, qui paraît presque imité de celui-là : *La terre était riante et dans sa fleur première.*
   Racan a choisi le sixain octosyllabe sous la forme où nous l'avons déjà vu dans l'ode à Amarante (ch. x). Il est vif et harmonieux, présentant seulement l'inconvénient de violer la règle d'alternance (le dernier vers et le premier de la strophe suivante) ; cette disposition est souvent admise par notre poète.

il me passàit d'un an, et de ses petits bras
cueillait déjà des fruits dans les branches d'en bas.
L'amour qu'à ce berger je portais dès l'enfance
crut insensiblement sa douce violence,   546
et jusques à tel point s'augmenta dans mon cœur
qu'à la fin de la place il se rendit vainqueur.
Dès lors, je pris un soin plus grand qu'à l'ordinaire
de le voir plus souvent et tâcher à lui plaire ;   550
mais, ignorant le feu qui depuis me brûla,
je ne pouvais juger d'où me venait cela.....
.... Je le suivais partout de l'esprit et des yeux.
A cause de mon âge et de mon innocence,
je le voyais alors avec plus de licence,
et souvent tous deux seuls, libres de tout soupçon,
nous passions tous les jours à l'ombre d'un buisson.   560
Il m'appelait sa sœur, je l'appelais mon frère ;
nous mangions même pain au logis de mon père.....
Il m'ouvrait ses pensers jusqu'au fond de son ame ;
de baisers innocents il nourrissait ma flame.
Mais dans ces privautés dont l'Amour nous masquait,
je me doutais toujours de celle qui manquait [1].....

Alcidor reste donc fraternel avec Ydalie, tandis que Tisimandre la
poursuit avec importunité. Le voici qui passe, chantant son désespoir
en des strophes plaintives.

Il l'aborde et elle le congédie lestement dans un de ces dialogues-
duels qui étaient déjà un des moyens coutumiers de la tragédie et de
la pastorale [2].

TISIMANDRE.

Qui vous mène en ces lieux solitaires et doux ?

YDALIE.

Rien que le seul désir de m'éloigner de vous.

TISIMANDRE.

C'est bien fait de fuir l'abord d'un misérable [3].

YDALIE.

Celui d'un importun est bien moins agréable.

TISIMANDRE.

Nommez-vous mon service une importunité ?

YDALIE.

Me voulez-vous aimer contre ma volonté ? etc....

___

1. P. 43. — vers 546 : V. Lex., CROISTRE. — 550 : Lex., 2, TASCHER. — 560 : Lex.,
TOUT, I, 1°. — Sur l'avant-dernier vers, qui manque de clarté, V. Lex., MASQUER.
2. Voir entre autres Jodelle, Garnier et Montchrétien.
3. Racan, comme Malherbe, fait l'infinitif *fuir* de de   s llabes, voir Pièce
just. 50, V.

A peine Tisimandre parti, le Satyre se jette sur Ydalie, qui appelle *à l'aide*. Elle est sauvée par le berger qui n'était pas loin, mais c'est en vain qu'il lui demande sa main comme loyer de ses longs services. Tisimandre se retire donc une seconde fois, en songeant qu'Arthénice, elle, est moins farouche avec lui, mais par malheur c'est lui qui ne l'aime pas.

> Certes, j'en suis honteux, et ne sais que lui dire
> quand son teint qui rougit, et son cœur qui soupire,
> en s'approchant de moi, me disent, sans parler,
> le mal que le respect lui contraint de celer.
> Je crois que la voilà toute triste et pensive
> qui va cueillant des fleurs au long de cette rive.

Notre Ophélie attend Lucidas, — fidèle au rendez-vous du magicien, en proie à l'impatience et à l'inquiétude, comme l'indiquent ces quelques vers si justes de ton :

> Je sens l'impatience en mon âme s'accroistre
> de cognoistre le mal que j'ai peur de cognoistre,
> qui me fait sans besoin découvrir un péché
> qui ne m'offensait point lorsqu'il était caché
> sous les plaisirs d'amour. Souvent la jalousie,   761
> après s'être couvée en notre fantaisie,
> par notre propre faute éclôt de grands malheurs,
> de même qu'un serpent endormi sous des fleurs [1].

Mais ce qui est tout à fait invraisemblable et ne peut s'expliquer, nous l'avons dit, que par une vengeance personnelle du poète contre la marquise, c'est que, apercevant Tisimandre à ce moment, Arthénice lui fait une longue déclaration d'amour dans le temps qu'elle n'est pas encore sûre de la trahison d'Alcidor. Ici la rancune a visiblement égaré la psychologie de Racan : une véritable amante irait peut-être constater le délit, comme fait Arthénice, mais sans y croire de cœur et en gardant une suprême dignité en public, surtout vis-à-vis de ses autres soupirants : tout au plus une déclaration nerveuse et dépitée serait-elle ici acceptable.

Restée enfin seule, Arthénice entend Polistène

> sur le haut de ces monts,
> d'une voix éclatante invoquer les démons.

1. P. 50. — v. 761 : voici un des quelques enjambements admis par Racan dans sa pastorale. On sait que Malherbe les proscrivait absolument, et que, en dehors de sa première pièce, on n'en a trouvé que deux exemples dans ses vers (V. Souriau, *Vers*, p. 59). — v. 763, V. Lex., ESCLORE.

La tirade est belle et solennelle, et débitée d'une voix forte, du fond
de la grotte obscure, sans qu'on vît le magicien, elle produisait sûrement un grand effet. Elle commence ainsi :

> Au creux de ces rochers, d'où l'éternelle nuit
> a chassé pour jamais la lumière et le bruit,
> j'ai choisi mon séjour, loin de la multitude,
> pour jouir en repos du plaisir de l'étude.
> Par elle tous les jours, comme maitre absolu,
> je fais faire aux démons ce que j'ai résolu.....
> Des jours je fais des nuits, des nuits je fais des jours ;
> j'arrête le soleil au milieu de son cours..... ;
> les brouillards, par le frein de mes enchantements,
> dans le vague de l'air changent leurs mouvements,
> et portent où je veux, sur l'onde et sur la terre,
> la tempête, le vent, la grêle et le tonnerre; etc...

Cependant Lucidas a rejoint Arthénice, et tous deux, enfermés
dans un *cerne* tracé par le magicien à l'entrée de la grotte, voient
l'obscurité descendre à son ordre ; des coups de tonnerre, des mur-
mures, des cris éclatent ; des lances de feu, des tourbillons de flamme et
de fumée, des éclairs illuminent la nuit, puis subitement tout disparaît
au commandement de Polistène, qui leur apporte le cristal enchanté ; ils
y voient Alcidor et Ydalie, cachés sous un ormeau, *éteindre en liberté
le feu de leurs amours* [1].

C'en est fait, la bergère désespérée se retirera dans un pieux désert,
et elle fait ses adieux au monde et à l'amour :

> Adieu donc pour jamais, plaisirs pleins d'amertume !
> Adieu, vaine espérance où l'âge se consume !....
> Adieu, sages parents, de qui les bons avis
> en mon aveuglement furent si mal suivis !
> Adieu, pauvre berger, dont la persévérance
> reçoit de mon amour si peu de récompense !....
> Adieu, pauvres brebis que j'ai si mal pansées
> pendant qu'un autre soin occupait mes pensées !
> Adieu donc, Lucidas, encore un coup, adieu [2] !....

1. Il est facile de reconstituer cette scène de magie grâce au texte même, et à
la narration qui en est faite au IVᵉ acte, p. 75.
2. P. 60. — Nous donnons les deux vers sur les brebis dans leur saveur originale du texte de la première édition, de 1625 (le premier vers porte même *pensées*. V. Lex., 3, PENSER). Le poète n'osa pas laisser ce terme d'une précision familière ; il recula peut-être aussi devant la similitude *absolue* des deux mots termi-
nant les vers, et il envoya cette correction à son imprimeur trop tard pour qu'elle
prît place dans le texte :

> Adieu, pauvres brebis que j'ai *tant délaissées*.....

Dans la suite il changea complètement ces deux vers et les refit ainsi :

> Adieu, chères brebis, qui parmi ces campagnes
> Me serviez tous les jours de fidèles compagnes.

L'avant-dernière scène de l'acte est une des mieux suivies de toute
la pièce. Alcidor et Ydalie, qui gardaient effectivement leurs troupeaux
ensemble, au bord de la Seine, mais en toute innocence, reviennent,
chassés par la chaleur de midi, et Ydalie profite timidement de ce
retour pour se déclarer à Alcidor, situation délicate pour une jeune
fille et dont Racan, soutenu d'ailleurs par la scène analogue de Guarini,
s'est tiré tout à sa louange :

ALCIDOR.

Que le soleil est haut! Déjà de ces collines
l'ombre ne s'étend plus dans les plaines voisines;
déjà les laboureurs, lassés de leurs travaux,
tout suants et poudreux, emmènent leurs chevaux;
déjà tous les bergers se reposent à l'ombre,
et, pour se festoyer des mets en petit nombre
que la peine et la faim leur font trouver si doux,
font servir au besoin de table à leurs genoux [1];
les oiseaux, assoupis, la tête dans la plume,
cessent de nous conter l'amour qui les consume.....
Il nous faut retirer et nous mettre à l'ombrage
de ce bocage épais, où l'on dirait qu'Amour
a voulu marier la Nuit avec le Jour.

YDALIE.

Hélas! mon frère, hélas! en quelque part que j'aille,
je ne puis modérer le feu qui me travaille.
J'ai partout le soleil auteur de mon ennui :
les antres ni les bois n'ont point d'ombre pour lui.

ALCIDOR.

Quelle secrète ardeur vous ronge le courage?

YDALIE.

Ce que j'ai dans le cœur se lit dans mon visage;
je voudrais bien le dire et ne le dire point.
Je sais bien en cela ce que l'honneur m'enjoint,
et ne puis sans rougir, quoi que je me propose,
en vous le découvrant en découvrir la cause...

ALCIDOR.

Ma sœur, ne craignez point, dites-le librement :
il ne faut pas rougir pour avoir un amant...
Et, si c'est un péché, le Ciel même est coupable...
Il est, au renouveau, de la terre amoureux,   1072
il voit de tous ses yeux ses beautés rajeunies;
elle sent dans son cœur leurs flammes infinies,

---

1. pour se faire fête les uns aux autres *avec* les mets peu nombreux que... La
phrase est un peu lourde, surtout avec la répétition de *font*, que nous avons déjà
relevée ailleurs. V. Lex., FAIRE, VIII.

et, s'étoilant de fleurs, tâche à se conformer
avec celui qui l'aime et qu'elle veut aimer.   1076
Leur mutuelle ardeur rend la terre féconde
et le feu s'en répand dans tous les cœurs du monde [1].....

Et la scène se prolonge ainsi jusqu'à ce qu'Alcidor presse sa compagne
de lui nommer celui qu'elle aime :

YDALIE.

Vous le verrez bientôt, et sans beaucoup de peine,
si vous baissez les yeux dans les flots de la Seine.

ALCIDOR.

Hélas! je vous entends et tiendrais à bonheur
d'avoir en moi de quoi mériter cet honneur.
J'ai pitié de vous voir le visage si blême.
Assez depuis trois ans j'ai connu par moi-même
quel tourment c'est d'aimer et de n'espérer rien.
Je déplore en cela votre sort et le mien.

YDALIE.

Vous seul à tous les deux pouvez donner remède.

ALCIDOR.

..... De manquer à ma foi j'aimerais mieux mourir.

Alcidor, lui, est le vrai héros d'amour dont la fidélité inébranlable
est la meilleure condamnation des caprices de sa belle.

Il offre loyalement à Ydalie son amitié fraternelle, puis il la quitte
pour rejoindre Arthénice, qui traverse justement le bois, se dirigeant
vers la maison des Vestales. Il l'aborde avec amour, mais elle, elle
l'accable d'invectives, et le malheureux Alcidor, qui ne peut obtenir
aucune explication, laisse éclater son désespoir en des imprécations qui
ne manquent pas de grandeur :

O toi père du jour, dont la flamme féconde
comble de tant de biens tout ce qui vit au monde,
seul astre sans pareil, arbitre des saisons,
qui répands ta splendeur aux célestes maisons,   1176
jadis j'ai comparé des yeux de ma cruelle
la flamme périssable à ta flamme immortelle.
Pourquoi ne punis-tu pour t'avoir offensé
d'une éternelle nuit ce blasphème insensé?
A quoi me sert de voir ta lumière importune?
    etc.

et il court se précipiter dans la Seine [2].

1. P. 62. — v. 1072 : AU RENOUVEAU, au printemps, V. Lex. — 1075 : V. Lex.,
2, TASCHER, et : CONFORMER SE AVEC.
    2. Voir comment la malice française s'attacha, dans la suite du siècle, à ces
suicides amoureux, Saint-Marc Girardin, III, 75.
    Sur le v. 1176, V. Lex., A, I, et MAISON.

Alors un chœur de bergers, rendu grave par les derniers événements, fait, dans le grand rythme des strophes de dix vers, un éloge du couvent, et une satire des libertins, qui classa Racan, nous le verrons, parmi les poètes religieux, aux yeux des polémistes catholiques de l'époque [1]. Il commence ainsi :

> Jouets du temps et de l'envie,
> esprits dans le monde agités,
> qui passez toute votre vie
> *béants après les vanités,*
> que vos désirs sont misérables !
> que vos grandeurs sont peu durables !
> et que l'espoir est glorieux
> des âmes dévotes et saintes
> qui libres de soins et de craintes
> vivent en terre comme aux cieux [2] !....

A la fin de ce second acte, nos deux amants sont donc vaincus par le sort et par la calomnie : l'un se donne la mort, et l'autre s'enferme dans un couvent.

Acte III.

Quand la toile se relève, nous assistons à un colloque charmant qui se tient *au frais du bocage* de la maison des Vestales, entre la novice Arthénice qui s'épanche sur le bonheur de sa nouvelle vie et la professe Philothée, qui lui donne des conseils pleins de prudence et d'onction.

ARTHÉNICE.

> Que cette vie est douce ! ah ! que je suis contente
> de me voir en ce lieu conforme à mon attente !
> que j'y trouve d'appas qui charment ma douleur !
> que le sort m'a rendue heureuse en mon malheur !....
> Maintenant que je goûte une paix si profonde,
> que j'ai pitié, ma sœur, de ceux qui sont au monde,   1249
> et qui sur cette arène émue à tout propos
> fondent sans jugement l'espoir de leur repos !

PHILOTHÉE.

> Ma sœur, ne plaignez point ceux que le sort convie
> à passer loin de nous la course de leur vie,

1. Voir plus loin, ch. XIV.
2. P. 67. — Sur l'admirable expression *béants après les vanités*, V. Lex., BÉANT. Il faudrait rigoureusement ôter l'*s* parce que le mot est ici participe et non adjectif verbal. — Dernier vers : Lex., EN, III.
Le rythme est la grande strophe lyrique de 10 vers à 8 syllabes, celle que Racan a si heureusement maniée dans l'Ode au Roi (ch. VII); mais ce chœur est beaucoup moins animé et plus abstrait.

RACAN.

parmi les vanités qui ne sont point ici :
où le combat est grand, la gloire l'est aussi.....   1254
Les Dieux diversement nous retirent du monde :
l'esprit ne peut sonder leur prudence profonde.....
Oubliez donc le feu de ce berger parjure
qui fait à votre amour une si grande injure ;
donnez-leur vos pensers, votre âme, vos appas :
ces amants tout parfaits ne vous tromperont pas [1]...

Et comme Arthénice, dans sa ferveur, prononce, d'enthousiasme, des
vœux perpétuels, la religieuse expérimentée la calme en ces termes :

Quand on vient en ce lieu, devant que s'engager   1281
au vœu que nous faisons, il faut bien y songer ;
notre règle est étroite et malaisée à suivre :
dans un désert austère il faut mourir et vivre,
prendre congé du monde et de tous ses plaisirs,
n'avoir plus rien à soi, pas même ses désirs,
méditer et jeûner avecques patience,
et souffrir doucement la loi d'obédience.   1288
Nous en voyons assez de pareilles à vous
par un prompt désespoir se retirer chez nous ;
mais quand il faut jeûner et faire pénitence,
souvent leur désespoir se tourne en repentence.   1292
Conseillez-vous aux Dieux, pensez-y mûrement ;
ne vous engagez point inconsidérément [2].

C'est, comme nous l'avons annoncé, toute la sagesse à la fois
douce et forte de saint François de Sales qui plane sur ce couvent [3].
Les Vestales voient arriver deux vieillards : Silène vient demander
à sa fille compte de sa conduite et il s'est fait accompagner de son
frère Damoclée, père d'Ydalie. Philothée, discrète, se retire pour les
laisser causer librement avec Arthénice.
La conversation s'engage vivement, animée de simplicité familière
chez les deux hommes, voilée de réticences délicates chez la jeune fille,
qui ne veut trahir ni Alcidor ni Ydalie. Mais ces réticences mêmes laissent deviner à Silène qu'il s'agit d'Alcidor, et Damoclée, pris d'inquié-

---

1. P. 69. — v. 1249 et 1250, V. Lex., Arène et Esmouvoir, i. — Cf. une idée analogue dans les Stances sur la Retraite (2e stance). — 1254 : ce vers si bien ramassé
est comme un premier dessin du beau vers de Corneille :

A vaincre sans péril on triomphe sans gloire.

2. Vers 1281 : V. Lex., Devant, iii, 2°. — 1282 : un des rares enjambements de
la pièce. — 1288 : V. Lex., Obédience. — 1292 : V. Lex., Repentence. — 1293 : V. Lex.,
Conseiller.
3. Voir au chapitre précédent.

tude de son côté, la presse de questions et finit par lui demander :

> Est-ce point que ce traître, abusant de ma fille,
> avec elle eût taché l'honneur de ma famille?

ARTHÉNICE.

Hélas! j'en ai trop dit [1].

Sommée de raconter comment elle a découvert le crime, Arthénice s'exécute par une belle narration qui plaisait aux spectateurs parce qu'elle leur rappelait, par sa magnificence et son exactitude, toute la brillante scène d'incantation. Nous n'avons pas le loisir de la citer, mais elle mérite d'être lue.

Damoclée plein de colère jure de punir sa fille selon les lois, tandis que Silène essaie de ramener la sienne au village.

ARTHÉNICE.

> Je sais ce que je dois à l'amour paternelle;   1471
> mais il faut obéir à celui qui m'appelle,
> et qui, mon premier père, a voulu prendre soin
> de me tendre les bras et m'aider au besoin.

SILÈNE.

> Les dieux que vous servez en ce désert austère   1475
> n'ôtent point les enfants d'entre les bras du père...
> Estimez-vous que ceux qui n'ont fait que pour nous   1489
> les plaisirs d'ici-bas aussi justes que doux
> veuillent pour leur service en défendre l'usage?

ARTHÉNICE.

> Croyez-vous que ce lieu solitaire et sauvage,
> en éloignant de nous la crainte et le désir,
> éloigne de nos cœurs tout sujet de plaisir?
> Voyez ces bois épais, voyez cette verdure,   1495
> ces promenoirs dressés par le soin de nature,
> et ce temple où les cœurs vraiment dévotieux
> destinent leur repos à la gloire des cieux;
> voyez en cet enclos les lieux où Philothée
> fait depuis si longtemps sa demeure arrêtée,   1500
> et vous même avouerez, exempt de passion,
> qu'ils n'ont pas moins d'attraits que de dévotion [2].

Cette scène de théâtre ne fait-elle pas un agréable pendant à la scène réelle du *Guichet*, qui se passa quelques années auparavant et que Sainte-Beuve a racontée avec tant de charme : Arnauld le père venant réclamer sa fille Angélique à Port-Poyal et se heurtant à une clôture

---

1. *Est-ce point...* V. Lex., Pas et 1. Tascher.
2. P. 78. — v. 1471, V. Lex., Amour, i. — 1474 *au besoin = dans le besoin*. V. Lex., A, i. — 1497, V. Lex., Dévotieux. — 1500, V. Lex., Faire, v. — 1502, V. Lex., Dévotion.

que la jeune abbesse inflexible se refuse d'ouvrir et derrière laquelle
elle s'évanouit de douleur [1]? Ici il n'y a pas de clôture, le couvent est
beaucoup plus riant, quoique sérieux, mais nullement janséniste, et tout
parfumé au contraire de la poésie de l'évêque de Genève.

Silène tout d'abord ne réussit pas mieux qu'Arnauld, mais il lui
arrive un auxiliaire inespéré.

Le berger Cléante paraît dans le fond, apportant Alcidor évanoui
qu'il vient de sauver de l'eau : celui-ci reprend ses sens peu à peu,
et, sans savoir s'il est sur la terre ou aux enfers, reconnaît tous les
lieux qui l'entourent, remplis pour lui de tendres souvenirs :

> ..... A ces vieux bâtiments de qui l'on voit à peine
> les ornements du faîte étendus sur l'arène,
> à ces murs éboulés par la suite des ans,
> je reconnais ces lieux autrefois si plaisans,
> quand la belle Arthénice, honneur de son village,
> amenait son troupeau dans notre pâturage.
> Ces alisiers témoins de nos plaisirs passés
> ont encore en leur tronc nos chiffres enlacés.
> Cette vieille forêt, d'éternelle durée,
> l'accusera sans fin de sa foi parjurée.
> Ces vieux chênes ridés savent combien de fois
> ses plaintes ont troublé le silence des bois,
> lorsqu'en la liberté de leur ombre immortelle
> elle osait prendre part au mal que j'ai pour elle.
> Vivez doncques, forêt, vivez doncques toujours
> pour être les témoins de nos chastes amours [2].....

Il reconnaît bientôt Arthénice elle-même, qui, violemment émue,
tombe dans les bras de son père, qu'elle entraîne dans sa chute, et c'est
Cléante qui doit porter secours à cette ruine générale, que les acteurs
devaient avoir bien de la peine à sauver du comique. Alcidor, revenu
à lui, essaie de faire revenir sa bergère, en murmurant, penché sur elle,
des paroles amoureuses [3].

La scène se termine en un duo d'amour où tous les torts sont
oubliés, et le vieux Silène, gagné par le bonheur des jeunes gens, invite
tout le monde à la noce champêtre :

> Sus donc, mes chers enfants, qu'aux noces l'on s'apprête;
> je veux dès à ce soir en commencer la fête.   1664
> Pardonnez-moi tous deux si trop injustement
> j'ai toujours traversé votre contentement.

1. *Port-Royal*, t. Ier, l. I, ch. v. Ce fut le 25 sept. 1609.
2. P. 80. — Sur le 1er vers V. Lex., QUI, II.
3. Dans le premier moment, Cléante s'écrie d'une façon plaisante :
   Hélas! auquel irai-je? ils se meurent tous trois!

Allons donc au logis. Venez aussi, Cléante,
voir accomplir l'hymen d'une amour violente ;
venez diner chez moi. Vous n'y trouverez pas
ces mets servis par ordre aux superbes repas..... ;
mais ce qui se pourra selon ma pauvreté
d'un cœur libre et sans fard vous sera présenté [1].

Le chœur des bergers chante l'âge d'or dans un rythme alerte dont
ces deux strophes donneront une idée :

> 2. ... Que le siècle d'or fut heureux,
> où l'innocence toute pure
> ne prescrivait aux amoureux
> que les seules lois de nature !
> Combien depuis ce premier temps
> la honte, l'honneur et l'envie   1688
> ont aux esprits les plus contents
> aigri les douceurs de la vie !
>
> 5. ... Parmi les jeux et les festins
> nos jours comblés d'heur et de joie
> par les mains des mêmes destins
> étaient faits d'une même soie ;
> la faveur ne faisait point voir   1711
> l'un au ciel, l'autre dans la boue,
> et la Fortune sans pouvoir
> n'avait point encore de roue [2]...

La pièce, on le voit, pouvait être finie là puisque les deux héros
sont enfin réunis. Mais Damoclée a proféré de sombres menaces de
mort contre sa fille, nous l'avions quasi oublié : c'est de cet incident
secondaire que vont renaître d'une manière inattendue les complica-
tions et l'intrigue du IVᵉ acte.

Acte IV.

Cet acte s'ouvre par les plaintes de Tisimandre, le pauvre amoureux d'Ydalie [3] : la passion lui fait négliger la culture ; aussi la pauvreté,

---

1. P. 84. — v. 1664, V. Lex., A, ii.
2. P. 85. — v. 1688, V. Lex., Honte. — 1711 : les drames de la faveur auxquels
Racan avait assisté, comme nous l'avons vu, lui avaient déjà inspiré une belle
stance, la 11ᵉ des Stances sur la Retraite. — Nous retrouvons encore ici la répétition négligente du verbe *faire*. V. Lex., Faire, viii.
   Cette pièce est la seule que Racan ait composée en strophes de huit vers. Ce
rythme avait été fort délaissé par Malherbe (Souriau, *Vers*, p. 100) : de plus les
rimes n'avaient pas encore été croisées de cette manière. L'application qu'en fait
Racan lui est donc tout à fait personnelle.
3. Nous passons sous silence la scène de confidence entre Arthénice et Clorise

pour la première fois, entre dans sa maison. L'élégie prend ici une
couleur rustique qui la rend tout à fait originale.

> Malheureux que je suis, quelle chaude furie   1815
> me fait passer les jours en cette rêverie?.....
> Nous n'en sommes pas mieux ni moi ni mes troupeaux.
> Mes brebis ont en nombre égalé les étoiles
> *dont les plus claires nuits enrichissent leurs voiles,*
> et mes gerbes, lassant le soigneux moissonneur,
> rendaient les plus contents jaloux de mon bonheur;
> mais à présent tout fuit mes tristes destinées,
> mes champs n'ont que du chaume aux meilleures années,
> et mes pauvres moutons, se mourant tous les jours,
> servent dans ces rochers de pâture aux vautours.....
> Mes doigts appesantis ne font plus rien qui vaille,
> ni des paniers de jonc, ni des chapeaux de paille;
> à peine me souviens-je, en voyant ces roseaux,
> d'avoir su compasser les trous des chalumeaux.   1838
> Autrefois mes travaux n'étaient point inutiles,
> ma besogne avait cours dans les meilleures villes;
> j'en rapportais toujours, en revenant au soir,
> quelque pièce d'argent au coin de mon mouchoir....
>   etc. [1].

Ydalie vient à passer par le bois, et nous assistons à une seconde
entrevue, vivement menée, entre l'importun et l'indifférente. Elle le
rebute rudement comme la première fois, et aussitôt qu'elle l'a con-
gédié, elle est mise en arrestation par un prêtre pour être conduite
au bûcher en expiation de son prétendu crime.

Alors commence la grande scène de justice, présidée avec une
élévation toute chrétienne par le Druide Chindonnax. Le réquisitoire
est fait par Damoclée, le père d'Ydalie, ce proche parent de don
Diègue, qui veut avant tout venger l'honneur de sa race [2]. Lucidas
vient à plusieurs reprises, mais sans assurance, déposer contre la bergère. Celle-ci se défend timidement; elle est chaudement soutenue
par Tisimandre, le plus sensé de tous, qui déclare que c'est une grande
erreur

> de juger l'innocence
> sans vouloir seulement écouter sa défense,....
> Et   d'accuser les absens
> sur l'objet qu'une glace a produit *sur les* sens.

qui ne semble pas avoir été jouée (Parfait, IV, 299) : les frères Parfait n'indiquent
même pas dans leur analyse le monologue de Tisimandre, qui fut sans doute lui-
même fort raccourci à la représentation.

1. P. 90. — Vers 1838 : Lex., Compasser. — Nous relèverons au chapitre suivant
l'imitation de Virgile dans ce passage, ainsi que dans le reste de la pièce.

2. Racan trouvait ce culte rigoureux de l'honneur dans les traditions aristocratiques de sa propre famille.

Enfin Cléante arrive au milieu de ce groupe consterné jeter
étourdiment un joyeux écho des préparatifs de la noce d'Alcidor et
d'Arthénice :

> Ils s'épousent demain, le bonhomme y consent;   2186
> son logis est déjà tapissé de ramées,
> de fenouil et de fleurs les salles sont semées,
> et déjà maints agneaux, victimes du festin,
> le couteau dans la gorge achèvent leur destin [1]...

A la nouvelle certaine de ce mariage Lucidas se trouble; le traître
qui a joué de la jalousie est perdu par la jalousie; il fait des aveux
complets et il est livré à la discrétion d'Ydalie : celle-ci lui pardonne
généreusement; en même temps elle offre sa main à Tisimandre, dont le
dévouement l'a touchée et qui, surpris d'un pareil changement, s'écrie
avec naïveté :

> Oh! l'heureux accident!

Et ce second groupe se retire, enlacé tendrement, pour faire de son
côté les apprêts de la fête nuptiale.

Chindonnax donne à cette scène, qui est assez bien conduite, une
haute conclusion religieuse :

> Enfin, des immortels la justice profonde
> a découvert la fraude aux yeux de tout le monde;
> à la fin chacun voit que leur bras tout puissant
> sait punir le coupable et sauver l'innocent.

Les prêtres sacrificateurs n'ont plus rien à faire qu'a chanter, et ils
célèbrent en chœur le règne de la Justice et l'équité des dieux :

> 4.   ..... Par eux la victime est menée   2279
>   du bûcher au lit d'hyménée.
>   Après les pleurs les plaisirs ont leur tour;
>   ils n'ont pu, sans se faire outrage,
>   condamner un si bel ouvrage
>   à d'autre feu qu'à celui de l'amour.
>
> 5.   Comme on voit après les orages
>   le soleil, chassant les nuages,
>   se rallumer avec plus de clarté;
>   ses yeux encore pleins de larmes,
>   reprenant de nouvelles armes,
>   semblent plus beaux qu'ils n'ont jamais été......

---

1. P. 105. — Il est fâcheux que l'élégance de ces deux derniers vers soit aussi
mal assortie à la simplicité des précédents. — v. 2186 : Lex., Bonhomme.

7. Que puissent leurs âmes bien nées
    posséder à longues années   2298
les fruits d'amour les plus délicieux,
    et par leurs flammes mutuelles
    peupler nos champs d'amants fidelles
et nos autels de nouveaux demi-dieux [1] !

Voilà donc la pièce encore une fois terminée, les quatre principaux personnages étant accordés selon leurs vœux. Racan va faire maladroitement renaître un cinquième acte de la défense que la Bonne Déesse, vraiment bien mal nommée [2], avait faite à Arthénice d'épouser un étranger et que tout ce monde paraissait avoir totalement oubliée, mais du moins il nous donnera dans cette fin postiche quelques-uns de ses plus beaux vers.

Acte V.

Au commencement de l'acte nous entendons les célèbres plaintes d'un vieux berger ruiné, resté seul dans la vie : c'est le Vieil Alcidor, le père d'adoption de notre héros. Arrivant des bords de l'Oise, où il vivait, il fait de son rustique bonheur d'antan un tableau qui est ce que nous connaissons de plus vrai comme *naïveté champêtre* dans toute l'œuvre de Racan, et même, nous ne craignons pas d'aller jusque-là, dans toute notre poésie française. On croirait voir mis à nu, sans exagération ni rhétorique, seulement avec une légère transposition d'élégance littéraire, les sentiments d'un paysan à qui ses malheurs présents auraient révélé son bonheur passé :

Heureux qui vit en paix du lait de ses brebis,   2307
et qui de leur toison voit filer ses habits ;
qui plaint de ses vieux ans les peines langoureuses,
où sa jeunesse a plaint les flammes amoureuses ;
qui demeure chez lui comme en son élément,
sans connaître Paris que de nom seulement,

---

1. P. 108. — v. 2298 : Lex., A, ii. — Racan, qui s'applique particulièrement à varier les chœurs de sa pastorale, a imaginé ici pour la première fois un genre de sixains qui n'avait été employé ni par Ronsard ni par Malherbe dans ses 26 combinaisons différentes de sixains ; c'est la strophe de vers de 8 syllabes coupée par le 3e et le 6e vers de 10 syllabes.

2. Alcidor en fait lui-même la réflexion :

....La même déesse à qui la terre donne
    la qualité de bonne
est celle qui s'oppose à mon contentement (p. 121).

Bona Dea était une déesse honorée par les femmes romaines, voir *Daremberg et Saglio*.

et qui, bornant le monde aux bords de son domaine,
ne croit point d'autre mer que la Marne ou la Seine !
En cet heureux état les plus beaux de mes jours
dessus les rives d'Oise ont commencé leur cours.
Soit que je prisse en main le soc ou la faucille,
le labeur de mes bras nourrissait ma famille ;
et, lorsque le soleil, en achevant son tour,
finissait mon travail en finissant le jour,
je trouvais mon foyer couronné de ma race.
A peine bien souvent y pouvais-je avoir place.
L'un gisait au maillot, l'autre dans le berceau ;
ma femme, en les baisant, dévidait son fuseau.
L'un écalait des noix, l'autre teillait du chanvre,   2325
jamais l'oisiveté n'entrait dedans ma chambre.
Aussi les dieux alors bénissaient ma maison ;
toutes sortes de biens me venaient à foison.
Mais, hélas ! ce bonheur fut de peu de durée :
aussitôt que ma femme eut sa vie expirée,   2330
tous mes petits enfants la suivirent de près,
et moi je restai seul accablé de regrets,
de même qu'un vieux tronc, relique de l'orage,
qui se voit dépouillé de branches et d'ombrage [1]........

Cléante, qui a rencontré le pauvre vieillard, l'engage à se fixer dans ce pays, dont il lui fait un charmant croquis [2], puis il vient à parler d'Alcidor, et le vieillard demande à être conduit aussitôt vers ce fils qu'il a tant aimé.

1. P. 109. — v. 2325 et 2326 : nous avons rétabli la première leçon avec sa verdeur primitive (V. Lex., ESCALER et TEILLER, DEDANS et CHAMBRE). Racan n'osa pas conserver les termes rustiques du premier de ces vers, qui déplaisait à la société polie, comme nous en avons trouvé la preuve manuscrite dans un exemplaire des Bergeries qui appartint à Huet, évêque d'Avranches (Bibl. Nat. Impr. Y + 5 727 ++ A). Le prélat lut la pièce du 19 au 22 septembre 1674, et souligna le vers en question, ainsi que deux autres locutions qui lui déplaisaient comme ayant beaucoup vieilli. Racan, qui devinait le sentiment général, changea les vers de cette façon :

Le temps s'y ménageait comme chose sacrée ;
jamais l'oisiveté n'avait chez moi d'entrée. —

Vers 2330 : V. Lex., AVOIR, 1, et EXPIRER.
2. On y rencontre, au milieu de traits réels, une exagération poétique qui se retrouve souvent alors dans les descriptions de l'âge d'or :

... Les moindres épis qui dorent nos guérets
s'égalent en grandeur aux chênes des forêts. (p. 111.)

Cf. Bertaut, éd. Chenevière, p. 58 :

Mille forêts d'épis, de qui les vertes ondes
flotteront au sommet des côtes moins fécondes,
sembleront imiter les grands bois du Liban.

Voilà qui ne devait point être du goût de Malherbe.

Arrive alors le brave Silène, qui entraîne toujours joyeusement ses enfants à la noce :

> Allons donc, mes enfants, allons tout de ce pas ;
> nos voisins assemblés nous attendent là-bas,
> et déjà dans le bourg toute la populace
> au son des violons s'assemble dans la place [1]...

Damoclée vient lui annoncer le mariage de sa fille avec Tisimandre, et tout ce monde respire une pure joie, lorsque la digne Crisante (la mère d'Arthénice) vient en trouble-fête raconter que la Bonne Déesse lui est apparue encore la nuit dernière, renouvelant solennellement la défense faite à Arthénice d'épouser un étranger [2].

Alcidor s'emporte jusqu'à perdre un peu le respect pour la mère de sa fiancée et pour les dieux qui, à son avis, ne s'occupent pas de nous

> ... Leur soin est d'éclairer ce que le ciel enserre,
> régler le mouvement de tant d'astres divers,
> séparer les étés d'avecque les hivers,
> *savourer les douceurs dont leurs coupes sont pleines* [3],
> et non pas s'amuser aux affaires humaines.

et, de désespoir, il part pour l'exil.

Les parents, fort embarrassés, ont alors l'ingénieuse pensée d'intervertir les deux gendres, en faisant épouser Alcidor à Ydalie, et à Arthénice Tisimandre, le seul berger de sa race. Arthénice, plus fidèle ici qu'on ne l'aurait pu croire, s'éloigne en protestant qu'elle n'épousera jamais qu'Alcidor.

Cependant l'officieuse Clorise se charge d'aller annoncer le nouveau projet au berger, que l'on entend chanter dans le bois voisin une chanson mélancolique. On devine comme elle est reçue [4] ; pourtant il promet d'aller dire un dernier adieu à celle qu'il aime.

Dans ces conjonctures survient l'autre couple d'amoureux, Tisimandre et Ydalie, ne sachant rien encore et tout triomphants dans leur bonheur. Ils s'étonnent d'apercevoir de loin le groupe de leurs parents aussi calme :

> D'où leur pourrait venir un si profond silence ?

---

1. V. Lex., Dans, ii.
2. Narration courte et intéressante, p. 115.
3. l'un des vers les plus coulants de notre langue.
4. Il s'engage entre eux un dialogue vif qui rend naïvement le choc entre la passion de l'un et la complète inexpérience de l'autre en fait d'amour.

Ils n'ont ni violons, ni flûtes, ni hautbois;
à peine seulement peut-on ouïr leurs voix,
on n'oit point retentir de chansons d'hyménée.
Qui les rend si pensifs à si bonne journée [1]?

Les infortunés jeunes gens apprennent l'inversion qui a été produite dans les unions, ils se révoltent, et chacun gémit, lorsque, pour
mettre un comble à la tristesse générale, Alcidor vient faire les adieux
promis.

On ne sait comment sortir d'une situation aussi lamentable,

on n'entend que soupirs, on ne voit que malheurs,

quand paraît enfin le vieillard étranger. Il raconte qu'Alcidor n'est que
son fils adoptif et qu'il l'a recueilli dans un berceau faisant nacelle, au
milieu d'une inondation,

et ma femme dès lors, qui l'aima comme sien,
ne sachant pas son nom, le fit nommer du mien.

Damoclée s'émeut, il questionne vivement :

En quel temps fut cela?

LE VIEIL ALCIDOR.

..... Depuis ce jour fatal les moissons de Cérès
ont par dix et neuf fois redoré nos guérets.   2846

DAMOCLÉE

Las! je perdis alors par la fureur de l'onde
Daphnis, qui ne faisait que de venir au monde ;
je pleure quand j'y pense et m'en souviens toujours.
Ce fleuve, à gros bouillons débordant de son cours,
remplissait de terreur les campagnes voisines.
Mes troupeaux effrayés gagnèrent les collines,
et le petit Daphnis, encor dans le berceau,
demeura dans ma loge à la merci de l'eau.   2854
Trois fois pour le sauver je me mis à la nage,
mais un large torrent était dans mon passage [2].......

Suit une description pittoresque de l'orage, que Damoclée finit ainsi :

Tant que je le pus voir je le suivis des yeux,
et puis je le remis en la garde des dieux.

1. P. 126. — V. Lex., A, ii, et Un, i.
2. P. 131. — v. 2846, V. Lex., Fois. — v. 2847, V. Lex., Las; — v. 2854, V. Lex.,
Loge.
Nous avons déjà dit que Racan semble faire allusion dans ces vers à une inondation véritable, probablement à celle de l'année 1600 (plus haut, p. 186, *Discussion
sur la date de la représentation d'Arthénice*). Quoi qu'il en soit, il avait dû en voir
depuis; cf. l'Ode au fleuve du Loir débordé (Latour, I, p. 166).

Un bracelet assure la reconnaissance : Alcidor est bien le fils de Damoclée, et par suite le parent d'Arthénice, qui peut désormais l'épouser. Tous se réjouissent, et Silène, le joyeux coryphée, apostrophant gaillardement tout le monde, les jeunes gens, son frère, le Vieil Alcidor, organise tout pour le mieux :

> Sus donc, préparez-vous à goûter les délices
> dont l'amour satisfait vos fidèles services ;
> et nous autres vieillards, amoureux du repos,
> allons vider en rond les verres et les pots.
> Le Ciel de toutes parts nous met en assurance.   2911
> Il faut, mon frère, encore, après cette alliance,
> pour joindre de nos cœurs l'étroite liaison,
> faire de nos maisons une seule maison.
> Nous y verrons un jour nos gendres et nos filles
> dans un même foyer élever nos familles,
> et vous, sage vieillard, y viendrez avec nous
> prendre part au repos que nous tenons de vous [1].

La nuit s'approche, la nuit favorable aux amants.

> Les ombres des cousteaux s'allongent dans les plaines ;   2932
> déjà de toutes parts les laboureurs lassés
> traînent devers les bourgs leurs coutres renversés ;
> les bergers ont déjà leurs brebis ramenées ;
> le soleil ne luit plus qu'au haut des cheminées [2]......

Lucidas arrive à la fin s'accuser de tout le mal qu'il a causé, et il clôt la pièce d'une façon philosophique en montrant, lui, le berger riche, l'inanité de la richesse pour le bonheur :

> ... Que me sert que mes blés soient l'honneur des campagnes,
> que les vins à ruisseaux me coulent des montagnes,
> ni que me sert de voir les meilleurs ménagers   2945
> admirer mes jardins, mes parcs et mes vergers,
> où les arbres, plantés d'une égale distance,
> ne périssent jamais que dessous l'abondance?
> Ce n'est point en cela qu'est le contentement :
> tout se change ici-bas de moment en moment.   2950
> Qui le pense trouver aux richesses du monde
> bâtit dessus le sable ou grave dessus l'onde.

---

1. P. 133. — On a pu remarquer que Silène aime particulièrement cette interjection *sus donc*, qui marque bien sa bonne humeur et son entrain, V. Lex. — v. 2911 : V. Lex., ASSURANCE.

2. P. 134. — v. 2932, V. Lex., COUSTEAU. — v. 2934, Lex., DEVERS et COUTRE, — v. 2935, Lex., AVOIR, I. — v. 2936, Lex., HAUT.

Ce n'est qu'un peu de vent que l'heur du genre humain :
ce qu'on est aujourd'hui, l'on ne l'est pas demain.
Rien n'est stable qu'au ciel : le temps et la fortune   2955
règnent absolument au-dessous de la lune [1].

Le chœur final des bergers chante aux deux couples de mariés
un gracieux et ardent épithalame qui débute ainsi :

> Cueillez, amants, le fruit de vos services ;
> que dans vos cœurs la joie et les délices
>   reviennent à leur tour,
> et que l'ardeur dont votre âme est saisie
> fasse brûler le Ciel de jalousie
>   et la terre d'amour.

> Des champs ingrats naissent les pierres fines ;
> les belles fleurs s'engendrent des épines,
>   et les perles des pleurs ;
> les plus beaux jours succèdent aux orages ;
> on ne voit point de soleil sans ombrages,
>   ni de biens sans douleurs.

> Voici la nuit, si longtemps différée,
> qui vient alors qu'elle est moins espérée
>   accomplir vos désirs ;
> témoignez-y que toutes ces tempêtes,
> en augmentant l'honneur de vos conquêtes,
>   augmentent vos plaisirs.
>   etc. [2]...

et sur ces riantes images, la toile tombe.

---

1. P. 135. — vers 2945, Lex., Ménager. — 2948, Lex., Dessous. — 2951-52, cf. 2ᵉ stance sur la Retraite. — 2956. Cette chute de la pièce sur le mot de *lune* parait aujourd'hui au moins bizarre. C'était une périphrase usuelle de cette époque, ainsi Bertaut, *Œuvres*, p. 12 :

...qui n'admire en son cœur rien qui soit sous la lune.

2. Racan, dans cet agréable chœur, reprend en le perfectionnant un rythme de Ronsard, sixain de vers de 10 syllabes, coupé par le 3ᵉ et le 6ᵉ vers de 6, heureuse combinaison que notre poète rend plus harmonieuse encore en observant régulièrement la pause du 3ᵉ vers.

L'églogue qui suit dans Latour a été composée plus tard, vers 1621, comme nous le verrons, et ajoutée par le poète à sa pièce dans les éditions qu'il en donna.

CHAPITRE XIII

Jugement sur « Arthénice » (les Bergeries).

I. — **L'Intrigue de la pièce.** — Sa maladresse. — Les caractères. — Les unités :
la sagesse du goût de Racan. Il donne la première pièce régulière.
II. — **Les Sentiments :** — 1° L'amour. — 2° Le sentiment de la campagne. Les
souvenirs de Touraine. Les travaux des champs. Les paysans. La noce de village.
La famille.
Racan et Virgile. La vraie naïveté. — La poésie rustique et la poésie de la
famille en France. — Racan disciple de la nature.
III. — **Le Style et la Versification.** — Les chœurs.
IV. — « **Arthénice** » **dans l'histoire de la pastorale dramatique.** — La transfor-
mation de la pastorale en opéra. — Racan ancêtre de Quinault.
Le *Parnasse français* de Titon du Tillet. — « Arthénice » jouée en province.

L'insuccès de Racan auprès de la marquise de Termes.

I

La représentation d'*Arthénice* obtint un grand succès [1]. A la
vérité les divers éléments de l'œuvre étaient de valeur fort inégale.

L'*intrigue* et les personnages, nous l'avons expliqué trop en détail
pour y revenir, étaient empruntés au *Fidèle Berger* de Guarini et à
l'*Astrée* de d'Urfé, avec quelques additions prises à l'*Aminte* du Tasse,

---

1. Sans être très précises, les preuves en sont nombreuses. « Pour ma Sylvie
[jouée entre 1621 et 1626], elle a brillé dans un temps que les pièces de ces fameux
écrivains, Messieurs de Racan et Théophile conservoient encore dans les meilleurs
esprits *cette puissante impression* qu'elles avoient justement donnée de leur beauté. »
Mairet, Épître familière sur la tragédie du *Cid*. Des copies de la pièce couraient
partout en 1625 (Malh., IV, 94, et Racan, I, 15). Elle était en 1635, c'est-à-dire seize
ans environ après la première représentation, l'une des quinze pièces du répertoire
(Scudéry, *Comédie des Comédiens*, 1635, p. 30). Les éditions de Racan et leurs contrefaçons se succédèrent rapidement au nombre de 12, de 1625 à 1635. Enfin la
pastorale fut jouée en province, comme nous le dirons à la fin du chapitre. D'ailleurs il est avéré que la représentation d'*Arthénice* fit beaucoup pour attirer de
plus en plus l'aristocratie au théâtre, et le succès en est attesté par une tradition
qui paraît au 18e siècle chez les F. Parfait, 1745 (t. IV, p. 289); La Vallière, *Biblioth.
du théâtre françois*, 1768 (t. I, p. 547), Clément et l'abbé de la Porte, 1775 (t. I, p. 149).

au théâtre de Hardy et à la *Philothée* de saint François de Sales, mais
telle était la faveur qui s'attachait à ces ouvrages que leur imitation
était une des raisons mêmes du succès de la pièce [1].

L'on s'apercevait à peine de la maladresse avec laquelle les deux
derniers actes étaient cousus aux premiers, faisant, à deux reprises
différentes, renaître l'action qui semblait terminée [2]. Hardy, qui connaissait bien mieux son métier, tombait rarement dans de pareilles erreurs.

Racan lui est encore inférieur en rapidité, et ses acteurs ne risquent guère de brûler les planches : nous n'avons pu signaler que deux
ou trois scènes où le dialogue marche avec quelque allure, et nous avons
dû grandement résumer pour faire notre analyse. A la fin, par exemple,
au moment critique, on languit dans une attente générale quand le Vieil
Alcidor vient par bonheur apporter le dénouement [3]. Le poète tient
encore au 16e siècle par l'insouciante lenteur de la pensée.

Il n'excelle pas non plus dans l'art d'enchaîner les scènes : les
personnages ont souvent l'air d'attendre, pour paraître, que les précédents aient eu l'heureuse idée de quitter les lieux, et en général ils
se suivent au lieu de se mêler.

En fait de *caractères* nous n'avons guère encore que des esquisses
intéressantes. Ydalie se distingue bien d'Arthénice, et sa constance
passionnée dans le commencement de l'action contraste avec la coquetterie facile de sa rivale. Silène, par son mélange de sévérité malicieuse
et de bonhomie, ne se confond pas avec Damoclée, qui va d'un confiant
laisser-aller dans l'éducation de sa fille à l'extrémité de la rigueur paternelle dans la punition. Lucidas, nature honnête, pervertie par la
jalousie, mais n'ayant pas la force de soutenir son hypocrisie jusqu'au
bout, est un fourbe sympathique, beaucoup moins roué que sa sœur
aînée Corisque, du *Fidèle Berger*. Mais il n'y a là que des ébauches ; ce
ne sont pas les larges couleurs des grands tableaux religieux, auxquels
Racan comparait si justement les pièces de théâtre [4]. Il manque entre
autres les fortes antithèses des caractères qui s'éclairent en s'opposant.
Pour admirer cette vigueur au théâtre il faut attendre encore vingt ans
Corneille [5].

Reconnaissons de plus que quelques-unes des plus importantes

1. V. aux Pièces just., n° 13, une liste des principaux passages empruntés
par Racan aux auteurs italiens et aux auteurs français.
2. V. au chapitre précédent l'analyse de la pièce.
3. P. 129.
4. Latour, I, 356.
5. D'Urfé lui-même avait compris l'utilité des contrastes en créant par exemple
Hylas en face de Céladon.

actions des personnages sont insuffisamment motivées, par exemple le pardon accordé sans explication par Arthénice à Alcidor après sa tentative de suicide, et le revirement final d'Ydalie en faveur de Tisimandre, qu'elle épouse après l'avoir tant injurié [1].

Mais là où Racan est en grand progrès sur Hardy, c'est au sujet des trois *unités*. On sait quelles libertés excessives celui-ci prenait avec l'espace et le temps; notre poète dira plus tard comme « ce grand intervale de temps représenté en deux heures choquoit le sens des esprits bien faits », et pour lui, « il ne pouvoit souffrir... que celui qui avoit paru au premier acte faisant l'amour frisé et poudré, avec le premier coton qui ne commençoit qu'à percer sur ses lèvres, parust, au dernier, avec une calote de travers et une barbe in-folio [2] ».

Ce n'est pas que Racan fût un aveugle partisan des trois unités; il trouvera bientôt qu'on en fait « des règles trop étroites..., que cette grande rigueur que l'on y apporte met les plus beaux sujets dans les gesnes [c'est-à-dire à la torture], et est cause que les comédies ne sont pas aussi agréables aux esprits médiocres qui remplissent le plus souvent les trois parts de l'hostel de Bourgogne, et qui sont ceux, à mon avis, que l'on doit le plus considérer si l'on veut acquérir de la réputation en ce genre d'écrire », il remarquera avec justesse que le *Cid* est un chef-d'œuvre tout en manquant de l'unité de lieu « et vous trouverez, dit-il, bien peu de fables ni d'histoires qui puissent souffrir cette perfection [3]... »

Suivre les unités autant que possible sans imposer de trop grandes « contraintes » au sujet et sans nuire à son intérêt, telle est en résumé l'opinion de Racan. Elle est singulièrement sage et libérale pour le 17e siècle. Il ne se la formule pas encore expressément à lui-même, car à cette date de la composition d'*Arthénice*, il n'y a, pour ainsi lire, pas encore de *question des unités*, et Malherbe, le grand théoricien du siècle, n'eut pas l'idée de s'en occuper [4]. Mais Racan, favorablement

---

1. III, 4, et IV, 5. — Arthénice absout Alcidor sans même avoir été détrompée :

> Quand d'infidélité vous seriez entaché,
> votre extrême remords absout votre péché.

2. Lettre à Ménage sur *la poésie dragmatique*. Latour, I, 357 et 358. — Il parle en ces termes d'une pièce fort irrégulière de ce temps qui eut grand succès. La lettre est d'autant plus intéressante qu'elle s'adresse à un partisan résolu des règles. — V. Lex., Coton, — Percer, — In-folio.

3. V. Lex., Gesnes, — Part, ii, — Genre d'écrire, — N, i, 1°.

4. Cf. un article intéressant de M. Dannheisser dans le recueil de Kœrting, 1892, p. 1-76 : *Zur Geschichte der Einheiten in Frankreich*. Il montre bien que les premiers auteurs qui ont appliqué les unités l'ont fait en général instinctivement. et que ce n'est qu'après coup qu'ils se sont formé une opinion ou un système.

servi par son instinct de poète, trouva pour ce difficile problème une
solution heureuse et modérée. Il observa l'unité de lieu et surtout
l'unité de temps, auxquelles se prêtait son intrigue, et donna sous ce
double rapport, une dizaine d'années avant la *Sophonisbe* de Mairet,
dont on a tant parlé, la première pièce régulière qui ait paru sur le
théâtre français [1] : elle se passe tout entière, on l'a vu, dans un carrefour situé dans les bois au bord de la Seine ; il est vrai que bien des
lieux sont commodément réunis autour de ce carrefour, les diverses
maisons, la grotte, le couvent, et que l'unité de lieu ressemble ici plutôt
à celle des Mystères qu'à la vraie unité classique, mais ce qui est indé-
niable, c'est que l'intrigue commence à la fin de la nuit pour se terminer au coucher du soleil, et que l'on suit le progrès de cette journée,
non pas, comme dans les tragédies classiques, par des mots abstraits
qui de temps en temps marquent l'heure, mais par les impressions
sensibles d'obscurité, de fraîcheur, de chaleur, et d'ombre, que l'on
eçoit successivement dans le cours de la pièce [2].

Quant à l'unité d'action, la plus importante des trois, Racan,
comme tous les auteurs, crut lui être fidèle : c'était de sa part une grave
illusion, son intrigue étant littéralement double, puisqu'elle se compose
de deux idylles qui ne se rejoignent que d'une façon intermittente,
celle d'Arthénice et d'Alcidor, celle de Tisimandre et d'Ydalie [3].

Somme toute, il faut bien reconnaître que le mérite proprement
dramatique d'*Arthénice* est mince : du côté de l'entente de la scène,
Racan, en dehors de l'innovation des unités, ne réalisait pas un progrès
marqué sur ses devanciers.

1. On est étonné de ne pas la voir mentionnée par M. Arnaud à la p. 137 de
son livre sur les *Théories dramatiques au* XVIIe *siècle*. — Le *Pyrame* de Théophile
n'a pas l'unité de lieu.
2. Nous ne voyons qu'un vers qui fasse difficulté : à l'acte IV, p. 105, Cléante
dit en parlant d'Arthénice et d'Alcidor :

    Ils s'épousent demain, le bonhomme y consent,

tandis qu'à l'acte V, p. 112, le même Cléante dit :

    Il épouse à ce soir cette aimable beauté,

et en effet le mariage a lieu le soir même. Il est assez naturel que Silène, très
nouvellement converti au mariage de sa fille avec Alcidor, ait d'abord accordé
son consentement pour le lendemain et ensuite, sous le coup des événements,
ait bien voulu avancer la cérémonie. Mais Racan ne nous en dit rien. Il est d'ailleurs très capable d'avoir tout simplement commis une inadvertance.
Nous ne savons comment expliquer l'affirmation des F. Parfait : « A la vérité
l'unité de lieu et celui (*sic*) du temps n'y sont point observées. » IV, 289. Il est
vrai qu'ils disent aussi plus loin : « Tenons lui compte de n'avoir rien emprunté
des Italiens » !
3. Des deux héroïnes la plus intéressante est à coup sûr non pas Arthénice,
mais Ydalie, quoiqu'elle se montre bien dure avec le pauvre Tisimandre.

II

Mais ce qui est vraiment admirable, ce qui étonna tout le monde et dut charmer les gens du commun aussi bien que ceux du bel air, c'est *le détail dans la peinture des sentiments* et *le style*, et Conrart avait raison de dire dans sa Notice inédite sur Racan : « Le théâtre n'est pas si bien entendu que les vers sont beaux et bien tournés [1]. »

L'*amour* d'abord avait trouvé un interprète charmant, doué de finesse morale, de tact, de grâce ordinairement sans fadeur. Est-il rien de délicieux, pour ceux qui ont le temps d'écouter, comme ces confidences de jeunes gens ou de jeunes filles qui font l'histoire ou l'analyse de leur amour? Ils nous en peignent les effets : insomnie d'amour chez Alcidor, dégoût des occupations quotidiennes chez Tisimandre [2]..... Ils nous content l'origine de leur passion : c'est l'amour subit chez Arthénice, dont nous avons cité en partie la narration : or à qui ne résonnerait-il pas dans ses plus doux souvenirs de jeunesse, ce vers si simplement nuancé sur l'invasion première de l'amour :

> Quelle timide joie entra dans ma pensée [3] !

C'est encore l'amour d'enfance non partagé; notre poète s'est plu à ce thème charmant, et il a égalé les Italiens dans le rôle d'Ydalie : on se rappelle quelques-unes des touches exquises dont il a peint les deux enfants grandissant ensemble, l'un continuant à traiter l'autre en sœur, tandis que celle-ci se sent troublée devant le compagnon de jeux de la veille [4].

Dans toutes ces parties Racan a parlé le pur langage du cœur, celui qui touche sûrement sans manquer jamais son effet, où qu'on le rencontre, dans la poésie ou dans la vie.

Le poète élégiaque que nous connaissions déjà s'est donc surpassé dans sa pastorale, et justement en restant élégiaque plutôt qu'il ne se faisait dramatique. L'amour qu'il retrace si bien, ce n'est point la passion sauvage qui dévaste et fait mourir; c'est celle qui se contente de faire souffrir, d'une souffrance qu'on aime, c'est un sentiment doux et intime,

---

1. V. la Notice à la fin du volume, Pièce just. n° 48.
2. I, 1, et IV, 2.
3. P. 33.
4. II, 2. Voir aussi la confidence de Lucidas, I.

dont la force ne vient pour ainsi dire que de la douceur [1]. Racan a bien demandé un des principaux ressorts de son action à la jalousie, cette face terrible de l'amour qui convient le mieux au drame, mais il ne la décrit qu'en passant. L'art de la peindre en maître appartiendra dans cinquante ans à Racine, cet autre chantre de l'amour. Chez lui les peintures de sentiments seront autrement profondes et décisives, mais elles n'auront ni plus de délicatesse ni plus de fraîcheur [2].

La plus grande originalité de la pièce réside assurément dans le vif *sentiment de la nature* qu'elle respire : nous en avons déjà trouvé chez Racan une touchante expression dans les Stances sur la Retraite composées à la même époque [3]. L'étude que nous allons faire d'*Arthénice* complétera la première et achèvera de nous révéler l'aspect le plus intéressant du génie de notre poète.

D'abord Racan a fait sur les astres quelques-uns des plus beaux vers qu'ils aient inspirés. Nous en avions noté dans ses poésies courtes ; ceux de l'*Arthénice* ne leur sont pas inférieurs :

> Les flambeaux éternels qui font le tour du monde…
> … les étoiles
> dont les plus claires nuits enrichissent leurs voiles…
> etc. [4].

Rappelons-nous l'admirable explication poétique du printemps par la terre amoureuse du soleil, dont elle sent « les flammes infinies » pénétrer dans son cœur [5], et toute l'apostrophe d'Alcidor au soleil, qui commence ainsi :

> Et toi, père du jour, dont la flamme féconde
> comble de tant de biens tout ce qui vit au monde,

---

1. Il est pourtant plus fortement décrit dans *Arthénice* que dans la plupart des productions du temps, qui ne peignent qu'un « amour à la française » : voir le charmant portrait qu'en fait M. Allais, *Malherbe*…, p. 310.

2. Il y a une certaine sensualité répandue sur quelques passages de la pièce, mais elle vient moins de la corruption du poète que de la naïveté dont il fait preuve en appuyant toute l'intrigue sur… ce qui a été vu dans le miroir. Dans d'autres endroits comme dans certains chœurs reparaît la veine de poésie épicurienne. D'ailleurs cette note, il faut le reconnaître, contribue à augmenter la vérité et à diminuer la fadeur. Ce n'est pas une œuvre sur l'amour platonique comme l'*Astrée*, toutefois la liberté du langage y est moins grande que dans pièces de Hardy, qui précèdent, et dans la *Sylvie* de Mairet, qui suit.

3. V. ch. VIII.

4. P. 26 et 90.

5. Acte II, sc. 5, p. 62, couplet d'Alcidor. C'est au fond une idée *précieuse*, mais grandement traitée, au point de faire songer à la poésie de Lucrèce. Elle se retrouve dans la 4ᵉ églogue de Segrais (éd. de 1723, p. 30).

seul astre sans pareil, arbitre des saisons,
qui répands ta splendeur aux célestes maisons....
etc. [1].

Quelque chose de cette splendeur sidérale a décidément touché
le jeune poète dans ses rêveries sur les tours et les terrasses de La
Roche; lui qui s'est occupé d'astronomie dès son enfance [2] il a le sentiment de la grandeur de l'univers, et il réussit à nous en donner
l'impression dans des vers aussi simples que grands, qui ne seront
dépassés que par ceux de Lamartine.

Nous avons déjà remarqué plus haut comme les différentes heures
de l'unique journée qui enferme l'action sont poétiquement décrites, si
bien qu'on passe par l'impression de chacune d'elles : la *nuit* avec « sa
noire pâleur », son silence et les zéphirs qui glissent le long de la
Seine [3]; le *matin* avec les étoiles qui s'effacent, « la clarté première
de l'astre doré » et « l'éguail » de la prairie [4], *midi* et la lassitude
pesante des hommes et des animaux [5]; le *soir* avec l'allongement des
ombres dans la plaine, et les dernières lueurs du soleil au haut des
cheminées [6].

Le premier, Racan a transporté le théâtre de la pastorale dramatique, de l'Arcadie de convention où la plaçaient les poètes italiens,
dans un paysage réel, sur les rives de la Seine, aux portes mêmes
de Paris, et il se garde de tracer de ces lieux une peinture de fantaisie; il décrit avec justesse ces collines boisées qui dévalent vers l'eau
en pente douce, formant à la grande ville un horizon si plaisant, et il
dessine avec une élégance sans cesse renaissante les méandres gracieux de la Marne et de la Seine qui ne se décident pas à quitter cette
riante contrée : on sent l'homme qui a rêvé et observé plus d'une fois
en suivant solitairement le fleuve depuis la Marne jusqu'à l'Oise [7].

Ses paysages révèlent quelques traits du pays séquanien, mais
il y entre en bien plus grand nombre des souvenirs du vallon de Saint-
Pater.

1. P. 66.
2. P. 335.
3. P. 26.
4. P. 28, 35, 40, etc...
5. P. 39, 61.
6. P. 134.
7. P. 33, 58, 111 et *passim*. — Nous avons déjà vu au chapitre vi de jolies
stances de Racan sur des sources (« A des fontaines » au bord de la Seine.
L'amoureux devait voir Mme de Termes aux environs de Paris, peut-être dans une
maison de campagne du comte de Bellegarde, qui servit de cadre au poète pour
son action dramatique. Cela ressort de l'églogue qui suit les Bergeries, p. 138.
Racan, nous l'avons vu, fut certainement encouragé dans sa tentative pari-
sienne, par l'exemple de d'Urfé, qui avait placé son roman en France, dans le Forez.

L'on n'a pas besoin de se promener longtemps en Touraine pour être frappé du caractère du pays, de ces coteaux couverts de taillis où la roche de tuf affleure partout, creusée par la nature ou par les habitants de grottes appelées *caves*. Le jeune châtelain de La Roche-Racan en voyait s'ouvrir tout autour de son manoir [1].

Aussi n'y a-t-il guère dans sa pièce de *bois* sans *rochers*, ni de rochers sans *antre secret*; le plus considérable est la demeure du magicien [2]. Cette espèce d'habitation naturelle évoque en lui une humanité primitive et lui fournit un trait de son tableau de l'Age d'or, où il dit en parlant de la terre :

> Les antres qu'elle avait creusés
> servaient de chambres et de salles [3].

L'aspect général du sol est donc essentiellement tourangeau.

Remarquons qu'il n'y pousse d'autre fleur que la lavande : le fait est bon à noter, quand ce ne serait que pour combattre sur un point la réputation si exagérée de fadeur faite à notre poète [4].

En revanche il a la poésie profonde des arbres; il les connaît, il les aime chacun avec son caractère propre : les ormeaux, qui donnent une ombre favorable au repos, à la causerie ou à la danse, comme ceux qui ornaient la grande place de Saint-Pater [5]; les alisiers, qui aiment la rive et qui prêtent leur écorce facile à l'inscription des chiffres d'amour [6]; les viornes, qui grimpent aux rochers [7]; la futaie des *vieux chênes ridés*, qui offrent aux amants qui soupirent *la liberté de leur ombre immortelle* [8].

---

1. Il y en avait d'habitées dans le coteau d'en face. D'autres, de chaque côté du château, s'enfoncent encore aujourd'hui sous une partie du parc; quelques-unes sont si vastes que l'on songea, il y a plusieurs années, du temps de M. de Civrieux, pendant des grandes manœuvres, à y cacher un escadron de cavalerie. Le propriétaire actuel de La Roche, M. Gauthier, a fait de l'une d'elles un des plus beaux chais de la région.

2. P. 33, 39, 50, 54, 60, 122, 129, etc., etc.

3. Chœur du IIIᵉ acte.

4. Le Satyre « pave » le chemin d'Ydalie de lavande et de thym, p. 42. En dehors de ce passage il n'est question de fleurs que deux fois, dans des comparaisons : des roses, désignées par une périphrase, p. 36, v. 14 et 15, et d'une fleur en général, p. 120, v. 4 et 7.

5. P. 59. — La place de l'église de Saint-Pater était plantée d'ormes. Il en restait encore deux, il y a une cinquantaine d'années : le souvenir s'en est conservé dans le nom d'une des auberges de la place, l'hôtel des *Deux Ormeaux*. Nous donnons une photographie de cette place qui est malheureusement aujourd'hui complètement nue. L'hôtel des Deux Ormeaux y paraît de trois quarts à gauche.

6. P. 81.

7. P. 39.

8. P. 33, 81.... Nous avions déjà vu des futaies dans la 7ᵉ des Stances sur la Retraite et dans une ode à la comtesse de Moret : *Plaisant séjour*...

Si Racan admire les forêts pour leur antique majesté, il en goûte aussi délicieusement l'ombre, et il a passé à ses bergers cette volupté du frais, si intense à la saison chaude, particulièrement dans les étés de Touraine, tout amollissants avec leur tiède humidité sans air [1].

Enfin il n'oublie pas, ce qui est bien rare à son époque, la poésie des ruines [2].

Il a donc goûté les sites sauvages, les rochers agrestes et les bois solitaires, mais on voit qu'il aime surtout la nature animée par le travail de l'homme. Aussi à-t-il généralement remplacé les bergers traditionnels par des paysans, et le simple berger, celui qui se contente de garder ses troupeaux, semble être aux yeux de notre poète, comme d'ailleurs à ceux de Guarini, l'objet d'une certaine défaveur [3].

Cette innovation était hardie, mais singulièrement heureuse; elle enlevait du coup beaucoup de mièvrerie au genre, et intéressait, pour ainsi dire, à l'action la terre elle-même [4].

Racan aime à voir les laboureurs pousser leur attelage « tout suants et poudreux », et le soir « traîner vers les bourgs leurs coutres renversés » [5]. Il aime la vendange et la moisson, et sa pastorale, comme ses Stances, est toute luisante de faucilles et jaunissante de guérets dorés. Lui qui assiste de près aux labeurs et aux souffrances du paysan, il jouit absolument de voir lui arriver sa récompense, et il applaudit à l'abondance et à la prospérité entrant à pleines portes dans ses celliers et dans ses granges. Ce spectacle de *foison* lui est particulièrement cher [6].

Ses paysans ont de la vie parce qu'ils sont peints d'après nature : on reconnaît en eux, à n'en pas douter, des Tourangeaux pleins de bon sens et joyeux vivants. Ce sont ses fermiers, ses voisins ou les manants

1. P. 61, 72, 99.
2. P. 80.
3. P. 36, couplet de Silène.
4. Un critique observait en 1719 que l'âpreté de nos climats et la misère de nos campagnes s'opposent chez nous à la pastorale, qui est née sous des cieux plus doux (Dubos, dans *Brédif, Segrais*, p. 155). Racan résolut heureusement le problème en remplaçant les *pasteurs* par des *paysans*, tout en leur laissant une certaine élégance de vie et de langage. Cet habile compromis devait être une seconde fois réalisé en prose, et admirablement, par George Sand dans ses romans champêtres.
5. P. 61, 36, 134.
6. On nous passera l'emploi de ce vieux mot français resté vivant seulement dans une expression adverbiale; nous n'en trouvons pas de plus juste.

Nous avions déjà noté jusqu'à cinq mentions de la moisson dans les Stances sur la Retraite. — Lorsque Alcidor, croyant partir pour toujours, adresse ses derniers vœux à Silène, Damoclée et leurs familles, il le fait en ces vers si pleins qui résument vraiment tout ce que l'on peut souhaiter :

Puissiez-vous voir sans fin, en toutes les saisons,
l'abondance et la paix régner dans vos maisons! (p. 128).

du village, qu'il aime à entretenir familièrement et dont il connaît si bien l'existence, les mœurs et la langue, tous ces gens qui lui inspirent tant d'estime, surtout quand il les compare en son âme à l'autre espèce d'hommes qu'il fréquente, les courtisans, faux et frivoles.

Voici le métayer aisé « qui sillonne la plaine de vingt paires de bœufs »,

> et dont la main robuste au métier de Cérès
> *fait* ployer le soc en fendant les guérets [1].

C'est Lucidas, le gendre rêvé par Silène, ce Lucidas à cheveux gris : le bonhomme l'oppose à Alcidor, un de ces jeunes bergers tout brillants, qui s'entendent à mener le branle dans les carrefours, mais qui ressemblent, dit-il, à des fleurs qui ne portent point de fruits [2].

Une autre classe de paysans un peu moins fortunée que Lucidas, est représentée par Tisimandre ; ce berger a des terres et des troupeaux, mais le soir, à la veillée, il façonne encore paniers de jonc et chapeaux de paille qu'il s'en ira vendre à la ville [3].

Au-dessous enfin se trouve le Vieil Alcidor, qui était au temps de sa prospérité un modeste cultivateur, maître d'un petit troupeau de chèvres et de brebis et qui arrivait juste à nourrir sa nombreuse famille.

Tous ces personnages portent le titre de bergers. Mais que nous voilà loin des bergers enrubannés de pastorales, qui ne prononcent que des paroles doucereuses et ne sont en réalité, comme l'avoue d'Urfé pour les siens, que des grands seigneurs déguisés [4] ! Les différents types de la pièce étaient alors vivants, et, qui plus est, ils le sont restés. On les croirait facilement empruntés à la population actuelle de nos villages français. C'est le meilleur éloge qu'on en puisse faire.

Le poète ne s'est pas contenté de nous laisser entrevoir ses paysans isolés dans leur labeur quotidien, il les a groupés agréablement autour d'un acte important de leur vie ordinaire, et, là encore, en suivant ses observations rustiques. Le double mariage qui remplit les deux derniers actes de la pièce ne ressemble en rien à l'hymen pastoral des Italiens accompagné de l'intervention personnelle de Vénus et de l'Amour ;

---

1. Nous ne connaissons pas sur le labour de vers plus ferme et coupant que celui-ci.
2. Racan n'osa pas, à cause du marquis de Termes, faire Alcidor trop paysan : aussi est-ce une, des figures le moins franchement peintes ; il est à la fois le plus pauvre et le plus élégant de tous les personnages. Voilà le danger des portraits aristocratiques dans les pastorales.
3. Cet art rustique est encore en usage chez beaucoup de nos paysans, notamment dans la région de l'Ouest. Cf. Déroulède, *Chants du Paysan*, p. 8, str. 2.
4. *Astrée*, 1re partie, Préface.

c'est bel et bien la noce de village simple et gaie, comme nous l'avons tous vue dans nos provinces, avec le logis de la mariée tapissé de *ramées*, les *salles semées de fenouil et de fleurs*, les hécatombes de moutons pour les longs repas, avec les flûtes et les violons, et la danse des jeunes gens sous les ormes pendant que

> les vieillards, amoureux du repos,
> s'en vont vider en rond les verres et les pots.

Cette petite peinture nette, franche et joviale, absolument exempte de rhétorique, donnant l'impression de la réalité comme une toile hollandaise, n'est certes pas un des moindres charmes de la pièce.

D'ailleurs Racan aime à nous montrer son paysan *en famille*; il le fait discrètement, mais d'une main sûre, et cette note est tellement rare dans notre poésie française, qu'il faut se hâter de la relever, si timide soit-elle.

Nous avons vu avec quelle bonhomie charmante Silène se range au bonheur de ses enfants et propose à la fin que l'on forme une grande maisonnée avec les deux jeunes ménages, les parents et l'aïeul, et les nombreux petits-enfants qui surviendront et seront tous élevés au même foyer.

La petite maisonnée n'est pas moins touchante. Nous la trouvons décrite dans les plaintes du Vieil Alcidor. Citerait-on dans notre poésie beaucoup de petits tableaux de genre comparables à celui de ce laboureur rentrant, la journée faite, avec un bon sourire en sa chaumière, marchant avec précaution au milieu des petits au berceau, des aînés qui s'occupent de travaux rustiques pendant que la mère, en baisant les plus jeunes, dévide son fuseau ? foyer d'honnêteté et de travail, béni par Dieu qui lui envoie l'abondance.....

C'est à nos yeux la vrai joyau de la pièce d'*Arthénice*, parce que quelques-unes des plus précieuses qualités de la poésie, la santé morale et la précision pittoresque luttent à l'envi dans ces vers [1].

---

1. Acte V, scène 1. — Balzac lui-même, vers 1640, ému des défauts qui envahissaient notre scène comique, emphase, pédantisme et prétention, et voulant proposer aux poètes un exemple de simplicité vraie, choisira quatre vers de ce monologue; malheureusement il les cite de mémoire et les gâte :

> Heureux qui *se nourrit* du lait de ses brebis
> et qui de leur toison voit filer ses habits,
> *qui ne sait* d'autre mer que la Marne ou la Seine
> et croit que tout finit où finit son domaine.

(*Les Œuvres diverses du sieur Balzac*, in-4, 1644; Discours quatrième, du Charactère et de l'Instruction de la comédie, p. 106.)

Mme de Sévigné savait aussi ces vers par cœur et elle cite les deux premiers

En somme c'est la famille rurale, nombreuse en ses enfants, prospère en ses travaux, que Racan nous fait voir, c'est vers elle que va toute sa souriante sympathie.

⁎
⁎ ⁎

La partie rustique de la pastorale, il est facile de le reconnaître, s'inspire par endroits de Virgile; il ressort d'une enquête attentive que Racan s'est principalement servi de la Ire églogue et du second chant des *Géorgiques*, auxquels il faut joindre la IIIe et la VIIIe églogue.

Nous avons déjà eu l'occasion de montrer qu'il ne fallait pas ajouter foi à sa complète ignorance du latin, dont il parle et dont on a beaucoup trop parlé après lui : c'est là qu'il mettait sa principale vanité (chacun a la sienne). Il s'est inspiré trop directement dans ses œuvres de certains détails d'Horace, d'Ovide et de Virgile pour ne pas nous laisser la conviction qu'il était capable de lire leurs vers dans le texte, en s'aidant au besoin d'une traduction [1].

Voici quelques-uns des souvenirs qu'il a rapportés de la lecture de Virgile au profit de sa pièce :

Arthénice qui fuit Alcidor, mais en tenant toujours la vue attachée sur lui

pour voir s'il *la* verrait avant qu'être cachée (p. 34),

est une élève de Galatée qui se livre au même manège féminin :

Malo me Galatea petit, lasciva puella
et fugit ad salices, et se cupit ante videri (Egl. III, 64) [2]. —

dans une lettre de 1680, en parlant d'un gentilhomme campagnard « qui feroit les *Géorgiques* de Virgile, si elles n'étoient déjà faites, tant il sait profondément le *ménage de la campagne* », Monmerqué, t. VI, p. 383. Ce qu'il y a de curieux, c'est qu'elle cite le premier vers comme Balzac :

Heureux qui *se nourrit* du lait de ses brebis,

lorsque toutes les éditions originales donnent :

Heureux qui *vit en paix* du lait de ses brebis. —

Le tableau du bonheur rustique tracé par le Vieil Alcidor fait naturellement songer à celui des Stances sur la Retraite : ils ont même des idées et des mots communs : vers 7, 8, 9, 10.... *Qui plaint de ses vieux ans* et la suite, et stances 4, 5 et 9. Mais dans les stances il s'agit plutôt du *gentilhomme* campagnard et dans la pièce du simple *cultivateur*. De plus, il y a là plus de philosophie, ici plus de pittoresque.

1. Voir entre autres dans les chapitres vi et viii les imitations d'Horace et d'Ovide, et cf. p. 58.
2. Nous donnons les références d'après la grande édition Benoist.

L'adieu adressé par Arthénice à ses brebis, surtout dans la seconde rédaction de Racan,

> Adieu, chères brebis, qui parmi ces campagnes
> me serviez tous les jours de fidèles compagnes (p. 60)

est la traduction libre du vers de Mélibée :

> Ite, meæ, felix quondam pecus, ite, capellæ (Egl. I, 75). —

L'invitation que Tityre fait à Mélibée de venir manger chez lui de simples fruits,

> Sunt nobis mitia poma,
> castaneæ molles et pressi copia lactis (Egl. I. 81)

a été développée par la bonhomie tourangelle de Silène :

> Venez dîner chez moi. Vous n'y trouverez pas
> ces mets servis par ordre aux superbes repas....;
> mais ce qui se pourra selon ma pauvreté
> d'un cœur libre et sans fard vous sera présenté (p. 84). —

Tisimandre allant porter sa besogne à la ville et rapportant le soir

> quelque pièce d'argent au coin de son mouchoir (p. 90)

se souvient naïvement de Tityre,

> Quamvis.....
> pinguis... ingratæ premeretur caseus urbi,
> non umquam gravis ære domum mea dextra redibat (Egl. I, 36). —

Le vers si pittoresque sur le soir,

> Les ombres des cousteaux s'allongent dans les plaines (p. 134),

est traduit de Virgile, quoi qu'en dise Tenant de Latour [1] :

> Majores... cadunt altis de montibus umbræ (Egl. I, 84). —

---

1. P. 134, n. 2. — Nous avons déjà vu dans notre auteur une belle imitation de ce vers de Virgile dans l'ode *Plaisant séjour*, 2ᵉ str., p. 165. (ch. vi).

Certains traits dans la description de l'amour d'enfance d'Ydalie avec Alcidor sont sans doute empruntés à l'*Aminte*, comme nous l'avons montré, mais Virgile aussi a fourni son tribut, il est facile de s'en convaincre :

> Alter ab undecimo tum me jam acceperat annus,
> jam fragiles poteram ab terra contingere ramos (Egl. VIII, 39).

> ... Je n'avais pas douze ans...;
> il me passait d'un an, et de ses petits bras
> cueillait déjà des fruits dans les branches d'en bas (p. 43). —

L'éloge de la région de Paris chez Racan et celui de l'Italie chez Virgile présentent quelques traits communs :

> Nos fertiles cousteaux portent deux fois l'année,
> et les moindres épis qui dorent nos guérets
> s'égalent en grandeur aux chênes des forêts...
> Ici le doux zéphir, roi de notre orison,
> fait de toute l'année une seule saison (p. 111) [1].

> ... Gravidæ fruges et Bacchi Massicus humor
> implevere...
> Hic ver assiduum atque alienis mensibus æstas ;
> bis gravidæ pecudes, bis pomis utilis arbos (*Géorg.*, II, 143, 149, 150). —

Enfin, et c'est là l'emprunt le plus intéressant, la tirade du Vieil Alcidor,

> Heureux qui vit en paix du lait de ses brebis..... (p. 109),

rappelle par le mouvement et un peu par le sentiment les vers de Virgile :

> O fortunatos nimium, sua si bona norint
> agricolas (*Géorg.*, II, 458)

et les suivants [2]. —

Les charmants vers que nous avons notés dans la même page sur la femme et les enfants sont un développement de deux vers de Virgile sur le laboureur :

> ... Dulces pendent circum oscula nati,
> casta pudicitiam servat domus (*Géorg.*, II, 523). —

---

1. V. Lex., S'ÉGALER, — sur l'idée, voir au chap. précédent, p. 249, n. 2.
2. entre autres le vers 493
> Fortunatus et ille, deos qui novit agrestes.

A la fin Alcidor raconte que la seule brebis qui lui était demeurée

> s'étant, loin de *sa* vue, en *un* bois égarée,
> y jeta son petit avec un tel effort
> qu'en lui donnant la vie, il lui donna la mort [1].

Cette brebis rappelle la chevrette de Tityre :

> Hic inter densas corylos modo namque gemellos,
> spem gregis, ah ! silice in nuda connixa reliquit (Egl. I, 14) [2].

Voilà assurément bien des souvenirs de Virgile, et nous en laissons de côté d'autres moins frappants ou moins certains [3]. Quelle importance devons-nous leur donner, et faut-il en conclure que la poésie rustique de Racan n'est qu'un reflet de celle de Virgile ?

Rien ne serait plus faux. Nous avons là tout simplement quelques matériaux de détail qui ont servi à notre poète. Mais son inspiration générale est foncièrement différente de celle de son ancêtre latin.

Il semble téméraire au premier abord d'oser comparer à des poèmes réguliers sur les champs de simples fragments dramatiques, où le poète français s'est timidement permis de chanter la vraie campagne. Mais ces fragments sont si nets qu'ils suffisent à révéler le sentiment qui les a dictés et justifient, nous semble-t-il, un parallèle.

L'admirable poésie de Virgile consiste dans sa tendresse univer-

---

1. V. Lex., Én, iv.

2. Le vieillard des bords de l'Oise évoque naturellement dans l'esprit du lecteur le souvenir du vieillard de Tarente, mais, à y regarder de près, il n'y a pas grand rapport entre le jardinier solitaire de Virgile et le père de famille cultivateur de Racan. — Il faut noter encore dans ce monologue des souvenirs de Claudien et du *Fidèle Berger* (Carino à Uranio, V. 1), que nous signalons aux Pièces justificatives, n°s 13 et 14.

3. En voici quelques-uns : Polistène,

> qui sur le haut des monts,
> d'une voix éclatante invoque les démons

doit être imité de l'élagueur romain qui sous une haute roche fait retentir ses chansons dans les airs :

> Hinc alta sub rupe canet frondator ad auras (Egl. I, 57). —

Quelques vers du chœur de l'Age d'or ont bien l'air de venir de la description analogue de Virgile. Racan dit de la terre à cette époque :

> Les champs n'étaient point divisés,
> les richesses étaient égales.

Virgile : Ne signare quidem aut partiri limite campum
> fas erat : in medium quærebant (*Géorg.*, I, 126). —

La description du torrent, p. 131, paraît imitée de celle de Virgile, *Géorg.*, I, v. 322 et s.

selle, profonde pour tous les êtres, non seulement les hommes, mais
plus encore peut-être les plantes et les animaux, en qui il voit une
personnalité, quelquefois même, comme chez les abeilles, une émana-
tion de la divinité ; — tendresse qui se tourne ordinairement en compassion et en mélancolie, car il est touché surtout par les souffrances
des êtres animés, par tous les ennemis qui les guettent, maladie, tempête, amour, mort, etc., et il est le premier à répandre ces *lacrimæ
rerum* qu'il aime à voir couler chez les autres [1].

Il célèbre bien le bonheur des laboureurs, mais en des termes qui
ne font pas envie, tellement il excelle à montrer la dureté de cette condition. Il aspire lui-même aux champs, mais il commence par déclarer
que ce qu'il aimerait avant tout, c'est à percer les secrets de la nature,
et c'est seulement dans le cas où il y échouera qu'il ira ensevelir sans
gloire dans la vie rustique sa faillite intellectuelle [2]. Cet amour des
champs, panthéiste et pessimiste, est singulièrement intime et moderne.
Qu'il nous suffise pour nous de retenir que la joie en est absente.

Tout autre, on l'a vu, est l'inspiration de Racan. Il observe simplement ce qui est, et dit ce qu'il observe. Dans la vie des champs
c'est l'homme qui l'intéresse ; il aime à le voir largement payé de ses
peines, à le suivre dans son repos de famille, à ses heures de détente
honnête et joyeuse. Il y a chez lui moins de profondeur et de philosophie, moins d'infinie tendresse que chez Virgile. Il y a en revanche
plus de simplicité, plus de bonne humeur et de contentement alerte,
plus de naïveté vraie et de santé.

On pourrait toutefois nous objecter la profonde mélancolie que nous
avons trouvée, jointe à l'amour des champs, dans les Stances sur la
Retraite [3]. C'est qu'elles exprimaient les déceptions personnelles du
jeune poète, son dégoût de la ville et de la cour, son renoncement douloureux à l'ambition. Aujourd'hui il oublie la ville et le désenchantement qu'elle lui a infligé, il a adopté, pour ainsi dire, la campagne sans
arrière-pensée, et il se laisse aller bonnement à décrire, sans l'embellir
trop, la vie qu'on y mène, loin des morsures de l'ambition [4].

Nulle peinture n'est plus reposante : elle respire le calme, l'ordre,
un certain arrangement sensé, raisonnable et heureux de la vie, qui est

---

1. *Enéide*, I, 462.
2. *Géorg.*, II, 475 et s.
3. V. ch. VIII.
4. Telle est la principale différence des Stances avec la pastorale. Les deux
poèmes témoignent de deux états d'âme différents. Les ressemblances sont nombreuses dans le détail ; nous en avons signalé un certain nombre en faisant l'analyse
de la pièce.

devenu aujourd'hui presque introuvable à Paris, qui se fait rare dans nos villes de province et tend à diminuer rapidement dans nos campagnes par ce siècle de fiévreuse activité, d'exaltation des besoins, de nerfs et de politique. Nous n'avons encore nulle part goûté mieux que dans les parties rustiques d'*Arthénice* ce qu'on appelle le *charme de nos bons aïeux* [1].

*
* *

Cet essai de poésie rurale est d'autant plus intéressant qu'il est resté presque isolé, non seulement dans l'histoire de la pastorale, mais même, nous l'avons observé à propos des Stances, dans l'histoire de la poésie française. Depuis Rousseau on a beaucoup décrit la *nature*, bien peu dépeint les *champs*.

La double cause en est sans doute que nos artistes littéraires ont été longtemps trop farcis d'antiquité, et qu'ils sont en général trop Parisiens par la naissance ou par la seconde éducation [2], si bien que les champs dans leurs livres sont ou trop parisiens ou trop antiques. Racan est un des seuls qui ait longtemps et réellement vécu à la campagne, et qui n'ait pas été gêné dans sa sincérité par la tyrannie d'une éducation classique. Quoi qu'il en soit, pour lui trouver une suite il faut aller d'abord à La Fontaine [3], et de là sauter presque jusqu'au milieu de notre siècle, car, selon la fine remarque de Sainte-Beuve, c'est seulement après avoir vu et décrit les Tropiques, l'Amérique, l'Italie et l'Orient que nous nous sommes avisés qu'il y avait à voir et à peindre chez nous [4], et encore depuis cette époque y avons-nous trop souvent mêlé de la sentimentalité ou de la fantaisie romantique. Les pages telles que *les Laboureurs* de Lamartine et la *Pernette* de Laprade sont des diamants rares dans notre littérature, et s'ils nous présentent souvent plus de couleur et d'éclat que les pages rustiques de l'*Ar-*

---

1. Si l'on pouvait comparer la poésie à la musique c'est dans les *Saisons* d'Haydn que l'on trouverait quelque chose du sentiment naïf et sincère qui anime Racan. Sur cette question intéressante de la Nature dans la Musique, voir l'article de M. C. Bellaigue dans la *Revue des Deux Mondes* du 1er février 1888.

2. Nous devons cette dernière idée à M. Brunetière, qui nous a autorisé à lui soumettre les principales vues de ce livre et en particulier celles de ce chapitre, et qui les a enrichies de plus d'une idée personnelle.

3. M. Faguet dans une leçon d'ouverture très intéressante estime de son côté que le sentiment de la *nature* est un des traits caractéristiques de l'école de poésie qui va de 1620 à 1660, de Malherbe à La Fontaine, mais il reconnaît que trois choses manquent dans ces œuvres : la mer, la montagne et le ciel (*Revue des Cours*, 20 octobre 1894, p. 161-176). Nous avons vu que le *ciel* est loin de manquer dans l'œuvre de Racan.

4. A propos des romans rustiques de George Sand, *Lundis*, I, 368.

thénice, aucun d'eux n'égale sa simplicité vraie. Nous ne pouvons nullement voir un *rural* dans Brizeux, quoique son épopée des *Bretons*
contienne quelques accents campagnards, beaucoup plus que la célèbre
Marie, mais on voit trop qu'il aime à se retremper dans les choses
de la Bretagne à son retour de Paris ou d'Italie, comme un névrosé
de la ville qui revient quelques jours au grand air [1].

Que serait-ce donc si nous cherchions dans quelle mesure nos
poètes se sont avancés dans cette voie de la poésie de *la famille* si
heureusement indiquée par Racan? Là c'est presque le néant, ce le
serait tout à fait sans les beaux vers souriants de Victor Hugo sur les
enfants et les mélancoliques accents du début de *Jocelyn.* Il est patent
que nous sommes le peuple du monde qui tient le plus aux joies de la
famille et qui sait le moins les célébrer : notre incurable respect
humain en est la principale cause ; nous rougissons en public des plus
douces émotions de notre foyer. Quand donc viendra-t-il le grand
poète, le grand artiste qui puisera assez de courage dans son génie
pour chanter hautement la poésie que nous avons tous au fond du
cœur et qui coule à pleins bords dans cette société bénie de Dieu et
des hommes qui s'appelle la famille [2]?.....

Quoi qu'il en soit, c'est une bonne fortune pour notre poésie que
ce fils aimant de la Touraine ait été transplanté pendant quelques
années au sein de la civilisation des villes, assez de temps pour
apprendre à bien sentir ce qu'il aimait et à bien dire ce qu'il sentait,
pas assez pour perdre l'amour et le goût de sa terre natale. Sa physionomie modeste en porte une marque touchante et indélébile, qui,
nous l'avouons, a été, pour nous appeler à lui, son plus vif attrait.

En définitive les 4 ou 500 vers rustiques de sa pastorale, avec les
Stances sur la Retraite qu'il eut l'heureuse idée d'y adjoindre dans les
éditions de sa pièce, forment deux purs fragments et qui sont restés
presque seuls, de nos Géorgiques françaises [3].

Nous pouvons donc conclure sur *les sentiments* exprimés par
Racan dans sa pièce : il chante l'amour en écoutant son cœur, il

---

1. Sainte-Beuve, qui est plus sévère encore pour lui, le trouve bien inférieur
à Racan pour la naïveté (*Lundis,* VIII, p. 76, n. 1).
M. Paul Déroulède dans ses *Chants du Paysan,* 1894, qui révèlent un sincère
amour du paysan, vient de faire entendre quelques notes justes dans ce genre de
la poésie *rurale.*
2. Il en est de même dans le roman, la veine de la famille est aussi pauvre
chez nous qu'elle est riche en Angleterre par exemple : ce que nous avons peut-être
de mieux en ce genre, ce sont quelques parties de l'œuvre de M. Alphonse Daudet.
3. Racan joignit les Stances à sa pièce dès la 3ᵉ édition de celle-ci, en 1628.

peint les champs en regardant sa Touraine. Il se fait en somme le
disciple de *la nature* qu'il observe, et la convention, le bel esprit et
la fadeur qui l'enveloppent dans la société où il vit, l'entament à
peine, beaucoup moins que ne le pensent généralement tous ceux
qui ne l'ont jamais regardé de près [1].

I

Après tout ce que nous avons dit des sentiments et de leur
expression dans *Arthénice*, il nous reste peu de chose à ajouter sur le
style, qui produisit un véritable enchantement.

Songeons que le menu ordinaire du théâtre en 1619 était la platitude, semée de grossièretés, du style de Hardy. Aujourd'hui voilà
près de 3000 vers [2], qui coulent de source, avec une pureté rare,
avec une élégance naturelle, sans défaillance, disant tout avec grâce,
même les réalités les plus crues, par exemple ce qui a paru dans le
miroir et que le poète décrit à maintes reprises avec des variations
toujours délicates [3].

---

1. C'est à dessein que nous ne revenons pas ici sur la partie religieuse d'*Arthénice*, parce qu'elle ne nous paraît pas offrir un intérêt particulier. La pièce est tout
imprégnée de sentiment chrétien, et la religieuse et le prêtre catholique y sont
représentés dans les personnages de Philothée et de Chindonnax, où ils se cachent
mal sous les noms de Vestale et de Druide. L'introduction du christianisme était
heureuse en elle-même, mais on peut regretter l'effet de l'édit du Parlement
en 1548, qui poussa Racan et tant d'autres auteurs à faire, sur le modèle de d'Urfé,
un mélange bizarre de paganisme et de christianisme. Les personnages de l'*Arthénice*
oublient quelquefois leur paganisme de commande et invoquent *Dieu* au lieu des
dieux (p. 96, 105...), parlent de *péché* (p. 98, 106, 113...), de l'*infernale flamme* (p. 100,
couplet d'Ydalie) et célèbrent dignement la Providence divine. Quelques-unes même,
comme Arthénice et Philothée, ont, nous l'avons vu, la pieuse onction de saint
François de Sales (plus haut, p. 213).

Pour compléter l'étude des sources de Racan, on trouvera aux Pièces justificatives, n° 14, une liste des principaux emprunts qu'il a faits dans sa pastorale
aux auteurs anciens en dehors de Virgile.

2. exactement 2992.

3. C'est un curieux exemple de la fertilité d'élégance de Racan : nous avons
compté sur ce sujet scabreux plus de 10 périphrases délicates, particulièrement
les deux jolis vers de la p. 38 (3 et 4 du dernier couplet de Lucidas), et p. 56, 59,
74, 75, 76, 98, 100, 104, 133 et 135.... — Son élégance se marque encore par un judicieux emploi de substantifs abstraits pour remplacer les pronoms, en voici un
seul exemple en parlant des dieux :

leur sagesse profonde
songe à tout ce qui vit sur la terre et sur l'onde.

au lieu de : *ils* songent. Racine sera maître dans l'emploi de ce procédé, dont
il abusera même quelque peu.

Cette élégance soutenue, quelquefois inopportune et trop spirituelle, est sauvée le plus souvent de la fadeur par la netteté de l'idée,
la correction du tour, la propriété rigoureuse des termes, qui ne recule
pas devant les mots familiers ni le vocabulaire expressif et vieillot des
paysans, si bien qu'elle est marquée au coin de la franchise et de la
vérité. Qui donc depuis, parmi nos poètes classiques, a osé parler de
« brebis pansées », de « noix écalées » et d'enfants « au maillot »?

La société polie battait des mains en voyant la scène conquise
pour la première fois par la vraie noblesse du langage. Racan lui avait
emprunté son tour d'esprit galant et sa grâce, mais toutefois en gardant
presque toujours le naturel, et il avait formé un heureux compromis
entre la langue des paysans et celle des ruelles.

Ce naturel charmant le sauvait de la rhétorique aussi bien que de
la fadeur, heureuse préservation qu'il ne trouvait ni dans la Pléiade ni
chez Malherbe et qui ne devait pas être le fait des auteurs de demain,
voire des plus grands. Il dit élégamment les choses aimables et simplement les petites choses, sans les exagérer, et il sait se tenir à distance
et de la platitude et de l'emphase, ces deux défauts où glisse si facilement notre langue.

On peut le trouver aujourd'hui terne et trop souvent abstrait. Mais
combien nous avons l'esprit gâté maintenant pour juger ces vieux
styles, à la fin de tout un siècle féerique d'imagination! Sous son appa-
rente sobriété, le style de Racan est en réalité l'un des plus colorés de
son temps.

Sa nonchalance, qui n'est pas sans charme et qui lui fait admettre
des tours plus nombreux et plus souples que son maître, exclut trop
souvent par malheur, non la fermeté, mais la force ; les vers forts sont
clairsemés, les dialogues vifs sont rares et les mots brefs qui peignent
une âme ou une situation sont absents. Ce style, au contour net et gracieux comme un corps de femme, manque de la saillie des muscles, et
c'est principalement lui qui empêche la pièce d'être dramatique.

Tel qu'il est, il nous apparaît encore comme le plus agréable du
temps. Il réalise un rare équilibre de qualités, qui ne se retrouvera que
difficilement à d'autres époques. Car il unit heureusement des ten-
dances opposées, joignant la saveur gauloise à la finesse précieuse, et
offrant ainsi comme un aimable résumé des diverses faces de l'esprit
français. C'est la langue d'un Marot nourri aux champs, et qui aurait
passé par l'école de Malherbe et par la Chambre bleue. Corneille lui-
même plus vigoureux n'aura point la même pureté de diction, et
Racine, plus élégant, aura perdu la naïveté et engagera pour 150 ans

notre poésie dramatique dans la noblesse outrée. La Fontaine seul poussera dans la même voie, et lui jusqu'à la perfection [1].

Enfin la *versification* est excellente. La poésie est facile, et dans ces 3000 vers nous n'avons pu découvrir une seule cheville [2]. La rime, sans se soumettre à toutes les entraves si rigoureuses de Malherbe, est généralement riche. Le vers coule mélodieux, d'une musique pleine et suave, acquise par la succession des mots doux, par l'abondance des diphtongues et surtout par la répétition du son *ou*, très aimé de Racan [3] : dans ce genre d'harmonie doucement chantante nous ne voyons guère que Lamartine qui ait dépassé notre poète. Il est même impossible en lisant tout haut *Arthénice* de ne pas songer à l'auteur des *Méditations*, dont quelques vers nous reviennent d'eux-mêmes à la mémoire. En voici un curieux exemple :

Arthénice, p. 49 :

> Quand son teint qui rougit, et son cœur qui soupire,
> en s'approchant de moi, me disent, sans parler,
> le mal que le respect lui contraint de celer.

Le Lac :

> Que le vent qui gémit, le roseau qui soupire,
> que les parfums légers de ton air embaumé,...
> tout dise : Ils ont aimé !

Si l'on examine ces deux phrases, l'on sera frappé de la ressemblance de leur mouvement, et surtout le premier vers de l'une et le premier

1. Pour le vocabulaire et la grammaire de Racan, consulter, à la fin de l'ouvrage, le Lexique, particulièrement l'Introduction. — M. Demogeot (*Tableau...*) conclut à la fin de son chapitre VIII sur les disciples de Malherbe, que Racan a introduit dans le style noble « la grâce et le sentiment », comme Malherbe « la vérité » et Maynard « la finesse ».

V. Fournel (*Le Livre*, 1888, p. 309) trouve que la langue de Racan paraît en avance d'un siècle sur celle de beaucoup d'œuvres contemporaines et que quinze à vingt ans après, Corneille lui-même, dans ses premières pièces, lui sera inférieur par le style.

Les frères Parfait disaient assez justement : « Un style naïf, mais noble, règne dans ce poème », IV, 289.

2. Il semblerait tout d'abord y en avoir une à la p. 119, lorsque l'on décide de marier Alcidor à Ydalie :

SILÈNE : Que l'on s'enquère donc du vouloir d'Alcidor.
CLORISE : Il ne peut mieux avoir quand il serait tout d'*or*.

Mais le vers signifie sans doute : quand il serait riche, tout cousu d'or (on sait qu'il est pauvre).

3. On n'aura que l'embarras du choix si l'on veut s'en convaincre : un exemple caractéristique est le vers déjà signalé :

Sav*ou*rer les d*ou*ceurs dont leurs c*ou*pes sont pleines (p. 117).

de l'autre offrent entre eux une identité surprenante d'harmonie, de son, de rythme et de coupe jusque dans les détails [1].

Racan s'est montré bien inspiré en introduisant des chœurs. A la fin de chacun des actes, nous l'avons vu, un chœur chante brillamment en six ou sept strophes, sur un ton élégiaque, épicurien, ou grave, quelques pensées générales suggérées par la situation, tels la jeunesse, le couvent, l'âge d'or, la justice et l'amour. On aime, après les longues suites d'alexandrins, à voir la poésie prendre ainsi son vol et planer quelques instants au-dessus de la situation particulière du drame, la contemplant d'un haut point de vue poétique et moral. Racan soigne particulièrement ces morceaux ; pour eux il réserve ses tours les plus animés, ses images les plus gracieuses; il emploie des rythmes rares, il en invente de nouveaux, donnant ainsi dans ces courts inter- mèdes de sobres et brillants modèles de son habileté lyrique [2]. Aucun pastoralier jusqu'ici, ni en Italie, ni en France, n'avait développé cet élément avec autant d'art. Il est fâcheux seulement qu'il n'ait pas plus osé dans cette voie et ne soit point parvenu à s'affranchir d'un reste de timidité [3].

1. Sur le second vers de Racan, voir Lex., EN, prép., IV.
2. Nous les avons successivement étudiés dans le chapitre précédent : les cinq morceaux sont composés dans cinq rythmes différents, dont Racan a perfectionné un et inventé deux; nous trouvons un sixain octosyllabe, un dizain octosyllabe, un huitain octosyllabe inventé pour la disposition des rimes, un sixain d'octosyllabes et de décasyllabes inventé, un sixain de décasyllabes et de vers de 6 perfectionné.
3. Elle se marque bien dans un retour trop consciencieux aux person- nages de la pièce pour leur appliquer les idées générales célébrées au début, comme dans l'avant-dernière strophe du chœur du IVᵉ acte.
Le public se lassa vite des chœurs tout comme du prologue dans les pièces littéraires, mais ces divers éléments passèrent dans l'opéra.
Outre ces intermèdes, Racan a intercalé deux chansons dans sa pièce; il en met une dans la bouche de Tisimandre (p. 45), l'autre dans celle d'Alcidor (p. 120). Ces deux plaintes d'amants désespérés sont en général faibles, trop abstraites et entachées de mauvais goût. Voici la strophe la plus intéressante; elle est dans le goût allégorique de beaucoup de gravures d'alors. Tisimandre voit approcher Ydalie :

> A grands pas elle vient à moi;
> devant elle marche l'effroi;
> l'Amour, triste et pensif, à ses pieds rend les armes,
> et ce monstre inhumain
> arrache de sa main
> son flambeau pour l'éteindre en un fleuve de larmes.

Il faut encore noter un beau vers dit par Alcidor, qui invoque la mort, à la fin de sa chanson :

> Mais le divin flambeau dont j'adore la flame
> a fait que pour mon ame
> *la mort est sans repos et l'enfer sans oubli.*

Là encore Racan a donné le plus grand soin à la forme métrique, les deux chansons sont en sixains, mais pour la première il a inventé une combinaison

Il y eut des courtisans pour accuser l'auteur de s'éloigner trop du langage de cour, pour taxer de grossièreté la vérité du langage des bergers, mais l'ensemble de la société lettrée sentait bien que Racan avait trouvé le vrai *ton de la pastorale* et qu'il avait donné dans ce genre la meilleure pièce française que l'on eût encore vue. Le poète lui-même déclarait à Malherbe « qu'il était autant au-dessous de la perfection comme il était au-dessus de tous ceux qui l'avaient précédé en ce genre de poésie » ; la postérité a ratifié ce jugement, y ajoutant même, après expérience faite : et au-dessus de tous ceux qui l'ont suivi. L'*Arthénice* a été le *Cid* de la pastorale, on l'a dit [1], mais un *Cid* qui, au lieu d'être un point de départ, fut une apogée.

IV

Racan avait résolument incliné le genre vers l'observation du cœur humain et aussi vers la peinture vraie des mœurs champêtres, de manière que la pastorale pouvait devenir un cadre heureux où se fondraient délicatement l'élégie, le drame, la comédie et la poésie rustique. Mais le poète-gentilhomme n'eut malheureusement pas assez de pouvoir pour rendre durable cette excellente direction. Le siècle était emporté dans d'autres voies, l'élite sérieuse et bourgeoise vers la raison et le raisonnement, la symétrie et la régularité, — la masse frivole et aristocratique vers le mouvement et le raffinement, et la pastorale méprisée par les uns allait être gâtée par les autres. Les classificateurs graves arrivaient, qui firent la guerre aux genres mixtes de la tragi-comédie et de la pastorale pour n'accorder la consécration

savante de vers de 8, de 12 et de 6 pieds (8, 8, 12, — 6, 6, 12). Pour la seconde il a usé d'un mètre rare, inventé par Malherbe, la strophe d'alexandrins coupée à la 5ᵉ place par un vers de 6 pieds (12, 12, 12, — 12, 6, 12).

Il avait peut-être intercalé dans sa pastorale une 3ᵉ chanson, dans le rôle de Tisimandre ; c'est cette jolie pièce qui se trouve dans Latour, I, 229, *Sombre demeure du Silence*, et dont nous avons retrouvé le dernier couplet dans les éditions originales :

> Ainsi le berger *Tisimandre,*
> se plaignant tout seul dans les bois,
> fut à la fin réduit en cendre,
> et ne lui resta que la voix,
> qui, changée en Zéphir, incessamment soupire
> ce qu'elle ne peut taire et qu'elle n'ose dire.

Et ne lui resta, V. Lex., II, II. — Sur la versification de Racan cf. plus haut, p. 166 et s., et la Pièce just. 50.

1. Le mot est de Victor Fournel (*Le Livre*, 1888, p. 309). — Le jugement de Racan sur sa pièce est dans sa lettre à Malherbe (Latour, I, 15).

officielle qu'aux genres tranchés, la tragédie et la comédie [1]. Les profondes observations morales furent le lot de la tragédie. Quant aux champs, on ne pensa presque plus, au sein d'une civilisation factice, à les regarder. Le précieux et le romanesque envahirent à leur aise la pastorale avec la *Sylvie* de Mairet et l'*Amaranthe* de Gombaud, pièces intéressantes, mais composées d'une suite d'aventures incroyables qui arrivent à des princes et à des bergères, dans la Sicile ou la Phrygie [2]. Le théâtre de l'action quittait donc de nouveau la France; il n'était plus question de descriptions champêtres, et l'on n'entendait plus la simple langue du cœur, sauf dans les passages où l'on imitait Racan [3]; en revanche les chevaliers errants reparaissaient, la magie se développait, et l'on voyait sur le théâtre de longues scènes d'enchantement et comme de possession; le raffinement envahissait le style, en même temps qu'y revenait la licence, et le public regardait maintenant avec dédain les beautés simples de l'*Arthénice* [4].

Cependant le siècle marchait; grâce à Corneille, qui commença toutefois par imiter la pastorale [5], le goût mûrissait vite, et la pastorale, sortie de la vérité, se démoda de plus en plus après 1635, comme genre littéraire. La seule chose que beaucoup y regrettaient, c'était cet *enchantement général* qu'elle savait produire en transportant dans un monde plus doux, plus amoureux, plus riant que le réel. On aspirait vaguement à voir dans l'art une espèce d'évocation de l'*âge d'or*. La pastorale s'y prêtait : au lieu de la faire retourner vers la vérité de ses commencements, on eut l'idée au contraire, profitant des merveilleux progrès de la musique et de la machination, importés d'Italie, de pousser plus loin la convention et d'y mettre le comble en remplaçant la parole par le chant et en faisant d'un pareil spectacle, où l'on ne gardait pour toute vérité qu'une vérité approximative de sentiments, un enivrement de tous les sens. Alors l'opéra était créé en France. C'était en 1659 avec Cambert et Perrin, qui donnèrent d'abord

---

1. M. Brunetière pense que Boileau n'admit pas la pastorale parce que, sous la forme qu'elle avait alors, elle ne représentait pas le langage de la société bourgeoise de son temps, et il observe qu'il se fit au temps de Boileau une réaction de la roture contre la noblesse en littérature à peu près comme en politique avec Louis XIV (Communication orale).

2. La *Sylvie*, jouée en 1621 ou 1626, a pour théâtre la Sicile; l'*Amaranthe,* jouée vers 1625, se passe en Phrygie.

3. comme dans l'acte IV de *Sylvie* (duo d'amour entre Sylvie et Thélame) et dans l'acte V d'*Amaranthe* (tentative de séduction).

4. Cf. Puibusque, *Littérature espagnole et française*, t. II, p. 73.

5. Cette influence est très nette dans la comédie ou plutôt « tragi-comédie » de *Clitandre ou l'Innocence justifiée* (1630), qui n'est autre chose qu'un *drame romanesque*, dont l'un des principaux personnages est « *Rosidor* ».

dans une maison particulière le 1ᵉʳ opéra français intitulé *La Pastorale en musique*. L'essai ayant réussi, l'opéra français fit son entrée dans le monde en 1671 avec une troupe patentée qui commença par jouer plusieurs pastorales. Lully, continuant dans la même voie, demanda à Quinault autant de pastorales que de tragédies, de sorte que l'opéra dans notre pays commença délibérément par être, ce qu'il se retrouva d'ailleurs très souvent dans la suite, une pastorale en musique [1].

La partie proprement bucolique du genre quitta définitivement la scène pour se réfugier, tant bien que mal, dans des églogues, des chansons, des poèmes suivis, très éloignés, pour la plupart, de la simplicité des champs, témoin le principal d'entre eux, l'*Athys* de Segrais, paru en 1651, épopée pastorale remplie de mouvement et de merveilleux, dont « les Nymphes », au dire de l'Avis au lecteur, désignent « les Princesses et les Dames d'éminente condition, comme les Bergers les personnes privées, ou les Gentilshommes »; enfin dont le héros, le « Berger » Athys, expire, en traçant sur la neige, avec la flèche teinte du sang de son cœur, un dernier compliment à celle qu'il aime. Où sont-ils les vrais paysans? les Silène et les Lucidas [2]?

La pastorale dramatique sous la forme littéraire n'avait donc pas vécu plus de cinquante ans. Racan, par sa recherche de la vérité rustique, ne l'avait nullement acheminée à sa transformation en opéra, mais il l'y

1. V. l'histoire de l'établissement de l'opéra en France dans la récente et remarquable étude de M. Romain Rolland, aussi pleine d'idées que de documents : *Histoire de l'Opéra en Europe avant Lully et Scarlatti*, 1895, — ch. VIII, particulièrement p. 250, 254, 256, 259, 260. — Dans la suite les opéras-pastorales ne se comptent pas : l'*Endymion* de Fontenelle, l'*Issé* de Lamotte, etc. Beaucoup de véritables pastorales en musique sont appelées « tragédies lyriques ».

2. Segrais est si fidèle au dessein qu'il annonce que, vers le milieu du poème, dans l'espace de 6 pages (38 à 43 de l'édition de 1653), il donne jusqu'à 27 portraits contemporains, dont il prend soin d'indiquer lui-même en marge les véritables noms : ce sont la plupart des maîtres et des habitués de l'Hôtel de Rambouillet d'alors. — La seule trace d'observation de la nature que l'on rencontre chez le poète vient de l'imitation qu'il a faite de d'Urfé et de Racan en prenant pour théâtre de son action la Basse-Normandie : une jolie carte est jointe au commencement du poème. (V. cette édition de 1653 à notre Index bibl.) — Le biographe de Segrais, M. Brédif, trouve *Athys* plus dramatique que toutes les pastorales de théâtre (*Segrais*, p. 137-159) : *Athys* a certainement beaucoup plus de mouvement qu'*Arthénice* par exemple, mais pour nous, ce qu'il nous importe de constater, c'est que Segrais est beaucoup plus raffiné que Racan, et qu'il a préféré la forme épique à la forme dramatique. — Son poème fut transformé en livret d'opéra par Quinault en 1676.

Parmi ces poètes bucoliques descendus de la scène il convient de citer encore *Sarrazin* et Mᵐᵉ *Deshoulières*, si célèbre par sa chanson des « prés fleuris qu'arrose la Seine », mais qui n'avait rien de vraiment pastoral et qui n'était qu'une précieuse fort émancipée par moments (V. sur elle une spirituelle étude de V. Fournel, *De Malherbe à Bossuet*, 1885). — C'est cette veine secondaire qui court dans tout le 18ᵉ siècle (Fontenelle, etc.), et non sans éclat.

avait sûrement préparée dans une certaine mesure par ses délicates peintures du cœur, par sa grâce et sa tendresse amoureuses, par l'introduction des chansons et des chœurs, par l'élégance soutenue et l'harmonie de son style qui est déjà une musique, et qui offre plus d'un rapport avec celui de Quinault; il semble vraiment que Lully n'eût pas eu de peine à mettre en musique les jolis récits d'Arthénice, d'Alcidor et d'Ydalie[1].

Un siècle juste après la représentation de l'*Arthénice*, en 1718, un ancien capitaine des dragons de Louis XIV, du nom de Titon du Tillet, fit exécuter pour Louis XV enfant un magnifique groupe en bronze représentant le Parnasse français, que l'on peut voir aujourd'hui dans une salle publique de la Bibliothèque nationale[2]. Au sommet, sur un rocher d'où la Nymphe de la Seine verse ses eaux, Apollon joue de

---

1. Cette idée de la transformation de la pastorale en opéra, qui n'a été que rarement et timidement indiquée, mériterait d'être mise en lumière. Les seuls auteurs, à notre connaissance, où se trouve cette indication, sont, en France, Vict. Fournel dans la revue *le Livre*, 1888, p. 319, et en Allemagne, le Dr Weinberg (*Das franz. Schäferspiel...*, p. 136).

En somme l'opéra français est né à la fois de l'opéra italien, de la pastorale française et du ballet de cour, qui avait, lui aussi, très souvent des parties rustiques. C'est pour un de ces ballets que Molière, en 1666, commença une pastorale héroïque, *Mélicerte*, qu'il remplaça par une pastorale comique, qui est la parodie des enchantements. Si l'on entreprenait une histoire qui manque (chez nous du moins) de la pastorale en France, il faudrait montrer comment elle amena l'opéra, qui fut préparé d'une façon générale par soixante-cinq ans de société précieuse. Nous avons toutefois, depuis peu de temps, une bonne histoire résumée de l'établissement de l'opéra en France, due à M. R. Rolland (louée plus haut). Sans doute on arrivera à préciser davantage la part qui revient dans cette fondation à chacun des éléments que nous indiquons. M. Rolland pense (p. 261) que « la tragédie française marchait vers l'opéra »; beaucoup moins, croyons-nous, que la pastorale. —

Sur l'opéra lire encore l'article si délicat de Marmontel dans les *Éléments de littérature*, et les conseils qu'il donne à la fin pour les pastorales en musique.

La province, comme il arrive, garda plus longtemps que la capitale l'engouement pour la pastorale dramatique (V. le *Roman comique* de Scarron, éd. V. Fournel, p. III, ch. IX; t. II, p. 199-201, dans Rigal, p. 512, n. 1, et la suite de ce chapitre).

La pastorale ne disparut point tout à fait sans laisser plus d'une trace inattendue. Saint-Marc Girardin a noté l'enseigne du célèbre confiseur de Paris, *Au Fidèle Berger*, qui date de 1720 (*Litt. dramatique*, t. III, p. 241, n. 1). — Nous pouvons ajouter qu'il y a encore à Vincennes (c'est-à-dire près du théâtre de l'*Arthénice*) une route *Ydalie*, dont le nom vient d'*un bal* de barrière florissant en 1840 et portant le nom de bal d'*Ydalie*. — La pastorale a aussi passé directement dans l'imagerie d'Epinal : il nous est tombé sous la main une modeste et curieuse image de Pellerin et Cie, imp.-édit., n° 618, le *Retour inespéré* : c'est toute la pastorale classique, avec l'orage, le berceau qui flotte sur les eaux, la petite enfant adoptée par une brave famille et recevant du père le nom de la mère, puis grandissant et reconnue, grâce à un médaillon, par « la dame du château » qui a perdu dans un orage une fille, il y a quinze ans, et tout cela se passe « au joli village de *Miranda*, au bas d'une chaîne de montagnes », c'est-à-dire en Espagne. Cette intrigue sentimentale, optimiste et morale de la pastorale, qui répond à un besoin général du cœur, se retrouve aujourd'hui en plusieurs de ses parties dans beaucoup de nos drames populaires.

2. dans la salle qui précède la Galerie Mazarine.

la lyre ; au-dessous, sur une terrasse de la montagne, sont disposées
tout autour, à la place des neuf Muses, les statues des neuf principaux
poètes et musiciens de la France : parmi eux l'on voit Racan assis, le
buste nu, couronné de lauriers et de fleurs et tenant une trompette à
la main ; il est entre *Racine* et *Lully*, qui tient le médaillon de Quinault ;.
La Fontaine est tout près. Rien ne peut rendre plus sensible, nous
paraît-il, que l'hommage de cet homme de goût, les différentes parentés
intellectuelles avec plusieurs des génies du siècle que révèlent chez
Racan les 3000 vers que nous venons d'étudier [1].

La bataille livrée par notre gentilhomme (la seule que le sort lui
eût encore permise) était donc décidément une victoire auprès du
public, et non seulement à Paris, mais encore dans la province. Un
de ses amis, M. de Méziriac, gentilhomme de la Bresse, excellent
esprit, poète et mathématicien, qui organisait souvent des divertissements dans sa ville, eut l'idée d'y faire représenter *Arthénice* par des
personnes de condition [2]. Il commença, selon la relation d'un contemporain, par faire quelques retouches à la pièce, afin qu'elle se passât aux
environs de Bourg-en-Bresse au lieu des environs de Paris, « puis il
prit pour cette action une salle dont les fenêtres ouvertes des deux côtés
laissoient voir aux spectateurs les mêmes lieux qui étoient représentés
en petit sur le théâtre. Les machines qu'il falloit nécessairement pour
représenter les charmes du magicien étoient faites et disposées avec un
soin extrême ; et quand un certain dragon enflammé vint à paroître,.
une des actrices faillit se pâmer de peur, et la plupart de la compagnie

1. Dans *le Parnasse français dédié au Roi*, par M. Titon du Tillet (à Paris,.
impr. Coignard fils, 1732), petit in-folio illustré, description détaillée de l'ouvrage
de bronze que l'auteur proposait que l'on fît exécuter sur une place publique, se
trouve cette explication relative à notre poète (p. 64) : « Racan, assis auprès de
Lulli, est couronné de lauriers et de fleurs, par rapport à l'Ode et à la Pastorale
qu'il a traitées avec succès ; il tient une trompette à la main pour marquer le style
sublime de l'Ode, et une brebis couchée à ses pieds est un symbole convenable à
son Poème des Bergeries. » La brebis n'a pas été exécutée dans le groupe en bronze,.
qui est dû à Louis Garnier, élève de Girardon.
    Pour justifier son choix parmi les poètes, du Tillet explique (p. 30 et 31) que,.
voulant remplacer les neuf Muses par neuf poètes, il en a pris qui excellent chacun
dans un genre de poésie différent... « On sait, dit-il, que Racan a excellé dans
l'Ode et la Pastorale. » — La Fontaine n'est séparé de Racan que par Lully et *Segrais*..
    2. Voir la boutade de Malherbe sur la traduction d'un ouvrage de mathémati-
ques grecques faite par Méziriac, — dans les *Mémoires* de Racan pour la vie de
Malherbe, Lalanne, p. LXIX. Les *amis* mentionnés par l'anecdote comprennent sans
doute Racan. Pellisson, que nous citons dans la note suivante, déclare que les
deux gentilshommes étaient amis intimes.
    C'est Méziriac qui, avec un esprit critique remarquable pour l'époque, donna la
première *Vie d'Esope* vraisemblable, que la bonhomie de La Fontaine dans sa *Vie*
fabuleuse a malheureusement réussi à faire oublier.

en trembla, craignant, ce qui arrive souvent en ces rencontres, que le
feu ne fit plus qu'on ne lui avoit ordonné. Mais ce qui étoit de plus
merveilleux, c'est qu'il avoit pris tous acteurs propres aux rôles qu'il
leur avoit distribués, et que presque tous ayant les mêmes passions
qu'ils devoient représenter, ou du moins n'en étant pas fort éloignés,
s'animèrent d'une façon extraordinaire. Il y eut entre autres un jeune
homme qui faisoit le personnage d'un amant affligé [probablement Tisi-
mandre], et qui étoit affligé lui-même, qui surpassa en cette occasion les
Roscius, les Esope et les Mondory, et après avoir pleuré le premier,
fit pleurer toute l'assemblée [1]. » Rien ne pouvait être plus agréable
au poète, qui avait mis tant de son cœur en sa pièce, que d'apprendre
tout ce que des acteurs mettaient du leur en la déclamant.

Il est vraisemblable que sa pastorale fut jouée ailleurs encore
avec le goût témoigné pour ce genre par la province, et que sa renommée
se répandit, au moins dans les rangs de la société polie, à travers tout
le royaume, mais ce succès ne l'avançait en rien auprès de la belle
Arthénice, qui n'était pas flattée sans doute de voir son portrait de
coquette présenté ainsi à toute la cour, et il était déjà vrai le résumé
que Malherbe faisait un peu plus tard de la situation, avec son ordinaire causticité : « Du côté des *Bergeries*, son cas va le mieux du
monde; mais certes, pour ce qui est des bergères, il ne sauroit aller
pis [2]. »

---

1. Pellisson, *Histoire de l'Académie française*, édition Livet, t. I, p. 177 et 178.
Le récit n'indique malheureusement pas de date. La pièce y est appelée non pas
Arthénice, mais *les Bergeries*, ce qui ne prouve point que la représentation soit postérieure à la publication de la pièce sous ce titre en 1625, car au temps où Pellisson
écrivait, c'est le titre qui avait prévalu. D'un autre côté cette fête ne peut être
reportée au delà de 1638, date de la mort de Méziriac.

2. Malh., IV, 94. Il disait ce mot en 1625.
Les critiques modernes qui se sont le plus occupés des Bergeries sont en
France : La Harpe, Sainte-Beuve, Saint-Marc Girardin, Victor Fournel et M. Faguet;
au delà du Rhin, Lotheissen, les Drs Weinberg et Dannheisser.
LA HARPE reconnaît que Racan « a le premier saisi le vrai ton de la pastorale,
qu'il avait étudié dans Virgile. Son style, malgré les incorrections et les inégalités
que Malherbe lui reprochait avec raison, respire *cette mollesse gracieuse* et cette
mélancolie douce que doit avoir l'amour quand il soupire dans une solitude champêtre et qui rappelle ce mot d'une femme d'esprit, à qui l'on demandait dans ses
dernières années ce qu'elle regrettait le plus de sa jeunesse : « Un beau chagrin
dans une belle prairie. » La Harpe, IV, 93.
SAINTE-BEUVE, qui est d'une sévérité injuste pour les Bergeries, les écarte de sa
courte étude sur Racan, après y avoir noté « quelques vers d'un caractère vraiment
rural et villageois, clair-semés » au milieu de « continuelles fadeurs » (*Lundis*,
VIII, 76).
SAINT-MARC GIRARDIN leur consacre quatre pages agréables dans son tableau de

la pastorale dramatique en France, *Littér. dramatique*, t. III, p. 317. (On lit à la page 320 une petite erreur qui a été plus d'une fois reproduite : Alcidor se jette de désespoir dans l'*Oise*, au lieu de la Seine.)

V. Fournel a fait une étude plus approfondie, avec son érudition et sa verve ordinaires, dans un article très intéressant, sur *la pastorale dramatique au 17e siècle*, paru dans *le Livre*, 1888, p. 306 (Alcidor s'y jette aussi dans l'Oise p. 310, un vers est cité inexactement p. 309 : « Mon Dieu, que *dois-je* faire? au lieu de que *puis-je* faire? — une erreur plus importante est la croyance que le nom d'Arthénice désigne Mᵐᵉ de Rambouillet, au lieu de Mᵐᵉ de Termes, p. 309).

M. Faguet a étudié les Bergeries dans son cours de la Sorbonne de 1894. Voir le compte rendu dans la *Revue des Cours*, 1894, I, p. 483-87 et 513-18. — Lotheissen examine la pièce dans sa *Geschichte der französischen Litteratur*, t. I, p. 321-325. En toute impartialité, nous sommes obligé de déclarer que les jugements portés par l'auteur nous paraissent entièrement faux; il essaie de démontrer que tout est factice dans la pièce, il voit dans Racan le triomphe du « marinisme » au théâtre et lui reproche l'introduction du lyrisme sur la scène. Il commet en tout cas une erreur de fait considérable : il conclut en prétendant que le genre disparut complètement aussitôt après le *Cid*!

L'étude du Dʳ Weinberg, la plus complète de toutes, est beaucoup plus juste que la précédente, bien que nous ne nous associions pas à toutes ses conclusions, par exemple quand l'auteur déclare que la pastorale doit à l'antiquité tout ce qu'elle a de bon et qu'elle n'a fait que gâter certains éléments reçus des anciens, p. 141. De plus, est-ce bien sûr que la pastorale ait préparé le drame bourgeois du 18e siècle (p. 142)?

M. Dannheisser s'est occupé de la pièce dans sa thèse sur Jean de Mairet en 1888 (V. notre Index bibliographique), surtout au point de vue de la détermination chronologique, dont nous avons présenté la critique dans notre *Discussion* du milieu du chapitre x. Voir aussi ses articles sur l'*Histoire de la pastorale en France* dans la revue de Kœrting, 1889, surtout p. 74-77, et son article sur l'*Histoire des unités en France*, ibid., 1892, p. 1-76.

Citons enfin M. Marcou, qui a fait un bon choix d'extraits de la pièce dans ses *Morceaux choisis des classiques français*. — *Poètes*, p. 187. Nous nous permettons de lui indiquer quelques légères corrections pour la prochaine édition : Alcidor est traité deux fois d'*Alidor* dans l'analyse de la pièce, p. 187, n. 1; — la référence du premier morceau cité doit être V, 2, et la seconde de la page 190 : III, 2.

Parmi les jugements du 17e siècle nous nous bornons à citer l'opinion inédite de Conrart (V. Notice inédite sur Racan. Pièce just. n° 48) : « ... Le théâtre n'est pas si bien entendu que les vers sont beaux et bien tournés. »

On trouvera d'ailleurs au dernier chapitre une bibliographie plus complète sur Racan.

CHAPITRE XIV

La Religion de Racan.

1610-1625

I. — Les poésies religieuses de Racan : ses trois *Hymnes à la Sainte Vierge* le *Cantique de Noël*. Soumission à l'Église.

II. — La libre pensée sous Louis XIII. Racan l'observe avec son ami d'Armilly. Sa monographie du libertin de 1616. Analyse de l'amour-propre du libertin. Racan moraliste.

III. — Les apologistes. — Racan et Camus. — Racan et le P. Garassus. Racan se trouve cité dans la *Somme théologique*. Sa *Lettre de remerciement*. Garassus et l'école de Malherbe. L'*Épigramme* de Racan *aux Impies*.

IV. — La tentative de conversion protestante (1618). Racan dans le salon de Mme des Loges. Le *Bouclier de la Foy*, du pasteur du Moulin. La boutade de Racan : réponse de Mme des Loges.

Conclusion. — La foi de Racan : indolence et simplicité. Son évolution religieuse.

I

Élégies, odes, stances, pastorale dramatique, telles sont, nous l'avons vu, les fleurs variées de poésie qne notre gentilhomme cultiva dans la première partie de sa jeunesse, de 1610 à 1620. Nous devons y joindre, pour achever le tableau, quelques couplets religieux : après en avoir présenté l'analyse, nous profiterons de cette occasion pour chercher quelle fut l'attitude de notre poète avec les libres penseurs et avec les protestants de son époque, afin d'aboutir à caractériser sa foi.

Les rêveries de Racan prenaient assez naturellement le chemin du ciel. Nous avons pu remarquer, en passant, jusque dans ses vers d'amour quelques notes religieuses [1], et nous avons cité parmi ses pre-

---

1. Ch. VI.

mières poésies un assez bon sonnet *sur le Bois de la vraie Croix* et une mauvaise hymne à la Sainte Vierge [1].

Il continua dans ce sens, même au fort de la composition de ses élégies (le mélange était alors habituel), et il traduisit en vers les autres hymnes de l'Office de la Vierge, le *O Gloriosa Domina*, le *Memento salutis auctor*, et l'*Ave maris stella* [2].

Ces trois chants, comme le *Quem terra pontus* qu'il avait traduit jadis, se composent dans l'original de quatrains où la plénitude du sentiment le dispute à la concision des mots. Malheureusement notre poète rend chaque quatrain par un sixain, ce qui est déjà s'exposer au délayage : il y ajoute l'abstraction théologique et un mauvais goût prodigieux dans le sujet si délicat de la virginité féconde de Marie. En élève de Malherbe il n'y voit qu'une antithèse à développer, à exploiter, et ce n'est guère d'un bout à l'autre que de l'*esprit* sur a Sainte Vierge, et quel esprit !

Sur douze strophes une seule mérite d'être citée, c'est la paraphrase théologique du bref et poétique : *Ave maris stella* :

> O la plus claire des étoiles
> qui parut au travers des voiles
> dont la nuit du péché nous offusquait les yeux,
> reçois nos vœux et nos suffrages,
> et nous sauve de ces orages
> au port que tes bontés nous préparent aux cieux.

Nous devons ajouter, pour être juste, une admirable alliance de mots sur les étoiles qui, on le remarquera, l'ont toujours bien inspiré. C'est la traduction de

> O gloriosa Domina
> excelsa super sidera.

> O très digne Reine des cieux,
> les astres les plus glorieux
> font luire sous tes pieds *leurs clartés vagabondes...*

Mais il est temps d'arrêter la strophe qui tombe aussitôt dans un abîme de mauvais goût [3].

1. Ch. III.
2. Latour, II, 406 et suiv.
3. Voir à cet égard la fin de cette strophe, la suivante, la 1re du *Memento salutis....* — On pourra remarquer aussi la dureté de la 2e str. de l'*Ave maris stella* — au 2e vers : « *Qu'eut Ève* à la voix mensongère... »; il était cependant facile de dire : *Qu'Ève eut...* — Les faiblesses ne se comptent pas.
Il faut corriger le dernier vers de l'*O gloriosa Domina*, p. 407 : cette « chaste et

Le poète lui-même ne fut pas content de ces traductions religieuses, et il ne les publia qu'à 70 ans, à l'âge où les écrivains ont la faiblesse de ramasser, pour ainsi dire, les miettes de leur jeunesse [1].

Il réussit mieux dans un cantique de *Noël pour chanter à la messe de minuit*. Les stances, qui semblent non traduites, mais inspirées des hymnes latines de la fête [2], ne manquent point de tenue ni de grandeur, et de plus Racan s'est permis d'insérer quelques détails naïfs qui ont du charme et par lesquels il avait vraiment l'air de préluder aux Bergeries. Tel qu'il est, ce Noël tient un heureux milieu entre une hymne purement théologique de la Nativité et les vieux Noëls rustiques de nos campagnes, ainsi que peuvent le montrer ces quelques strophes :

> 2. Celui qui limite le cours
>   des siècles, des ans et des jours,
>   qui toutes choses délibère,
>   se dépouillant de sa grandeur,
>   s'est vêtu de notre misère
>   pour nous vêtir de sa splendeur.
>   . . . .

> 4. Ce Roi des astres adoré
>   n'est point né dans un lieu paré
>   où la pompe étale son lustre ;
>   un haillon lui sert au besoin,
>   et n'a pour dais ni pour balustre
>   qu'une crèche pleine de foin.

> 5. Ces petits bras emmaillotés
>   sont ces mêmes bras redoutés
>   du ciel, de l'onde et de la terre ;
>   ils se sont à notre aide offers,
>   et ne s'arment plus du tonnerre
>   que pour foudroyer les enfers [3].
>   . . . .

---

seconde naissance » en « chaste et *féconde* naissance ». C'est le mot de la strophe finale à la Sainte Trinité dans le *Memento salutis*, p. 408 : cette dernière strophe, qui est la même dans les deux chants latins, a été conservée la même par Racan : tout est semblable, sauf cette lettre qu'il faut évidemment changer et dont la confusion s'explique par la ressemblance des deux lettres dans l'ancienne imprimerie. Nous retrouvons d'ailleurs les deux mêmes mots formant la même antithèse dans ce joli vers de la traduction de l'*Ave maris stella*, p. 408 : *Vierge chaste, Vierge féconde*. Voilà plus de preuves qu'il n'en faut.

1. Ces pièces parurent à la fin de ses *Dernières œuvres et Poésies chrestiennes* en 1660.

2. entre autres le *Christe redemptor omnium* et le *A solis ortus cardine*.

3. Latour, II, 409. — Les 8 strophes que donne Latour dans le texte et dans les notes furent imprimées en 1621 ; dans le *Recueil des plus beaux vers de 1627* on supprima la strophe : *De tous ces miracles divers*, qui était l'avant-dernière, probablement à cause du vers : *Le Créateur est créature*, qui dut émouvoir les théologiens de la Sorbonne ; nous parlons ci-après d'un vers analogue qui fut condamné par eux. L'édition de 1660 supprima de plus la 1re des strophes que nous citons :

Ce Noël est vénérable en ce que tout le 17ᵉ siècle l'a su par cœur et l'a chanté. Le poète l'avait adapté à un nouvel air de cour fait par Antoine Boësset, compositeur de ballets :

> Que sous le concert des oiseaux
> la nymphe des bois et des eaux [1].

Car la mode se répandait à ce moment, pour retenir les courtisans aux offices, de varier la musique d'église et d'accommoder des paroles religieuses à des airs de chansons, de brunettes, de sarabandes. L'Oratoire, nouvellement fondé, favorisait ce mouvement avec le Père Bourgoing [2]. Racan suivit la mode, et c'est sans doute en partie à la musique que ce cantique fut redevable de sa grande popularité.

Lorsqu'il le réimprima au bout de quarante ans, il lui arriva que « les révérends pères docteurs » de la Sorbonne, qui lui donnèrent l'approbation, condamnèrent ce vers :

> Dieu *de lui-même* est créateur.

Le poète s'inclina et le refit de la sorte :

> Dieu *de son corps* est créateur,

en l'accompagnant d'une note remplie d'une touchante simplicité. « ... Je l'ai changé comme vous le voyez, avec beaucoup moins de force qu'il n'estoit, et ai mieux aimé passer en cette occasion pour bon chrestien que pour bon poete. Je conseille ceux qui le chantent et retiennent par cœur d'en faire de mesme et de suivre entierement les sentimens de l'Eglise [3]. »

Celui qui limite le cours, peut-être à cause de l'emploi actif de *délibérer* qui avait vieilli. V. Lex. — L'alternance des rimes n'est pas observée d'une strophe à l'autre, comme nous en avons déjà vu de nombreux exemples chez notre poète.

Strophe 4, v. 5 : sur l'ellipse du pronom, V. Lex., IL, II, 2°. — Il ne faut pas s'étonner de ce balustre ; c'était, comme on sait, un des ornements les plus employés dans le style Louis XIII, et plus tard dans le style Louis XIV. Nous verrons tout ce que Racan en mettra plus tard de réels dans son château de La Roche. — En 1661, Bossuet, voulant caractériser le luxe, se servira juste des mêmes mots que Racan : « Nous voyons assez d'ostentation, assez de *dais*, assez de *balustres*. » Sur l'Ambition, abbé Lebarq, t. III, p. 656. — Cette rime riche *lustre, balustre* se retrouve dans la pièce de Victor Hugo, *Pour les pauvres* (1ʳᵉ strophe).

Str. 5, V. Lex., EMMAILLOTÉ.

1. *Airs de différens Auteurs mis en tablature de Luth*, par Bataille, Paris, Ballard, in-4, 1615, au livre 6, feuillet 58, v°, et *Airs de cour* par Boësset, 1617, Paris, Ballard, 8° oblong, f. 13, v°, air 4 et 5. — Sur Boësset, cf. R. Rolland, *Opéra*, 244, n. 1.

Au lieu de *la nymphe* lire *les nymphes*. (Note manuscrite de l'édition des *Dernières œuvres et Poésies chrestiennes* de Racan, exemplaire donné par l'auteur au noviciat des Jésuites ; V. Notice bibliogr. Pièce justif. 51, V, 5 et 6 fin.)

2. V. des détails piquants sur ce sujet, dans la *Chapelle musique des rois de France*, par Castil-Blaze, 1832, ch. IV, p. 78, dans ses *Nouveaux Mélanges*, in-12.

3. Latour, II, 410, n. ; V. Lex., CONSEILLER.

Ces diverses tentatives, quelle qu'en soit la faiblesse, nous montrent que Racan cultiva dès le commencement la poésie religieuse qu'il ne devait plus abandonner dans la suite, et qu'il était naturellement porté vers les pensées pieuses.

Il le prouve bien d'ailleurs par ses jugements sur les libres penseurs ou les *libertins* de l'époque [1].

II

Nous nous figurons volontiers à distance l'unanimité des convictions religieuses de nos pères du 17e siècle. C'est une grande erreur. Au commencement du siècle, au sortir des longues guerres religieuses, la foi, comme il arrive, avait perdu de son empire, et le fanatisme avait laissé la place au scepticisme [2].

Une partie des jeunes gens de la cour se vantaient de n'être ni catholiques ni huguenots; ils se prétendaient par vanité étrangers et supérieurs à toute croyance, y compris celle en l'existence de Dieu et en l'immortalité de l'âme, et ils réclamaient le droit de céder ouvertement à leurs passions [3].

Ils s'appuyaient sur un groupe de gens de lettres qu'on appelait les « nouveaux épicuriens » et qu'il ne faut pas confondre avec les épicuriens de tête et de poésie, comme il arrivait volontiers à Racan de l'être à ses jours. Eux l'étaient de principes et de vie; et ils reconnaissaient secrètement pour chef le poète Théophile, qui, traqué pour ses opinions et ses débauches, leur donnait ainsi un certain air piquant d'opposition politique [4].

Héritiers de quelques philosophes du 16e siècle, les jeunes libertins de la cour de Louis XIII vont déterminer un courant souterrain,

1. Nous employons dans tout ce chapitre le mot de *libertin*, dans le sens qu'il avait alors de *libre penseur*.

2. Dans le même ordre d'idées les théologiens observent que toutes les hérésies finissent par se changer en athéisme (Garassus, *Somme théologique*, p. 19).

3. Cf. Garassus, *Somme*. Selon lui une des trois causes de l'athéisme, c'est que *les jeunes gens* l'embrassent par vanité : cette « démangeaison de vanité » s'attache surtout à l'esprit de ceux qui sont « sortis freschement des escoles », p. 20, 21.

4. Voir sur cette question intéressante et peu connue les ouvrages du P. Garassus, entre autres ses *Mémoires* pour les années 1624-1626, dans l'édition Charles Nisard (1860), et l'excellente notice en xxxii pages qui les précède et qui fait connaître le cercle athée de Théophile, — les OEuvres de Théophile dans l'édition elzévirienne, avec la notice biographique d'Alleaume (1856), les ouvrages de Mlle de Gournay et l'étude si délicate que lui a consacrée Léon Feugère dans *les Femmes poètes au 16e siècle*, nouvelle édition, 1860, particulièrement p. 172.

qui traversera tout le 17ᵉ siècle, affleurera au temps de la vieillesse de Louis XIV, éclatera sous la Régence, minera tout au 18ᵉ siècle, se précipitera en torrent à la Révolution pour s'étaler librement au 19ᵉ siècle.

Racan n'éprouve aucune sympathie pour cette jeune école. Il l'observe, il l'étudie de concert avec son ami de Touraine René de Rochefort, seigneur d'Armilly, celui qu'il a convié, dans les immortelles Stances à la paix de la vie des champs et à qui il a montré dans un sonnet

> l'impiété partout *épandant* son poison,...
> l'honneur qu'on doit aux lois, la foi ni la raison,
> non plus que des habits qui sont hors de saison,
> *n'étant* point approuvés parmi la bienséance.

Il lui est attaché par les liens si forts des communs souvenirs d'enfance : plus jeune que René de quatre ans à peine, comme lui resté de bonne heure orphelin de père sous la conduite d'une vaillante mère, il n'a qu'à remonter pendant une heure ou deux la fraîche vallée de Saint-Pater pour voisiner avec lui au château d'Armilly. Ils se sont retrouvés depuis à la cour, au service de la Chambre du Roi, et quand d'Armilly vient y faire son quartier de gentilhomme ordinaire, les deux Tourangeaux goûtent un égal plaisir à se revoir, à s'entretenir, à observer à l'écart, Racan avec une bonhomie fine de courtisan habitué aux choses, son ami avec des étonnements naïfs de gentilhomme campagnard. Ils demeurent l'un et l'autre étrangers à toute intrigue et ils jugent du même point le spectacle politique qui se déroule sous leurs yeux, mille fois plus intéressant, varié et dramatique que les pièces mêmes de Hardy, auxquelles ils vont souvent de compagnie se divertir à l'Hôtel de Bourgogne [1].

Les deux amis (l'on n'attendait pas cela de l'indolence de Racan) étudient avec persévérance et méthode. Ils suivent un libertin pendant toute son existence et, s'il est possible, jusqu'à sa mort, « le dernier acte de nostre comédie », comme ils disent dans leur langage de théâtre, « car c'est à celuy-là seul que nous faisons nostre véritable personnage ».

En voici un par exemple qu'ils ont observé longtemps ensemble. D'Armilly, étant obligé de revenir en Touraine, fait promettre à son ami de lui en envoyer des nouvelles. Justement le *sujet* vient à mourir, et Racan s'exécute à la date du 26 décembre 1616 [2]. Nous recommandons

---

1. Voir aux Pièces justificatives, nº 15, une note sur René d'Armilly.
2. le jour même de la prise de Sainte-Menehould par l'armée royale. La lettre

cette lettre aux modernes historiens de la libre pensée [1] : ils y trouveront
une bien délicate monographie du Libertin de l'époque de Louis XIII.

Longtemps intrigué par les opinions de son homme, Racan, suivant
sa méthode, l'attendait à la mort. « C'estoit là, dit-il, où j'espérois
d'apprendre si ses pensées avoient toujours esté conformes à ses paroles,
et si cette âme qui faisoit tant la résolue contre les choses qu'elle ne
connaissoit pas fust demeurée en son assiette à l'objet de cette mort
environnée de cierges bénits et de pleureurs..... Mais celuy qu'il avoit
tant de fois offensé n'a pas voulu luy donner le moyen de se dédire de
ses blasphèmes, ni à nous celuy de contenter notre curiosité. » En allant
voir un de ses amis à Orléans il tomba malade « d'une fièvre tierce ou
double tierce causée par l'excès de ses desbauches... », et au bout d'un
mois il s'assoupit un beau jour pour ne se plus réveiller [2]. Le brave curé
de la paroisse, qui lui avait vu faire plusieurs actions de piété, ne fit
aucune difficulté de l'enterrer en son cimetière.

L'observateur était déçu ; il avait tenu les yeux fixés sur le visage
du libertin à l'heure suprême où tous les masques tombent, et il n'avait
rien pu voir. Aussi est-il réduit à se contenter des conjectures qu'il a
faites pendant la vie du personnage : on devra reconnaître que si elles
sont sévères, elles sont singulièrement pénétrantes.

Il faut « croire, dit-il, que N. n'a dit tous ces discours extravagants
que pour se mettre en crédit *parmy une certaine jeunesse qui, pour
estre esloignée de la court, ne laisse pas d'en avoir les vices*. Chacun
sçait que ces esprits qui sont plus amoureux de grande que de bonne
renommée sont si jaloux d'avoir quelque chose hors du commun, que
le plus souvent, pour nous faire voir des nouveautez, ils nous font voir

est datée de Paris, ce qui porte à croire que Racan ne partit pas dans la troisième guerre civile. On trouvera cette lettre dans Latour, I, 305.

Latour (*ib.*, note) ignore quel est ce libertin mort dans l'automne de 1616 ; nous
ne sommes pas plus heureux que lui, et nous n'avons pas réussi à le déterminer.
Il ne peut être question de Théophile, qui mourut seulement en 1626 et qui reçut
tous les sacrements avant de mourir (voir, entre autres, Frères Parfait, *Histoire du
théâtre françois*, t. IV, 278).

1. entre autres mon cher et savant collègue M. Louis Ducros, doyen de
la Faculté des lettres d'Aix, qui a fait naguère à Poitiers des cours fort intéressants sur les origines de la philosophie du 18e siècle. Voir dans le *Bulletin
de la Faculté des Lettres de Poitiers*, 1889, p. 331, un rapport bref et nerveux sur
le sujet de concours, qu'il avait proposé aux étudiants : « Essayer de composer
une étude d'ensemble sur les principaux esprits forts du 17e siècle en considérant
ceux-ci comme les intermédiaires entre le scepticisme de Montaigne et les reven-
dications des philosophes du 18e siècle... »

2. La *fièvre tierce* est celle qui revient périodiquement de deux jours l'un,
c'est-à-dire le troisième jour. — La *double tierce* est celle où le malade a tous les
jours des accès alternativement semblables, de sorte que le premier répond au
troisième, le second au quatrième et ainsi de suite. Elle semble tenir de notre
« fièvre chaude ».

des monstres. Quiconque aura connu l'humeur de N. ne peut nier qu'il ne fust *vain* au suprême degré. »

On est donc, selon Racan, libertin par *vanité*. —

« Cette grande passion qu'il avoit d'estre approuvé de toutes sortes de gens luy faisoit faire tous les jours de mesmes actions à diverses fins. Combien de fois l'a-t-on vu, oyant la messe, ou faisant quelques autres bonnes œuvres, vouloir que les dévots creussent que c'estoit par dévotion et les libertins par considération? »

Le libertin est *hypocrite*. —

L'observateur s'élève, et rattache ses remarques particulières à une loi de psychologie générale : « Il n'y a rien, ajoute-t-il, qui nous soit si naturel que de cacher nos deffauts [entendez : ce qui nous manque] : d'où vient que les âmes timides et bigottes sont quelquefois les plus licencieuses contre la révérence qu'elles doivent aux choses saintes, comme les hommes impuissants sont les plus dissolus en paroles, et n'y a point d'injure qui les offence tant comme faict la louange d'estre chastes [1]. »

Ainsi, remarque piquante, on est souvent libertin par bigoterie et esprit fort par faiblesse de caractère, tout comme on est fanfaron par timidité. Il s'agit donc là d'une des variétés innombrables de l'*amour-propre*, ce sentiment universel qui explique les libertins..., et nous tous tant que nous sommes.

« Tout ce que nous faisons en ce monde n'est qu'une perpétuelle mascarade où le soin de nostre fortune et de nostre réputation nous faict, tous les jours, paroistre plus différents de nous-mesmes que nous ne le sommes des autres. Autrement qui pensera qu'un homme qui, en la conduite de ses affaires, a tesmoigné quelque sorte de sens commun, puisse avoir eu des opinions si contraires à celles de tout le monde? »

Ainsi l'amour-propre nous rend différents de nous-mêmes et il nous contraint par point d'honneur à ne pas nous démentir dans notre conduite et à persévérer dans les actions les plus contraires à notre caractère, si bien que la même cause explique à la fois notre logique et nos contradictions.

« Quelque ridicules que soient nos opinions, continue Racan, nous n'en sommes pas moins jaloux que de nos maistresses... ; qui faict que nous nous efforçons de suivre toujours une mesme façon de vivre, quelque mauvaise qu'elle soit; et cette mesme raison qui en retient par force dans les cloistres en fait opiniastrer d'autres à maintenir leur impiété plustost que d'avoir la honte de se dédire. Il semble que la

1. *et n'y a point*. V. Lex., II, II.

bigarrure soit aussi mal séante en nos vies qu'en nos habitz ; et pour ce
que nous n'avons jamais l'esprit assez fort pour estre tout à fait bons ni
tout à fait méchans — [comme cela est vrai !], — il n'y en a point qui ne
soit obligé de cacher quelques-unes de ses actions ou de ses pensées,
et s'en est trouvé dans la court qui ne rougissoient pas moins de l'amour
de Dieu que les plus chastes pucelles font de celle des hommes [1]. C'est
pourquoy l'on ne peut faire de nous de jugement asseuré que l'on ne
nous ayt veus jouer le dernier acte de nostre comédie [2]... »

Ce langage, qui sent son « cavalier », comme on disait, traduit
d'une façon bien expressive la finesse subtile de la pensée morale [3].

Racan ne croit donc pas à la sincérité des libertins de son temps.
Il ne comprend pas que l'on puisse, sans folie, douter des grands points
de la philosophie chrétienne, et son bon sens proclame, non sans éloquence, l'immortalité de notre âme : « Ce seroit estre aussi beste que
celles qui ont esté créées pour nostre usage que de s'imaginer que ce
vivant pourtrait de la Divinité, qui sçait lire dans les étoilles comme en
des lettres les secrets de l'avenir, dont Dieu seul s'estoit réservé la connoissance — [il croyait à l'astrologie], — qui faict entendre ses pensées
d'un bout du monde à l'autre [4], et, comme si toute la terre n'estoit faitte
que pour luy, a eu l'audace de la partager en royaumes, en provinces,
et en héritages, sans en laisser aucune part aux autres créatures, celuy,
dis-je, qui sans autres armes que celles de son industrie s'est rendu
maistre de tout ce qui est icy-bas ; bref, celuy seul pour qui l'on peut
dire qu'il a ordonné les hivers et les estez, les jours et les nuits et
toutes les autres merveilles qui nous font admirer sa puissance, n'ayt
esté faict à autre usage que pour vivre et mourir dans l'esgout des
excréments de l'univers. »

Ces expressions énergiques sur l'homme et sur la terre évoquent
naturellement le petit « cachot » dont parlera plus tard l'éloquence de
Pascal aux premiers articles des *Pensées*. Un pareil rapprochement se
présentant d'une façon spontanée n'est-il pas le plus sûr éloge de cette
page de Racan [5] ?

1. *Et s'en est trouvé, — celle des hommes* : V. LEX., IL, II, et AMOUR, I.
2. C'est ce que disait la tragédie grecque en se plaçant au point de vue, non
de la vertu, mais du boheur. — Ch. Malherbe en 1614 : « Peu à peu nous arrivons
au dernier acte de la comédie. » (III, 482).
3. Ce sont des termes de galanterie et encore plus, comme dans le sonnet à
d'Armilly, des expressions de théâtre : on reconnaît là l'habitué de l'Hôtel de Bourgogne, dont nous avons parlé.
4. Que dirait-il donc aujourd'hui ? — Il y a au commencement comme une
sorte de jeu sur le mot *beste* pris comme adjectif d'abord, puis comme substantif.
5. Article I : la terre y est appelée *ce canton détourné de la nature*, l'univers, *un*

En somme, pour la majorité des libertins à cette date, dans l'état d'ignorance générale des gens du monde, il ne peut être question de doutes historiques ou scientifiques qui expliqueront par la suite la sincérité d'un grand nombre de leurs successeurs. D'après Racan le libertinage est affaire de vanité, compliquée d'hypocrisie, et notre moraliste le rattache à la loi universelle de l'orgueil humain, comme s'il préparait déjà sur un point particulier les voies à La Rochefoucauld [1].

D'autres moralistes pourraient dégager la part des *sens* dans la libre pensée, ou même encore celle de l'orgueil, en nous montrant non plus la vanité mondaine, mais la révolte foncière de notre raison moderne contre l'autorité de l'Église. La Bruyère, dans quatre-vingts ans, raisonnera avec les esprits forts. Bossuet, entre deux polémiques contre les protestants, leur enverra quelques traits de son éloquence [2], mais nous ne voyons nulle part que l'on ait tracé du libertin un plus fin portrait que celui de la lettre de Racan [3]. Notre poète s'y révèle vraiment moraliste.

III

Les apologistes catholiques ne se trompèrent pas et revendiquèrent vite Racan comme un des leurs. L'évêque de Belley, Camus, fit une adaptation des Stances sur la Retraite dans un de ses romans d'édification en 1621, mais sans nommer l'auteur [4].

Les polémistes usèrent de lui d'une façon plus flatteuse. Il y en avait à ce moment une légion, tels que Garasse, « le P. Garassus », comme il s'appelait lui-même, le P. Mersenne, etc., qui défendaient par principes la foi contre les libertins, cherchant des armes partout, jusque dans les œuvres des beaux esprits du temps, et lançant à la tête de leurs ennemis de gros volumes, où avec plus d'ardeur que de discernement ils entassaient pêle-mêle les démonstrations de théologie, les

---

petit cachot, etc. Le mot de Racan est encore plus vif; nous n'en connaissons pas de plus méprisant pour désigner la terre.

1. On peut voir une bien fine et moderne dissection de la vanité par le cardinal Manning dans le livre posthume qui vient de paraître : *Pastime Papers, by Henry Edward cardinal Manning*, 1 vol. in-12, Londres, 1893 (article du *Correspondant* du 25 juin 1893, par le Mis Villamus, *les Passe-temps du Cardinal*).
2. Voir ses deux Sermons sur la Providence, le premier contre les épicuriens, le second contre les libertins, et l'oraison funèbre d'Anne de Gonzague.
3. Lire une étude ou plutôt une confidence bien pénétrante de M. Jules Lemaître sur *l'incroyant par impuissance*, dans la *Revue bleue* du 20 janvier 1894, p. 78.
4. Voir la Pièce justificative n° 11.

développements de rhétorique, les citations poétiques. C'était alors
toute une floraison d'incohérents *Génies du christianisme*.

Or, quelques années après celles qui nous occupent, lorsque
Racan eut publié ses premières poésies religieuses et même ses Bergeries, vers la fin de l'été de 1625, il reçut un jour chez lui un compact
in-folio de 990 pages qui venait de paraître. Le titre portait : *La
Somme théologique des véritez Capitales de la Religion chrestienne,
par le R. P. François Garassus, Théologien de la Compagnie de
Jésus.*

L'auteur, qui adressait lui-même son œuvre à Racan, était bien
connu. C'était le polémiste en vogue. Jeune, ardent, exubérant d'imagination comme s'il eût été espagnol, érudit et plein de verve, Garassus
attaquait depuis dix ans, sans peur, sans trêve, sans mesure, les ennemis
de la foi catholique et de son ordre : contre l'avocat général Servin il
avait lancé le *Banquet*, contre le pasteur du Moulin le *Rabelais
réformé*, contre la mémoire d'Etienne Pasquier dont on avait réimprimé
les œuvres, les *Recherches des Recherches*, contre le poète Théophile
la *Doctrine curieuse des beaux-esprits de ce temps ou prétendus tels*,
contre le prieur Ogier son *Apologie*.

C'est surtout aux libertins qu'il en a, aux *athéistes*, comme il les
nomme, et avant tout à leur chef Théophile, qui vient encore de publier
un recueil de vers sacrilèges et obscènes, le *Parnasse satyrique*. Contre
lui il revient à la charge, et il écrit cette énorme *Somme théologique*,
pot-pourri de haut goût, où entrent les exposés de théologie, les citations
des auteurs anciens, de la Bible et des Pères, — les réfutations des vers
de Théophile souvent par des vers de Malherbe, des invectives grossières ou éloquentes contre les athéistes, de mauvais vers français et de
médiocres vers latins de son cru, et surtout de pittoresques métaphores
en dépit de la belle résolution prise solennellement en première page de
s'en abstenir [1].

Un livre d'aussi formidables dimensions dut épouvanter la nonchalance de notre enseigne, mais une marque bienveillante lui indiquait
sans doute le feuillet 345, dont la lecture lui apporta une vive surprise.
C'était, écrit en grandes italiques, l'avant-propos du traité quatrième
du livre second du tome I de la Somme, *De la Providence de Dieu*,
point délicat par excellence sur lequel portait la principale objection des

---

1. Voir, entre autres, les comparaisons des vers luisants (p. 8), des chenilles
printanières (p. 12, bas), des taupes (p. 24), la description originale de la mer (p. 35).
C'est du fruit rare au 17ᵉ siècle. — Nous conservons le nom latin *Garassus*, que le
théologien prenait même dans ses livres français : il ajoute encore, nous semble-t-il,
un trait pittoresque au personnage.

athées du 17ᵉ siècle : « Il n'y a point, disaient-ils, de justice divine en ce monde : les gens de bien sont toujours malheureux, et les méchans toujours heureux [1]. »

Le théologien exposait d'abord son dessein de parler de la Providence, puis il ajoutait : « Ce qui soulage mes travaux, c'est que je voy la Providence divine soustenue par de bons et puissans Advocats en nostre siècle mesme, auquel c'est comme un crime capital de plaider pour la Vertu : car pour ne dire mot de Messieurs du Perron, Malherbe et Bertaud [2], qui font le noble Triumvirat des esprits excellens, et qui ont esté de nos jours comme les principaux Legataires des Muses mourantes, à condition de soustenir par leur authorité la Providence de leur Père, ce qu'ils ont fait très-dignement; je voy que ceux qui leur vont succédant en honneur sont héritiers de leur vertu comme de leur suffisance : et *entre autres Monsieur de Racan l'un des meilleurs esprits de nostre aage, lequel dans les ignorances de sa vacation* (de sa profession), *n'ignore rien que les vices de la Poësie, car il a monstré dans ses Bergeries incomparables le sentiment qu'il a de la Providence Divine, par ces Dizains qui me semblent comparables aux meilleures saillies de l'Antiquité* [3].

> Nos impiétés exécrables
> ne se peuvent plus endurer,
> les astres les plus favorables
> ont horreur de les éclairer,
> tant de signes dans les planètes,
> tant d'éclipses, tant de comètes,
> et tant d'effets prodigieux,
> ne sont-ce pas des prophéties,
> aux âmes les plus endurcies
> de la juste fureur des Cieux [4]?

> Je sais bien que l'outrecuidance,
> qui nous fait sortir du devoir,
> nous figure leur Providence,
> sans passion et sans pouvoir :
> mais au premier coup de tonnerre
> dont le Ciel menace la terre,

---

1. Voir la lettre de Racan, t. I, p. 350. Ce qui prouve que c'était l'essentiel de leurs objections au 17ᵉ siècle, c'est que Bossuet, qui va droit au principal, ne s'occupe guère d'eux que dans ses Sermons sur *la Providence*.

2. Bertaud était mort en 1611, et du Perron en 1618.

3. Cette flatterie sur le peu d'ignorance de Racan est une réponse directe à ce qu'il dit dans la lettre à Malherbe qui sert de préface aux Bergeries (Latour, I, 16) : il n'est pas seulement ignorant comme ceux qui « font profession des armes..., mais il l'est au suprême degré... »

4. Nous savons que Racan était toujours très occupé des astres.

la frayeur saisit les mortels,
on voit leurs rages assoupies,
et les âmes les plus impies
embrasser le pied des autels [1].

Racan était bien étonné de rencontrer là, dans les flancs de ce monstre théologique, vingt vers de l'un de ses chœurs de bergers (fin du second acte), sur le repos que va goûter au couvent l'héroïne Arthénice après ses chagrins d'amour.

C'est que le P. Garassus, qui se tenait fort bien au courant du mouvement poétique, venait de lire, tout en achevant sa *Somme*, la pastorale de Racan nouvellement parue : il s'était trouvé charmé par la teinte religieuse du poème, ravi en particulier de voir ces strophes tourner en avertissement aux impies les derniers événements astronomiques, et relever avec une piquante ironie la faiblesse des soi-disant esprits forts. C'était pour lui une bonne aubaine de rencontrer ainsi un nouveau poète pieux à opposer au poète impie, et il n'avait eu garde de la négliger.

Racan, sensible à une aussi flatteuse mention, s'empresse de lui répondre par une lettre dont nous avons pu déterminer le destinataire grâce à notre découverte de la citation poétique dans la *Somme* de Garassus [2]. Elle commence en ces termes :

« Monsieur,

Après vous avoir remercié de vostre livre, je ne pense pas encore estre quitte de l'honneur que vous me faittes d'y parler de moy en si

1. Latour, t. I, p. 67 et 68. Il est intéressant de voir les changements que le poète a fait subir à ses vers dans les éditions successives des Bergeries : dans la 1ʳᵉ strophe il remplaça

          Nos impiétés exécrables

par

          Nos offenses innumérables.

Il a précisé la seconde strophe en changeant ainsi le 1ᵉʳ quatrain :

          Je sais bien que l'outrecuidance
          qui nous porte à l'impiété
          nous figure leur Providence
          sans pouvoir et sans volonté.

Sur le défaut de symétrie logique des derniers vers (assoupies, embrasser). V. Lex., Voir, ii.

2. Nous adressons nos remercîments au R. P. Chérot, si avantageusement connu par ses travaux d'histoire littéraire et qui s'est occupé spécialement de son confrère Garassus : il a bien voulu nous aider dans le dépouillement des œuvres de Garassus et de Mersenne. — Latour et Taschereau (Racan, t. I, 304, note) avaient émis l'hypothèse qu'il s'agissait de Garassus, mais sans pouvoir en fournir la preuve. La voilà faite. — La lettre que nous allons citer en partie est dans Latour, t. I, p. 301.

bons termes, jusques à croire que les folies de ma jeunesse soient dignes d'avoir place en un ouvrage si sérieux [1]. Ces obligations sont infinies... » ; et il se confond en remerciements sur ce gage d'immortalité que lui a donné Garassus en l'inscrivant dans son livre. L'enseigne est rempli de respect pour la taille du volume : « Si vous me permettez d'en dire ce qui m'en semble, comme je ne tiens pas qu'un autre que vous eust osé entreprendre un ouvrage de si longue haleine, aussi ne tiens-je pas qu'un esprit moins vigoureux que le vostre s'en eust pu rendre capable. »

Alors se laissant gagner lui-même à l'ardeur qui emporte toutes les pages de la *Somme théologique*, Racan, dans un style aussi élevé, mais beaucoup meilleur, constate avec amertume que la foi maintenant a besoin d'être défendue. Il n'en allait pas de même autrefois :

« Les plus ignorans et les plus misérables hommes de la terre furent choisis pour nous apprendre la science du monde la plus nécessaire à sçavoir et la plus difficile à prouver; et cette vérité, aussi nue que ceux qui la preschoient, eut la hardiesse d'entrer dans les plus superbes palais, de renverser toutes les opinions des philosophes et de faire autant de martyrs qu'elle avoit de persécuteurs. En ce temps-là, monsieur, c'estoit estre assez éloquent que de sçavoir dire que Jésus-Christ estoit mort pour nous. Le sang respandu des fidelles, leurs vies si conformes à leurs paroles, les aveugles éclairez, les morts ressuscitez, estoient autant d'arguments muets contre qui les plus doctes n'avoient point de response; mais aujourd'huy qu'il semble que Dieu mesme ayt abandonné sa propre cause, et que le mal est monté à tel point que la religion ne sert plus que de matière à la mocquerie et à la médisance, les remèdes vulgaires sont hors de saison; il faut faire de nouveaux miracles, comme s'il falloit replanter la foy tout de nouveau. »

Cette page, que l'on croirait tirée d'un sermonnaire, tant l'auteur s'élève avec naturel au ton religieux, est autre chose qu'un pur développement de rhétorique. On n'y sent pas seulement le disciple de l'école, essentiellement *oratoire*, de Malherbe [2], mais aussi le chrétien, sincèrement affligé des assauts qu'il voit subir à sa foi : dans toute l'œuvre de Malherbe on ne pourrait citer un passage d'esprit aussi religieux.

---

1. C'est déjà par cette périphrase « les folies de ma jeunesse » que Racan désignait sa pastorale dans sa lettre à Malherbe du 15 janvier de la même année (Latour, I, 16).

2. Ce mot si juste sur l'école de Malherbe est de M. Brunot. Développant cette idée, M. Brunetière a montré comment Malherbe avait préparé les voies à l'*art oratoire* (« La Réforme de Malherbe et l'Evolution des genres », *Revue des Deux Mondes* du 1er décembre 1892).

Racan finit sa lettre en regrettant de ne pas être par ses vertus à la hauteur de la mission qu'on lui fait remplir : « ... Si vous voulez qu'à l'avenir je vous serve de second, priez celui pour qui vous avez pris la querelle de me donner autant de pouvoir que j'en ay de volonté. Je sçay bien qu'*en un siècle infecté de sacrilège et d'athéisme* comme celuy-cy, c'est estre juste de n'avoir que·les vices naturels et ordinaires à ceux de ma profession [celle de soldat], comme c'est estre sain, en temps contagieux, de n'avoir que la fièvre ou la migraine; mais ce n'est pas l'estre assez pour mériter les louanges que vous me donnez, qui sont dittes, à mon avis, pour me faire voir, comme dans un miroir, tel que je devrois estre. Ce sera donc sur ce modelle que je tascheray à corriger mes deffauts. J'espère ce bonheur de vos bonnes prières, etc. [1]. »

Garassus ne citait contre les vers de Théophile que les siens propres, ceux de Malherbe, ceux de Maynard, « aussi bon catholique, dit-il, que sage poète [2] », et ceux de Racan : il est remarquable que le polémiste cherche ses principaux alliés littéraires dans l'école de Malherbe. S'il force un peu les intentions de ces poètes en les faisant descendre avec lui dans la lice, il ne heurte point leurs idées. Nous avons vu les familiers de la rue des Petits-Champs, en établissant l'objet de la poésie, lui assigner parfois le noble but de répondre justement aux objections des libertins contre la Providence [3], et puis Malherbe a un souverain mépris pour Théophile comme poète [4].

Garassus a pris soin d'envoyer aussi un de ses premiers exemplaires au maître, qui l'en remercie par deux épigrammes louangeuses, destinées, selon l'usage du temps, à être imprimées en tête du livre [5].

De même Racan, après sa lettre en prose, adresse à l'auteur cet énergique billet en vers pour être mis à côté des éloges de Malherbe :

ÉPIGRAMME AUX IMPIES.

Brutal écolier d'Épicure,
plus insensible que les morts,
pourceau dont l'erreur se figure,
que tout finit avec le corps :
quand tu vois les doctes merveilles
qu'a fait naître en ses longues veilles

1. *Je tascheray à corriger...* V. Lex., 2. TASCHER.
2. P. 421. Voilà une définition de Maynard qui ne laisse pas que d'étonner.
3. P. 161 et 210, et Latour, I, 350.
4. T. IV, p. 7.
5. Lal., t. I, 266 et 267.

ce grand Ornement de nos jours,
peux-tu croire, esprit infidelle,
que tant d'admirables discours
soient partis d'une âme mortelle [1]?

Ces sentiments sont sincères, et vers et prose ne font en somme
que se confirmer.

IV

Racan n'estime donc pas les libertins de son temps. Ce n'est pas
à dire que sa foi soit très chaude ni ses convictions très ardentes. S'il
se laisse de bonne grâce compromettre par le P. Garassus, il ne se
jettera point à sa suite dans la mêlée. Il faut toujours compter avec son
indolence naturelle, que nous retrouvons au fond de tout, dans sa religion comme dans ses vers et ses amours.

Cette indolence est un obstacle à l'ardeur de sa foi, mais elle lui
sert aussi de sauvegarde contre toutes les innovations religieuses.

Il y a dix ans, avant son départ pour Calais, on lui parle un jour
d'une religion nouvelle, et il refuse d'y adhérer en répondant que la
sienne lui suffit [2].

Il n'oppose pas d'autre sentiment aux tentatives des réformés.
Racan avait été présenté de bonne heure par Malherbe dans un salon
protestant, le premier salon en date du 17e siècle, car son ouverture précéda de trois ou quatre ans celle de l'Hôtel de Rambouillet.
Madame des Loges, mariée à un Rochelois gentilhomme de la Chambre
du roi, avait l'esprit brillant, l'intelligence ouverte, de la grâce sans
fadeur et du goût pour la simplicité, ce qui la distingue de presque toute
son époque, enfin l'amour de la politique, et elle attira facilement chez
elle des hommes de lettres, comme Malherbe, qui y venait tous les
deux jours, Racan, Gombaud, Balzac, Vaugelas et Conrart, des gentilshommes et des princes, tels que le marquis d'Essideuil, le baron
de Saint-Surin, Gaston d'Orléans, ainsi que la plupart des ambassadeurs des cours étrangères, qui s'y donnaient rendez-vous [3].

1. Latour, I, 226. — L'imitation du mot d'Horace est bien sensible : *Epicuri de
grege porcum.* — Nous rétablissons la ponctuation originale.
2. Voir plus haut, p. 67.
3. Pour connaître Mme des Loges nous nous sommes servi de Tallemant (III,
historiette CLVII), qui la représente comme une femme légère; de M. Jules Cha-
vannes, qui en fait une sainte, dans le *Bulletin de la Société de l'Histoire du Protestantisme français* (t. IX, p. 84-96); de la Notice sur elle, publiée d'après les

Mme des Loges paraît être la marraine d'un usage qui a fait depuis une si grande fortune, celui des albums d'autographes : « Elle a, dit un contemporain, un livre tout entier rempli de vers des plus beaux esprits de ce temps. » Malherbe avait écrit un sixain sur la première page [1]. Nul doute que notre jeune poète n'ait payé, lui aussi, son écot.

Avec cela elle était sincère et zélée protestante, et elle ne négligeait aucune occasion d'affermir les uns dans sa foi et d'y attirer les autres. Parmi ceux-ci, elle avait jeté les yeux sur Racan, ce jeune orphelin qu'elle voyait de plus chez son amie Mme de Bellegarde [2], et qui ne lui paraissait pas très fervent dans sa croyance. Elle tenta sur lui un sérieux effort en 1618.

La guerre, si vive depuis vingt ans entre les défenseurs des deux religions, venait d'être plus que jamais attisée. En juin 1617, le P. Arnoux, de la Compagnie de Jésus, prêcha devant le jeune Louis XIII contre la *Confession de foi* que venaient de rédiger les protestants.

Le gant fut immédiatement relevé par le pasteur Pierre du Moulin, le vrai Garassus des protestants. De concert avec ses trois confrères de Charenton, où était confinée l'église réformée de Paris, il rédigea un libelle de 10 pages dédié au roi : *Défense de la confession des églises réformées de France contre les accusations du sieur Arnoux, jésuite.*

Ce fut le signal d'une explosion de pamphlets théologiques partis des deux camps, et un arrêt du Conseil d'État condamna le livre et le supprima.

Alors du Moulin le reprit, le modifia, l'augmenta, de manière à en faire, au lieu d'un violent factum, un arsenal complet d'arguments à l'usage de ses coreligionnaires, et il publia dès l'année suivante un volume compact de 900 pages, intitulé : *Bouclier de la Foy ou Défense de la Confession de foy des Eglises réformées du royaume de France contre les objections du sieur Arnoux jésuite, livre auquel sont décidées toutes les principales controverses entre les Eglises*

mss. de Conrart par Paulin Paris (Tall., III, 377); de ses lettres et de celles qui lui sont adressées, dans les manuscrits de Conrart (Arsenal, vol. 4110, p. 334, 359, 380; vol. 4119, p. 929-945; vol. 5420, p. 603, et *passim*); de Jourdan, *Éphémérides historiques de La Rochelle*, 1861 et 1871, t. I, p. 526 : on y voit que Marie Bruneau fut mariée au temple de La Rochelle le 4 octobre 1599, qu'après sa mort (1641) ses petits-fils vendirent sa maison de La Rochelle, qui était dite le *Petit Louvre*, etc. Consulter aussi l'art. de la *France protestante*, de Haag, 2ᵉ éd., t. III, col. 298. En 1618, elle avait environ trente-huit ans, quatre de plus que Racan.

1. Tallemant, III, 378.
2. Voir plus haut, p. 154, et Tall., II, 361.

réformées et l'Eglise romaine, par P. DU MOULIN; Charenton, A. Pacard, 1618 [1].

Mme des Loges fut si contente de cette apologie du protestantisme qu'elle la répandit autour d'elle. Elle la prêta à Racan, en lui demandant de la lire.

Notre gentilhomme s'exécuta, ou plutôt il est à croire qu'il se contenta de feuilleter une partie de l'ouvrage. Sa besogne faite, il griffonna en vers l'impression que lui laissait ce chaleureux plaidoyer en faveur du calvinisme :

> Bien que du Moulin, en son livre,
> semble n'avoir rien ignoré,
> le meilleur est toujours de suivre
> le prône de notre curé.
> Toutes ces doctrines nouvelles
> ne plaisent qu'aux folles cervelles.
> Pour moi, comme une humble brebis,
> je vais où mon pasteur me range,
> et n'ai jamais aimé le change
> que des femmes et des habits [2].

Il gardait pour lui, bien entendu, cette boutade, et s'apprêtait à renvoyer le livre à Mme des Loges avec force compliments lorsque Malherbe vint lui faire visite : il lui montre en riant son épigramme, et le maître s'empresse de l'écrire sur la première page du *Bouclier de la Foy*, en renvoyant le livre à Mme des Loges de la part de Racan. Reconnaissant l'écriture du vieillard, elle croit que les vers sont de lui, et, piquée au vif de cette impertinente réponse à son zèle religieux, elle lui fait faire par Gombaud, son poète, ardent protestant comme elle, cette réplique dépitée et même cruelle qu'elle inscrit elle-même sur la page d'en face : le ton de l'époque est bien caractérisé par la hardiesse de l'allusion que se permet à la fin cette femme austère.

1. Nous voyons que beaucoup plus tard ce *Bouclier de la Foy* attachait au protestantisme, Mlle du Péray, et que Bossuet, qui cherchait à la convertir, eut plusieurs conférences avec elle pour la convaincre des erreurs et des contradictions de l'auteur (Bausset, *Vie de Bossuet*, p. 73).

Sur Pierre du Moulin et ses 82 ouvrages, voir un article très complet dans la *France protestante*, de Haag, 2e éd., V^e vol., IIe partie, col. 800-824.

Pour toute cette affaire de la *Défense de la Confession*, consulter aussi le *Mercure françois*, t. II de 1617, p. 55 et s.

Voici deux des nombreuses réponses provoquées par ce libelle : *Les Quatre Ministres de Charenton bâillonnés...* 2e éd., Paris, Cotereau, 1618 ; — *Les Plaintes du sieur du Moulin.... présentées au Roi...* par Honorat de Meynier; Paris, Rousset, 1618 (*France protestante*, citée, col. 822).

Garassus entra en lice en 1620, avec le *Rabelais réformé par les ministres et nommément par Pierre du Moulin...*, après que celui-ci eut publié son livre *De la vocation des Pasteurs*.

2. I, 221. — V. Lex., CHANGE.

C'est vous dont l'audace nouvelle
a rejeté l'antiquité,
et du Moulin ne vous rappelle
qu'à ce que vous avez quitté :
vous aimez mieux croire à la mode,
c'est bien la foi la plus commode,
pour ceux que le monde a charmez.
Les femmes y sont vos idoles :
mais à grand tort vous les aimez,
vous qui n'avez que des paroles [1].

Dans quelques années, lorsque s'agiteront autour de lui les que-relles du molinisme et du jansénisme, Racan déclarera encore qu' « il se tient aveuglément en la créance qu'il a apprise de sa mère et de sa nourrice, sans s'alambiquer l'esprit de toutes ces opinions nouvelles [2] ». C'est toujours la même humeur. En fait de religion, de parti pris il ne veut chercher rien de mieux que ce qu'il a, et il se montre le sujet le plus décourageant qui soit pour n'importe quelle tentative de pro-sélytisme.

A ce compte, il est vrai, il pratique sa foi avec une routinière non-chalance, mais du moins en toute sécurité et simplicité. Il y porte d'ail-leurs, à défaut d'étude, sa tendresse naturelle, il incline à la piété, et il goûte, nous l'avons vu, les ouvrages de saint François de Sales [3].

1. Malherbe était très marri de ce dernier point (*Mémoires de Racan*, LXXV, et Lettre à Balzac, Lalanne, IV, p. 95 et 96). — On voit que Mme des Loges répond surtout au mot de l'épigramme de Racan : « ces doctrines *nouvelles* »; c'est en effet le fond du débat entre les deux confessions.

Balzac, au XXXVIIe de ses *Entretiens*, publiés en 1657, raconta faussement cet incident, en attribuant, comme Mme des Loges, les vers à Malherbe. Il fut copié par quelques auteurs, entre autres par Tallemant, I, 285. — Mais Racan découvrit la vérité à Ménage, qui la rétablit en 1666 dans ses *Observations sur les poésies de Malherbe*, p. 557.

Balzac commettait plus d'une erreur : 1° il attribuait l'une des pièces à Malherbe et l'autre à Mme des Loges, quand elles sont de Racan et de Gombauld; 2° il croyait que Malherbe avait trouvé le livre chez Mme des Loges; 3° il disait que c'était le gros livre de du Moulin contre le cardinal du Perron, qui ne parut qu'en 1641, treize ans après la mort de Malherbe : *Réponse au livre du cardinal du Perron intitulé* Réplique à la réponse de Jacques Ier, roy de Bretagne (*France protestante*, V^e vol., IIe partie, col. 820); 4° il avait altéré 3 vers de Racan :

le 1er ainsi :   Quoique l'auteur de ce gros livre,
le 8e sous la houlette je me range
le 9e il n'est permis d'aimer le change....

Nous avons déjà surpris Balzac citant inexactement des vers des Bergeries (p. 264, n. 1), M. Dejob, qui a suivi l'erreur de Balzac, en tire même une preuve de la facilité de Malherbe (*Revue internationale de l'Enseignement* du 15 mai 1892, p. 460).

Ce sans-gêne de Malherbe avec Mme des Loges est à rapprocher d'autres traits (V. nos *Anecdotes inédites*, n° 23). — Sur le poète et la dame, V. encore *Anecd.*, n° 34.

2. Lettre à Chapelain, Latour, t. I, 332.

3. entre autres l'*Introduction à la Vie dévote*, parue en 1608, V. notre ch. XI.

En définitive, si Racan semble parfois se rapprocher de Malherbe par la tiédeur de sa foi catholique, il est en réalité, là encore, bien loin de son maître, car il a, lui du moins, l'*âme religieuse*.

En voilà assez pour expliquer comment cette modeste corde religieuse qu'il attache à sa lyre dès le matin de sa vie se fera de plus en plus sonore jusqu'à devenir sur le soir toute la lyre; et bientôt, lorsque revenu décidément de toutes les grandeurs de ce monde, il aura *fait sa retraite* à la campagne, il ne sera plus, 40 années durant, que le poète des Psaumes.

CHAPITRE XV

L'Amour et l'Amitié

1620-1627

I. — PREMIÈRE PARTIE : 1620-1624

Intérêt de toute cette période 1620-1627.

I. — La première publication de Racan, 1620 : *les Délices de la Poésie françoise*. La première campagne, 1621. — Déception militaire. — Mort du marquis de Termes. — Les *Stances de Consolation au duc de Bellegarde.* La campagne de 1622. — L'*Ode du départ.* — Liaison avec le comte de Bussy. — L'aventure de la *France mourante.* — L'*Ode à Bussy.* — Un baptême à Saint-Pater. Nouvelle phase de la passion de Racan : il recherche la marquise en mariage. Timidité. La déclaration écrite. La chanson. — *Les deux pièces amoureuses en « stances ».*

La correspondance de Racan avec Malherbe et avec Mme de Termes en 1623.

Le départ d'Arthénice pour la Bourgogne. Le premier hiver à Paris sans elle. — *Églogue et Lettres.*

Après la représentation d'*Arthénice*, la marquise de Termes continua, comme auparavant, à jouer avec le cœur du poète par un mélange habilement combiné d'avances et de rigueurs. Lui s'obstina dans son amour avec cet entêtement particulier aux natures douces, et il tenta de la lasser avec une incroyable persévérance qui dura en somme 9 années, de 1619 à 1627, long espace de temps qu'ont vécu bien peu de passions [1].

Nous avons conté les préliminaires de ce roman, l'invention de l'anagramme d'*Arthénice*, la déclaration ingénieuse et détournée au

---

[1]. « Les grandes passions en France, a remarqué un moraliste du 18ᵉ siècle, M. de Meilhan, sont aussi rares que les grands hommes » (dans Sainte-Beuve, *Lundis*, II, 136). Les passions d'intensité moyenne comme celle-ci sont certainement plus rares que les hommes de valeur moyenne. Si l'on regarde à la longueur, le roman de Racan est encore moins fréquent, il est à rapprocher de la fidélité montrée un peu plus tard par Montausier à Julie d'Angennes, mais pour Racan et Mme de Termes, les lois de l'amour précieux et les différences de religions n'ont rien à y voir. — Sainte-Beuve assigne le terme extrême de 2 ans aux *grandes* passions.

moyen des vers de ballet, de l'Ode à sa Raison et surtout de la pastorale[1]. Nous allons maintenant en suivre les diverses péripéties, qui forment le vrai fond de la vie de Racan entre trente et quarante ans, ou plus exactement entre 1620 et 1627, et nous verrons mûrir une belle moisson lyrique et élégiaque au souffle du grand sentiment qui le domine. En même temps que se développera son amour, se resserrera de jour en jour son amitié avec Malherbe. Il fera aussi ses débuts militaires qui ont été si longtemps retardés par les circonstances ; enfin l'histoire de sa réputation auprès de ses contemporains tient en grande partie dans ces quelques années si remplies, qui sont marquées par les plus importantes publications de ses vers.

Tel est le tableau complexe que nous avons maintenant à présenter de la fin de la jeunesse de notre poète, et que nous divisons, pour plus de clarté, en deux parties, la première allant de 1620 à 1624, la seconde de 1625 à 1627.

I

Racan reçut presque en même temps les deux baptêmes de la publicité littéraire et du feu, l'un qu'il n'avait jamais cherché, et l'autre qu'il désirait depuis si longtemps.

Depuis 20 ans paraissaient des anthologies aux titres cherchés, les *Muses françoises ralliées de diverses parts*, les *Fleurs des plus excellents poetes de ce temps*, le *Temple d'Apollon*, le *Cabinet des Muses* : chacun de ces recueils se renouvelait en général tous les ans par les productions de l'année, comme « la terre », selon le mot de l'un des auteurs, « se pare tous les ans de nouvelles fleurs [2] ». Cette invention excellente permettait à la société lettrée de connaître à mesure les meilleurs vers, à une époque où la production poétique commençait à être abondante : les amis de la poésie peuvent se réjouir de voir aujourd'hui M. Charles Fuster reprendre cette tradition par son *Année des poètes* [3].

En 1615, un poète, qui réussissait peu par ses propres vers, François de Rosset, avait eu l'idée de recueillir ainsi ceux des autres,

---

1. Ch. x et xii.
2. *Temple d'Apollon* de 1611, Avis au lecteur. — Sur le commencement de ces anthologies, voir Allais, p. 341-348. M. Lalanne donne le catalogue bibliographique de 19 recueils, allant de 1597 à 1635, où ont été insérées des pièces de Malherbe (t. I, p. cix).
3. Paris, rue Saint-Jacques, 161.

et il avait fondé les *Délices de la poesie françoise, ou Recueil des plus beaux vers de ce temps*, en deux volumes in-8°.

Bientôt sollicité de réduire les deux volumes en un, il supprima en 1620 les poésies de Bertaut, dont on venait de donner une édition spéciale [1], demanda aux divers poètes du recueil de faire eux-mêmes un choix dans leurs vers, et, pour mettre son ouvrage au courant, il voulut y faire entrer de nouveaux noms. Celui qui s'imposait le plus était celui de Racan, qui avait conquis depuis longtemps son droit de cité poétique à la cour et qui venait de réussir si brillamment au théâtre. On ne pouvait insérer la pastorale, mais le poète fournit 33 pièces détachées ; c'étaient toutes celles qu'il avait composées jusque-là, à l'exception de cinq qu'il n'osa pas imprimer, quatre pour raison littéraire (il les trouvait trop faibles), une pour raison politique, c'était la Chanson de Bergers adressée à la reine Marie de Médicis, laquelle fomentait en ce moment même une guerre civile.

En tête venait sa belle Ode au Roi, puis la suite de ses sonnets, de ses stances et odes amoureuses, les Stances sur la Retraite, le Noël, les vers de ballets, etc., un ensemble de 60 pages qui suivaient les extraits de Malherbe, de d'Urfé, et de des Yveteaux, et qui précédaient ceux de Colomby, Méziriac, Monfuron, le sieur de Molière (un auteur de roman pastoral), Jean de Lingendes, Touvant, Motin, de la Picardière, Callier et Maynard, lequel avait auprès du public quelque avance sur son ami, ayant paru dans un autre recueil, deux ans auparavant [2].

Les *Délices de la poésie françoise* de 1620 consacraient publiquement le succès de Racan, et, par l'ordre même des diverses poésies, avertissaient le public de ce que la cour savait déjà, à savoir qu'il avait

---

1. Elle parut chez Toussaint du Bray lui-même.
2. *Parnasse des plus excellens poetes de ce temps*, chez Mathieu Guillemot, à Paris, 1618. — On trouvera aux Pièces justificatives, n° 51, la liste complète des poésies de Racan parues dans le recueil de 1620. Il était dédié à la princesse de Conti.
   On rencontre bien quelques poésies de R. à la fin d'un exemplaire du *Nouveau Recueil des plus beaux vers de ce temps* (par de Rosset), daté de 1609, Paris, Toussaint du Bray (Bibl. Nat., Rés. Ye 2746). Mais il est certain que l'on se trouve là en présence d'un volume factice. Les pages de R. ne portent pas de numéro, tandis que tout le reste de l'ouvrage est régulièrement numéroté de 1 à 528. De plus, le sonnet sur la mort du chevalier de Guise ne peut être au plus tôt que de 1614, et l'Ode au Roi sur son mariage, que de 1615. Les 16 pièces de Racan font partie des 33 qui parurent dans les *Délices de la poésie françoise* de 1620 ; elles sont suivies de cette note de l'éditeur au lecteur : « Comme ce livre s'achevoit d'imprimer, un des amis de Monsieur de Racan me donna les pièces que tu viens de voir. Je les ay mises ici parce qu'elles sont si dignes, qu'elles ne démentent point le bruit qu'il a de faire aussi bien des vers qu'homme de sa qualité. » S'agit-il d'une indiscrétion véritable d'un des amis de R. ou d'une contrefaçon ? nous ne savons, mais il est possible que ces vers aient paru dans un des nombreux recueils de poésie publiés entre 1615 et 1620.

RACAN.

commencé par aimer Cloris (la comtesse de Moret), mais qu'à présent la marquise de Termes, Arthénice, occupait son cœur [1].

L'année 1621 apporta à Racan la véritable occasion de guerre qu'il souhaitait depuis si longtemps, et, en lui conférant le baptême du feu, elle amena un tragique événement qui allait exercer une influence décisive sur sa passion pour la marquise de Termes.

Le roi se décida à faire campagne contre les protestants qui s'étaient constitués dans le midi de la France en une véritable république, et le 29 avril il quitta Paris, accompagné des deux reines, des princes, de toute une escorte de seigneurs, parmi lesquels se trouvait Racan dans la Cornette blanche [2]. Termes avait un commandement militaire sous les ordres suprêmes du duc de Luynes, récemment nommé connétable.

La première place qui fit résistance fut Saint-Jean d'Angély, où le duc de Soubise s'était enfermé. Déjà en 1569, le roi Charles IX avait dû en faire le siège et, tout jeune, le père de Racan, Louis de Bueil, y avait pris part dans sa première campagne [3]. Rencontre curieuse, c'est là 50 ans plus tard que son fils vient, lui aussi, faire ses premières armes. L'attaque commença avec vigueur le 31 mai; seigneurs jeunes et vieux rivalisèrent de bravoure et de témérité; la ville fut battue par le canon et l'on obtint la capitulation de Soubise après 22 jours de résistance : les députés durent demander à genoux le pardon des habitants, dont les fortifications furent démolies et les privilèges révoqués [4].

L'armée royale fut de nouveau arrêtée dans la Basse Guyenne par la petite place de Clairac sur le Lot, qui se qualifiait de « ville sans roi défendue par des soldats sans peur ». Le siège y est mis le 22 juillet : le premier jour le marquis de Termes est gravement blessé, et il succombe le surlendemain [5].

Ainsi finissait à l'âge de 40 ans l'un des plus brillants gentilshommes de cette époque, que l'on avait toujours vu partout où il y avait du courage à montrer ou de la vanité à étaler, que Racan avait admiré, aimé, envié et chanté dans ses odes et sa pastorale comme un enfant gâté de l'amour [6]. C'était une grande perte pour la cour, un deuil cruel

---

1. Son nom apparaît pour la première fois dans la 26e pièce (vers de ballet) et dans la 32e ou avant-dernière (Ode à la Raison).
2. Nous nous appuyons toujours sur les données de la Notice inédite de Conrart, Pièce just. 48.
3. Ch. i.
4. V. Bazin, t. II, 154 et suiv.
5. Bassompière, *Journal de ma vie*, éd. Chantérac, Paris, 1873, t. II, p. 289.
6. V. l'ode à M. de Termes sur la Venue du printemps (Latour, I, 151), et les ch. iii, vi et ix.

pour la maison de Bellegarde, une profonde douleur pour le duc, qui avait toujours paternellement traité son jeune frère, à qui il venait de céder sa charge de Grand Écuyer [1], un vrai désespoir pour la marquise, qui, en proie à l'égarement, poussait les hauts cris, appelant alternativement son mari et son beau-frère [2].

Bien que ses sentiments fussent mélangés, Racan était peiné comme Malherbe de la mort de ce brillant gentilhomme qu'il approchait depuis 20 ans. Il devait, ainsi que son maître, de publiques condoléances à son protecteur le duc de Bellegarde, plongé dans une vive douleur : Malherbe s'exécuta en prose [3], lui le fit en vers et adressa à « Monseigneur de Bellegarde » l'une de ces pièces de sympathie officielle si improprement appelées alors pièces *de consolation* : c'étaient de belles stances dans ce rythme grave d'alexandrins où il avait si bien exprimé déjà sa mélancolie et sa soif de la retraite [4]. Il excelle surtout à peindre l'apothéose du marquis de Termes, comme il avait fait celle de Henri IV [5], et la première stance de cette partie, qui était inspirée d'un passage en prose de Malherbe, ne laissa pas de donner à celui-ci quelque jalousie [6].

1. Sur ces sentiments paternels du duc de Bellegarde, voir une lettre de Malherbe, IV, 224. — Le marquis de Termes avait été promu chevalier du Saint-Esprit l'année précédente, et en même temps le comte de Bellegarde nommé duc et pair (*Mercure*, 1620, p. 23 et 275).

2. Lalanne, IV, 225.

3. Lettre de Consolation, Lal., IV, 224-232. Elle contient quelques grandes pensées, avec beaucoup de rhétorique.

4. Le rythme de cette pièce diffère pourtant dans les détails de celui des Stances sur la Retraite : les stances impaires ont ici 4 rimes masculines pour 2 féminines seulement, ce qui leur donne moins de sonorité et plus de gravité ; voici le dessin (pour les signes abréviatifs, voir plus bas, p. 310, n. 2 fin) :

St. impaires, *m m f / m² f m²*.

St. paires,   *f f m / f² m f²*.

La pièce finit sur une stance impaire, de sorte que la dernière rime est masculine. — Ronsard n'a pas employé ce rythme. Malherbe a usé de la combinaison que nous trouvons ici dans les stances impaires seulement (Souriau, *Vers*, 97), et par conséquent il violait la loi d'alternance des strophes. L'habile perfectionnement de ce rythme appartient donc à Racan.

La pause du sixain est partout observée, sauf dans la 4e stance, où l'on pourrait aussi bien d'ailleurs mettre le point du second vers à la fin du troisième.

5. Ode à Louis XIII, Latour, I, p. 8.

6. Tallemant, II, 355. — Je crains que ce ne soit pas la noble jalousie de l'artiste qui voudrait avoir su faire aussi bien, mais la mesquine envie de l'homme dépité de voir ses propres idées remporter plus de succès entre les mains d'un autre. Voici le passage de Malherbe ; il se trouve dans la Lettre de Consolation à la princesse de Conti à l'occasion de la mort de son frère le chevalier de Guise, publiée en 1614 (Lal., IV, 215) : « Ce sera là (au ciel) qu'un jour avec lui vous aurez en la source même les plaisirs que vous n'avez ici que dans les ruisseaux. Ce sera là que les étoiles que vous avez sur la tête seront à vos pieds ; là que vous verrez passer les nuées, fondre les orages, gronder les tonnerres au-dessous de vous ; et alors, Madame, si parmi les glorieux objets dont vous serez environnée, il vous peut souvenir des choses du monde, avec quel mépris regarderez-vous ou

5. Il voit ce que l'Olympe a de plus merveilleux,
    il y voit à ses pieds ces flambeaux orgueilleux
    qui tournent à leur gré la Fortune et sa roue,
    et voit comme fourmis marcher nos légions
    dans ce petit amas de poussière et de boue
    dont notre vanité fait tant de régions.

7. ...... Parmi tant de beautés qui luisaient en tous lieux,
    à peine son esprit daignait baisser les yeux
    pour voir dessous ses pieds ce que la terre adore ;
    tous les dieux à l'envi lui versaient du nectar,
    sinon Bellone et Mars, qui poursuivaient encore
    les auteurs de sa mort sur les rives du Tar [1].....

ce morceau de terre dont les hommes font tant de régions, ou cette goutte d'eau qu'ils divisent en si grand nombre de mers!... »

Malherbe avait probablement tiré ces hautes idées de la préface des *Questions naturelles* de Sénèque, qu'il avait traduites (Lal., I, 469-472) et où Racan lui-même retrouva la comparaison des fourmis. L'un et l'autre ont pu s'inspirer aussi, en le développant, du vers 57 de la Ve bucolique de Virgile :

Sub pedibusque videt nubes et sidera Daphnis.

Sainte-Beuve rapproche aussi les vers de Racan d'un passage de Pline le Naturaliste : « Comparant sur ce globe la chétive étendue de la terre par rapport à celle de l'Océan et des mers (disproportion qui semblera encore évidente aujourd'hui malgré la découverte des continents nouveaux), il nous montre avec ironie ce théâtre de notre gloire, de nos ambitions, de nos fureurs, et dira presque comme a dit depuis le poète Racan, qui dans de beaux vers se transporte en idée avec le sage au haut de l'Olympe : (suivent les 3 derniers vers de la stance) ». *Lundis*, II, 42.

1. Latour, I, p. 200. — On remarque dans ces stances encore de beaux vers astronomiques et astrologiques. Racan prête aux astres une influence sur notre destinée, et c'est un prestige de plus qu'ils ont à ses yeux.

St. 5. Cf. la lettre à d'Armilly où il appelle la terre « l'esgout des excréments de l'univers ». — Le dernier vers signifie au juste : dont nous faisons tant de régions en nous imaginant dans notre vanité que nous habitons un grand monde.

Costar mentionne la stance dans une lettre à la marquise de Lavardin où il parle de « ces globes célestes, en comparaison desquels la terre ne paroist qu'un point, ou, pour parler avec M. de Racan,

n'est qu'un petit amas de poussière et de boue
dont notre vanité fait tant de régions. »

Lettres de Costar; Paris, Courbé, 1658, 4°, 1er vol., p. 413.

Ménage traitait d' « admirables » les trois derniers vers de la stance, qui sont cités dans le *Menagiana*, II, 286, avec le rajeunissement de *sur* mis à la place de *dans.*

Boileau déclarait que pour avoir fait ces 3 vers, il donnerait les 3 meilleurs des siens.

Sainte-Beuve, en dehors du passage cité plus haut, trouvait les vers de cette stance « admirables en effet pour représenter le bonheur d'un héros chrétien désabusé dans le ciel ». *Lundis*, VIII, 82.

Stance 6, non citée. V. Lex., AISE, — VENUE, — SON.

Stance 7. Dernier vers : V. Lex., TAR. — Le Tarn, où se trouve Montauban qui fut longuement assiégé ensuite par le roi, est, comme on sait, voisin du Lot, au bord duquel périt le marquis de Termes.

La stance pour laquelle Malherbe aurait tiré une mesquine vengeance de son disciple en ne l'avertissant pas « qu'il faisoit *Amour,* divinité et passion tout ensemble » (Tallemant, II, 355), est sans doute la troisième :

... L'amour de la vertu (était) la seule passion
dont il était épris, soit en paix, soit en guerre.

Dix jours après mourait de maladie le garde des sceaux, Guillaume du Vair, qui avait suivi l'armée. Racan reçut à cette occasion une belle lettre de Malherbe, qui était très lié avec ce personnage, ancien premier président au Parlement de Provence, et qui se trouvait ainsi frappé coup sur coup dans ses amitiés[1].

Après avoir pris Clairac, l'armée royale alla mettre le siège devant Montauban, mais malgré les exploits de la jeune cour, elle dut lever le camp au bout de plus de 2 mois de siège (18 août-2 novembre). Parmi les nombreuses victimes que firent les maladies se trouva le frère même de la marquise de Termes, le jeune comte de Charny, qui s'était marié au gré de ses vœux et succombait à 20 ans, en plein bonheur. Racan lui fera bientôt une éloquente épitaphe[2].

Le roi, après son entrée solennelle à Toulouse et la prise de Monheurt, où mourut le connétable de Luynes, satisfait d'avoir repoussé la rébellion vers la Méditerranée, rentra à Paris le 28 janvier 1622.

Notre gentilhomme venait enfin de toucher à la réalisation de ce rêve qui avait, pour ainsi dire, plané sur son berceau, qui n'avait cessé de le hanter durant son enfance et qui le faisait soupirer depuis 13 ans, celui de suivre la carrière des armes pour pouvoir égaler la gloire de

Cependant on disait au 17e siècle : épris de colère, de courroux, de l'intérêt, etc. (V. Littré).

Nous ne sommes pas de l'avis de Tenant de Latour, qui déclare que cette *Consolation* à Bellegarde est fort loin de la *Consolation* à du Périer : il ne faut pas oublier que Malherbe n'a fait dans celle-ci que 2 belles stances sur 21.

Dans le *Recueil des plus beaux vers* paru chez Toussaint du Bray, à Paris, en 1627, se glissa une erreur dans le titre de ces stances de Racan, qui furent appelées : Consolation à Monseigneur de Bellegarde sur la mort de M. de Termes son Père. L'erreur demeura dans les éditions du même ouvrage de 1630, 1638 et les suivantes. —

Avec ces belles stances Racan avait envoyé au duc de Bellegarde une épigramme traduite des anciens, qui fait un pitoyable effet en français : si le marquis de Termes est mort quelques mois après son fils,

> c'est, mon Roger, que la bonté divine
> estima tant cette petite fleur
> qu'elle voulut en avoir la racine. (Latour, I, 228.)

Cette pièce, qui parut en 1626, fut insérée aussi dans l'édition des Bergeries faite à Lyon en 1635, où elle porte le nom de *Traduction*. — Racan y appelle l'enfant *Archémore* (prédécesseur dans la mort), nom donné par les Grecs au jeune Ophelte tué en bas âge par un serpent. et en l'honneur de qui furent institués les jeux Néméens : ce personnage fait partie de la mythologie de Malherbe (Stances à du Périer, v. 31).

1. Malherbe, IV, 24 et 89. La lettre ne nous est malheureusement pas parvenue.

2. Nous en parlons dans la seconde partie de ce chapitre. — Malherbe avait chanté l'amour heureux de ce jeune homme en 1620 (Lal., I, 240). C'est Racan qui l'apprit à Ménage (*Obs.*, p. 492), en appelant le comte de Charny « le marquis de Mirebel »; en réalité il ne devait pas être marquis de Mirebel ou Mirebeau, puisque son père mourut après lui. M. Lalanne (*ib.*) le fait mourir par erreur au siège de Montpellier; c'est celui de Montauban.

ses aïeux. La réalité lui apportait une déception qu'il ne nous a point
cachée : il se trouvait avec ses 32 ans trop âgé pour débuter. Il se
sentait sans expérience, et voyait clairement que tout avenir militaire
lui était fermé. Il avait de plus des habitudes toutes faites, n'était point
rompu à la fatigue et avait son régime de repas et de sommeil : « dans
les armées, dit-il, il faut boire, manger et dormir en tous lieux et à
toutes heures, quand on en a le temps plustost que par provision et
par nécessité. » Il estimait même en toute franchise qu'il manquait naturellement de certaines qualités militaires, la présence d'esprit, la netteté
de la parole, la vigueur du corps [1]. La nature et les circonstances conspiraient décidément pour anéantir son ambition de renommée guerrière,
qui était au fond de sa nature aristocratique. Sa vie, à ses propres
yeux, était décidément manquée. Il n'en profitera pas moins des autres
occasions de guerre qui pourront s'offrir, mais ce sera sans ardeur ni
enthousiasme, et dorénavant un grand désenchantement au fond du cœur.

Le printemps ramena les armements, et notre poète, qui avait eu
le tact dans son apologie en vers du marquis, de ne pas faire allusion à
la marquise, se plaignit discrètement d'être obligé de la quitter.

> Saison des fleurs et des plaisirs,
> beau temps parfumé de zéphirs,
> espoir d'une fertile année,
> que tes appas ont de rigueur,
> et que ta plus claire journée
> produira de nuits en mon cœur !
>
> Mon roi, las de l'oisiveté
> où l'hiver l'avait arrêté,
> bénit le temps qui l'en délivre.
> On voit bien quel est son pouvoir
> de ce qu'il faut que pour le suivre
> mon amour cède à mon devoir [2]......

1. *Lettre* de 1656 (Latour, I, 323 et 324). — V. pour sa déception militaire notre
chapitre vii, fin. — On a remarqué dans la dernière citation l'orthographe du
16e siècle *plustost* pour *plutôt*.
2. Latour, I, 169. Cette ode nous paraît devoir être rapportée à ce printemps
de 1622, car c'est le seul, entre 1620 et 1627, dates extrêmes de l'apparition possible de la pièce, où Louis XIII se soit trouvé entre deux campagnes.
    On se rappelle que Racan avait déjà chanté le printemps quelques années aupara-
vant dans l'ode au marquis de Termes. Le combat entre l'amour et la guerre se retrouve dans l'ode suivante de l'édition Latour, qui avait été faite également plus tôt.
    C'est la première fois que Racan emploie ce rythme $m\ m\ f\ /\ m^2\ f\ m^2$, dont Mal-
herbe lui a donné l'exemple (Souriau, 97, n. 5), mais qui viole la règle de l'alternance des rimes d'une strophe à l'autre. (Nous adoptons, pour la désignation des
rimes, les signes conventionnels si clairs employés par M. Becq de Fouquières dans
son Tableau de la Versification de Ronsard : $m\ m$ 1re rime masculine, $f\ f$ 1re rime
féminine, $m^2\ m^2$ 2e rime masculine, $f^2\ f^2$ 2e rime féminine, etc.)

Louis XIII, 50 jours après qu'il était rentré à Paris, le quitta donc de nouveau le 21 mars 1622. Le duc de Rohan, à Montpellier, résistait avec avantage aux trois armées catholiques du Dauphiné, de la Provence et du Languedoc. Les troupes royales les allèrent rejoindre en traversant toute la France, semant partout le pillage et la cruauté, en réponse aux excès des huguenots. Cette campagne prenait un caractère de sauvagerie que n'avait pas connu la précédente[1].

Sans s'exciter comme ses compagnons d'armes, notre enseigne au milieu de la Cornette blanche suivit tranquillement la guerre. Chemin faisant il se lia étroitement avec le comte de Bussy-Lameth (le père de Bussy-Rabutin), qui se trouvait être son cousin éloigné, avait à peu près son âge et était de cette Bourgogne que le poète connaissait bien grâce aux Bellegarde et aux Termes[2]. Racan et Bussy vivaient familièrement ensemble, aussi parfois, le comte fut-il gravement victime de l'incroyable étourderie de son compagnon; nous le voyons dans une anecdote qui manque d'élégance, mais qui peint bien le caractère de notre homme. Une fois, ils avaient couché dans la même chambre, Racan prend un petit livre qui venait de paraître et avait pour titre : *La France mourante, dialogue entre le chancelier de l'Hospital, le chevalier Bayard et la France malade*, et tout en le lisant il va... « au privé »; il en sort tenant à la main un papier d'un tout autre genre qu'il va ranger soigneusement sur la toilette : « Qu'est-ce cela? dit Bussy. — C'est *la France mourante*. — Regardez-y bien. — Ah! je l'ay donc jetté dans le privé. » Il prend un pain de bougie, l'allume et l'y jette aussi : « Ah! en vérité, dit-il, on voit le livre[3]. »

A la fin du mois d'août, on alla mettre le siège devant Montpellier; tout le mois de septembre se passa en travaux d'approches, pendant que la maladie décimait les officiers et aussi les ministres qui tous avaient suivi l'armée. Ainsi mourut le nouveau garde des sceaux de Vic, et sa succession donna lieu à des intrigues aussi ardentes que si l'on eût été au

---

1. Bazin, II, 194.
2. Bussy-Rabutin écrivait, à la nouvelle de la mort du poète : « Je regrette fort M. de Racan. Il avoit été *ami particulier de mon père* et me continuoit la même amitié. » *Correspondance*, édition Lalanne, t. I, 246. — Marolles dit qu'ils firent connaissance dans « les guerres de Languedoc et de Dauphiné » en servant sous le connétable de Lesdiguières et le duc de Montmorency, gouverneur du Languedoc, à qui Bussy était attaché (dans Paulin Paris, édition de Tallemant, II, 378). Mais il fait erreur en disant que Racan connut de la même façon M. de Termes; il le connaissait, nous l'avons vu, depuis 20 ans par le moyen du duc de Bellegarde. — Tallemant dit que le comte de Bussy était même cousin de Racan (II, 359) : nous ne savons par quel côté.
3. dans Tallemant, II, 359, dont nous avons adouci quelques termes. Cette histoire fit fureur et inspira aussitôt, en 1623, le récit des aventures semblables de Musidore dans le *Francion* de Sorel (V. édit. Colombey, l. V, p. 197).

Louvre[1]. Racan, qui n'avait plus nulle ambition politique, assistait en sage à ce spectacle, et des souvenirs d'Horace prenant en compassion l'agitation humaine lui remontaient à la mémoire [2]. Il voyait dans le même temps son ami de Bussy préoccupé de la gloire militaire, pourtant si difficile à acquérir par ce temps de guerres civiles et de sièges sans fin : lui qui était bien revenu de l'ambition militaire comme des autres, en voyait le vide; il était convaincu maintenant du néant de toutes les vanités. Donner sa jeunesse aux plaisirs et à l'amour, n'était-ce donc pas plutôt la vérité et la sagesse? Il conseille en ce sens son ami, et il lui adresse un jour dans une de ses odes les plus animées et les plus harmonieuses un pénétrant appel, non pas à la retraite rustique comme il l'a fait avec d'Armilly dans les Stances, mais au repos épicurien. Cette pièce fut, paraît-il, pour le comte belliqueux une révélation de la poésie française [3]. Plus tard Voltaire trouvait quelques-unes de ces strophes « remarquablement belles [4] ».

1. Bussy, notre printemps s'en va presque expiré,
   il est temps de jouir du repos assuré
        où l'âge nous convie :
   fuyons donc ces grandeurs qu'insensés nous suivons,
   et, sans penser plus loin, jouissons de la vie
        tandis que nous l'avons.

2. Donnons quelque relâche à nos travaux passez ;
   ta valeur et mes vers ont eu du nom assez.
        Dans le siècle où nous sommes,
   il faut aimer notre aise, et, pour vivre contents,   10
   acquérir par raison ce qu'enfin tous les hommes
        acquièrent par le temps.

3. Que te sert de chercher les tempêtes de Mars,
   pour mourir tout en vie au milieu des hasards
        où la gloire te mène?   15
   Cette mort qui promet un si digne loyer
   n'est toujours que la mort qu'avecque moins de peine
        l'on trouve en son foyer.

4. Que sert à ces galants ce pompeux appareil
   dont ils vont dans la lice éblouir le soleil   20

1. Bazin, II, 204.
2. particulièrement l'ode à Quintius Hirpinus : *Quid bellicosus Cantaber* (II, xi), on le voit par son Ode à Bussy que nous citons plus bas.
3. Discours de Bussy à ses enfants, 1694, p. 72 (dans Lalanne, édit. de la *Correspondance* de Bussy-Rabutin, I, 246, n.).
4. Voltaire le dit des strophes 3 et 4 qu'il cite dans le *Dictionnaire philosophique* (*OEuvres complètes*, édit. Firmin Didot, t. VII, p. 167). Nous ne savons où Tenant de Latour a surpris le double rajeunissement qui aurait été fait par Voltaire de ces strophes (I, 156, n. 1).

des trésors du Pactole?
La gloire qui les suit après tant de travaux
*se passe en moindre temps que la poudre qui vole
du pied de leurs chevaux.*

5. A quoi sert d'élever ces murs audacieux
qui de nos vanités font voir jusques aux cieux   25
les folles entreprises?
Maints châteaux, accablés dessous leur propre fais,
enterrent avec eux les noms et les devises
de ceux qui les ont faits.

6. Employons mieux le temps qui nous est limité;
quittons ce fol espoir par qui la vanité
nous en fait tant accroire.
Qu'amour soit désormais la fin de nos désirs;
car pour eux seulement les Dieux ont fait la gloire,
et pour nous les plaisirs.

7. Heureux qui, dépouillé de toutes passions,
aux lois de son pays règle ses actions
exemptes d'artifice!
et qui, libre du soin qui t'est trop familier,
aimerait mieux mourir dans les bras d'Arthénice
que devant Montpellier [1] !

1. Latour, I, 155. La langue de cette ode ayant très peu vieilli donne lieu à un fort petit nombre de remarques de vocabulaire.
Str. 1. — V. Lex., Expirer et 1. Penser, ii, 2°. — Les deux premiers vers rappellent beaucoup le 2ᵉ et le 6ᵉ de la 1ʳᵉ des Stances sur la *Retraite*.
Str. 2. — V. Assez et Enfin. — La pause du 3ᵉ vers n'est pas observée.
Str. 3. — v. 14 : on a certainement remarqué l'énergie et la simplicité de cette expression : *mourir tout en vie.*
Str. 4. — V. Lex., Galants. — L'admirable fougue de la fin de cette strophe n'a guère été égalée que par Hugo dans *Mazeppa*, commencement.
La str. 5, comme d'ailleurs la précédente, peut s'appliquer à Bussy, qui commence à construire son château de Bussy en Bourgogne.
Str. 6, dernier v. : Silène dit de même dans *Arthénice* que les dieux

            n'ont fait que pour nous
les plaisirs d'ici-bas aussi justes que doux. (T. I, p. 78.)

Le rythme de cette pièce est admirable : 12 12 6 / 12 12 6.
            m m f / m² f m².

Son mouvement est réellement suspendu à la fin du 3ᵉ petit vers féminin arrivant à la suite de deux rimes masculines suivies; la fin de la strophe complète heureusement ce début par ses rimes croisées et son petit vers final masculin. La loi de l'alternance est violée d'une strophe à l'autre, mais l'oreille n'en souffre nullement. — Ronsard est l'inventeur du dessin général de ce rythme, Malherbe l'aimait beaucoup (*Anecdotes inédites*, n° 25). Mais ni l'un ni l'autre n'en firent l'habile application que nous trouvons ici; elle est bien personnelle à Racan.
Cette ode a provoqué un concert de louanges à travers les siècles. Bussy-Rabutin l'envoie au P. Rapin le 12 octobre 1672 en lui écrivant : « Elle me paroît belle, et si l'on y avoit corrigé *quelques méchantes expressions*, elle seroit à mon avis fort bien faite. » *Correspondance*, édit. Lalanne, II, 178. Il se chargea lui-même de l'épuration, et dans *l'Usage des adversités* qu'il laissa à ses enfants, il cite la

La ville capitula le 18 octobre et la paix y fut signée. Racan accompagna le roi dans la fin de son voyage, en Provence, en Dauphiné, et à Lyon, et l'on ne rentra à Paris que dans les premiers jours de janvier 1623.

Notre gentilhomme se rendit aussitôt dans la Touraine, qu'il avait quittée depuis si longtemps; on l'y attendait pour une petite fête d'amis, pour le baptême du fils de son voisin de château, Jean de Robert, sieur de Chantemelle. Il fut parrain, et nomma son filleul Honorat. La marraine fut choisie dans une autre famille voisine, avec qui Racan était aussi très lié, la célèbre famille des Castelnau. La cérémonie eut lieu le dimanche 15 janvier. (La cour n'était rentrée à Paris que le mardi précédent [1].)

Notre gentilhomme revint alors à Paris, notant ingénieusement dans un madrigal qu'il avait aidé à conclure la paix « pour tout le monde » et qu'il ne pouvait la faire pour lui [2].

A la fin de l'Ode à Bussy, en effet, il s'était permis, après quelque temps de silence commandé par la bienséance, d'inscrire de nouveau dans ses vers le nom d'Arthénice. C'est le commencement d'une nouvelle phase de son long roman. Depuis trois ans environ il aime la marquise d'un amour qui, d'abord poétique, est devenu véritable, mais qui demeurait volontairement respectueux puisqu'elle était mariée. A présent que la catastrophe de Clairac a rendu libre la main de Mme de Termes, il se porte sur les rangs pour l'obtenir et le vasselage poétique devient une recherche régulière en mariage. Il est vrai que la

---

pièce en substituant des conseils chrétiens aux conseils épicuriens donnés par le poète; ainsi la fin de la strophe 6 est ainsi changée :

Que *Dieu* soit désormais *l'objet* de nos désirs;
il forma les mortels pour jouir de sa gloire
et non pas des plaisirs.

(V. Sainte-Beuve, *Lundis*, III, 361.)

Voir l'éloge que donne Sainte-Beuve à l'ode de Racan (*Lundis*, VIII, 81); celui de Feuillet de Conches, qui trouve que ces vers ont la marque de Malherbe (*Causeries d'un curieux*, III, 432), etc.

1. Nous avons retrouvé cet acte de baptême dans les Registres paroissiaux de Saint-Pater à la date du 15 janvier avec les signatures de Racan (Honorat de Bueil) et de Gabrielle de Castelnau (de la famille du maréchal de Castelnau, l'auteur des *Mémoires*). L'enfant, né le 9, paraît, d'après l'acte, avoir été ondoyé le 10. — Racan avait déjà été parrain avec des membres de la famille de Castelnau en 1596 et en 1604 (V. ch. ii et iii, et Pièce just. 31).

Nous avons vu également aux 6 avril et 19 août de cette année 1622, la signature d'une *Louise de Racan* dont nous avons déjà parlé et qui aurait tout l'air de la sœur du poète si on ne le savait fils unique ; chose singulière, elle est toujours marraine avec « Nicolas Deschamps, homme de chambre de Monseigneur de Racan ». — Ce sont les dernières signatures que l'on trouve d'elle.

2. Latour, I, 224.

marquise a montré jusqu'ici peu de goût pour lui, mais il espère bien
la toucher par sa persévérance; il compte sur ses vers et sur sa prose,
dont il va faire ses avocats; il fait fond sur l'influence du duc de Bellegarde pour décider sa belle-sœur; peut-être enfin son défaut de qualités brillantes sera-t-il un peu compensé par les avantages solides
qu'il promet comme héritier assuré de la duchesse, sa cousine [1].

Voilà quel va être désormais le principal but de ses efforts, telle
sera la pensée dominante de sa vie. On dirait que toute son ambition
refoulée par ailleurs se concentre sur ce point : il a eu des chagrins de
cœur avec la comtesse de Moret, et avec d'autres; il a dû renoncer à la
guerre, à la politique, aux honneurs, mais il n'a pas su dire adieu à
l'ambition de l'amour; c'est à elle qu'il demande toutes les compensa-
tions de la vie auxquelles il sent qu'il a droit, et, comme nous mettons
toujours nos raisonnements au service de nos passions, il s'imagine
qu'il est dans la voie de la sagesse en renonçant à tout sauf à cet unique
bonheur, et il se colore à lui-même de noms philosophiques son épicurisme volupteux, qui a germé depuis longtemps dans sa nature indo-
lente, qui y a été développé grandement par toutes ses déceptions, qui
paraît atteindre son apogée dans ces années de jeunesse finissante et qui
entre vraiment pour quelque part dans sa poursuite acharnée de la jolie
veuve. Il s'adonne enfin à cette entreprise avec toutes les forces com-
binées de son cœur épris, de ses sens touchés et de sa vie manquée, mais
aussi, il faut l'ajouter, avec sa nonchalance et sa maladresse natives.

*
* *

Il commence par prendre congé des diverses personnes qu'il a
aimées auparavant, particulièrement de la comtesse de Moret, et il
déclare en amoureux bien appris :

> ... Dans ces tourments passés dont je me plains encore,
> jamais de tant d'ardeurs je ne fus consumé,
> et toutes ces beautés de qui j'étais charmé
> à ce nouveau soleil ne servaient que d'aurore [2]...

1. Il est vrai que la marquise de Termes, de son côté, était maintenant, par
la mort de son frère, l'unique héritière du marquis de Mirebeau.
2. Latour, I, 207, 2ᵉ Sonnet. V. Lex., CHARMER. — Les premiers vers du sonnet
sont bien jolis, encore que pris dans un emploi très prétentieux :

> Du seul feu de ses yeux le monde est animé;
> il fait naître les fleurs dont l'air est parfumé
> et mûrit les moissons dont la terre se dore.

Encore un vers sur les moissons.

Mais ce soleil il n'ose le regarder en face, il est embarrassé de déclarer à Arthénice son amour et il est contraint de lui envoyer ce joli billet :

« Ne craignez point de voir cette lettre, vous n'y lirez autre chose que ce que vous lisez tous les jours dans mon visage. Vos yeux sont trop beaux et trop clairs pour n'y point cognoistre ce que j'ay dans le cœur ; et le mal que j'endure pour vous est trop violent pour se contenir davantage dans les bornes du respect que je vous dois. Souffrez doncques, madame, que je m'en plaigne à vous-mesme, puisque c'est de vous-mesme de qui j'en puis espérer le remède ; et si la hardiesse que je prends est trop grande, ne cherchez point d'autres armes que celles de l'amour pour en faire la vengeance [1]. »

Nous retrouvons ailleurs la trace de ces embarras, de ces hésitations et des bégaiements réels de l'amoureux, que nous avions déjà constatés jadis [2] ; le poète en tire avec une élégante bonhomie le refrain même de cette gracieuse chanson qu'il soupire à la campagne :

3.   ..... Quand, libre de soins et de peine,
        je possédais ma liberté,
        les yeux d'une belle inhumaine
        m'ont remis en captivité ;
    et je suis maintenant affligé d'un martyre
    que je ne saurais taire et que je n'ose dire.

4.   Du doux poison qu'ils m'ont fait boire
        je languis la nuit et le jour.
        Je ne sais lequel je dois croire,
        ou mon devoir, ou mon amour.
    Leurs conseils différents nourrissent mon martyre :
    l'un m'enjoint de le taire, et l'autre de le dire.

5.   Devant cette belle homicide,
        combien que la discrétion
        tâche de retenir en bride,
        l'ardeur de mon affection,
    l'on voit bien à mes yeux d'où me vient le martyre
    que je ne saurais taire et que je n'ose dire [3] .....

1. Latour, I, 314. — 1re phrase : dans mon visage, V. Lex., DANS, II.
2. Voir au ch. VI.
3. Latour, I, 229. — Couplet 4 : c'est le sujet même de l'Ode à la Raison (p. 180). — On a remarqué le charme des deux premiers vers, ainsi que la force de l'expression nourrissent mon martyre.
Couplet 5. V. Lex., COMBIEN QUE.
On verra dans le premier couplet la nette indication de la vallée de Saint-Pater à qui s'adresse le poète :

        Sombre demeure du Silence,
        vallons dont les antres secrets....

Nous avons rapporté plus haut (p. 276, fin de la note) le dernier couplet de cette chanson, que nous avons retrouvé dans les éditions originales. C'était

La jeune veuve, déjà très entourée par de plus brillants cavaliers, ne laisse aucune espérance à notre poète, et il souffre de cette
rigueur, tout en aimant sa souffrance ; on le voit dans deux élégies en
« stances », où le gentilhomme d'armes déclare renoncer à la gloire
militaire pour soupirer, comme il le dit, aux pieds de son Omphale :

> 2.   .... Mon soin n'est plus d'être mis dans les cieux
>   au même rang de ces grands demi-dieux
>   dont les vertus nous servent de modelle :
>   je me plais tant à ma captivité
>   que, si j'aspire à l'immortalité,
>   c'est seulement pour la rendre immortelle [1]...

et ailleurs :

> 5.   ... Cherche qui voudra le trépas
>   dans une mêlée homicide,
>   où l'heur d'être blessé d'un Mars ou d'un Alcide
>   fait que même en la mort on trouve des appas.
>
> 6.   Puis-je en la guerre ou dans la cour
>   faire une fin si glorieuse ?
>   Je meurs par une main la plus victorieuse
>   qui jamais tint le sceptre en l'empire d'Amour [2].

Racan était retourné à La Roche dans l'automne de 1623, non
sans avoir obtenu de Mme de Termes la promesse qu'elle répondrait
à ses lettres [3]. Le 27 octobre il adresse à Malherbe un « paquet »

peut-être dans l'*Arthénice* une chanson du rôle primitif de Tisimandre, qui fut
probablement, comme nous l'avons dit, élagué à la représentation. Nous voyons
par là que le poète ne craignait pas de mettre ses accents personnels dans la
bouche du berger persévérant de la pastorale.
Ce gracieux rythme, où dominent les sons féminins, 8 8 8 8 / 12 12

$$f\ m\ f\ m\ /\ f^2\ f^2$$

est de l'invention de Racan. On remarquera que la pause du 3e vers se trouve
transportée naturellement à la fin du 4e, et que la loi de l'alternance est enfreinte,
ce qui ne choque nullement dans la masse des sonorités féminines.
Nous ne savons si cette chanson a été mise en musique ; elle mériterait d'inspirer un Massenet, dans le goût de la romance de Chérubin des *Noces de Figaro*.
Racan fit une autre chanson vers la même époque : elle célèbre une certaine
« Daphné » ; le poète fit peut-être cette pièce pour un autre (Latour, I, 228). Sur
le rythme, voir la Pièce just. 50. — Ce sont les seules chansons qu'il ait composées, avec la Chanson de Bergers à Marie de Médicis et celles de la pastorale.
    1. Latour, I, 194. — Stance 2, non citée, V. Lex., MESME (Stance 1, *manie*, dans
le sens de folie, Cf. Malherbe. V. Lex., MANIE). — Stance 3, V. Lex., ESPANDRE. —
A partir de l'édition de 1630, ces stances sont suivies d'une ligne de points qui
semblent indiquer que la pièce n'est pas finie. — Ce sixain décasyllabe, assez lourd
d'ailleurs, est encore de l'invention de Racan.
    2. Latour, I, 195. — Stance 6. V. Lex., SI, 1, 2°. — Ce quatrain formé de 2 vers
de 8 pieds et de 2 alexandrins est encore de l'invention de Racan. On voit à
quel point notre poète s'appliquait à varier ses coupes.
    3. Malherbe, IV, p. 7.

comprenant une lettre pour elle et une autre pour lui : il entretenait son
maître d'une affaire assez scandaleuse de démon incube qui avait fait
grand bruit à La Flèche.

Malherbe se hâta de « faire bailler » à la marquise sa lettre, et il
prit grand plaisir à lire la sienne : cette affaire l'intéressait vivement, et
pour lui-même et pour avoir « de quoi entretenir la Reine » Marie de
Médicis. Dans sa réponse il en parle longuement, et dit à Racan que
« cela vaut bien la peine qu'il y aille faire un voyage ». Puis il plaisante
sur une « période » de sa dernière lettre que Racan n'a pas pu déchif-
frer, et il passe aux nouvelles de Théophile, l'auteur du *Pyrame*, qui
est en prison [1] : « Pour moi, je pense vous avoir déjà écrit que je ne le
tiens coupable de rien, que de n'avoir rien fait qui vaille au métier dont
il se mêloit, celui de poète. S'il meurt pour cela, vous ne devez point
avoir de peur : on ne vous prendra pas pour un de ses complices. »
Notons en hâte ce compliment : c'est un des seuls que Racan ait jamais
reçus de son maître. « Je vous envoie une lettre que M. de Boisrobert
m'a baillée pour vous faire tenir. C'est, à ce qu'il m'a dit, afin que vous
leur fassiez tenir de vos pièces pour mettre en un recueil nouveau
qu'ils vont faire [2]..... Tout le monde s'en revient; faites-en de même.
Adieu, Monsieur, Dieu veuille que j'aie mieux écrit cette lettre que la
précédente! Au moins espéré-je que vous y lirez bien que je suis tout
à fait votre serviteur très humble et très affectionné. A Paris ce 4ᵉ de
novembre 1623. »

Et il lui recommande encore en post-scriptum d'aller lui-même faire
une enquête à La Flèche [3].

Nous ne savons si Racan y alla, mais il revint à Paris, selon son
habitude, au mois de décembre ou de janvier, pour y trouver la marquise
malade. Aussitôt remise elle retourna en Bourgogne, où l'appelaient la
tendresse de son père et le soin de ses intérêts matériels, de sorte que
notre amoureux déçu se plaignait bientôt dans un madrigal :

> Si j'ai pleuré sa maladie,
> je pleure aujourd'hui sa santé [4].

Ce premier hiver loin d'elle lui parut lamentablement noir et
triste, Paris lui sembla vide, comme autrefois lorsque Cloris s'en allait

---

1. Par prudence il écrit son nom : θφλ.
2. Nous parlons, dans la seconde partie du présent chapitre, de ce Recueil paru
en 1627.
3. Malh., IV, p. 6.
4. Latour, I, 223. — C'est la même idée que dans le premier sonnet de la

aux eaux, car il repasse par toutes les impressions analogues. Il parcourt mélancoliquement ce beau domaine des bords de la Seine où il voyait souvent Arthénice et qui donnait à sa beauté le noble cadre de la nature et de l'art.

Il exhala sa langueur dans une longue églogue en vers suivis, sous forme de plaintes du berger Arcas, prête-nom transparent du poète [1]. La pièce contient par endroits des fadeurs et du prosaïsme, mais il suffit de la comparer avec les stances « A des Fontaines » [2] qui expriment les mêmes idées, pour mesurer ce que le poète a gagné depuis dix ans en grâce molle, en plénitude de poésie et en harmonie. Quelques extraits permettront d'en juger :

> Misérable troupeau, qui, durant la froidure,
> vois ces champs sans moisson et ces prés sans verdure,
> sache que pour jamais l'espoir nous est ôté
> d'avoir en ce climat de printemps ni d'été.
> L'astre par qui les fleurs émaillaient les campagnes,
> par qui le serpolet parfumait les montagnes...,   6
> a porté sa lumière en un autre horizon...
> Soit que le jour renaisse au sommet des rochers
> et commence à dorer la pointe des clochers,   16
> ou soit que dans les eaux sa lumière finisse,
> je ne pense jamais qu'aux beautés d'Arthénice...
>   Dieux ! que ma passion a de témérité !
> que les conseils d'amour sont pleins de vanité
> de m'adresser à vous, dont la race divine
> du sang même de Pan a pris son origine,   38
> et de qui les appas, trop chastement gardés,
> par le seul Alcidor ont été possédés,

page 207. — Ménage, dans ses *Observations sur Malherbe*, p. 449, rapproche les deux vers :
>   Je ne puis plus garder ses pas
>   de porter ailleurs ses appas.

du vers de Malherbe fait en 1609 : (elle)

>   s'en va porter ailleurs ses appas et ses charmes.

Racan emploie à la fin du madrigal, comme souvent Malherbe, la vieille expression *que je die*.

1. Il reprenait le nom employé par Malherbe dans une églogue qui n'a pas été retrouvée, où Mélibée désignait Malherbe et Arcas Racan (Mém. LXXXVI et plus haut, p. 175). — C'est le seul poème en vers suivis qu'ait fait notre poète, outre la pastorale. On sait que Malherbe ne les aimait pas, hanté qu'il était par la construction des strophes, et il demandait à Racan de fermer toujours le sens tous les quatre vers (Latour, I, 356).

Nous pensons que cette églogue, qui suit évidemment de peu d'années la mort du marquis de Termes, doit être rapportée à cet hiver de 1622-1623 plutôt qu'à celui de 1621-1622, qui fut pour Racan presque entièrement occupé par la guerre.

2. Latour, p. 186.

celui de qui la mort si digne de la vie
fit moins aux braves cœurs de pitié que d'envie,
et que l'on estimait, tant qu'il fut parmi nous,
le salut des troupeaux et la terreur des loups !...   43
Il me passait en tout, fors en *fidélité* [1]...

Arcas se remémore tristement son bonheur d'antan si vite évanoui [2], et il se soumet d'avance aux plus dures conditions pourvu qu'il obtienne seulement la chère présence de sa bergère.

En même temps que des vers, Racan envoyait en Bourgogne des lettres en prose. Là, le ton change, la passion est toujours aussi forte, mais l'esprit, voire la malice reprennent leurs droits. C'est l'autre face de la médaille de Racan amoureux, le sourire l'éclaire.

On ne peut guère plus finement que dans la lettre suivante faire sentir à une femme sa coquetterie et lui faire valoir sa propre fidélité.

« Je ne sçay pas comment vous appellez la permission que vous m'avez donnée de vous écrire, mais pour moy je la prens pour un commandement. Il faut que je vous avoue que je suis assez vain pour croire que vous avez esté bien aise que mes prières vous ayent donné sujet de me permettre ce que vous ne m'osiez pas demander. Ce qui me l'a fait différer si longtemps est la honte que j'ay que vous appreniez par mes lettres que je vis encore après vous avoir tant dit de fois que je ne pourrois pas vivre un quart d'heure éloigné de vous. La seule consolation qui me reste est l'asseurance que vous m'avez donnée de me garder place en vostre souvenir ; et je crois que, me surpassant en toutes choses comme vous le faites, vous ne me voudriez pas céder en *fidélité*... En ces diverses pensées je m'enquiers de vos nouvelles à tous ceux de ces quartiers [3] ; je leur demande de quelle sorte vous vivez, quelles

1. Latour, I, p. 136 ct.suiv. — v. 2 : le texte donne la singulière orthographe *voy* comme si c'était l'ancienne 1re personne ; on comprendrait plutôt la 3e. — v. 6 : Racan emploie la vieille forme *serpoulet*, V. Lex. — v. 16 : bien joli vers de description française, à rapprocher de quelques-uns de l'*Arthénice* :

Le soleil ne luit plus qu'au haut des cheminées. p. 134, etc. —

Vient ici la comparaison obligatoire de la belle avec le soleil, renouvelée par Racan :

Lorsqu'il nous quitte au soir, il remporte dans l'onde
les rayons éternels dont il *éclaire* au monde... (V. Lex.. ÉCLAIRER.)

v. 38 : *Pan* désigne peut-être Richelieu, que Malherbe appelait ainsi. — v. 43 : cette phrase, assez élégante dans ses parties, est traînante dans son ensemble à cause de la superposition de 4 propositions relatives.

2.   ... En ce grand changement je reconnais assez
que les plus doux plaisirs sont les plus tôt passés.

3. V. Lex., CEUX et QUARTIERS.

personnes vous visitent, si vous demeurez aux villes ou à la campagne ; bref, je leur demande toutes choses, excepté ce que je veux sçavoir. Voilà, madame, des tesmoignages d'une *discrétion* qui mériteroit autant d'estre récompensée que ma *persévérance*, si vous estiez un peu moins insensible que vous n'estes. Mais je voy bien que vostre esprit est aussi exempt de passion que s'il estoit déjà dans le ciel, et que *toute la fin de vostre amour est d'estre aymée*. Je ne sçay pas ce que vous diriez de ceux qui voudroient toujours naviguer, sans dessein d'arriver jamais au port ; mais je sçay bien que le mesme jugement que vous feriez d'eux, tout le monde le fera de vous, sinon moy, qui… m'estime plus heureux d'estre à vous que de posséder toutes les autres beautés de la terre [1]. »

La marquise ne répondait pas vite, c'était son habitude, et lui, sans attendre, renvoyait des lettres comme celle-ci, où le besoin de sa cause lui fait prendre la contre-partie de l'éloge de la campagne, qu'il a si délicatement chantée ailleurs :

« Madame,

« Je voudrois vous pouvoir exprimer le contentement que j'ay de recevoir de vos lettres. Je pensois que, quelque paresseuse que vous soyez d'écrire, vous me seriez plus libérale d'une faveur qui vous couste si peu [2], et encore que je sois le plus indigne sujet à qui vous puissiez penser, je m'imagine qu'en la solitude où vous estes maintenant, vous avez assez d'heures inutiles pour m'en donner quelques-unes. Il faut que je vous avoue qu'il m'est insupportable de vous voir préférer la compagnie des bois et des rochers à la mienne. Plus je pense au sujet qui vous retient à la campagne, et plus je trouve de raisons qui vous obligent à revenir voir Paris, hors duquel il n'y a point de salut pour les belles, ny pour les honnestes gens. Ny le soin de conserver une maison ou une seigneurie, ny les tendresses d'amitié que monsieur votre père vous tesmoigne ne sont point raisons qui vous doivent faire préférer le séjour des bestes à celuy des dieux [3]. Certes, madame, les larmes me viennent aux yeux toutes les fois que je pense qu'il faille qu'un esprit faict comme le vostre soit réduit à entretenir des gens qui n'ont jamais veu le Louvre qu'en peinture, et qui parlent du Cours et des Tuilleries comme nous parlerions de la situation de Goa ou des prome-

---

1. Latour, I, 316.
2. V. Lex., Libéral.
3. Peu aimable pour le marquis de Mirebeau.

noirs du roy de Narcingue[1]. Peut-estre qu'à l'instant mesme que vous
recevrez cette lettre, quelqu'un est en peine de sçavoir de vous combien
M. le Grand — [c'est-à-dire M. le grand écuyer Bellegarde] — a de
coudées de haut au-dessus de la taille ordinaire des autres hommes, ou
quelque autre s'imagine qu'un roman est l'histoire des Romains ; et
comme vous vous efforcez de respondre à ces impertinentes questions,
un troisième vous interrompt pour vous demander si l'évesque d'Al-
brestat — [on nommait ainsi l'aventurier Christian de Brunswick] —
ne dit pas tous les jours son bréviaire[2]. Voilà, madame, les agréables
divertissemens où vous passez la plus belle saison de votre vie. Cependant vostre beauté se passe aussi bien que vostre jeunesse. Vingt ans
au plus vous en feront voir la fin, et alors tous les biens que vous
épargnez maintenant en vostre solitude ne seront pas capables de
rachepter un des jours que vous y aurez perdus[3]..... Le temps ne va pas
plus lentement pour les belles que pour les laides. Les rides ne res-
pectent non plus le teint de la belle marquise que celui de madame
de M...[4]. Croyez-moi, madame, jouissez des plaisirs de la vie pendant
que vous en avez le moyen, et soyez désormais meilleure ménagère de
vos années que de vos rentes[5]. »

1. *Qu'il faille* : V. Lex., CROIRE, II. — Racan dans ses vers représente au contraire comme enviable cette heureuse ignorance du campagnard qui,

> sans porter envie à la pompe des princes,
> se contente chez lui de les voir en tableau. *Retraite*, I, p. 198. —

Du Cours : c'est le Cours de la Reine, promenade des gens du bel air récemment
créée par Marie de Médicis. — *Goa* est la ville portugaise des Indes. — *Narcingue*
désigne sans doute *Narsinghpour*, situé aussi dans les Indes, dans la vallée supérieure de la Nerbudda. C'étaient, bien sûr, nous ne savons pour quelle cause, des
noms d'actualité.

2. Racan écorche le nom selon son habitude. Malherbe parle d'Alberstat (IV,
63) ; c'est en réalité Halberstadt (V. Bazin, t. III, 151, et Chéruel, *Minorité*, t. III, 111).
Christian de Brunswick, qui faisait la guerre à l'empire pour le compte de l'électeur
palatin, était évêque-administrateur d'Halberstadt sans être entré dans les ordres ;
il avait même pour devise : « Ami de Dieu, ennemi des prêtres ». La lettre de
Malherbe est de février 1624, ce qui confirme dans une certaine mesure l'attribution de 1624 que nous avions aussi donnée à celle de Racan.

3. Sur l'orthogr. de *rachepter*, V. Lex.

4. Ce ne doit pas être Mme de *Moret*, qui avait ou avait eu une réputation de
beauté, et que Racan lui-même avait aimée.

5. non pas, comme on le croirait tout d'abord : *ménagez mieux vos années que
vous ne ménagez vos rentes*, mais : *mettez à ménager vos années un soin plus grand
encore que celui que vous mettez à ménager vos rentes*. Nous dirions aujourd'hui
pour plus de clarté : soyez désormais *encore* meilleure ménagère de vos années que
de vos rentes. — Cette dernière partie est comme la mise en prose de la célèbre
ode de Ronsard : *Mignonne, allons voir si la rose*, etc.

   La lettre est dans Latour, I, 314. Elle nous paraît avoir suivi dans la réalité
la VIIIe de l'éd. Latour ; du reste l'éditeur de 1627 déclare qu'il n'y a aucun ordre
dans le recueil (Latour, 318).

Cettre épître un peu cherchée, qui donne un démenti spirituel et voulu aux belles stances plus sincères sur la Retraite, est agréable par son mélange de bonne humeur et de gravité dans la sagesse épicurienne, qui nous transporte bien loin des fadeurs coutumières de la correspondance amoureuse de ce temps, et l'on admirera sans peine avec nous la variété de ce talent charmant, qui savait dans le même temps soupirer avec grâce ses chagrins de cœur et attaquer d'une plume alerte l'auteur même de ces chagrins [1].

II. — SECONDE PARTIE : 1625-1627

Coup d'œil sur cette période.
Correspondance de Racan et de Malherbe (hiver 1624-1625). — Histoire de la publication des *Bergeries*.
Racan et Balzac. — Racan et Mme des Loges.
Correspondance de Racan et de Malherbe (automne 1625). — Voyages en Bourgogne : l'*Épitaphe du comte de Charny*. Les confidences à M. Lantin. L'*Ode au duc de Bellegarde*.
1626. — Le ballet du Carnaval. Racan dans le parti de « Monsieur ».
La correspondance de Racan avec Malherbe et avec Mme de Termes. — Une distraction de Racan. — Ses démêlés avec le curé de son village. — L'algarade de Malherbe.
Fin de 1626, le *Recueil de poésies*. Racan poète lyrique. — 1627, le *Recueil de lettres*. Racan épistolier.
Racan ridicule. — *Les Trois Racans*.

Pendant les trois années qui nous restent à parcourir (1625, 1626 et première moitié de 1627), Racan, qui ne prit point de part à l'occu-

---

1. Il faut rapporter encore à cette période une épigramme envoyée par Racan à François de Molière, un ami de Théophile, dont nous avons noté la contribution poétique aux *Délices* de 1620, — pour mettre au commencement de son roman pastoral *la Polyxène*, 1623, 8°, dédié à la princesse de Conty, privilège de 1622 (exemplaire de M. Livet; la Bibl. Nat. n'a que l'édition de 1635). On voit dès les premières pages l'héroïne quitter la cour, à quoi Racan fait allusion :

> Belle princesse, tu te trompes
> de quitter la cour et ses pompes
> pour rendre ton désir content :
> celui qui t'a si bien chantée
> fait qu'on ne t'y vit jamais tant
> que depuis que tu l'as quittée. (Latour, I, 224. — V. Lex., RENDRE, II.)

Le roman obtint en effet un grand succès; le malheureux François de Molière étant mort l'année même de sa publication en 1623, poignardé par un de ses amis, l'ouvrage eut une double suite par Pomeray et par Sorel, et en 1644 il compte au moins six éditions; en 1659, dans *Les Précieuses ridicules* du grand Molière, nous voyons Magdelon changer son nom en celui de « Polyxène ».
V. sur ce roman quelques pages intéressantes de M. Émile Roy : *Charles Sorel* (p. 177-180).

pation de la Valteline, retomba dans l'oisiveté : il avait raison de dire qu'il était né à une mauvaise époque pour rivaliser avec la gloire militaire de ses aïeux. Mais sans s'en douter il allait la surpasser par sa réputation littéraire. Nous allons le voir y atteindre, chacune de ces trois années étant marquée par une de ses plus importantes publications.

Il avait coutume dès lors de partager inégalement son temps entre Paris et La Roche, donnant l'été, l'automne et souvent une grande partie de l'hiver à la campagne, le printemps à la cour. Il se détache de plus en plus de la ville. (Arthénice d'ailleurs ne s'y trouve plus), et, logique avec ses idées, il fait son apprentissage de gentilhomme campagnard.

De la Touraine il entretient une correspondance assidue avec Malherbe, qui ne quitte guère Paris; les deux amis s'écrivent tous les huit jours; malgré les 34 ans qui les séparent, le jeune homme et le septuagénaire se témoignent une affection profonde et une confiance absolue, qui ne font que grandir à mesure que les années passent et que la mort menace de les séparer, touchant exemple qui les honore également l'un et l'autre et mérite d'être mis en belle place parmi les rares amitiés des littérateurs [1].

Nous citerons, pour permettre d'en mieux juger, quelques lettres qui nous sont restées de ce commerce et qui nous font entrer par le détail dans les rapports des deux poètes. On y voit que Malherbe veillait à Paris sur tous les intérêts de Racan, sur ceux du cœur comme sur ceux de la réputation. Il était chargé aussi de transmettre à Mme de Termes les lettres que lui adressait l'amoureux ; il le faisait fidèlement, mais en grondant et maugréant, et il ne se lassait pas d'envoyer en retour au jeune gentilhomme des remontrances pleines de railleuse affection sur la folie de son amour. C'est la dernière phase et non la moins piquante de ce roman. Au milieu du dialogue rempli de sentiment, de grâce et de malice qui se poursuit depuis longtemps entre l'amant et la marquise intervient un nouveau personnage, qui fait l'office d'un frère aîné plus sage ou d'un oncle bourru, sorte d'Ariste panaché d'Alceste, et l'amoureux tourangeau va faire sa cour, à travers la France, à la coquette Bourguignonne par l'intermédiaire du Parisien grondeur.

---

1. V. une page intéressante, mais sévère, de M. Souriau sur l'amitié dans Ma herbe (*Vers*, p. 75).

*
* *

Au mois de novembre 1624, Racan écrit à Malherbe, lui parlant de ce qui préoccupait fort le vieux poète, des poursuites exercées contre son fils, qui avait tué en duel un bourgeois d'Aix au mois de juin précédent. Malherbe lui répond le 13 décembre, s'excusant d'abord d'avoir manqué de quelques instants le dernier courrier.

« Je vous en crie merci — [c'est-à-dire grâce] — et vous promets que cette faute ne m'arrivera plus... Vous obligez grandement mon fils de vous souvenir de lui... J'attends, avec un million de gentilshommes, un pardon général de tous les duels, dont le mariage de Madame sera le prétexte... Pour Théophile, il ne se dit rien de lui. Le pauvre homme est en très mauvais état... Soyez homme de bien à son exemple [1], et qu'il ne tienne pas à aller dévotement à la messe que vous ne soyez appelé Monsieur par ceux de votre village... » Il lui donne à la fin des nouvelles politiques. « Et là-dessus je vous baise très-humblement les mains.

Votre très humble serviteur,
MALHERBE. »

Suscription :

A Monsieur, Monsieur de Racan,
gentilhomme ordinaire de la chambre du Roi [2].

On remarquera la scrupuleuse politesse du maître avec son jeune ami, plus grande encore, semble-t-il, que celle dont il est payé de retour.

Un jour Malherbe avertit Racan que beaucoup de copies incorrectes couraient de sa pastorale, ce qui prouve d'ailleurs la vogue qu'elle avait à la cour, et il lui conseilla fortement de la faire imprimer, après y avoir opéré toutefois les nombreuses corrections de détail qu'il lui signalait.

Racan hésita d'abord ; lui, gentilhomme et soldat, répugnait à exposer son œuvre à la critique des savants de profession, de qui il s'est toujours fort peu soucié, comme nous savons [3] : « En l'estat où elle est, écrivait-il, je ne serai repris que des belles bouches de la Cour, de qui les injures mesmes me sont des faveurs ; au lieu que, si

1. Non pas : *en suivant son exemple,* mais *en en profitant.*
2. Malherbe, IV, p. 10.
3. Cf. Mém. LXXX. — *Ceux de votre village :* voir notre Lex., CEUX.

je suivois vostre conseil, je m'abandonnerois à la censure de *tous les auteurs du pays latin,* dont je ne puis pas seulement souffrir les loüanges [1]. »

Il se décida pourtant à revoir sa pièce, et à y faire quelques corrections, mais non point toutes celles que demandait la minutieuse sévérité de son maître. Il lui envoie le manuscrit le 15 janvier 1625, accompagné d'une charmante lettre, qui est d'autant plus précieuse que c'est la seule qui nous soit parvenue de toutes celles écrites par Racan à Malherbe; nous en avons déjà donné quelques passages relatifs aux libertés que le disciple réclame fermement pour de si longs poèmes. Il poursuit : « Parmy ceste grande confusion de paroles mal digerées, vous n'y trouverez rien digne d'admiration que de ce qu'un travail de si longue haleine a esté entrepris par un homme de mon mestier et de mon humeur. Je sçay bien que c'est assez dire qu'on est ignorant et paresseux à escrire, que de dire qu'on fait profession des armes; mais ce n'est pas assez me cognoistre que de croire que je ne le suis que comme l'ordinaire de ceux de ma condition. Je veux qu'on sçache que je le suis au supréme degré [2]. » Il insiste toujours sur ce point; c'est décidément sa grande vanité.

Il parle ensuite d'une « certaine personne » qui lui a inspiré la pièce, sur un ton de dépit passionné. « Il est vray que je suis bien-aise qu'elle porte le nom d'Artenice, et voudroie estre capable d'en faire durer la memoire aussi long-temps que l'amour que j'ay pour elle. Il y a si peu de chose en ce siecle digne de loüange, que je croy que la posterité ne doit point trouver mauvais de quoy je ne l'entretiens que des folies de ma jeunesse, puis que je n'ay rien de meilleur à luy dire [3]. Chose estrange, que ceux qui recherchent l'immortalité au prix de leur sang et de leurs veilles, *que celles qui se retranchent des plus doux plaisirs de la nature pour s'acquerir la gloire d'estre vertueuses,* facent si peu de cas de ceux qui la donnent, et qui ont une jurisdiction aussi absolue sur la reputation de tout le monde que celles des parlements sur les biens et sur les vies [4]. N'est-ce pas faire comme ces gens qui dependent tout ce qu'ils ont à la Cour pour essayer d'y faire leur fortune sans penser à se rendre agreables aux ministres de l'Estat [5]? »

1. Latour, I, p. 15. — V. Lex., LATIN.
2. *Id.,* p. 15.
3. 1ʳᵉ phrase : *je voudroie,* ancienne orthographe; — *de quoy* je ne l'*entretiens* : on ne voit pas bien le rôle grammatical de cette expression après *trouver mauvais;* — *des folies de ma jeunesse* : nous avons vu que Racan parle dans les mêmes termes de sa pastorale, à Garasse, en cette même année 1625 (Latour, I, 301).
4. V. Lex., SE RETRANCHER et JURISDICTION.
5. V. Lex., DÉPENDRE.

On voit par ce passage intéressant que Racan se croit comme Malherbe en possession de donner l'immortalité [1].

Il termine avec la meilleure grâce : « Vous me direz qu'il ne me faut point tourménter de cela; que ce n'est point à moy à reformer les humeurs du siecle, qu'il le faut laisser comme il est, et suivre mon inclination. J'en suis d'accord avec vous, et certes ce qui m'a fait estendre si long-temps sur ceste matiere est que je n'ay point de meilleure occupation en ma solitude que de vous entretenir [2]. J'y jouis d'un repos aussi calme que celui des anges; j'y suis roy de mes passions aussi bien que de mon village [3]; j'y regne paisiblement dans un royaume qui est une fois aussi grand que le diocese de l'evesque de Bethleem [4]; et si — [et pourtant] — je quitterois de bon cœur cette royauté (si mes affaires me le permettoient) pour avoir l'honneur de vous gouverner, et vous dire moy mesme que je suis,

Monsieur,

Vostre très humble serviteur,

RACAN.

Ce 15 janvier 1625, de La Roche-Racan [5]. »

Cette lettre du 15 se croisa avec une de Malherbe du 18, qui commence ainsi :

« Monsieur,

« Je tenois la plume quand j'ai reçu votre lettre du 8ᵉ de ce mois, et ne l'ai point quittée que je ne vous aie fait réponse. Voyez si je suis diligent, ou si je suis paresseux, lequel qu'il vous plaira. Vous m'avez ôté d'une grande peine où j'estois, pource que m'ayant écrit

---

1. *Ce que Malherbe écrit dure éternellement* (Lalanne, I, 262), et *passim*.

2. *m'a fait estendre*, V. Lex., FAIRE, III.

3. Cf. Stances sur la Retraite (I, 198), en parlant du gentilhomme campagnard :

   Roi de ses passions, il a ce qu'il désire.

4. Raynaud, évêque de Bethléem, chassé de la Terre Sainte, suivit en France, l'an 1223, Guy, comte de Nevers, et ce seigneur lui donna l'administration d'un hôpital qui était à Clamecy. Depuis, en mémoire de ce Raynaud, on établit au même lieu un titre d'évêque de Bethléem, à la nomination des comtes et ducs de Nevers, titre sans territoire ou à peu près, car l'évêché prétendu se réduisait au faubourg de Panthenoz-lez-Clamecy ou Bethléem, sur la rive droite de l'Yonne, qui le séparait de la ville de Clamecy. — François de Batailler fut nommé évêque de Bethléem en 1664. La Fontaine parle de lui dans son Épître à Mignon, t. IX, p. 141 (H. Régnier, *éd. de La Fontaine*, t. IX, p. 143, n. 4).

5. Le rapprochement de ces deux derniers *si* ayant un sens différent est assez négligé, de même, on l'a vu, que plusieurs détails de cette agréable lettre. V. Lex., SI, II, et GOUVERNER.

que vous partiriez le lendemain des Rois pour venir ici, et ne vous y voyant point, je pensois que votre indisposition seroit augmentée, et que votre malheureuse carcasse ne seroit plus en autre état que d'être jetée à la voirie. Je me réjouis que cela ne soit point, et que vous ayez encore de la santé assez pour boire, manger et dormir. Pour le reste, je sais que vous vous en passez bien. Vous seriez monstrueux, ou monstre tout à fait, si à l'âge de trente-cinq ans vous valiez mieux qu'à vingt et vingt-cinq ans. Vous avez donc tort de vous souvenir d'Artenice. La bonne dame ne songe point à vous ; ne songez point en elle. Je le vous dis en prose, et le vous dirai en vers, en quelque pièce que je voudrois bien faire, si je pouvois ; j'y ferai tout mon effort.

« … Nous aurons dans la fin de ce mois le duc Bouquinghan, pour venir épouser Madame. Si vous voulez donc être des noces, il vous faut hâter… La Valteline est toute à nous… Adieu, Monsieur : en voilà plus que vous n'en voulez. Les financiers que j'oubliois, sont toujours persécutés et hors d'espérance de composition, et moi toujours votre très-humble serviteur,

MALHERBE [1]. »

Racan vint bientôt à Paris comme à son ordinaire, et il profita de son séjour pour s'occuper de la publication de l'*Arthénice*. Les détails de cette affaire, qu'il est facile de reconstituer, sont tout à fait significatifs sur le caractère de notre héros.

Il obtint le 8 avril le privilège du roi, « de faire imprimer ses Œuvres poétiques et Pastorelles », et il le céda au grand libraire des poètes d'alors, celui qui avait déjà imprimé ses vers en 1620, Toussaint du Bray, tenant boutique rue Saint-Jacques, « aux Espics meurs ».

D'abord, par dépit sans doute, il remplaça le titre d'*Arthénice* par le nom plus général de *Bergeries*. Puis il voulut dédier son poème au roi et composa une épître flatteuse, pendant qu'un de ses amis se chargeait de l'*argument* de la pièce, destiné à être mis, selon l'usage, en tête du volume. Il retoucha le prologue pour l'accommoder aux derniers événements [2] ; il donna au libraire, pour mettre au commencement

---

1. Tome IV, p. 12.
2. à moins qu'il ne soit tout entier de cette époque (cf. plus haut, p. 187) ; en tout cas ces vers de la fin sont postérieurs à 1623 :

> Vos exploits généreux, miracles de nos jours,
> ont épandu ma gloire aussi loin que son cours.
> Depuis qu'ils ont dompté *l'orgueil de l'hérésie*,
> l'astre qui nous éclaire a de la jalousie… (Latour, I, 25.)

L'usage du prologue, comme celui de l'argument, n'allait pas tarder à être battu en brèche, V. Rigal, p. 223, n. 4.

de l'ouvrage, son Ode à Louis XIII, faite en 1615, et un sonnet qu'il avait composé en son honneur pendant les dernières campagnes [1], et il y joignit une épigramme louangeuse qu'il avait reçue de son ami Maynard au sujet de la pièce; elle se terminait ainsi :

> .... Miraculeux père des .vers,
> grand Racan, fais que l'univers
> puisse lire une œuvre si belle;
> donne-lui ce rare entretien;
> ta gloire ne doit craindre rien :
> Balzac et Maynard sont pour elle [2].

A la fin devait prendre place l'églogue à Mme de Termes.

L'on commença à imprimer pendant que notre poète rédigeait l'indispensable préface au lecteur. Il en fit la plus grande partie, et la montra même un jour à Toussaint du Bray, mais sa paresse ordinaire lui en fit différer l'achèvement, et il arriva que l'impression de la pièce fut achevée, et le libraire réclamait à grands cris ce qui lui manquait. Par surcroît de malheur, l'ami qui s'était chargé de l'argument et qui avait tardé un peu, lui aussi, était tombé malade.

Dans cet embarras Racan fit lui-même à la hâte l'argument, racontant l'intrigue à sa façon molle et traînante, fournissant naïvement des détails qui ne se trouvent point dans la pièce, commettant même sur le fond de son œuvre quelques erreurs partielles [3].

Quant à la préface, le libraire renonça à l'attendre et s'en tira

---

1. Tome I, p. 9. Ce sonnet qui suit l'ode au Roi porte le titre de : *A luy mesme* : V. Lex., Mesme, ii.

2. Tome I, p. 10. Nous donnons la leçon de la 1re édition (le 1er vers porte : Ces bergers). — En 1630 Maynard avait refait ainsi son épigramme :

> La France peut avec raison
> estre vaine de son théâtre,
> ce livre est sans comparaison
> et mon jugement l'idolâtre :
> miraculeux père des Vers,
> Racan, satisfay l'univers,
> et publie une œuvre si belle,
> c'est trop luy différer ce bien,
> que ta gloire ne craigne rien :
> Balzac et Maynard sont pour elle.

Enfin la pièce fut encore changée dans la suite, elle est citée par les frères Parfait (IV, 309) comme la donne Latour, avec le dernier vers :

> Malherbe et Balzac sont pour elle.

Il est remarquable que l'on n'osa point citer l'approbation de Malherbe de son vivant.

3. Voir, entre autres, le commencement, p. 19.

avec habileté. Après avoir confié ses aventures au lecteur, il ajoutait « que, pour ne pas le faire attendre davantage, il donnoit la lettre mesme que monsieur de Racan escrivoit à monsieur de Malherbe de chez luy, lors qu'il luy envoya ceste piece pour la mettre sous la presse. Vous y verrez, à mon advis, les mesmes choses qu'il eust dit (*sic*) dans sa preface [1]. » C'est la lettre que nous avons citée plus haut.

Racan, qui ne s'était pas pressé dans le commencement, continua, jusqu'au complet achèvement de l'impression, à faire çà et là des corrections à ses 3000 vers ; et il envoyait les variantes au fur et à mesure à l'imprimerie. Il en est six qui arrivèrent trop tard pour prendre place dans le texte, et on dut les imprimer à part, à la fin de l'ouvrage, précieux retard qui nous permet de voir dans quel sens se modifiait le poète : l'une d'elles efface une incorrection, une autre donne plus de force au vers, deux ajoutent de l'élégance, et même deux autres transposent malheureusement en style noble les expressions familières *les brebis pansées, — et moi pauvre chétive* [2].

1. Tome I, p. 14. — Le commencement, que nous ne citons pas, est peu clair, mais signifie certainement que c'est Racan qui a été contraint de faire à la hâte l'argument.

2. Voici les corrections, dans l'ordre où nous les avons groupées dans le texte ; nous donnons pour cette fois les vers avec leur orthographe originale, afin qu'on puisse mieux juger des variantes :

I. 1re LEÇON : (Mais ma mère Chrisante, à qui je dis mon songe),
           n'y prenant point d'égard le print pour un mensonge,
           et qu'avecque dessein je l'avois inventé.
  2e —   .... Non sans quelque raison le print pour un mensonge,
           estimant qu'à dessein je l'avois inventé. (Latour, p. 87, fin.)

II. 1re LEÇON : (Je luy monstreray donc, en mourant premier qu'elle),
           que je ne suis pas moins courageux que fidelle.
  2e —   ... Que je suis courageux autant comme fidelle. (P. 101, fin.)
           V. Lex., COMME.

III. 1re LEÇON : (Quant à moy, désormais, le seul bien que j'espere
           est de passer ma vie en un désert austere),
           où, sage à mes dépens, je ferai que mes yeux
           ne seront plus épris que de l'amour des cieux.
  2e —   .... Où, sage à mes dépens, je veux à l'avenir
           au seul amour des Dieux mes volontez unir.

Racan fit ensuite un 3e changement : « Au seul amour du ciel... », c'est le texte que donne Tenant de Latour, p. 59, fin. Racan changea sans doute ce passage sur les observations de Malherbe, qui semble ne pas avoir toléré cette expression : *être épris de l'amour*; c'est pourquoi il blâmait la 3e des stances de Racan, sur la mort du marquis de Termes (V. plus haut, p. 308, note 1).

IV. 1re LEÇON : Il faut tout à loisir tascher de faire en sorte
           de divertir ailleurs ce feu qui le transporte.
  2e —   Il nous faut essayer par une amour plus forte
           de luy faire changer celle qui le transporte. (Latour, p. 130.)

V. 1re LEÇON : Adieu, pauvres brebis, que j'ai si mal pensées (*sic*)
           (pendant qu'un autre soin occupait mes pensées).
  2e —   Adieu, pauvres brebis que j'ai tant délaissées... (Éd. de 1625.)

L'auteur reçut, au dernier moment, trop tard cette fois pour la faire imprimer à côté de celle de Maynard, une spirituelle épigramme de son neveu M. de Sigogne [1].

Enfin, entourées de leur cortège de prose et de vers, « *les Bergeries de messire Honorat de Bueil, chevalier sieur de Racan, dédiées au Roy* », parurent en un joli volume in-8° de 142 pages, recouvert de parchemin souple [2]. Elles remportèrent le plus grand succès, et 11 éditions régulières et contrefaçons se succédèrent rapidement en France et à l'étranger [3].

Seule, la marquise de Termes restait insensible à ce témoignage public du grand et heureux effort que Racan avait tenté pour elle. C'est alors que Malherbe avec son esprit mordant résumait la situation dans une lettre à Balzac : « Il faut répondre à ce que vous me dites de notre ami. Vous l'obligez de le défendre ; il en a bon besoin. Du côté

Plus tard :

3e LEÇON : Adieu, cheres brebis, qui parmy ces campagnes
      me serviés tous les jours de fidelles compagnes! (Latour, p. 60.)

VI. 1re LEÇON : (ARTÉNICE)
      Et moy pauvre chétive, où sera mon support?
2e LEÇON : Miserable Artenice, où sera ton support? (Latour, p. 119, fin.)

Ces diverses corrections passèrent dans le texte des éditions successives. Nous ajoutons à cette liste de corrections celle que nous avons déjà indiquée au chapitre XII; elle fut faite postérieurement à 1635 et appartient au même genre que les deux dernières :

1re LEÇON : L'un escalloit des noix, l'autre teilloit du chanvre,
      jamais l'oisiveté n'entroit dedans ma chambre.
2e   —   Le temps s'y ménageoit comme chose sacrée;
      jamais l'oisiveté n'avoit chez moi d'entrée. (Latour, I, p. 110.)

1. Tome I, p. 13. — César Louis de Beauxoncles, chevalier, seigneur de Sigogne, était le fils de la sœur utérine de Racan, Jacqueline de Vendômois, mariée en premières noces à Antoine de Beauxoncles, sieur de Sigogne et frère du poète satirique, mort gouverneur de Dieppe en 1611 (V., sur celui-ci, Paulin Paris, dans Tallem., I, 192 et suiv.). Ainsi s'explique le titre de l'épigramme : « Par M. de Sigongne son neveu et de défunt M. de Sigongne. » — Le neveu de Racan mourut vers 1642 et sa veuve, comme nous le verrons, suscita ou laissa susciter en son nom des embarras de justice au poète; cf. notre Tableau généal. de la p. 401.
2. Bibl. Nat. Y 5726 + A Réserve. — Le privilège est du 8 avril; une importante citation de la pièce est faite dans la *Somme* du P. Garasse, dont le privilège est du 14 août et l'épître dédicatoire datée du 15 août : la publication des *Bergeries* placée entre ces deux mois eut donc lieu au milieu de l'année 1625.
3. Le succès fut unanime : nous avons vu le P. Garasse couvrir d'éloges le poète dans sa *Somme théologique* parue en 1625 (v. notre ch. XIV). En 1626, seconde édition à Paris, augmentée des stances sur la mort de M. de Termes, et contrefaçon à Genève, — 1627, Paris. — 1628, Paris; édition augmentée des Stances sur la Retraite et de la Chanson de bergers à la Reine-mère. — 1630, 1632, nouvelles éditions. — 1635, deux éditions à Paris, l'une chez Jean Guignard, l'autre chez Jean Martin; deux éditions à Lyon (Nicolas Gay et Pierre Bailly), une édition à Rouen chez Jean Boulley. On trouvera la description détaillée de ces éditions à la *Notice bibliographique* sur Racan, Pièce just. n° 51.

des *Bergeries*, son cas va le mieux du monde; mais certes, pour ce qui est des bergères, il ne sauroit aller pis. Cette affaire veut une sorte de soins dont sa nonchalance n'est pas capable. S'il attaque une place, il y va d'une façon qui fait croire que s'il l'avoit prise il en seroit bien empêché; et s'il la prend, il la garde si peu, qu'il faut croire qu'une femme a été bien surprise quand elle a rompu son jeûne pour un si misérable morceau [1]. »

* *

On peut juger par cette lettre des bons rapports qui régnaient entre Balzac et Racan. Ils s'étaient vus à l'Hôtel de Rambouillet, chez Malherbe et chez Mme des Loges. Racan avait applaudi aux premiers succès du jeune écrivain, car Balzac par ses lettres avait donné à toute la France polie, alors affamée de noblesse et de grandeur, la première sensation de l'éloquence, et l'enthousiasme qu'il excita dès le début ne connut pas de borne; aussi notre poète fut-il très flatté des suffrages publics que « l'unique éloquent » décerna à sa pastorale en l'année 1623 [2]. Pour l'en remercier il se mit à une ode· de louanges; il fit d'abord en brouillon sept ou huit strophes et eut sans doute l'imprudence de les communiquer à son libraire, qui les imprima telles quelles en son absence [3].

Racan, fort ennuyé, corrigea aussitôt et acheva son ode; c'est une de ses plus longues : elle forme douze strophes lancées dans le grand mètre lyrique et célèbrent, toujours avec mouvement et quelquefois avec poésie, ce sujet ingrat de la gloire d'un écrivain [4].

Le poète commence par incliner avec une charmante franchise sa réputation devant celle du jeune prosateur; on notera avec quelle grâce il parle généralement de lui-même :

> 1.   Doctes nymphes par qui nos vies
>   bravent les ans et le trépas,

1. Tome IV, p. 94.
2. Nous ne savons en quelle occasion. Racan en parle au commencement de sa lettre, I, 310, et Maynard, nous l'avons vu, y fait allusion dans son épigramme louangeuse à Racan.
3. Latour, I, 157. — Il est rare que Racan soit aussi long à composer : ce fut chez lui, semble-t-il, paresse plutôt que difficulté.
4. C'est la grande strophe de 10 vers octosyllabes, que Racan a employée dans son Ode au Roi; seulement ici il a multiplié les rimes masculines (6 sur 10), en les encadrant par les féminines, ce dessin $f\ m\ m\ f\ /\ m^2\ m^2\ f^2\ m^3\ m^3\ f^2$ était nouveau, Malherbe ne l'a pas employé (cf. Souriau, *Vers*, p. 100). On voit que la strophe finit par une rime féminine, ce qui la suspend encore plus, pour ainsi dire, et amène la violation, si fréquente chez notre poète, de l'alternance des strophes.

seules beautés dont les appas
ont mes passions asservies,   4
vous savez bien que la splendeur
de cette orgueilleuse grandeur
où l'espoir des autres se fonde
n'est point ce que j'ai désiré,
et que j'ai toujours préféré
vos faveurs à celles du monde.

2.   Enflé de cette belle audace,
à peine savais-je marcher
que j'osai vous aller chercher
au plus haut sommet de Parnasse.
Apollon m'ouvrit ses trésors,
et vous me jurâtes dès lors,
par vos sciences immortelles,
que mes écrits verraient le jour,
et tant qu'on parlerait d'amour
vivraient en la bouche des belles.

3.   Toutefois, mes chères compagnes,
ces espérances m'ont failli :
Balzac tout seul a recueilli
ce qu'on cherche dans vos montagnes.
C'est en vain que tous ses rivaux
espèrent par leurs longs travaux
en votre éternelle richesse ;   27
lui seul la possède aujourd'hui,
et faut que je tienne de lui   29
les effets de votre promesse.

Et cette idée trop abstraite, il l'illustre, selon ses prédilections,
par une belle comparaison qu'il emprunte au monde céleste et qui ne
se trouvait point dans son projet primitif :

4.   Lorsque la nuit étend ses voiles,
on y remarque des flambeaux
qui semblent plus grands et plus beaux
que ne sont les autres étoiles ;
mais, sitôt que l'astre des cieux
commence à paraître à nos yeux
et qu'il a les ombres chassées,
nous voyons que de tous côtés
grandes et petites clartés
sont également effacées [1]...   40

Vient ensuite l'éloge de l'éloquence, que Balzac a « rapprise »
aux hommes, et le poète finit en le remerciant de la gloire qu'il lui a

[1]. Racan a déjà appliqué cette comparaison à la fierté de ceux qui ne veulent
pas flatter le pouvoir :

... Devant le soleil tous les astres s'enfuient
de peur d'être obligés de lui faire la cour (I, 199, Retraite).

donnée et qu'il compare au néant de certaines ambitions, celle des grandes constructions par exemple; nous reconnaissons là une de ses idées familières :

> 10. ... En vain dans le marbre et le jaspe
> les rois pensent s'éterniser;
> en vain ils en font épuiser
> l'une et l'autre rive d'Hydaspe;   94
> en vain leur pouvoir nonpareil
> élève jusques au soleil
> leur ambitieuse folie :
> tous ces superbes bâtiments
> ne sont qu'autant de monuments   99
> où leur gloire est ensevelie.
>   etc. [1].

Racan envoya de La Roche son ode à Balzac, dans l'automne de 1625 [2]; le jeune écrivain (il était de cinq ans plus jeune que notre poète et avait alors trente et un ans) était retiré dans sa terre d'Angoumois; il y soignait sa santé délicate, dont il aimait tant à parler dans sa correspondance, et fuyait les quelques attaques très vives qui s'étaient déchaînées contre lui au milieu de l'enthousiasme général, à la suite de la première publication de ses lettres, faite l'année précédente; elles partaient surtout des rangs du clergé, qui s'était trouvé froissé de quelques affirmations imprudentes, et Balzac irrité entretenait une vive polémique avec un abbé de Crosilles qui venait encore d'imprimer au mois d'octobre un factum contre lui [3].

1. Latour, I, 160. — Str. 1. Racan commence cette ode, comme l'Ode au Roi, par une invocation aux Muses qu'il appelle des « Nymphes ». — v. 4 : V. Lex., Avoir, 1, et Asservir. — Ménage (*Obs.*, p. 532) remarque que Racan emploie ici les *passions* comme la passion, de même que Malherbe (Lalanne, I, p. 32, v. 10), l'Estoile, Desportes.... Nous ne pensons pas que l'observation soit juste : Racan parle ici non pas seulement de son amour, mais de tous ses sentiments. — Nous avons montré par toute l'histoire de Racan qu'il n'a jamais été gâté par les faveurs du monde.

Str. 2. Le *Segraisiana* nous a rapporté le mot que Racan disait un jour : « Ma passion etoit de faire des vers dès ma plus tendre jeunesse... » (p. 129). — Cf. Lex., Parnasse. — La lettre à Malherbe nous a déjà attesté cette confiance de Racan dans l'avenir.

Str. 3. — v. 27. V. Lex., Espérer, 1; — v. 29, Lex., Il, 11.

Str. 4. — v. 40. V. Lex., Effacer.

Str. 10. Cf. 5e strophe de l'Ode à Bussy (p. 157). — v. 94 : *Hydaspe*, ancien nom du Djelem, fleuve de l'Inde. Racan l'emploie sans article comme on faisait souvent alors avec les noms de cours d'eau : le val de Loir, les rives de Seine. V. Lex. — v. 99. V. Lex., Monument.

L'ode corrigée ne parut que dans le *Recueil* de 1630, nous ne savons pourquoi; en 1627, c'est encore la première leçon. Plus tard, elle fut insérée dans la grande édition des *Œuvres* de Balzac, faite en 1665 par Conrart, t. II, p. 107.

2. L'époque nous est donnée par celle de la réponse de Balzac, qui est du mois de novembre.

3. Malherbe cherche à calmer Balzac au sujet de cet adversaire dans une lettre

Dans la lettre qui accompagne son ode, Racan parle à Balzac des attaques dont il est l'objet, sur le ton dont il parlerait au roi d'un soulèvement des protestants : aussi bien les contemporains nous apprennent qu'après l'apparition du volume de 1624, « la République des lettres devint tout à coup une Monarchie [1] ». « Vous estes empesché, dit-il, à chastier ces misérables esclaves qui s'estoient révoltez contre leur maistre [2]. Je sçay que ce seroit vous obliger à trop bon marché que de vous offrir du secours contre de si foibles ennemys, et ne veux point partager avecques vous l'honneur d'une si petite victoire [3]. Certes, Monsieur, si les anciens se vantent d'avoir faict quelques actions de courage au delà des nostres, nous nous pouvons vanter d'avoir eu des exemples de témérité au delà mesme de leur imagination, et leurs fables qui nous rapportent que les géants avoient eu autrefois la hardiesse de s'attaquer aux dieux ne nous disent point que cette audace ayt jamais passé jusqu'aux nains et aux pygmées [4] », et il continue sur ce ton de rhétorique méprisante : « ... si j'en estois creu, poursuit-il, on les mettroit tous en mesme logis, en attendant qu'on eust pourveu à faire punir les faiseurs de mauvais livres, comme les faiseurs de fausse monnoye [5]. Au reste je ne m'estonne point si N... [l'abbé de Crosilles apparemment] a été si osé que de censurer vostre éloquence, puisque M. de Malherbe a eu l'effronterie de m'accuser de froideur — [c'est la lettre du 18 janvier] —, luy qui n'est plus que de glace, et de qui la dernière maistresse est morte de vieillesse l'année du grand hyver [en 1608]. Il a beau jeu à se vanter des merveilles de sa jeunesse [6], personne ne l'en peut démentir; et pour moy, qui ne voudrois pas avoir donné ce qui me reste de la mienne pour les victoires du prince d'Orange, ni pour la sagesse du cardinal de Richelieu, je serois bien marri d'estre en état de lui pouvoir reprocher ce qu'il me reproche. Pour vous, il me semble que vous ne devez point tirer d'avantage d'estre arrivé de bonne heure au port : car, si vous appellés le temps que

qui a dû être écrite en septembre 1625 (IV, p. 9 et n. 6). — Sur la perspicacité de certains des ennemis de Balzac, voir Nisard, *Histoire de la littérature française*, t. II, ch. I, § IV. On trouvera de nouveaux et curieux détails sur l'opposition faite à Balzac dans le livre de M. Émile Roy sur *Sorel*, p. 85 et s.

1. Pellisson, *Histoire de l'Académie*, édition Livet, t. II, 67.

2. V. Lex., EMPESCHER, I.

3. V. Lex., AVECQUES.

4. Nous avons trouvé dans notre poète plus d'une allusion à cette fable des géants; il a coutume, comme Malherbe et tous les poètes du temps, de désigner les princes révoltés pendant les guerres civiles par les *Titans*.

5. V. Lex., MESME et FAISEUR. — Sur la phrase suivante, V. Lex., SI, I.

6. « Il.... se vantoit en sa conversation ordinaire de ses bonnes fortunes et des *merveilles* qu'il y avoit faites. » Racan, *Mémoires*, LXXVIII.

nous sommes en ce monde une navigation, je voudrois bien que nous
pussions faire en sorte de ne retourner jamais à la terre, et encore que
vous ayez été capable de faire des loix en l'âge où les autres apprennent
celle de la grammaire, et qu'il semble que vous n'ayez faict qu'un pas
de l'enfance à la vieillesse, je ne vous envie point cette gloire, puisqu'elle
vous a cousté la perte de la plus belle saison de vostre vie. Achevez
donc, si vous voulez, de consumer sur les livres le peu de vigueur qui
vous reste pour acquérir l'éternité, et renoncez aux délices d'une vie
essentielle pour une imaginaire dont vous ne jouirez que par procureur.
Pour moi, après avoir dit en vers

> que pour eux seulement les dieux ont fait la gloire
> et pour nous les plaisirs, — [dans l'Ode à Bussy]

je ne suis pas résolu de m'en dédire en prose, mais plus tost, *sui_
vant cette opinion, rejetter tous les conseils que la vanité me donne
au contraire, pour recevoir ceux de la raison et de la nature*, et
tâcher de faire en sorte qu'Arténice et Clorys aient meilleure opinion
de moy que M. de Malherbe [1]. Adieu, Monsieur, je vous escris à mon
ordinaire, c'est-à-dire sans soin et sans méditation. Si vous me vouliez
contraindre d'en user d'autre sorte, j'appréhenderois autant vos lettres
que les compagnies cérémonieuses pour qui l'on est obligé de mettre
toute une basse-court à feu et à sang pour les recevoir [2]. Si vous
voulez donc que nous continuions longtemps ce commerce, je vous
supplie de trouver bon que je vive aussi librement avecque vous que
je vis avecque M. de Malherbe, etc. », et il l'invite en finissant à venir
à La Roche [3].

Dans cette seconde partie Racan se montre beaucoup plus personnel que dans la première, où il se laisse entraîner à la rhétorique
par la contagion naturelle exercée sur celui qui écrit par son correspondant. Ici nous retrouvons l'épicurien un peu sensuel de l'Ode à
Bussy et de la lettre à Mme de Termes, et cette page de prose, bien que
poussée légèrement au paradoxe, forme un curieux envers aux éloges
hyperboliques de l'ode à Balzac. Racan admire grandement l'éloquence
de Balzac, mais il ne l'envie nullement, il le plaint même d'avoir si tôt
dit adieu aux plaisirs de la jeunesse : son idéal est décidément la vie

---

1. *Suivant cette opinion* = en suivant. — *Rejetter...* aujourd'hui nous répéte-
rions *de*. — *Au contraire* = *dans le* sens *contraire*.
2. On écrivait alors *basse-court* ou *basse cour, cour* ou *court*. **V. Lex.,** Court.
3. comme on le voit par la réponse de Balzac.

de gentilhomme campagnard, à condition qu'elle soit accompagnée des jouissances de l'amour [1].

Nous avons exhumé dans la volumineuse correspondance de Balzac la réponse qu'il lui fit [2]; elle est datée du 20 novembre; si elle l'emporte en éclat, elle le cède en bonne grâce, comme on va en juger par les principaux passages :

« Monsieur,

« Quand ma santé seroit meilleure qu'elle n'est, la rudesse de la saison en laquelle nous entrons, et que je croyois prevenir, me fait trop de peur pour me laisser sortir de la chambre, et me hazarder à un grand voyage. Il ne faudroit qu'un jour sans soleil, ou une nuict dans une mauvaise hostellerie, pour achever de me faire mourir, et en l'estat où je suis je serois plustost arrivé en l'autre monde qu'à Chastellerault. Je vous supplie donc de me pardonner, si je ne puis vous tenir la parole que je vous ay donnée, et si je prens encore quelque temps pour faire provision de force, et me préparer à une si difficile entreprise. A nostre retour de la Cour, il faudra passer en vostre belle maison, et voir les endroits où les Muses se sont apparuës à vous, et vous ont dicté les vers que nous admirons. Ceux que vous m'avez fait l'honneur de m'envoyer, m'interessent trop pour m'en laisser le jugement libre. Je me contenteray de vous dire que vous ne fustes jamais si Poëte, que quand vous avez parlé de moy, et que vous sçavez inventer de nouvelles fables aussi incroyables que les anciennes... Ce seront les beaux esprits du temps qui ne vous le pardonneront pas et qui souffriront impatiemment de voir mon nom dans vos vers avec autant d'esclat et de pompe que celui d'*Arténice* et d'*Ydalie*.... Je me fie assez en ma Rhétorique, pour m'asseurer que je vous persuaderay tousjours que je vaux plus que mes ennemis, et qu'ils n'ont d'autre advantage sur moy qui suis malade, que celuy de la santé, s'ils se portent bien. Au demeurant ne vous justifiez point de vostre longueur : je voy bien par l'excellence de vostre travail le temps que vous y avez employé, et scay que la perfection ne se trouve pas du premier coup. On peut achever en un jour quantité de statuës de plastre et de bouë; mais elles ne sont aussi que pour un jour, et pour servir d'ornement à l'entrée d'un Gouverneur en une ville, et non pas au regne

1. Voilà qui nous explique pourquoi la vanité de l'amour ou au moins de l'amour des villes est passé sous silence dans les Stances sur la Retraite (au contraire d'Horace dans l'épode *Beate Sesti*...).
2. Balzac, *OEuvres*, 2 vol. f°, 1665, t. I, p. 122.

RACAN.

de plusieurs Rois. Ceux qui travaillent en bronze et en marbre, vieillis-
sent sur leurs ouvrages, et il est certain qu'il faut mediter long-temps
ce qui doit durer tousjours. Si ma migraine vouloit, je vous en dirois
davantage, mais tout ce que je puis obtenir d'elle, c'est de signer cette
Lettre et de vous asseurer que je suis parfaitement, Monsieur,

Vostre, etc...

        Le xx novembre MDCXXV. »

    Une autre fois il s'exerce sur une migraine au milieu de laquelle
Racan avait fait « les plus belles stances qu'il fit jamais », probablement la pièce de Consolation à M. de Bellegarde : « Que voulez-
vous dire de vous plaindre d'une Teste, de laquelle vous tirez de si
excellentes choses? Sans doute les douleurs aiguës qui l'ont travaillée
quatre jours de suite ont esté les tranchées de cette admirable production que vous avez euë. Et ne sçavez-vous pas qu'il falut des coups
de marteau et des coups de hache, qu'il falut de la violence et des
efforts pour faire sortir Minerve de la teste de Jupiter? S'il y a des
maladies où il y a quelque chose de plus qu'humain, vostre migraine
est de celles-là : Et en conscience, que peut-on voir de plus eslevé et
de plus fort, de plus sage et de plus judicieux que l'Ode que vous
m'avez envoyée? Si vous fussiez mort incontinent après l'avoir faite,
c'eust été la voix du Cygne, et il n'y en a jamais eu au rivage de Méandre,
qui ait pris congé du monde si mélodieusement [1]. »

    De la campagne Racan correspondait encore avec Paris, écrivant
entre autres à Mme des Loges, dont il fréquentait, nous l'avons vu, le
salon littéraire et protestant depuis une vingtaine d'années et qui avait
même tenté de le convertir à sa foi [2]. A une lettre très flatteuse où elle
lui faisait des compliments de son amabilité, Racan répond avec esprit
(nous savons qu'il n'en manquait pas la plume en main), et en même
temps avec ce respect qu'inspirent les femmes vertueuses : « Il ne faudroit plus qu'une lettre comme la dernière que j'ay reçue de vous pour
me faire perdre la mauvaise opinion que j'ay de moi-mesme [3]... Mais
de me persuader que je sois devenu poly et cajoleux en un lieu où
tous les autres deviennent sauvages, vous auriez aussitost fait de me
persuader que N... est devenu sobre en Allemagne [4].... Je ne tiens

---

    1. Balzac, *Dissertation critique*, ch. iv, *OEuvres*, 1665, t. II, p. 634. Nous ne
croyons pas que cette lettre ait été non plus remise en lumière par les critiques
modernes.
    2. Ch. xiv. Malherbe parle, dans une lettre d'octobre 1625, d'un paquet de lettres
de Mme des Loges à Racan, qu'il a serré et qu'il ne peut retrouver (IV, 22).
    3. Il en parle souvent en des termes qui paraissent assez sincères.
    4. Sur la première expression *de me persuader*, V. Lex., DE — V. aussi CAJOLEUX.

pas que les beautez de Cloris et d'Arténice ayent des charmes plus
dangereux pour moy que la gloire d'estre au souvenir de la femme du
monde que j'estime le plus et que je dirois encore que j'ayme le plus,
si vostre vertu me le vouloit permettre [1]. »

Il ne manquait pas de l'aller voir chaque fois qu'il revenait à Paris,
et il avait l'occasion d'assister chez elle à des discussions intéressantes
sur le grand sujet littéraire d'actualité, le mérite de Balzac [2].

*
* *

Pendant cet automne de 1625 Racan continue naturellement à
écrire à Malherbe ; malheureusement nous n'avons plus ces lettres, dont
nous pouvons seulement nous faire une idée sommaire par les réponses
du maître. Ainsi Racan invite une fois Malherbe, comme il avait invité
Balzac, à le venir voir, mais il n'oublie pas qu'il faut, pour attirer le
vieillard, de bonnes raisons matérielles, indépendantes de la poésie et
de l'amitié, et il lui vante ses melons, dont il le sait particulièrement
friand. Il envoie sa lettre le 1er septembre 1625, chargeant le hasard
du soin de la faire arriver à bon port, car il ignore où se trouve exactement Malherbe.

Celui-ci la reçut au bout de dix jours à Fontainebleau, où il était
gravement préocccupé du paiement de sa pension, qui n'arrivait pas.
Il répondit aussitôt :

« Monsieur,

« On me vient de rendre votre lettre du premier de ce mois. Vous
voulez que je la doive à la fortune, et moi je la veux devoir à celui qui
me l'a écrite. Vous êtes mon ami, elle mon ennemie. Jugez auquel des
deux j'aime mieux avoir à faire... Qui me voudra nuire, qu'il se hâte ;
sinon il y a de l'apparence qu'il ne me trouvera pas au logis — [le
poète avait 70 ans]... Vous m'obligez de me prier de vous aller
voir, et si mes affaires m'en donnoient le loisir, je vous jure que

---

N. désignerait-t-il Bassompierre qui avait apporté d'Allemagne des habitudes de
grande beuverie?

1. V. Lex., TENIR. — Ce même rapprochement des noms de « Cloris et Arténice »
se retrouve, nous l'avons vu, dans la lettre de Racan à Balzac écrite vers le mois
d'octobre 1625 : celle-ci nous paraît être de la même époque. — La fin de la lettre
contient évidemment une légère exagération épistolaire. — Latour, I, 309.

2. V. entre autres dans Malherbe, IV, 90, une discussion sur ce sujet, à laquelle
prirent part Vaugelas, Malherbe, l'abbé de Crosilles et à laquelle assista Racan. Se
mit-il du côté des approbateurs de Balzac avec son maître, ou garda-t-il le silence
comme cela lui arrivait souvent? Malherbe ne le dit pas, mais sa lettre doit être
datée apparemment, d'après l'indication qu'il fournit lui-même, de juillet 1625.

je le ferois plus volontiers que vous ne le sauriez desirer. Mais les melons dont vous me faites fête, quelques bons qu'ils soient, ne valent pas ceux de l'Epargne. J'ai le courage d'un philosophe pour les choses superflues; pour les nécessaires, je n'ai autre sentiment que d'un crocheteur... Je suis résolu de ne bouger d'ici que je n'aie porté mon affaire à son dernier point. Si après cela il me reste encore quelques jours de cette automne, je les vous donnerai de très bon cœur. Pour l'hiver, je suis d'avis que nous le passions à Paris.... Je finirois ici, mais je sais bien que vous ne serez point marri que je vous conte des nouvelles, sinon pour autre chose, au moins pour vous donner de quoi entretenir la petite noblesse qui vous viendra visiter », et il parle avec verve à son ami de nos succès dans la Valteline, des prétentions des Espagnols, des négociations avec les huguenots, des relations redevenues affectueuses entre la Reine-mère et le roi. Il termine par un magnifique éloge du cardinal de Richelieu, à qui il regrette de n'avoir pu encore consacrer un témoignage poétique [1].

Malherbe ayant proposé à son ami d'intervenir personnellement auprès de Mme de Termes, celui-ci l'en dissuade, n'ayant qu'une médiocre confiance dans ses talents d'ambassadeur. « Pour la dame de Bourgogne, lui répond Malherbe, je ne lui écrirai point, puisque vous ne l'approuvez pas. Aussi n'en avois-je pas grande envie. Je ne prends pas plaisir de me donner de la peine aux choses dont je n'espère ni plaisir ni profit. Si elle m'eût envoyé de la moutarde — [elle était à Dijon] —, son honnêteté eût excité la mienne. Mais elle n'a que faire de moi, ni de vous non plus, quoi que vous disent ses lettres. Elle écrit bien, mais ce qu'elle écrit ne vaut rien. Si elle venoit ici, vous seriez perdu, car elle se moqueroit de vous sur votre moustache [2]; et s'en moquant au lieu où elle est, votre déplaisir est moindre d'une chose que vous ne voyez pas. Je suis complaisant à l'accoutumée, c'est-à-dire incomplaisant tout à fait. Mais je n'y saurois que faire. Il n'y a moyen que je force mon humeur : elle est bonne; je voudrois que la vôtre lui ressemblât. J'espère qu'à la fin vous deviendrez sage et que vous direz comme moi :

> Quand je verrois Hélène au monde revenue,
> pleine autant que jamais de charmes et d'appas,
> n'en étant point aimé, je ne l'aimerois pas.

« Je n'ai plus rien à vous dire. Si vous voulez que l'on mette quelque chose du vôtre dans le recueil de lettres que l'on va faire, dépêchez-

1. IV, 15.
2. C'est une manière de dire, car si Malherbe avait une moustache, Racan était rasé : voir le Portrait du commencement.

vous. M. Faret m'avoit dit qu'il vous en vouloit écrire, et qu'il m'en-
voyeroit sa lettre pour la mettre en mon paquet; mais jusques à cette
heure il n'en a rien fait. S'il me l'envoie devant qu'il soit clos, elle y
sera; sinon il faudra prendre une autre voie. »

Il finit en lui mandant des nouvelles de la Valteline et de la guerre
de Trente Ans. « Nous vous attendons à la Saint-Martin. C'est le vrai
temps pour vous en revenir, car toutes les Majestés seront à Paris.....

« Votre serviteur très-humble et très-affectionné.

MALHERBE [1]. »

Loin de suivre les conseils raisonnables de Malherbe au sujet de
« la dame de Bourgogne », Racan ne se contenta point de lui écrire;
il nous apprend lui-même qu'il fit « quelques voyages en Bourgogne »
à la suite du duc de Bellegarde, pour porter lui-même à Arthénice ses
supplications [2].

Nous avons retrouvé deux traces de ces voyages. C'est d'abord
l'épitaphe qu'il composa à cette époque pour le frère de la marquise de
Termes, le jeune comte de Charny, qu'il avait vu emporter par la
maladie au siège de Montauban en 1621 ; elle était destinée sans aucun
doute à la sépulture de la famille de Mirebeau, en Bourgogne [3], et l'on
profita apparemment du séjour du poète pour la lui demander [4]. Il y
mit à la fois une leçon aux ambitieux et une flatterie à l'adresse du père
de Mme de Termes [5].

Il faut noter en outre les rapports du poète avec un conseiller au
Parlement de Dijon, M. Lantin. C'était une bonne fortune, pour ces
parlementaires curieux, d'avoir par un Parisien de la cour des détails

---

1. IV, 21. — Au commencemeut de la lettre Malherbe parle de « M. le chevalier
du Bueil », le cousin de Racan; c'est Claude de Bueil, et non Antoine, comme le
dit M. Lalanne.

2. *Mémoires*, LXXXVII.

3. probablement dans l'ancien château de Mirebeau.

4. Ce qui nous le fait croire, c'est que la pièce parut pour la première fois,
non pas dans les recueils qui suivirent 1621, celui de 1627 par exemple, mais
seulement dans le *Recueil des plus beaux vers* de 1630, c'est-à-dire qu'elle fut
faite entre 1627 et 1630, ce qui correspond à l'époque probable des voyages de
Racan. On n'avait point encore à notre connaissance identifié le comte de Charny,
et établi sa parenté avec la femme dont Racan recherchait la main. — Cf. plus
haut, p. 309.

5. Latour, I, 213. — Le 1er quatrain fait songer naturellement à la 1re stance
de Polyeucte dans sa prison. — 2e quatrain. V. Lex., TONNERRE. Les Titans, nous
l'avons vu, désignent toujours les rebelles dans Racan comme dans Malherbe (Cf.
l'épitaphe de Racan à son père, où il parle en mêmes termes de ces guerres civiles
de la fin du 16e siècle). — Jacques Chabot, marquis de Mirebeau, très aimé de Henri IV,
avait fait sa fortune en partie grâce à Bellegarde et lui devait une lieutenance
royale en Bourgogne, qu'il avait reçue en 1613 (V. Lalanne, table : Mirebeau). —
1er tercet. *De te dire*. V. Lex., DE, II, 2°. — La veuve du comte de Charny s'était
remariée dès 1623 au malheureux comte de Chalais, qui fut décapité en 1626.

intimes sur le duc, leur gouverneur, et M. Lantin ne se fit pas faute
d'interroger Racan. « Ce gentilhomme, dit-il, déjà fameux par ses Poésies et par son esprit... me dit beaucoup de circonstances de la vie et
des intrigues de M. de Bellegarde. » Racan conta indistinctement tout ce
qu'il savait de la vie privée de son tuteur, sans y voir malice, comme il
fera un jour pour Malherbe, comme il fera pour le même Bellegarde
avec Tallemant des Réaux, à qui il déclarera : « On a cru trois choses
de lui qui n'étaient point : la première que c'estoit un poltron ; la
seconde qu'il estoit fort galant, la troisième qu'il estoit fort libéral »
[c'est-à-dire généreux] [1].

Plusieurs fois déjà nous avons vu la double face des opinions de
Racan sur les personnes ; l'une franche et malicieuse se montrant dans
une lettre, l'autre ennoblie apparaissant dans une ode. Nous constatons ici quelque chose d'analogue. En même temps qu'il faisait de libres
confidences aux parlementaires de Dijon, il composait une ode à son
protecteur, à qui il avait déjà adressé, trois ans auparavant, les belles
Stances de consolation sur la mort du marquis de Termes. A aucune
époque Racan n'a autant célébré Bellegarde, et cela se comprend : il

1. Tallemant, I, 59. — Nous tirons les détails mentionnés plus haut du *Lantiniana*, manuscrit recueilli par M. Le Gouz, conseiller au parlement de Dijon et
conservé à la bibliothèque de cette ville sous le n° 962 (n° 45 du Fonds Baudot),
que l'aimable conservateur, M. Guignard, a bien voulu consulter pour nous. La
table, qui est, comme le manuscrit, de la main de l'abbé Joly, indique 3 articles
pour Racan, nᵒˢ 71, 213, 253.
Le nᵒ 71 est le récit du célèbre mot de Racan à l'Académie dans la discussion
de la prononciation de Vulcain (V. le Menagiana et plus loin, p. 437).
Nᵒ 213 (fᵒ 196, vᵒ). « La cour de M. le D. de Bellegarde lorsqu'il étoit gouverneur de Bourgogne, n'étoit pas moins belle que celle de M. le Prince le père qui
lui succéda. M. de Bellegarde avoit toujours auprès de lui plusieurs de ses parents.
Il aimoit le jeu et les femmes. Il attira dans cette province M. de Racan qui étoit
parent de sa feme. Cela me dona ocasion de voir ce gentilhomme déjà fameux par
ses poésies et par son esprit. Il me dit beaucoup de circonstances de la vie et des
intrigues de M. le D. de Bellegarde. »
Nᵒ 253 (fᵒ 199 rᵒ). « M. Berthier de Montrabe, P. P. au P. [Premier Président
au Parlement] de Toulouse étant à Paris et aiant fait l'amour à une jolie boulan-
gère, elle eut un enfant de ses œuvres qu'elle nourrit avec soin. Il lui donna dix
mille livres, il porta le nom de Sous-Carrière. Mais quoi qu'il fût beau et civil
envers tout le monde, il essuioit souvent des raileries (*sic*) sur sa naissance. Il prit
la pensée de faire croire dans le monde qu'il étoit fils de M. de Bellegarde et gagna
par argent des personnes auprès de ce seigneur qui lui firent agréer que Sous-
Carrière se dît son fils naturel. J'ai ouï dire cela à M. de Racan... » (Suivent quelques
lignes sur la fin de la vie du poète.)
L'abbé Joly cite ce manuscrit dans ses *Remarques critiques sur le Dictionnaire
de Bayle*, 1748, t. II, p. 650. —
On sait quelle était la vie intellectuelle à Dijon, à cette époque ; voir dans
l'ouvrage de A. Floquet, *Études sur la vie de Bossuet*, le miliéu parlementaire où a
été élevé Bossuet entre 1627 et 1642. Racan était peut-être à Dijon quand y naissait
le grand orateur. Dans un genre moins relevé, voir le *Calendrier des fous de Dijon*
(*Revue bleue*, 20 janvier 1894, article de M. J. Durandeau).

y est poussé en même temps par le sentiment de la reconnaissance et
par l'intérêt : il pense que la décision de Mme de Termes sera inspirée
en grande partie par le chef de la famille, et jamais il n'a eu un aussi
grand besoin de l'assistance de son tuteur.

Aussi voit-on qu'il a mis à faire cette ode toute son application : la
pièce n'a pas moins de 102 vers. Le rythme n'en est point légèrement
emporté comme dans l'ode à Balzac, ce sont des stances d'alexandrins
dont la gravité convient bien à l'éloge d'un grand personnage [1]; l'ensemble en est remarquable par la force et par la correction, et même
quelques passages ne sont pas exempts de vraie poésie. C'est en somme
une des odes les plus achevées de notre poète, et l'on pourrait la citer
comme un exemple de celles de sa maturité; elle forme vraiment une
digne suite à l'éloge du même personnage, composé seize ans plus tôt
par Malherbe [2].

Racan commence, selon son habitude, par nous entretenir aimablement de lui-même :

1.   Amour, à qui je dois les chansons immortelles
      qui par toute la terre ont volé sur tes ailes,
      et qui seul m'as enflé le courage et la voix,
      n'es-tu pas bien enfant alors que tu m'invites
      d'oublier les rigueurs pour chanter les mérites   5
      d'une ingrate beauté qui méprise tes loix?

2.   Permets qu'employant mieux les accords de ma lyre,
      je chante mon Roger, l'honneur de cet empire,
      et qui dessous le tien si longtemps a vécu.   9
      Puisque de sa valeur tu fus toujours le maître,
      en disant ses vertus ne fais-je pas connaître
      la gloire du vainqueur par celle du vaincu?

Il trace alors une gracieuse esquisse de la jeunesse amoureuse du
héros :

3.   Quand trois lustres passés le mirent hors d'enfance
      et que parmi la joie et la magnificence
      les belles admiraient ses aimables appas,
      combien en oyait-on soupirer leur martire?   16
      Si tu voulais, Amour, tu saurais bien qu'en dire,
      toi qui ne l'as jamais abandonné d'un pas.

---

1. C'est exactement le même rythme que les Stances sur la Retraite, rythme
sonore (4 rimes féminines sur 6) et en même temps bien fermé à la fin de chaque
strophe (rime masculine) : *f f m / f² f² m.* Bien que ce soit une ode, cette pièce est
véritablement composée de stances.

2. Lalanne, I, p. 107. La comparaison en est intéressante, et l'on ne sait vraiment à qui donner le prix : il y a plus de souffle dans Malherbe, plus de poésie
dans Racan.

6. ... Quand ses jeunes attraits triomphaient des plus belles,
   combien as-tu de fois fendu l'air de tes ailes
   pour éclairer ses pas avecque ton flambeau?
   Et quand toute la cour admirait ses merveilles,
   pour voir en tous endroits ses grâces nonpareilles,
   combien as-tu de fois arraché ton bandeau?

Le poète raconte ensuite les nombreux assauts qu'a dû subir le duc de la part de ses ennemis, et ses réminiscences de Virgile lui inspirent une belle comparaison, dont La Fontaine à son tour se souviendra :

9. ... Tel... un chêne puissant, dont l'orgueilleuse tête,
   malgré tous les efforts que lui fait la tempête,
   fait admirer nature en son accroissement ;
   et son tronc vénérable aux campagnes voisines
   attache dans l'enfer ses secondes racines,
   et de ses larges bras touche le firmament...   53

Puis viennent les services qu'a rendus le gouverneur de Bourgogne pour maintenir l'autorité royale pendant les guerres civiles, l'auteur sait tirer de ce sujet ingrat des accents poétiques, témoin cette strophe :

11.   Ses lauriers, respectés des tempêtes civiles,
       dans les champs où la Saône épand ses flots tranquilles   62
       protégèrent Thémis en nos derniers malheurs ;
       aux vents séditieux ils défendaient l'entrée,
       et n'en souffraient aucun en toute la contrée
       que celui seulement qui fait naître les fleurs....   66

Il termine par un aimable et touchant retour sur lui-même :

17.   Pour moi, de qui l'enfance au malheur asservie
       surmonta les soucis qui menaçaient ma vie
       par l'excès des faveurs qu'elle reçut de toi,
       ces obligations me rendent insolvable ;
       mais dois-je être honteux d'être ton redevable
       si la France à jamais l'est aussi bien que moi [1] ?

1. Latour, I, 148. — 1re strophe. Le commencement est à rapprocher, comme pensée et comme mots, de la seconde strophe de l'Ode à Balzac. — v. 5. V. Lex., INVITER.
   2e str. — v. 9 : V. Lex., DESSOUS. — Ce vers contient une sorte de jeu de mots qui étonne un peu : l'honneur de cet empire, c'est-à-dire de ce royaume, *dessous le tien*, c'est-à-dire sous ta puissance.
   3e str. — v. 16. V. Lex., OUÏR.
   La 9e str. est une belle et libre traduction des vers des *Géorgiques*, II, 290 et suiv. :

       Æsculus.... quæ, quantum vertice ad auras
       ætherias, tantum radice in Tartara tendit.
       Ergo non hiemes illam, non flabra neque imbres
       convellunt ; immota manet... ;
       ... fortes late ramos et brachia tendens...

La Fontaine s'est souvenu de cette stance dans la fable *Le Chêne et le Roseau*, entre autres des deux derniers vers pour les deux derniers de sa fable. Il aimait d'ail-

Odes, stances, églogue, chansons, madrigaux, sonnets, lettres, on voit quelle variété de genres cultiva notre poète dans cette période féconde de sa vie, la plupart du temps inspiré d'une manière plus ou moins directe par son amour persévérant pour Arthénice. Il faut compléter cette liste par deux autres genres bien différents l'un de l'autre, les paraphrases de psaumes et les vers de ballet; après quoi il nous restera à citer le jugement que portait Malherbe sur l'entreprise amoureuse de son jeune ami, et à mentionner la double publication qui se fit de ses œuvres dans les années 1626 et 1627.

★
★ ★

Bien que de plus en plus envahi par les sentiments épicuriens, Racan se souvint cependant d'avoir jadis traduit des hymnes à la Sainte Vierge et composé un Noël [1]; nous avons d'ailleurs montré qu'il avait en réalité l'âme religieuse et que les pensées de la foi ne l'abandonnèrent jamais, même aux époques les plus dissipées de sa vie. Il eut l'idée de faire, à l'exemple de Malherbe, une paraphrase de psaume, et se laissa tenter par le 18e, *Cœli enarrant gloriam Dei*, qui célèbre la grandeur divine prouvée par la magnificence du *monde céleste* [2] : ce choix ne nous étonnera point chez notre poète, toujours si épris de la beauté des astres. Il prit tant de goût à ce travail qu'il consacrera à la traduction de tout le psautier le reste de sa vie; nous remettons l'étude de cette paraphrase au chapitre où nous examinerons la première série de psaumes qu'il publia [3].

Au carnaval de février 1626, au « carême prenant », comme l'on disait, le roi entendit fêter par de grandes réjouissances la paix qu'il avait donnée à ses états, et les princes du sang et les gentilshommes

---

leurs cette ode, dont il a donné les strophes 1 à 6, 9 à 12, 15 et 16 dans son *Recueil de poésies chrétiennes et diverses*, 1671. — V. Lex., Effort, Faire, viii, Nature, Vénérable. — v. 53 : nous soupçonnons le texte de ce vers de contenir une faute d'impression, il faut peut-être lire *féconde*. La même faute, on s'en souvient, s'est glissée à la fin d'une hymne de Racan (II, 407, l. 15, voir plus haut, p. 284, n. 3). Géruzez a d'ailleurs corrigé le vers en ce sens (*Fables* de La Fontaine, p. 26, n. 3).

11e str. — Le v. 62 est remarquable par son harmonie douce et pleine qui peint si exactement le cours de la Saône, — v. 66 : V. Lex., Seulement.

17e str. — Lotheissen dit qu'on ne sait pas quels dangers ont menacé la jeunesse du poète (I, 214). Notre ch. vii y répond : il s'agit surtout des poursuites de créanciers, qui menaçaient si fort l'orphelin depuis la mort de ses parents et dont l'intervention de Bellegarde le tira plus d'une fois, comme nous l'avons raconté.

1. Voir le ch. xiv.
2. Latour, II, p. 69.
3. Ch. XVI, iv.

organisèrent leur grand divertissement favori, un ballet de cour; nous avons déjà parlé de ce genre de spectacle, plus joyeux que littéraire; les quelques détails que nous allons donner sur celui-ci, où Racan eut sa part, compléteront ce que nous avons dit [1].

On imagina de figurer la présentation grotesque de la douairière espagnole de « Billebahaut », c'est-à-dire de Bilbao, et de son amoureux normand, le Fanfan de Sotteville. Pour voir leur grand bal accouraient les princes et les habitants des cinq parties du monde : d'abord paraissent les Américains vêtus de plumes, le roi du Pérou, Attabalipa, et deux sauvages figurés par le comte d'Harcourt et le comte de Soissons.

Le comte de Soissons, âgé de 22 ans, qui cherchait à épouser Mlle de Montpensier, s'adressa, pour avoir des vers, à notre poète, qui chantait si bien ses propres amours, et « l'Amériquain » put célébrer en termes spirituels et élégants l'Amérique, le pays de l'or et de l'âge d'or ainsi que la belle Cloride :

> 1. De ces riches climats les derniers découverts,
> de ces fertiles champs qui n'ont jamais d'hivers,
> je me suis venu rendre aux prisons de Cloride ;
> j'ai par terre et par mer voyagé nuit et jour,
> et n'ai voulu qu'Amour,
> tout aveugle qu'il est, pour pilote et pour guide.

> 2. ... C'est là qu'on trouve aux cœurs de la fidélité,
> et que la liberté
> fait voir comme les corps les âmes toutes nues.

> 3. Nous avons dans nos champs, au milieu des cailloux,
> ces superbes trésors dont les hommes jaloux
> courent par tant de mers en faire la conquête ;
> et, joignant la richesse avecque les appas,
> *nous foulons sous nos pas*
> *les joyaux dont vos rois se couronnent la tête* [2].

. . . .

L'Américain, après avoir chanté avec ardeur les charmes de Cloride, déclare à la fin qu'il a peu de confiance dans l'avenir :

> 8. L'aise que j'en reçois n'a rien à désirer,
> sinon que sa rigueur me défend d'espérer

1. Nous avons pu, après bien des recherches, déterminer la date et le sens des trois pièces de Racan, grâce à la description de ce ballet dans le *Mercure*, t. XII, 1626, p. 188-192, et au livret poétique du ballet qui avait été distribué aux spectateurs : *Grand Bal de la douairière de Billebahaut*, 68 p. 4° (exemplaire sans titre à la Bibl. Nat. Inv. Yf-815), que nous avons eu la bonne chance de retrouver. — Voir les gravures représentant deux Entrées de ce ballet dans *Germain Bapst*, Essai sur l'Histoire du Théâtre, 4°, Paris, Hachette, 1893, — p. 224 et 232.

2. *en* faire la conquête, V. Lex., E[N], pronom, II.

de pouvoir par mes pleurs amollir son courage, — [un vers digne de Racine]
et suis à la merci d'un si fragile sort
            que, pensant être au port,
c'est lors que je me vois le plus près du naufrage [1].

La seconde entrée fut celle des Asiatiques, la troisième celle des
peuples du Nord, et les Africains paraissaient ensuite : après le grand
Cacique monté sur un éléphant venaient des nègres au nombre de cinq
qui dansaient un ballet : l'un d'eux, M. le Grand Prieur de Vendôme
(un des enfants légitimés de Henri IV), déclarait, soufflé lui aussi par
Racan :

> De ces lieux où le chaud sèche la terre et l'onde,
> de ces champs où l'hiver ne fait jamais pleuvoir,
> le renom d'Uranie et l'honneur de la voir
> m'ont fait conduire ici ma barque vagabonde.
>
> ... Je renonce à ces champs dont l'éternel été
> noircit notre couleur de son ardeur extrême.
>   etc. [2].

En l'honneur de la même Uranie, le poète composa aussi des
stances spirituelles et précieuses, « pour un marinier » qui navigue sur la
mer d'Amour, mer bien digne de figurer quelque jour sur la carte de
Tendre [3].

1. Latour, I, 189. 3e vers de cette stance : *courage*, V. Lex. La douceur de
l'harmonie matérielle de ce vers vient surtout de l'abondance des lettres liquides
et de l'existence de la diphtongue *ou* (très-aimée de Racan) dans chacun des hémis-
tiches. Cf. ce que nous avons dit de l'harmonie des vers dans *Arthenice*, p. 274,
n. 3. — Nous pensons qu'il faut lire le dernier vers en séparant *lors que* (alors que...).
    Le texte du livret (p. 8) n'est pas de tout point conforme à celui de Latour,
ce qui montre les perfectionnements apportés depuis par Racan à sa pièce :
    2e stance, 1er vers : *On* ne peut... — La belle stance 3 manque et a été proba-
blement rajoutée après coup. — St. 4, v. 3 : c'est là que des *respects*.... — St. 5 :
Toutefois ces *appas*.... — St. 6 : (2e vers : *ses* bords, faute d'impression pour *ces*
bords), v. 6 : *coronnes*, mot employé par Malherbe pour *couronne* qui a prévalu au
milieu du 17e siècle. — La st. 7 manque également. Racan ajouta donc par la suite
deux stances et fit quelques retouches.
    Le rythme de ce sizain 12 12 12 / 12 6 12, inventé par Malherbe (Souriau, 97),
reçoit ici une application nouvelle dans la combinaison des rimes : *m m f / m² m² f.*
    2. *Grand Bal...*, p. 46. Ce texte primitif donne ainsi le dernier tercet :

> Mais qu'espérait mon cœur, ou qu'est-ce qu'il a craint?
> Le soleil qu'il fuyait ne brûlait que mon teint,
> et ceux qu'il a trouvés le brûleront lui-même.

Dans la suite Racan corrigea ces vers, en remplaçant *le cœur* par *l'âme*, c'est le
texte que donne Latour, I, 210.
    3. Latour, I, 231. Cette pièce est insérée par l'éditeur dans les chansons, mais
ce sont de véritables stances. Nous n'en citons rien dans le texte, parce qu'elles
ne sont pas dans le *livret du bal* de 1626; nous n'avons donc pas la certitude qu'elles
aient été récitées dans ce ballet. Seulement elles célèbrent Uranie comme le précédent sonnet: elles le continuent même, puisqu'il y était question de « barque vaga-

Tous les témoins oculaires parlent de ce spectacle avec le plus vif enthousiasme. « Le Roy ne voulant pas que les Seigneurs et Dames de la Cour et de son Louvre eussent seuls la vue et l'admiration.... de ce Bal, fut aussi le danser en la Salle de l'Hôtel-de-Ville de Paris, où les prévôts des marchands et échevins avoient mandé les Dames, Damoiselles, et la bonne Bourgeoisie de la Ville [1]. »

Ainsi tout Paris entendit les vers de notre poète, qui furent d'ailleurs imprimés sur le livret du ballet avec les autres, ceux de Bordier, l'Estoille, Imbert; il faut noter cependant que Racan, avec un autre poète, ne voulut signer ces vers de circonstance que de son initiale [2].

Mais ces plaisirs de la Cour recouvraient de graves intrigues : elles avaient justement pour objet le mariage de *Cloride*, de Mlle de Montpensier, que Richelieu entendait faire épouser au frère du Roi, Gaston, duc d'Anjou. Mais *Monsieur* y avait quelque répugnance et il formait une cabale d'opposition contre le ministre avec plusieurs princes de la cour, tels que le comte de Soissons, qui ambitionnait pour lui-même la main de Mlle de Montpensier, et les deux frères de Vendôme, le duc, qui était gouverneur de Bretagne, et le Grand Prieur. On voit que Racan se trouvait engagé, par suite des circonstances, parmi les poètes de ce parti, puisqu'il fournissait des vers amoureux au comte de Soissons et au Grand Prieur. Il alla même jusqu'à composer en l'honneur de ce dernier un sonnet hyperbolique [3].

Le cardinal usa à la fois de ruse et de rigueur pour affaiblir ses ennemis : quelques semaines après le ballet, les deux Vendôme sont arrêtés à Blois le 13 juin 1626, le comte de Chalais est exécuté à Nantes le 18 août, et le comte de Soissons est réduit à quitter la France.

Leur poète, pendant ce temps, inconscient du danger, était retiré dans son manoir de Touraine, où il pensait plus que jamais à son amour et correspondait avec Malherbe et avec Arthénice.

bonde », et datent de la même époque, ayant été publiées avec lui dans « le Recueil de vers » de 1626. Ces stances sont belles et harmonieuses, particulièrement les trois premières; en voici une sur les effets de l'amour auprès des mariniers :

Il n'est point de brouillards où ses feux n'éclaircissent;
par ses enchantements les vagues s'adoucissent;
la mer se fait d'azur et le ciel de saphirs,
et, devant la beauté dont j'adore l'image,
en faveur du printemps, qui luit en son visage,
les plus fiers aquilons se changent en zéphirs.

1. *Grand Bal...* — *Mercure*, p. 192. — La seule ombre au tableau est rapportée par Marolles (*Mém.*, III, 116), qui parle des inconvénients causés par le cheval vivant que l'on eut la malheureuse idée d'amener sur la scène, pour l'entrée du Grand-Turc.

2. Le nom de l'autre poète commence par un T.

3. Latour, I, 214. Ce Grand Prieur était un des princes qui avaient soutenu Marie de Médicis dans sa révolte de 1620.

*
* *

Pendant l'été de 1626 Racan envoyait à son maître les nouvelles
de Touraine et l'invitait encore à venir à La Roche goûter cette fois de
ses pois et de ses fèves.

Malherbe lui répond à la date du 11 juillet :

« Monsieur,

« Vous êtes honnête homme de ne me demander qu'une lettre en
quinze jours. Vous mesurez ma paresse à la vôtre, et faites bien. Elles
sont toutes deux si excellentes, que s'il en falloit faire jugement je serois
bien empêché à qui donner la pomme. Je ne vous remercie point de vos
nouvelles. La quantité en est petite, et la qualité chétive. Si vous ne
me voulez écrire rien de meilleur, ne m'écrivez point : je veux dire de
nouvelles ; car je serai toujours bien aise d'avoir de vos lettres. Mais je
ne veux pas que vous y mettiez autre prix que celui de vous souvenir
de moi. C'est assez pour me les faire recevoir, non pas d'aussi bon
cœur que vous recevez celles d'Artenice (car cela n'étant pas possible,
il n'est pas aussi à désirer), mais avec un contentement à qui nul autre
que cettui-là ne peut faire comparaison. Je ne sais si vous lirez bien ma
lettre... Si nous continuons, vous et moi, je vois bien que nous arrive-
rons à un point que vous ne pourrez non plus lire les miennes que moi
les vôtres. Au demeurant, si je n'eusse connu votre écriture, je vous
déclare que jamais je n'eusse cru, à voir votre lettre si bien formée,
qu'elle fût venue de vous. Vous m'obligez de me desirer chez vous, et je
vous jure que je m'y desire aussi. Mais ce n'est point pour vos pois ni
pour vos fèves, c'est pour être avec vous. Je ne vous en mentirai
point : je vous irois voir de bon cœur, mais je ne serois pas sitôt chez
vous qu'il m'en faudroit revenir, et vous savez que je suis en un âge
qui n'aime pas le travail [la fatigue], ou plutôt qui n'en a pas besoin....
Adieu, Monsieur. Je vous écris à bâtons rompus ; lisez-le de même. Je
ne m'en soucie pas, pourvu que vous m'aimiez, et me teniez toujours
pour votre très-humble serviteur.

A Paris, ce 11e de juillet 1626 [1]. »

Il lui récrit au mois de septembre [2] :

1. IV, p. 25.
2. Nous ne parlons pas d'une lettre de nouvelles, dont M. Lalanne attribue la
destination à Racan, nous ne savons pour quelle raison (IV, p. 27).

« Monsieur,

« Je suis bien aise d'avoir souvent de vos lettres, mais d'un autre côté, j'ai peur que par cette diligence extraordinaire, vous ne perdiez le glorieux titre de *nonchalant*, qui vous a fait mettre autant que votre poésie entre les noms illustres du siècle [1]. En quelque chose qu'on excelle, il n'importe, pourvu qu'on soit hors du commun... Le nom d'Achille est connu, aussi est celui de Thersite. Je vous fais toujours la guerre, mais vous l'endurerez comme un écolier de son maître. Je pensois que nous nous reverrions avec la cour; mais nous avons la cour et ne vous avons pas. Il n'importe, nous nous en passerons. Souvenez-vous que Messieurs les Destins ont eu soin de vous, et que vous avez voulu vous ruiner, mais ils n'y ont pas consenti. Vous m'entendez bien sans que je m'explique davantage. Si vous avez perdu un ami, vous en avez recouvert un autre. Louez Dieu... si vous me croyez. » Allusion probable à la manière dont Racan s'était compromis dans le parti de Monsieur. Malherbe termine par un éloge du cardinal, sur lequel il insiste toujours auprès de Racan, comme si celui-ci, qui était l'ami des dernières victimes du ministre, avait besoin d'être persuadé sur ce point [2].

Malherbe finit certainement par se rendre à La Roche à l'automne de l'une de ces années que nous parcourons, et fit à son cher disciple le plaisir d'aller goûter à ses fruits. On peut soupçonner quel fut le bonheur de Racan de posséder dans son château son vieux maître, dont il avait si souvent reçu l'hospitalité dans la chambre de la rue des Petits-Champs.

On cite de la distraction de notre homme un nouveau trait qui s'applique sans doute à un voyage de retour fait en commun. Un jour Malherbe et ses deux disciples, Yvrande et Racan, avaient couché dans la même chambre. Racan se lève le premier et prend le haut-de-chausses d'Yvrande pour son caleçon. Quand Yvrande voulut s'habiller, il ne trouva point son haut-de-chausses : il chercha partout. Enfin, il regarda Racan, qui lui sembla plus gros par le bas qu'à l'ordinaire. « Sur ma

---

1. Malherbe avait mis d'abord dans le brouillon « le glorieux titre que vous avez acquis du plus nonchalant homme qui fut jamais ».

2. IV, 239. M. Lalanne a raison de déclarer que cette lettre est adressée sans aucun doute à Racan. Les railleries du commencement sur la *nonchalance* en font foi; c'est un mot qui revient souvent, nous l'avons vu, sous la plume de Malherbe pour peindre son disciple. — Nous datons cette lettre de septembre 1626 : les nominations officielles dont parle Malherbe à la fin sont de 1626, et il est question du retour récent de la cour qui eut lieu en septembre.

foy, lui.dit-il, ou vous êtes plus gros qu'hier, ou vous avez mis mes chausses sous les vôtres. » En effet il y regarda et les trouva [1].

Notre curiosité voudrait connaître quelques détails matériels sur le genre de vie que menait alors notre héros soit à Paris, soit en Touraine ; nous devons nous contenter de courtes indications : son train à Paris semble avoir été des plus modestes ; il n'était plus logé comme jadis à l'hôtel Bellegarde, il descendit fort longtemps dans un cabaret borgne, et Conrart, voulant l'en faire déloger : « Je suis bien, je suis bien, lui dit-il ; je disne pour tant, et le soir on me trempe pour rien un potage [2]. » Il avait alors peu de ressources, et il regarda toujours de près à l'argent.

A La Roche il représentait davantage, et il pouvait écrire à Malherbe : « Je suis roi de mon village [3]. » Mais cette royauté n'allait pas toujours sans opposition, et nous avons retrouvé une pièce inédite, qui nous montre Racan aux prises avec son curé [4].

Il avait fait appeler un jour M. Jarossay, curé de Saint-Pater, pour lui demander de lui faire, comme il le devait, les reconnaissances féodales de la cure et de toutes ses dépendances. Le curé offrit les reconnaissances demandées sauf pour trois articles : le jardin du presbytère, le pré qui en dépendait et une pièce de trois arpents de vigne, son prédécesseur, disait-il, ayant fait la déclaration de ces biens à Jean de Robert, sieur de Chantemelle. Celui-ci étant intervenu à la demande du curé, Racan cessa la poursuite et n'éleva plus de prétention de ce fait. Mais lorsqu'à Jarossay succéda en 1625 le curé Maan, Racan fit revivre sa prétention et chercha noise à Jean de Robert, bien qu'il fût de ses amis, comme nous l'avons vu [5]. Ils convinrent tous deux de faire des recherches dans leurs papiers et de choisir des arbitres à qui l'on remettrait toutes les pièces de la cause : on en choisit quatre, un bailli, un commissaire des guerres et deux avocats qui réussirent à faire signer l'accord suivant aux parties [6] :

Racan sera à l'avenir reconnu par les curés de Saint-Pater comme seigneur féodal du presbytère et de toutes ses dépendances. Cependant, pour les trois arpents de vigne, « après que le sieur de Chantemelle a

---

1. Tallemant, II, 360.
2. Tall., II, 354, n. Nous pensons que cette anecdote doit se placer avant le mariage du poète, c'est-à-dire avant 1628.
3. Lettre citée, Latour, I, 17.
4. Arch. d'Indre-et-Loire, G. 465. Voir plus loin la Pièce justificative 16.
5. 1re partie de ce chapitre.
6. L'un des arbitres était Jacques Roger, l'avocat-conseil ordinaire de Racan.

prié le sieur de Racan de lui accorder la féodalité sur iceux..., ce que
le dit Racan lui a consenti... pour l'affection et l'amitié qu'il lui porte...,
il a accordé au sieur de Chantemelle qu'il sera dorénavant reconnu par
les curés de Saint-Pater seigneur féodal des trois arpents de vigne.... à
la charge d'en rendre aveu au dit Racan et lui en faire les reconnaissances... » L'acte fut signé à Saint-Pater le 3 janvier 1627 par le
curé, par Chantemelle et par Racan [1]. Ce dernier sortait donc vainqueur
de cette querelle, qui nous prouve à quel point, malgré sa nonchalance,
il tenait à ses droits : notons ce nouveau trait de caractère; il ne fera
que s'accentuer avec l'âge.

Cependant le suzerain de Saint-Pater s'obstinait dans la recherche
de Mme de Termes et il continuait de loin à en écrire à Malherbe et à
faire passer par lui ses lettres pour la Bourgogne.

A la fin Malherbe n'y tint plus : dans toutes ses conversations et
dans toutes ses lettres il n'avait jamais manqué de déconseiller à son
jeune ami une poursuite qui durait depuis 10 ans et qu'il voyait clairement frappée d'insuccès. De plus tous les courriers de Bourgogne
lui apprennent maintenant que Mme de Termes se « laisse cajoler » par
un jeune et brillant conseiller au parlement de Dijon, M. Claude
Vigner [2]. Alors il éclate et il décharge tout ce qu'il a sur le cœur avec
une verve de franchise, une vigueur de sens commun et une force
bourrue d'affection, qui font de cette lettre, à notre avis, la meilleure
page des œuvres du maître. Dans la longue pièce à trois personnages
qui se joue entre Arthénice et les deux poètes, c'est la grande tirade,
celle qui est lancée par le personnage d'expérience à la tête du jeune
premier songeur; c'est la plus verte leçon qu'ait jamais essuyée du
bon sens gaulois la sentimentalité rêveuse; il y a déjà comme du Molière
dans ces accents.

Nous citons d'importants passages de cette lettre, non point pour
les précédentes raisons d'intérêt général, mais parce qu'elle est un
document capital de l'histoire de la passion que nous étudions, et qu'elle
éclaire jusqu'au fond les relations des deux amis ainsi que l'opposition
de leurs natures. Nous avons déjà noté cette différence pour la poésie
et pour la religion; nulle part elle ne s'accuse mieux que sur le
terrain de l'amour : l'un soupire dix ans pour une coquette, l'autre se
vante de n'avoir jamais fait plus de douze pas vers une femme; le

---

1. qui signa : *Honorat de Bueil.*
2. Nous le tenons de Racan lui-même, *Mém.* LXXXVII. Voir, sur ce personnage,
Tallemant, 1, 74.

premier voit dans le beau sexe l'enchantement suprême et jusqu'à la raison d'être de la vie, l'autre y cherche seulement un « bon morceau » comme dans les melons [1]. Qu'on en juge plutôt :

         « Monsieur,

    « J'ai reçu votre lettre du 17e de ce mois. Elle m'a été, comme tout ce qui vient de vous, très chère et très agréable ; mais étant amis au degré que nous le sommes, et vivant ensemble comme nous vivons, je ne saurois vous taire le déplaisir que vous me faites de continuer un dessein dont j'ai tant de fois essayé de vous dégoûter. Vous aimez une femme qui se moque de vous. Si vous ne vous en apercevez, vous ne voyez pas ce que verroit le plus aveugle qui soit aux Quinze-Vingts ; et si vous vous en apercevez, je ne crois pas qu'au préjudice de l'écrivain de Vaux vous ne prétendiez à vous faire empereur des Petites-Maisons [2]. Il est malaisé que je n'aie dit devant vous ce que j'ai dit en toutes les bonnes compagnies de la cour, que je ne trouvois que deux belles choses au monde, les femmes et les roses, et deux bons morceaux, les femmes et les melons... Vous pouvez bien penser qu'un homme qui tient ce langage ne trouve pas mauvais que vous soyez amoureux. Il le faut être, ou renoncer à tout ce qu'il y a de doux en la vie ; mais il le faut être en lieu où le temps et la peine soient bien employés. On se noie en amour aussi bien qu'en une rivière. Il faut donc sonder le gué de l'un aussi bien que de l'autre, et n'éviter pas moins que le naufrage la domination de *je ne sais quelles suffisantes, qui veulent faire les rieuses à nos dépens*. Celle à qui vous en voulez est très-belle, très-sage, de très-bonne grâce, et de très-bonne maison. Elle a tout cela, je l'avoue ; mais le meilleur y manque : elle ne vous aime point ; et sans cette qualité, tout et rien ne valent pas mieux l'un que l'autre. Vous avez ouï dire qu'avec le temps et la paille les nèfles se mûrissent. C'est ce qui vous fait espérer que si vous n'êtes aimé à cette heure, vous le pourrez être quelque jour. Je vous accorde que ce n'est pas une difficulté que vous ne puissiez vaincre ; mais accordez-moi aussi que vous aurez bien de la peine à la combattre... La persévérance fait des miracles, il est vrai ; mais ce n'est pas toujours, ni partout. S'il y a des exemples de son pouvoir, il y en a de sa foiblesse. Et puis quand un homme auroit de la patience pour toute autre chose, seroit-il pas aussi lâche que la lâcheté même s'il en pouvoit avoir pour *le mépris*?

---

1. V. dans M. Souriau, *Vers*, p. 80, un résumé aussi cru qu'exact de la théorie amoureuse de Malherbe.

2. Il s'agit probablement d'un fou célèbre de ce temps, V. *Malherbe*, IV, 29, n. 3.

RACAN.   23

L'indignation, à mon gré, n'est juste en occasion du monde comme en celle-ci. Quand une femme refuse ce qu'on lui demande, ce n'est pas qu'elle condamne la chose qui lui est demandée ; c'est que le demandeur ne lui plaît pas..... Vous êtes en possession de souffrir des rebuts, vous en avez fait l'apprentissage en plusieurs bonnes écoles ; il est temps de faire votre chef-d'œuvre, et prendre vos lettres de maîtrise. Or sus, prenez-les, soyez dupe et archidupe si bon vous semble ; ce ne sera jamais avec mon approbation. Je vous regarderai faire comme on regarde un ami se perdre, après qu'on a fait tout ce qu'on a pu pour le sauver. »

Là Malherbe déclare vivement en prose et en vers que, pour lui, il n'a jamais couru longtemps après une femme. « L'espérance seule m'a appelé. Quand elle m'a failli, on n'a point été en peine de me dire deux fois que je me sois retiré. Croyez-moi, faites-en de même, et après tant de mauvaises récoltes, soyez plus diligent à choisir le terroir où vous sémerez. Vous avez aussi bien que moi une certaine *nonchalance* qui n'est pas propre aux choses de longue haleine. C'est assez que vous ayez été malheureux en Bretagne[1] ; ne le soyez point en Bourgogne. Je vous crie merci [grâce] de vous persécuter comme je fais ; mais je prends trop de part à vos intérêts pour en user d'autre façon. Ceux qui donnent des conseils indulgents à leurs amis leur veulent plaire ; ceux qui en donnent de libres, ont envie de leur profiter. Dieu veuille que vous avertissant de ne perdre point votre temps, je ne perde point le mien !

« Je vous manderois volontiers des nouvelles pour vous ôter le goût de cette aigreur, mais je meurs de sommeil. Le Roi se porte bien, et use toujours des conseils de M. le cardinal de Richelieu. Cela se voit assez au bon état où sont les affaires. Si quelqu'un y trouve à redire, qu'il prenne de l'ellébore[2]. Adieu, Monsieur. Quoi que je vous aye dit, je ne laisserai pas de faire tenir votre lettre. Ce sera produire un nouveau témoignage de votre honte ; mais votre volonté soit faite. En récompense vous ferez, s'il vous plaît, la mienne, c'est-à-dire que vous me conserverez en vos bonnes grâces, et me tiendrez toujours pour votre très-humble serviteur[3]. »

---

1. probablement avec « Amaranthe », selon l'hypothèse que nous avons émise au commencement du ch. x.

2. Ne serait-ce pas encore un coup de patte à Racan ?

3. IV, p. 28. Nous rapportons approximativement à l'année 1626 cette lettre qui parut en 1627 : M. Allais, qui connaît bien Malherbe, donne la date de 1625 ou 1626 environ (p. 56, n. 1).

*
* *

A la fin de l'année 1626, Toussaint du Bray donna une nouvelle
édition des *Délices de la Poésie françoise*, qui avaient changé leur
nom pour un autre plus long, mais plus simple : *Recueil des plus beaux
vers de messieurs Malherbe, Racan, Montfuron, Maynard, Boisrobert, etc., et autres des plus fameux Esprits de la Cour*, par le
Commandement de Mgr. le Comte de Moret. Notre poète avait gagné
des rangs, il était cette fois le premier après Malherbe. C'était un signe
de la réputation à laquelle il arrivait [1].

Il s'était fait représenter par 60 pièces; 26 étaient nouvelles,
c'étaient toutes celles qu'il avait composées depuis six ans et dont nous
venons de refaire l'histoire : son psaume d'abord, pour suivre l'ordre
hiérarchique du recueil qui plaçait Dieu le premier, puis son sonnet au
Roi; là il avait intercalé sa Chanson de Bergers à la Reine-Mère, que
la politique l'avait empêché de publier en 1620; puis venaient le
Sonnet au Grand Prieur, les odes à Bellegarde, à Bussy, à Balzac, puis
les pièces amoureuses (sonnets, stances, chansons et madrigaux), les
vers de ballets et, pour finir, les Stances sur la mort du marquis de
Termes [2].

1. Singulière rencontre, les vers de l'ancien amoureux de Cloris étaient publiés
sous les auspices du fils de celle-ci, le comte de Moret (1607-1632). — Le privilège
est du 2 juin 1626. C'est pour ce recueil que Boisrobert écrivait à Racan dès le
mois de novembre 1623 (lettre citée, Malh., IV, p. 9); nous n'avons pu nous procurer d'exemplaire de cette édition de 1626; il y en a eu un à la Bibl. Nat.,
mais il a disparu depuis longtemps. Seulement il est probable que l'édition de
1627, que nous avons pu dépouiller, est une simple réimpression de celle de 1626.
   Entre les *Délices* de 1620 et le *Recueil* de 1626, les poésies courtes de Racan
parurent dans deux publications : 1° dans les *Délices* de 1621, qui n'offrent pas
pour notre poète de différence appréciable avec celles de 1620; 2° en 1623, dans
une nouvelle édition des *Délices* intitulée *Apollon* (on voit que Toussaint du Bray
était en quête d'un nom). — On trouvera la liste détaillée de ces recueils à la
Notice bibliographique, Pièce just. n° 51.
   2. Il n'est que 4 de ces pièces nouvelles dont nous n'avons pas parlé, une épigraphe pour un tableau (Latour, I, 227), une ode et un sonnet à Philis, piquante
coquette qui jouait la naïve (p. 181 et 206), des stances à une *Doris* partie pour
l'Angleterre (p. 192) : en voici la fin, dont le dernier mouvement rappelle la
chanson du roi Henri :

> Et toi dont la colère est l'effroi des vaisseaux,
>   ne charge point tes eaux
> de cet astre divin dont mon cœur est esclave,
> et ne profane point en ces barbares lieux
>   que la Tamise lave
> un soleil qui n'est fait que pour luire à mes yeux.

> Si l'amour du pays que tu tiens embrassé
>   est ce qui t'a poussé

L'œuvre lyrique et élégiaque de notre poète, en dehors des Psaumes, est à peu près terminée; il ne composera plus dans la suite que 4 odes et 1 madrigal. Lui-même fit relier le fragment d'un recueil de 1626 comprenant ses vers avec un exemplaire des *Bergeries*, et il avait ainsi, réuni dans un petit volume, qui est parvenu jusqu'à nous, l'ensemble de sa poésie profane[1]. Il cessa donc à peu près de faire des vers en ce genre à l'âge de 40 ans, celui où Malherbe débuta véritablement. Cette nouvelle différence entre eux s'explique naturellement : ce qui nourrit le plus les vers de Malherbe ce sont les hautes pensées politiques ou philosophiques que développent la maturité et la vieillesse : ce qui remplit les poésies de Racan, nous nous sommes appliqué à le montrer en détail, ce sont ses propres sentiments et surtout l'amour, qu'il chante avec grâce, esprit ou mélancolie. Il fut en vérité de l'école de Malherbe et il en tient la netteté, le goût, la correction et aussi le mouvement du rythme. Mais par la parenté de l'esprit et la complicité secrète il se rattache à Ronsard, non pas au Ronsard débordant de mythologie et d'antiquité, puisqu'il ne savait presque rien, mais à Ronsard amoureux, et chantre de Marie. C'est comme un Ronsard au petit vol, c'est-à-dire un Bertaut ou un Desportes qui aurait passé par la sévère discipline de Malherbe. Racan est bien plus poète que son maître, en ce qu'il a beaucoup plus de sentiment et une inspiration bien plus facile, et probablement aussi plus d'imagination. Il n'en eut pas assez pourtant, c'est le seul don qui lui manqua véritablement; aussi ne le placerons-nous point parmi les grands poètes, au nombre desquels nous ne pouvons pas plus ranger Malherbe; mais il nous semble que l'auteur des Stances sur la *Retraite*, de l'Ode à *Louis XIII*, de l'Ode à *Bussy*, des Stances de *consolation* et de l'Ode à *Bellegarde* mérite d'être mis au premier rang des poètes lyriques de second ordre en France, et que même, à se borner au 17ᵉ siècle,

---

à faire à nos dépens luire son diadème,
porte-lui la richesse et l'orgueil de Paris,
  porte-lui Paris même,
porte-lui tout le monde et me laisse Doris.

La Fontaine donne ces deux dernières stances dans son *Recueil de poésies chrétiennes et diverses* de 1671, t. II, p. 409, avec ce singulier titre : « Il parle à l'Océan sur lequel on emmenoit en Angleterre celle qui devoit être son *épouse*. » — Nous ne savons pas l'histoire de ces quatre poésies, que Racan a peut-être faites pour d'autres.

Le recueil contenait en réalité 27 pièces nouvelles en y comprenant « l'Epigramme de Monsieur de Sigongne, Nepveu de Monsieur de Racan ». L'œuvre de Racan occupe les pages 145 à 261.

1. Vendu à la vente Taschereau, nᵒ 1495 du catalogue.

assez pauvre d'ailleurs en ce genre, il aurait des titres sérieux pour
briguer la toute première place [1].

Quelques mois après le Recueil de vers paraissait, au commencement de 1627, chez le même Toussaint du Bray, un *Recueil de Lettres
nouvelles* dédié au cardinal de Richelieu et publié par Nicolas Faret,
l'un des poètes du groupe bachique et épicurien.

Malherbe y contribuait pour neuf lettres, dont deux adressées à
Racan, l'une qui portait le nom du correspondant et l'autre intitulée
« A un gentilhomme de ses amis pour le dissuader de sa recherche »,
c'était la grande et verte algarade que nous avons citée plus haut [2].
Le maître profitait, pour faire cette publication assez indiscrète, de
l'apathie de son disciple et de l'éloignement de la marquise.

On se rappelle que dès le mois d'octobre 1625, 18 mois auparavant, Malherbe et Faret pressaient Racan d'envoyer sa contribution [3].
L'Avis au lecteur nous apprend quel fut leur succès : « Il paroît bien
que l'on n'a gardé aucun ordre dans ce recueil, puisque M. de Racan
y est le dernier. Je les ay tous mis comme j'ai pu retirer d'eux leurs
lettres, et, pour lui, le peu de cas qu'il fait des siennes est cause que je
ne les ay pu avoir qu'à l'heure que je ne les espérois plus [4]. »

Racan s'était décidé très tard, comme toujours, à envoyer 7 lettres : celles à Garasse, à son ami d'Armilly sur les athées, à Mme des
Loges, à Balzac et les trois à Arthénice. Ce sont les seules qui aient été
publiées de son vivant [5].

Nous les avons toutes précédemment étudiées. Elles présentent
une qualité commune que nous sommes habitués maintenant à regarder
comme l'une des premières du genre, c'est le naturel. Racan, on s'en
souvient, écrivait à Balzac, et ici le nom du correspondant ajoute beau-

---

1. En parcourant les documents de l'année 1626, nous avons constaté que l'un
des événements en fut un *jubilé*, ce qui date avec beaucoup de probabilité le n° 16
de nos *Anecdotes inédites*, Malherbe faisant son jubilé avec Mme de Rambouillet, *les
Cordeliers*, p. 54.

2. Malherbe, IV, p. 15 et 28.

3. Lettre citée, Malh., IV, p. 23. On y trouvera, sur cette affaire, des détails
que nous n'avons pas cités.

4. Latour, I, 318.

5. Latour, I, 301-318. — Les autres écrivains qui entraient en ligne étaient,
dans l'ordre du recueil : Coulomby, Boisrobert, François de Molière, de Plassac,
Lebrun, Sillon, Godeau, de Conac, de Bréval et Faret lui-même, placé avant Racan,
qui fermait la marche. Balzac bien entendu n'y est pas, puisqu'il fait en ce moment
bande à part et qu'il s'est publié tout seul en 1624.

Ce recueil 8° de 1627 eut des éditions successives, en 1634 (il s'y trouve cette
fois un choix de lettres de Balzac), en 1637, en 1638, en 1642. Voir notre *Notice
bibliographique*, Pièce just. 51.

coup de piquant à la déclaration : « Je vous escris à mon ordinaire, c'est-
à-dire sans soin et sans méditation[1]. » On s'en aperçoit au laisser-aller
et même aux légères incorrections de certains passages, mais aussi au
charme et à la grâce, à la vivacité de l'esprit et de l'imagination. Il y
a en lui du Montaigne. Quelquefois le ton s'élève, dans les matières
religieuses par exemple, et touche à l'éloquence. Racan épistolier fait,
somme toute, très bonne figure entre Malherbe, dont il n'a pas le net bon
sens ni la sécheresse, Balzac qui a plus d'éclat et aussi de rhétorique,
et Voiture, qui est plus raffiné sans être plus fin[2]. En prose comme en
vers notre auteur a donc plus de naturel que ses contemporains, et parmi
les premiers auteurs de lettres du 17e siècle il est un de ceux qui ont
eu le plus sûr instinct des vraies qualités du genre : j'imagine que
Mme de Sévigné qui aimait ses vers, devait goûter également sa prose
épistolaire.

*
* *

Grâce à sa triple publication, 1625 les Bergeries, 1626 les poésies lyriques et 1627 les lettres, Racan entrait donc en possession de
la réputation littéraire, qu'il n'avait pas songé à ambitionner dans sa
première jeunesse, tandis que, cruelle ironie de la destinée, il avait dû
renoncer à la gloire militaire qu'il avait toujours rêvée; mais surtout,
il ne parvenait pas au but de son amour, où s'étaient comme réfu-
giées toutes ses ambitions et toutes ses espérances.

Et cependant le gentilhomme joignait maintenant à son illustre
naissance une précoce renommée. Mais nous savons que l'amour ne
répond pas toujours à l'amour (l'intrigue des pastorales nous le rappel-
lerait au besoin), et qu'il se décide parfois pour de futiles motifs et très
souvent pour des raisons toutes extérieures. Or, si Racan était reconnu
bon poète, il avait aussi une réputation universelle de bègue, de distrait
et de maladroit; dans les conversations de la cour sous son vrai nom,
dans les livres sous des pseudonymes transparents, il était le plastron
tout trouvé pour les railleurs; on lui jouait des tours à lui-même, on
le rendait ridicule, et c'est en général ce qu'une Française pardonne le
moins. Voilà ce qui explique dans une large mesure l'insuccès final du
long roman dont nous avons successivement parcouru toutes les étapes.

Le spirituel satirique Charles Sorel le mettait d'abord en scène

---

1. Lettre citée, Latour, I, 313.
2. M. Lanson, qui a fait un *Choix de lettres du XVIIe siècle* (Hachette, 1891), où
il a fait entrer Racan, préfère son style épistolaire à celui de Malherbe (p. 53).

dans son *Francion* sous le nom de Musidore et amusait la galerie par le
récit de ses fâcheuses distractions avec Bussy [1], puis il le visait particulièrement dans son *Berger extravagant* [2]. Ses amis eux-mêmes s'en
mêlaient ; ils se postaient sur son chemin, allaient lui demander l'au-
mône, et se faisaient prendre aisément par lui pour des gueux. Mais
la mystification la plus forte qu'ils montèrent contre lui et aussi la plus
connue, est celle qui a été appelée au 17e siècle les *Trois Racans* [3] :

En 1626, la fille adoptive de Montaigne, Mlle de Gournay, « tri-
plement comique, on l'a dit, dans son rôle de vieille fille, de pédante et
de revenante de l'autre siècle [4] », réunit les divers traités politiques,
moraux et littéraires qu'elle avait publiés depuis vingt ans. Cela fit un
volume in-8° de 1200 pages, auquel elle imposa le titre singulier de
l'*Ombre de la demoiselle de Gournay*, expliqué par ce vers philosophique en épigraphe :

L'homme est l'ombre d'un songe, et son œuvre est son ombre [5].

Elle distribua des exemplaires à diverses personnes, même à Malherbe
contre qui elle avait dirigé plusieurs de ses apologies du 16e siècle et
à Racan, qu'elle n'appelait jamais autrement, et bien à tort, que *le
singe de Malherbe* [6].

Racan se mit en devoir de l'aller remercier de son envoi et annonça
un jour à ses amis qu'il s'y rendrait sur les trois heures. Aussitôt deux
d'entre eux, son cousin le chevalier de Bueil et son ami d'enfance
Yvrande, « s'avisèrent, dit Tallemant, de lui faire une malice et à la
pauvre pucelle aussi [7] ». Le chevalier y va à une heure. Elle habitait au
troisième étage d'une maison de la rue Saint-Honoré, en face de la

---

1. en 1623 et 1626. Voir éd. Colombey, l. V, p. 197. Cf. plus haut, p. 311. Sorel
s'acharnait d'autant plus contre Racan que celui-ci était un ami de *Malherbe* (le grand
Sophi) et de *Balzac* (Hortensius), contre qui était surtout dirigé l'ouvrage, voir *Roy*.
2. en 1627. L'ouvrage commence par la parodie de la Chanson de bergers à
Marie de Médicis (Racan, I, 10).
3. Nous racontons cette anecdote en combinant les deux versions de Tallemant (II, 356 et s.), et de Ménage (*Ménagiana*, III, 83), suivant les plus grandes
chances de vraisemblance. Tallemant selon son habitude charge le trait comique.
4. Brunot, *Doctrine*, p. 556.
5. à Paris, chez J. Libert. Voir Brunot, et Léon Feugère, *Etude sur Mlle de Gournay*
à la suite des *Femmes poètes du XVIe siècle* : on y trouve une analyse intéressante
de ces divers traités.
6. Tall., II, 356, n.
7. Le chevalier de Bueil et Yvrande étaient coutumiers du fait avec Mlle de
Gournay ; ils lui faisaient beaucoup de malices, souvent de bien mauvais goût (Voir
Tall., II, 344). — Le chevalier de Bueil était Claude de Bueil, de la branche aînée
des Bueil et frère de la comtesse de Moret (cf. notre Tableau généalogique, p. 1) ;
nous l'avons déjà vu mentionné dans une lettre de Malherbe à Racan (Lalanne, IV, 22).

chapelle de l'Oratoire [1]. Il heurte. La servante Jamin, fille naturelle
d'Amadis Jamin, page de Ronsard, va dire à Mademoiselle qu'un gentilhomme la demande. « Il dit qu'il est Racan : elle, qui ne le connaissait que de réputation, le croit. Elle lui fait mille civilités, à son ancienne
mode, et le remercie surtout de ce qu'étant jeune et bien fait il ne
dédaigne pas de venir visiter la pauvre vieille. Le chevalier, qui avait
de l'esprit, lui fit bien des contes. Elle étoit ravie de le voir d'aussi belle
humeur et disait à Jamin, voyant que sa chatte miaulait : « Jamin,
faites taire ma mie Piaillon, pour écouter M. de Racan. »

A peine était-il à trois pas de chez elle qu'on lui vient annoncer
un autre M. de Racan. Elle croit d'abord que c'est le premier qui a
oublié quelque chose à lui dire et qui est remonté. Elle se prépare à
lui faire un compliment là-dessus, lorsque l'autre entre et fait le sien.
Mlle de Gournay ne peut s'empêcher de lui demander plusieurs fois s'il
est véritablement M. de Racan, et lui raconte ce qui vient de se passer.
Le prétendu Racan fait fort le fâché de la pièce qu'on lui a jouée, il
jure de s'en venger, et comme elle se méfie toujours et pense qu'il veut
se moquer d'elle : « Moi? Mademoiselle, me moquer de cette héroïne,
de la fille d'alliance du grand Montaigne, de cette illustre fille de qui
Lipse a dit : *Videamus quid sit paritura ista virgo* », etc. Bref,
Mlle de Gournay fut encore plus contente de celui-ci qu'elle ne l'avait été
de l'autre, et il passa chez elle pour le véritable Racan et l'autre pour
un Racan de contrebande.

Il ne faisait que de sortir lorsque M. de Racan en original demande
à parler à Mlle de Gournay. Il était essoufflé parce qu'il était un peu
asthmatique. Il prend un siège sans cérémonie, et de mauvaise grâce,
tout en bégayant. « O la ridicule figure, Jamin! dit Mlle de Gournay.
— Mademoiselle, je vous dirai tout à l'heure pourquoy je suis venu ici,
quand j'aurai repris mon haleine... Où diable vous êtes-vous venue
loger si haut?... Ah! disait-il en soufflant, qu'il y a haut! Mademoiselle, je vous rends grâce de votre présent, de votre *Omble* que vous
m'avez donnée, je vous en suis bien obligé [2]. » La pucelle cependant
regardait cet homme avec un air dédaigneux. « Jamin, dit-elle, désa-
busez ce pauvre gentilhomme; je n'en ai donné qu'à tel et qu'à tel,
qu'à M. de Malherbe, qu'à M. de Racan. — Eh! Mademoiselle, c'est
moi! — Voyez, Jamin le joli personnage! au moins les deux autres

---

1. Nous le savons par Marolles, qui s'était logé dans la même maison
(*Mémoires*, I, 199). Cf. notre Plan du vieux Paris, p. 151.

2. « Il bégaye et n'a jamais sceû prononcer son nom, car, par malheur, l'*r* et
le *c* sont les deux lettres qu'il prononce le plus mal. » Tallemant, II, 356.

étaient-ils plaisants [c'est-à-dire agréables]. Mais celui-ci est un
méchant bouffon. — Mademoiselle, je suis le *vlai Latan*. — Je ne sais
pas qui vous estes, répondit-elle, mais vous êtes le plus sot des trois.
Merdieu! je n'entends pas qu'on me raille [1]! »

    La voilà en fureur. Elle était de Gascogne et d'un naturel violent.
Racan, ne sachant que faire, aperçoit un exemplaire du *Recueil de vers*
récemment paru. « Mademoiselle, dit-il, prenez ce livre, et je vous
dirai tous mes vers par cœur. » Cela ne l'apaise point; elle défait sa
pantoufle et le charge à grands coups de mule; des gens montent,
Racan se pend à la corde de la montée et se laisse couler en bas.

    « Le jour mesme, ajoute Tallemant, elle apprit toute l'histoire; la
voylà au desespoir; elle emprunte un carrosse, et le lendemain de
bonne heure elle va le trouver. Il estoit encore au lict; il dormoit : elle
tire le rideau; il l'aperçoit et se sauve dans un cabinet, et pour l'en
faire sortir, il fallut capituler. Depuis, ils furent les meilleurs amys du
monde, car elle luy demanda cent fois pardon. »

    Le conte fit son tour de France, nulle aventure ne devint plus
célèbre. La cour s'en divertit d'autant plus que Boisrobert, le grand
amuseur du cardinal, en fit une scène de société appelée *les Trois
Racans*, qu'il jouait lui-même « admirablement ». Il la jouait devant
Racan, qui en riait aux larmes, et quand on lui demandait si cela était
vrai : — « Oui dà, répondait-il, il y a du vlay, il y a du vlay. » Trente ans
plus tard Boisrobert en composait une comédie en cinq actes et en vers [2].

---

    1. Merdieu, abréviation de Mère de Dieu.
    2. La *scène* primitive dite « les Trois Racans » est mentionnée par Tallemant,
II, 359, et par Ménage (*Ménagiana*, III, 83), qui l'appelait « un des meilleurs contes »
de Boisrobert. C'était quelque chose comme un de nos « monologues » modernes
et ce morceau devait faire valoir le talent de diction par le ton à donner aux différents personnages. — Le mot même de Racan sur cette scène semble montrer
qu'avec une part de vrai elle contenait beaucoup de fantaisie. D'ailleurs la *pièce*,
qui parut en 1653 sous le titre des *Trois Oronte*, in-4°, est une comédie d'intrigue
vive et facile qui ne rappelle que de très loin l'aventure de Racan. — A force de
jouer la pièce, Boisrobert finit-il par se persuader qu'il avait eu un rôle dans la
réalité? C'est ce que permettrait de croire l'anecdote que nous avons trouvée
dans les manuscrits de Gaignères, le collectionneur du 17e siècle (1642-1715), un
homme sérieux par excellence. Ici l'héroïne n'est plus Mlle de Gournay, mais
Mme des Hameaux (on trouve une lettre de Boisrobert à M. des Hameaux dans le
recueil de Faret de 1627; on voit un hôtel des Hameaux sur la Place royale, du
côté de la rue des Esgoûts, dans le Plan de Gomboust, II). En 1625, cette dame
ayant manifesté le désir de voir l'auteur des *Bergeries*, Boisrobert s'en fut chez
elle, se faisant passer pour Racan. Le lendemain il lui envoie un de ses amis qu'il
a instruit à faire le même personnage. Enfin il persuade à Racan lui-même d'y
aller; le poète est fort mal reçu et s'attire cette réflexion qu'il est « le plus sot
des trois ». C'est le mot même de la version de Tallemant. Racan aurait-il été joué
deux fois de la même façon? La chose est possible. En tout cas nous reproduisons
le récit complet de cette anecdote de Gaignères aux Pièces justificatives, n° 17.
    Ce sujet n'a jamais cessé depuis trois siècles de défrayer la comédie de salon

Le poète avait payé désagréablement son manque de mine, son « air de fermier [1] », son bégaiement et sa gaucherie. Il est croyable que l'on rit de cette aventure en Bourgogne au moins autant qu'à Paris. Il n'en fallait pas plus pour anéantir sans remède l'effet de beaucoup de lettres spirituelles et de vers touchants. Notre héros n'était point taillé décidément pour faire le mari d'une coquette, et Mme de Termes, entre un absent ridicule et un galant séduisant, ne devait pas longtemps suspendre ses préférences. Le pauvre poète commençait de le sentir, il désespérait de l'emporter sur son heureux rival, et au bout de 10 ans de persévérance inutile, il était obligé de supporter, après la déception de la guerre, une autre blessure bien profonde, la déception de l'amour.

sous des titres variés : les trois Damon, les trois Oronte, les trois Racan, etc. Il a inspiré récemment à un professeur de la Faculté de Bordeaux une petite pièce intitulée aussi *les Trois Racans*, qui est quelquefois jouée en société.

Au 17e siècle l'aventure fut publiée en premier lieu par Sorel dans son roman satirique de *Francion*, seconde édition augmentée, 1626, au livre X, sous le nom des « trois Salluste » (édit. Colombey, p. 419 et 420).

1. Tallemant, II, 356. Cf. *Ménagiana*, II, 4, où il est dit que Racan n'était pas « trop ferré parleur », et Marolles dans Paulin Paris, édition de Tallemant, II, 376.

TROISIÈME PARTIE

RACAN APRÈS SON MARIAGE : 1628-1670
POÉSIE RELIGIEUSE

CHAPITRE XVI

Le Mariage.

1628-1631

I. — Premières négociations du mariage. La famille du Bois : sa part dans la Renaissance catholique. Madeleine du Bois.
La campagne de La Rochelle, 1627. Racan commande la compagnie d'Efflat.
1628. Ses fiançailles (février). L'habit céladon. — Le contrat de mariage. Le mariage (6 mars).
II. — Retour au siège de La Rochelle. Lettre de Malherbe à Racan. Malherbe au camp de La Rochelle (juillet). Prise de la ville, 27 octobre. — Maladie de Malherbe. Inquiétude religieuse de Racan. Mort de Malherbe (16 octobre). Racan va demander les détails à Porchères d'Arbaud.
III. — Madeleine pendant le siège. Les baptêmes à Saint-Pater. — Tapisserie religieuse.
La campagne de 1629. — Retour de Racan. — Naissance et mort d'une fille.
La campagne de 1630. — *L'Ode à d'Effiat*.
IV. — De la traduction des Psaumes à la fin du 16ᵉ et au commencement du 17ᵉ siècle. — Racan et la dernière paraphrase de Malherbe. — Le premier psaume traduit par Racan. — *Les sept Psaumes de la Pénitence*. Leur publication en 1631 : la *Dédicace* à la duchesse de Bellegarde.

I

En 1628 Racan approchait bien de la quarantaine, il était temps pour lui de prendre un parti. La persévérance extraordinaire qu'il avait témoignée en amour devait avoir une borne, et il ne pouvait passer toute sa vie à soupirer pour une coquette. Il se résigna donc à abandonner ses projets ambitieux et à porter ses regards plus près de lui.

Il y avait dans la région de Saint-Pater une famille noble, très honorable, liée avec les meilleures de ce coin de Touraine : c'étaient les du Bois, seigneurs de Fontaines. Originaires de Flandre ils s'étaient établis en Touraine au 15e siècle [1], et s'étaient fait connaître si avantageusement à la cour que Charles VIII en personne et la reine Anne de Bretagne avaient assisté au mariage de Jean du Bois IIe du nom; celui-ci, deux ans plus tard, se distinguait à la bataille de Fornoue, où il était fait chevalier. C'étaient les souvenirs glorieux de la famille.

Le double centre de leurs domaines était les châteaux du Plessis-Barbe et de Fontaines, l'un coquettement assis au-dessus d'un vallon de verdure dans la paroisse de Bueil, l'autre magnifique carré de maçonnerie féodale, agrémenté dans le haut de quelques fenêtres Renaissance, se dressant derrière ses profondes douves au fond des bois de Rouziers. La Roche-Racan était séparée du premier par une petite heure de chevauchée, par deux heures du second [2]. La terre de Fontaines avait été récemment érigée en comté par Henri IV en 1602, et le seigneur d'alors Pierre du Bois avait les titres de comte de Fontaines, seigneur du Plessis-Barbe et de Maran en Touraine, baron de Vendenesse et seigneur de Nourry et Pouligny en Nivernois [3].

Ce qui caractérisait cette famille depuis une trentaine d'années, c'est la grande part qu'elle prenait à la Renaissance catholique qui florissait en France, grâce surtout aux efforts de M. de Bérulle, et alors plus que jamais elle s'attachait à faire mettre en pratique sa devise séculaire : *Loué soit Dieu!*

Au commencement du siècle la sœur de Pierre du Bois, Mlle de Fontaines, qui avait 40 ans et avait refusé plusieurs mariages, vivait

---

1. En 1447, Jean du Bois acheta la terre de Fontaines dans la paroisse de Rouziers.

2. Le château de Fontaine ou de Fontaines, qui sert actuellement de ferme, est bien conservé. Il a été construit vers 1450 (V. la notice dans Carré de Busserolles, *Dict.*). — Quant à l'ancien château du Plessis-Barbe, il n'en reste plus qu'un corps de bâtiment très simple, compris dans le château moderne qui a été construit, il y a quelques années, par Mme Piégu, veuve du fondateur du journal *le Petit Parisien*. — Ce château, qui avait appartenu aux Bueil dès le 13e siècle, devait revenir, au commencement du 17e, dans les mains de Pierre-Antoine de Bueil, petit-fils de Racan. — Parmi les droits attachés à ce logis seigneurial s'en trouvait un singulier : lorsque le seigneur se présentait pour la première fois à son château, les jeunes filles du pays étaient tenues de lui offrir dans une cage un roitelet appelé Berrichon, après quoi elles devaient sauter par-dessus un fossé (V. Carré de Busserolles, *Dict.*, PLESSIS-BARBE).

3. Le fief de Maran était dans la paroisse de Nouzilly. Ne pas confondre ce fief avec celui de Marans en Aunis, qui appartenait aux Bueil-Sancerre. — D'un autre côté, on voit que Pierre du Bois était seigneur de Fontaines (en Touraine) et Racan baron de Fontaine (en Anjou). — Les du Bois avaient un droit de sépulture dans le prieuré de Lencloître (Registres de Rouziers).

dans la maison de son père, adonnée à la pénitence et à la vertu, lorsqu'elle entendit parler par sa cousine, la célèbre Mme Acarie, des
Carmélites de la Réforme de sainte Thérèse, qui venaient de passer en
France. Elle se présenta et fut la 4e qui reçut l'habit dans le premier
monastère, celui de la rue d'Enfer à Paris. Elle fit sa profession en
1605, fut supérieure des maisons de Paris et de Lyon, où elle se distingua par ses talents non moins que par ses vertus [1].

Son père qui était fort pieux, Antoine du Bois, fonda à Tours le
couvent des Carmélites, où elle vint demeurer, et elle profita de son
séjour dans cette ville pour travailler auprès de son père et des échevins à l'établissement des Oratoriens, nouvellement constitués.

Cette foi si agissante ne se borna pas là : la révérende mère Madeleine de Saint-Joseph persuada à son père, qui était veuf depuis plusieurs
années et avait terminé le principal de sa tâche de père de famille avec
ses 15 enfants, d'entrer lui-même à l'Oratoire, après avoir consacré à
Dieu une partie de ses biens [2].

En 1627, la famille pleurait des larmes chrétiennes sur la mort
de son vénérable chef, l'octogénaire oratorien, qui s'éteignit le 29 avril,
à l'Oratoire de Jésus, « estant tout debout en sa chese ». Ses enfants
rapportèrent pieusement son cœur dans la chapelle de leur château de
Fontaines [3]. Pour donner une idée de leurs sentiments en cette circonstance, nous ne pouvons mieux faire que de recopier quelques
lignes inédites, que Pierre du Bois, fidèle à la vieille et excellente
habitude des livres de *raison*, a notées dans la marge d'un manuscrit
de poésies [4]. Nous sommes heureux de reproduire ces lignes, qui ne

---

1. Nous prenons ces détails et les suivants dans une notice manuscrite que lui
a consacrée dom Housseau (Bibl. Nat., Mss. dom Housseau, t. 23, f. 176).
2. Elle ne se contentait pas d'agir; elle écrivait aussi et poussait les autres à
écrire des ouvrages d'édification. « C'est elle, dit dom Housseau, passage cité, — qui
porta le P. Gibieuf, prestre de l'Oratoire, à écrire son livre des *Grandeurs de la
Vierge Marie*; elle a composé elle-même plusieurs ouvrages, particulièrement la
Vie de la Vénérable Mère Catherine de Jésus, Carmélite réformée, 8°, Paris, 1624
et 1656. » Elle a aussi écrit quelque chose sur le cardinal de Bérulle. — Elle mourut
en odeur de sainteté le 30 avril 1637, à l'âge de 59 ans. Sa vie a été écrite par
le P. Sénault, de l'Oratoire, 4°, Paris, Le Petit, 1645 et 1670. — Cette mère Madeleine fut l'objet de la vénération de la jeune Mme de Sablé, qui disait plus tard
que la mère Angélique Arnauld la lui rappelait (V^or Cousin. Madame de Sablé,
p. 227).
3. Carré de Busserolles, *Dict.*, art. FONTAINE, et Reg. de *Rouziers* (Décès 1591-1647),
à la date du 2 sept. 1627, où l'on voit que messire Antoine du Bois fut enseveli en
l'église de Lencloistre, après être resté trois mois et demi dans l'église de Rouziers.
4. C'est aujourd'hui le manuscrit 905 de la Bibliothèque de Tours, les *Lunettes*
de Jean Meschinot. Il a 136 folios, les notes de la famille du Bois sont consignées
dans les marges des 11 premiers feuillets. — Voir sur ce Jean Meschinot, poète
satirique du 15e siècle (1430-1509), les récentes études de M. A. de la Borderie
(Bibliothèque de l'École des Chartes, 1895, p. 99-140, 274-317, 601-638).

sont pas d'un grand écrivain, mais d'un grand chrétien. Nous avons assez mis en lumière jusqu'à présent les frivolités, les corruptions et même les crimes de la coùr : il est temps de corriger cette esquisse de notre France du temps de Louis XIII en soulevant un instant le voile qui cachait au fond des manoirs de la noblesse rurale tant d'élévation et de santé chrétienne.

« … Mon père a été environ 20 ans en l'église [,] enfin il y avoit environ de quarante ans qu'il ne faisoit sans cesse [qu'être] conduict à la grâce de Dieu que s'efforcer à servir N. S. l'aimer l'honorer de tout son cœur et j'estime que son esprit estoit bien plus au ciel qu'en la terre et conséquemment peut-on juger que pensant aux choses célestes et y respirant continuellement il ne pouvoit aimer les terrestres [,] je prie N. S. par sa miséricorde que je l'ensuive faisant beaucoup plus de cas du bon exemple qu'il m'a donné que de tous les biens qu'il m'a laissés en sa terre et que je puisse vivre de telle façon que jamais je n'offense Dieu jusques à la moindre ou petite chose qui puisse être désagréable à sa Majesté infinie [,] et supplie très humblement N. S. Jésus-Christ me vouloir convier à sa gloirè mesprisant pour son amour les choses d'icy bas et la mesme grâce je lui demande très humblement non seullement pour moy mais pour ma femme et tous nos enffants qui luy plaise nous fer la grâce que l'aimions et servions et que toute ma famille soit selon son cœur et instruments de sa volonté sans jamais l'offenser et fer chose qui luy soit désaggréable à quoy je convie mes enfants. Ainsi-soit-il. »

Ces enfants, pour qui Pierre du Bois demandait en termes si élevés le secours de Dieu, étaient encore au nombre de 7 ; ils avaient été 12 ; on voit que les nombreuses familles étaient une tradition dans la maison. Les deux filles aînées venaient d'entrer fort jeunes au Carmel, reçues par leur tante, la mère Madeleine de Saint-Joseph. L'aîné de ceux qui restaient à la maison était une fille, Madeleine, qui avait 15 ans en 1627, partageant avec sa mère les soins d'une jeune sœur et de trois petits frères. C'est elle qui attira l'attention du poète [1].

La jeune fille portait donc, comme sa tante la religieuse, le nom

---

1. Voici la liste complète des enfants de Pierre du Bois, que nous avons pu reconstituer au moyen du livre de famille et des registres paroissiaux de Bueil et de Rouziers. Pierre du Bois et Françoise Olivier, mariés en 1604, eurent en 1606 *Marie*, qui entra au Carmel en 1624 sous le nom de sœur Marie de l'Incarnation ; en 1607 *Louise*, qui entra aussi au Carmel en 1624 ; en 1608 un fils, qui mourut en 1609 ; en 1610 *François*, qui mourut la même année ; en 1611 *Antoine*, qui mourut la même année ; en 1612 *Madeleine* ; en 1613 *Catherine* ; en 1615 *François*, mort la même année ; en 1616 *Jean* ; en 1618 *Antoine* ; en 1620 *Louis* ; en 1622 *Françoise*, morte en 1623.

de Madeleine, car la famille avait une grande dévotion pour cette sainte, à qui elle avait consacré sa chapelle du château de Plessis [1]; d'ailleurs l'enfant était née le 22 juillet, à la Madeleine, comme disaient nos pères. Nous copions la mention de sa naissance dans le livre de raison de Pierre du Bois :

« Le jour de la Magdelaine en 1612, ma femme accoucha à Fontaines sur les 5 heures du soir d'une fille baptisée à Rousiers par Monseigneur de Fontaines mon père, et tenue par Monseigneur de Brillon, Hardouin de Constances, mon beau-frère, et mademoiselle de Laubayre, belle-fille de madame Magdelaine de Castelneau, a été nommée Magdelaine [2]. »

L'enfant avait donc été baptisée par son grand-père l'oratorien. Elle passa tranquillement ses premières années au château du Plessis et à celui de Fontaines dans ce milieu patriarcal et chrétien, et nous avons pu suivre dans les registres des deux paroisses son écriture enfantine et appliquée quand elle allait, avec son petit frère Jean, tenir sur les fonts quelque nouveau-né du bourg [3].

Telle est la pieuse enfant de Touraine, élevée à la campagne, ayant pour aïeul un oratorien, nièce et sœur de carmélites, vers laquelle se tourne à présent notre gentilhomme. Quelle différence avec la veuve piquante et coquette de la cour! Mais n'est-ce pas plutôt là la femme qui lui convient?

---

1. Cela ressort de l'enquête que nous avons faite dans le pays, particulièrement auprès de M. l'abbé Defrance, ancien curé de Bueil, maintenant retiré à Tours. Les *anciens* se rappellent au château du Plessis-Barbe une belle chapelle ornée d'un beau portail; on venait y faire pèlerinage à sainte Marie-Madeleine et l'on y honorait une statue qui a été transportée depuis dans l'église de Bueil par M. le curé Defrance, et qui ne représentait nullement sainte Madeleine, mais probablement une des comtesses de Bueil. — Il est question de cette chapelle du Plessis-Barbe dans le livre de raison et dans les registres de Bueil (ainsi le 12 août 1607, le curé y baptisa Louise du Bois, sœur aînée de Madeleine). Elle fut démolie en 1846.

2. Livre de raison, p. 12. L'acte a déjà été publié par M. *l'abbé Esnault*, Contrat du mariage de Racan, p. 7. Nous en donnons une copie plus exacte. — Le seigneur de Brillon avait épousé, depuis peu de temps probablement, Marie du Bois, née en 1593. — On voit que les du Bois étaient en relations avec les Castelnau (la famille du maréchal de Castelnau), qui habitaient le château du Rouvre, voisin des leurs. Le livre de raison et les registres paroissiaux de cette région en fournissent de nombreux témoignages; ainsi en 1611 un frère aîné de Madeleine, Antoine, a pour marraine Mme de Castelnau (Livre de raison); en 1616 « Mme de la Mauvissière », c'est-à-dire Mme de Castelnau, est marraine de Jean du Bois (*ib.*), en 1618 un nouvel Antoine (le premier étant mort) a pour parrain Mathurin de Castelnau, capitaine au régiment des gardes du roi (Registres de Bueil, 21 août). On sait que Racan lui-même était lié avec la famille de Castelnau. C'est peut-être elle qui fit le mariage.

3. Reg. de Bueil, 1er décembre 1624; Reg. de Rouziers, 2 février 1626 et 4 octobre 1627. V. Pièce just., 32, actes 2, 3, 4.

C'est à dessein que nous montrons en détails de quelle manière Racan entre dans une famille foncièrement religieuse. Le fait est capital, car il aura une influence décisive sur cette nature impressionnable, qu'il va incliner vers la religion pour toute la fin de sa vie, et son existence comme poète et comme homme se partage naturellement en deux grandes périodes : Racan avant son mariage, pendant 20 ans dans l'atmosphère mondaine et amoureuse de Paris et de la cour (1608-1628), et Racan après son mariage, pendant 40 ans dans l'atmosphère rurale et religieuse de sa nouvelle famille (1628-1670).

Il n'en était encore qu'aux premiers pourparlers lorsque le signal de la guerre retentit partout. Les chefs des réformés de France, les ducs de Soubise et de Rohan s'entendaient avec le duc de Buckingham, premier ministre d'Angleterre, pour soulever une partie du royaume. Le moment était venu pour le gouvernement de frapper un grand coup sur les protestants ; Richelieu était prêt, et, le 28 juin 1627, le roi quittait Paris pour aller se mettre à la tête de son armée du Poitou. Tout ce qui portait l'épée catholique en France accourut contre ces ennemis de l'intérieur.

En Touraine le marquis d'Effiat, récemment nommé surintendant des finances, avait reçu une commission pour former une compagnie de gens d'armes, et, sorti de son fier château de Chaumont-sur-Loire, il battait la région pour faire ses enrôlements [1].

Racan se présenta avec son fidèle maître d'hôtel Romain de la Baume [2]. Le serviteur fut pris pour être l'un des gens d'armes, et le gentilhomme reçut l'enseigne et le commandement de la compagnie. Il quitte donc à présent le poste tout honorifique de la Cornette blanche, où il a fait les précédentes campagnes, pour prendre un commandement effectif et appointé [3].

1. Voir plus loin, dans l'ode de Racan à d'Effiat (15e et 16e str.), le récit poétique de cette formation de la compagnie.
2. Il était déjà depuis dix ans pour le moins au service de Racan. Voir Registres de Saint-Pater, baptême du 24 janvier 1618.
3. Nous connaissons ce commandement exercé par Racan d'abord par lui-même (*Mém.* LXXXVII), puis par la Notice manuscrite de Conrart, par les registres paroissiaux de Touraine et par Tallemant : Racan dit lui-même qu'il « commandoit la compagnie de M. d'Effiat » ; il est qualifié dans les actes paroissiaux de Sonzay, 20 juin 1629 et 13 janvier 1630, « gouverneur et enseigne de la compagnie de Monsieur le Gouverneur de ceste province de Touraine ». Conrart dit seulement : « Au siège de La Rochelle... il commandoit comme enseigne *la moitié* de la Compagnie de gens d'armes du Maréchal d'Effiat » ; nous n'avons pu déterminer exactement s'il commandait toute la compagnie ou seulement la moitié. Enfin Tallemant, II, 354 : « Racan commandoit les gendarmes de M. le mareschal d'Effiat : cela le faisoit subsister. »

L'enseigne arriva avec sa compagnie sous les murs de La Rochelle ;
on ne voyait, dit-il :

> que le haut de ses tours
> ces bastions qui dans les nues
> élevaient leurs têtes cornues [1]...

Il prit part à toutes les phases de ce long siège et il fit partie de
cette grande ligne de blocus qui enlaça toute la ville d'un côté à l'autre
en suivant la couronne des coteaux couverts de vignes ; il vit, le
20 juillet 1627, Buckingham arriver avec une flotte de 90 vaisseaux et
tenir assiégé le brave comte de Toiras dans la citadelle de Saint-Martin
de Ré ; il vit en septembre le roi malade retourner à Paris, puis revenir
en octobre presser le passage d'une partie des troupes dans l'île de
Ré pour dégager Toiras du siège des Anglais, qui sont définitivement
jetés à la mer et mis en fuite. Puis le blocus reprend en novembre ; le
roi établit son quartier dans le château d'Estré, joli village situé sur une
hauteur de vignobles à une lieue au sud-est de la ville [2] ; le cardinal se
charge de la partie maritime, qui est la plus importante, et commence
le 30 novembre la fameuse digue qui doit fermer la rade.

Grâce à la vigilance de Richelieu et du surintendant d'Effiat, et
par un heureux contraste avec la famine qui décimait les assiégés, les
troupes royales ne manquèrent de rien pendant ce long hiver, et Racan
fut étonné avec bien d'autres de l'abondance et du bien-être qui avaient
suivi l'armée [3].

Malgré ces « délices », comme il dit lui-même, notre gentilhomme
songeait à ses projets de mariage interrompus, il avait hâte de les
reprendre, et du camp de La Rochelle, sa pensée s'échappait souvent
vers le château de Fontaines.

Il arriva justement que le roi, ennuyé et découragé de la longueur
du siège, le quitta le 10 février 1628 pour aller passer quelque temps à

---

1. Latour, I, p. 146. — On trouvera une description très précise de La Rochelle
en 1628, avec un plan de la ville à cette époque, dans l'*Histoire de la ville de La
Rochelle*, par M. Arcère de l'Oratoire ; La Rochelle, 1756-57, 2 vol. 4°, — tome II,
266 et suiv.

2. Sur Estré ou Aitré, où nous verrons bientôt Racan et Malherbe, voir Arcère,
t. I, p. 149 et suiv.

Me promenant moi-même au mois de novembre 1894 entre La Rochelle et
La Palice, et ayant fait causer « du siège » un paysan qui bêchait son champ, j'ai
eu le plaisir de constater qu'il était bien moins occupé des souvenirs de la guerre
religieuse que de la défaite des Anglais, qu'il me raconta avec les détails les plus
précis.

3. Voir l'Ode à d'Effiat, 10e str., aux Pièces justif., n° 19.

RACAN.

Paris. Racan en profita pour s'y rendre également et tâcher de régler en hâte ses affaires.

Dans cette grave circonstance, au défaut de ses parents il avait à consulter M. de Bellegarde, Mme de Bellegarde et Malherbe.

Pour M. de Bellegarde, qui était sous La Rochelle lieutenant général du duc d'Orléans, Racan avait pu se pourvoir à loisir de son autorisation. Mais la duchesse était à Paris; c'était la personne la plus intéressée au mariage. On se rappelle que, n'ayant pas d'enfants, elle avait depuis longtemps fait espérer sa succession à son jeune cousin; il fallait savoir d'elle si l'union avec Mlle du Bois lui agréait et si elle persévérait dans ses généreuses intentions : le parti était assez riche, et il était à craindre que, sans cette assurance d'héritage, la famille n'acceptât point Racan, nanti seulement de la succession hypothéquée de ses parents [1]. La duchesse de Bellegarde tenant les cordons de la bourse était, selon l'usage, maîtresse de la situation. Heureusement elle était bonne, elle aimait Racan d'une affection toute maternelle, et elle consentit, promettant même sa présence à la cérémonie.

Quant à Malherbe, on pense s'il était heureux de voir enfin son ami abandonner ses folles aspirations à Mme de Termes, et dans sa joie il se donna le malin plaisir d'annoncer lui-même cette nouvelle à la marquise dans une lettre assez gaillarde. Il s'excuse d'abord de son retard (c'est le début des lettres de tous les temps) : « Celui qui m'a mis en cet état de gloire, ajoute-t-il, est M. de Racan, qui est ici pour demander à Mme de Bellegarde congé de se marier avec une fille d'Anjou [ou plus exactement de Touraine], que l'on dit être assez riche. Cela lui étant accordé, comme je crois qu'il sera sans beaucoup de peine, il fait compte de s'en retourner : tellement que *si quelqu'un de ses amis des lieux où vous êtes a envie de danser à ses noces, il est temps qu'il se prépare.* Pour l'épithalame il ne lui coûtera rien. Il fera ses écritures lui-même. Après cela, adieu les Muses : il aura bien à monter ailleurs que sur Parnasse. On se promet force ballets à ce carême-prenant; mais, Madame, vous n'y serez point, et par conséquent la Bourgogne aura quelque chose de plus que la cour, au jugement de tous ceux qui ont le goût bon et particulièrement de votre très humble et très obéissant serviteur [2]. »

Fort de ses autorisations, Racan, qui n'avait pas de temps à perdre,

---

1. Racan le savait bien, il le dit dans les *Mémoires*, LXXXI : « Le troisième étoit de se marier.... » Cf. la lettre de Malherbe citée plus bas, et Tallemant, II, 362.
2. Malherbe, IV, p. 113. — Détail singulier que le vieux poète ignorait sans doute : Racan allait entrer dans une famille alliée à celle des Fortia, dont un des jeunes membres venait de tuer son fils. Le bisaïeul de Madeleine, Astremoine du Bois avait épousé une Jeanne Fortia.

se rendit aussitôt en Touraine pour obtenir le consentement officiel du comte et de la comtesse de Fontaines et faire sa cour à leur fille.

De La Roche il allait souvent la voir à Fontaines ; un jour il lui vint en tête de l'éblouir avec un costume de taffetas céladon. Le héros de l'*Astrée* venait de donner son nom à la couleur vert-tendre qui l'a gardé [1], curieux reste encore vivant après trois siècles d'un roman qui est bien mort. Son valet, Nicolas Deschamps, qui était depuis bien longtemps à son service ou, pour mieux dire, qui était chez lui plus maître que lui (et nous n'en sommes point surpris), lui fit observer : « Et s'il pleut où sera l'habit céladon? Prenez votre habit de bure, et au pied d'un arbre vous changerez d'habit proche du château. — Bien, Nicolas, dit-il, je ferai ce que tu voudras, mon enfant. » Ce qui fut dit fut fait. Après avoir franchi à cheval les trois lieues qui séparent Saint-Pater de Rouziers, ils s'arrêtent dans un petit bois près du château de Fontaines, et là Racan se met en devoir de changer de costume. Mais voilà que lorsqu'il en était à... relever le haut-de-chausses céladon, Mlle de Fontaines et deux autres jeunes filles paraissent : « Ah! dit-il, *Nitolas*, je te l'avais bien dit. — Mordieu, s'écrie le valet, dépêchez-vous seulement! » Madeleine veut s'en aller, mais les autres par malice la font avancer. « Mademoiselle, lui dit ce bel amoureux, c'est *Nitolas* qui l'a voulu. *Palle poul* moi, *Nitolas*, je ne sais que lui *dile*. » Et l'on entend encore à distance les rires fous des trois jeunes filles [2].

Une pareille aventure était capable de ruiner un amoureux aux yeux de bien des femmes. La jeune fille heureusement était sérieuse, et elle continua d'agréer la cour du gentilhomme. Elle vint elle-même avec ses parents à Saint-Pater, où nous la trouvons marraine à un baptême de la famille de Robert dans le courant de février [3].

Enfin arriva la duchesse de Bellegarde ; en sa présence les fiançailles eurent lieu dans les derniers jours du mois, et le contrat fut signé

1. dans les tissus et la céramique.
2. Tallemant, II, 362. Nous avons vu qu'il ne pouvait prononcer ni les *c* ni les *r*. L'aventure, si elle est légèrement chargée par le conteur, est vraisemblable. D'ailleurs tout ce que Tallemant dit du valet et le ton de ses dialogues avec son maître correspondent aux documents exacts que nous avons trouvés sur lui : on se rappelle ses parrainages à Saint-Pater avec la mystérieuse Louise de Racan dès 1619, 7 janvier 1619, 6 avril et 19 août 1622. — Nous avons adopté le sens qu'indique Paulin Paris (p. 372, XIII) pour la phrase de Tallemant : Nicolas « estoit plus grand maître que luy ». — Outre Nicolas Deschamps et Romain de la Baume, nous avons trouvé dans les Registres de Saint-Pater pour ces années-là, et dès 1624, la mention d'un Pierre Chauvin « homme de chambre de M. de Racan ». En 1628 il est monté en dignité ; grâce à Racan peut-être, il est devenu « procureur du roy au grenier à sel de Neuvy » (Contrat de mariage de Racan).
3. Reg. de Saint-Pater, acte de baptême, entre le 8 et le 14 février 1628. V. Pièce just. 32, acte 5.

solennellement le mardi 29 février dans l'après-midi, au château de Fontaines : étaient présents un notaire de Rouziers et un de Tours, Racan et la duchesse, Madeleine du Bois, ses parents, son grand-oncle octogénaire Astremoine du Bois, plusieurs autres personnes de sa famille, et des gentilhommes et des dames du voisinage [1].

Le mariage avait lieu sous le régime de la communauté. M. et Mme du Bois, réservant, selon l'usage, leurs immeubles à leurs fils, constituaient à Madeleine une dot de 50 000 livres en espèces, qui vaudraient aujourd'hui environ 350 000 francs, 10 000 devant être payées la veille de la bénédiction nuptiale, 8000 sur la succession du dernier mourant d'entre eux, et le reste, à savoir 32 000, payable en principal à leur volonté, et produisant en attendant une rente annuelle de 2000 livres [2]. Connaissant la situation difficile de leur futur gendre, ils prenaient leurs précautions pour sauvegarder la dot. Des 50 000 livres, 3000 seulement tombent dans la communauté, tout le reste devant être converti en immeubles par Racan. Sont exclues de la communauté les dettes de celui-ci antérieures au mariage. Dans le cas où la communauté sera dissoute, Madeleine sera libre de l'accepter; même si elle y renonce, elle pourra reprendre « ses habitz, bagues et joyaux, carosse et esmaulx et une chambre garnie », que lui aura donnés son mari, ou, si elle préfère, une somme de 3000 livres en espèces. Cette reprise lui est garantie par une affectation spéciale sur les immeubles de son mari, et elle pourra l'exercer avant toutes celles de Racan lui-même. Enfin elle aura droit à un douaire coutumier consistant en un droit d'usufruit sur une partie des biens de son mari, l'habitation au lieu de La Roche en y comprenant la « pourprise », c'est-à-dire un certain entourage du château [3].

Le contrat est muet sur l'apport du futur, dont la fortune consis-

---

1. 17 personnes ont signé. — Le contrat de mariage de Racan, dont l'original est encore à Tours dans l'étude de Me Vincent, notaire (rue Colbert), a été publié par lui dans le *Bulletin* de la Société archéologique de Touraine, t. IV, 1877, p. 156, et en même temps par M. l'abbé Esnault dans la *Revue historique et archéologique du Maine*, t. II, n° 6, 1877, et tiré à part sous le titre de « *Contrat de mariage de Honorat de Bueil de Racan et de Magdeleine du Bois* (1628), document inédit publié par l'abbé G. Esnault »; Le Mans, chez Pellechat, 1877, br. 8° de 16 pages. C'est à cette publication que se rapportent nos références. — Nous ne savons pourquoi Ch. de Sourdeval (*le Château de la Roche-Racan*, p. 20) dit que le mariage eut lieu à Tours. Nous donnons plus loin la preuve qu'il se fit à Rouziers.

2. « au denier 16 », c'est-à-dire à 6 25 0/0. — Racan et sa femme renoncent, en dehors des 5000 livres convenues, à tout droit sur la succession de M. et de Mme du Bois.

3. Nous avons été grandement aidé pour l'analyse juridique de cette longue pièce par notre ami M. Delhumeau, docteur en droit, avocat à la cour de Poitiers: nous lui adressons ici tous nos remerciements.

tait, nous le savons, en immeubles endettés, mais la présence au mariage de la duchesse de Bellegarde était à elle seule une garantie éloquente pour les parents de la jeune fille.

Le lendemain matin de la signature du contrat, en présence des notaires, Pierre du Bois versa à son gendre la somme de 10 000 livres qu'il était tenu de lui bailler avant le mariage [1].

Le dimanche 5 mars « les espouzailles furent faictes en l'église paroissiale de Rouziers », suivant l'acte inédit que nous publions [2], et Pierre du Bois nota sur son livre de raison, sans y mettre beaucoup d'ordre : « Ma fille Magdelaine fut mariée le ve de mars 1628 et espousa Mre Honorat de Bueil, chevalier, Sr de Racan, et fust fiancée vers la fin de febvrier au dict an en présence de dame Anne de Bueil, duchesse de Bellegarde, cousine dudict Sr de Racan [3]. »

Les deux époux avaient une grande différence d'âge : lui venait d'avoir 39 ans, elle en avait 15 et demi.

Racan installa sa jeune femme au château de La Roche, et il dut après peu de jours rallier son poste sous les murs de La Rochelle, où le roi lui-même allait revenir (avril 1628).

II

A La Rochelle Racan trouva les travaux de la digue très avancés et l'armée augmentée par les recrues faites dans les provinces voisines.

Au mois de mai l'on vit revenir dans la rade la flotte anglaise que les assiégés appelaient depuis si longtemps de leurs vœux; mais, se contentant de faire une démonstration, elle s'éloigna à pleines voiles sans que les Rochelois désespérés pussent savoir la cause de cette défection.

Racan reçut à ce moment une lettre de Malherbe qui se plaignait de son silence; c'était une des dernières qu'il devait avoir de son vieux maître; c'est certainement la plus charmante, en même temps que la plus courte :

1. Le procès-verbal de ce versement suit, sur l'original, le texte du contrat. Esnault, *Contrat*, p. 13. On y remarque la présence de Pierre Chauvin, l'ancien « homme de chambre » de Racan, à présent procureur du grenier à sel de Neuvy. — Pierre du Bois et Françoise Olivier versèrent à leurs enfants les 32 000 livres en 1644 et 1646 à Tours. Racan et sa femme leur en délivrèrent quittance dans les marges mêmes du contrat. Ces pièces ont été publiées par M. l'abbé Esnault à la suite du contrat de mariage. — Cf. Pièce just. 31, acte 50.

2. Voir aux Pièces just., n° 18. La cérémonie eut peut-être lieu dans la chapelle des Cinq-Plaies, qui appartenait aux du Bois.

3. Livre de raison. Cette note a déjà été publiée par M. l'abbé Esnault, *Contrat*, p. 7.

« Monsieur,

« Je vois bien que si les Muses vous ont fait passer pour un rêveur, Mars ne vous donnera pas meilleur bruit. Vous n'en êtes encore qu'au collet de buffle, et déjà vous ne vous souvenez plus de vos amis. Vous pouvez penser ce que ce sera quand vous en serez à la cuirasse [1]. Peut-être chercherez-vous une excuse en la nouveauté de votre mariage ; et certes je sais bien que la cage d'hyménée n'est pas plus gracieuse que les autres, et que les oiseaux n'y entrent pas sans quelque étonnement pour les premiers jours. Mais de quelque cause que vienne votre silence, je ne suis pas assez complaisant pour ne vous en dire pas mon senti-ment. Si ce sont les pensées de Mars qui vous occupent, la guerre ne sera pas si longue, Dieu aidant, que pour elle vous deviez tout à fait quitter les exercices de la paix. Si ce sont les soins d'hyménée, les ros-signols ne sont muets que quand ils ont des petits, et je sais bien que vous n'en êtes pas encore là. Je vous jure que si jamais vous revenez sur Parnasse, je n'y aurai point de crédit, ou je vous y ferai fermer la porte ; et si vous y entrez par surprise, ou autrement, vous n'y aurez que des feuilles de chou pour des feuilles de laurier. Pensez-y, et vous amendez. C'est assez raillé : parlons à cette heure à bon escient. Je veux, Monsieur, et vous en prie que vous m'aimiez toujours, comme je vous assure que je suis toujours votre très humble et très affectionné servi-teur.

« A Paris ce 13ᵉ de mai 1628 [2]. »

Malherbe avait d'autant plus de mérite à sa bonne grâce qu'il était alors préoccupé d'une grave affaire depuis près d'un an, de la pour-suite des meurtriers de son fils, le grand duelliste, qui avait fini par périr lui-même dans une querelle aux environs d'Aix, au mois de juil-let 1627 [3]. Il envoya au roi sous les murs de La Rochelle une lettre pathétique accompagnant sa belle ode (sa dernière) sur la gloire de cette campagne [4]. Mais bientôt il eut lieu de craindre que ses adver-saires n'obtinssent des lettres de grâce, et, en dépit de ses 73 ans, et n'écoutant que son désir de venger son fils, il se mit en route pour

---

1. Le collet de buffle, sorte de justaucorps fait en peau de buffle, semble avoir été réservé aux officiers inférieurs de cavalerie ; la cuirasse était portée par les officiers supérieurs.

2. Lalanne, IV, p. 33.

3. Voir un exposé détaillé de ce procès dans la Notice biographique, de M. Lalanne, *Malherbe*, t. I, p. xxxvii et s.

4. Lalanne, I, p. 349 et 277.

La Rochelle. C'était en juillet 1628. On pense si Racan se chargea de recevoir, de guider et d'accompagner partout son maître.

Il le conduisit à La Jarne où se trouvait le garde des sceaux Marillac [1] ; au château d'Estré, qui était le logis du roi : là le vieux poète n'eut pas toute la satisfaction qu'il espérait, et, une fois, dans la cour du château, il disait tout haut qu'il voulait demander le combat contre M. de Piles, un des jeunes gens qui avaient tué son fils. Des capitaines des gardes et autres gens de guerre qui étaient là souriaient de le voir à cet âge parler d'aller sur le pré, et Racan, en ami, « le voulut tirer à part pour lui donner avis qu'il se faisoit moquer de lui, et qu'il étoit ridicule, à l'âge de soixante-treize ans qu'il avoit, de se battre contre un homme de vingt-cinq ans ». Sans attendre qu'il achevât sa remontrance, Malherbe lui répliqua brusquement ce qu'il avait déjà dit en partant à ses amis de Paris, Porchères et Balzac : « C'est pour cela que je le fais, je hasarde un sol contre une pistole [2]. »

Racan se promena plus d'une fois avec lui tout autour de la ville : ils étaient un jour à l'ouest, en regard du bastion de l'Évangile : Malherbe se mit à considérer les soldats du camp du roi et ceux de la ville qui paraissaient sur ce bastion, et il dit à Racan « et à quelques autres, qui estoyent avecque luy, d'un ton et d'un geste tout à fait brusques, selon sa coustume : « A qui Diable en veulent ces gens-là, de tâcher tous les jours à s'égorger les uns les autres, encore qu'ils n'ayent rien à demesler ensemble? Voyez-vous cet homme-la, disoit-il, en mons-trant la sentinelle la plus avancée du bastion ; il souffre la faim, et mille autres incommoditez ; et s'expose à tous momens à perdre la vie, par ce qu'il veut communier sous les deux Espèces ; et les autres l'en veu-lent empescher : N'est-ce pas un beau sujet pour troubler toute la France? » Curieuse boutade qui forme le revers intéressant de l'ode hyperbolique sur le siège de La Rochelle, sans que l'on puisse affirmer de quel côté était la vraie pensée de Malherbe : sans doute en vertu des disparates si accentuées de sa nature, il n'était pas moins sincère dans ses envolées lyriques que dans ses saillies gauloises, lorsqu'il excitait Louis XIII et lorsqu'il le prenait en pitié [3].

1. Lalanne, I, p. LXI, n. 2.
2. *Mém.* LXVIII. Une pistole valait environ 11 livres. — Cf. Balzac, Entre-tien XXXVII.
3. Nos *Anecdotes inédites*, n° 14. Voir la note critique où nous rapportons les velléités des protestants de compter Malherbe parmi les leurs. — On remarquera que Malherbe, à son habitude, et pour faire un *mot*, tronque singulièrement la question : car ce n'était pas seulement une guerre religieuse que Richelieu faisait aux protestants, mais aussi une guerre politique à cause de leur prétention d'in-dépendance et même une sorte de guerre patriotique puisqu'ils avaient commencé

Racan vit bientôt repartir son maître mécontent du peu de succès qu'il avait obtenu et fatigué par les grandes chaleurs qu'il avait eu à endurer dans le camp. Cependant le siège continua : dans les derniers jours de septembre une troisième flotte anglaise arriva au secours des Rochelois affamés, ses attaques répétées furent victorieusement repoussées, et le 27 octobre Richelieu négociait la reddition de la ville, qui avait résisté 15 mois. Racan ne pouvait s'empêcher d'admirer la vaillance des assiégés, qui évoquait dans son âme de poète les souvenirs de la guerre de Troie, et il dira bientôt au cardinal avec une courageuse sincérité :

> Quinze fois on a vu la lune
> remplir son croissant de clarté
> que le débris de leur fortune
> gardait sa première fierté.
> Jadis d'un semblable courage
> l'amour, la vengeance et la rage
> firent les efforts plus qu'humains,
> quand on vit aux bords du Scamandre
> les dieux attaquer et défendre
> l'ouvrage de leurs propres mains [1].

La joie militaire que l'enseigne ressentait de la victoire était en vérité bien diminuée par les nouvelles qu'il recevait de Paris. Malherbe se disposait, vers la fin de septembre, à entreprendre pour son procès le grand voyage de Toulouse comme il avait fait celui de La Rochelle. Mais il avait rapporté de cette ville les germes d'une maladie qui minait sa robuste constitution [2].

A cette nouvelle Racan avait déploré son éloignement : il eût voulu entourer de tendresse les derniers moments de son maître; il aurait désiré surtout, comme le trahissent clairement les Mémoires [3], l'aider à finir chrétiennement, car il l'avait bien vu faire régulièrement des pratiques de dévotion, mais elles étaient mêlees de si libres boutades sur les choses religieuses (il en avait entendu encore au voyage de La Rochelle), qu'en véritable ami il avait quelque inquiétude à ce sujet.

par s'entendre avec les Anglais. — Cf. dans un autre sens, mais dans le même ton, sa réponse positive à un gentilhomme protestant, *Mém.* LXIX. — On peut lire dans l'*Évolution du vers français* de M. Souriau, p. 78, n. 1, une autre appréciation du mot prononcé par Malherbe à La Rochelle.

1. Latour, I, p. 146. V. Lex., EFFORTS. — On retrouvera le même souvenir antique dans l'Ode à d'Effiat, str. 11.

2. Voir Lalanne, I, p. XLI.

3. P. LXXXVII et suiv.

Le vieux poète mourut le 16 octobre 1628, sans avoir la satisfaction d'apprendre la prise de la ville, pour laquelle il avait promis au roi les plus beaux vers dont il fût capable.

Le disciple affligé dut attendre encore à son poste une quinzaine de jours; aussitôt libre, et passant sans doute par La Roche, il se rendit à Paris pour avoir au plus tôt des détails sur la mort de son maître, et il interrogea avidement Porchères d'Arbaud, cousin de Malherbe, qui l'avait assisté à ses derniers moments, et avait été institué par lui héritier de ses intentions littéraires [1]. Il apprit que le vieillard avait fait sa dernière maladie dans cette chambre garnie de la rue des Petits-Champs où lui-même avait passé tant de bonnes heures, qu'il avait été gardé par son hôtesse, qui tenait dans la maison même l'auberge « à l'image de Notre-Dame » [2], qu'il avait été visité pendant sa maladie par son cousin Porchères et son disciple Yvrande. Le vieillard avait conservé jusqu'au bout, sans défaillance, la brusquerie et la liberté de son humeur, mais il avait reçu les derniers sacrements.

Porchères (c'est Racan qui a eu soin de nous conserver ces détails) avait tâché de le résoudre à se confesser, mais Malherbe, qui ne voyait pas la gravité de son état, répondit qu'il irait à Pâques. Ce fut Yvrande qui le décida finalement en lui disant : « Ayant toujours fait profession de vivre comme les autres hommes, il faut mourir aussi comme les autres. » Malherbe n'aimait point les énigmes, il avait repris : « Qu'est-ce que cela veut dire? » — et Yvrande avait répondu avec franchise : « Quand les autres meurent, ils se confessent, communient et reçoivent les autres sacrements de l'Église. — Vous avez raison », lui dit simplement Malherbe, et il « envoya quérir le vicaire de Saint-Germain l'Auxerrois, qui l'assista jusques à la mort [3] ».

Mais l'homme positif et plaisant parut jusqu'au dernier soupir. Il chargea son valet de donner ses vieux souliers à un carme déchaussé [4]. Une heure avant de mourir, après deux heures d'agonie, il se réveilla comme en sursaut pour reprendre sa garde d'un mot qui n'était pas bien français à son gré, et le vicaire lui en faisant réprimande : « Je ne

---

1. V. le Privilège de l'édition de Malherbe de 1630 (Lalanne, I, p. xcii et xciii). — Malherbe lui légua de plus la moitié de sa bibliothèque. Il l'avait élevé dans sa jeunesse, et il se trouva que c'était un cousin de sa femme (D'Olivet, *Hist. de l'Académie française*, p. 183, et Lalanne, III, 578).

2. Malherbe, t. III, p. 14, et Racan, *Mém.* lxxxviii, fin.

3. *Mém.* lxxxviii.

4. *Anecdotes inédites,* nº 35 et note, où nous concluons que Malherbe fut sincèrement et froidement catholique. Cette opinion a été confirmée depuis par le P. Delaporte, de la Société de Jésus (*Etudes religieuses* du 23 déc. 1893, partie bibliographique, p. 921).

peux m'en empêcher, répondit-il, et je veux jusques à la mort maintenir la pureté de la langue françoise [1]. »

En somme et en dépit de ces originalités suprêmes ce fut une mort ferme et chrétienne, et l'ami put être rassuré. Mais il éprouvait en même temps un grand chagrin, car il ne faut pas croire que cette mort fut, ainsi qu'on l'a dit quelquefois, une délivrance pour le disciple représenté à faux comme tremblant sous la férule magistrale. C'était pour lui la fin du sévère enseignement et des rudes conseils auxquels il devait beaucoup, mais c'était aussi, et nous pouvons en croire Racan sur parole, le terme d'une intimité filiale de 23 ans qui ne s'était pas démentie un jour, malgré la profonde dissemblance des natures, et qui avait même été en se resserrant, nous l'avons vu, pendant toutes les dernières années [2].

III

Le gentilhomme vint retrouver sa jeune femme au château de La Roche. Le plaisir de Madeleine était encore à présent, comme avant son mariage, de se rendre au bourg pour servir de marraine aux nouveau-nés, particulièrement dans les familles modestes; elle rend alors cet office à la fille du médecin Genest, parti comme chirurgien militaire dans l'armée royale; à la fille de son « maistre d'hostel » le brave Romain de la Baume, à présent gendarme de la compagnie d'Effiat; au fils de Pierre Chauvin, un ancien « homme de chambre » de son mari : et cette fois l'enfant reçoit le nom d'Honorat. On peut voir encore dans les registres paroissiaux de Saint-Pater, aux dates des 7 mai, 9 juin, 18 décembre 1628 et 8 mars 1631, la signature de « Magdelair du Bois » qui est dite « épouse de haut et puissant seigneur Honorat de Bueil, baron de Racan et seigneur de La Roche au Majeur [3] ».

Une de ses plus grandes distractions était les fins travaux à l'aiguille. Elle avait un remarquable talent de tapisserie, et elle occupa ses loisirs à composer au petit point tout un ornement d'église, chasuble,

1. *Mém.* LXXXVIII. — Nous ne voyons dans ce trait qu'une dernière boutade (*Anecd. inéd.*, p. 81). Telle n'est pas l'opinion de Sainte-Beuve, *Nouveaux lundis*, t. XIII, p. 421, ni de M. Souriau, *Vers*, p. 107.

2. V. surtout nos chapitres IX et XV, I et II.

3. Reg. de Saint-Pater. On sait que La Roche au Majeur est l'ancien nom de La Roche-Racan, lequel tend à cette époque à prévaloir. V. le texte complet de ces actes aux Pièces justificatives, n° 32. Le 8 mars 1631 Madeleine est marraine avec l'ami de son mari, René de Rochefort, seigneur d'Armilly.

manipule et étole pour la chapelle du château de La Roche [1]. Elle se servit simplement d'une grosse toile, et, sur un fond d'un beau rouge qu'elle fit elle-même, elle dessina un naïf et brillant ensemble de fleurs variées, de dessins d'ornements et de petits sujets religieux, qu'elle traita avec les plus riches couleurs où dominent les jaunes et les verts [2]. Elle réussit si bien que ce magnifique ornement est aujourd'hui encore le joyau de la sacristie de Saint-Pater, qu'il fait selon la coutume traditionnelle l'éclat des offices paroissiaux aux plus grandes fêtes de l'année [3], et il contribue en somme, bien plus efficacement que toutes les œuvres de Racan, à entretenir le souvenir populaire du gentilhomme dans ce coin de Touraine. Nous connaissons peu d'objets aussi intéressants et à la fois aussi touchants à contempler, et sur ce riche travail on lit à livre ouvert l'habileté manuelle, la finesse de goût, la vivacité et la naïveté d'imagination, la persévérance, la foi, toute l'âme en un mot de la jeune châtelaine de La Roche, que nous souhaiterions par là même pouvoir connaître plus en détail.

Racan ne manqua pas de s'intéresser au patient et brillant labeur de sa compagne, il dut même lui inspirer quelques idées, et il existe en vérité je ne sais quelle sensible harmonie de ton, dans un mélange d'éclat et de naïveté, entre les petits motifs à fleurs et à personnages de la tapisserie et les principales scènes rustiques des Bergeries [4].

Les deux époux ne purent rester plus de quelques mois ensemble. Dès le 15 janvier 1629 le roi avait encore quitté Paris pour aller secourir le nouveau duc de Mantoue, Charles de Nevers, tenu en échec par l'Espagne et la Savoie réunies. Racan, comme les autres officiers, se rendit à Grenoble, où le comte de Toiras avait rassemblé les troupes

---

1. La bourse et le voile manquent.

2. Grâce à l'obligeance de M. l'abbé Maurice, curé de Saint-Paterne, nous avons fait prendre la photographie de ces ornements, dont nous donnons à la fin une reproduction.

3. le jour de la Pentecôte et le jour de la visite de l'archevêque. Une des raisons qui empêchent le curé de porter plus souvent ces ornements est leur poids considérable.

4. Nous n'avons pas la date exacte de la composition de cette tapisserie, mais il est de tradition dans le pays que Madeleine la fit pendant le siège de La Rochelle, alors qu'elle n'avait pas les lourdes charges d'enfants qu'elle eut plus tard (Nobileau, *Notice manuscrite*, p. 114, V. Index bibl.). — Cet ornement échappa aux destructions de la Révolution grâce au dévouement d'une digne femme dont nous regrettons qu'on n'ait pas conservé le nom. Une vieille domestique du château de La Roche, ayant entendu vanter l'ouvrage par ses maîtres, se hâta de le soustraire au pillage en 1793 lors du départ précipité du seigneur de La Roche, qui était alors le comte des Écotais (ce qui prouve que l'ornement servait à la chapelle du château, et non pas à l'église de Saint-Pater). Elle le tint caché dans sa cave, et lorsque le culte fut rétabli, en 1801, elle vint le remettre au curé Mermier (Nobileau, *id.*, p. 7). L'ornement a été réparé avec goût dans quelques-unes

victorieuses de La Rochelle, et quand tous les préparatifs de l'expédition furent terminés, l'armée royale s'engagea à travers les Alpes par le col du mont Genèvre, et le 6 mars força brillamment le Pas de Suze, où le duc de Savoie avait construit une triple barricade. La ville de Casal, qui était le principal enjeu de la guerre, fut abandonnée aussitôt par les Espagnols, et le roi se retourna dans le midi de la France contre les restes du parti réformé commandés par le duc de Rohan.

Au lieu de suivre Louis XIII dans cette guerre religieuse, Racan revint en Touraine auprès de sa femme, qui portait dans la solitude le fruit précieux de leur union. Il passa tout l'été ainsi que l'hiver auprès d'elle : c'était la première fois depuis dix-huit mois de mariage qu'ils se trouvaient réunis pour un peu de temps. Le gentilhomme se partageait entre La Roche et les châteaux voisins du Bois et de La Motte, où vivait sa cousine, la duchesse de Bellegarde, pendant que le duc était engagé dans des affaires singulièrement périlleuses sur les pas de Gaston d'Orléans [1]. Nous voyons plusieurs fois le poète à Sonzay, paroisse du château de La Motte, parrain, avec sa cousine, de quelque enfant de l'un des nombreux officiers de la cour qui avaient suivi la duchesse [2]. Le 29 octobre, à Saint-Pater, il prête son serment annuel de foi et hommage-lige entre les mains de son suzerain féodal, le prévôt d'Oé [3].

Quelques jours plus tard il partagea avec sa femme un grand chagrin, que nous a révélé le livre de raison de Pierre du Bois. Madeleine, qui n'avait encore que 17 ans, alla faire ses couches chez ses parents au château de Fontaines, mais la fille qui vint au monde ne

de ses parties vers 1880 par Mme de Civrieux, une moderne châtelaine de La Roche, qui s'était montrée bien digne de prendre la succession de Madeleine de Racan.

1. Nous avons longuement parlé du château du Bois (paroisse de Neuvy) au chapitre I (Cf. la pièce just. n° 2). — Celui de La Motte était dans la paroisse de Sonzay, à deux lieues environ de La Roche. Il existe encore et appartient à M. Georges Houssard, l'aimable avocat de Tours, conseiller général d'Indre-et-Loire. Construit partie au moyen âge, partie sous Henri II, il présente un riant et gracieux aspect, avec ses douves d'eau courante et sa cour d'honneur à galeries. M. Houssard nous apprend que la cour d'honneur était encore entourée vers 1855 de très vieux bâtiments formant deux ailes, — qui ont été démolis à cette époque. L'une des ailes contenait une galerie d'honneur communiquant avec la chapelle et permettant aux habitants du château d'assister aux offices dans une tribune placée au premier étage. — Devant le château existait jadis un jardin carré entouré d'eaux vives, dans le style français. Le parc actuel offre une allée de buis trois et quatre fois séculaires, de 300 m. de longueur, et une ancienne et énorme charmille. Du château part une longue allée droite, qui conduit au centre du bois de La Motte, régulièrement coupé de routes en tous sens. Ces avenues sont sans aucun doute d'anciens restes du parc de la duchesse de Bellegarde.

2. Les 20 juin 1629 et 13 janvier 1630 (Reg. de Sonzay). V. aux Pièces just., n° 31.

3. Arch. d'Indre-et-Loire, G, 465. Copie du procès-verbal, faite en 1677. On en trouvera le texte aux Pièces just., n° 20. — Nous avons déjà parlé de cette suzeraineté ecclésiastique aux ch. II et VII.

vécut que deux heures. Les parents rapportèrent ses restes dans le cimetière de l'église de Saint-Pater, tout près de leur habitation ordinaire [1].

Pour la troisième fois en 1630, la guerre vint enlever Racan aux douceurs de la vie de famille. Le roi entreprenait une seconde expédition contre l'Espagne et la Savoie, et le marquis d'Effiat, dont notre enseigne commandait toujours la compagnie, venait d'être nommé Lieutenant général des armées du roi en Piémont. Au mois de mai tout le monde, la cour comprise, se trouvait réuni au pied des Alpes.

Le roi s'empare de la Savoie, puis le duc de Montmorency et le marquis d'Effiat passent le Mont-Cenis, culbutent à Veillane 15 000 Savoisiens (10 juillet), après quoi la paix est définitivement signée avec les Espagnols.

Notre enseigne put revenir enfin à La Roche, où, jetant un regard en arrière sur les trois campagnes successives qu'il venait de faire, 1628, 1629, 1630, il pouvait dire dans une belle strophe sur Louis XIII :

> Je l'ai suivi dans les combats,
> j'ai vu foudroyer les rebelles,
> j'ai vu tomber leurs citadelles
> sous la pesanteur de son bras,
> j'ai vu forcer les avenues
> des Alpes qui percent les nues,
> et leurs sommets impérieux
> s'humilier devant la foudre
> de qui l'éclat victorieux
> avait mis La Rochelle en poudre [2].

Toute chance de guerre étrangère paraissait éloignée pour le moment; le cardinal, à la suite de la journée des Dupes (10 novembre), était absorbé par sa lutte avec la Reine-mère, le duc d'Orléans et les grands seigneurs qui le soutenaient, tels que le duc de Bellegarde lui-même : Racan, rendu à la famille et au repos, rappela les Muses, qui depuis longtemps avaient déserté Saint-Pater [3].

1. Livre de raison, f° 6, v° : « Ma ditte fille de Racan en novemb. 1629 accoucha à Fontaines d'une fille qui ne vescut que deux heures et fut portée à Saint-Pater où elle est enterrée. » On n'avait encore, à notre connaissance, mentionné nulle part cette première tristesse paternelle du poète.

2. Latour, II, p. 24. — V. Lex., QUI, II.

3. Dans cette année de 1630 avait paru une nouvelle édition du *Recueil des plus beaux vers de messieurs Malherbe, Racan, Maynard, etc...* Paris, Toussaint du Bray. (Voir à la Pièce just. n° 51 la *Notice bibliographique*, I, 8.) La part de Racan ne comprenait que trois pièces nouvelles depuis 1627, et elles sont peu importantes : l'épigramme à Porchères d'Arbaud sur son poème de la Madeleine (Latour, I, 223; nous en parlerons dans une des dernières notes de ce chapitre); « l'Épitaphe de

Il composa d'abord une ode sur ce marquis d'Effiat qui l'avait protégé depuis 1628 et lui avait confié le commandement de sa compagnie pendant trois campagnes successives. Ce personnage, dont les qualités diverses plaisaient à Richelieu, était depuis quelques années poussé par lui en pleine fortune (son fils, l'infortuné Cinq-Mars, devait bien l'expier). Ambassadeur en 1624 auprès du roi d'Angleterre, surintendant des finances en 1626, Grand-Maître de l'artillerie en 1629, investi du commandement de l'armée de Piémont en 1630, il venait d'être créé maréchal de France le premier janvier 1631 et de recevoir les gouvernements de Touraine et d'Anjou [1]. Diplomate, ingénieur, général et financier, on voit quels emplois variés il avait su mériter.

L'ode de Racan à d'Effiat nous offre l'intérêt de la nouveauté, car depuis 260 ans elle était restée cachée à la fin d'un petit volume où nous avons eu la bonne chance de la retrouver. Elle comprend 170 vers et est conçue dans le grand mètre lyrique comme celles adressées par le poète au roi et à Balzac, mais sans les valoir dans l'ensemble, quoique la fin soit fort belle. En voici quelques strophes sur les Rochelois :

> 13.   En vain Neptune et sa puissance
>   fomentait (*sic*) leur témérité,
>   le frein par qui tu l'as dompté — [la digue]
>   le retient en obéissance,
>   il est contraint de l'endurer,
>   .à peine ose-t-il murmurer ;
>   il quitte en ce lieu ses orages
>   et montre en cette humilité

feue dame Louise de Bueil », et celle du comte de Charny dont nous avons parlé au ch. XV, ɪɪ.

Cette Louise de Bueil était abbesse de l'abbaye cistercienne de Bonlieu, près de Château-du-Loir, qui a été souvent, comme celle de Beaumont-les-Tours, gouvernée par des dames de Bueil de l'une ou de l'autre branche. C'était sans doute la tante de Racan, la sœur aînée de son père Louis de Bueil (Voir le Tableau généalogique au ch. ɪ). Racan faisait pour le tombeau de « marbre » de sa tante une épitaphe tardive. Car cette personne, née vers 1540, mourut

     que huit lustres entiers n'avaient pas fait leur tour,

c'est-à-dire, avant 1580 (Latour, I, p. 212). Nous avons relevé des baptêmes de Neuvy-le-Roi où elle fut marraine les 26 juillet, 10 août et 15 octobre 1545, 11 juillet 1549. — Elle fut abbesse de Bonlieu après Madeleine de Broc, sa tante (Bibl. Nat. Mss. Nouv. d'Hozier, n° 3543, f. 4° v.). Il faut bien la distinguer de sa cousine de la branche de Sancerre, Louise de Bueil, abbesse de Beaumont (1556-1582).

1. Il ne paraît avoir reçu officiellement que la charge de gouverneur de l'Anjou ; c'est un des titres que lui donne Racan en tête de son ode ; cependant il est appelé à cette époque dans les registres paroissiaux de Touraine « *gouverneur* de ceste province de *Touraine* ». Le père Anselme, qui lui a consacré une notice (t. VII, 492), lui attribue les gouvernements d'Anjou, d'Auvergne et du Bourbonnais. — Cf sur ce personnage les médisances de Tallemant (t. II, 129), qui forment une de correctif à l'ode de Racan, et son beau portrait gravé dans l'*Album de l'Exposition rétrospective* de Tours, 1890.

respecter même en tes ouvrages
les fers de sa captivité [1].

14. Lui qui jadis dans ce rivage
entrait comme un victorieux,
traînant en triomphe à leurs yeux
le débris de quelque naufrage;
celui qu'ils voyaient si souvent
chargé des trésors du Levant,
cède comme eux à la Fortune,
et les va plutôt visiter
pour plaindre leur perte commune,
que non pas pour les assister [2].

15. Au seul bruit de ta renommée
qui ferait revivre les morts,
la Loire vit naitre en ces bords
une Légion toute armée :
et la grandeur de tes lauriers
animait ces nouveaux guerriers
d'une si généreuse envie,
que l'on peut dire avecque foi
qu'ils ne faisaient cas de leur vie
que pour la perdre auprès de toi [3].

16. Tu me fis part de cette gloire,
avecque l'un des étendars
sous qui ces nourrissons de Mars
cherchaient la mort ou la victoire :
marque d'honneur que je porté (sic)
quand cette rebelle cité
fut par le fer réduite en poudre,
plus glorieux dessous ce fais
que l'aigle qui portait la foudre
quand les Titans furent défaits.

17. Mais cette faveur non commune
n'a point tant mon esprit charmé
qu'il n'ait toujours plus estimé
ton mérite que ta fortune :
et, bien que sans t'avoir servi
je me vois d'honneur assouvi
au-delà de mon espérance,
certes je suis plus satisfait
du bien que tu fais à la France
que de celui que tu m'as fait [4].

Dès l'année suivante le brillant maréchal d'Effiat mourait de maladie, à la tête de l'armée d'Alsace.

1. *Fomentait*, V. Lex., Et. — V. aussi Montrer.
2. V. Lex., Non pas.
3. Le marquis d'Effiat habitait les châteaux de Chaumont-sur-Loire et de Cinq-Mars, et son influence s'étendait surtout dans la Touraine.
4. Racan aime à finir ainsi ses odes d'une façon patriotique, Cf. l'Ode à Belle-

IV

Racan composait près de 200 vers en l'honneur de son bienfaiteur, mais dans le même temps il en consacrait 600 à Dieu. C'est le premier effet poétique de son mariage si chrétien. Il traduit les psaumes de David pendant que Madeleine compose à ses côtés des ornements d'église.

Cette source des psaumes avait été ouverte, on peut le dire, le siècle précédent, à la poésie française par la Réforme. Dans son désir de remplacer les prières catholiques et latines par des prières en langue vulgaire, Calvin, vers 1539, poussa Marot à donner une traduction des psaumes en vers français, qui plus tard fut complétée par Théodore de Bèze et mise en musique, et qui est encore chantée aujourd'hui dans les églises protestantes [1]. A la suite de cette tentative se marqua un mouvement catholique de traductions des psaumes en prose et en vers. Pour nous borner aux vers, on sait que Baïf donna en 1573 une traduction des psaumes pour laquelle il demanda l'approbation pontificale [2], que l'abbé Desportes publia la sienne en 1595 et en 1604 [3], que plusieurs psaumes furent traduits par l'évêque Bertaut et par le cardinal du Perron. Racan avait vu et admiré les trois paraphrases faites par son maître [4] : il avait même collaboré de près à la dernière. Malherbe l'ayant commencée ainsi :

> N'espérons plus mon âme, aux promesses du monde ;
> sa lumière est un verre, et sa faveur une onde
> que toujours quelque vent empêche de calmer,

garde. — On a sûrement remarqué le singulier emploi de l'indicatif *vois* près *bien que*. — Nous donnons aux Pièces just., n° 19, le texte complet de cette ode.

Racan, nous l'avons vu, a employé plusieurs fois ce beau rythme de dizains octosyllabes, mais c'est la première fois qu'il se sert de la combinaison de rimes inventée par Malherbe et employée par le maître dans son ode à Bellegarde :

$$fm \ mf/m^2 \ m^2 \ f^2 \ m^3 \ f^2 \ m^3.$$

(Cf. Souriau, *Vers*, p. 100.)

1. La première édition des poèmes de Marot parut en 1543; il en parut un grand nombre d'autres au 16ᵉ et au 17ᵉ siècle.

2. Voir un article intéressant de M. Léon Dorez avec la publication de la lettre de Baïf à Grégoire XIII, dans la *Revue d'Histoire littéraire de la France*, 1894, p. 159.

3. C'est la nouvelle édition de 1604 qui provoqua le mot désobligeant de Malherbe à Desportes et la rupture des deux poètes (V. Brunot, *Doctr.*, p. 82 et 83).

4. Ps. 8, 128 et 145, dans Lalanne, I, p. 62, 207, 273. Racan, comme nous le dirons, ne voulut jamais dans la suite refaire pour son compte les deux premiers psaumes et ne se décida pour le troisième que parce que Malherbe l'avait laissé nachevé.

il objecta à son maître que dans ce dernier vers rien ne se rapporte au premier hémistiche du vers précédent. C'était un de ces scrupules de styliste comme Malherbe lui-même les aimait. Celui-ci s'était rangé à cet avis « et sur l'heure et en sa présence » avait trouvé pour le second vers cette variante plus régulière, sinon plus forte :

> Son état le plus ferme est l'image de l'onde
> que toujours quelque vent empêche de calmer [1].

Racan connaissait encore les quelques psaumes traduits par d'Urfé, la traduction complète donnée récemment par le garde des sceaux Michel de Marillac, celle des psaumes de la Pénitence que l'abbé de Boisrobert venait de publier en 1627, sans compter un très grand nombre d'autres qui naissaient chaque année. On voit à quel point ce genre de poésie était à la mode, les deux écoles rivales, les disciples de Ronsard et ceux de Malherbe s'accordant par extraordinaire pour puiser à la même source.

Racan apportait dans cette entreprise difficile quelques heureuses dispositions : d'abord sa foi sincère, qui ne faisait que croître dans le milieu où il se trouvait maintenant; puis sa facilité naturelle de versification, quelque imagination, enfin l'habileté rythmique à laquelle Malherbe avait dressé ses élèves. Nous avons déjà constaté que notre poète était un excellent métricien : l'étude des Psaumes le confirmera abondamment. Ainsi pour les 7 Psaumes de la Pénitence il s'appliquera à combiner 7 rythmes différents, et il sera récompensé de sa curieuse recherche, car ses meilleurs psaumes seront ceux où il se trouvera en quelque sorte soulevé et emporté par le mètre harmonieux et rapide qu'il aura choisi.

En revanche il a contre lui deux défauts, l'un qui tient à l'époque et l'autre à l'école dont il fait partie. D'abord la langue est encore (et elle le restera une cinquantaine d'années) un peu massive et solennelle, et partant se pliant mal aux cris de passion qui remplissent les psaumes dans l'original. En second lieu, nous avons vu que Malherbe voulait qu'on parlât en vers le langage commun et que, rythmes et mythologie mis à part, il n'a jamais distingué, à cause de sa pauvreté réelle d'imagination, la langue des vers de celle de la prose : c'est là le vice capital de cette école. Il se fera sentir cruellement dans les traductions religieuses de Racan : les rythmes sont souvent heureux, la phrase est

---

1. Ménage, *Observ. sur Malherbe.* Mais Malherbe revint avec raison à sa version primitive, qui est, somme toute, plus ferme et plus imagée. V. Lalanne, I, p. 273.

correcte, pleine, parfois forte par des antithèses bien opposées, mais généralement prosaïque : le nombre des images de David est soigneusement conservé et elles sont d'ordinaire amenées avec goût, ce qui est le mérite du traducteur, mais rarement le poète ose se donner carrière sur l'une d'elles, à plus forte raison sur une image de son invention; on voit qu'il ne le cherche même pas, et trop souvent les strophes sont des périodes de bonne prose exactement coupées. Ces vers renferment beaucoup de psychologie et de théologie, trop peu de poésie. Tel est le principal caractère de ce lyrisme, qui reste en somme aussi loin du sublime qu'il l'est de la platitude. On va en juger par les meilleurs passages.

Nous commençons par le psaume que Racan avait traduit dès 1626 [1] : c'est le 18ᵉ de David, *Cœli enarrant gloriam Dei* : nous ne sommes pas étonnés de voir que ce sont des accents de David sur la beauté du monde céleste qui ont commencé à lui attirer notre poète. Il a fait sa traduction en pleines et sereines stances, dont plusieurs ne manquent pas de force ni de poésie [2]. En voici une sur les astres, auxquels Racan attribue, nous le savons, une influence sur nos destinées :

> 1.   Toi qui de l'Éternel contemples les miracles,
> les feux du firmament sont-ce pas des oracles
> *dont le silence parle et s'entend par les yeux?*
> et le pouvoir qu'ils ont dessus notre naissance
> peut-il venir d'ailleurs que de cette puissance
> qui tient ferme la terre et fait mouvoir les cieux [3]?

Plus loin, il suit les hardiesses de David qui dit que l'Éternel « a placé sa tente dans le soleil, *in sole posuit tabernaculum suum : et ipse tanquam sponsus procedens de thalamo suo* ».

> 5.   Là sa grandeur fait voir à tout ce qui respire,
> dans son trône éternel digne de son empire,

---

1. V. p. 345.

2. Ce sont des sixains d'alexandrins de la forme f f m | f^2 f^2 m, comme les Stances sur la Retraite.

3. Latour (I, p. 26, n. 1) rapproche de ce beau 3ᵉ vers celui de Delille :

> Il ne voit que la nuit, n'entend que le silence.

Ce vers de Delille est probablement imité ou plutôt pillé de celui de Théophile dans le *Pyrame* :

> On n'oit que le silence, on ne voit rien que l'ombre. —

Le dernier vers de la stance est bien balancé, mais peu conforme à la vérité astronomique que venait précisément de découvrir Galilée, et vers laquelle inclinait néanmoins Racan (I, 335).

sur des lambris d'azur briller des diamants;
jamais le blond Hymen, couvert d'or et de soie,
quand il a chez les rois joint la pompe à la joie,
n'a fait dans leur palais luire tant d'ornements...

strophe singulièrement élégante, qui a peut-être le seul défaut de l'être trop [1].

Mis en goût par ce premier essai, Racan s'engagea donc, vers 1630, dans la traduction des sept psaumes de la Pénitence.

Il fit le premier, qui est une supplication, en quatrains, où la chute sourde du dernier vers est heureuse [2] :

> 2. ... Mon juste repentir, qui toujours me talonne,
> le jour trouble ma joie, et la nuit mon repos,
> et l'horreur des tourments me transit et m'étonne
> jusque dedans les os [3].

> 4. ... Pressé d'une douleur qui n'a point de pareille,
> mon courage accablé succombe sous le faix;
> Seigneur, jusques à quand fermeras-tu l'oreille,
> aux plaintes que je fais?...
> etc. [4].

Les sixains du second psaume sont assez alertes; en voici deux qui traduisent librement le latin : « *Nolite fieri sicut equus et mulus, quibus non est intellectus; in camo et freno maxillas eorum constringe qui non approximant ad te* : Ne devenez point comme un cheval et un mulet qui n'ont point d'intelligence. — Resserre avec le mors et le frein la bouche de ceux qui ne s'approchent pas de toi. »

> 11.   Depuis le temps qu'elle m'éclaire, [la raison]
> je reconnais que te déplaire
> est le plus grand de tous les maux,
> qu'il te faut suivre sans contrainte,
> non comme les lourds animaux
> qui ne font rien que pour la crainte.

1. V. tout le psaume dans Latour, II, p. 69. — Racan avait d'abord fait ainsi son dernier vers (*Délices* de 1627) :

> Achève ton ouvrage à me conduire au port.

Il le changea ainsi, en le rendant plus correct :

> Achève ton ouvrage, et me conduis au port. (Éd. de 1660.)

On peut lire encore dans ce psaume des vers bien pleins sur le bonheur des élus :

> L'or n'a point de beautés qui soient si désirables,
> ni le miel le plus pur de douceurs comparables
> au moindre des plaisirs dont ils seront comblés.

2. Racan empruntait ce rythme à Malherbe (V. Souriau, *Vers*, p. 96).
3. « *Conturbata sunt ossa mea.* » — V. Lex., ESTONNER.
4. Ps. 6, Latour, II, p. 41.

12.   Rien ne dompte leur cœur farouche
que le fer qu'ils ont dans la bouche
et le nombre des châtiments;
mais cette raison qui nous guide
à faire tes commandements
nous sert d'éperons et de bride.
etc. [1].

Le 3ᵉ psaume nous offre un beau portrait du pécheur désolé :

4. Tout triste et tout pensif je vais trainant mes pas;
mes yeux toujours en bas
n'osent voir seulement le lieu de ta demeure,
et crois que ce flambeau, dont les jours sont bornés,
me reproche à toute heure
d'avoir si mal usé de ceux qu'il m'a donnés [2].

5. Mon corps n'a presque plus de sang ni de santé,
et, s'il m'en est resté,
ce n'est que pour nourrir mes flammes insensées;
les ruisseaux de mes pleurs ne les éteignent pas,
ces trop douces pensées
mêmes au repentir me tendent leurs appas [3].

6. En vain, quand tous ces maux m'accablent à la fois,
je crie à haute voix,
et t'appelle à mon aide afin de me défendre;
que me servent ces cris jusqu'aux astres poussés,
puisque tu peux entendre
les vœux que je te fais, sitôt qu'ils sont pensés [4]?...

Racan a eu l'heureuse idée de traduire l'admirable et grave *Miserere* en larges stances alexandrines : voici les deux dernières, qui expriment la confiance dans le pardon et dans le prochain retour de l'esprit de Dieu :

10. ... J'aurais mainte victime en cendre consumée,
mais je sais que cela n'est qu'un peu de fumée
dont ton juste courroux ne se rapaise pas;
la seule qui te plait et qui toutes surpasse
est quand l'on sacrifie à l'amour de ta grace
l'amour que nous portons aux choses d'ici-bas.

11.   Si jamais, ô Seigneur, ta bonté coutumière
remet Jérusalem en sa beauté première,

---

1. Ps. 31, Latour, II, p. 99.
2. *Et crois* (et je crois). V. Lex., Jᴇ, ɪ. — Il est fâcheux que dans cette belle strophe un hémistiche (*dont les jours sont bornés*) soit en dehors de l'idée générale.
3. *Au repentir.* V. Lex., A, ɪ.
4. V. Lex., 1. Pᴇɴsᴇʀ, ɪ. — Ps. 37, Latour, II, p. 117. — Ce rythme harmonieux, que Racan a déjà employé plusieurs fois, est, pour le détail, de son invention.

et la voit de bon œil comme aux siècles passés,
nous t'y présenterons dedans nos sacrifices
avecque nos taureaux, nos cœurs et nos services,
à l'envi de tous ceux qui nous ont devancés [1].

C'est le 5e psaume qui a évidemment le plus et le mieux inspiré
notre poète, il l'a traduit en 190 vers, et la qualité répond au nombre.
Il n'a pas craint d'employer ici la grande strophe lyrique qu'il manie
si légèrement [2]. Voici par exemple une peinture du mal physique que
souffre le pécheur :

> 2. Ma force n'est plus animée,
>   mon teint a changé de couleur,
>   ce qui me reste de chaleur
>   s'en ira comme une fumée ;
>   ce grand feu que j'ai ressenti
>   se verra bientôt amorti
>   dans mon corps, déjà froid et blême,
>   comme en un tison allumé
>   la braise s'éteint d'elle-même
>   après qu'elle l'a consumé.
>
> 3. Mes lèvres, sèches et ternies,
>   témoignent assez ma langueur ;
>   il me reste moins de vigueur
>   qu'aux fleurs que l'automne a *fanies* ;
>   rien ne me saurait soulager ;
>   du boire comme du manger
>   je perds la mémoire et l'envie,
>   et pense que cet aliment
>   est moins pour allonger ma vie
>   que pour allonger mon tourment [3].

Dans la suite du psaume nous voyons que, pour une fois, l'imagi-
tion du poète s'est prise à rêver par elle-même, et il décrit la fin du
monde en strophes à la fois ingénieuses et fortes telles que celle-ci :

---

1. Ps. 50. Latour, II, p. 146. — St. 10, v. 1. V. Lex., Avoir, I. — v. 3, V. (se)
Rappaiser. — St. 11. V. Œil.
Racan, par erreur, avait d'abord fini ainsi la 5e stance :

> La mienne [mon âme] toutefois s'est toujours confiée
> que si par ta clémence elle est purifiée,
> de pouvoir à la neige égaler sa blancheur.

Conrart lui fit remarquer cette incorrection (Commentaire manuscrit de Conrart
sur les Psaumes de Racan, ps. 50 — V. Index bibl.), et il corrigea ainsi :

> La mienne toutefois s'est toujours confiée,
> quand les eaux de ses pleurs l'auront purifiée,
> de pouvoir à la neige égaler sa blancheur.

V. Lex., Confier (se) de.
2. C'est la même combinaison de rimes que dans son ode récente à d'Effiat.
3. V. Lex., Fanir. — Ps. 101, Latour, II, 258.

17.   La terre, qui semble assurée
dessus sa propre pesanteur,
bien que lui-même en soit l'auteur,
verra la fin de sa durée;
ce feu, de son embrasement,
fera flamber également
et les forêts et les murailles
et, brûlant l'acier et le fer,
ira jusques dans ses entrailles
découvrir le brasier d'enfer.
etc. [1].

En résumé, on remarquera dans ces psaumes, à défaut de qualités éminentes de sentiment ou d'imagination, tout ce que les vers contiennent de facilité, de finesse et de fermeté; nous n'avons pu relever
qu'une seule faute formelle de goût dans ces 600 vers, elle vient
d'une recherche trop curieuse : le poète peignant le bouleversement
final du monde montre les baleines que l'on verra brûler dans le lit
desséché de l'Océan [2]; et encore cette image traitée largement par un
Hugo pourrait-elle bien produire un grand et sauvage effet.

Racan eut naturellement l'idée d'offrir ce premier fruit de sa Muse
religieuse à la duchesse de Bellegarde, sa mère d'adoption, qui se
faisait remarquer par sa piété. « Son exercice ordinaire, raconte un
« contemporain, étoit la prière, elle y prenoit son repos dans le bruit
« de la Cour, son divertissement dans ses retraites [3]..... » Le poète,

---

1. Conrart (Commentaire ms.) propose à ce dernier vers une variante qui nous
semble inférieure :

se joindre au brasier de l'enfer. —

Nous ne parlons pas de la paraphrase du 6ᵉ psaume, le beau *De Profundis*,
elle est faible en général, sauf ce beau vers sur le *soir* qui inspire toujours notre
poète :

soit que l'obscurité
allume dans le ciel ses lumières sans nombre.

Latour, II, 345. — Le rythme seul est intéressant, il est alterné d'une stance à
l'autre comme celui de la pièce sur la mort du marquis de Termes.
Nous passons aussi le 7ᵉ psaume de la Pénitence, bien qu'il contienne deux
strophes estimables de plaintes du pécheur abandonné (str. 3 et 5), ps. 142,
Latour, II, p. 369. Il est en sixains d'alexandrins terminés par un vers de six
syllabes, rythme harmonieux de l'invention de Racan.
2. Latour, II, p. 262.
3. « Elle communioit règlement tous les 15 jours. Les veilles des fêtes consa-
crées à Nostre-Dame, elle se préparoit par le jeûne à la dévotion du jour. Elle
sentoit une douceur singulière au saint nom de Jésus. Saint François, Sainte
Clère, Sainte Anne sa bonne patronne, estoient toutes ses espérances auprès de
Dieu. Tous les matins elle offroit sa journée au seigneur des temps : les soirs elle
faisoit rendre compte à son âme du passé, et par ainsi enfermoit toutes ses
œuvres dans ces deux termes de dévotion. » — Celot, *Harangue funèbre sur le
trespas d'Anne de Bueil* (V. Index) — fᵒ 123 vᵒ, p. 12.

usant de son privilège de 1625 accordé pour dix ans à « ses œuvres poétiques » en général, fit imprimer ses nouveaux vers par son libraire ordinaire Toussaint du Bray, et en 1631 parut le mince et coquet volume intitulé :

« *Les Sept Psaumes de messire Honorat de Bueil, chevalier, sieur de Racan, dédiez à madame la duchesse de Bellegarde.* »

Le faux titre était encadré d'un joli frontispice, finement dessiné par le graveur belge Charles de Mallery, représentant la Vérité avec les figures de Jésus-Christ et de la Sainte Vierge, de l'Église et de la Foi [1]. Puis venaient l'Épître dédicatoire à Mme de Bellegarde, qui n'a jamais revu le jour depuis 1631 [2], et les éloges en vers envoyés à l'auteur par quatre personnes, Le Breton, Roi d'armes de France, qui habitait un village voisin de Saint-Pater [3], Porchères d'Arbaud, à qui Racan, de son côté, avait envoyé des éloges sur son poème de la Madeleine, du Mas, et son neveu de Sigogne, qui est vraiment en progrès poétique depuis la publication des Bergeries. Enfin suivait le texte des Psaumes [4].

1. Le graveur Charles de Mallery, né à Anvers en 1576, gagna une grosse fortune en se faisant marchand d'estampes. Il grava entre autres, en quatre planches, d'après Franck, le Meunier, son Fils et l'Ane, cet apologue du 16e siècle que Racan a transmis à La Fontaine. L'abbé de Marolles, ami de notre poète, avait réuni jusqu'à 342 sujets de cet artiste. Il est remarquable par sa finesse et par son goût. Voir, sur lui et sur son fils Philippe, le *Dictionnaire des monogrammes*, par François Brulliot, Munich, 1832, t. I, n° 1396, et l'article de la *Biographie* Hœfer. (Mais l'auteur semble dire que les quatre sujets de Franck avaient été tirés de la fable de La Fontaine, qui ne parut qu'en 1668.)

2. Nous la donnons aux Pièces justificatives, n° 21. Cette omission des divers éditeurs s'explique facilement, l'épître ayant naturellement disparu dans les éditions complètes qui furent données des *Psaumes*.

3. Sonzay; voir les actes paroissiaux de Racan et de sa femme, Pièces just., 31 et 32.

4. Cette première édition est un petit in-8° de 26 pages. V. la Notice bibliographique, A, V, 1. — Le *Roi d'armes* était le premier des 28 hérauts d'armes qui servaient pour les cérémonies des mariages et des sacres de rois, pour les propositions et les publications de paix, etc. — L'Épigramme de Racan à Porchères fut publiée dans le *Recueil des plus beaux vers...* de 1630, sous ce titre : « A monsieur de Porchères Darbault, sur son poème de la Magdeleine », mais elle dut paraître dès 1627 en tête du poème de Porchères « la Magdelaine pénitente et le Rosaire de la Sainte-Vierge », Paris, du Bray, 1627, in-12, cité par Brunet, d'après le Catalogue de la Vallière par Nyon, n° 15.748. Cet ouvrage n'est pas à la Bibl. Nat.; l'abbé d'Olivet (*Hist. de l'Acad.*, p. 183) et Goujet (Bibl. franç., XVI, p. 166) le cherchaient déjà vainement pour y retrouver les vers de Racan; mais Gouget dit à tort que l'épigramme de Racan n'est pas dans le *Recueil* de 1630, elle suit l'épigramme à Garasse. —

Le sonnet de du Mas finissait ainsi :

... Autrefois Arthénice avait pu s'estimer
le plus digne sujet qui te dût enflammer;
mais puisqu'à ses autels Dieu déclare la guerre,

Le livre obtint le plus grand succès auprès du public et dut être réimprimé l'année même ; cette fois le poète fit suivre les Psaumes de son Ode au marquis d'Effiat, qui n'avait pas encore été publiée et qui devait dormir, cachée là, si longtemps à la suite de cette réimpression [1].

Il faut dire à la louange de Racan que la dédicace de ses Psaumes à la duchesse de Bellegarde était à ce moment un acte d'indépendance non moins que de gratitude. La disgrâce venait de s'abattre sur cette maison naguère si prospère : le duc, coupable d'avoir accordé protection dans sa province aux mutineries de Gaston d'Orléans, venait d'être déclaré criminel de lèse-majesté par le roi venu exprès à Dijon, son duché était confisqué et lui-même avait dû s'enfuir de la France [2]. La duchesse, retirée par force en Touraine, était atteinte jusque dans sa santé par les malheurs de son mari [3].

Racan n'allait pas avoir à regretter son acte de courageuse reconnaissance.

> ainsi qu'auparavant ton esprit glorieux
> publiant tes amours avait charmé la terre,
> aujourd'hui les pleurant il charmera les Cieux.

(On remarque l'irrégularité de métrique qui consiste à unir, pour le sens, le dernier vers du 1er tercet avec le second tercet.)

1. Cette réimpression, que Brunet avait signalée, a 34 pages au lieu de 26. L'Ode à d'Effiat va de la p. 27 à la p. 34. V. la *Notice bibliographique*, A, V, 2.

2. V. l'*Histoire de Bourgogne*, par dom Plancher, t. IV, 639 et s.

3. Celot, *Harangue funèbre*, p. 26.

CHAPITRE XVII

La Retraite en Touraine.

1631-1645

PROCÈS. — ACADÉMIE. — GUERRE. — VIE DE FAMILLE.

I. — Mort de la duchesse de Bellegarde (1er octobre 1631). Lettre de Boisrobert à Racan. — Les embarras et les procès de la succession. — Le procès de Sigogne.

II. — Correspondance de Racan avec Maynard et Balzac. — La *Bergerie d'Oranthe*. — L'*Ode à M. de Richemont* (1632). — L'*Ode à Richelieu* (1633). L'élection de Racan à l'Académie (mars 1634). Son assiduité. Sa harangue *contre les Sciences* (juillet 1635) : profession de foi littéraire.

III. — Racan se retire du service en 1639 : couardise de l'arrière-ban.

IV. — La vie de famille. — Naissances et baptêmes des cinq enfants (1632-1639). Rapports des châtelains de La Roche avec les habitants du pays.

La reconstruction du château de La Roche : ambition de Racan. La bénédiction de la chapelle Saint-Louis (1636). — La déception du constructeur.

I

A l'automne de l'année 1631 Racan vit mourir sa cousine, la duchesse de Bellegarde, dont la succession devait l'enrichir.

Elle tomba gravement malade au mois de septembre, et donna d'édifiants exemples de la piété qui avait embelli toute sa vie : elle fit deux vœux, vœux de bonne Tourangelle, pour le cas où elle recouvrerait la santé, l'un à saint Martin de Tours, l'autre à Notre Dame de la Clarté, la Vierge d'une abbaye voisine [1].

Le 18 septembre elle envoyait à Saint-Pater sa jeune nièce Anne de Termes, la fille d'« Arthénice », pour être la marraine d'un nouvel

1. *Harangue funèbre* du P. Celot, p. 28 (V. l'Index bibliographique).

enfant des de Robert, qui fut nommé Roger, touchant souvenir adressé
de loin par la malade à son mari, le duc de Bellegarde, exilé de
l'autre côté de la France [1].

Bientôt l'état de la duchesse empira, et, pour lui faire recevoir
les sacrements sans l'effrayer, comme l'on savait sa dévotion pour
saint François d'Assise, on feignit que la fête était plus tôt. Mais la
malade, qui avait conservé toute sa présence d'esprit, s'aperçut de la
fraude et dit courageusement : « Non, la Saint-François ne sera que
samedi; mais je vous entends bien, faites-moi venir un confesseur »,
et, donnant jusqu'au dernier moment des marques de sa confiance en
Dieu, elle s'éteignit le mercredi 1er octobre 1631, à l'âge de 58 ans [2].

Telle fut la fin édifiante de cette femme de bien qui avait toujours
vécu entourée de l'estime générale, au point que les plus médisants,
et c'est là un rare éloge, ne trouvèrent jamais rien à dire contre elle [3].

Il lui avait manqué la consolation de voir son mari à son chevet
pendant ses dernières heures, mais elle y avait vu du moins son fils
adoptif, notre poète, ce jeune cousin à qui elle avait fait tant de bien,
sans se lasser, depuis 30 ans, et qu'elle allait encore enrichir après sa
mort [4].

Racan reçut dans cette occasion, comme il devait s'y attendre, des
condoléances et des félicitations tout ensemble : ce mélange se retrouve
dans la plaisante lettre de son ami Boisrobert [5], dont nous détachons
deux passages, le commencement et la fin :

« Monsieur,

« Ayant appris depuis trois jours seulement, de M. Leroyer, vostre
bon amy, la grande perte que vous avez faite et le grand profit qui vous

1. Registres paroissiaux de Saint-Pater, 18 septembre 1631. Roger de Robert,
qui était né le 29 juillet précédent, est tenu sur les fonts par « messire Charles
Bault, abbé de la Clarté-Dieu en Touraine, et par demoiselle Anne de Bellegarde,
fille de deffunt monsieur de Thermes, Grand escuyer de France »; signé : Anne de
Bellegarde. (Le marquis de Termes était Bellegarde tout comme son frère Roger.)
2. « Comme on luy représentoit la bonté de Dieu, qui est si amoureux de
nostre bien, et désireux de nostre salut, elle répondit qu'elle avoit grande confiance en l'amour et miséricorde de Dieu. Et ce furent les dernières paroles distinctes que proféra cette belle âme, étant si proche de Dieu. » P. Celot, p. 27 et 28.
3. Elle est passée sous silence par Tallemant qui médit de son mari, de son
beau-frère et de sa belle-sœur.
4. Racan assista certainement à la « cérémonie des obsèques » de sa cousine,
qui se firent le 27 novembre 1631 et où l'oraison funèbre fut prononcée par le
P. Loys Celot, de la Compagnie de Jésus. C'est même peut-être notre poète qui
fournit à l'orateur des *mémoires* sur elle et ses ancêtres. Cf. plus loin, p. 621, n. 1.
5. Nous avons vu Boisrobert lui écrire dès 1623 (Lettres de Malherbe). — En
août 1634, Chapelain transmettra à Racan les amitiés de Boisrobert (Lettres de
Chapelain, édition Tamizey de Larroque, t. I, p. 72).

en est revenu à mesme temps, j'ay pris aussi tost part à vos deplaisirs et me suis consolé dans vos joyes ; et, comme je me suis imaginé que vous seriez incontinent passé d'une extrémité à l'autre, j'ay creu que, de la mesme sorte, je vous devois tesmoigner mes ressentimens. Souffrez donc, Monsieur, qu'après avoir, à vostre exemple, pleuré les trois jours que j'ay demeuré sans vous écrire, je me rejouisse aujourd'huy tout de bon avec vous, et que, passionément amoureux de vos intérests comme je suis, je gouste à loisir les nouvelles prospéritez qui vous sont arrivées... Si feu monsieur vostre père, qui a plus aymé le bien de son prince et de sa patrie que celuy de ses enfans, eust eu le soin de vous laisser un peu plus riche qu'il n'a fait, je ne plaindrois pas encore dix ans de vie à celle que nous regrettons ; mais, puisqu'elle devoit suppléer si abondamment à ce defaut que vous commenciez de remarquer en vostre fortune, il n'y avoit point d'inconvénient qu'elle vous fist place et qu'elle vous laissast enfin jouyr du bien qui vous estoit deu. Dieu veuille que vous le puissiez posséder à longues années, et que vous reveniez icy aussi satisfaict de vos possessions que je le suis d'estre creu partout,

Monsieur,

Vostre très humble et très fidelle serviteur,

Bois-Robert [1]. »

La duchesse laissait une fortune personnelle de 733 000 livres, équivalant à plus de 5 millions d'aujourd'hui : il en fallait retrancher 86 000 livres de dettes qui, selon l'usage du temps, n'avaient pas été éteintes, mais dont on servait chaque année la rente aux créanciers [2]. Comme elle était mariée sous le régime dotal et qu'elle ne laissait ni enfants, ni frère ou sœur, ses héritiers naturels, c'est-à-dire ses plus proches parents étaient au nombre de trois, d'une part son oncle maternel, le comte de Sancerre, Jean VII de Bueil, et de l'autre ses deux cousins germains par son père, Racan et Honorat d'Acigné. Son oncle héritait de ses biens maternels, à savoir 114 000 livres, et ses deux cousins se partageaient inégalement les biens paternels beaucoup plus considérables, montant à plus de 600 000 livres : Racan, comme issu de l'aîné, avait droit aux 2/3, et d'Acigné, descendant d'une sœur plus

---

1. Faret, *Recueil de Lettres* de 1634, et Latour, I, p. LXXI.
2. Nous résumons ces difficultés financières aussi clairement que possible au moyen d'une vingtaine de pièces, que nous avons trouvées aux manuscrits de la Bibliothèque Nationale, aux Archives Nationales et aux Archives départementales d'Indre-et-Loire et dont nous nommerons à mesure les principales.

jeune, ne pouvait prétendre qu'à 1/3. Racan avait de plus un préciput de 6000 livres que lui assurait la Coutume de Touraine [1].

Étant le principal des trois héritiers, il prit en main la succession, renouvela les baux, fit recouvrer les revenus partout, en Touraine, en Anjou, à La Rochelle, servit les rentes des créances et fit procéder à l'inventaire total des biens de la succession [2].

La part du comte de Sancerre n'offrait aucune difficulté d'attribution puisqu'elle consistait en terres bien déterminées, qui lui revenaient intégralement. Plus délicat était le partage, entre Racan et d'Acigné, des biens paternels se composant d'un grand nombre d'immeubles de valeur inégale, sis en des provinces différentes. Les deux cousins surent

---

1. Coutume de Touraine, articles 268 et 274. Le tableau généalogique suivant aidera à comprendre les affaires de cette succession.

TABLEAU GÉNÉALOGIQUE
POUR LA SUCCESSION DE LA DUCHESSE DE BELLEGARDE

Légende : Héritiers en 1631.

2. En 1632 a lieu l'inventaire des biens de la duchesse de Bellegarde (Bibl. Nat., dossier bleu 3543, f. 44). En 1633, Racan fait vendre les meubles de Mme de Fontaines (11.400 livres couverts par les frais). V. plus loin, 3e arrêt. — Il reprend les instances de sa cousine contre deux hommes qui s'étaient entendus pour tromper Mme de Fontaines dans les signatures des baux de la terre de Fontaines, dossier bleu 3543, cité, ff. 91-95. — Il passe en son nom et en celui de Grandbois un prolongement de bail de six ans pour les terres de Villaines le 20 février 1632, un bail de sept ans pour les terres de Fontaine-Guérin le 9 juillet 1632, un bail pour les terres du Bois le 30 avril 1635 (Sentence arbitrale de 1637, aux Archives d'Indre-et-Loire, dossier des Écotais, E, 82), etc. — Voir Pièce just. 31, actes 22, 24 et 31.

heureusement s'entendre. Ils firent effectuer en commun des estimations précises de ces divers domaines, et par acte passé devant notaire le 9 février 1635 ils convinrent de s'en remettre à un tribunal arbitral composé par chacun d'eux d'un gentilhomme, d'un homme de justice et d'un bourgeois. Le choix de Racan se porta sur son cher ami d'enfance, René de Rochefort, seigneur d'Armilly [1], Jean Patrix, avocat de Tours, et Michel Nobilleau, sieur des Maisons-Blanches [2].

Les six arbitres, réunis à la fin d'avril 1637 au château de Fontaine-Guérin en Anjou, le plus important des immeubles en partage, y siégèrent 20 jours de suite, étudièrent les procès-verbaux d'estimation de chacun des domaines [3], établirent la proportion des tiers aussi exactement que possible, et ils adjugèrent à d'Acigné les châtellenies de La Mothe-Sonzay et de Bouillé, à Racan la baronnie de Fontaine-Guérin, les châtellenies du Bois et de Thoriau avec les terres de Pocé, près d'Amboise, et de Vallènes, au Maine. D'Acigné, recevant une partie des terres de Thoriau, prêtera l'hommage simple à Racan, qui lui fournira de son côté le logis du lieu seigneurial de Thoriau. Les meubles de la succession seront partagés entre eux. Racan se trouvant avoir, par suite du partage, 3636 livres en trop, s'engage à les rapporter à d'Acigné en argent liquide [4]. L'acte fut signé par les deux copartageants le 16 mai 1637 [5].

En somme, Racan recevait pour sa part 390 614 livres faisant au denier 20, qui avait alors cours, un revenu de 19 530 livres (environ 145 000 francs de rente d'aujourd'hui) [6]. C'était la fortune.

La liquidation allait bien de ce côté. Mais la succession était

1. à qui il avait adressé un sonnet, la lettre sur les *libertins* et probablement aussi les Stances sur la Retraite.

2. Sentence de 1637 citée, p. 1. Honorat d'Acigné porte dans tous ces actes le titre de comte de Grandbois.

3. Racan et d'Acigné avaient consenti, par acte notarié du 15 mai 1636, à ce « qu'il soit procédé à la prizée et estimation de la chastellenie de Bouillé », laquelle est faite en présence de d'Armilly le 18 mai (Sentence de 1637, p. 6). L'état de consistance avait été fait de même pour les terres de Vallènes, du Bois (Neuvy), de Thoriau, La Roche Behuard, Fontaine-Guérin, Brion, *id.*, p. 7. Les arbitres siégèrent les 27, 28, 29 avril, 1, 2, 5, 6, 7, 8, 11, 12, 13, 14 et 15 mai.

4. Il devra payer cette somme en dix ans, et, en attendant, l'intérêt de 181 livres 16 sols 6 deniers par an.

5. La copie de cette sentence de 1637, faite le 4 février 1763 par le notaire de Saint-Christophe sur une copie présentée par le comte des Écotais, se trouve aux Archives dép. d'Indre-et-Loire, E, 82, elle est intitulée : « Partage entre les seigneurs de Bueil et d'Assigny (*sic*) des biens de Mme de Bellegarde, accepté 1637 ».

6. Cf. plus haut, p. 35, n. 1. Racan parle seulement de 15 000 livres de rente dans une lettre à ses amis, de 1656 (Latour, I, 325). Il faut, en effet, comme nous allons le voir, retrancher des 19 000 livres sa part contributive des dettes de la succession. — Tallemant dit 20 000 livres (II, 354).

grevée, nous l'avons dit, de 86 000 livres de dettes, dont Racan, comme principal héritier, supportait, depuis 1631, toute la charge s'élevant à une rente annuelle de plus de 5000 livres.

Ces dettes, provenant partie du père de la duchesse, partie de sa mère, qui était morte seulement cinq ans avant elle et dont elle n'avait d'ailleurs accepté la succession que sous bénéfice d'inventaire, Racan demanda à son cousin, le comte de Sancerre, de contribuer avec les autres héritiers à leur extinction et de payer celles qui relevaient des biens maternels de la duchesse, qu'il avait reçus dans son lot. Ce n'était que justice.

Le vieux comte refusa. Il était sans doute jaloux, lui, le chef de la branche aînée, des avantages que cette succession procurait à Racan, devenu à 40 ans chef de la branche cadette ; il était de plus fort inquiet sur l'avenir matériel de sa maison, son fils étant déjà chargé de 400 000 livres de dettes (3 millions d'aujourd'hui).

Alors commença entre Racan et les comtes de Sancerre une lutte judiciaire que l'on peut qualifier d'épique, tant elle fut acharnée et tant elle fut longue, puisqu'elle était encore pendante au bout d'un siècle entre les petits-fils et arrière-petits-fils des parties primitives [1]. Nous en avons retrouvé un grand nombre de pièces, dont nous ne fatiguerons pas le lecteur, nous contentant de résumer au fur et à mesure dans ces derniers chapitres la première phase du conflit, celle qui dura du vivant même de notre poète. Malgré sa grande aridité ce récit nous offrira, ce semble, un double intérêt : il nous révélera d'abord l'un des emplois les plus absorbants et les plus stériles de la fin de la vie de Racan, qui fut à coup sûr assez fortement détourné de la poésie par les affaires ; nous observerons en même temps quelle fut son attitude dans cette contestation indéfinie, en examinant impartialement les reproches qui lui ont été quelquefois adressés de manie chicanière et d'indélicatesse.

Nous commençons par résumer dans le présent chapitre la première partie de ce grand procès, celle qui s'étend de 1631 à 1645.

Devant le refus du comte de Sancerre, Racan l'assigne en justice et, le 26 janvier 1636 (l'année même du Cid : combien nous en sommes loin !), il obtient contre Jean VII une sentence par défaut aux Requêtes du Palais : les dettes seront payées par moitié [2].

Battu sur ce point, Jean élève des prétentions sur la terre du Bois, dont Racan vient d'hériter, affirmant qu'elle doit lui revenir comme

1. Nous allons jusqu'à 1749, voir Pièce just. 46.
2. Bibl. Nat., Mss., Pièces orig., 550.

représentant les *deniers dotaux* de sa sœur, mère de la duchesse de Bellegarde. Une nouvelle sentence des Requêtes du Palais le déboute de sa demande [1].

Il fait appel, et demande cette fois le remboursement des *deniers dotaux* par le moyen d'une somme de 54 000 livres. Racan n'a pas de peine à prouver l'injustice de cette nouvelle prétention [2].

Le vieux comte mourut en plaidant (1638), et son fils René, le dissipateur, reprit la poursuite à laquelle il avait tant d'intérêt [3].

Renonçant à l'affaire des deniers dotaux, il interjette appel de la sentence de 1636 qui le condamne à payer la moitié des dettes. Alors les parties songent heureusement à recourir au moyen de justice privée qui a si bien réussi à Racan et à d'Acigné l'année précédente, et ils nomment à l'amiable sept avocats chargés de rendre une sentence arbitrale [4]. Cette sentence, rendue le 30 mars 1638 est la pièce la plus importante de tout ce procès. Pour les dettes *paternelles*, elle décidela contribution proportionnelle des héritiers au prorata de ce que chacun touche. René de Bueil est tenu en plus de toutes les dettes *maternelles* [5].

Cette décision, qui semble avoir été rendue dans de bonnes conditions d'impartialité, donne donc entièrement raison à Racan. Il faut maintenant, pour qu'elle obtienne force légale, la faire homologuer par le Parlement. Mais auparavant le poète fait rendre une seconde sentence arbitrale (1er juin 1641), pour régler le compte de succession de la mère de la duchesse, ce qui est, en définitive, la partie la plus délicate de la présente succession. Seulement il a le tort, au lieu de conserver le tribunal des sept arbitres, de s'adresser seulement à deux d'entre eux choisis à son gré [6].

Aussi l'année suivante les deux adversaires se présentent devant le Parlement, Racan demandant l'homologation des deux sentences arbitrales, et René ne consentant qu'à celle de la première; Racan présente en outre à la Cour le compte de toutes les dépenses qu'il a faites

---

1. Bibl. Nat. Mss., Doss. bleu, 3543, f. 83.

2. *Id.*

3. Jean VII, par l'acte du 14 fév. 1637, avait transmis, à titre de donation universelle, tous ses biens à son fils unique et, comme il le connaissait dissipateur et chargé de 400 000 livres de dettes, il le greva de substitution envers les enfants nés et à naître. Bibl. Nat. Mss., Pièces orig., 550.

René de Bueil est jugé dans les actes favorables à Racan « peu intelligent, plus occupé de ses plaisirs que de ses affaires qu'il laissait dans le désordre, et, loin d'être capable de soutenir les intérêts de ses enfants, n'entendant pas les siens propres, etc. », *id.*, f. 3.

4. Ils s'entendent par le compromis du 16 février 1638 (cité dans l'acte suivant).

5. Arch. Nat., Xⁱᵃ 2175, et Bibl. Nat., Mss., Pièces orig., 550, f. 273.

6. Les avocats Pierre Chamillard et Jacques Bataille.

pour la liquidation. Cette fois c'est plutôt René qui l'emporte, car la première sentence seule est homologuée, mais il est condamné aux dépens, et l'on commet un conseiller pour examiner le compte de Racan (23 août 1642) [1].

La veille de ce jour René était mort à son tour, suivant de près son père, et laissant, avec une fortune délabrée, cinq enfants dont l'aîné n'avait que 12 ans. On leur chercha un tuteur, et, malgré les démêlés de famille, l'on ne trouva personne de mieux désigné que le chef des Bueil-Fontaines, qui avait maintenant une si belle situation de fortune, en un mot Racan. C'était peut-être aussi une habileté pour s'attirer sa bienveillance dans la suite du procès.

Il repoussa cette offre, si flatteuse qu'elle fût, s'excusant sur les recours qu'il avait à exercer contre les mineurs pour être remboursé d'une partie des frais de la succession. La veuve de René, qui éprouvait de la sympathie pour son cousin, lui adressa ses instantes prières, toute la famille s'y joignit : rien ne prouve mieux que notre gentilhomme était alors au premier rang de toute la grande maison de Bueil. Il céda, ce fut sans doute son tort, et le 30 mars 1643 il était nommé tuteur des mineurs ; en même temps, bien entendu, leur cousin Claude de Bueil, le chevalier, que nous avons déjà rencontré plus d'une fois sur le chemin de notre poète, était nommé subrogé tuteur pour laisser à celui-là toute sa liberté d'action [2].

Désireux d'aboutir l'un et l'autre, ils s'entendirent aussitôt pour en revenir aux deux sentences arbitrales, et ils en demandèrent la commune homologation. Le Parlement l'accorda, ordonnant en même temps qu'il fût procédé à un nouvel examen du compte de succession produit par Racan (30 juillet 1643) [3].

Cet examen amena l'année suivante un nouvel arrêt qui complétait la liquidation. La Cour déclare avoir étudié avec soin les recettes et les dépenses que Racan a dû faire et constate qu'il a été obligé de donner de ses deniers 28 000 livres. Elle condamne les mineurs à lui rembourser cette somme et à lui fournir 3700 livres de rente annuelle pour les dettes qui courent (arrêt du 7 septembre 1644) [4].

1. Arch. Nat., X¹ᵃ 2175, vers le milieu des arrêts du 23 août 1642. C'est le *1ᵉʳ arrêt* du Parlement dans ce procès. — Cf. Bibl. Nat., vol. 550 cité.

2. Bibl. Nat., Mss., Pièces orig., 550, f. 274. Le chevalier de Bueil est appelé alors *sieur de Ville*.

3. Arch. Nat., X, 56.74, 30 juillet, 8ᵉ fᵒ. C'est le *2ᵉ arrêt* du procès. Les noms des parties y sont écorchés : « Claude sire de *Breuil* et... Honnorat de *Breuil* chevallier de *Rancan* ». — Cf. aussi Bibl. Nat., Pièces orig., 550, f. 274.

4. Arch. Nat., X 5686, 7 sept., 8ᵉ f. avant la fin. C'est le *3ᵉ arrêt*. Les recettes mentionnées par Racan dans son compte consistent surtout dans le produit de la

Ainsi, au bout de 13 ans de chicane, la succession de la duchesse
de Bellegarde était ou plutôt paraissait liquidée par les deux sentences
arbitrales de 1638 et de 1641, homologuées en 1643 et complétées par
le règlement de compte de 1644. Racan, grâce à sa persévérance, était
arrivé au terme de sa tâche difficile : toutes les parts étaient nettement
déterminées, et un juste partage établi dans les dettes de la succession
et dans les frais de la liquidation.

Comme tous ceux qui bénéficient d'un considérable héritage,
Racan avait à faire face de toutes parts à des réclamations d'argent,
d'autant plus que la misère était générale en France à cette époque,
qui correspond à la fin de la guerre de Trente ans. De nouvelles difficultés lui arrivèrent de son neveu de Sigogne, celui qui l'avait couvert
de fleurs pour ses Bergeries et pour ses Psaumes pénitentiaux. C'était
le fils de sa sœur utérine, Jacqueline de Vendômois; celui-là réclamait
les comptes de la tutelle de sa mère, qui avait été exercée par la mère
et par l'aïeul du poète [1].

vente des meubles de Mme de Fontaines, mère de la duchesse de Bellegarde, les
revenus de terre, etc.; les dépenses viennent principalement des arrérages de
rentes dus par la succession, des frais funéraires de la duchesse, du paiement fait
à André Cochard, sommelier de Mme de Fontaines, — des frais de recouvrement,
des frais de justice, etc.

1. Nous connaissons cette nouvelle affaire grâce au Factum judiciaire que nous
avons retrouvé à la Bibl. Nat., 4 F³ vol. 1522, pièce n° 33 363 : « Factum pour
Mre Honnorat de Beuil, chr., sgr de Racan, héritier beneficiaire de deffunte dame
Marguerite de Vendosmois, sa mère, rendant compte et defendeur, contre dame
Marie de Gaignot, veuve de deffunt Mre César Louis de Beauxoncles, vivant chr,
seigneur de Sigoignes et Pierre Lorencin, marchand de Paris, oyans compte et
demandeurs aux fins d'une requête du 13 février 1643, au sujet de la succession
de dame Jacqueline de Vendosmois. » C'est probablement ce factum dont Tenant
de Latour parle, à propos d'une date, dans sa note 1 de la p. lxvij. Nous le publions
en entier aux Pièces justif., n° 49.

Le tableau généalogique ci-joint facilitera l'intelligence de cette nouvelle
affaire.

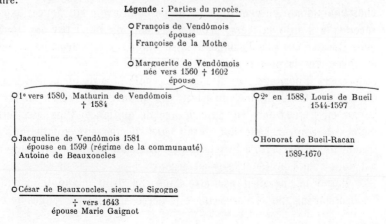

Légende : Parties du procès.

○ François de Vendômois
    épouse
  Françoise de la Mothe

○ Marguerite de Vendômois
  née vers 1560 † 1602
    épouse

○ 1° vers 1580, Mathurin de Vendômois
    † 1584

○ 2° en 1588, Louis de Bueil
    1544-1597

○ Jacqueline de Vendômois 1581
  épouse en 1599 (régime de la communauté)
  Antoine de Beauxoncles

○ Honorat de Bueil-Racan
    1589-1670

○ César de Beauxoncles, sieur de Sigogne
    † vers 1643
  épouse Marie Gaignot

On devine l'embarras de Racan lorsqu'il vit soulever une pareille affaire 40 ans après qu'il avait perdu sa mère à l'âge de 13 ans et sans avoir naturellement jamais entendu parler de la chose. Son neveu le poursuivit en justice, et le 10 août 1642 ils signèrent une transaction par laquelle Racan reconnaissait devoir à Sigogne 18 200 livres comme reliquat du compte de tutelle. Il s'acquitta aussitôt de la moitié, 9000 livres, en donnant décharge à son neveu des sommes qu'il lui avait prêtées en diverses occasions. Celui-ci transporta le reste de sa créance (9200 livres) à un nommé Pierre Laurencin, « marchand-bourgeois » à Paris, qui reprit la poursuite pour son compte, en y mettant, semble-t-il, singulièrement d'acharnement et de cupidité.

Dès le 13 février 1643 Laurencin présente une requête au Parlement, où il demande, outre le paiement de sa créance, que Racan soit condamné à rendre un autre compte de la succession de sa mère et que la terre de La Roche soit affectée au paiement de la somme et de ses intérêts, « si mieux il n'aime déguerpir », ajoute Laurencin, trahissant toute la passion envieuse du bourgeois qui aspire à se prélasser dans un château.

Racan dut présenter un nouveau compte de succession. Laurencin tira les choses en longueur et réussit à faire condamner par surprise son adversaire à payer une somme de 400 livres par provision à Mme de Sigogne devenue veuve, qui n'avait plus pourtant aucun intérêt dans l'instance.

Ce fut un des artifices de cet homme de mêler son sort à celui de la jeune veuve : il se donnait ainsi un air chevaleresque et intéressait à sa cause les âmes compatissantes. Racan proteste contre la déloyauté de ce procédé.

Laurencin présenta la critique du compte de succession. Il reprochait maintenant au gentilhomme de ne point avoir fait figurer dans les recettes la dot de sa mère, promise à Louis de Bueil par son contrat. Mais Racan n'eut pas de peine à faire valoir son bon droit sur ce point, en invoquant la prescription qui s'exerce au bout de 5 ans pour les acquéreurs d'héritage : or il s'en est écoulé plus de 50 depuis la mort de son père. D'ailleurs, qu'est-ce qui prouve que cette somme ait jamais été payée? on n'en rapporte aucune quittance. Puis, aux termes mêmes du contrat, cette dot devait être affectée aux enfants qui naîtraient de ce mariage, à l'exclusion de ceux du premier lit. Laurencin n'a donc rien à prétendre sur cet argent.

Racan ne paraît-il pas être dans son droit quand il maudit ce « chicaneur insigne », l'accusant « de persécuter des personnes de con-

dition par une vieille recherche et de mettre des procès immortels en
des familles qui vivoient en bonne intelligence[1] ».

On voit quelle fermeté déployait notre poète dans la défense de
ses intérêts financiers : étrange contraste avec son indolence naturelle.
Il allait même à l'occasion jusqu'à une énergie sauvage, et Balzac se
divertit bien le jour où il le surprit défendant lui-même avec deux ser-
gents une tapisserie que voulait lui enlever, comme gage, un créancier
aux abois[2].

En définitive, et pour conclure avec prudence au sujet d'affaires si
lointaines et si compliquées, ces 15 premières années de procès, examinées impartialement, ne semblent nullement pouvoir donner à notre
gentilhomme la réputation de chicaneur qui lui a quelquefois été faite.
On attaque sa part légitime d'héritage, ses cohéritiers veulent se soustraire aux charges communes, des parents ressuscitent des affaires
vieilles d'un demi-siècle : lui ne fait que défendre sans faiblir sa fortune
et celle de ses enfants[3].

II

Si les procès qui assiègent Racan pendant cette période l'ont distrait de la littérature et de la poésie, ce serait une erreur de croire qu'ils
l'en ont complètement détourné.

Il entretient d'abord une correspondance régulière de 1634 à 1636
avec son ami d'enfance et d'école, le président Maynard, l'aimable
compagnon épicurien, alors en séjour à l'ambassade française de
Rome[4]. Nous n'avons malheureusement retrouvé que les lettres de
Maynard; on y voit que Racan parlait à son ami de la guerre et de l'Académie, il lui confiait ses projets poétiques, il l'excitait à rimer lui-même,
mais surtout il lui contait longuement ses « ravissantes promenades »
et lui faisait des tableaux de « la douce et charmante vie » qu'il menait
aux champs. Maynard de son côté lui rapporte ses grandes « beuveries »

---

1. Factum Sigogne, commencement.
2. Lettre de Balzac du 25 janvier 1644, publiée par M. Tamizey de Larroque,
dans la Collection des Documents inédits, *Mélanges historiques*, t. I, p. 476. L'anecdote n'est plus très claire aujourd'hui; nous l'avons expliquée en nous aidant du
supplément de lumières que nous avons demandé à M. Tamizey de Larroque.
3. Racan, pendant la période qui nous occupe, reçut une partie des 32 000 livres
de capital constituant la dot de sa femme, et qui devaient racheter la rente que
lui servaient ses beaux-parents. Il fut remboursé de 8000 livres le 11 août 1636, et
de 16 000 livres dans la matinée du 20 août 1644, « en l'hostellerie de la Gallaire
à Tours où sont logez » Racan, sa femme et sa belle-mère Françoise Olivier. —
V. Esnault, *Contrat de mariage de Racan*, p. 15 et 16.
4. V. les précédents rapports de Racan et de Maynard aux ch. VI et IX.

de voyage et autres incidents de route, il le félicite de ses vers, lui demande amicalement son concours littéraire et lui envoie des essais à retoucher [1].

Les cinq lettres du Président qui nous sont restées témoignent d'une affection réelle entre les amis. Maynard met Racan sur la même ligne que son ami intime de Flote, et un jour il finit une lettre par ces mots : « Les deux derniers courriers n'ont pas été chargés de vos lettres; ce silence m'afflige et me fait craindre que vous soyez malade; tirez-moi de la peine où je suis, et je vous jure solennellement qu'en revanche vous aurez une Pièce moderne qui parle à vous, et qui ne démentira point mon ancienne plume [2]. »

Ces lettres nous prouvent aussi que notre plaideur est loin d'avoir abandonné la poésie; dans l'une d'elles, Maynard parle d'une ode de Racan consacrée à un personnage politique (c'est probablement son ode à Richelieu) [3], et il presse notre poète de publier « ce qu'il garde dans son cabinet et que ses partisans attendent avec impatience [4] ». Il s'agit peut-être là d'une nouvelle Bergerie qui fut représentée à La Roche dans l'automne de 1633 et qui malheureusement n'a pas été conservée : à peine écrite, Racan l'avait adressée à Balzac en l'invitant à la représentation qui devait s'en faire au château. L'ermite de la Charente renvoie son acceptation avec beaucoup d'éloges et ajoute : « J'apprens, Monsieur, qu'il y a de grandes brigues parmi vos Dames pour les noms d'Orante et d'Oriane, et qu'elles ne sont plus ambitieuses que de houlettes et de panetières. C'est à vous à leur faire justice, et à contenter leur ambition. Il faudra néantmoins, si vous me croyez,

---

1. *Lettres du Président Maynard*, à Paris, chez Toussaint Quinet, in-4°, 1653, p. 159, 369, 681, 685, 805. Les quelques mots cités plus haut sont dans la lettre de la page 685. Il parle des beuveries au commencement de la lettre de la p. 681; il continue : « Je vous remercie, Monsieur, de vostre belle et longue Lettre et des bons avis que vous me donnez sur la Pièce que je dois mettre à la fin de mon futur Livre... » Il lui envoie un (*sic*) épigramme bachique et ajoute : « Je ne vous le donne que pour une sottise que je n'estimerai qu'*après que nous l'aurons ajustée*. Escrivez-moy nettement ce qui vous en semble, et faytes-moy la faveur de me répondre sur le voyage dont je vous ay parlé par mes dernières. » V. aussi p. 805 la lettre dans laquelle Maynard lui envoie une ode à retoucher « s'il y a quelque endroit qui puisse déplaire au Roy et aux ministres ».
Sur ce voyage de Maynard à Rome (1634-1636), consulter Garrisson, *Œuvres poétiques de Maynard*, t. I, p. XII-XX.

2. Lettre de la p. 805.

3. « J'ai veu ce que vous avez mis à la teste du Livre de Monsieur de.... et après l'avoir leu avec attention, j'ay dit partout où j'ay trouvé de sçavans Auditeurs, qu'il n'appartient qu'à vous de faire paroistre l'éloquence dans la Politique, et de dire de bonne grâce ce que les Héros font avec l'adresse et le Courage », p. 369. Nous parlons plus loin de l'Ode à Richelieu, que Racan publia en 1635 dans le livre de Boisrobert, le *Sacrifice des Muses*.

4. Lettre de la p. 369.

casser bientost cet équipage champestre, et chercher des sceptres et
des couronnes. Le puissant esprit qui vous agite, a trop de force pour
les petites matières. » Il lui laisse entendre que la magnificence de ses
vers est déplacée chez des bergers, et lui annonce qu'il lui a trouvé un
sujet de tragédie, qui est « dans toute la justesse des règles, et a esté
desja employé avec succes par les ouvriers de l'Antiquité. Mais c'est le
plaisir de leur disputer leur propre victoire... Cette sorte d'imitation
est plus noble et plus hardie que l'invention mesme, et vous estes très
capable de l'entreprendre. Toutefois si vous avez besoin de quelque
aide, je m'offre à vous servir de Grammairien, et à vous donner l'inter-
prétation littérale du texte des Autheurs, que vous vouderez suivre pour
les passer [1].... » Nous ne croyons pas que notre poète ait jamais fait la
tragédie proposée. Mais nous pouvons juger quel vivant commerce littéraire règne entre ces amis : Racan met Maynard, au dire de celui-ci,
« en humeur de rimer », et Balzac prépare des sujets pour Racan.

Cette double correspondance donne un démenti à Tallemant des
Réaux, qui a déclaré légèrement que « le bonhomme Racan fut vingt ans
sans faire de vers après la mort de Malherbe [2] ». La plupart des critiques ont depuis répété cette erreur. Nous avons déjà cité au chapitre
précédent la longue Ode à d'Effiat et les Psaumes de la Pénitence, un
total de 800 vers, qui furent composés de 1628 à 1631. Outre les pièces
qui ne nous sont point parvenues, comme la *Bergerie*, il faut ajouter
deux odes qui se rapportent à la période que nous étudions : l'une est
adressée en 1632, à un avocat de Saumur, M. de Richemont-Banche-
reau, qui s'était mêlé de composer une mauvaise tragi-comédie et avait
fait à Racan la flatterie de reprendre les noms des deux héros de sa
pastorale, *Alcidor* et *Arthénice*. La réponse de Racan, manifestement
trop flatteuse pour ce nouvel auteur tout à fait secondaire, nous révèle
aussi l'avantageuse opinion que le poète a maintenant de lui-même,
et affirme, à côté de son admiration pour Malherbe, que nous connaissions bien, celle qu'il professe pour Théophile [3].

1. Œuvres de Balzac de 1665, t. I, p. 408, 3 septembre 1633. On trouvera cette
lettre complète aux Pièces justificatives, n° 22. — M. Dannheisser veut l'attribuer
à l'année *1623*, sans que nous y voyons beaucoup d'utilité ni de facilité (*Jean de
Mairet*, p. 83). V. notre *Discussion*, plus haut, p. 187.

Le 1er août 1634, Balzac mentionne Racan dans une lettre où il envoie à Mme des
Loges les louanges les plus exagérées sur ses vers... « J'ay ceans un celebre
Autheur... Il dit qu'il soustiendra jusques dans la rüe Sainct-Jacques que Parnasse
est tombé en quenouïlle, et Racan descheû du droit qu'il prétendoit en la succession de Malherbe. Il parle ainsi familièrement de ces deux grands personnages,
et m'entretient d'ordinaire de ce stile-là... » T. I, p. 304.

2. II, 364.

3. Voir Latour, I, 216. — Cette ode a paru en tête de : « *Les Passions égarées ou*

Il fut inspiré à la même époque par un personnage plus considérable, et dans une ode de 160 vers il célébrait en 1633 le cardinal de Richelieu dont il avait admiré de près l'habileté sous les murs de La Rochelle et dans les campagnes des Alpes, et qui se trouvait engagé alors dans la guerre contre les Espagnols du Milanais et contre le duc de Lorraine. Nous avons déjà eu l'occasion de citer quelques vers de cette pièce concernant La Rochelle [1] : malgré son rythme vif, elle ne peut compter parmi les meilleures de notre poète, étant plus remplie d'esprit que de vraie poésie. Elle débute ainsi :

> 1.   Richelieu, qui des plus grands hommes
> as les mérites effacés,
> et par qui le siècle où nous sommes
> ternit tous les siècles passés,
> après tant de soins magnifiques
> où, comme les dieux, tu t'appliques
> au règlement de l'univers,
> viens délasser tes longues veilles
> au doux entretien des merveilles
> qu'Apollon récite en mes vers.

Voici, dans le milieu, une strophe assez heureuse sur la prétention du cardinal de descendre d'Hugues Capet :

> 8.   Si l'antiquité de ta race,
> si féconde en divinités,
> a mérité d'avoir sa place
> devant tes autres qualités,
> malgré l'effort qu'ont fait cent lustres
> contre les noms les plus illustres
> dont nos fastes soient embellis,
> qui ne sait que ton origine
> vient de cette même racine
> qui fait croître et fleurir nos lis?..... [2].

L'événement littéraire le plus considérable de ce temps de sa vie fut assurément, pour notre poète, son entrée à l'Académie.

On sait qu'au commencement de l'année 1634 Richelieu prit sous

le *Roman du temps,* tragi-comédie dédiée au comte de Fiesque. » Paris, Collet, 1632, in-8, 145 p. (Bibl. Nat., Inv. Yf 6862). L'auteur dramatique n'avait que vingt ans. V. sur lui une notice dans C. Port, *Dict. de Maine-et-Loire*, t. I, 195.

1. P. 369 et 376.

2. Latour, I, p. 143. — Sur la 1re st., v. 2, voir Lex., Avoir, i. — Str. 8, v. 4, nous rétablissons, d'après le texte original de 1635, la véritable leçon *tes* autres qualités, au lieu de *les* autres. — Cette ode parut en 1635, selon l'indication qu'a bien voulu nous donner M. Emile Picot, dans le *Sacrifice des Muses au grand cardinal de Richelieu* (recueil fait par Boisrobert), voir plus bas la *Notice bibliographique*, I, 9. — Cf. plus haut la correspondance de Maynard et de Racan.

son patronage la réunion d'amis lettrés qui se tenait depuis cinq ans chez Conrart. Trois autres y furent joints : ce furent les 11 premiers académiciens, Racan ne s'y trouvait pas. Conrart s'étant marié au mois de février, la compagnie naissante se transporta un peu plus loin dans le quartier Saint-Martin, chez Desmarets, qui habitait l'ancien hôtel de Pellevé. En même temps, sous le contrôle de Boisrobert, agent du cardinal, furent nommés 14 nouveaux membres, puis au mois de mars le secrétaire d'État Servien et Balzac, enfin Racan, qui arrivait ainsi le 28e. Le nombre de 40, fixé par Richelieu, ne fut atteint qu'en 1639 [1].

Il est permis de s'étonner que Racan, qui pouvait compter pour le meilleur poète de l'assemblée (combien Malherbe manquait!) et qui était l'un des plus célèbres, n'ait été élu qu'après tant d'autres. C'est que l'Académie dans le principe n'était point la réunion des meilleurs génies dans l'ordre des lettres, mais plutôt celle des érudits et des savants capables de travailler par leurs entretiens au perfectionnement de la langue. Or l'ignorance et la paresse de notre poète étaient proverbiales, et l'on ne devait pas songer à lui tout d'abord [2]. De plus c'était l'assemblée des gens de lettres de *Paris* ; l'on tenait à la résidence, ce qui écarta longtemps Corneille, qui habitait la Normandie : or il était patent que notre gentilhomme, bien qu'on le revît chaque année quelques mois dans la capitale, était à présent retiré en Touraine ; sans compter que Richelieu n'était point fort pressé d'ouvrir la porte de l'Académie aux gentilshommes.

Il se trouvait à La Roche quand son élection eut lieu [3]. Elle lui fit un grand plaisir, et, sitôt à Paris, lui qui aimait à avoir tous ses titres de propriété en règle, il demanda la délivrance de ses *lettres* d'acadé-

---

1. Nous suivons les renseignements récents donnés par M. l'abbé Fabre dans son livre si fourni : *Chapelain et nos deux premières Académies.*
2. Balzac se moque aimablement de cette ignorance (*Œuvres* de 1665, t. I, p. 756). Dans une lettre de 1637 à Chapelain il raille l'élection d'un académicien ignorant et il ajoute : « Après cette plaisante élection, je suis d'avis qu'on emploie notre cher monsieur de Racan à la correction du dictionnaire de Robert Estienne. » — V. aussi Pellisson, I, 155.
Les Dictionnaires latins-français, dans leur Requête plaisante à l'Académie, avouent qu'ils ne seront qu'indirectement utiles

  aux Serizays, aux Saint-Amands,
  aux Conrards, Baros et RACANS,
  et tels autres savants critiques
  des ouvrages académiques,
  ces grands et fameux Palatins
  étrangers aux pays latins. — (Livet, *Hist. de l'Acad.*, I, 486.)

D'ailleurs Racan lui-même, nous l'avons vu, ne manquait pas une occasion de parler de son ignorance.
3. Dom Housseau, Notice manuscrite sur Racan.

micien (c'est l'un des seuls exemples qu'on en ait jamais vus) [1], et il suivit assidûment les séances du lundi à l'hôtel Pellevé. Chapelain, en qui déjà s'incarne vraiment l'Académie, écrit à Maynard à la fin du mois d'août 1634 : « Quand il n'y auroit d'autre avantage qu'une fois la semaine on se voie avec ses amis, en un réduit plein d'honneur, je ne croirois pas que ce fût une chose de peu de consolation, et d'utilité médiocre. M. de Racan est en cette ville, qui n'en manque point et confesse, avec sa bonté ordinaire, que les conférences qui s'y font, ne lui sont pas inutiles, quelque excellent homme qu'il soit [2]. »

Racan était donc un académicien modèle [3].

L'Académie ayant décidé que chacun prononcerait un discours sur le sujet qui lui conviendrait, l'on tira au sort l'ordre des orateurs. On entendit vingt discours dans l'année 1635. L'un des premiers ayant été un plaidoyer *pour l'Éloquence*, Godeau parla *contre l'Éloquence*, et ainsi ces hommes de lettres, jouant avec les idées, prenaient plaisir à lutter les uns contre les autres. Racan dut, suivant le sort, s'exécuter le 12e. Entrant dans une société d'hommes plus instruits que lui pour la plupart, notre gentilhomme eut l'idée paradoxale et spirituelle, au lieu de s'excuser de son « ignorance aussi connue, dit-il, que son nom », de s'en vanter, — c'était, nous le savons, son thème favori, — de médire des progrès des sciences et, préludant au célèbre discours de Jean-Jacques Rousseau, de les représenter comme des fruits de la vanité et de la corruption générales, et aussi comme des suites de la faute originelle.

Après avoir écrit sa harangue au courant de la plume, il la laissa

1. Tallemant dit même que c'est le seul (II, 363), mais M. Livet cite encore Huet (*Hist. de l'Académie*, t. II, p. 114, n. 1).

2. Tamizey de Larroque, I, 75. L'éditeur observe avec raison que : *n'en manque point* désigne les *séances* dont l'idée est implicitement contenue dans la phrase précédente, et *excellent* homme veut dire ici *habile* homme. La lettre est du 29 ou du 30, ou du 31 août.

Le 3 août, Chapelain, qui était à Paris, finissait ainsi une lettre à Boisrobert, qui était à Caen : « M. de Racan sçaura vostre souvenir et j'espère de vous mander au premier jour son ressentiment là-dessus. » Id., I, 72. (Nous signalerons à M. Tamizey de Larroque une légère erreur au sujet de Racan : il cite le vers de Boileau :

A Malherbe, à *Racine* préférer Théophile

au lieu de à *Racan*, t. I, 688 ; et aux errata, II, 842, il demande qu'on lise *Racine* au lieu de *Racan* ; c'est le contraire.)

3. C'est très faussement que la *Comédie des académistes*, de Saint-Evremond, le représente comme assez froid pour défendre l'Académie :

GOMBAUD.
Et Balzac et Racan la pourraient bien venger.

HABERT.
Ce seront les premiers à la désobliger. (Livet, *Hist. de l'Acad.*, I, 422.)

Nous citons plus d'un témoignage contraire.

dans son cabinet en compagnie d'un jeune lévrier qui, sans respect
pour la prose académique, déchiqueta le manuscrit à belles dents et
força son maître à le récrire. C'était, paraît-il, lui rendre service,
c'est lui-même qui nous le dit : « Je ne say point d'autre finesse pour
polir ma prose quand elle doit être veue en public que de la rescrire
plusieurs fois, comme les orfèvres passent l'argent par plusieurs fontes
pour le raffiner ; et certes, l'Académie et ma réputation avons grande
obligation au jeune levron enfermé qui mangea ma harangue et qui
m'obligea de la rescrire par cœur. Si elle eust paru au mesme estat
que je l'avois apprestée pour le disner de ce folastre animal, elle eust
agacé les oreilles délicates de ces Messieurs, comme font des bruits
trop avancez, et m'eust fait chasser comme un rustique du cabinet des
Muses [1]. »

Il devait lire son discours le 9 juillet 1635, mais il fut absent ce
jour-là, soit qu'il se défiât de ses défauts de prononciation, soit plutôt
qu'il fût occupé à préparer sa dernière campagne militaire dont nous
parlerons plus loin, et le discours fut lu par le directeur de l'Académie,
M. de Serizay [2].

Il commence par un ingénieux tableau fait avec des réminiscences
d'Ovide, de ce qu'aurait été, sans le premier péché, l'*âge d'or*, où l'on
n'aurait pas eu besoin des sciences. « Mais, depuis que Dieu nous eut
delaissés, le ciel et la terre conjurèrent nostre perte, nos propres
passions nous firent la guerre ; plus la nature nous fut avare des
choses nécessaires, plus nous fusmes affamez des superfluës. La vanité
se mesla parmy les siences qui auparavant n'avoient esté inventées
que pour le secours de nostre entendement et de nos necessitez ; aux
utiles on y adjouta les curieuses [3].

« L'*architecture*, qui n'avoit point encore de nom, et qui ne se
servoit que de gasons et de chausme, trouva l'art de fendre les rochers,
de tailler les marbres, d'écarer les chesnes et les sapins, et éleva ces
divers ordres de colomnes doriques, ioniques et corinthiennes, que le
luxe inventa pour braver la simplicité des premiers siècles [4].

« L'*agriculture*, qui n'estoit occupée que pour nos necessitez, se

1. Latour, I, 340. — *Des bruits trop avancez* signifie sans doute des bruits
mis trop en avant (*sur le théâtre*). — Tallemant, qui brode toujours sur un fond
vrai, nous représente Racan venant à l'Académie avec ce chiffon de papier tout
mâchonné (II, 363), c'est assez invraisemblable.

2. Pellisson, *Hist. de l'Académie*, I, 76.

3. V. Lex., Y, ii.

4. Latour, I, 241. — Ce passage a d'autant plus de sens que Racan était en
train, comme nous allons le voir, de reconstruire son château. — V. Lex., COLOMNE,
ÉCARER.

voulut mesler de nos plaisirs, et, pour se rendre plus agréable et plus domestique, elle vint dans nos jardins et dans nos vergers imiter la peinture et la broderie, et forcer la nature des plantes et des climats [1]. »

Ainsi sont passées en revue la géométrie, l'arithmétique, l'astronomie, la mécanique, la jurisprudence, la médecine et la théologie [2].

Puis, dans un noble développement à la Balzac, Racan cite l'exemple des Romains, qui n'estimaient que les sciences « qui leur aprenoient à donner la paix à leur Estat et des loix à tout le reste du monde ». Il poursuit par un bel éloge de l'*éloquence*, dont toute la France, on le sait, était enivrée depuis dix ans, ce qui avait fait le succès de Balzac et allait faire celui de Corneille : il faut entendre alors par *éloquence* toute parole orale ou écrite qui développe nettement et fortement une idée. C'était là la grande nouveauté et le grand enchantement au sortir des grâces languissantes et des redondances du 16e siècle.

Le passage se termine ainsi : « Mais ce n'est pas dans les escholes que l'on apprend cette éloquence, la facilité d'exprimer nos pensées par nos paroles ; c'est peut-estre la seule que Dieu nous a laissée, de toutes les facultez naturelles que nous possédions auparavant nostre peché, et nous sommes ingrats de le vouloir tenir de la science plustost que de sa bonté. Pour moy, je ne puis souffrir l'insolence de ces docteurs qui, pour avoir inventé trois ou quatre mots barbares, se vantent d'avoir trouvé autant de sciences, et ont fait une grammaire, une logique et une rhetorique des choses les plus communes, que nous avons pratiquées dès le berceau, dix ans auparavant que d'en sçavoir le nom. Si l'on ne s'oppose à cette tyrannie, ils reduiront encore en art le pleurer et le rire ; ils les diviseront en plusieurs parties, comme ils ont fait nostre langage, et l'on ne pourra plus rire à propos, à leur gré, que par regles et par figures [3]. »

Dans ce passage qui rappelle Montaigne et qui annonce déjà certaines tirades de *la Critique de l'École des Femmes*, on sent que le paradoxe cesse et que la conviction jaillit. Racan est fatigué de tous les raisonneurs, théoriciens, grammairiens et faiseurs de règles, qui se lèvent de toutes parts à cette époque, et il plaide chaudement, dans la fin de sa harangue, en faveur du naturel et de la simplicité, contre l'abus de la science. Un pareil langage est singulièrement juste et malheureusement trop rare au 17e siècle.

---

1. V. Lex., DOMESTIQUE.
2. On notera, à la p. 242 de Latour, ses condamnations de l'astrologie judiciaire (il croyait à l'astrologie privée) et de la chimère du mouvement perpétuel.
3. Voir Lex., AUPARAVANT, 2º.

L'orateur confesse que la connaissance des langues étrangères donne à ses confrères « un grand avantage sur lui et sur tous ceux qui ne sçavent que celle de leur mère et de leur nourrice ; mais ce qui leur est un ornement, ajoute-t-il, est une charge aux esprits mediocres qui n'ont jamais hanté que les colleges ; ils font un si grand mepris de nostre langue qu'ils ne pensent pas qu'il s'y puisse rien faire de raisonnable. Ils ne craignent point d'appeler divin et incomparable le plus fin galimatias de Pindare et de Perse, et se contentent d'appeler agreable et joly les vers miraculeux de Berthault et de Malherbe [1]. Cela est cause qu'ils prennent indifferemment tout ce qu'ils trouvent dans les Latins et dans les Grecs ; et si par hazard il leur tombe en main quelque bonne pensée de Virgile ou d'Orace (sic), on voit bien que cela ne leur est pas propre ; ils s'en servent de si mauvaise grace, et avec autant de faiblesse, que Patrocle faisoit des armes d'Achille [2]. »

Voilà une franche déclaration en faveur des *modernes* dans la grande querelle du 17ᵉ siècle [3]. C'est l'apparition du levain, qui fermentera si fort dans 50 ans au sein de l'Académie.

« Ce n'est pas que je pense, ajoute Racan, qu'il faille tout à fait retrancher l'imitation de nostre éloquence... Mais je fais cette difference entre les misérables copistes et les excellens imitateurs, qu'il y a entre les petits larrons et les grands conquerans : les premiers ne peuvent qu'avec honte et crainte se parer de leur larcin, au lieu que les autres triomphent de leurs conquestes plusieurs siecles après leur mort, et les conservent avec tant de gloire qu'ils effacent à jamais la memoire des legitimes possesseurs. » C'est presque le mot de Sainte-Beuve sur l'imitation originale : « En littérature il est permis de voler ceux qui vous ont précédé, à condition qu'on les tue. »

Racan termine avec autant de poésie que de bon sens : « Le champ des Muses est ouvert à tout le monde ; mais peu de gens y sçavent trier le bon grain d'avec l'yvroye, et la pluspart n'en rapportent que de la paille sans espy. C'est le jugement qui sçait faire le choix des bonnes choses, soit qu'elles nous soient propres ou empruntées ; c'est celuy qui sçait discerner la gravité de l'obscurité, la naifveté de la foiblesse, et la beauté naturelle d'avec le fard [4]. »

---

1. Sur Pindare il reprend le mot qu'il entendait dire à Malherbe (*Mém.* LXX). — Nous ne sommes pas étonnés de voir Racan aimer Bertaud, qui était d'ailleurs le seul poète français toléré par le maître (*id.*, LXIX). — On remarque l'emploi au neutre des adjectifs *agréable et joly* (= qq. chose d'agr.).

2. « *Si* mauvaise grace », V. Lex., SI, 1, 2°.

3. De fait Malherbe était un *moderne* contre Ronsard, mais il était inflexible sur les règles : c'est sur ce point que Racan se sépare surtout de lui.

4. « C'est celuy », nous dirions aujourd'hui : *c'est lui*. — Voir Lexique, SOIT, 1°.

« Mais ce jugement dont la nature nous donne les premières semences ne se cultive point ailleurs que dans la conversation des excellens hommes, comme sont tous ceux de cette compagnie (si j'en estois hors). Ce sera icy que l'on achevera de donner à la France ce qu'il y manquoit pour luy faire autant surmonter les autres nations aux actions de l'esprit comme elle fait aux actions de courage [1]... » La harangue se termine par l'éloge obligé de Richelieu traité avec une vigoureuse sobriété [2].

Tel est ce discours, intitulé *Contre les Sciences*, dont le commencement fait songer un peu au paradoxe de Jean-Jacques Rousseau, si l'on met à part le ton chrétien, dont la fin, toute littéraire, est plus simplement le langage d'un homme de goût et d'un esprit large. Nous en avons donné d'abondants extraits parce que ces pages forment une importante profession de foi. Nous avions déjà vu Racan devant Malherbe revendiquer d'instinct les droits de l'inspiration et professer sa défiance de la tyrannie et sa haine du pédantisme [3]. Aujourd'hui, dans sa maturité, il expose publiquement ses sentiments, et il se donne pour le partisan des modernes contre les anciens, pour le champion de la nature entendue au sens du *naturel*, contre les règles [4]. Ce qu'il y a de piquant, c'est qu'il fait une pareille déclaration dans l'assemblée des hommes les plus savants du royaume, à la barbe des Conrart et des Chapelain [5].

L'Académie pourtant ne le chassa point « comme un rustique ». L'un des confrères se contenta, quelques mois après, de réfuter le paradoxe de Racan, et son ami Porchères d'Arbaud parla, le 10 mars 1636, *Pour les Sciences* [6].

1. « *Aux* actions. » V. Lex., A I.
2. Ce discours parut à la suite des *Odes sacrées* tirées des psaumes en 1651. On le trouvera dans Latour, I, p. 237. Pour les expressions saillantes qui s'y remarquent, on pourra consulter le Lexique.
L'ancien catalogue des *Manuscrits français de la bibliothèque du roi*, t. V, p. 270, et le nouveau *Catalogue du fonds français des manuscrits de la Bibliothèque impériale* (t. Ier, 1868, p. 66) mentionnent le *discours académique de Racan contre les Sciences*, au manuscrit 645. Ce manuscrit, qui est un *recueil de discours académiques*, contient en effet, au folio 88, un discours *contre les Sciences à Hydaspe* portant entre parenthèses l'indication : *par Racan*. Mais ce discours n'est nullement de notre poète ; c'est un *savant* réquisitoire contre les sciences, bourré d'érudition dans le genre des Essais de Montaigne : le pauvre Racan eût été bien impuissant à l'écrire. Il est bien écrit quoique long, et intéressant : le principal argument en est que l'étude détourne de l'action. On comprend fort bien l'erreur d'attribution à cause de l'identité de sujet et de titre entre ces deux pièces.
3. Ch. IX et XII.
4. Ce n'est pas la *nature* entendue, comme par Boileau, au sens de la *raison*.
5. V. l'appréciation spirituelle de ce discours par M. Faguet dans la *Revue des Cours et Conférences*, avril — juillet 1894, p. 426-429 et 449-450.
6. Livet, 460.

III

Ce n'est pas seulement dans un fauteuil académique ni à la barre du Parlement qu'il convient de se représenter Racan pendant la période si variée qui nous occupe, mais aussi à cheval, à la tête d'un escadron de cavalerie, bien qu'il ait été moins absorbé alors par le service des armes que durant ses trois premières années de mariage. Le capitaine de sa compagnie, le marquis d'Effiat, étant mort au mois de juillet 1632, il dut se pourvoir ailleurs d'un commandement, et, quittant enfin ce grade d'enseigne qu'il occupait depuis plus de 20 ans, il trouva une charge de lieutenant [1], qu'il eut d'ailleurs peu d'occasions d'exercer.

Un de ses derniers souvenirs militaires semble se rapporter à la campagne de 1635, lorsque le roi, voulant conduire lui-même une armée en Lorraine, convoqua le ban et l'arrière-ban de la noblesse [2]. Racan commanda comme lieutenant un escadron de gentilshommes à l'arrière-ban : mais il ne put jamais l'obliger à faire une garde, ni aucune corvée de ce genre, pas plus le jour que la nuit, si bien qu'il fallut à la fin demander un régiment d'infanterie pour encadrer cette troupe de cavalerie si peu disciplinée. Un jour elle était en marche, et couverte par neuf escadrons qui la séparaient de la première ligne. Racan va parler au général, pendant ce temps une alarme se produit, et en revenant il trouve tous ses gentilshommes, les derniers comme les premiers, l'épée et le pistolet à la main ; il y en eut même un qui envoya un formidable coup de pistolet dans l'épaule de celui qui était devant lui [3]. Nous croyons volontiers que si les hommes manquaient de zèle et de sang-froid, le lieutenant de son côté n'avait point trop de prestige et d'autorité.

Il quitta définitivement le service vers 1639. « Je ne me retiray dans ma maison, dit-il, qu'en un âge où je pouvois dire avecque vérité :

> Déjà cinquante hivers ont neigé sur ma tête,
> il est désormais temps que, loin de la tempête,
> j'aspire à ce repos qui n'est point limité
>   que de l'éternité [4]. »

---

1. Notice manuscrite de Conrart.
2. En juillet 1635. Bazin, III, 403.
3. Tallemant, II, 363.
4. Latour, I, 324. — Voir Lex., QUE, III, 2°, b.

A réaliser un rêve de jeunesse l'on ne peut en vérité avoir mis plus de persévérance que notre gentilhomme, qui, noblement jaloux d'imiter ses ancêtres, était entré au service à 18 ans et ne se décidait à le quitter qu'à 50. L'on ne peut guère non plus avoir été plus paralysé par les circonstances et par sa propre nature : au bout de 32 ans il sortait lieutenant et rapportait plus d'anecdotes plaisantes que de brillants états de service. Sa déception de soldat était consommée sans retour.

IV

Sous l'ambitieux de renommée guerrière se cachait heureusement un sage, qui aspirait depuis longtemps à ranger sa « nef vagabonde » dans le « port » de la vie rustique et familiale, et à présent il lui était donné de réaliser le vœu paisible et sain des Stances sur la Retraite et de vivre le beau rêve du Vieil Alcidor des Bergeries.

Dans les longs séjours qu'il fit à La Roche, il pouvait dire avec vérité comme le vieux berger de sa pastorale :

> Je trouvais mon foyer couronné de ma race.....
> L'un gisait au maillot, l'autre dans le berceau ;
> ma femme, en les baisant, dévidait son fuseau.

Remplaçons le *fuseau* par l'*aiguille à tapisserie*, et le petit tableau sera de tout point exact [1]

Madeleine, qui avait mis au monde une enfant si frêle en 1629, donna ensuite à son mari 5 enfants en 7 ans, de 1632 à 1639.

L'aîné naquit le 29 janvier 1632, il fut ondoyé deux jours après, et la cérémonie solennelle du baptême fut faite le 2 mars par le curé de Saint-Pater, Jean Maan, docteur en théologie de l'Université de Paris. L'enfant fut nommé *Antoine* par Françoise Olivier, sa grand'mère maternelle, et par « messire *Antoine* de Coninghant, chevalier de l'ordre du Roi, seigneur de Cangé, conseiller du roi en son conseil d'Estat, capitaine de cinquante hommes d'armes des ordonnances de Sa Majesté [2] ». C'était le chef d'une illustre famille de Touraine, dont Racan avait vu le fils, un vaillant marin, se signaler au siège de La Rochelle [3].

---

1. V. p. 378.
2. Registres paroissiaux de Saint-Pater. C'est là aussi que nous avons copié les actes des autres enfants. On les trouvera tous en entier aux Pièces justificatives, nᵒˢ 33 à 39.
3. Ce jeune homme trouvera une mort héroïque en se faisant sauter un jour avec son vaisseau.

Racan eut un second fils l'année suivante, le 26 juillet 1633. Baptisé le jour même par un vicaire, sans doute à La Roche, l'enfant ne fut présenté en l'église de Saint-Pater, au curé Maan, que neuf mois après, le dimanche 30 avril 1634, « nommé Loys par haut et puissant seigneur messire René, sire de Bueil, comte de Marans, chevalier du Roi, etc., et par damoiselle Madeleine de Bueil, fille de haut et puissant seigneur Loys, sire de Bueil, vivant chevalier seigneur de Courcillon ». Ainsi le parrain et la marraine sont deux des principaux membres de la branche aînée des Bueil, René, le fils aîné du comte de Sancerre, et Madeleine, l'héritière des Courcillon. L'enfant porte le nom de Louis en l'honneur du père de Madeleine et aussi sans doute en souvenir de son propre aïeul paternel. Il est important de remarquer que Racan vit en paix avec ses cousins, et que les difficultés de succession qui commencent à s'élever entre eux ne compromettent point leur amitié. Madeleine de Racan elle-même avait été à Vouvray servir de marraine à la fille aînée de René de Bueil, qui vient lui rendre aujourd'hui sa politesse.

Un troisième fils naquit le 6 novembre 1635. Il fut, comme le précédent, baptisé par un vicaire le jour de sa naissance, et la cérémonie de famille eut lieu le 26 mars 1636 dans l'après-midi, toujours en présence du curé Maan. Il tenait son nom d'Honorat moins de son père que du cousin de Racan, Honorat d'Acigné, comte de Grandbois, avec qui le poète était depuis 5 ans en partage de la succession Bellegarde, et qui, néanmoins, tant les deux parents savaient bien s'entendre, vient aujourd'hui, du château de La Motte, au baptême de son jeune cousin, avec ses deux fils, sa femme et sa belle-fille, Renée de Kéraldanet, qui est la marraine [1].

A cette série de garçons succédèrent deux filles. La première naquit le 5 février 1637 [2]. Elle eut pour parrain Jean du Bois, baron de Vendenesse, frère de sa mère, et reçut le nom de Françoise de sa marraine Françoise de Montalais, comtesse de Marans, femme de René de Bueil [3]. La comtesse ne craignait pas de donner à son cousin Racan ce témoignage d'estime, dans le temps même que son beau-père, le comte de Sancerre, était en instances contre lui.

---

1. Les d'Acigné habitèrent le château de La Motte pendant toute cette période. Nous avons trouvé un grand nombre de leurs signatures dans les Registres paroissiaux de Sonzay (paroisse de La Motte) entre 1631 et 1645. — On se rappelle que Racan et d'Acigné avaient eu l'heureuse idée de recourir à un tribunal arbitral, voir le commencement du chapitre.

2. Le jour des 48 ans de son père.

3. Françoise était d'ailleurs aussi le nom de sa grand'mère maternelle (Françoise Olivier).

La seconde fille de Racan naquit le 17 janvier 1639 [1] et fut baptisée le 20 du même mois. Elle fut nommée Madeleine, comme sa mère, par son aïeule Françoise Olivier et par le chevalier Claude de Bueil, le cousin et l'ami de Racan, qui lui fournissait jadis des traductions d'Horace et lui faisait des tours auprès de Mlle de Gournay; depuis lors ce gentilhomme à l'esprit souple et cultivé avait fait preuve d'un grand courage, et, au combat de Castelnaudary, en 1632, il avait reçu douze blessures, dans l'armée du duc de Montmorency révolté.

Ainsi, en l'année 1639, Racan, avec ses trois fils Antoine, Louis, Honorat, et ses deux filles Françoise et Madeleine, trouve en toute vérité « son foyer couronné de sa race » et, au milieu de cette vivante couronne, la gracieuse affection de sa jeune femme, qui n'a pas 27 ans; il peut donc songer sans trouble au mariage que vient de faire *Arthénice*, en Bourgogne, avec son ancien rival, le président Vignier [2]; il a maintenant un spectacle riant et calme pour réjouir ses yeux et son cœur au seuil de la vieillesse.

Nous voudrions pouvoir suivre l'existence quotidienne de ce tranquille intérieur du château de La Roche, celle que Racan appelle dans ses lettres à Maynard sa « douce et charmante vie », mais les tendresses du foyer ne s'écrivent nulle part ailleurs que dans le cœur de chacun de ceux qui s'y réchauffent, et nous sommes réduits à nous refaire par l'imagination le tableau touchant de la vie de cette famille simple, aimante et chrétienne, en nous aidant seulement d'un petit nombre de documents. Ce sont d'abord les actes de baptêmes signés par les membres de la famille en qualité de parrains ou de marraines. Nous en avons relevé plus de 40 se rapportant à cette époque. Nous y voyons que Racan et surtout sa femme, qui passe plus de temps à La Roche, ont conservé l'habitude de donner cette marque de sympathie aux habitants de Saint-Pater et des deux bourgs voisins, Neuvy-le-Roi et Neuillé-Pont-Pierre, et ils initient, dès le plus bas âge, à cette bienveillante coutume, leurs cinq enfants, dont on voit les signatures d'abord maladroites s'affermir peu à peu sur les registres :

---

1. à 9 heures du soir.
2. en 1635. Tallemant note ainsi le mariage : « Cette folle espousa ce fou de président Vigné, premier président à Metz, qui est mort lié et gueux. » I, 74. Claude Vignier n'était certainement pas premier président du Parlement de Metz en 1635, c'était alors le grand-oncle de Bossuet, Antoine Bretagne, qui posséda la charge de 1633 à 1641 et à qui succéda son fils Claude, oncle de Bossuet. Le père lui-même de l'orateur fut conseiller à ce Parlement de 1638 à 1668, et par suite collègue de Vignier (A. Floquet, *Études sur la vie de Bossuet*, Paris, Firmin Didot, in-8°, 1855, t. I, p. 34 et 35).

ainsi se multiplient dans la région les Honorat et les Madeleine, les
Antoine, les Louis et les Françoise [1].

Le relevé des personnes à qui la famille rend cet office est ins-
tructif. On y voit qu'elle continue ses relations avec plusieurs maisons
voisines de la noblesse, telles que les de Castelnau et les de Robert.
Mais la plupart sont des bourgeois ou des vilains : tels cet *André
Genest*, « chirurgien du roi en sa cavalerie légère », dont Madeleine
avait tenu une fille sur les fonts dès 1628 [2]; un certain *Louis Foucqué*,
qui était garde du duc d'Orléans, et qui prenait le titre de sieur de
Ruchèvre, du nom de sa demeure, l'une des principales du bourg [3];
Pierre Chauvin, l'ancien domestique du château, maintenant procureur
du grenier à sel et fermier de Racan, les meuniers *Barat* et *Véquien*,
les *Gabriel*, ces « maçons et tailleurs de pierres », dont nous verrons
bientôt Racan se servir pour son château, le marchand *Mathurin Roul-
leau*, *Fronteau* le boucher, *Gouche* le « tourneur en bois », et tous ces
humbles, dont les registres ne mentionnent même pas l'état parce que
ce sont de petits cultivateurs ou des journaliers, et dont l'énumération
seule est éloquente, Baré, Boutard, Boyer, Cachaud, Chollet, Gauthier,
Guzonneau, Louray, Millot, Pinson, Recène, Servault, Vigneron. Après
cela comment ne pas s'associer aux conclusions des hommes qui connaissent le mieux par le détail les registres paroissiaux de l'ancienne
France? Voici ce que dit l'un d'eux, Charles de Sourdeval, précisément
à l'occasion des actes de Saint-Pater : « C'est un caractère particulier
des registres du xviie siècle de montrer *les relations faciles et sympathiques* qui existaient entre les hommes des diverses classes. Au
xviiie siècle les classes s'observent plus qu'au xviie; la noblesse, rendue
plus haute par le ton de la cour de Louis XIV, se charge de titres et
s'isole. J'ai remarqué cet effet produit parallèlement sur divers points de
la France [4]. » Racan vivait donc d'une façon toute patriarcale avec les
habitants du pays.

1. C'est, comme il est naturel, l'aîné des enfants, Antoine, qui sert le plus souvent de parrain, presque aussi souvent que sa mère de marraine. On trouvera aux
Pièces justificatives la liste et l'analyse des actes de baptême, où figure chacun
des membres de la famille.
2. La petite Madeleine Genest vient à mourir, et la châtelaine de La Roche
est marraine de trois autres enfants arrivés en 1632, 1634 et 1635, comme on le
verra aux Pièces justificatives, n° 32.
3. Racan lui-même est parrain d'Honorat Foucqué en 1636, Madeleine est marraine de Marie-Madeleine en 1638, et Antoine est parrain d'Antoine en 1639. Ce
petit noble semble être un véritable *ami* de la famille.
4. *Le Château de la Roche-Racan*, p. 26. — M. Richard, le savant et aimable
archiviste de la Vienne, partage cet avis pour toute la région du Poitou.
Nous voyons pendant cette période la mention de deux serviteurs de Racan :

RACAN.

Nous le voyons en 1645 faciliter à Louis Foucqué l'obtention d'un *banc* dans l'église de Saint-Pater. Nous avons retrouvé les pièces manuscrites de cette affaire, qui jettent un jour curieux sur la vie paroissiale du bourg à cette époque [1] : d'abord le dimanche 17 septembre 1645, à l'issue de la grand'messe, a lieu, au son de la cloche, la convocation des habitants pour l'assemblée paroissiale afin de procéder au renouvellement des procureurs de la fabrique. Ils élisent un « marchand chapelier » et un autre marchand, auxquels ils donnent pouvoir de traiter avec Louis Foucqué pour l'affaire du banc, après avoir pris le consentement des deux seigneurs du pays, le prévôt d'Oé et M. de Racan, ainsi que l'agrément de M. le curé. Le procès-verbal se termine par quelques signatures précédées de cette mention : « Fait signer par ceux qui savent signer. »

Le samedi suivant, 23 septembre, Racan donne, avec le prévôt d'Oé, son autorisation écrite en ces termes : « Jean Royer, prevost d'Oé, seigneur chastelain de Saint-Pater et Honorat de Bueil, seigneur de Racan, chevalier des Ordres du Roi, fondateur à cause de la terre de La Roche-Racan de l'église de Saint-Pater... permettons à noble homme Louis Foucqué, sieur de Ruchèvre, garde de Monseigneur le duc d'Orléans..., de faire et placer un banc dans l'église de Saint-Pater pour s'y placer et mettre lors du service divin, sa femme et famille, au lieu et endroit qui sera, par lui et les fabriciens dudit Saint-Pater reconnu propre sans incommodité au public, à la charge de la fondation qui sera avisée et accordée entre lui et les fabriciens pour l'intérêt de ladite fabrice. »

Signé : « ROYER, RACAN. »

Enfin, deux jours plus tard, le 25 septembre, par-devant le notaire de la prévôté d'Oé, en présence du curé, l'un des fabriciens, assisté de quatre des principaux habitants, parmi lesquels était le chirurgien Genest, donne à Foucqué « pour lui et ses hoirs » la permission de mettre un banc entre celui des de Robert et celui de la veuve Landais

---

1° Marin Meunier, « cocher et serviteur de Mgr de Racan ». Il est parrain, le 8 juillet 1637, à Saint-Pater, avec la fille de « honorable Romain de la Baume », l'ancien « maistre d'hostel » du château, et le 23 décembre 1638 avec Anne de Robert ; 2° François Legier, « serviteur et cuisinier de Mgr de Racan », le successeur, depuis la campagne de 1628 apparemment, de Romain de la Baume, parti comme homme d'armes de la compagnie d'Effiat. Il est parrain les 20 août et 25 décembre 1635, 12 octobre 1636 et 18 février 1637 : il a signé à ces deux derniers baptêmes.

1. Arch. d'Indre-et-Loire, G 465, *Seigneurs de Bueil*, Copies légalisées, faites en 1677, des actes originaux.

« au droit de la chaire du prédicateur », moyennant la somme de
20 sols de rente annuelle et perpétuelle qu'il assure à la Fabrique, « à
la charge toutesfois que les procureurs seront tenus de bailler desdits
20 sols la Somme de 5 sols au sieur Curé et à ses successeurs Curéz
pour dire par chacun an le jour de la Commémoration des morts, un
Libera me Domine ou un *Subvenite* sur les fosses de ses père et mère
devant l'hautel (sic) Saint-Jean de ladite église à l'issue des Vespres. »

Racan était incontestablement bon, ses amis ne parlent jamais de
lui autrement qu'en disant : *ce bon M. de Racan, M. de Racan avec
sa bonté ordinaire*, etc., et les moqueurs l'appellent *le bonhomme
Racan* [1]. De quelle manière devaient donc en parler ses paysans, eux
qui le voyaient de plus près et qui recevaient ses bienfaits tous les
jours? Mais cette bonté réelle, dont le souvenir populaire vit encore
dans le vallon de Saint-Pater, n'excluait pas la fermeté; le seigneur
entendait maintenir ses droits féodaux, pécuniaires ou honorifiques : il
continuait à exiger l'hommage féodal du curé de Saint-Pater pour les
biens et les revenus de la cure [2], il partageait hautement avec le prévôt
d'Oé le titre de fondateur de l'église [3], et il ne laissait pas oublier aux
paysans les redevances dont ils étaient tenus à son égard. Nous avons
trouvé l'acte d'un jugement qu'il obtint du bailli en 1641 contre les
détenteurs d'une terre de la Pincellerie, qui était sous sa dépendance
seigneuriale et dont on ne lui avait pas payé les droits depuis une
dizaine d'années; les détenteurs, parmi lesquels on retrouve un des
paysans du bourg, dont le fils a pour parrain Antoine, sont condamnés
à lui payer, « d'une part, 7 années d'arrérages de 3 septiers un boisseau
et demi de bled seigle; de l'autre, 9 années de 2 sols 6 deniers et
10 années de 2 corvées en saison de fenaison ou vendange », et ils
devront à l'avenir lui rendre régulièrement leurs devoirs féodaux à la
recette de la seigneurie de La Roche [4].

Ce qui occupa le plus notre gentilhomme à la campagne dans l'espace de ces quinze années, c'est assurément la reconstruction de son
château.

Retiré de la carrière militaire, qui n'avait été pour lui qu'une longue
déception, il tourna son activité et son ambition ailleurs : « Ce fut alors,
dit-il avec une énergique simplicité, que je voulus, dans les bastimens,

1. D'une part Balzac, Chapelain, de l'autre Tallemant.
2. V. Pièce just., 31, acte 28. — Cf. plus haut, p. 351 et 352.
3. V. ci-dessus les termes de l'autorisation donnée par Racan dans l'affaire
Foucqué. Ce titre sera contesté plus tard à ses enfants.
4. Archives d'Indre-et-Loire, G 465. Voir cet acte aux Pièces justificatives, n° 23.

laisser des marques d'avoir esté. La succession de madame de Bellegarde, qui avoit augmenté ma fortune de quinze mille livres de rente,
me donna le pouvoir de despenser soixante mille livres dans la moindre
de mes maisons, qui estoit celle que mon père m'avoit laissée, et où
j'avois esté nourry. Je fis en cela ce que le connestable de Richemont fit
pour sa charge après qu'il fut duc de Bretagne. Je voulus honnorer et
relever dans ma bonne fortune la maison qui m'avoit aidé et soustenu
en ma misère [1]. »

Racan préféra en effet, pour faire une reconstruction, le château de
La Roche à ceux de Fontaine-Guérin et du Bois-de-Neuvy, qu'il possédait depuis quelques années et qui étaient plus importants. Il nous dit
la raison de son choix : il avait à La Roche ce trésor inappréciable
qui se nomme les souvenirs d'enfance. C'était là aussi qu'il était revenu
goûter la paix de la campagne, là qu'il avait installé sa jeune femme
après son mariage, là qu'il voyait naître et grandir ses enfants, et il
rêva d'atteindre lui-même à la gloire tout en procurant à sa famille
un abri magnifique et digne de son amour.

En bâtissant, Racan suivait le mouvement général qui, avec le
développement de la sécurité et des arts, poussait alors aux belles
constructions : le cardinal de Richelieu donnait l'exemple en édifiant à
Paris le Palais-Cardinal, en Poitou le château de Richelieu, et la Touraine, la patrie de la pierre tendre et des merveilles de sculpture et
d'architecture, était une des premières provinces du royaume à entrer
dans ce mouvement [2].

Le château de La Roche était alors un vieux manoir féodal qui tombait en ruines et n'avait pour lui que l'avantage de sa situation, heureusement assis sur le premier degré d'un coteau et dominant un riant
vallon dont le ruisseau baignait le pied des tours.

Racan résolut tout d'abord d'élever le nouveau château sur une
partie seulement de l'ancien, en se servant des fondements de la construction féodale [3]. Le plan qu'il adopta ne manquait point d'originalité ;
il résolut, au lieu d'allonger le château sur le coteau, de le mettre en
quelque sorte à cheval sur la terrasse : elle fut traversée, au milieu,

---

1. Latour, I, 325. V. plus bas au Répertoire alphabétique, RICHEMONT.
2. Consulter sur ce point l'étude du D' Giraudet sur l'architecture tourangelle,
Société archéologique de Touraine, Mémoires, t. 33, 1885.
3. La preuve en est que le propriétaire actuel, M. Gauthier, en pratiquant des
fouilles sous la terrasse, a retrouvé, en 1892, des caves qui remontent au moyen
âge. — Nous allons décrire l'ancien château à l'aide des études que nous avons été
en faire sur place à diverses reprises, guidé surtout par les indications de M. de
Civrieux, qui avait fait de son habitation historique une si pieuse et si attentive étude.

par une fine galerie à portique, qui joignait un pavillon construit en
contre-haut à l'autre pavillon élevé sur le niveau de la vallée [1]. Ainsi le
château, qui se présentait de profil lorsqu'on le regardait du bas de la
vallée, ne se développait dans toute son ampleur que pour celui qui arrivait par la terrasse. La grande entrée donnait du côté de Tours, sur le
chemin de Neuvy, qui monte le coteau en pente douce dans un repli
de terrain [2]. Par là s'ouvrait la large cour d'honneur appuyée sur les
anciennes tours féodales [3]; elle présentait, à droite, les communs appuyés
au rocher; à gauche, au-dessous de la garniture de balustres, l'escarpe-
ment pittoresque du vallon; au fond, la façade du château avec sa ligne
pleine de mouvement, avec la finesse et la transparence de sa galerie
centrale, qui ouvrait de l'autre côté sur une grande avenue plantée
d'arbres.

L'aile droite du château se composait d'un pavillon qui contenait au
premier étage la chapelle, où l'on montait par un large escalier à balustres dit du Fer-à-cheval. Racan la dédia à saint Louis, qui était le patron
de son père et dont la dévotion s'était beaucoup répandue depuis vingt
ans en France, grâce au roi Louis XIII [4]. Il semble que ce soit la
première partie à laquelle les châtelains firent travailler; on reconnaît
là leur piété, et l'oratoire fut béni dès le 2 novembre 1636, par
le curé Maan, comme l'atteste cet acte que nous avons copié sur les
registres paroissiaux : « Le dimanche 2e jour de novembre moi Jean
Maan Curé ayant la permission de mons[r] l'Official a (sic) benist la Chapelle de La Roche soubs le patron St-Loys, faiste construire naguère par
haut et puissant seigneur messire Honorat de Bueil sieur de Racan. »

De ce pavillon partait la galerie légère, qui laissait au milieu un
passage en portique pour aller de la cour d'honneur dans le parc, et
d'un côté de la galerie se trouvait la salle à manger avec une grande

---

1. V. les 4 reproductions de photographies que nous donnons à la fin.
2. En face de l'entrée du château, de l'autre côté de la route, se trouvait,
jusqu'en ces dernières années, un amas de quelques maisons, appelé *la petite Roche*;
là étaient autrefois, dit-on, une maréchalerie, une auberge banale et un puits banal.
M. Gauthier a transformé ce hameau en une petite ferme moderne et a fait, d'une
grande grotte ou « cave » qui s'ouvrait dans le rocher, un superbe chai.
3. La terrasse s'appuie, entre autres, sur une vieille tour ronde, encore appa-
rente, au milieu de laquelle M. Gauthier a retrouvé, en 1892, un ancien carrelage.
La plupart des anciennes substructions de la terrasse sont en pierres *vermiculées*,
comme les murs du palais Pitti à Florence et ceux du palais du Luxembourg à
Paris. — Consulter à la fin deux vues de cette terrasse, prises du fond de la vallée.
4. En 1618, le roi obtint du pape Paul V un bref pour la célébration solennelle de la fête de saint Louis par tout le royaume (*Mercure fr.*, 1618, p. 271). —
Le bas de la rampe de pierre de l'escalier est orné d'une jatte débordante de
fruits.

cheminée décorée d'une coquille [1]. Le premier étage permettait de passer directement des appartements de l'aile gauche à la chapelle de l'aile droite.

Ce pavillon de l'aile gauche était de beaucoup le plus important puisqu'il reposait, 20 mètres au-dessous de la terrasse, sur le niveau même de la vallée. Transportons-nous donc maintenant de ce côté puisque c'est par là qu'il offre l'aspect le plus imposant.

Cette façade latérale de 100 pieds de hauteur [2] se décompose à l'œil en parties distinctes ; en bas un massif de maçonnerie de deux étages fait une forte assise inférieure, couronnée d'une large terrasse à balustres ; de là s'élancent les 3 étages d'habitation, ouverts chacun par 3 hautes fenêtres de façade, sobrement soulignées aux premiers étages par des linteaux saillants, de fins mascarons et de légers motifs de sculpture ; surmontées au troisième étage de frontons décorés, celle du milieu même en partie aveuglée par le riche motif central de la décoration de la façade, à savoir un grand cadre de pierre faisant une forte saillie soutenue par deux chimères en cariatides et portant le blason à croissant des Bueil dominé par une grande horloge que surmonte encore un casque à cimier [3]. Cette ligne d'ornementation somptueuse échancre le toit immense surmonté de ses cheminées et de ses girouettes. Une petite tour octogonale qui fait saillie flanque la façade à gauche, y mettant une gracieuse bordure latérale avec ses minces baies à frontons et sa fine terrasse à balustres.

L'intérieur n'est pas moins intéressant. Les gros murs du bas, de trois à quatre mètres d'épaisseur, sont fondés sur le roc ; les deux premiers étages, qui sont voûtés en voûtes d'arêtes, contiennent, le premier les caves et le cellier ; le second, les cuisines [4]. Le troisième, faisant rez-de-chaussée sur la terrasse, renferme les appartements de réception, dont le plus grand est à droite, formant une majestueuse salle à poutrelles, éclairée sur deux côtés par deux hautes fenêtres sur la terrasse et deux sur la vallée, chacune divisée en petits carreaux selon la coutume du temps : d'un côté, entre deux fenêtres, s'élève la grande cheminée, garnie, dans le fond, de la plaque fleurdelisée et, sur le devant, les hauts landiers, sur lesquels s'entassent les quartiers d'ar-

---

1. La coquille existe encore sur le mur extérieur de l'escalier de la chapelle.

2. 30 mètres sans le toit, 35 mètres avec le toit (à peu près la hauteur de la colonne Vendôme, qui a 33 m.). — Voir à la fin les deux reproductions de cette façade.

3. Le blason est tenu par deux lions héraldiques.

4. Celles-ci rappellent assez les belles cuisines du château de Chenonceaux, établies dans une des piles.

bres. Sur les autres panneaux s'étalent d'admirables tapisseries, celles
que Racan défendait contre ses créanciers avec une ardeur qui se comprend ; ce sont des chasses à courre, au milieu d'arbres vigoureux,
avec des fonds bleus et des clartés d'or, des ruisseaux limpides qui ser-
pentent dans la verdure, dans les lointains des châteaux en silhouette
et des coteaux bleutés, avec, au premier plan, de gros oiseaux qui
picorent [1].

Un monumental escalier de pierre [2] conduit de ce rez-de-chaussée
aux deux étages supérieurs où se trouvent, après des antichambres voû-
tées, les chambres à coucher, qui sont ornées de hautes cheminées,
garnies de panneaux en bois et éclairées d'admirables vues sur la vallée.

La petite tour latérale contient, aux deux premiers étages, des
cabinets clairs à pans coupés, et au troisième une terrasse où nous
soupçonnons notre poète d'avoir fait plus d'une station rêveuse, car c'est
de là que la vue est la plus belle, s'étendant à gauche sur un horizon
de prairies, de peupliers et de coins luisants de ruisseaux, qui se
prolonge à quatre lieues, jusqu'au clocher de Neuillé-Pont-Pierre ; à
droite, sur les maisons blanches et les toits d'ardoise de Saint-Pater,
qui paraissent semés dans un bocage ; dans la profondeur du bas le
regard se repose sur le ruisseau avec son moulin au pied des tours et
les prairies verdoyantes séparées par des haies de saules et d'aunes, ou
sur les châtaigneraies du coteau d'en face [3].

Les agréments de la nouvelle demeure étaient complétés par
le verger, situé sur une pente, au delà du chemin de Neuvy, ce verger
où Racan faisait si bien mûrir les pois, les fèves et les melons [4],
et par le beau parc de chênes, de pins, de hêtres qui domine le château, et où il pratiqua, sur le modèle de l'Astrée, des allées droites,
des cabinets de verdure et des charmilles [5].

1. Telles sont les tapisseries actuelles qui sont de l'époque même de Racan.
Il est resté dans le château quelques jolis meubles du 17e siècle, mais la plupart
sont du 18e, et fort beaux.

2. Ce bel escalier, un peu massif, est soutenu par des pilastres ioniens décorés
de guirlandes de fruits. Le plafond est formé de *voûtes d'arêtes* : de beaux échantillons de cette forme d'architecture se trouvent dans un monument de la même
époque, le Grand Séminaire actuel de Poitiers (l'ancien couvent des Carmélites
fondé par Anne d'Autriche).

3. Dans le bas se trouve aussi une source enfermée dans une vieille maçonnerie
circulaire en forme de tour, autrefois fermée par une porte. Elle se déverse dans
le ruisseau. — C'est devant le château que le vallon est le plus pittoresque, faisant
un étroit resserrement coudé qui forme une manière de gorge.

4. V. la correspondance de Malherbe à notre ch. xv. C'est la tradition qui
place là le verger de Racan : l'endroit est bien abrité du vent et planté aujour-
d'hui de vignes qui donnent d'excellent vin.

5. Le parc est sec et sain : le charme, le hêtre et le châtaignier y poussent
bien, le pin assez bien, le chêne n'y grossit pas. Les lapins y pullulent. Il est percé

Le château de La Roche-Racan, dont on peut voir encore le pavillon principal [1], offrait dans un agréable mélange la grandeur de l'ensemble et l'élégance des détails avec certaines naïvetés maladroites [2]. La décoration, qui porte nettement sa date, plus sobre qu'au temps de la Renaissance, moins grandiose que dans le style Louis XIV, consiste surtout dans le balustre, dont le règne était alors florissant :

> Aimez-vous *le balustre*, on en a mis partout,

aux escaliers, aux terrasses, à toutes les hauteurs [3]. En outre, à l'extérieur, les portes et les fenêtres sont légèrement soulignées par les frontons, les mascarons, les motifs de sculpture [4], qui donnent aux lignes comme un demi-relief; partout, surtout à l'intérieur, sont prodigués, comme alors dans la décoration des livres, les guirlandes, festons, jattes et couronnes de fleurs et de fruits, décoration un peu massive, mais abondante, qui devait délecter notre poète si épris, dans la campagne, des larges aspects de foison, de récolte et de vendange.

Bref, cette œuvre architecturale de Racan offre à l'histoire de la littérature un vif intérêt parce qu'elle présente une parenté manifeste avec ses ouvrages littéraires et qu'elle porte le fin et gracieux cachet du poète. Quelle différence, par exemple, avec le principal château de ses cousins de Sancerre, le château de Vaujours, orgueilleux manoir féodal qui dresse ses hautes tours à mâchicoulis tout au fond de la forêt [5]! Ici au contraire rien qui rappelle la guerre, rien même qui soit disposé pour la chasse, ce diminutif de la guerre; de la grâce, non sans grandeur, de la finesse et du mouvement, l'adaptation de l'architec-

de souterrains qui s'ouvrent sur le vallon, tout contre le château. M. de Civrieux a retrouvé un ancien puits dans le haut, près du verger. — Racan, selon la tradition, venait rêver de préférence dans l'allée Sud du parc, celle qui longe le verger et qui est au bord du chemin creux, en vue de la campagne.

1. ainsi que l'escalier de la chapelle du pavillon en contre-haut. L'emplacement de la galerie est maintenant occupé par une partie de la terrasse.

2. telle l'horloge faisant le motif central de l'ornementation de la façade de la vallée. La ligne la plus riche de décoration constituée par la saillie de l'horloge et les frontons des deux fenêtres latérales dépasse malheureusement le toit en l'échancrant; elle est évidemment placée trop haut, et les fenêtres sculptées devraient orner franchement le toit comme les fenêtres de la Renaissance ou bien être placées au-dessous, comme le sont la plupart des fenêtres sous Louis XIII. — Les cariatides-chimères qui soutiennent le motif de l'horloge sont extrèmement lourdes.

3. Le propriétaire actuel, M. Gauthier, en a fait refaire, en 1892, un très grand nombre au bord de la terrasse restaurée. Nous donnons une vue de cette nouvelle terrasse d'après une photographie que nous avons fait prendre en 1895.

4. entre autres les légers croisements de palmes, qui décorent le milieu du linteau des fenêtres sur la façade latérale.

5. Les ruines en sont fort imposantes, dans la forêt de Château-La-Vallière, près de la station actuelle de Vaujours, sur le chemin de fer à voie étroite.

ture aux bois et aux collines, un air aimable et curieusement ouvert sur les travaux des champs et les bourgs voisins, tous caractères enfin qui faisaient dire récemment à un bon juge que ce domaine était « une vraie propriété de *femme* » [1]. Racan, qui attachait tant de prix à plaire au beau sexe, eût trouvé dans ce mot la meilleure récompense de tous les soins qu'il s'était donnés.

Pour compléter son œuvre, il obtint une déclaration de Sa Majesté par laquelle l'ancien château de La Roche-au-Majeur porterait désormais le nom de La Roche-Racan [2].

Cette construction lui avait coûté 60 000 livres, environ 400 000 francs d'aujourd'hui : c'était trop pour sa fortune, et il devait en porter le poids toute sa vie [3]. Il édifia son château sous la direction d'un habile architecte dont nous ne connaissons malheureusement pas le nom. Pour la partie matérielle il s'adressa aux gens du pays qui s'entendaient et s'entendent encore fort bien à tailler et à sculpter la pierre [4] ; suivant une tradition locale qui a toute vraisemblance, il prit ses maçons et son entrepreneur dans cette famille *Gabriel* de Saint-Pater, à laquelle nous l'avons vu s'intéresser et qui a gagné à l'édification de La Roche ses crayons d'architecte [5], « la plus illustre de toutes les anciennes familles de constructeurs devenus architectes qui brillèrent en France depuis la Renaissance jusqu'à la Révolution [6] ». C'est Jacques Gabriel que Racan paraît avoir employé comme « maître maçon » et en même temps, chose étrange, comme secrétaire [7] ; son fils, nommé Jacques lui aussi, bâtira le château de Choisy et une partie du Palais-Royal ; le fils de celui-ci, Jacques III, élève de Mansard, continuera le Louvre, et

1. Mot de M. de Civrieux.

2. Bibl. Nat., Mss., dossier bleu, 1399, f. 5, v°. — Nous n'avons pu retrouver nulle part de vue de l'ancien château, pas plus que M. de Civrieux qui y avait mis toute son application. Seulement M. René Le More, lieutenant en 1er au 5e cuirassiers à Paris, a dit en 1879, à M. de Civrieux, avoir couché pendant les grandes manœuvres dans un château d'Eure-et-Loir, peu éloigné de Chartres, et y avoir vu une vieille estampe intitulée : « Maison forte de M. de Racan ». M. de Civrieux se proposait de demander des renseignements complémentaires à M. Le More, mais le jeune officier mourait subitement quelques jours après (29 octobre) au château de La Fougeraie (commune de Brèches, près de Saint-Paterne), dont son frère est actuellement possesseur, et toutes nos tentatives, pour retrouver ce précieux château d'Eure-et-Loir, ont malheureusement échoué.

3. Voir les dettes qu'il contracta en 1650, 1651, 1658. Pièce just., 31, actes 58, 60, 61.

4. C'est d'eux que se sert M. Gauthier aujourd'hui, et avec pleine satisfaction, pour faire les balustres et même les gargouilles de la terrasse (voir la photographie de la nouvelle terrasse, Planche 8). Quant à la direction de ses grands travaux, il l'a demandée uniquement aux deux maitres maçons de Saint-Paterne.

5. Sourdeval, 27.

6. Charles Lucas, Grande Encyclopédie, article *Gabriel*.

7. Latour, I, 344.

son fils, Jacques-Ange, élèvera l'École Militaire et les colonnades de la Place de la Concorde. A Racan revient probablement l'honneur d'avoir poussé cette famille d'artistes, ce n'est pas un des moindres intérêts de l'histoire de son château [1].

Notre gentilhomme était-il arrivé au but qu'il s'était proposé, et avait-il réussi par là à forcer la gloire qui l'avait fui dans les armes? Il se prenait lui-même à en douter dans une lettre adressée plus tard à Chapelain : « La despense que je fis, dit-il, quoiqu'elle fust au-dessus de mes forces, estoit beaucoup au-dessous de celles que font les favoris de la fortune dans leurs superbes maisons ; c'est ce qui me fit mépriser mon ouvrage.

« Les bastimens ne font paroistre que la richesse de ceux qui en font la despense ; s'il y a quelque chose d'ingénieux, l'on n'en donne la gloire qu'à l'architecte qui les conduit, et ils n'étendent guère plus loin que leur ombre la magnificence de leur maître, ni l'adresse de l'entrepreneur [2]. Le nom de Chapelain sera connu par sa *Pucelle* aux extrémités du nord et sur les bords du Boristhène et de la Vistule, avant que les peuples de la Sarte et de la Meine sachent que Racan a élevé des pavillons et des portiques, et, de quelque petite estendue que soit la réputation que nous en espérons, elle n'a rien de durable à l'éternité.

> Tous ces chefs-d'œuvre antiques
> ont à peine leurs reliques ;
> par les muses seulement
> l'homme est exempt de la Parque,
> et ce qui porte leur marque
> demeure éternellement [3]. »

Ainsi il craignait que les hommes apprissent seulement « la gloire de l'architecte » et oubliassent « la magnificence du maître et l'adresse de l'entrepreneur », et il redoutait encore la ruine pour son œuvre. L'avenir a-t-il assez bien déjoué ses craintes ! La majeure partie de son château subsiste encore intacte, et le nom de l'architecte est tombé dans l'oubli, tandis que l'habileté de Gabriel et le goût de Racan demeurent connus, et, à présent, plus qu'aucun de ses ouvrages poétiques, le

---

1. V. sur les Gabriel : Dr Giraudet, *Les Artistes tourangeaux.* Soc. archéol. de Touraine, t. 33, 1885, p. 192, et l'article cité de M. Charles Lucas (les sources y sont indiquées). Peut-être le constructeur du château de La Roche éleva-t-il l'ancien Hôtel de ville de Rouen, comme il semble par ce dernier article.

2. V. Lex., Ni, i, 1°, et, sur la quintuple répétition du verbe *faire*, FAIRE, viii.

3. Latour, I, 325. — Nous avons constaté souvent que l'inutilité des constructions est une de ses idées favorites, Ode à Bussy, str. 5 et *passim*.

château de La Roche-Racan contribue, comme une flamme fidèle, à entretenir dans la Touraine le souvenir et le culte de notre poète [1].

Mais lui qui ne pouvait percer l'avenir, l'entrevoyait sous des couleurs plus sombres. En somme, le bonheur auquel il touchait était tempéré encore, et c'est là une histoire bien humaine, par des pensées mélancoliques : la fortune qui lui venait à quarante ans, la famille qui lui arrivait après quatre ans de mariage aimable et nombreuse, la gloire littéraire sur laquelle il n'avait jamais compté et qui était maintenant officiellement consacrée par son entrée à l'Académie lui apportaient sans doute bien des joies, mais le grand rêve de toute sa vie n'était pas atteint, la déception du soldat était irrémédiablement consommée; il s'y ajoutait la déception nouvelle du constructeur, et des procès interminables avaient commencé et allaient continuer d'empoisonner sa vie.

1. On voit quelle est l'erreur de Paulin Paris, disant qu'on ne voit plus aujourd'hui de trace de ce château sur les cartes (édit. de Tallemant, II, 372).

On trouvera aux Pièces justificatives, n° 24, une note sur l'Histoire du château.

CHAPITRE XVIII

Les Odes sacrées.

1646-1652

I

Racan et sa femme, qui voyaient grandir leurs cinq enfants, durent s'occuper de leur éducation et pourvoir à leur avenir.

Leur fils aîné Antoine était malheureusement peu intelligent et ne flattait guère l'amour-propre paternel [1]. Ils le gardèrent auprès d'eux. On l'envoyait comme parrain auprès de toutes les familles des environs qui en témoignaient l'envie, et depuis l'âge de 7 ans il étale sur tous les registres du pays sa grosse signature prétentieuse *Anthoine de Bueil* [2]. Quand il eut 18 ans, en 1650, son père lui attribua la baronnie de *Fontaine-Guérin* [3], gardant pour lui-même le titre de *Racan*, qui était destiné à revenir aussi quelque jour à son fils.

---

1. Tallemant, II, 364. « Le grand chagrin de ce pauvre homme, c'estoit que son filz aisné n'est qu'un sot. »

2. V. aux Pièces just., n° 33, les nombreux actes paroissiaux qu'il a signés de 1632 à 1652.

3. Acte paroissial de 1650. Antoine y est même traité de « Marquis » de Fontaine.

Les deux autres, Louis et Honorat, étaient mieux doués. Racan reporta sur eux ses espérances, surtout sur le dernier, et il les plaça comme pages, l'un auprès de la Reine-mère Anne d'Autriche qu'il avait jadis approchée et célébrée, et l'autre auprès de la Grande Mademoiselle. C'était la vraie filière pour la carrière des armes ; lui-même avait ainsi commencé, et il espérait que ses enfants n'auraient point la malchance qui l'avait poursuivi : aussi bien les deux petits pages faisaient preuve d'une tout autre vivacité que leur père dans la même condition. Talle-mant dés Réaux nous conte leurs enfantines prouesses, en les confon-dant tous deux en un seul, erreur qui a été répétée depuis par les éditeurs et biographes successifs de notre poète [1].

L'aîné, Louis, était donc page de la Reine Régente : comme fils de M. de Racan, il fut tout de suite appelé *Racan* à la cour [2], malgré les efforts de son père, qui aurait voulu le faire nommer *M. de Valènes* du nom de la terre qu'il lui avait attribuée [3]. Un portrait de l'école de Mignard nous le montre avec une figure pleine, un regard éveillé et malin, une bouche dédaigneuse [4]. Le petit Racan n'avait peur de rien, nous le voyons par la manière dont il déchaîna toute une Fronde de pages. « Il s'adonna, dit Tallemant, à porter la robe de Mademoiselle. Au commencement ses pages en grondèrent » ; mais elle, qui était très sensible à la vanité, « leur dit que toutes les fois qu'un page de la Reyne lui voudroit faire cet honneur, elle luy en seroit obligée. Il continua donc ; eux, enragez de cela, le firent appeler en duel par le plus petit d'entre eux. Ils eurent tous deux le fouet » de leurs gouverneurs « en diable et demy, car ils se vouloient aller battre [5]. »

1. Tall., II, 365 ; cf. Coustelier, Tenant de Latour, Sourdeval, etc. La source de l'erreur s'aperçoit clairement : ces deux pages ont inspiré 2 pièces de l'œuvre de Racan, dont nous parlerons plus loin, l'une est un madrigal adressé par l'un des pages à la Reine Anne d'Autriche ; l'autre, l'épitaphe du second page, qui mourut, dit l'édition originale de 1660, page de Mademoiselle. Les éditeurs, en rapprochant ces deux pièces, ont cru que le titre de *page de Mademoiselle* était une erreur pour *page de la Reine*, et ils ont fait faussement la correction, sans distinguer les deux fils de Racan, qui ont été pages. Nous avons été mis sur la voie de la découverte de cette erreur par la Notice manuscrite de Conrart, qui distingue nettement les deux pages, comme on peut le voir à la Pièce just. 48.

Nous avons été confirmé par une pièce du Cabinet des Titres, Bibl. Nat., Mss., Nouveau d'Hozier, n° 8543, f. 32.

2. Notice de Conrart.

3. V. le baptême de 1641, — et non M. de Bueil, comme dit Paulin Paris (Tall., II, 365 en marge) ; d'ailleurs Racan ayant deux fils à la cour ne pouvait raisonnable-ment prétendre qu'on les appelât tous les deux MM. de Bueil.

4. Portrait qui se trouve au château de La Roche-Racan, et dont nous don-nons à la fin la reproduction. Il représente probablement *Louis* plutôt qu'Antoine ou Honorat, car il a un costume militaire de cour et paraît âgé d'environ dix-huit ans (Honorat est mort à quinze ans).

5. Tall., II, 365. Au fond de cette anecdote ne retrouverait-on pas le vestige

Une autre fois les pages de la Reine s'étaient fort émus de ce que l'argentier leur retranchait l'une des deux *petites oies*, ces garnitures de rubans qui leur étaient dues, et auxquelles ils tenaient beaucoup : ils résolurent de présenter à ce sujet une requête à la Reine. Ils déléguèrent pour cela le petit Racan, comme le plus hardi. La Reine, croyant comme tout le monde qu'il était poète ainsi que son père [1], lui répondit : « Ouy, mais estant filz de M. de Racan, vous ne l'aurez point que vous ne me la demandiez en vers. » Alors le père fit pour son fils cet aimable madrigal :

> Reine, si les destins, mes vœux et mon bonheur
> vous donnent les premiers des ans de ma jeunesse,
> vous dois-je pas offrir cette première fleur
> que ma Muse a cueillie aux rives de Permesse ?
> Si mon père, en naissant, m'avait pu faire don   5
> de l'esprit poétique ainsi que de son nom,
> qui l'a rendu vainqueur du Temps et de l'Envie,
> je pourrais dans mes vers donner l'éternité
>   à votre Majesté,
>   qui me donne la vie [2].   10

Si le page était obligé de recourir à son père pour les vers français, les rôles changeaient lorsqu'il s'agissait de traductions latines. Ainsi le petit Louis traduisit en français le psaume *Exaudiat te Dominus*, et quand notre poète voulut en faire la paraphrase poétique, il se servit de la version de son fils [3].

Les évidentes préférences de Racan allaient à son dernier fils Honorat [4], nature plus vive que celle d'Antoine et moins altière que celle de Louis, esprit brillant et en même temps pratique [5], cœur géné-

---

des deux pages méconnus par Tallemant ? ne s'agirait-il point d'un duel entre eux deux, et ces mots « le plus petit d'entre eux » ne désignerait-il pas, dans la bouche de celui qui avait transmis l'histoire au conteur, non pas le plus petit page de Mademoiselle, ce qui ne s'explique guère, mais Honorat, page de Mademoiselle, *le plus petit des deux frères ? — En diable et demi* doit signifier : très vigoureusement.

1. C'est évidemment le sens de la phrase de Tallemant, qui est peu claire en apparence, II, 365.

2. Latour (I, 225), qui paraît avoir pris ce madrigal dans Tallemant, a commis une légère erreur : au vers 4 il écrit *du* Permesse au lieu de : *de* Permesse. De plus il écrit le vers 6 : *de son esprit poétique* en donnant seulement trois syllabes à ce dernier mot. — *Ainsi que de son nom* : le mot est rigoureusement vrai, puisque le page était appelé *Racan*. — Vers 5, *en naissant* : V. Lex., Eɴ, ɪᴠ.

3. Nous avons retrouvé cette note de Racan dans l'édition de 1651, en tête du psaume 19 : « Ce psaume avoit été fait sur le latin par le petit Racan Page de la Reyne, et depuis paraphrasé par monsieur de Racan son père, pour l'accommoder à la personne du roy. »

4. Tall., II, 365, et Epitaphe.

5. Nous pensons que c'est à lui que doit s'appliquer ce *mot d'enfant* rapporté par Tallemant, iI, 365 : « Je voudrois bien, disait-il à son père, qu'on payast à Mon-

reux, qui ne lui causa jamais le plus léger souci, et faisait le bonheur et l'espoir de sa vieillesse. Il le plaça vers 1647 [1] (l'enfant avait 12 ans) aux pages de la Grande Mademoiselle, cette fille aînée de Gaston d'Orléans, qui était alors dans l'éclat de sa vingtième année et se préparait à jouer son rôle brillant d'orgueilleuse et chevaleresque amazone pendant la Fronde [2]. Il eut simplement le nom de *Bueil*. L'on n'entendait partout qu'une voix pour saluer en lui l'héritier du mérite et des antiques vertus de sa maison.

De leurs deux filles, les châtelains de La Roche firent élever l'une au couvent et gardèrent l'autre auprès d'eux. L'aînée, Françoise, fut confiée de bonne heure au prieuré de bénédictines du Boullay, situé en Touraine, à une dizaine de lieues de La Roche [3]. Elle devait être précoce : nous avons trouvé une signature donnée par elle à 5 ans, deux ans avant l'âge ordinaire des premières signatures de ses frères et sœur : il est vrai qu'elle écrivait alors son nom avec trois *s*, *Fransoises de bueil* [4]. Son beau portrait, peint plus tard par Mignard, nous la représente avec une expression très fine, de belles boucles brunes encadrant son visage, des yeux bleus, doux et étonnés qui rappellent ceux de son père [5]. On le trouvera reproduit à la fin du volume.

La cadette, Madeleine, fut, suivant la Notice manuscrite de Conrart, « nourrie auprès de sa mère », et ses fréquentes signatures dans les actes paroissiaux nous en apportent la preuve. On la mit au couvent seulement pendant quelques semaines, quand elle eut 12 ans, pour sa

---

sieur six cens escus de ses menus plaisirs qu'on luy doit, j'en aurois ma bonne part. » Le mot ne signifie rien dans la bouche d'un page de la Reine : au contraire chez un page de Mademoiselle il dénote un esprit avisé et pratique. — Tallemant appelle Gaston *M. d'Anjou* par une vieille habitude : il y avait longtemps qu'il ne portait plus ce nom, qui était maintenant celui du jeune frère de Louis XIV.

1. Nous n'avons plus trouvé en Touraine d'acte signé de lui à partir de la fin de 1646.

2. V. le portrait si piquant que lui a consacré Sainte-Beuve au 3e vol. des *Lundis*. — Segrais, ce successeur de Racan dans le genre bucolique, entra précisément en 1648 au service de la Grande Mademoiselle, chez qui notre poète put le voir.

3. Notice de Conrart. — Le prieuré du *Boullay* (comme on écrivait autrefois), situé près de Châteaurenault, fut fondé au 12e siècle par les comtes de Blois, détruit au 16e siècle, rétabli au 17e par une dame Françoise de Montgarny, qui en fut prieure pendant trente ans et mourut en octobre 1661 : elle était sans doute en fonctions lorsque Françoise était dans la maison. — Le prieuré fut réuni en 1752 à l'abbaye d'Étival. Il n'en reste plus aujourd'hui qu'une partie de l'église paroissiale actuelle du Boulay ; la place du monastère est occupée par une ferme qui a conservé dans le pays le nom de Couvent du Boulay. Nous devons ces renseignements à l'obligeance de M. Girard, curé du Boulay.
Nous n'avons plus trouvé aucune trace du séjour de Françoise à La Roche, à partir de 1643 (six ans) ; elle était au couvent en 1651 (Notice de Conrart).

4. V. aux Pièces justif., n° 37, les actes paroissiaux qu'elle a signés.

5. Au château de La Roche-Racan.

première communion. On choisit le couvent de Beaumont-lez-Tours, où Mme de Racan avait sa sœur Catherine du Bois religieuse depuis 20 ans [1]. La chronique de l'abbaye, qui était tenue par une des religieuses, porte mention du séjour de la pensionnaire provisoire. Le 16 octobre, dit-elle en un style plus pieux qu'élégant, madame de Racan amena sa fille, mademoiselle de Bueil, et supplia la supérieure « de permettre qu'elle fist sa première communion en ceste maison pour qu'elle eust moyen de se faire bien instruire, et faire une bonne préparation, à ce qu'elle fist utilement ceste saincte action [2] ». Il est probable que les religieuses trouvèrent l'enfant déjà très bien préparée par sa mère, car elles l'admirent à la première communion au bout de 15 jours, à la fête de la Toussaint, et dès le 12 novembre Mme de Racan vint chercher sa fille pour l'emmener à Paris, où se trouvait, comme nous le verrons, notre gentilhomme pour ses affaires.

Ainsi, à partir de l'année 1647 environ, les châtelains de La Roche, ayant mis deux fils aux pages et une fille au couvent, n'avaient plus que deux enfants auprès d'eux, l'aîné et le dernier, Antoine qui avait alors 14 ans et Madeleine qui en avait 8. Un trait que nous trouvons dans le *Segraisiana* et qui doit se rapporter à cette époque, jette un demi-jour curieux sur cette vie de famille à quatre, sur les goûts de l'adolescent, la tendresse du frère et de la sœur, la condescendance du père. Antoine aimait l'algèbre avec une telle ardeur qu'il passait les journées entières dans le vaste grenier de La Roche à supputer, et s'il descendait, ce qui lui arrivait rarement, c'était pour s'entretenir avec sa sœur qu'il aimait beaucoup. « Je l'excuse, disait son père, parce que c'est sa passion, de même que la mienne étoit de faire des vers dès ma plus tendre jeunesse [3]. »

Les registres paroissiaux nous permettent encore de suivre un peu Racan et sa femme, soit qu'ils assistent à d'importantes cérémonies,

---

1. Chronique de Beaumont, éd. Charles de Grandmaison, *Soc. arch. de Touraine*, t. XXVI, en 1876. V. des mentions de Catherine, p. 115, 117, 118, 130, 136, 137, 160. Elle venait d'être élue « dépositaire » en 1650.

2. *Id.*, p. 167. La bonne sœur dépasse encore Racan dans l'abus du verbe *faire*. — Il est très probable que *mademoiselle de Bueil* désigne Madeleine et non Françoise : 1° parce qu'en 1651 Françoise avait quatorze ans, ce qui est tard pour une première communion; 2° parce qu'elle était au couvent non du Boullay, mais de Beaumont; 3° parce que Françoise comme l'aînée était appelée Mlle de Fontaine (V. un marrainage de Françoise à Saint-Pater, 14 mars 1637).

3. 1re partie, p. 129. Il s'agit très probablement d'Antoine, les deux pages ayant une humeur moins solitaire. Il tenait ce goût pour les mathématiques de son père, l'un des rares poètes chez qui il se rencontre. — Segrais avait peut-être entendu ce mot de Racan lui-même, qu'il put voir, nous l'avons dit plus haut, chez la Grande Mademoiselle.

tels le mariage de René de Robert, un baptême chez le bailli, un autre chez ce Le Breton, roi d'armes de France, qui a adressé au poète un éloge en vers sur ses premiers psaumes, soit qu'ils servent dans les mariages de père et de mère aux orphelins du bourg[1] : l'on se représente aisément le bénin seigneur conduisant le cortège de ces noces rustiques qu'il a si bien décrites dans les Bergeries :

> ... èt déjà dans le bourg toute la populace
> au son des violons s'assemble dans la place...

Nous le voyons à cette époque user de générosité envers l'un de ses vassaux, en lui remettant le paiement des rentes auquel l'obligeait l'achat d'un domaine relevant de La Roche. Il le fait dans une apostille mise au bas de l'acte de vente, que nous avons retrouvé dans les archives du notaire de Saint-Paterne. Ces 6 lignes, qui sont manifestement de la même encre et de la même écriture que la signature, ont un haut prix : ce sont les seules authentiques que nous connaissions de la main de notre poète, et il se trouve que le seul autographe certain que nous ayons de lui est le témoignage d'une bonne action. Nous en donnons le fac-similé d'après une photographie que nous avons fait prendre.

« Nous avons Remis les rentes du present contract de laquereur sans préjudice de nos autres droicts seigneuriaux et féodaux et a la charge d'exiber aux prochaines assises. fait à la Roche Racan le onziesme jour de septembre mil six quarante sept.

HONORAT DE BUEIL RACAN [2]. »

1. V. aux Pièces justificatives, de 31 à 39, les actes paroissiaux signés par chacun des membres de la famille pendant cette période.

2. Étude de Mᵉ Penot, liasse Georget, 1647, 2ᵉ paquet, acte du 3 sept. 1647, « Contract entre François Roger et la veuve Huet ». — Le gentilhomme a oublié dans la date le mot cent. — On trouvera à la fin, à la Planche 2, un fac-similé plus complet de cet acte. Nous adressons tous nos remerciements à Mᵉ Penot, qui nous a laissé avec la meilleure grâce en prendre la photographie.

Notre gentilhomme, comme on le pense bien, allait visiter ses amis ou se promener avec eux, et c'était souvent pour lui l'occasion d'étourderies qu'il prenait plaisir à conter ensuite et dont Tallemant nous a rapporté quelques-unes : « Il alloit voir un jour un de ses amys à la campagne, seul et sur un grand cheval. Il fallut descendre pour quelque nécessité : il ne put trouver de montoir; insensiblement il alla à pié jusqu'à la porte de celuy qu'il alloit voir; et y ayant trouvé un montoir, il remonte sur sa beste et s'en revient sur ses pas, sans sortir de sa resverie[1]. »

« Un de ses voisins luy donna une fois un fort beau bois de cerf. Racan dit à son valet, qui estoit à cheval avec luy, de le prendre. Il estoit tard; Racan le pressoit, ce garçon luy dit : « Monsieur, j'ay mis tantost de toutes les façons ce que vous m'avez donné; je voy bien que vous ne sçavez pas combien il y a de peine à porter des cornes, car vous ne me tourmenteriez pas tant que vous faittes[2]. »

« On dit qu'il boitta tout un jour, parce qu'il fut tousjours à se promener avec un gentilhomme boitteux. »

« Un matin estant à jeun, il demanda un doit de vin chez un de ses amys. L'autre luy dit : « Tenez, il y a là-dessus un verre d'hypocras et un verre de medecine que je vais prendre. Ne vous trompez pas. » Racan ne manque pas de prendre la medecine, et cet homme ayant eu soing de la faire faire la moins desagréable qu'il avoit pu, Racan crut que c'estoit de médiocre hypocras, ou de l'hypocras esventé. Il va à la Messe, où peu de temps après il sentit bien du desordre dans son ventre, et il eut bien de la peine à se sauver dans un logis de connoissance. Le malade qui avoit pris l'autre verre ne sentoit que de la chaleur, et n'avoit aucune envie d'aller. Il envoye chez Racan, qui luy manda que pour ce jour il seroit purgé sans payer l'Apoticaire[3]. »

II

La vie patriarcale que Racan menait en Touraine fut brutalement interrompue encore une fois par les procès, qu'il croyait pourtant bien éteints depuis 1644, à la suite de 13 années de lutte et de chicane.

---

1. Tall., II, 360.
2. Id., 363, n. 1. J'ay mis tantost = je viens de mettre, V. TANTÔT, 3°, dans Littré. — Ce valet, qui avait avec lui son franc parler, est peut-être Nicolas Deschamps, que nous avons déjà mentionné.
3. Tall., II, 361. L'hypocras était une sorte de sirop.

Son pupille, le jeune comte de Sancerre, Jean VIII, se fit émanciper à 16 ans, en 1646[1], et, poussé par le nouveau mari de sa mère, il protesta violemment contre le règlement de comptes arrêté par les sentences arbitrales et confirmé par les arrêts du Parlement : il dénonçait sa part contributive comme beaucoup trop forte dans les dettes de la succession[2].

Le beau-père était si fort animé qu'en 1650 il alla jusqu'à appeler Racan en duel, sans égard pour ses soixante ans. Aux seconds chargés de la provocation notre poète, moins brave que Malherbe en pareille circonstance[3], répondit d'abord assez piteusement en s'excusant sur son âge et son asthme : « Je suis fort vieux, et j'ay la courte haleine. — Il se battra à cheval », lui dit-on. — « J'ay des ulcères aux jambes, quand je mets des bottes », reprit-il. « Mais je feray porter une espée; s'il m'attaque, je me défendray... Nous avons un procez, nous n'avons pas une querelle. » Les maréchaux de France, chargés d'examiner cette affaire, gourmandèrent fort le lâche agresseur[4].

Le procès renaissait donc, et il ne devait pas finir de si tôt. Pour s'en occuper de près, Racan dut passer avec sa femme une partie de l'année 1651 à Paris[5]. Il prit pour avocat consultant Patru, et pour procureur Louis Faroard, qui était le beau-frère de Chapelain et qu'il nommait plaisamment « le beau-frère de l'Académie »[6].

Sa présence à Paris était encore utile pour un autre procès qu'il avait à ce moment sur les bras avec son voisin de Touraine, le prévôt d'Oé, Jean Royer[7]. L'ombrageux chanoine, qui se trouvait humilié depuis longtemps de partager avec Racan la suzeraineté féodale de la paroisse de Saint-Pater, cherchait toujours une occasion de contester les droits de son rival. Il la trouva en 1651, lorsque Racan fit remplacer devant l'église du bourg le vieux poteau peint à ses armes qui était tombé en pourriture, et en fit remettre un neuf à côté de celui du prévôt d'Oé[8].

1. Bibl. Nat., Mss., Pièces originales, vol. 550, f° 274. Au f° 275 on voit que Racan ne fut plus tuteur des sœurs de Jean VIII à partir de 1650.

2. Id., factum du 28 août 1646.

3. V. Mém., p. LXVIII. Malherbe, quand il voulait absolument se battre, était encore plus âgé : il avait 73 ans.

4. Tall., II, 364.

5. Tallemant constate sa présence à Paris en 1651, Balzac le « 14 d'Août » (I, 911), la chronique de l'abbaye de Beaumont au mois de novembre.

6. Tall., II, 366. Louis Faroard avait épousé Catherine Chapelain, sœur de l'académicien. L'accusation d'avarice à l'égard de Patru, que le conteur porte dans cette page contre Racan, nous a tout l'air d'une pure calomnie.

7. Nous avons trouvé les deux pièces manuscrites du procès aux Archives d'Indre-et-Loire, G 465, Seigneurs de Bueil : « Blasmes fournis contre l'aveu rendu au sieur Prevost d'Oé par Monseigneur de Racan en 1651 avec la réponse du Seigneur de Racan. » Nous publions cette réponse à la Pièce justificative 25.

8. Nous avons fait prendre une photographie de la place de l'église de Saint-

Celui-ci irrité lui contesta ce droit, et, reprenant l'aveu détaillé que lui avait rendu Racan cinq ans auparavant, avec le dénombrement de tous ses droits, il le discuta article par article et adressa un acte de *blâmes* aux Requêtes du Palais, élevant des contestations sur tout, sur le montant des droits en argent que Racan lui devait, sur la dépendance reconnue à son rival par certains petits fiefs, sur les droits de pêche et de barrage qu'il s'arrogeait dans la rivière, sur le titre qu'il prenait de *fondateur de l'église*, lequel, au dire du prévôt, n'appartenait à Racan que par la coutume [1], sur le droit de *poteau* et de *caveau* devant l'église, etc., etc. Enfin il demandait que son adversaire fût condamné à rendre un autre aveu ou que la cour lui attribuât à lui-même les revenus de La Roche.

Racan indigné répondit au Parlement que le juge ordinaire lui avait donné acte de son aveu, et que le demandeur avait laissé passer non seulement les 40 jours réglementaires, mais encore 5 ou 6 ans, durant lesquels il n'avait élevé aucune réclamation, « et il est tout manifeste, ajoutait cette défense, que tout ce que le demandeur a fait n'est que pour satisfaire à sa mauvaise humeur, pour molester mal à propos le sieur de Racan ». En conséquence il dédaigne de répondre à tous les griefs de l'accusation, dont il ne retient que l'affaire du poteau, réclamant énergiquement le maintien de ce droit très ancien, qui a toujours appartenu aux sieurs de La Roche-Racan, comme seigneurs justiciers. Quant à payer de nouveaux droits au prévôt, il s'y refuse absolument et demande au contraire que « pour le trouble qu'il lui cause, le dit prévost soit condamné à tous les dépens, dommages et intérests ». Nous n'avons malheureusement pas retrouvé l'arrêt du Parlement, mais il nous semble bien difficile qu'il n'ait pas débouté le chanoine de son envieuse demande; l'essentiel est de constater la fermeté que Racan a toujours témoignée pour maintenir le principe de ses droits *féodaux*.

En somme, cette seconde période de procès ne nous paraît point plus défavorable à notre homme que la précédente, et se trouvera-t-il quelqu'un aujourd'hui pour accuser Racan d'esprit de chicane, quand on voit tantôt des jeunes gens excités par un étranger violent, tantôt un seigneur jaloux mettre leur passion à ressusciter contre lui de vieilles affaires ou à en susciter d'étranges [2]?

Paterne, qui fut un sujet de contestation pour notre gentilhomme et où il passa si souvent. On en trouvera la reproduction à la fin.

1. Nous lui avons vu ce titre dans l'autorisation de banc donnée à Foucqué.

2. Racan et sa femme reçurent, de la mère de celle-ci, Françoise Olivier, le

III

Pour se désennuyer pendant son séjour à Paris, Racan ne perdait pas une séance de l'Académie, qui se tenait alors chez le chancelier Séguier [1], dans cet ancien hôtel Bellegarde, où il avait passé tant d'années de sa jeunesse. Le duc et la duchesse étaient morts, mais le poète vieillissant devait retrouver cette maison peuplée de leurs souvenirs.

Il témoignait à ses confrères la confiance la plus affectueuse : plus il était injustement attaqué par des gentilshommes cupides, plus il appréciait la simplicité et la sûreté du commerce de ces gens de lettres. Il disait qu'il n'avait d'amis que messieurs de l'Académie et il amena un jour avec lui son fils aîné pour lui faire saluer tous les académiciens [2].

Il était à l'Académie le jour où elle reçut le baron Spar, grand seigneur de Suède, envoyé de la reine Christine, et c'est lui qui fut chargé d'aller, avec Boisrobert et Tristan, le recevoir à la porte de la salle, détail caractéristique qui montre qu'il était apparemment dans la compagnie, en dépit de ses distractions, l'un de ceux qui avaient le plus d'usage de la cour [3].

Il amusait souvent ses confrères par sa bonhomie. Un jour l'on discutait gravement à l'Académie sur les deux formes *Vulcain* et *Vulcan* : Chapelain décida qu'il fallait dire *Vulcan* en vers et *Vulcain* en prose. « Alors », dit plaisamment notre poète, « selon cette distinction il faudrait m'appeler *Racan* en vers et *Racain* en prose [4]. »

Dans la compagnie, nous l'avons vu, il avait choisi son avocat et

---

5 avril 1646, dans l'après-midi, à l' « hostellerie de Sainte-Marthe », à Tours, les 8000 livres qui leur étaient encore dues des 32 000 promises pour la dot de Madeleine. La quittance fut donnée en marge de la 1ʳᵉ page du contrat (V. Esnault, p. 15 et 16).

Nous avons trouvé des preuves que Racan s'endetta à cette époque, probablement pour payer les dépenses de son château. Il contracta des créances le 23 avril 1650 auprès d'un nommé Goulard, le 18 nov. 1651 auprès des époux Lasserré, le 26 février 1652 auprès de Milon (*Archives d'Indre-et-Loire*, G 465, Seigneurs de Bueil, Sentence de 1698, p. 7 et 8).

1. Fabre, *Chapelain*, p. 84. — Voir notre Plan, p. 151.
2. Tall., II, 362, 364.
3. Le 15 mai 1652. Pellisson, *Hist. de l'Académie*, I, 146.
4. Ménage, *Observations*, 1ʳᵉ partie, p. 348, et *Menagiana*, II, 285. L'anecdote se trouve encore dans le *Lantiniana*, ce manuscrit de Dijon que nous avons cité. — *An* est la forme savante, *ain* la forme populaire du suffixe latin *anus*. La Fontaine employa la forme *Vulcan* en vers et en prose (éd. Régnier, t. II, 317, n. 18). — Par sa boutade, Racan, en fidèle disciple de Malherbe, raillait la théorie de la distinction entre le vocabulaire de la prose et celui de la poésie.

Il était moins bien inspiré le jour où, au reproche qu'on lui adressait de dire *pléonisme* au lieu de *pléonasme*, il répondait : « On dit bien *solécisme*. » (Menagiana, *ib.*)

tout près d'elle son procureur, et il profitait de ses visites à l'Académie
pour s'entretenir de ses affaires avec Patru et Chapelain. Il lui arriva
un jour, grâce à son étourderie que l'âge ne corrigeait pas, de les prendre
l'un pour l'autre : il voyait Patru tous les jours, et le mardi [1] il l'emme-
nait dans son carrosse à l'Académie. Une fois, à l'issue de la séance, il
va vers Chapelain, et lui offre de le remmener comme il l'a amené.
Chapelain refuse, Racan part avec sa femme qui est venue le prendre.
Quand ils sont déjà assez loin, sa femme lui demande : « Où est donc
M. Patru? — Ah! » dit-il; « vous verrez que j'ay cru parler à luy, et
j'ay parlé à un autre. » Il retourna, mais Patru n'y était plus [2].

Ménage, à cette époque, eut l'idée de lui demander sa contribution pour une édition qu'il projetait des œuvres de Malherbe [3]. Depuis
vingt ans que le poète était mort, les éditions n'avaient pas manqué,
mais avec son goût érudit et minutieux Ménage sentait leur insuffi-
sance, et il songeait à en donner une, enrichie d'observations précises sur les vers de Malherbe et accompagnée d'une bonne *Vie* du
poète; pour avoir les éléments de cette *Vie*, à qui s'adresser mieux qu'à
Racan, le disciple favori, qui représentait dans la république des lettres
le souvenir vivant et les traditions du maître, et qui avait si souvent à
la bouche des anecdotes sur son compte? Il ne fallait pas songer à lui
demander de faire lui-même l'édition, Racan n'avait aucun goût pour
ce genre de travail; Ménage se contenta de solliciter de lui des *mémoires*
pour la Vie de Malherbe, c'est-à-dire, selon le sens du temps, des *notes*
sur ce qu'il avait vu, entendu, en un mot su par lui-même.

Notre poète prit la plume sans se faire prier, et, d'abondance, sans
plan prémédité, s'abandonnant à l'inspiration capricieuse de sa mémoire,
il improvisa sur les souvenirs de sa jeunesse les notes demandées et les
envoya aussitôt à Ménage [4].

Il avait commencé par noter très brièvement le peu qu'il savait
sur « les évènements les plus remarquables » de la vie de son maître.
Puis il passait à « sa personne et à ses mœurs. Sa conversation,
disait-il, étoit brusque; il parloit peu, mais il ne disoit mot qui ne
portât; en voici quelques-uns. » Viennent alors, non pas quelques-uns
de ces mots, mais une foule de boutades échappées à Malherbe sur tous
sujets, en toute occasion, à toute époque. C'est évidemment là ce qui
avait le plus frappé et diverti notre poète, c'est ce qu'il avait le mieux

---

1. Les séances avaient lieu à cette époque le mardi. V. Fabre, *Chapelain*, ch. IV.
   Tall., II, 366.
3. V. sur cette question une note détaillée aux Pièces justificatives, n° 27.
4. V. le texte dans Lalanne, *éd. de Malherbe*, t. I, p. LXIII-LXXXVIII.

retenu et ce qui remplit la plus grande partie de ses mémoires, qui forment un véritable Malherbiana.

Lui-même s'aperçoit bien au milieu du récit que la plupart de ces boutades sont dépourvues de sel : « Ces discours, dit-il alors, ne se peuvent exprimer avec la grâce qu'il les prononçoit, parce qu'ils tiroient leur plus grand ornement de son geste et du ton de sa voix. » Un homme ne se raconte pas. Or c'étaient surtout des *impressions de conversation* que Racan avait gardées de Malherbe, et il les faussa par *l'écriture*, comme cela arrive. Il avait conservé le sentiment d'un homme amusant et spirituel par sa brusque franchise, et il nous donne celui d'un bourru et d'un malotru, rabaissant ainsi, naïvement et sans le vouloir, la mémoire du maître qu'il avait tant aimé [1].

Les seules pages véritablement intéressantes sont les dernières, où Racan se laisse aller à raconter avec quelque détail les *observations* littéraires que lui faisait Malherbe. Mais, pris de scrupule, il arrête vite cette digression, qui ne doit pas trouver place dans une *Vie* du poète, et avertit qu'il omettra « beaucoup de choses... qui seroient trop longues à dire, et qui auroient meilleure grâce dans un *art poétique* que dans sa vie ». Quel regret que Ménage n'ait pas demandé plutôt à Racan des mémoires pour reconstituer l'art poétique de Malherbe! Enfin, après quelques généralités littéraires sur son maître, Racan termine par le récit de sa mort.

Ce document est encore le plus précieux que nous ayons sur Malherbe, mais nous avons laissé apercevoir tous les défauts de sa rédaction : c'est d'abord ce manque d'ordre qui sent son improvisation. En dehors des premières lignes, qui mentionnent la naissance, et des dernières qui relatent la mort, l'ensemble forme une galerie de *mots* placés sans aucune suite de matières ou de temps, et il est de toute évidence que l'auteur s'est contenté de jeter au hasard ses souvenirs sur le papier à mesure qu'ils lui arrivaient.

Au défaut de classement se joint le manque d'appréciation et de conclusions. Toutes ces pages ne renferment pas une opinion personnelle de l'auteur sur Malherbe, mais rien qu'une rangée de faits, qui ne marchent jamais à une démonstration ou à une affirmation quelconque; il faut faire une seule exception pour l'ébauche de groupement des quelques faits religieux, que l'on trouve à la fin, à propos de la mort. La principale conclusion que le lecteur tire lui-même de ces notes est que Malherbe était *brusque*, mais nulle part elle n'est formulée, et elle sort

---

1. V. sur ce sujet notre article dans la *Revue bleue* du 3 décembre 1892 : *Un reporter au* xviiᵉ *siècle.*

du refrain monotone qui revient sans cesse, à la façon homérique :
« M. de Malherbe dit *brusquement à son ordinaire* [1]. » Il est curieux
de parler aussi longtemps sur un homme sans donner, pour ainsi dire, un
seul trait de sa physionomie. Cette absence de toute synthèse, même la plus
élémentaire, révèle à un degré rare le manque d'esprit philosophique.

Ce qui est plus surprenant encore, c'est l'absence de choix et même
de discrétion dans les souvenirs que rapporte le disciple. Il donne avec
une étonnante sérénité le médiocre et le mauvais aussi bien que le bon,
et l'on trouve dans ces pages bien des puérilités, bien des mots risqués
peu dignes de Malherbe, et même des grossièretés telles que plusieurs
n'ont pu encore trouver d'éditeurs [2]. Le goût, semble-t-il, et une piété
filiale bien ordinaire eussent dû arrêter parfois la plume de l'auteur.
Ces lignes révèlent chez Racan une naïve inconscience, ou même, si
l'on veut, peu de délicatesse morale. Nous n'y voyons que deux circonstances atténuantes : la première, c'est que l'élève témoigne de la
même bonhomie en ce qui le concerne lui-même, reproduisant et
étalant les reproches même désagréables que lui prodiguait Malherbe ;
la seconde est qu'il croyait faire une simple confidence à un ami, sur
qui il pourrait se reposer pour émonder ce qui méritait de l'être et
faire le travail dont lui-même ne se donnait pas la peine.

L'indolence se marque d'un bout à l'autre de ces pages qui sont
remplies d'*à peu près*, les erreurs comme les approximations sont fréquentes [3]. A côté de celles qui sont imputables à la mémoire et qui sont
très compréhensibles pour des souvenirs remontant à plus de 20 ans,
on sent bien que souvent Racan ne fait pas effort pour retrouver un
chiffre juste ou un nom propre exact, et il s'en tire sans façon avec des
environ, à peu près, autant que je puis me souvenir, ou même en
laissant un espace blanc [4]. Il ne prend même pas la peine de vérifier
ses citations de Malherbe et des autres poètes. Aucune précision.

Le style, qui offre souvent des mots heureux [5] et de la bonne
grâce, est en général fort négligé, lent, traînant, rempli de répétitions
de mots et d'équivoques : cela fait même un contraste assez plaisant
d'entendre tant de mots vifs et brusques répétés par un narrateur aussi
lent et peu pressé. Il est manifeste qu'il ne s'est même pas relu.

---

1. Ce n'est pas plus une de ces conclusions qui se tirent des faits, ce qui
est le grand art.
2. Deux, exactement. D'autres, publiées par Tenant de Latour en 1857, ont été
omises par M. Lalanne en 1862.
3. Nous en avons relevé tout du long de cet ouvrage.
4. P. LXIII, n. 8.
5. tels que le charmant « faire petit pot », p. LXXXI.

En somme, Racan, qui avait tenté de peindre son maître dans ces mémoires, s'est peint lui-même bien davantage, et nous le saisissons là au naturel ou plutôt au négligé, avec son premier jet abondant, paresseux et inconscient, son indolence et sa bonhomie, son défaut de précision et d'effort de pensée, sa naïveté qui, par moments, confine à la sottise, tous caractères qui donnent à cette prose comme à la physionomie de son auteur un air enfantin. Beaucoup de gens ne connaissent guère de notre poète que ses Mémoires pour la Vie de Malherbe : s'ils veulent être justes, ils ne doivent y voir, comme dans la Notice généalogique consacrée à ses ancêtres, dont nous avons parlé au commencement, qu'un *brouillon* de Racan.

Une fois en possession des notes demandées, Ménage les lut avidement, s'en amusa, les prêta à ses amis : elles firent le tour de l'Académie; Conrart, Pellisson, Tallemant et bien d'autres les virent et les copièrent, il y eut même un indiscret pour les publier et pour en faire une petite plaquette in-12, à quelques exemplaires, intitulée : *Mémoires sur la vie de Malherbe* (1651) [1]. Quant à Ménage, détourné par d'autres travaux de son édition de Malherbe et de sa notice biographique, il remettait l'une et l'autre à une époque plus favorable.

Voilà de quelle manière ce simple *brouillon de notes* commença à voir le jour de la publicité auquel il ne fut jamais destiné, et comment il contribue en définitive à donner une idée plus fâcheuse qu'il ne convient et de Malherbe et de Racan [2].

IV

La même année 1651 voyait heureusement la publication d'un autre ouvrage de notre poète, celui-là plus digne de son esprit et de son cœur. C'étaient ses *Odes sacrées*. Ce second essai de paraphrase des psaumes est beaucoup plus intéressant que le premier, parce que Racan, cette fois, à la suite de divers événements et de réflexions nombreuses, s'est fait sa méthode personnelle de traduction.

Il n'avait pas publié de vers depuis une quinzaine d'années, il sentait arriver la vieillesse et diminuer la fécondité de son esprit. Quelque-

---

1. Édition citée par d'Olivet, dom Housseau et le P. Niceron (V. la Pièce just. 27).
2. Sur le supplément de cette *Vie de Malherbe*, que Racan donna oralement à Conrart, voir nos *Anecdotes inédites*, particulièrement l'Introduction, p. 5-26. Ces additions orales prouvent encore que les *Mémoires* écrits n'avaient rien d'arrêté.

fois il songeait bien à continuer sa traduction des psaumes, mais, malgré le succès de la publication de 1631, « il s'étoit, dit-il, si peu satisfait en cet exercice qu'il avoit résolu de ne plus servir les Muses que pour le conseil [1] ». On sait ce que les projets de retraite tiennent chez les artistes... Cependant pour lui, avec son indolence coutumière, il lui fallait une impulsion extérieure pour qu'il se remît à un dessein actif et suivi : Malherbe l'avait aidé à faire ses premières poésies, Cloris lui avait inspiré ses principales élégies, Arthénice lui avait suggéré sa pastorale, un pieux voisin de campagne le poussa à sa grande traduction des psaumes, et l'histoire littéraire doit compter cette action parmi les influences salutaires qui ont excité le génie de notre poète.

Très près de La Roche, dans un large et verdoyant vallon tributaire de celui de Saint-Pater, il y avait une abbaye de cisterciens, nommée La Clarté-Dieu. Fondée au 13e siècle, elle présentait, dressée sur le coteau, une église gothique à trois nefs, du style à la fois grave et élégant du 14e siècle, pleine de souvenirs et d'œuvres d'art [2]. Le plus bel ornement était une admirable Adoration des mages en terre cuite peinte, avec des personnages de grandeur naturelle, un des chefs-d'œuvre de la Renaissance française [3]. Au-dessous de cette espèce de cathédrale coulait le ruisseau du vallon qui faisait tourner un moulin et formait plusieurs étangs. Un nombre considérable des métairies et des bois des alentours appartenaient à l'abbaye [4].

Or, en 1634, le moine Denis Rémefort de la Grelière fut élu abbé de La Clarté-Dieu; c'était un homme du monde, entré tard dans les ordres où il conservait le goût des belles choses, et en particulier de la poésie; et dans la solitude des champs de Touraine, le gentilhomme et l'abbé ne tardèrent pas à se connaître, à s'apprécier et à s'aimer. Ensemble ils causaient, ils se promenaient, ils chassaient, selon l'usage fréquent du clergé d'ancien régime, et c'est sans doute à lui que se rapporte cette anecdote de Tallemant : « Un jour que Racan vouloit mener un prieur de ses amys à la chasse aux perdreaux, le Prieur luy dit : « Il faut que je die vespres, et je n'ay personne pour m'ayder. —

1. *Préface des Psaumes* de 1651, Latour, II, 12. La suite des réflexions du poète est tirée de la même source.
2. Des tombeaux d'abbés et de gentilshommes remplissaient les chœurs. — Le monastère possédait de riches archives qui furent utilisées par les d'Hozier (Armorial général de 1752, Registre IIIe, 1re partie, p. 29 et s.).
3. aujourd'hui dans l'église de Saint-Paterne. — Nous avons vu quelle était la dévotion de la duchesse de Bellegarde pour Notre-Dame de la Clarté-Dieu (ch. xvii, comm¹.).
4. On peut voir encore les restes intéressants de l'abbaye de La Clarté, à peu de distance de la station actuelle de Saint-Paterne. Nous avons pris le résumé de son histoire dans les notes manuscrites de M. Nobilleau (V. Index bibl.).

Je vous ayderai », dit Racan. Et voilà qu'il oublie qu'il a son fusil sur l'espaule et, sans le quitter, il dit *Magnificat* tout du long [1]. »

L'abbé de Rémefort, qui connaissait les vers profanes de Racan et son premier essai de traduction des psaumes, lui demanda un jour des vers de sa façon sur le 26e psaume, *Dominus illuminatio mea.* « Je n'ay sceu refuser, nous dit le poète, cette complaisance à la dévotion d'un si bon amy, de qui les conseils m'ont esté si utiles [2]. » Il composa donc une paraphrase du psaume, ajoutant délicatement à la fin une strophe personnelle à l'adresse de l'abbé.

Celui-ci fut content et rendit courage au poète : « M. l'abbé de Raimefort, dit-il, de qui la clarté du jugement [3] penetre en toutes les belles sciences, et qui après avoir passé la plus grande partie de sa vie dans les tempestes du monde, est venu prendre terre en nostre voisinage, m'a redonné le courage que j'avois perdu, et m'a fait croire que j'avois assez de force en mon élocution pour soustenir la langueur de ma vieillesse... Je trouve dans les Pseaumes de David, ajoute-t-il, la matiere que la sterilité de mon esprit ne me peut maintenant produire, et un sujet pieux plus convenable à mon age que les passions de l'amour, pour qui ma jeunesse s'est trop estenduë au delà de ses bornes [4]. »

Il se mit donc à l'œuvre en 1648 et fit la traduction poétique de quelques psaumes dans le genre de celle des psaumes pénitentiaux, c'est-à-dire sans trop s'écarter du texte original. Il en était là lorsqu'il apprit que l'évêque de Grasse, Godeau, l'ancien familier de l'Hôtel de Rambouillet, venait de finir sa traduction complète du psautier. « Cette nouvelle, dit-il, m'a pensé faire regagner le port dès la rade et supprimer ce peu que j'en avois fait [5]. » Il fut encore plus refroidi quand arriva à La Roche le bel in-quarto illustré qui contenait les 150 psaumes de Godeau en vers français [6] : il les trouve « si achevez, dit-il, qu'il ne

1. Tallemant, II, 361. La bonhomie de notre héros rend l'histoire vraisemblable ; elle ne contient sans doute qu'une légère erreur sur le titre du moine, comme en commettent souvent les gens du monde : il n'était point *prieur*, mais *abbé.*
2. Nous avons retrouvé cette note dans l'édition originale de 1651, en tête du 26e psaume : « Mr l'abbé de Remefort m'ayant tesmoigné le désir qu'il avoit de voir des Vers de ma façon, sur le sujet de ce pseaume, je n'ai sceu refuser... » et le reste comme dans le texte.
3. Le rapprochement involontaire de ce mot de *clarté* fait un singulier effet en parlant de l'abbé de *La Clarté.* — On notera que Racan écrit tantôt *Remefort,* tantôt *Raimefort.*
4. Latour, II, p. 12. — V. Lex., Qui, ii, 2°.
5. Il est curieux comme Racan a naturelle dans l'esprit cette image maritime. On l'a déjà vue plus haut à propos de l'abbé de Rémefort, cf. 1re stance sur la Retraite, et *passim.*
6. *Paraphrases des Pseaumes*, Paris, veuve Jean Camus et Pierre le Petit, 1648.

s'y peut rien adjouster puor les rendre parfaits, selon le dessein qu'il a pris de ne quitter jamais le sens de David. »

Les réflexions suivirent l'admiration première et contribuèrent à rendre cœur à notre poète. Il lut la belle et noble préface du commencement de l'ouvrage, où l'évêque explique qu'il a cherché à donner une *version* aussi fidèle que possible, et s'excuse d'avoir dû être parfois un peu long pour établir des *liaisons* qui manquent dans le texte, ou pour introduire un personnage ou une idée. Pour Racan, ce sont là les parties les plus agréables. « Je diray avec ma franchise ordinaire que je crois que les psaumes où il s'est égayé dans la paraphrase seront aussi agréables aux ignorans, dont je suis du nombre, qui ne les peuvent voir qu'en françois, que ceux où il s'est restraint dans les regles estroites de la version seront admirez des gens de lettres [1]. »

Une autre partie de la préface de Godeau frappa vivement notre poète, c'est celle où le prélat expose le but de son entreprise : il veut avant tout être utile aux catholiques dans la mesure de ses forces. Il souhaiterait que l'on mît ses vers en musique, comme les protestants ont fait ceux de Marot, et il voudrait remplacer les chansons de Babylone, que l'on entend dans les banquets des libertins de la cour, par les hymnes de la sainte Sion. Racan entre pleinement dans cette idée : elle « m'a fait chercher, dit-il, les moyens de contribuer ce que je puis à cette pieuse intention [2] ». L'ancien admirateur de François de Sales veut coopérer à cette œuvre nouvelle de vulgarisation religieuse, comme nous dirions aujourd'hui, et son goût large de lettré homme du monde et son cœur de chrétien conspirent pour former sa méthode. « Je n'ay point jugé de meilleur moyen pour rendre les psaumes agreables aux dames et aux personnes polies du beau monde, — [c'est toujours pour elles qu'il travaille] — que de *les accommoder le plus que je pourray au temps present.* »

Mais qu'entend-il au juste par cette accommodation? « Mon dessein est d'expliquer les matieres et les pensées de David par les choses les plus connues et les plus familieres du siecle et du païs où nous sommes, afin qu'elles fassent une plus forte impression dans les esprits de la Cour; et si quelquefois je m'y suis licentié d'en écrire les vices, je veux croire que ceux qui en sont entachez auront assez de prudence pour n'en pas témoigner leurs ressentimens, de crainte de faire éclatter les deffauts qu'ils nous veulent tenir cachez [3]. »

1. Latour, II, p. 13. V. Lex., ÉGAYER (s').
2. Voir Lex., CONTRIBUER.
3. p. 14. — V. Lex., LICENTIER (SE) et ENTACHER.

Ce rajeunissement consiste par exemple à remplacer quelquefois le roi David par le jeune Louis XIV ou la Reine-mère, ses ennemis par ceux que la monarchie compte à ce moment, tels que les Frondeurs ; les instruments de musique des Juifs par l'orgue ou le violon, etc.; à parler nommément de Jésus-Christ, de la Sainte Vierge ou de l'Église, qui ne sont annoncés dans le texte que par figures prophétiques.

Racan nous propose lui-même de juger de son dessein par le 13ᵉ et le 19ᵉ psaume, les deux par où il a commencé depuis qu'il a pris cette résolution. Dans le 13ᵉ, dit-il, « vous verrez avec estonnement qu'au lieu de rendre le sens d'un Pseaume de David, j'ay fait, sans y penser, une satyre contre les vices du siecle ». Mais en réalité Racan dans ce psaume suit de trop près le sens de David pour que l'exemple soit très concluant ; il n'ajoute aucun trait particulièrement moderne, et l'on dirait seulement que le souvenir des athées, ses contemporains, lui sert à décrire avec plus de force les crimes que le prophète prête aux impies de son temps. Aussi est-ce une de ses bonnes pièces [1].

Pour le 19ᵉ, dit Racan, « je l'ay accommodé entièrement à la personne du Roy et de son regne, jusques à y avoir décrit l'artillerie, au lieu des chariots armez de faulx, dont David semble vouloir parler au verset qui commence *Hi in curribus* [2] ». Ainsi, les vœux adressés mystiquement par David à Jésus-Christ, vainqueur de Satan, sont transformés en souhaits offerts par le poète au jeune roi, et ici le rajeunissement a, pour ainsi dire, sécularisé le psaume et l'a transformé en une ode profane et moderne qui n'est ni sans force ni sans beauté. Voici la strophe où il décrit l'artillerie des Frondeurs :

> Ces machines de bronze aux bouches redoutables
> qui vomissent d'un coup cent morts inévitables
> et jettent dans les rangs la flamme et la terreur,
> *ces tonnerres roulants qui font trembler la plaine,*
> n'y feront autre mal que perdre avec la peine
> l'espoir du laboureur. etc.

C'est ce psaume qui fut mis en vers par Racan sur la version qu'en avait faite son fils Louis, le page de la reine.

En résumé, le genre de traduction maintenant adopté par le poète est, pour des motifs littéraires et religieux, la *paraphrase*, et la paraphrase *modernisée*. Il reprenait ainsi, en la raisonnant, la méthode que Malherbe avait suivie dans sa belle pièce :

> Les funestes complots des âmes forcenées [3]...

1. Latour. II, p. 57.
2. *Id.*, p. 14.
3. Lalanne, I, 207. — Nous avons dit que Racan admirait cette paraphrase.

Il se mit alors à composer selon ces idées, prenant à son caprice et sans ordre tantôt un psaume, tantôt l'autre. Mais les plus sérieux et les plus savants de ses amis (on reconnaît là Conrart, Chapelain, Ménage) lui firent le double reproche de ne pas suivre l'ordre du psautier et de s'éloigner trop du sens de David. Cette fois il ne se donna même pas les airs de docilité dont il avait l'habitude avec eux, il tint bon ouvertement, et vis-à-vis de leurs remontrances comme jadis en face de celles de Malherbe il défendit les libertés du poëte. A ce premier reproche puéril de ne pas suivre l'ordre, il répondait avec sa bonhomie : « En ces ouvrages, que je n'ay entrepris que pour me divertir, j'ay creu que je pouvois me donner cette liberté de commencer par ceux qui me sont le plus agreables, où je crois le mieux reüssir. »

Quant au grief d'infidélité, il ne répliquait pas comme son maître, à qui on l'avait déjà adressé, qu'il « faisoit parler le bonhomme David bien autrement qu'il n'avoit fait » [1], mais il déclarait qu'il ne voulait point se mettre à la torture « dans les regles estroites de la simple version, ny mesme de la paraphrase. L'exemple d'un des plus polis esprits du dernier siecle — [c'est Marot] — me doit servir de leçon à éviter cette contrainte, encore qu'il m'ait autant devancé en ses autres ouvrages comme au temps qu'il m'a precedé ; néantmoins, pour avoir plus affecté en celui-cy la qualité de bon traducteur que de bon poëte, il est tombé en de si déplorables deffaillances, que ceux même qui louent sa fidélité ont pitié de sa langueur. Tous les sceptres de la terre joints à celui de David n'auroient jamais eu le pouvoir de me soumettre à une si lâche servitude ; je me contenteray donc seulement de rendre ces Pseaumes un peu plus connoissables dans mes vers, que ces tableaux des premiers peintres, qui ne l'estoient que par le tiltre [2]..... Les ornements qu'avoit cette saincte poësie, en son siecle et en sa langue, sont trop éloignez du nostre et de nostre idiome pour les y pouvoir conserver en leurs graces. Il n'y a point de beautez à l'espreuve des rides d'une si extrême vieillesse. Cette grande différence de mœurs et de façon de vivre qu'il y a euë entre la cour de David et celle de nos rois y a bien autant apporté de changement que celle des paroles [3]. »

Il ajoute spirituellement qu'il traduira avec exactitude les passages qui sont aujourd'hui particulièrement choquants parce que ce seront sans aucun doute les plus remarqués. « Si on avoit peint la maîtresse de Philippe II avec deux bons yeux, et le grand duc de Guise sans balafre,

---

1. V. nos *Anecdotes inédites*, n° 10, et le commentaire.
2. V. Lex., Connoissable.
3. Latour, II, p. 14.

quelque approchans du naturel qu'ils fussent au reste, on auroit peine à
les reconnoître dans leur portrait..... Par tout ailleurs je me donneray
quelquefois la liberté d'adjouster *pour l'ornement* ou *pour lier les
versets.* »

Racan répète à propos des psaumes qu'il n'a aucune connaissance
des langues étrangères et que le texte latin lui est par conséquent resté
inaccessible. Nous savons que là-dessus il ne faut pas le croire entièrement sur parole et qu'il aime à broder sur le thème de son ignorance.
Il est donc probable qu'il a bien su se reporter quelquefois au verset
latin, mais il n'en est pas moins vrai que l'ensemble de sa traduction
est fait sur des versions françaises. Il s'entoura pour cela de trois
ouvrages catholiques autorisés. Ce fut d'abord la traduction de « M. de
Bourges », *Regnault de Beaune*, laquelle avait paru en 1587 et avait
eu une nouvelle édition en 1637 [1]. Il usa surtout de deux paraphrases
un peu plus récentes, celle de *Guillebert*, curé de Berville en Normandie,
dont l'ouvrage, paru en 1620, venait d'être réédité en 1645 [2], et celle
d' « Antoine de *Laval*, géographe du roy, capitaine de son parc et
chasteau lez Moulins en Bourbonnois », pieux gentilhomme qui, après
une consciencieuse étude des Saints Pères, avait publié en 1614 une
paraphrase copieuse du Psautier [3].

Nous pouvons à présent saisir avec netteté la manière dont Racan
procède vers 1649 pour faire sa traduction [4]. Il lit les psaumes dans les
paraphrases en prose de Laval et de Guillebert, tout en jetant un coup
d'œil sur le latin, et, suivant à peu près l'ordre des idées du texte, il
fait ses strophes librement, développant une idée de David ou supprimant au contraire un verset, et rajeunissant en toute occasion les
usages, les personnes, les peintures. On voit que le système auquel le

1. L'édition de 1587 parut à Paris, chez Gilles Beys, in-8°. Il y en eut une
en 1595 à Paris, même format, chez J. Mettayer; une autre en 1612, à Paris, chez
G. Robinot, in-12. C'est Marolles qui parle de celle de 1637, dans la préface de
ses Psaumes, mais elle n'est pas à la Bibliothèque nationale.

2. L'édition de 1620 parut à Rouen, chez du Petit Val, 8°; celle de 1645, à Paris,
chez Vitré, 8° (Bibl. Nat., 8° A. Réserve 6767).

3. Bel in-4° de luxe, à Paris, chez la veuve Abel l'Angelier. Nous avons cet
ouvrage sous les yeux, et nous nous en servons pour l'étude de tous les psaumes
de notre poète. — Racan dut tenir ces précieuses indications de bibliographie
religieuse, soit de l'abbé de Rémefort, soit de son autre voisin ecclésiastique de
Touraine, l'abbé de Marolles, qui publia lui-même en 1644 une traduction des
psaumes en prose (*Livres des psaumes et des cantiques*, enrichis de préfaces,
Paris, 8°) et qui au ch. VII de son petit traité initial sur la traduction des psaumes
donne de grands éloges aux ouvrages de « Monsieur de Bourges et de Guilbert ».
La 2ᵉ édition de Marolles parut en 1649, au moment même où Racan travaillait
à sa traduction.

4. « Depuis 2 ou 3 ans », dit Conrart dans sa Notice manuscrite, qui est de
mai ou juin 1651, « il a employé tout son loisir à faire des Odes sacrées.... »

poète s'est arrêté est le fruit de bien des méditations. Il n'est aucune partie de son art que Racan ait autant raisonnée.

Bien qu'elle soit discutable sur certains points, il faut reconnaître que voilà une solution libre et très intéressante du difficile problème de la traduction des psaumes en vers français. Autant qu'on peut juger la question à 250 ans de distance, Racan nous apparaît comme ayant aperçu une certaine part de vérité, et en ayant méconnu une autre. D'abord il a bien vu, avec son instinct de poète, que l'on ne pouvait faire des psaumes de David qu'une paraphrase au lieu d'une traduction, mais il ne s'est pas avisé qu'il fallait mettre des limites à la paraphrase et tâcher de conserver quelque chose de l'énergie de l'original.

Il est certain que les psaumes offrent un genre de beauté étrange qui s'impose à nous, mais qui ne peut passer directement dans notre langue. Le prophète vole d'une idée à l'autre avec une rapidité qui, pour notre génie logique, n'irait pas sans obscurité ni incohérence ; souvent même, rempli de son sujet, il se contente d'indiquer, d'esquisser l'idée par une allusion rapide ou une image éclatante, dont nous ne pouvons comprendre tout le sens qu'au moyen d'un commentaire. Le poète français, impuissant à conserver cette brièveté animée et pittoresque, est obligé d'expliquer l'idée, de préparer la métaphore, de ménager les transitions, en un mot de faire une paraphrase. Seulement il est presque fatalement condamné, en étendant le texte original, à en affaiblir l'énergie. Il faudrait réussir à faire ce travail nécessaire d'*explication* en gardant une extrême intensité de force et de mouvement dans le style ; on devrait se donner du champ, mais en se fixant à soi-même les limites de sa carrière.

D'autre part, tout en approuvant l'idée de Racan de nourrir ce vieux texte de souvenirs personnels et modernes, ce n'est pas nous, après le romantisme, cette grandiose poussée vers la *couleur locale*, qui ferions aussi bon marché que lui des marques de la civilisation orientale imprimées sur les psaumes. Il faudrait, au lieu de les effacer, tâcher de les conserver, d'autant plus qu'elles ne forment qu'un cadre, un accessoire, par conséquent, de ces différents tableaux ; ce ne sont pas, comme dit Racan, « des rides » à ces vieux visages, mais plutôt une coiffure étrange et curieuse, qui leur sied bien et qu'on devrait respecter le plus possible.

L'important en revanche serait de garder au fond même des psaumes le plus de vie, d'ardeur, de chaleur. Les sentiments qui en font la matière semblent immortels, du moins dans un grand nombre d'âmes :

enthousiasme pour la puissance de Dieu, confiance triomphante en lui, désespoir de l'avoir offensé, actions de grâces pleines d'allégresse pour ses bienfaits. Pour réussir à faire passer tous ces sentiments ardents dans sa langue maternelle, il faudrait les avoir soi-même, il faudrait posséder une âme extraordinairement sensible, toute embrasée en particulier par une foi de feu.

Ces quelques réflexions peuvent servir à montrer toute la difficulté d'une pareille entreprise et à expliquer pourquoi les nobles efforts de Godeau, de Racan et de leurs émules ne furent point couronnés d'un plein succès [1]. Outre que l'Église catholique, pour des raisons de dogme, n'a jamais encouragé la diffusion des psaumes en langue vulgaire, il n'a été fait par nos poètes que des tentatives insuffisantes ou incomplètes. A côté des très nombreux poètes de second ordre, comme ceux dont nous parlons, qui ont tenté avec plus de bonne volonté que de génie la traduction des psaumes, on ne peut citer que deux grands poètes qui se soient essayés sur cette matière : Corneille, qui a traduit 50 psaumes avec moins de couleur que de vigueur, et Racine qui, dans des parties d'*Esther* et d'*Athalie*, a rendu fidèlement certains accents des psaumes avec une élégance exquise et forte. Lamartine a souvent touché la harpe religieuse, mais les sons pénétrants qu'il en tire sont bien amollis et langoureux à côté de la sauvage virilité de David [2]. Enfin, il faut bien nous l'avouer, nous en sommes encore à attendre *le psautier en vers français*, qui serait pourtant un livre admirable, mettant largement dans la circulation moderne des beautés restées un peu abstruses, résumant trente siècles d'humanité et mêlant dans une sublime synthèse David et Jésus-Christ, l'Orient et la France, la Judée ancienne et l'Église, l'âme primitive et l'âme moderne. Nous l'attendrons encore jusqu'à ce que Dieu fasse sortir de notre sol un grand poète en qui se concentrent la profondeur de sentiment d'un Musset, le luxe d'imagination et l'habileté rythmique d'un Hugo, avec l'érudition d'un Renan et la foi d'un Pascal.

1. Sur les principales traductions de psaumes avant Racan, voir le ch. XVI. Nous parlons plus haut de la traduction en prose de Marolles, parue en 1644. La même année que l'ouvrage de Racan, paraissait une traduction en vers par Jean d'Arbaud, sieur de Porchères, frère de l'académicien; Grenoble, 1651. Réimpression à Marseille, 1684. V. Pellisson, I, 184. — L'académicien, mort en 1640, qui avait été, nous l'avons vu, en bons termes avec Racan (Latour, I, 223), avait publié lui-même en 1633 une *Paraphrase des psaumes graduels.*

2. Nous ne pouvons mettre parmi les poètes Bossuet, qui a nourri largement sa prose de la moelle des Écritures et en particulier des psaumes, et qui est peut-être le meilleur interprète français de cette poésie orientale.

*
* *

Mais laissons de côté le brillant rêve qu'il est permis de former pour l'avenir de la poésie française ; rentrons dans l'étroite réalité de notre sujet, et voyons par un choix de citations de quelle manière Racan s'est tiré pratiquement de son système de paraphrase modernisée.

Ne connaissant pas exactement l'ordre dans lequel il a composé ses trente-deux psaumes, nous suivrons simplement, en les parcourant, l'ordre numérique, qu'il a d'ailleurs adopté dans leur publication, en ne nous arrêtant qu'aux passages les plus saillants.

Nous trouvons d'abord dans le 1er, le *Beatus vir*...., une poétique peinture du bonheur de l'homme juste :

. . . .

4. Tel qu'on voit sur le Nil, loin des vents inconstants,
    l'arbre dont la grandeur nous plait et nous étonne,
    de qui l'ombrage épais réjouit le printemps,
    et dont les fruits sans nombre enrichissent l'automne :

5. aux injures de l'air il n'est point exposé ;
    son tronc est vénérable en la côte voisine,
    et, par les pures eaux dont il est arrosé,
    produit des rejetons dignes de sa racine.

6. Ainsi l'homme qui fuit l'abord des médisans
    et chemine en la voie où le Seigneur l'adresse,
    de l'honneur qu'il acquiert en l'avril de ses ans,
    a pour sa récompense une heureuse vieillesse.

7. Il met son assurance en la Divinité ;
    il lui fait de son cœur son offrande et son temple,
    et sa vertu renait en sa postérité
    par sa saine doctrine et par son bon exemple.

8. *Mais tout l'heur des méchants, leur gloire et leurs plaisirs,*
    s'envolent comme font les sables des rivages,
    qui servent de jouet à ces jeunes zéphirs
    qui ne sont point encore employés aux orages [1].

. . . .

Le 2e est une apostrophe de David à ses ennemis, que Racan met dans la bouche du jeune Louis XIV.

---

1. p. 33. — Str. 4 et 5 : Racan a déjà employé cette comparaison suivie dans l'Ode à Bellegarde (I, p. 149), d'où est repris presque textuellement le 2e vers de la str. 5 du psaume. — Sur l'ellipse de *il* (il produit), V. Lex., II, II. — *De qui*, V. Qui, II, avec la note de Conrart.
   Str. 6. V. ADRESSER et AVRIL. — Str. 7. V. ASSURANCE. — Str. 8. V. HEUR, et comparez la belle strophe de Malherbe sur la même idée :
   La gloire des méchants est pareille à cette herbe.....

Il adapta le 8ᵉ à la louange de la Régente, la reine Anne d'Autriche, qui se débattait alors au milieu des difficultés de la Fronde et que servait comme page l'un des fils du poète. Dans une assez belle invocation à Dieu, il célèbre la Reine et la forte éducation qu'elle donne à ses fils :

. . . .
 4.   Elle veut qu'aux flambeaux dont la voûte azurée
      par ta magnificence est brillante et parée
      ils contemplent l'empire où toi seul es le Roi,
      et que leurs faibles yeux qui ne font que de naître,
              y puissent reconnaître
      qu'il n'est point de grandeur qui ne vienne de toi.

 5.   Leurs cœurs humiliés savaient dès leur enfance
      que, sans avoir égard à leur haute naissance,
      de la seule vertu tu sais faire le choix,
      et savaient, dans l'éclat des publiques louanges,
              que *le dernier des anges*
      est plus grand devant toi que le premier des rois
. . . .

Nous relevons dans le psaume 66 quelques beaux vers sur la paix générale qui régnera sur la terre lorsque Dieu y sera partout connu :

 3.   L'on verra sans travail nos campagnes fertiles,
              et nos bœufs inutiles
      se nourrir des épis égrenés sous leurs pas ;
      la saison où l'amour rajeunit toutes choses
              n'aura que des appas,
      et ne mêlera plus les épines aux roses.

Le 72ᵉ est certainement l'un des plus beaux, c'était un des plus admirés de La Fontaine, qui donna plus tard des morceaux choisis de notre poète [2]. Le sujet en est le bonheur terrestre des athées : le prophète, après leur avoir porté envie, se console dans la confiance en la justice suprême de Dieu. Racan a fait sa paraphrase avec une vivacité d'expression qui témoigne de la sincérité de son sentiment : nous savons quel intérêt il a toujours pris à observer les libertins de son temps et quel vif mépris il leur porte. Voici quelques belles strophes appréciées par le fabuliste :

    . . . .
 12.   Mais il (Dieu) n'exerce point sa justice éternelle
       que nous n'ayons quitté *cette robe charnelle*

1. II, p. 28. Voir ce que nous disons à la fin du chapitre sur la publication de ce psaume.
2. En 1679. *Recueil de poésies diverses* par M. de La Fontaine, à Paris, chez Coutant, 3 vol. in-12. Voir plus loin, au ch. xx.

dont la terre nous a vêtus.
Il reçoit d'ici-bas nos vœux et nos victimes,
et se réserve ailleurs à châtier les crimes
et récompenser les vertus.

13. Pour punir comme il doit l'impiété du monde,
où pourrait-il trouver, sur la terre et sur l'onde,
d'assez effroyables tourments?
et que lui peut fournir, digne des âmes pures,
cette boule de fange exposée aux ordures
de tous les autres éléments [1]?

Le psaume 78 est intéressant en ce que le cri de désolation poussé
par David et son appel au secours contre les ennemis de Dieu sont
appliqués aux Turcs qui venaient de prendre Candie sur les Vénitiens;
c'est comme une première édition, colorée déjà, et plus chrétienne, de
quelques pièces romantiques sur l'indépendance grecque. En voici deux
strophes :

. . . .

2.   Ils rasent à l'égal des herbes
les bâtiments les plus superbes ;
ils mettent ta gloire à mépris ;
et ta maison sacrée, où leur haine se vange,
par le marbre et le jaspe abattu dans la fange,
se fait encore voir pompeuse en son débris.

. . . .

8.   Ce peuple est digne de ton ire,
qui, dans le débris de l'empire,
vint usurper le premier rang,
et dont l'impiété, qui ne s'est point masquée,
a dessus le Calvaire élevé la mosquée
et pollu ces saints lieux consacrés par ton sang [2].

. . . .

• Le 86ᵉ psaume de David, qui chante la magnificence de Jérusalem, a inspiré de libres et vigoureuses stances à notre poète :

. . . .

2.   Glorieuse cité, l'honneur de la contrée,
le vice et le malheur chez toi n'ont point d'entrée ;

1. p. 195 et s. — Str. 12. Le sens des derniers vers est celui-ci : il reçoit nos
vœux et nos victimes (venant) d'ici-bas, et se réserve à châtier ailleurs les crimes.
V. Lex., Se réserver.
Str. 13. L'énergique expression de la fin est à rapprocher de deux autres périphrases par lesquelles Racan a déjà auparavant désigné la terre :

l'esgout des excréments de l'univers.
(*Lettre à d'Armilly* en 1616, I, 307.)

...Ce petit amas de poussière et de boue
dont notre vanité fait tant de régions.
(*Stances de consolation à Bellegarde* en 1621, I, 201.)

2. p. 213. — Str. 2 : *où* leur haine se vange = sur laquelle et non dans
laquelle. V. Lex., Où, ii, 1°. — Str. 8. V. Dessus et Pollu.

ton superbe portail témoigne ta grandeur,
et dans Tyr, Méroé, Memphis et Babylone,
l'aurore et le midi n'éclairent point de trône
de qui la majesté ne cède à ta splendeur.

3.   Si Rome, qui jadis dompta la terre et l'onde,
nous vante ses Césars, ces monarques du monde,
qui furent de son nom l'honneur et le support,
si leur vie et leur fin ont orné son histoire,
Bethléem et Sion n'ont-ils pas eu la gloire
de voir du Roi des rois la naissance et la mort [1]?

Le psaume 95 est une exhortation faite par David au genre humain de louer le Seigneur. Racan a eu l'heureuse idée de l'adresser aux

beaux esprits dont le nom sur l'aile de *leurs* vers
fait, comme le soleil, le tour de l'univers.

C'est encore un des psaumes aimés par La Fontaine, qui en a détaché les trois strophes suivantes, les intitulant « Aveuglement des impies qui ne peuvent concevoir la toute-puissance de Dieu, si admirable et si visible dans ses œuvres » :

. . . .

3.   Ces ennemis du jour et de la vérité
ne peuvent concevoir qu'avec obscurité
les choses à venir de tout temps ordonnées;
l'Artisan qui rangea les astres dans les cieux
a dans leur influence écrit nos destinées,
en lettres de lumière invisible à leurs yeux.

4.   Il règle du soleil et l'un et l'autre cours,
la gloire et la splendeur l'accompagnent toujours,
et sont les ornements de sa divine essence.
Esprits qui de son trône admirez la hauteur,
confessez, en voyant tant de magnificence,
qu'autre que le vrai Dieu n'en peut être l'auteur.

. . . .

9.   De dessus le soleil, où ses superbes mains
élevèrent son trône invisible aux humains,
la terre entend tonner sa justice suprême,
et l'effet des décrets dans les astres gravés
lui fait voir que sa voix est la vérité même,
autant pour les élus que pour les réprouvés [2].

1. p. 230. — Str. 2, 2ᵉ vers. Cf. le vers des Bergeries : Jamais l'oisiveté n'avait chez moi d'entrée. I, 110. — *De qui* : Lex., QUI, II.
    Str. 3. — Vers 4 : au lieu de *fin* on attend *mort*, qui donnerait encore plus de force au vers, mais Racan a sans doute écarté le mot à cet endroit parce qu'il en a besoin à la fin de la strophe. Cette strophe est l'un des seuls sixains où Racan n'ait pas véritablement observé la pause après le 3ᵉ vers.
    2. p. 249. — Str. 3. V. Lex., ARTISAN. — Nous retrouvons dans toute l'œuvre de

Dans le psaume 111, *Beatus vir qui timet Dominum*, Racan trace un tableau tout personnel de la vie de l'homme qui craint le Seigneur. C'est une édition revue du portrait de l'homme heureux, qu'il a autrefois donné dans les Stances sur la Retraite [1], et, comme pour accuser encore la parenté de ces pièces, il les a faites dans le même rythme de la belle et large stance d'alexandrins; rien ne peut mieux nous éclairer sur le fond de l'âme de notre poète que la comparaison de ces deux poèmes composés à 30 ans de distance : le tableau d'aujourd'hui a moins d'éclat, mais il est bien supérieur à l'autre par l'élévation morale, il comporte plus de vertu, de piété, de sentiment de famille et de charité. On en jugera par ces trois stances :

> . . . .
>
> 2.   Pour adoucir l'ennui de ses vieilles années,
> il voit ses chers enfants, dont les âmes bien nées
> de l'amour paternel serrent les doux liens,
> et toujours la vertu, compagne de leur vie,
> porter à la fortune une secrète envie,
> et les combler de gloire autant qu'elle a de biens.
>
> 3.   La justice qu'il garde en sa bonne conduite
> lui fait incessamment voir une heureuse suite
> de charges et d'honneurs en sa famille entrer;
> et la finesse humaine, en malice féconde,
> n'apporte aucun nuage aux affaires du monde,
> où son clair jugement ne puisse pénétrer.
>
> 4.   Dieu, qui le voit toujours d'un regard favorable,
> fera qu'à son exemple il sera secourable
> à ceux dont le malheur est l'unique défaut ;
> et, quand la pauvreté leur déclare la guerre,
> il leur fait part des biens qu'il possède en la terre
> pour avoir part à ceux qu'il espère là-haut [2].
>
> . . . .

Le psaumes 130 a été tourné en une courte et noble action de grâces de la reine Anne d'Autriche à Dieu. Songeons que c'est en 1650, après Rocroi, Nordlingen et Lens, au lendemain des conquêtes de l'Alsace et du Roussillon assurées par la paix de Westphalie :

Racan la croyance à l'astrologie. — Str. 4, dern. vers. V. Lex., AUTRE. — Str. 9, 1er vers. La Fontaine l'a remplacé ainsi dans son édition :

    Du plus haut de l'olympe où ses puissantes mains.

1. V. le ch. VIII.

2. p. 294. — Str. 2. Sur cette construction peu régulière de *voir*, cf. Lex., VOIR, II. — Str. 4. Cf. Lex., VOIR, III. — Conrart, Remarques manuscrites : « Après avoir mis tous les verbes au futur, je ne crois pas qu'il soit permis de les permettre (*sic* pour *remettre*) au présent dans les deux derniers vers. »

Dans la dernière strophe du psaume, sur l'emploi de *aboyer*, V. Lexique.

1. Seigneur, je reconnais que tes mains libérales
    me comblent de grandeurs et de vertus royales
    que ce superbe État voit éclater en moi,
    et veux humilier sous ta seule puissance
    le légitime orgueil de ma haute naissance,
    qui me rend fille, sœur, femme et mère de roi.

2. Tant de prospérités, d'honneurs et de conquêtes,
    que ta grâce équitable accorde à nos requêtes
    pour la gloire du sceptre en ma garde commis,
    font voir que ta bonté, par mes vœux réclamée,
    sait relever des siens l'innocence opprimée
    et rabaisser l'orgueil de ses fiers ennemis.

. . . .

4. O vous de qui la foi rend les âmes unies,
    qui recevez du ciel des faveurs infinies
    dont les justes excès vous ont comblés de biens!
    dans ces malheurs présents qui menacent la France,
    mettez en ce vrai Dieu toute votre espérance :
    c'est le seul qui jamais n'abandonne les siens [1].

Le célèbre *Super flumina Babylonis*, la plainte poétique des Juifs captifs à Babylone, a été traduit heureusement par un grand nombre de poètes, tels que Bertaut, Fénelon, etc.; chez le nôtre la malédiction finale est développée d'une façon remarquable :

. . . .

8. Et toi, fière Babel, dont la Toute-Puissance
    se sert, pour châtier la trop grande licence
    de tant d'iniquités dont nous portons le faix,
    que la main d'un vainqueur, plus juste et plus cruelle,
    arrachant tes enfants de dessous la mamelle,
    te rende doublement les maux que tu nous fais!

9. Que, brisés contre terre ou contre les murailles,
    on les voie étendus, privés de funérailles,
    sans pouvoir discerner leur âge ni leur rang!
    Qu'un soldat inhumain de leur tête se joue,
    et que sur le pavé ne paraisse autre boue
    que leurs os écrasés, leur cervelle et leur sang [2]!

1. p. 346. — Str. 1. Bossuet dira dans vingt ans de la belle-sœur d'Anne d'Autriche : « Chrétiens, que la mémoire d'une grande reine, fille, femme, mère de rois si puissants... » (Oraison funèbre d'Henriette de France, exorde), et Racine écrira en même temps dans le rôle d'Agrippine :

Moi, fille, femme, sœur et mère de vos maîtres. (*Britannicus*, v. 156.)

La str. 4 (qui s'adresse évidemment aux catholiques) contient une faute d'orthographe dans le texte original : *comblé*.

2. p. 360. — Str. 8. *Babel* est pris ici pour *Babylone*. Pour ôter l'équivoque des deux premiers vers, nous mettons des majuscules à *toute-puissance* et une virgule après *se sert*.

A ce vigoureux passage on peut opposer ces vers gracieux de la
traduction du *Lauda Jerusalem Dominum* sur le printemps accordé
par la bonté de Dieu :

> . . . .
> 6.   Le Seigneur entend nos prières ;
>   il rend le cours à nos rivières,
> *en leur ouvrant leurs prisons de cristal ;*
> *les sources qui dormaient dans le sein des montagnes,*
>   *comme en leur lit natal,*
> *de leur argent liquide arrousent les campagnes.*

> 7.   Le soleil par qui sont bornées
>   et les saisons et les années
>   en tout climat éclaire également ;
>   mais le soleil qui luit aux âmes des fidelles
>   pour Sion seulement
> fait paraître ici-bas les clartés éternelles [1].

Enfin cette suite de psaumes se clôt harmonieusement par le 150e,
qui développe avec une brillante et sonore élégance l'appel de David à
tous les instruments de musique pour chanter les louanges divines. On
entend successivement dans cette paraphrase « accommodée » la trompette, le luth, l'orgue, le violon et les autres instruments modernes.

> . . . .
> 3.   Que l'airain recourbé, bruyant à nos oreilles,
>   fasse en tous ses replis résonner ses merveilles
>   jusqu'à ce que l'Epoux paraisse au firmament,
>   et qu'on voie en ce jour glorieux et funeste
>   les vivants et les morts entendre également
>   la trompette céleste.

> 4.   Lorsque le souvenir de nos fautes passées
>   dans ce juste remords entretient nos pensées
>   de voir un si bon père irrité contre nous,
>   pour témoigner l'ennui dont notre cœur soupire
>   joignons nos tristes voix au son plaintif et doux
>   du luth et de la lyre.

> 5.   Qu'en leur rang le tambour, la flûte et les cymbales,
>   en chantant les bienfaits de ses mains libérales,
>   fassent partout ouïr le bruit de leurs accords ;
>   et, goûtant les douceurs des grâces qu'il envoie,
>   que dans leur son confus s'expriment les transports
>   de notre sainte joie.

1. p. 381. — Str. 6, dern. vers ; cf. Stances sur la Retraite :
> ...les fontaines,
> de qui les petits flots font luire dans les plaines
> *l'argent de leurs ruisseaux* parmi l'or des moissons. (I, 198.) Cf. *passim.* —
V. Lex., Arrouser. — Str. 7. V. Éclairer.

6.   Que les claviers sacrés, où sous des mains adroites
      l'air qui chante en sortant de leurs prisons étroites
      forme ces saints accords dignes de nos autels,
      en leur docte harmonie honorent l'influence
      dont le divin rayon dans l'esprit des mortels
              inspire la science.

7.   Qu'un languissant archet, se traînant sur la corde,
      fasse que la viole à l'épinette accorde
      ses sons tristement doux aux siens plus éclatans ;
      que nos mains et nos voix, que nos soins et nos veilles,
      que nos yeux et nos cœurs révèrent en tout tems
              ses divines merveilles.

8.   Que notre âme, à jamais de sa bonté ravie,
      ait pouvoir d'animer ce qui n'a point de vie ;
      et vous, fer, vous, airain, vous, roseaux, et vous, bois,
      vous, corps sans mouvement qui naissez dans la fange,
      rendez grâce au Seigneur, qui vous donne des voix
              pour chanter sa louange [1].

On voit que les beautés de détail ne manquent pas dans cette seconde série des psaumes de Racan : le sentiment a quelquefois de la sincérité et de la force, et s'exprime souvent avec facilité, couleur et grâce, élégance ou vigueur. La versification dans ces 1600 vers est limpide et correcte, les rimes sont généralement riches, les mètres sont heureux et nouveaux : ici encore Racan, selon son habitude, a cherché des combinaisons inédites de strophes ; dans ces 31 psaumes il a inventé 14 mètres nouveaux, à savoir 1 genre de quintil, 3 sortes de quatrains, 9 espèces de sizains et 1 de dizains. Nous voyons donc que dans sa grande entreprise de 1650 le poète innove autant par les formes métriques que par son système original de paraphrases modernisées [2].

Malgré cet ensemble de qualités, très peu de psaumes méritent d'être cités en entier. Le grand défaut de cette poésie est encore le prosaïsme, qui s'étend, qui s'étale partout, sans que l'auteur en ait conscience, ou plutôt sans qu'il éprouve la moindre envie de le diminuer. On voit nettement que ce qui a triomphé à cette date dans notre poésie et ce qui influe sur elle dans tous les genres, c'est la *poésie oratoire*, préparée par le lyrisme de Malherbe qui n'a du lyrisme que le mouvement, et décidément encouragée par la poésie tragique de Corneille.

1. p. 387. — Str. 3, V. Lex., BRUYANT. — Str. 4. On se rappelle que Racan jouait du luth. (*Mémoires.*) — La belle idée de la str. 8 ne se trouve pas dans le psaume très court de David. Elle est de l'invention de notre poète.

2. On trouvera à la Pièce just. n° 26 un tableau de la versification de ces 31 psaumes.

*
* *

Lorsque Racan eut fini la traduction de 32 nouveaux psaumes, il les envoya en manuscrit à ses confrères de l'Académie, en leur demandant de les juger. Après leur avoir expliqué au long la méthode qu'il avait suivie, il concluait en ces termes : « Vous considererez ce peu de Pseaumes que je vous envoye comme un échantillon pour juger si je dois poursuivre ce travail ; et si vous trouvez à propos que j'y donne le reste de ma vie, vous m'obligerez d'y mettre le tiltre de Méditation, Imitation ou Exposition [1]. Je vous confesse ingénuëment que je n'en suis pas capable, et que, n'ayant aucune connoissance des langues estrangères, je ne puis sçavoir de quelle distance je me suis éloigné du sens de David. Je ne l'ay pris le plus souvent que dans Laval et Guilbert, qui les ayant déjà paraphrasez, je les ai encore paraphrasez sur eux, et les eusse intitulez Paraphrase des Paraphrases, si je n'eusse point appréhendé d'avoir reprimande en vostre Compagnie de cette nouveauté. C'est pourquoy, Messieurs, si vous avez quelque commiseration de l'ignorance de vostre confrere, vous ferez une grande charité si vous prenez la peine de mettre l'intitulation de vostre main sur chacun de ces Pseaumes [2]; cela augmentera les obligations que je vous ay de l'honneur que vous me faites de m'advoüer pour,

Messieurs,

Votre très-humble et très-obéïssant confrere et serviteur,

RACAN [3]. »

Le secrétaire de la compagnie Conrart fut chargé de lui répondre. Ce qu'il y avait de piquant, c'est que Conrart, zélé protestant, qui allait retoucher pour ses coreligionnaires les psaumes de Marot, devait, au nom de l'Académie, encourager Racan dans son entreprise conçue en grande partie, nous l'avons vu, dans un dessein catholique. La tolérance a toujours été l'une des traditions de l'Académie [4], qui l'appliquait dans ses mœurs bien avant qu'elle ne fût inscrite dans nos lois.

1. à chaque psaume, selon sa proximité plus ou moins grande du texte original.
2. Voir Lex., INTITULATION.
3. Latour, II, p. 16.
4. On l'a vu par exemple en 1860 dans la célèbre réception du P. Lacordaire par le protestant Guizot.
   Conrart fit cette traduction des psaumes tout à la fin de sa vie (il mourut en 1675). V. sur ce sujet un chapitre intéressant de M. Bourgoin : Conrart, ch. IX.

La réponse de Conrart commençait ainsi :

« Monsieur,

« L'Academie a.... reconnu dans vostre prose et dans vos vers *ce beau tour et ce caractère de douceur et d'agréement qui ont toujours esté admirez dans vos ouvrages*, et m'a ordonné de vous remercier en son nom de la communication que vous luy avez donné (*sic*) de vostre dessein. Elle ne l'aprouve pas seulement, mais elle vous exhorte d'en haster l'execution, puisque vous n'en pouvez prendre un plus noble, qui vous acquiere plus de gloire, ny qui soit plus utile à tous ceux qui ont de l'amour pour la piété et pour les graces de nostre langue ; son opinion est que vous y devez d'autant moins perdre de temps que le travail en sera long et penible, et qu'il merite que vous ne le laissiez pas imparfait. » L'Académie n'avait guère de confiance dans la longévité de notre poète, qu'elle savait souvent malade.

« Et quant à vostre incertitude pour le choix d'un titre convenable à l'intention que vous avez d'accommoder le sens de David aux mœurs et aux coûtumes de notre siècle, la Compagnie, après avoir examiné tous ceux que vous luy proposez dans vostre lettre, a estimé que vous ferez mieux d'en donner un general à tous les Pseaumes, qu'un particulier à chacun. Elle croit que vous les pourrez mettre de cette sorte : *Odes sacrées dont le sujet est pris des Pseaumes de David, et qui sont accommodées au temps présent*, et que vous devez rendre compte dans votre preface des raisons qui vous ont porté à faire cette application et à vous donner plus de liberté qu'on n'en prend ordinairement dans les paraphrases. C'est l'avis qu'elle vous peut donner sur ce sujet ; car elle n'a pas creu que vous le desiriez pour le détail de vos vers, qui ont plus de besoin d'admiration que de censure, et à qui vostre bon goust et le conseil de quelqu'un de vos amis peuvent donner les derniers traits, si vous jugez qu'il y en ait quelques-uns à adjouster. »

On ne peut insinuer plus délicatement qu'il y a lieu à quelques critiques de détail. Conrart se livra lui-même à ce travail en particulier, dans des observations qui sont restées manuscrites et que nous publions dans les notes et dans le Lexique [1]. Il finit par les compliments d'usage, et ajoute en post-scriptum :

---

1. C'est une critique toute verbale, minutieuse et scrupuleuse. Il la fit après 1660, au moins dans l'état où elle nous est parvenue, puisqu'elle s'occupe des 150 psaumes de Racan.

« Si je croyois que Monsieur l'Abbé de
Remefort n'eust pas oublié mon nom,
je vous demanderois la permission de
l'asseurer icy que j'ay toujours beaucoup de respect pour luy, et que je
suis son très-humble serviteur [1]. »

Racan adopta docilement le long titre qui lui était fourni par l'Académie : *Odes sacrées dont le sujet est pris des Pseaumes de David et
qui sont accommodées au temps présent.* Son ancien privilège étant
expiré, il obtint le 20 août 1650 un privilège de six ans pour ses
ouvrages en prose et en vers, à condition que « les Odes sacrées et les
autres ouvrages de piété ne pourront estre imprimées sans approbation des docteurs ». Celle-ci fut accordée le 6 février 1651, et il se
fit imprimer par Jean du Bray, le fils sans doute et le successeur de
Toussaint du Bray, qui avait édité ses premiers ouvrages.

On pense bien qu'il ne se donna point la peine de composer la
préface que lui demandait Conrart et où il devait rendre compte au
public de l'application moderne qu'il faisait des psaumes, et des grandes
libertés qu'il prenait. De même que, pour les Bergeries, au lieu de la
préface attendue, il avait donné simplement sa lettre à Malherbe, il se
contenta cette fois de sa lettre à l'Académie et de la réponse de Conrart, ce qui choqua quelques-uns de ses confrères parce qu'il n'avait
demandé l'autorisation de la publier ni à la compagnie, ni à son
secrétaire [2].

Après les deux lettres venaient dans l'ouvrage les traductions des
psaumes avec les titres *Ode* du psaume I, *Ode* du psaume II, etc....
dans l'ordre numérique. Comme à l'ordinaire Racan fut en retard pour
livrer les derniers, et après le 150e parurent le 42e et le 46e avec une
excuse de l'éditeur, marque finale de la négligence de l'auteur, qui fait
comme le parafe authentique de Racan dans tous ses ouvrages. Il ne
publiait point le 8e psaume, dont il avait fait une paraphrase en l'honneur de la Régente parce que Malherbe en avait composé une avant
lui, mais il ne manqua pas de la faire passer par son fils Louis sous
les yeux d'Anne d'Autriche [3]. Le volume in-8° de 123 pages se terminait par la harangue *Contre les Sciences,* lue à l'Académie, et que

1. Latour, II, p. 17.
2. Pellisson, I, 137. L'historien ajoute avec raison que cette lettre « ne fait
aucun tort à l'un ni à l'autre ».
3. V. Latour, II, p. 28 et 32. Cette ode ne parut qu'en 1660, comme nous le
verrons au chapitre suivant, avec ce titre : Ode à la louange de la Reine pendant
sa Régence. — Déjà il avait dû retarder, 30 ans auparavant, la publication de sa
pièce en l'honneur de la Régente Marie de Médicis, voir plus haut, p. 305.

Racan n'avait pas eu l'occasion de publier. L'achevé d'imprimer est
du 3 avril 1651 [1]. L'ouvrage parut donc en pleine Fronde. L'auteur
prenait ouvertement parti, ayant cherché quelques-unes de ses meilleures inspirations dans son enthousiaste fidélité à la monarchie et dans
son indignation contre les Frondeurs [2].

L'apparition de 1600 vers nouveaux de Racan fut un important
événement littéraire. Il y avait vingt-cinq ans qu'il n'avait plus fait de
grande publication [3]. Quand un poète en renom est resté de 37 ans
à 62 sans presque se faire entendre, il est accueilli par une sorte d'inquiétude chez les uns, par une malicieuse curiosité chez les autres,
la première fois qu'il rompt le silence. Selon l'habitude les avis furent
partagés. Balzac s'écrie, dans une lettre à Conrart, avec l'enthousiasme
qu'il témoigne pour ses partisans : « Notre admirable M. de Racan a
le même feu en vers qu'à 25 ans » [4], et Tallemant des Réaux consigne
sur ses tablettes mordantes son jugement sur les Paraphrases : « Il
y a de belles choses, mais cela ne vaut pas ce qu'il a fait autrefois [5]. » Peut-être l'un et l'autre avaient-ils tort, et si ces *Psaumes*
montrent moins de mouvement et de grâce légère que les vers
d'antan, sans doute ils ne leur cèdent point pour la maturité de la
pensée et l'élévation du sentiment. En tout cas ils obtinrent du
succès, et une contrefaçon ne tarda pas à en être publiée dans les
Pays-Bas [6].

L'Académie, reprenant un des projets de sa fondation, consistant à juger les principaux ouvrages qui paraissaient, se mit à faire
une critique toute formelle et grammaticale des Odes sacrées : nous
voyons, au mois de mai 1652, la compagnie apporter à cet examen

1. Voir à la Notice bibliogr. (Pièce just. 51), V, 3 et 4.
2. On ne peut donc pas attribuer à la crainte de se compromettre la remise
que fit Racan de la publication du psaume 8.
3. Depuis le *Recueil des plus beaux vers*, 1626; voir ch. XV, II. En fait de vers
il n'avait publié, depuis, que les 7 *Psaumes de la pénitence* avec l'Ode à d'Effiat
en 1631, l'Ode à M. de Richemont en 1632, et l'Ode à Richelieu en 1633.
4. Balzac, *Œuvres complètes*, t. I, p. 911. Il dit, au même passage, que Racan
se trouve alors à Paris.
5. « Le bonhomme Racan fut vingt ans sans faire de vers après la mort de
Malherbe [Nous avons montré que ce n'est pas rigoureusement vrai]. Enfin il s'y
remit, à la campagne, où il fit des versions de psaumes, naïves, disoit-il, mais,
en effect, les plus plattes du monde. Depuis, il fit ses Paraphrases de psaumes qu'il
a imprimées (en note : en 1650) — [en réalité 1651], — où il y a de belles choses,
mais cela ne vaut pas ce qu'il a fait autrefois. » II, 364.
Baillet plus tard jugera très favorablement cet ouvrage : « Racan est principalement redevable de l'immortalité de son nom aux *Odes sacrées sur les Pscaumes*. »
Jugements des savants, éd. de 1723, t. V, 283.
6. V. Notice bibliographique, Pièce just. 51.

« tant de soins et de rigueur que le cardinal Mazarin se crut obligé plusieurs fois à l'exhorter à en avoir un peu moins » [1].

Les poètes sont hommes comme les autres, et la destinée se charge parfois de le leur rappeler brutalement. A ce moment même Racan était à Paris, au chevet de son fils Honorat, son Benjamin, miné par une lente maladie. L'enfant s'éteignit, au bout de trois mois de langueur, le 23 juillet 1652, à l'âge de seize ans. Il fut enterré à Saint-Séverin [2], et un service solennel de huitaine, dont nous avons retrouvé le témoignage, fut célébré le 30 juillet, à Neuvy-le-Roi [3], au-dessus des tombes de ses ancêtres.

Nul coup ne pouvait frapper plus cruellement le malheureux père, qui faisait pitié à tous, même aux plus railleurs [4]. Ce fut la grande douleur de sa vie; il l'exhala dans l'épitaphe de son fils qui est l'une de ses pièces les plus sincères et qui respire une mélancolie douce et bien profonde sur son bonheur paternel, et sur l'avenir de sa race :

> Ce fils, dont les attraits d'une aimable jeunesse
> rendaient de mes vieux jours tous les désirs contents,   2
> ce fils qui fut l'appui de ma faible vieillesse,
> a vu tomber sans fruit la fleur de son printemps.
>
> Trois mois d'une langueur qui n'eut jamais de cesse
> l'ont fait dans ce tombeau descendre avant le temps,
> lorsque, sous les couleurs d'une grande princesse,
> son âge avait à peine atteint deux fois huit ans.   8
>
> Tout le siècle jugeait qu'en sa vertu naissante
> *la tige de Bueil, jadis si florissante,*   10
> *voulait sur son déclin faire un dernier effort.*

1. Pellisson, p. 117, d'après les Registres du 15 mai 1652. Nous pouvons sans doute juger du *genre* de cette critique et par celle du *Cid* et par celle que Conrart fit précisément des *Psaumes* de Racan dans les notes manuscrites que nous avons retrouvées.
2. Paulin Paris, Tall., II, 376, n. xi (sans source indiquée). Nous aurions plutôt supposé que le corps avait été rapporté dans la sépulture de famille de Neuvy. — A Paris, Racan habitait peut-être rue de la Harpe, comme sa fille quelques années plus tard, voir Notice bibliographique, V, fin.
3. Nous avons retrouvé cette note manuscrite dans les registres paroissiaux de Neuvy-le-Roi :
   « Le 29ᵉ de juillet 1652
   « Dit et célébré à l'intention de défunt M. le chevalier de Bueil, fils de Mgr de Racan, vigiles, litanies et vespres de mort et le lendemain dit par moi curé une messe haute, et j'ay fourny 18 li. 1 s. 9 d. » Cette dépense équivaut à plus de 100 francs d'aujourd'hui, ce qui représente une grande solennité pour une messe de campagne.
4. Tallemant, II, 354 : « *Le grand chagrin de ce pauvre homme,* c'estoit que son filz aisné n'est qu'un sot, et *qu'il a perdu celuy dont il espéroit avoir du contentement.* »

Son esprit fut brillant, son âme généreuse,
et jamais sa maison illustre et malheureuse
n'en a reçu d'ennui que celui de sa mort [1].   14

1. Latour, t. II, p. 412. — vers 2, V. Lex., RENDRE, II. — v. 8 : il avait exactement seize ans et quatre mois. — Le vers 10 nous montre que Bueil se pronon-
çait en 2 syllabes bien que les contemporains écrivissent souvent *Beuil*. Le vers 11
nous prouve que Racan regardait sa famille comme « sur le déclin », parce qu'en
bon gentilhomme il se plaçait toujours au point de vue militaire : nous n'avons
donc pas eu tort de le maintenir lui-même dans le perpétuel rêve militaire qui
aboutit à sa profonde déception. — Vers 14. V. Lex., EN, pronom, I.

On trouvera aux Pièces justificatives, n° 28, une note sur la *Mazarinade* de 1649,
qui a été faussement attribuée à Racan.

CHAPITRE XIX

Les Dernières Œuvres.

1652-1670

I. — La composition des 109 *Psaumes* (1654). — Philosophie et amour de la nature. — Les fragments épiques. — Conclusion : nouveauté du sentiment et antiquité de la langue. — Ajournement de la publication.
II. — Nouveaux procès de Racan avec le comte de Sancerre (1654-1664). Gravité de cette lutte financière. Défaite de Racan (1655). — Procès inattendu intenté par le comte du Bois. — Victoire de Racan. Ruine des Sancerre (1664). — Conclusion sur Racan plaideur.
III. — Un madrigal inconnu, adressé au duc de Joyeuse. — Commerce littéraire avec Conrart, Chapelain et Ménage (1654-1659). — Les conférences d'Athis. — *Lettres* de Racan *sur la Poésie dramatique et sur la Poésie épique* : fragment d'Art poétique (1654). — Le projet d'édition des œuvres complètes de Racan. La lettre *Adieu paniers...* sur sa destinée. Les contes obscènes. — *La lettre sur son Ignorance. — La lettre sur le Style épistolaire* (1656). — Racan épistolier.
IV. — L'élection de Gilles Boileau à l'Académie (1659). La cabale de Ménage. L'insouciance de Racan. Le conflit de Conrart et de Chapelain avec Racan. Correspondance aigre. La vengeance de Conrart : la grande édition ne sera pas faite. — L'édition des *Dernières œuvres et Poesies chrestiennes* (1660). — L'*Ode au Roi.* — Les trois jugements secrets sur Racan : Costar vers 1657, Chapelain en 1662 (la vengeance), Charles Colbert en 1664. — Les éloges de La Fontaine et de Boileau (1668).
V. — La vie de famille. Mariage de Françoise (1658). — Mariage d'Antoine (1660). — Les quatre petits-enfants. — La revision des titres de noblesse (1666). — Racan poursuivi en justice par sa fille (1668).
La mort de Racan : Paris, 21 janvier 1670. — L'inhumation en Touraine : 21 avril 1670.

I

Les trente-deux *Odes sacrées* avaient paru en 1651. Pressé par l'Académie, encouragé par l'abbé de Rémefort, notre poète, sans désemparer, poursuivit son œuvre. Il lui restait le nombre énorme de 111 psaumes à traduire. Ses soixante ans passés ne s'en effrayèrent pas, et au bout de 3 ans et demi, à la fin de l'année 1654 [1], il avait terminé

---

1. Racan dit le 25 octobre 1654 : « A présent que j'ay achevé mes pseaumes... » Latour, I, 359. — D'autre part, le libraire qui publia les psaumes en 1660 dit : « Il y a cinq ans qu'ils sont achevés. » Latour, II, 31.

sa tâche, ayant composé plus de 8000 vers [1], rare exemple de fécondité littéraire d'une vieillesse de poète.

Cette nouvelle série de poésie religieuse ne valait pas, toute proportion gardée, la précédente ; le prosaïsme s'y étale au moins autant, les négligences y sont plus nombreuses et la vigueur moins soutenue.

Pour la méthode elle est restée la même, et Racan la manie visiblement avec plus d'aisance. C'est toujours la *paraphrase modernisée*, mais le poète recherche moins les ingénieuses applications au temps présent, il ne parle de Louis XIV que lorsqu'il y est naturellement amené par le sujet, et il se complaît moins dans la description minutieuse des choses modernes. Mais, sentant qu'il arrive au bout de sa carrière poétique, il aime à l'embrasser du regard et revient souvent sur lui-même avec beaucoup de grâce, d'à-propos et de sentiment.

Pour donner par quelques citations une idée précise de cette production dernière du poète, renonçant à suivre l'ordre des psaumes qui serait ici fastidieux, nous présenterons en raccourci les principales idées que le psalmiste français a développées avec le plus de bonheur, les sentiments généraux ou personnels qu'il a le mieux exprimés, le genre d'imagination qui l'a surtout inspiré. Ne sera-ce pas le meilleur moyen de compléter la physionomie de Racan et comme poète et comme homme ?

Au premier rang il faut placer les poétiques et saisissantes méditations sur la brièveté de la vie, sur l'inanité des richesses et des honneurs, sur l'égalité des hommes devant la mort, tous ces lieux communs qu'il avait chantés de bonne heure comme philosophe épicurien et qu'il retrouve maintenant dans la bouche de David ; il leur donne souvent un ton pénétrant de confidences personnelles.

> Seigneur,...
>
> 4.   Mille hivers, mille étés, aux courses mutuelles,
>   te sont comme un moment qui vole et qui s'enfuit,
>   et sont comme le temps que font les sentinelles
>   qui partagent entre eux les pauses de la nuit.
>
> 5.   La fleur qu'un même jour voit au matin éclose,
>   à midi se fanir, au soir tomber à bas,
>   et le destin de l'homme est une même chose,
>   lorsqu'il naît, qu'il vieillit et qu'il court au trépas.
>   . . . .

1. exactement 8203.

RACAN.

7.   Ta colère, Seigneur, contre nous indignée,
de nos âges comptés précipite le cours,
ainsi que nous voyons les fils de l'araignée,
dont un souffle défait le travail de cent jours [1]...

. . . .

Ces cœurs remplis d'ambition,
ces héros, ces foudres de guerre,
à peine de six pieds de terre
garderont la possession ;
leurs maisons changeront de maitre,
l'on mènera les brebis paitre
sur leurs magnifiques pignons,
et verront les races futures
la mousse au front de leurs masures
couvrir leurs armes et leurs noms [2].

. . . .

Il ne craint pas d'appliquer ces idées aux rois avec une étonnante
hardiesse :

. . . .

Ils naissent comme nous esclaves du trépas,
un même ciel que nous les domine ici-bas,
ils courent à leur fin par une même voie ;
ce néant où la mort les bannit sans retour
est le même néant qui dans l'or et la soie
les a produits au jour.

Ces devoirs, ces honneurs, qu'on rend à leurs tombeaux,
ce superbe convoi précédé de flambeaux,
qui va d'un pas égal sans que rien l'interrompe,
tous ces grands ornements dont leurs corps sont couverts,
à quoi servent-ils plus qu'à décorer la pompe
du triomphe des vers [3] ?

On remarque également de vifs mouvements d'appel à Dieu et de
confiance dans son pouvoir (ps. 12, 15, 16, 43, 76).

Le poëte espère dans la justice du Seigneur, il déclare que l'homme
juste finit toujours par être heureux, par trouver cette paix, cette
abondance rustique qui est pour lui le vrai symbole du bonheur en ce
monde tandis que l'homme injuste tombe tôt ou tard, et il cherche à
communiquer cet optimisme tout moral, tout pastoral, avec une vraie

1. Ps. 89, Latour, t. II, p. 238. — Str. 5, V. Lex., Fanir, — Et, — Voir, ii.
2. Page 142. Nous savons que c'est une des idées favorites de notre poète, mais
il ne l'a peut-être nulle part aussi bien exprimée qu'ici. — Racan avait mis son
blason, nous l'avons vu, « au front » de son château.
3. P. 377.

chaleur de conviction. Voici quelques vers extraits des nombreux psaumes qui roulent sur ce sujet :

1.   Vous à qui Dieu promet dans son éternité
une seconde vie en merveilles féconde,
ne portez point d'envie à la prospérité
qui plonge les méchants dans les plaisirs du monde.
La gloire des mortels n'a rien de permanent ;
leurs grandeurs, leurs honneurs passent incontinent,
et sont comme les fleurs que la bise resserre :
le même jour qui voit leur bouton demi-clos
le voit s'épanouir, fanir, tomber à terre.
devant que sa clarté retombe dans les flots..

et plus loin :

5. . . . .
Leurs vains titres d'honneur seront anéantis,
leurs palais, leurs châteaux, si richement bâtis,
à peine laisseront leurs traces dans les herbes,
tandis que vous verrez couvrir en la saison
vos coteaux de raisins, vos campagnes de gerbes,
et la paix en tout temps bénir votre maison.

. . . .
11.   Sous le règne inconstant de trois grands potentats
j'ai passé mon printemps, mon été, mon automne ;
j'ai vu d'un souverain au cœur de ses états
tomber sur l'échafaud la tête et la couronne ; [Charles Ier d'Angleterre]
j'ai vu les contempteurs des légitimes lois
s'efforcer d'abolir dans la maison des rois
par la flamme et le fer leurs puissances suprèmes ;
mais je n'ai jamais vu dessous l'oppression   108
les gens de bien souffrir des misères extrêmes
sans être aidés et plaints en leur affliction [1].

. . . .
Des sommets du Liban les cèdres orgueilleux
n'ont rien ni de si grand ni de si merveilleux,
bien qu'ils percent les airs où se fait le tonnerre,
que les esprits dévots, exempts de vanité,
qui s'élèvent au ciel par leur humilité,
et qui foulent aux pieds les honneurs de la terre [2]...

Racan a encore donné carrière à son mépris naturel pour les impies, on le sent bien à l'animation qu'il prête au roi David contre ses ennemis (ps. 47, 73, 139).

De temps en temps éclate en accents tout personnels son bonheur

1. P. 112. — Str. 1, V. Lex., Fanir. Il y a dans cette strophe comme une réminiscence de celle de Malherbe : « La gloire des méchants... » Lalanne, I, 208. — Vers 108, V. Dessous.
2. P. 244.

de consacrer ses vieux jours à la poésie religieuse, et l'auteur s'imagine
même, par une illusion bien naturelle, que son talent va toujours grandissant :

> De mon âge penchant dix lustres sont passés,
> depuis que nous chantons ces désirs insensés
> pour qui mon cœur soupire ;
> un plus digne sujet nous invite aujourd'hui
> à célébrer la gloire et l'amour de celui
> qui sur le firmament établit son empire [1].
>
> . . . .
> Mes premières chansons n'avaient rien que de rude,
> mes vers allaient rampant sans ordre et sans étude,
> et ne produisaient rien qui les fit estimer ;
> mais tu m'as inspiré ces divines merveilles
> qui charment les oreilles,
> et l'art, dans mon esprit, de les bien exprimer.
>
> Si j'ai chanté ton nom, ta gloire et ta sagesse ;
> si tu m'as dans ton sein, dès ma tendre jeunesse,
> découvert les secrets qui sont les plus obscurs,
> permets que mes vieux ans disent de tes miracles
> l'histoire et les oracles,
> et des siècles passés et des siècles futurs [2].

Avec le philosophe et le chrétien apparaît dans les Psaumes ce
poète de la nature que nous avons déjà admiré dans les Bergeries et
qui a eu si peu d'émules au 17ᵉ siècle. Que de petits tableaux d'abondance champêtre! que de variations larges et heureuses sur les moissons tombant à pleines faucilles et *comblant* les familles des campagnards! Il n'y a que l'embarras de choisir pour en donner une idée.

> . . . .
> La pluie, en maints petits bouillons, .
> tombe et jaillit sur les sillons
> au retour des saisons nouvelles ;
> tout abonde en tout temps des biens que tu produis,
> l'été pave les champs de nombreuses javelles,
> le printemps a des fleurs et l'automne des fruits.
>
> Les plus durs rochers des déserts
> sont de fleurs et d'herbes couverts
> comme les plus gras pâturages ;
> et des fines toisons qui vêtaient nos brebis,   52
> dans sa loge paisible, à l'abri des orages,
> le pasteur voit filer le drap de ses habits.   54

---

1. P. 285. Cette idée est naturellement ajoutée par Racan à celles du psaume
de David. — Les dix lustres étaient de beaucoup passés, car le poète avait plus de
soixante ans. — Il est fâcheux qu'il ait mêlé le *mon* et le *nous*. — Cette paraphrase
est une de celles qui font partie des extraits publiés par La Fontaine.
2. P. 188. Ne conviendrait-il pas d'effacer la virgule finale de l'avant-dernier vers ?

Les marais les plus noyés d'eau
produiront, au lieu de roscaux,
le fourment à pleines faucilles;
tes libérales mains enrichiront les tiens,
et feront qu'à jamais leurs heureuses familles
béniront le pouvoir qui les comble de biens [1].

57

. . . .
Leur douce et fertile vendange
se mûrit au haut des rochers;
sous les richesses de leur grange
gémissent leurs fermes planchers;
leurs bœufs sont forts au labourage;
leurs brebis ont cet avantage
d'avoir deux fois l'an des agneaux;
les vaches dans leurs métairies
sont pleines sans êtres taries,
et le lait en coule à ruisseaux [2].

Racan reste donc décidément le poète de *la moisson*, et l'on
devine qu'un de ses vifs plaisirs à la campagne est d'assister à la rentrée
des grandes charretées de blé, escortées de la famille des paysans satis-
faits. De plus il se montre aussi le poète de la vigne que nous n'avions
guère vue paraître dans les Bergeries [3], et il chante en des vers
savoureux

les vins doux mûris sur les âpres montagnes [4].

Deux des plus heureux psaumes du recueil sont ceux où notre
poète met, pour ainsi dire, en scène toute la nature : l'un est un
remerciement à Dieu pour toutes les beautés qu'il a créées, celles du
ciel, de la terre, des forêts, de la mer.

. . . .
3. Tu règnes sur un trône où le flambeau du jour
épand sur les rubis ses lumières dorées,
où l'astre de la nuit, paraissant à son tour,
tend d'ébène et d'argent les voûtes azurées.

---

1. P. 170, psaume 64. — Vers 52-54 : V. Lex., LOGE. Racan a ajouté au texte
de David la gracieuse image qu'il avait déjà employée dans les Bergeries :
  Heureux qui vit en paix du lait de ses brebis
  et qui *de leur toison voit filer ses habits.*
            Acte V, monologue du Vieil Alcidor, Latour, I, 110.
  v. 57 : V. FOURMENT. Ce vers lutte d'abondance avec celui des Stances sur la
Retraite :
        Il voit....
  la javelle à plein poing tomber sous la faucille.
  2. P. 373. — V. encore des notes d'abondance rurale dans les psaumes 28, 71,
79, 120, etc.
  3. ainsi dans une comparaison pittoresque de la p. 343.
  4. P. 39.

4. Là sur les diamants, les perles, les saphirs,
    autour de ton palais flottent les cieux liquides,
    et là ton seul regard défend même aux zéphirs
    d'agiter dans ces mers de vagues ni de rides.

5. Par les vents attelés ton char, qu'on voit courir,
    va du nord au midi par des routes nouvelles,
    et venant, au besoin, ton peuple secourir,
    à ces courriers volants tu redoubles les ailes.

    . . . .

13. Tout ce qui vient de toi nous comble de bonheur;
    quand la pluie a baigné nos champs et nos prairies,
    la javelle remplit le poing du moissonneur,
    et l'herbe à pleine faux nourrit nos bergeries [1].

    . . . .

L'autre, le 148ᵉ, *Laudate Dominum de cœlis* est une invitation
adressée à toute la nature pour qu'elle forme un concert universel de
louanges divines. Après les astres qui l'ont toujours si grandement
inspiré, il célèbre l'immensité céleste en des vers vraiment lyriques qui
ont une sorte d'ampleur toute moderne :

7. ... Et vous, *eaux qui baignez des arènes d'azur*
    depuis l'ardent Lion jusqu'aux glaces de l'Ourse,
    rendez grâce à celui qui conserve aussi pur
    votre cours au ruisseau comme il est dans sa source.

8. Si vous ne possédez les perles, le corail,
    et ses rares trésors dont nos mers sont fécondes,
    le Seigneur, magnifique autant que libéral,
    fait luire ses flambeaux dans le fond de vos ondes.

9. Quand son ordre éternel vous tira du néant,
    et qu'il eut sur le ciel vos vagues épandues,
    ne vous marqua-t-il pas des bords, en vous créant
    sur le mobile appui qui vous tient suspendues [2]?...

Il continue par un appel aux animaux, aux arbres, aux hommes,
aux princes, aux vierges, aux jeunes gens [3], et il finit en s'adressant
aux vieillards par une simple et admirable image qui renouvelle
chrétiennement la métaphore maritime qu'il affectionne pour figurer
la vie :

---

1. P. 267 et s. — Str. 3, V. Lex. Espandre. — Str. 5, *au besoin*, V. Lex., A, i., —
Str. 13. Cf. le vers des Stances sur la Retraite que nous rappelions à la page précédente et ci-dessus la fin du psaume 64.
2. P. 383. V. Lex., Espandre.
3. Là un vers singulièrement doux sur la jeunesse :

> vous qui *d'un âge heureux*
> *goûtez innocemment les charmantes amorces.*

20. Et vous qui n'espérez que par la seule mort
de sortir d'une mer si sujette au naufrage,
ne craignez point, vieillards, d'arriver en un port
où *Dieu vous tend la main de dessus le rivage* [1].

Cette précision et cette délicatesse d'images de la nature révèle le campagnard de goût et le rêveur du vallon de La Roche. Par contre, la vigueur déployée souvent dans les descriptions militaires rappelle l'ancien soldat qui a servi pendant trente ans. Les psaumes de ce genre sont nombreux; nous nous bornons à citer quelques strophes, dont plusieurs sonnent d'une façon presque romantique comme un galop de cheval.

En vain nos ennemis ont battu nos courtines
de leurs redoutables machines
et bordé nos dehors de piques et d'écus,
nos remparts sont debout, nos maisons sont tranquilles,
et leurs attaques inutiles
n'ont comblé nos fossés que des corps des vaincus [2].

Ailleurs il met dans la bouche de David ces cris d'enthousiasme sur Dieu :

...... Il fait que ma main armée,
à la guerre accoutumée,
tourne et dompte le coursier,
fait trancher le cimeterre,
et comme foudres desserre
les traits de mon arc d'acier [3].

. . . .
Quand sera-ce qu'on les verra
foudroyes des mêmes tempêtes
que Madian et Sisara
virent éclater sur leurs têtes?
Le camp de Jabin fut-il pas
au bord de Cison mis à bas
par ton bras armé du tonnerre?
Leurs riches harnois dans Endor
faisaient-ils pas éclater l'or
quand leurs corps fumaient notre terre [4]?

1. V. Lex., Espérer, ii.
2. P. 139. — V. Lex., Dehors.
3. P. 67. Ne voilà-t-il pas comme une première ébauche des strophes galopantes de Victor Hugo :

Vous pouvez entrer dans les villes
au galop de votre coursier (*Napoléon II*), etc.

4. P. 222. — Abondance de sonorité par les noms propres, comme dans *Grenade* et dans d'autres pièces des *Orientales*. C'est bien nouveau au 17ᵉ siècle. Sur l'emploi de *le mesme que* et de *pas* sans *ne*, V. Lex.
Dans ce ton militaire sont encore les ps. 7, 32, 75 et 126.

Si l'on veut se faire une idée complète du genre d'imagination déployé par Racan dans ses psaumes, il faut relever encore les *narrations historiques* qu'il a composées sur le passé des Juifs; elles sont en général agréables, précises, avec une certaine naïveté, bien suivies malgré des négligences de tours. Ces parties, qui relèvent plutôt du genre épique que du lyrique, sont rares dans le reste de l'œuvre de Racan : seule la narration de l'*enchantement* dans les Bergeries avait pu nous faire soupçonner cette face particulière de son talent [1]. Trois fragments suffiront à en donner une notion :

Voici d'abord quelques strophes sur les plaies d'Égypte :

> 23.... Le Nil roulait alors, dans sa couche profonde,
> du sang au lieu de flots, et, par ce changement,
> les poissons demi-morts s'élevèrent sur l'onde
> pour chercher leur salut en un autre élément.

> 24.   Les grenouilles en troupe avecque les cigales,
> en sautant et criant sortent de leurs marais,
> et montent sans respect dans les maisons royales,
> où la pourpre et la soie étalent leurs attraits.
> .   .   .   .
> 26.   Ce prophète, puissant au ciel comme en la terre, [Moïse]
> fait entendre sa voix aux bruyants tourbillons,
> et d'une épaisse grêle et d'un ardent tonnerre,
> bat et brûle partout les blés dans les sillons.
> 28.   .   .   .   .
> Les chenilles aussi, jointes aux sauterelles,
> dont les brouillards brûlants sont les avant-coureurs,
> dépouillèrent leurs champs d'herbes et de javelles,
> l'espoir de leurs bergers et de leurs laboureurs.

> 29.   Et, pour dernier malheur, de ce peuple profane
> les grands et les petits demeurent étonnés,
> voyant dans leurs palais, comme dans leurs cabanes,
> couler également le sang des premiers nés [2].

La traversée de la mer Rouge a été retracée deux fois; voici l'un de ces récits :

> 13.   .   .   .   .
> Lorsque les siens fuyaient la mort et l'infamie,
> les dangers les tenaient de toutes parts enclos,
> ils avaient à leur dos la phalange ennemie,
> ils avaient à leur front les abîmes des flots.

> 14.   Afin de rassurer ces troupes effrayées,
> du profond océan les flancs sont entr'ouverts,

1. I, 75.
2. P. 273. — Sur la force du mot étonner, V. Lex., ESTONNER.

et sur son large sein les vagues reployées
leur laissent voir à nu les graviers découverts.

15.... Au lieu même où les flots écument sous les rames,
les sables font voler la poudre sous leurs pas.

16. Du camp de Pharaon, qui couvre le rivage,
la barbare fureur leur perte résolut;
mais, en les poursuivant, il trouva son naufrage
au lieu même où leur fuite assura leur salut.

17. De ce roi, qui de tout croyait se rendre maître,
la vie et les desseins tombent en même lieu,
et les flots refermés lui firent bien connaître
qu'ils ne respectaient point d'autre maître que Dieu [1].

Racan a senti que ces narrations étaient souvent trop serrées par
le cadre restreint de la strophe, et il a eu l'idée de traduire l'un des
psaumes de récits historiques en 200 vers suivis, malgré l'aversion
qu'avait témoignée son maître pour cette forme de poésie : nous en
tirons cet agréable passage, bien personnel, sur la distribution mira-
culeuse de la manne et des cailles dans le désert :

. . . .
C'est lors, que ces ingrats, par de nouveaux blasphèmes,   59
méprisaient sa puissance et ses bontés suprêmes,
et d'un murmure égal disaient insolemment :
« N'aurons-nous que de l'eau pour tout notre aliment?
Ces déserts pourront-ils produire pour nos tables
des viandes, des fruits et des vins délectables? »
Ce discours de mépris, ô doute criminel,   65
au lieu d'armer le bras du monarque éternel
pour foudroyer l'orgueil de ce peuple profane,
ses charitables mains lui versèrent la mane,
le nourrissant encor de ce pain précieux,
dont les anges faisaient leurs mets délicieux,
et de tout ce grand air que le monde respire
en chassa tous les vents, hormis le seul Zéphire,
qui de ses doux soupirs parfuma l'horison,
et fit que le printemps revint hors de saison.   74
Aussitôt les oiseaux des bois et des campagnes
aux délices d'amour invitent leurs compagnes,
qui de leurs lits féconds peuplèrent les déserts,
et le camp d'Israël de renaissantes chairs...
    etc. [2].

1. P. 356. Racan a donné à ce psaume la particularité d'un refrain en quatre
vers, qui revient après chaque strophe.
2. P. 208. — Au 1ᵉʳ vers, nous ajoutons une virgule après le second mot pour
plus de clarté. V. Lex., Lors. — On remarque l'irrégularité de construction de la
période 65-74 : *Ce discours, au lieu d'armer le bras du monarque éternel..., ses
mains versèrent la manne et chassa tous les vents.*
On trouvera encore comme psaumes *historiques* racontant ou annonçant des
parties de l'Ancien ou du Nouveau Testament les psaumes 21, 22, 67, 88, 105, 106, 113.

On voit tout ce qu'une étude de ces 8000 vers peut y relever de qualités diverses : large facture dans la manière de traiter les lieux communs, sincérité d'accent, finesse et précision dans l'observation de la réalité. Mais la vérité nous oblige à rappeler qu'il est nécessaire de tirer tous ces passages vraiment poétiques de la mer de prosaïsme où ils baignent, prosaïsme inconscient qui n'est point la platitude, mais qui vient de ce que Racan, fidèle à la théorie de Malherbe, semble transporter dans la poésie la langue de la prose : car les *esprits fac-tieux*, et la *perfection*, et l'*imperfection*, et tous les noms courants des divers sentiments abondent dans ces vers, qui s'en trouvent comme avilis. Voici une strophe qui n'est point dans les pires, mais donnera bien le ton ordinaire de cette poésie terne :

> Je ne redoute rien de ces séditieux,
> je sais que ta clémence a, du plus haut des cieux,
>   reçu ma juste plainte ;
> déjà ces grands apprêts dont nous fûmes surpris
> font à l'*étonnement* succéder le *mépris*,
> le *repos* à la *peine*, et la *joie* à la *crainte* [1].

Avec cela il convient de noter les qualités ordinaires de la versi-fication de notre poète, facilité de la plupart des vers, richesse des rimes, habileté des rythmes : sous ce dernier rapport nous savons qu'il cherche perpétuellement à se renouveler ; tout en conservant le sixain comme strophe ordinaire, il essaie pour la première fois des strophes de 8, de 9 et de 11 vers [2], il invente 5 autres rythmes [3] ; il compose un psaume en 748 vers répartis régulièrement en 22 groupes d'une strophe, une antistrophe et une épode, à l'imitation de Ronsard [4] : l'ombre de Malherbe en dut-elle assez tressaillir, tout comme lorsque Racan essayait des vers suivis !

Il est singulier que, cherchant autant à renouveler ses rythmes, il se soit aussi peu préoccupé de renouveler sa langue. Nous y retrouvons ses qualités coutumières de douceur, de grâce et d'élégance, de force aussi, bien qu'elle soit moins soutenue que dans les *Odes sacrées* et

---

1. P. 155. — Nous comptons environ 33 psaumes (sur 109) faibles d'un bout à l'autre, sans compter les parties faibles d'un grand nombre.

2. Ces onzains d'octosyllabes (ps. 68, p. 179) sont même de l'invention de Racan.

3. Nous avons relevé les quatrains 8 10 6 12 (*m f m f*) comme dans le psaume 117, les sixains 12 12 8 12 12 8 (*m m f m² f m²*) psaume 87, (*m m f m² m² f*) psaume 24, — 12 6 12 12 12 6 (*m m f m² f m²*) psaume 85, — 8 8 6 2 8 8 (*f f m f² f² m*) psaume 27, — qui ne se trouvent ni dans Ronsard ni dans Malherbe. Voir le Tableau de la Versification de Racan à la Pièce just. 50.

4. Ps. 118, p. 308.

plus souvent déparée par sa négligence. Mais tout cela est resté figé dans le vocabulaire de 1620 au plus tard; il est même un grand nombre de mots et de tours qui rappellent le 16ᵉ siècle [1]. La langue se façonnait, se fortifiait à cette époque, mais notre gentilhomme n'y prit point garde, il demeura fidèle aux mots de Montaigne, ceux qu'il avait appris dès son enfance. On a remarqué que presque tous, tant que nous sommes, nous parlons et écrivons toute notre vie selon la mode littéraire de nos 20 ans, mais, que nous le voulions ou non, nous nous accommodons ordinairement, plus ou moins, par quelques parties de notre langage, à l'évolution contemporaine. Racan y demeura totalement étranger, sans doute parce que sa faculté d'observation, si aiguisée d'ailleurs, n'était nullement tournée du côté des mots et de la grammaire. Il en souffrait même dans ses conversations, comme le montre cette anecdote significative : un jour devant une compagnie nombreuse il avait fait un conte fort agréable; voyant qu'on n'en riait point il s'adressa à Ménage, qui était à ses côtés, et lui dit : « Je vois bien que ces Messieurs ne m'ont pas entendu; traduisez-moi, s'il vous plaît, en langue vulgaire [2]. » Il apparaissait déjà comme un ancêtre à la génération du milieu du 17ᵉ siècle. C'est une impression analogue que font ses vers envisagés au point de vue de la langue, car pour la douceur dans l'expression des sentiments et pour les détails d'observation rustique, il sert vraiment de précurseur aux grands poètes de la seconde moitié du siècle. On est dérouté par les dates quand on songe que les vers dont nous parlons vont paraître en 1660 avec les premières œuvres de l'âge de perfection de la langue; on les croirait bien antérieurs à Corneille lui-même : c'est comme une première ébauche de Racine et de La Fontaine, qui daterait de Henri IV [3].

Soutenu par les encouragements de l'abbé de Rémefort, Racan acheva ses psaumes au mois d'octobre 1654 [4]. Il les avait tous traduits,

---

1. V. à la fin notre Lexique, particulièrement l'Introduction.
2. *Entendu* dans le sens de *compris. Menagiana*, t. II, p. 4. Nous avons vu, à propos de la composition des *Mémoires pour la Vie de Malherbe* (ch. xviii), que Ménage et Racan étaient en relations au moins depuis 1650.
3. On trouvera une sommaire appréciation des Psaumes dans Livet, *Portraits du grand siècle*, p. 461; dans Faguet, *Revue des Cours*, 1894, II, p. 549, et dans Lotheissen, *Geschichte der französischen Litteratur im XVII. Jahrhundert*, I, 216. En 1672 (18 sept.), Chapelain félicitant Montaigu de la traduction littérale de ses psaumes, lui disait qu'elle pouvait être *plus utile* au public que les traductions de Desportes, Marillac, de Vence [Godeau], de Frénicle et de *Racan, qui, malgré leurs qualités et leur succès, sont paraphrastiques.* Tamizey de Larroque, *Lettres de Chapelain*, II, 790.
4. Lettre à Ménage, I, 359, et Avis du libraire au lecteur en 1660, II, 31.

à l'exception de trois : le 8ᵉ, le 128ᵉ, et le 145ᵉ, ceux dont Malherbe avait fait la paraphrase, « car son humeur, disait-il, n'est point d'écrire par émulation contre personne, particulièrement contre celui de qui il reconnoît tenir tout ce qu'il sait, et dont il veut, à jamais, révérer les ouvrages et les mérites ». Pourtant Malherbe n'ayant fait que quatre stances du 145ᵉ, Racan se décida avec bien de la peine à le refaire [1].

Lorsque notre poète, arrivé au terme, regarda en arrière le chemin parcouru, il fut, selon son habitude, mécontent de son ouvrage et tomba dans le découragement ; il voyait la faiblesse d'un grand nombre de psaumes et, dans son irritation et sa mauvaise humeur, *si parva licet magnis componere rebus*, comme autrefois Virgile pour l'Enéide, il fut tenté de condamner tout son ouvrage au feu. L'Auguste qui le sauva, fut « un de ses bons amis, M. Nublé », un savant avocat au Parlement de Paris, qui n'osait pas publier ses propres ouvrages, mais qui prenait la défense de ceux des autres contre leurs auteurs [2].

Si Racan ne détruisit pas ses psaumes, il en remit à plus tard la publication, afin, dit-il, « de les rendre tous d'un mesme stile et d'une égale force [3] ». Mais toute remise est périlleuse particulièrement pour un indolent : le nôtre en fit l'expérience et se laissa entraîner loin de son dessein par mille occupations ou nécessaires ou agréables.

II

D'abord « le grand embarras d'affaires qu'il a eues, et dont il croit ne jamais voir la fin [4] », entrava encore une fois ses projets littéraires. Son grand procès avec la branche aînée des Bueil renaissait par les efforts du jeune comte Jean VIII, excité, nous l'avons vu, par son beau-père.

On se rappelle que la partie maternelle de la succession Bellegarde avait été réglée au gré de Racan par les deux arrêts du Parlement de 1642 et de 1643 ; un troisième arrêt rendu en 1644 avait condamné Jean VIII à servir à Racan 3500 livres de rentes pour contribuer au paiement des dettes courantes de la succession, dont le poète s'était

---

1. Avis du libraire au lecteur, Latour, II, p. 32. Il n'avait pas traduit directement le 8ᵉ, mais ce psaume lui avait inspiré une paraphrase en l'honneur de la Reine-régente (II, 28). Voir au chap. précédent.
2. Lettre à l'Académie, *id.*, p. 21.
3. II, p. 31.
4. *Id.*

trouvé chargé depuis le commencement. C'est contre cet arrêt que le comte de Sancerre, déjà obéré par un énorme fardeau de dettes, luttait par tous les moyens possibles depuis 10 ans, tantôt avec violence, puisque son beau-père, nous l'avons vu, ne craignit pas de provoquer Racan en duel, tantôt avec perfidie lorsqu'il l'accusait d'avoir retenu les papiers de famille qu'il avait eus entre les mains comme tuteur [1]. Cet acharnement s'explique en partie par la ruine qui menaçait la maison de Sancerre : elle combattait vraiment pour l'existence; elle qui pendant tant de siècles avait jeté un si vif éclat à la cour et détenu une si grande puissance territoriale dans l'ouest de la France, allait-elle être définitivement abattue et forcée de vendre tous ces beaux domaines de la Touraine, du Maine et de l'Anjou, qui formaient comme les antiques fleurons de sa couronne comtale? La situation de Racan, tout en étant moins critique, ne laissait pas d'être assez inquiétante, car sa fortune, bien augmentée sans doute par l'héritage de la duchesse, était alourdie de toutes les charges de cette succession même et se trouvait fort entamée aussi par la dispendieuse construction du château de La Roche. Nous allons résumer le nouveau combat judiciaire engagé entre les deux branches de la maison de Bueil pendant 10 ans, de 1654 à 1664. C'est la dernière période, du moins pendant la vie de notre gentilhomme, de la longue lutte commencée en 1631.

Le poète était occupé à finir ses psaumes, lorsque Jean de Bueil obtint contre lui deux arrêts du Parlement, c'étaient le 4e et le 5e (24 mars 1654, 18 juin 1655). Ils annulaient les deux arrêts précédents, remettaient les parties à l'arrêt de 1642 qui homologuait seulement la première sentence arbitrale, et ils condamnaient Racan à fournir à son jeune cousin un nouveau compte de la succession de Mme de Fontaines, mère de la duchesse de Bellegarde. Cette partie de la succession était, l'on s'en souvient, spécialement chargée de dettes, que Jean avait été précédemment condamné à payer [2]. C'était tout remettre en question,

---

1. On le voit dans les considérants de l'arrêt de 1654.

2. Le 4e arrêt est analysé Bibl. Nat., Mss., Pièces originales 550, f. 274, v°. C'est une condamnation contre Racan de satisfaire l'arrêt de 1642 et, conformément aux dispositions de celui-ci, de rendre un compte tant de la tutelle de Jean de Bueil et de ses sœurs que des successions bénéficiaires des dames de Fontaines et de Bellegarde. Racan ne forme pas opposition à cet arrêt, « étant content de tout pourvu que l'on n'entamât pas la sentence arbitrale de 1638 ni l'homologation d'icelle consentie dans l'arrest de 1642 ». — Au f° 277 du même manuscrit se trouve une défense de Racan par demandes et par réponses : sur l'accusation de *Dol personnel du Tuteur par rétention de Papiers*, il est répondu que « Racan n'a jamais été chargé des Titres et Papiers lorsqu'il a accepté la tutelle, etc. ».

Le 5e arrêt se trouve aux Arch. Nat., X, 5 795, date du 18 juin 1655, 11e f°. Jean ayant atteint sa majorité légale en 1655, est *demandeur* en lettres en forme de

reculer de 13 ans en arrière et annuler les longs efforts qu'avait faits Racan pour établir la part contributive de chacun dans le passif considérable de la succession.

Le vieux poète se mit rapidement sur la défensive. Il avait à faire face partout, non seulement contre ses cousins, mais aussi contre de nouveaux alliés que ceux-ci s'étaient adjoints, des héritiers qui réclamaient les comptes d'une tutelle exercée jadis par un oncle de Racan, il y avait 70 ans. En 1585 en effet, le comte de Fontaines, Honorat de Bueil, le gouverneur de Saint-Malo avait fiancé l'un de ses fils à une riche orpheline nommée Béatrix de Launay et avait été le tuteur de celle-ci pendant deux ou trois ans[1]. Le jeune homme étant mort prématurément, Béatrix s'était mariée d'un autre côté[2], et son petit-fils prétendait maintenant qu'elle avait été lésée par la tutelle du comte de Fontaines : des sommes d'argent et des meubles lui auraient été de plus retenus à tort par la comtesse à la suite de l'assassinat du gouverneur de Saint-Malo, des dépenses incombant aux Fontaines auraient été faites par le second mari de Béatrix ; par exemple, et

requête civile, par lui obtenues le 29 mai 1655, contre les arrêts des 30 juillet 1643 et 7 septembre 1644, Racan et « Honorat d'Assigny » défendeurs. On est demeuré d'accord de l'appointement qui suit : la cour entérine les lettres et, ce faisant, remet les parties en tel état qu'elles étaient avant les arrêts de 1643 et 1644, et condamne Racan, selon l'arrêt du 23 août 1642, à rendre compte au demandeur de la succession bénéficiaire de la dame de Fontaines, le 15 août prochain et sans dépens. — On trouve dans le volume 550 de la Bibl. Nat. déjà cité une analyse de cet arrêt au f. 274 v°, et une défense de Racan dans cette affaire au f° 277, v°.

1. La Bibliothèque nationale possède le contrat de mariage passé entre Béatrix de Launay et Honorat de Bueil pour son fils Honorat (Mss. fr., 22.311, f° 40).

Béatrix, née en 1569 (acte de baptême du 8 septembre aux Arch. munic. de Saint-Malo), était la cousine germaine de Louise de Launay qui avait épousé Georges de Bueil, sire de Bouillé, oncle du comte de Fontaines (voir, p. 1, notre Tableau généalogique), G. de Carné, les Chevaliers bretons de Saint-Michel, Nantes, 1884, in-8, p. 402 et 403. Les Mémoires de Frotet de la Landelle (voir Index, Manuscrits) mentionnent Béatrix, mais en faisant erreur sur ses parents : elle était fille de Jacques de Launay, seigneur de Talvern, et de Guillemette Baud. Nous devons ces renseignements à la science si obligeante de M. Saulnier, de Rennes.

2. Le jeune Honorat mourut en 1588 à seize ans, n'étant probablement pas encore marié réellement. On l'appelait cependant déjà, à Saint-Malo, « M. de Talvert » (Frotet, p. 3). Nous avons trouvé la mention de son acte de baptême, 13 août 1572, sur le livre de raison des Bueil, Bibl. de Tours, Mss., 183, f. 178, v°. Il eut pour parrain son frère Jacques et pour marraine sa tante Anne de Bueil. Nous l'avons retrouvé parrain, à Neuvy-le-Roi, d'un Louis Morillon le 25 décembre 1576 (Reg. paroiss.). — Il n'avait que 13 ans 4 mois au moment où son père signait pour lui un contrat de mariage, le 30 décembre 1585 : l'acte lui donne pourtant 14 ans, le vieillissant sans doute pour le rapprocher de Béatrix, qui, ayant 16 ans, était plus âgée que lui.

Béatrix se maria en 1590. Les registres municipaux de Saint-Malo mentionnent la 3e publication de ses bans le dimanche second jour de septembre 1590. Elle épousa Nicolas de Talhouet, seigneur de Kerservant, et eut pour fille Hélène de Talhouet, qui épousa Henri de Vaulière : c'est leur fils Charles de Vaulière qui intente la poursuite à Racan.

c'est là un détail bien caractéristique de ces procès d'ancien régime, on demande à Racan 6000 livres pour le transfert des restes de sa grand'tante opéré par le mari de Béatrix, en 1591, etc., etc. Le comte du Bois était appuyé dans cette poursuite par le comte de Sancerre. Leurs intérêts semblaient en effet se confondre; ils avaient avantage l'un et l'autre à exagérer la fortune laissée par Mme de Fontaines à sa fille, l'un comptant se faire restituer une partie de ces biens comme reliquat du compte de tutelle, et l'autre espérant bien prouver qu'ils avaient été suffisants pour éteindre ces dettes de la succession, dont se plaignait Racan [1].

Celui-ci attaque résolument cette coalition d'intérêts dirigée contre lui et réussit en partie à la déjouer. Le 17 avril 1660, il obtient un arrêt du Parlement (le 6e de cette affaire), décidant que le restant actif de la succession de la comtesse de Fontaines, au lieu de revenir à Jean VIII, servira à payer les créanciers de la succession [2].

Racan se retourne alors contre le comte du Bois et cherche à réfuter ses prétentions exorbitantes; il s'appuie sur l'antiquité de l'affaire, sur l'invraisemblance de l'accusation, sur le peu d'autorité des quittances et des inventaires qui sont produits, sur l'honorabilité du comte de Fontaines et son affection déclarée pour sa pupille, sur les grossières erreurs enfin qui servent souvent de fondement à la requête; par exemple on cherche à prouver la grande richesse de Mme de Fontaines en alléguant un bassin d'argent mentionné dans un inventaire comme pesant 117 marcs, ce qui est une erreur du greffier pour 17 marcs, etc.

Tout en réduisant les prétentions du comte du Bois, le Parlement jugea néanmoins qu'il y avait un important reliquat de compte de tutelle à accorder aux héritiers de Béatrix, et l'arrêt du 30 avril 1660 condamna Jean VIII et ses sœurs à payer les trois quarts dudit reliquat, car le comte de Sancerre, s'étant porté héritier de la succession de Mme de Fontaines, devait en subir les principales charges [3]. Un 8e arrêt, rendu le 22 juin de la même année, fixait la liquidation de ce reliquat à 162 312 livres 9 sols. Racan était donc tenu d'en payer environ

1. Bibl. Nat. Imp., 4° F 3, 1523, pièce 33.452, p. 527. « Factum pour messire Honorat de Bueil, Marquis de Racan, et Honorat d'Assigny, comte de Grandbois, rendant compte et demandeurs en sommation contre Messire Charles de la Vaulière, comte du Bois de la Roche, oyant compte, et messire Jean, sire de Bueil, comte de Maran, et messire Pierre de Perière, marquis de Crenan, défendeurs en ladite sommation », 8 pages.

2. Vol. 550, f. 236 et 274 v° et Arch. Nat., X^{1a} 2.478, f. 357 v°.

3. Vol. 550, f. 236 et Arch. Nat., X^{1a} 2479, f. 237 v°-242.

40 000 livres et Jean VIII 122 000 [1]. L'alliance contractée par les Sancerre s'était retournée contre eux.

Cette victoire de Racan fut bientôt complétée par quatre arrêts du
Parlement, celui du 27 juin 1662 qui condamnait Jean VIII à rendre
compte à Racan de la succession de la duchesse de Bellegarde, celui
du 15 juillet 1662 qui contraignait Jean VIII à lui payer une rente de
27 052 livres indépendamment du principal, ceux des 12 juillet et
6 septembre 1664, qui liquidaient le compte de la succession Bellegarde
et fixaient à 224 632 livres 12 sols 9 deniers la somme due à Racan
par Jean VIII et son beau-frère pour toutes les charges communes
qu'avait supportées le poète (9e, 10e, 11e et 12e arrêts) [2].

Le comte de Sancerre était ruiné, lorsqu'il mourut prématurément
sans enfants, voyant s'éteindre en lui la descendance mâle de la
branche aînée des Bueil [3]. Cependant ses sœurs, tenues de payer les
350 000 livres auxquelles il avait été condamné de deux côtés différents,
sans compter toutes ses autres dettes, étaient forcées de laisser vendre
par leurs créanciers les terres de Saint-Christophe, de Châteaux et de
Vaujours, depuis longtemps saisies : l'acquéreur n'était autre que Mlle de
la Vallière qui allait en faire le centre de son duché (1667) [4], et telle est

1. Vol. 550 *id.*, et Arch. Nat., X1a 2.481, f. 405. — On trouve une défense de
Racan pour ces deux arrêts au vol. 550, f. 278.

2. Avant le 9e arrêt, Racan avait fait souscrire le 28 août 1660 à Jean VIII et
à son beau-frère Pierre de Crenan (V. le Tableau généalogique de la p. 396) un
acte par lequel ils consentaient que les contrats de constitution passés par le sieur
et la dame de Fontaines, et par la dame de Fontaines veuve, demeurassent exécutoires pour les parts dont ils étaient tenus, selon la sentence arbitrale de 1638.
Vol. 550, f. 237, 274 vo (la transaction est portée par erreur au 28 *avril* au lieu
du 28 août) et 275. En exécution de cette transaction, les parties, suivant l'acte
passé le 15 novembre 1660, procèdent à l'amiable à l'estimation des biens paternels et maternels de la duchesse de Bellegarde. Id., f. 275.

9e arrêt, du 27 juin 1662. Arch. Nat., X1a 5882 et Bibl. Nat., vol. 550, f. 236 vo.

3 juillet 1662, acte passé entre Racan et Jean VIII, pour la liquidation des
arrérages dus à Racan et des intérêts qu'il prétend lui être dus de ceux qu'il a
payés aux créanciers des contrats de constitution, en les remboursant à 27.052 livres.
Vol. 550, f. 236 vo.

10e arrêt, du 15 juillet 1662 : « Honorat de Bueil, seigneur marquis de Racan »,
demandeur en requête tendant à ce que la transaction du 28 août 1660 fût homologuée et, ce faisant, que les contrats de constitution passés selon la sentence
arbitrale de 1638, fussent exécutoires. La cour, du consentement des parties, a
déclaré exécutoire la transaction, c'est-à-dire ordonné que les contrats fussent exécutoires contre Jean VIII qui, tout compte réglé, demeure débiteur à Racan de
27.052 livres et ce non compris le principal des dites rentes. Arch. Nat., X, 5.183,
f. 168 et Bibl. Nat., vol. 550, f. 236 vo, 275 et 278 vo.

11e arrêt, du 12 juillet 1664, et *12e arrêt*, du 6 septembre 1664. Vol. 550, f. 237,
275, 279 et dossier bleu 3543, f. 44 vo. Le 12e arrêt est aux Arch. Nat., X1a 2557, f. 32,
ro et vo.

3. le 11 janvier 1665. Nous avons retrouvé la date exacte de sa mort, voir aux
Pièces just., no 45.

4. Les dames de Bueil font en 1666 « un abandonnement de leurs biens à leurs

la fortune des noms que la petite ville de Châteaux en Anjou, qui était
depuis bien des siècles le centre des fiefs et la résidence effective de la
famille des Bueil-Sancerre, gardera le nom de Château-La-Vallière en
l'honneur d'une femme qui n'y est, pense-t-on, jamais venue [1].

Racan, après bien des vicissitudes, obtenait enfin satisfaction et
voyait se terminer à son gré cette longue affaire de succession qui durait
depuis 36 ans, et qui, encombrant toute la fin de sa vie, lui avait fait
payer singulièrement cher le précieux héritage de la duchesse de Bellegarde. Grevé lui-même par tant de frais d'affaires et de justice et par
des dépenses arriérées, il avait grand besoin, pour payer ses dettes, de
la somme considérable qui lui était judiciairement attribuée (plus d'un
million de notre monnaie). Mais elle ne lui fut pas versée, et ses créanciers, qui s'étaient constitués en direction, et les créanciers de Jean VIII,
qui de leur côté en avaient formé une autre, et ceux de Charles de Vaulière, petit-fils de Béatrix de Launay, se disputèrent cette proie aussitôt
après la vente [2]; ils devaient se la disputer encore après la mort de

creanciers » qui forment une Direction. Bibl. Nat., Mss. dossier bleu 3543, f. 44 v°.

Les créanciers font la vente le 13 mai 1667, pour 750 000 livres. Les héritiers
de Béatrix de Launay réclamèrent aussitôt sur ce prix les 162 312 livres qui leur
étaient dues par l'arrêt du 22 juin 1660. Bibl. Nat., Mss., vol. 550, cité f. 237 r° et v°.
et Imprimés, Factums, Thoisy 126, f° 65 : Contrat de vente des terres de Chasteaux.
Vaujours et Saint-Christophe, provenant de la succession de Jean de Bueil, comte
de Marans, passé par les dames de Lésignan et de Mesgrigny, ses sœurs, en faveur
de Mlle de La Vallière (s. l. n. d.), in-f°.

Nous voyons d'un autre côté le beau-père de Françoise de Bueil, fille de Racan,
Nicolas de la Rivière prendre ses mesures dès 1664, pour le cas d'une vente probable des terres de Chasteaux, voisines des siennes de Montigny : Arch. Nat. X 5.918,
f. 251, arrêt du 12 juillet 1664. « Nicolas de la Rivière, seigneur de Montigny,
demandeur en requeste du 8 juillet 1664, tendant à ce qu'il soit ordonné que l'arrest
du 4 mai 1630 confirmatif de la sentence du 21 décembre 1628 et de... sera exécuté
selon sa forme et en conséquence que la terre et baronnie de Chasteaux saisie sur
Jean de Bueil à la requête du cy après nommé ne pourra être vendue à l'amiable
ou en justice qu'à la charge de conserver le demandeur en ses droits d'usage et
prendre du bois mort et mort bois pour son chauffage de sadite maison de Montigny et de ses mestairies dans les forêts de la dite baronnie de Chasteaux, droits
de pascage et pâturage desdites forests pour les bestiaux et porcs... tant en sa dite
terre de Montigny que mestairies en dépendant et du fief de la Reuchère, etc., et
autres droicts suivant le dit arrêt, Pierre d'Hillerin, sieur de la Guérinière, poursuivant les criées du comté de Marans et de la dite terre de Chasteaux saisies que
le sieur de Bueil deffendeur. » — La Cour donne défaut et commet un conseiller à
l'examen de la requête. — Cet arrêt a été rendu exactement le même jour que le 11e
du grand procès, avec lequel il faut se garder de le confondre.

1. M. J. Lair, *Nicolas Foucquet*, 1890.

2. Dossier bleu cité 3543, f. 44 v°; vol. 550, f. 237 v° et 238, et Arch. Nat. X[1a] 2653,
f. 143. On y voit qu'une sentence d'ordre du prix de Vaujours et Saint-Christophe
rendue par des avocats le 3 sept. 1668 juge que Volvire (Charles de Vaulière) et Racan
n'ont point d'hypothèques sur ces terres. 2° Une sentence arbitrale rendue le
5 août 1669 entre Volvire, Racan, Crenan et Renée de Bueil adjuge au contraire à
Volvire certains intérêts, et pour les autres remet à régler plus tard.

Il faut noter encore deux factums judiciaires imprimés, dont nous n'avons pas

Racan pendant au moins cinquante années, et notre poète jouira jusqu'en plein 18ᵉ siècle d'une lamentable célébrité posthume dans le
monde des affaires, grâce aux efforts lents et obstinés des héritiers
de ses créanciers [1]. On eut beau jeu, principalement après sa mort,
pour l'accuser d'humeur chicanière et de rouerie, mais à nous qui avons
essayé de faire une enquête impartiale et approfondie, Racan plaideur
apparaît en définitive comme un honnète père de famille qui a défendu
son bien avec fermeté.

III

On comprend qu'au milieu de tant d'affaires Racan ait manqué de
loisir pour le grand travail, qu'il s'était proposé, de la correction de
ses psaumes. Il faut dire aussi que, sous l'influence de quelques-uns de
ses amis, il se laissa aller à dépenser son activité littéraire en divers sens.

Nous parlons de ses nouveaux amis, car il survivait à tous ceux de
la première heure, Malherbe, Balzac, Maynard. Ce dernier était mort en
1646, et son ami intime de Flote éleva un monument à sa mémoire en
faisant un Recueil de ses lettres, qu'il dédia au duc de Joyeuse [2] et
publia en 1653 : Racan approuva ce travail en adressant au duc un
madrigal flatteur, que nous avons retrouvé en tète de cette édition originale des « Lettres du Président Maynard », où il se cachait depuis
plus de deux siècles. Il ne brille ni par la poésie ni par la clarté, et
n'offre guère d'intérêt que par le rythme bizarre inventé par l'auteur :

A monsieur le duc de Joyeuse, Grand Chambellan de France.

Madrigal.

Digne héritier de ce foudre de guerre
dont les exploits sur l'onde et sur la terre
ont du bruit de son nom, tout le monde rempli,
vois que déjà les rayons de ta gloire,
triomphant de la nuit éternellement noire,
ont réveillé dans l'ombre de l'oubli
ce favori des Filles de Mémoire [3].

la date exacte, mais qui doivent se rapporter à cette période : l'un, pour Renée
de Bueil contre Michel Huet, est inséré aux Mss. de la Bibl. Nat., dossier bleu 3543,
ff. 85-90 ; il y est question incidemment de Racan. L'autre est aux Imprimés, fᵒ Fm,
1.432, Mémoire pour M. Jean Lambert, Simon Drouart... créanciers et directeurs
des droits des autres créanciers de la maison de Bueil contre Pierre le Comte...

1. Voir aux Pièces justif., nᵒ 46, l'Analyse de 25 pièces judiciaires de la suite
de ce procès (1670-1749), qui nous montrent que la succession n'est pas encore
liquidée 118 ans après qu'elle s'est ouverte.

2. Louis de Lorraine.

3. *Les Lettres du Président Maynard*, à Paris, chez Toussaint Quinet, 1653,
in-4ᵒ (Privilège du 26 février 1652). — Le rythme est, comme on le voit, un

A cette époque notre poète était très lié avec Conrart, Chapelain et Ménage. Dès 1650, nous l'avons vu, il entretenait d'amicales relations avec les deux premiers, qui étaient ses confrères à l'Académie, et avec Ménage, qui l'associait au travail de son édition de Malherbe. Il va, dans la période qui nous occupe, leur écrire cinq lettres importantes où il fera bien des confidences précieuses sur lui-même et achèvera de nous donner une idée de son style épistolaire.

Dans l'été de 1654 il avait été invité plusieurs fois par Conrart à Athis, dans cette charmante campagne dont l'aimable secrétaire se plaisait à faire les honneurs aux lettrés ses amis et aux femmes distinguées de l'époque. Mlle de Scudéry, qui allait décrire la poésie du lieu dans sa *Clélie*, Pellisson, Mme de Sablé, la marquise de Rambouillet et ses filles s'y retrouvaient [1]. Racan y venait en compagnie de Chapelain et de Ménage. L'admirable situation de la terrasse de Conrart, donnant vue sur le frais vallon de l'Orge qui s'étend au pied et la forêt de Sénart au loin, devait lui plaire et lui rappeler la terrasse de La Roche : seulement ici le paysage était plus grandiose, la Seine large et limpide faisant « un grand croissant dont les cornes d'argent se cachent dans les herbes de deux admirables prairies [2] ».

Conrart aimait à deviser avec ses amis dans son petit bois, habité par les fauvettes et tout disposé en cabinets de verdure, dont « les arbres, au dire d'une visiteuse, sont si beaux, le vert si frais, et l'ombrage si charmant, qu'il n'est presque pas possible d'être en ce lieu sans plaisir et sans esprit [3] ». Là, les quatre amis agitaient des questions, qui nous laissent assez froids aujourd'hui, mais qui alors étaient fort à la mode, sur la hiérarchie des genres littéraires. Ainsi Racan assista à une discussion entre Ménage, qui donnait avec Aristote le premier rang au *poème dramatique*, et l'auteur de la *Pucelle*, qui réclamait naturellement en faveur du *poème épique* [4]. Ils ne s'entendaient que pour reléguer la *poésie lyrique* à la troisième place. Racan ne semble pas avoir pris, sur le moment même, une part bien active à la dispute,

septain de décasyllabes et d'alexandrins de la forme

$$10\ 10\ 12\ 10\ 12\ 10\ 10,$$
$$f\ f\ m\ f^2\ f^2\ m\ f^2.$$

Ronsard a employé des septains, mais seulement d'heptasyllabes ou d'octosyllabes, et Malherbe n'en a pas usé.

1. V. le charmant article de Cousin sur *la Maison de campagne de Conrart à Athis* dans *la Société française au* xviie *siècle*, t. II, p. 323.
2. Mlle de Scudéry, dans Cousin, p. 330.
3. *id.*, p. 331.
4. Ce sera aussi l'avis de Boileau.

s'étant rarement donné la peine de réfléchir à ces questions de théorie
pure. Une fois revenu en Touraine, tout rempli de ces idées, il lut un
peu, réfléchit beaucoup, et s'avisa d'écrire trois lettres à ses amis
pour leur exposer son avis fraîchement formé sur ces questions.

Le 17 octobre il écrit d'abord à Ménage *sur la Poésie drama-*
tique. On sent bien que parmi les trois genres en litige il lui donne
le dernier rang, bien qu'il s'y soit en quelque manière adonné dans sa
pastorale. Ce genre est destiné, dit-il, « aux esprits médiocres qui
remplissent le plus souvent les trois parts de l'hostel de Bourgogne, et
qui sont ceux, à mon avis, que l'on doit le plus considérer si l'on veut
acquérir de la réputation en ce genre d'écrire [1] ». Selon lui les vers
dramatiques ne sont pas de la vraie poésie, puisqu'ils ne sont ou plutôt
ne doivent être « que le langage des hommes et l'image de leur conversation [2]...... Les fables, les descriptions, les hyperboles, les prosopo-
pées, et toutes ces belles figures que je pratique sans en savoir le nom,
doivent estre bannies du théâtre..., et en récompense les hélas et les
façons vastes de nombrer par mille et mille, que Malherbe ne pouvoit
souffrir dans nos odes, peuvent entrer avec grâce dans la comédie,
étant soutenues de la voix et de l'action des acteurs : ce qui fait voir
que cette poésie est aussi bien dénuée de politesse que d'ornement,
et qu'elle ne doit estre considérée que comme ces grans tableaux qui
ne sont faits que pour estre veus de loin au haut des églises, où il
suffit qu'il paroisse quelques couleurs vives pour contenter la vue [3]. »

Sur la question de l'enjambement, qui avait été agitée dans les conférences d'Athis, Racan se montre favorable, et il raille avec esprit
l'opinion de Malherbe qui voulait l'obliger à fermer le sens de quatre
en quatre vers dans sa pastorale.

Enfin il s'explique avec une grande indépendance sur les règles des
trois unités qui tendaient universellement à prévaloir et qu'il trouve
généralement appliquées avec beaucoup trop de rigueur. Il voudrait,
comme nous avons déjà eu l'occasion de le dire, une très grande
liberté pour les unités de temps et de lieu, qui ont l'inconvénient de
remplacer l'action par le récit. Or au théâtre, dit-il, « on veut des
actions, et les auteurs sont fort ennuyeux quand ils ne font que raconter
des histoires [4] ». D'ailleurs, le *Cid*, qui est un chef-d'œuvre incontesté,
ne pêche-t-il pas contre l'unité de lieu? et les quatre plus belles pièces

---

1. Latour, I, 357. — V. Lex., PART.
2. *id.*, 355.
3. 356.
4. Dans une autre lettre, p. 352.

que Racan connaisse « du temps passé et du présent », à savoir la
Marianne de Hardy, la *Sophonisbe* de Mairet, la *Médée* de Corneille
et l'*Antigone* de Rotrou, « quand elles se seroyent un peu plus relâ-
chées, n'en auroient pas esté moins agréables aux auditeurs [1] ». Ce
choix des quatre plus belles pièces est bien curieux à une époque où
ont paru les chefs-d'œuvre de Corneille.

On voit que notre poète a un rare sentiment de la vie et du mouvement qui sont nécessaires au théâtre, mais il est fâcheux qu'il tienne
ces conditions pour inférieures, au point de vue artistique, et qu'il ne
s'avise pas qu'il y a pour le moins autant de mérite et de grandeur à
trouver le naturel, la simplicité ou la sublimité d'un dialogue qu'à polir
des descriptions ou des hyperboles, à brosser ces fresques d'église dont
il parle avec dédain qu'à composer des miniatures. Il paie son tribut au
nécessaire engouement de son époque pour la rhétorique. En revanche
il échappe presque seul de son temps à la superstition commune de
l'antiquité et des règles [2], seulement son goût manque ici de largeur et
se laisse gagner au goût raffiné et aristocratique des gens de lettres
de son temps.

A la fin Racan déclare qu' « il aura plus de liberté d'entretenir
ses trois amis de ses sentiments de la poésie, *à présent qu'il a achevé
ses psaumes* [3] ». —

Huit jours après effectivement, le 25 octobre, il écrivit deux autres
lettres, l'une sur le poème lyrique à Conrart, l'autre sur le poème épique
à Chapelain, qui travaillait à sa *Pucelle*. La plus intéressante sans doute
de ces trois lettres littéraires de Racan, celle qui concernait le poème
lyrique, où il donnait son avis sur ce qu'il pratiquait si bien, n'a malheureusement pas été retrouvée.

En écrivant à Chapelain *sur le Poème épique*, il commence par
se moquer avec une piquante impertinence des ouvrages de théorie, à
l'efficacité desquels il ne croit nullement pour former les orateurs et les
poètes, nous le savons déjà par son discours de l'Académie :

« Monsieur,

« De toutes les passions qui suivent les hommes de marque dans
leur vieillesse, celle qui me semble la plus commune et la plus vaine

1. p. 359.
2. V. Arnaud, *Théories dramatiques* (Cf. Index bibl.).
3. p. 359. — C'est cette indication précieuse qui nous a donné la date de la fin
de la composition des psaumes et nous a aidé à en reconstituer l'histoire. — Nous
avons déjà en partie analysé cette lettre au commencement des ch. XII et XIII. Sur
ses principales particularités de langue ainsi que celles des lettres suivantes, on
consultera le **Lexique**.

est le soucy qu'ils ont d'escrire les arts où ils ont excellé, quand ils sont dans l'impuissance de les pratiquer », et il cite l'exemple de M. de Pluvinel, qui, « après avoir été estimé, à Rome comme à Paris, le plus savant homme de cavalerie de son temps, s'avisa, sur la fin de ses jours, d'en escrire les préceptes dans son *Manège royal*, non pas tant pour aucune espérance qu'il eust de pouvoir donner par tablature sa justesse de la main et de la jambe à ceux qui lisoyent son livre, que pour le désir qu'il avoit de faire durer sa renommée quelque temps après sa mort [1], et pour n'avoir pas le déplaisir de voir dire de luy et de ses successeurs :

> La gloire qui les suit après tant de travaux
> se passe en moins de temps que la poudre qui vole
> du pied de leurs chevaux [2]. »

L'application de cette métaphore équestre à un professeur d'équitation est vraiment plaisante.

Il conclut par les vers de Malherbe :

> Par les Muses seulement
> l'homme est exempt de la Parque,
> et ce qui porte leur marque
> demeure éternellement [3].

« Oui, Monsieur, c'est le seul de tous les arts par qui nous pouvons aspirer à l'immortalité. Il fait moins d'éclat que les autres; il ne se pratique que dans la solitude, il consomme nostre vie dans la mélancolie, et, si j'ose dire, dans le mépris, pour nous en redonner après la mort une plus glorieuse et plus étendue [4]. » Nous avons déjà vu par d'autres citations que Racan depuis quelques années a confiance dans l'immortalité, et, contrairement à Malherbe, il estime que l'homme

---

1. Ce livre, paru en 1623, a été plus utile que ne le croit Racan : il était encore pratiqué à l'école d'État-Major peu avant 1870, et il se trouve, nous le savons, dans la bibliothèque de certains de nos plus habiles généraux. — Cf. plus haut, p. 38, n. 1, et voir Lex., TABLATURE.

2. C'est la 4ᵉ strophe de l'Ode à Bussy, I, 156. Mais le texte original de l'ode porte : *en moindre temps*. La variante est probablement un rajeunissement de Conrart, par qui nous avons ces lettres.

3. Lalanne, I, 94, vers 209 et s. Il me semble que ces vers ont été imités par La Fontaine :

> Au Parnasse seulement
> on compose une matière
> qui dure éternellement.
>
> (Songe de Vaux, 1ʳᵉ partie, couplet de Calliopée.)

4. V. Lex., QUI, II, 2°, et CONSOMMER. — Cette lettre est dans Latour, I, p. 345 et s.

de lettres ne l'achète point trop de tous les soins qu'il se donne [1].

Il en vient enfin au poème héroïque ou *épique*, comme l'on disait depuis quelque temps [2], et avoue qu'il s'est fait ses idées en lisant Ronsard depuis huit jours (Il s'agit de la longue préface de la *Franciade*). Il le blâme spirituellement d'avoir écarté le vers alexandrin pour « le vers commun », celui de dix pieds, de même qu'il ne comprend pas les Italiens qui « se servent de leurs stances à faire des narrations, qui sont si fréquentes en cette nature de poèmes. Cela me semble aussi extravagant que si l'on coupoit une tapisserie d'histoire et de personnages pour en faire des escabeaux, où l'on verroit la croupe d'un cheval sur l'un, un bouclier sur l'autre, et sur l'autre le bras et la teste de l'homme qui le portoit. C'est de quoy j'oserois vous demander raison... »

En revanche il s'entend avec Ronsard pour que *le sujet* de l'épopée soit « quelque vieille histoire éloignée de la mémoire des hommes », en exceptant évidemment « la pucelle d'Orléans, qui.... ne laisse pas d'estre assez extraordinaire, dit-il à Chapelain, pour souffrir toutes les belles inventions dont vous la voudrez orner ». Racan met hors de cette règle les *romans*, qui sont regardés pendant presque tout le siècle comme de vraies épopées en prose, nous l'avons déjà vu à propos de l'*Astrée*. Dans les romans aussi bien que dans les pièces de théâtre « les histoires et les fables fort connues sont plus agréables aux personnes de la cour. Mais pour le poème épique, *qui n'est leu que des excellens esprits* », un très vieux sujet se prêtera mieux aux ornements du style et au merveilleux. Il est regrettable que Racan ne se soit pas plus expliqué sur cette question du *merveilleux*, l'une des plus intéressantes de toutes celles qui concernent le poème épique.

« Les intrigues du poème épique et du roman » doivent se dénouer par des moyens imprévus, parce qu'on les lit à loisir et avec attention, « au contraire des dramatiques, que l'on ne void que représenter » et qui plaisent davantage quand elles sont connues d'avance.

L'auteur rappelle alors cette idée élevée qu'il a entendu exprimer dans sa jeunesse, cette naïve intention morale et religieuse proposée aux poètes épiques et aux romanciers qui doivent « instruire à la vertu agréablement, en faisant voir, contre l'opinion des athées, que la jus-

---

1. Cf. *Mémoires*, p. LXXVI et *passim*.
2. Balzac raille en 1638 une réunion de femmes prétentieuses : « Elles seroient bien fâchées d'avoir dit un Poème héroïque; elles disent toujours un Poème épique. » *Œuvres complètes*, 1665, t. I, 777.

tice divine agit dès ce monde…, qu'enfin la vertu trouve sa récompense et le vice sa punition », etc. [1].

Racan approuve le conseil de Ronsard, qui le tient d'Horace, de faire commencer le poème épique par le milieu de l'action, de mettre le commencement en récit dans la bouche d'un des personnages et d'annoncer la fin par quelque prophétie : mais les dieux ne doivent découvrir l'avenir qu'à peu de personnes et par des oracle ambigus, et il blâme Virgile de l'avoir divulgué « en un bouclier qui estoit veu de toute l'armée ».

Au sujet du temps que doit durer l'action du poème épique, les avis se partageaient alors entre une et trois années. Racan incline vers le nombre le plus étendu parce que beaucoup de récits « sont fort agréables aux bons esprits pour qui l'on fait les poèmes épiques et qui les lisent à loisir ; au contraire des pièces de théâtre, où l'on veut des actions ».

Pour la versification, Racan demande qu'elle soit « plus achevée et plus égale » qu'en aucun autre poème, parce que l'épopée n'est soutenue ni de l'action des acteurs comme dans la comédie, ni de la voix et de la musique, ni du rythme et des pointes finales comme dans la poésie lyrique. Il proteste encore ici contre la prétention de Malherbe et de Maynard de couper le sens des vers de 4 en 4 vers, et déclare qu'il suffit bien de faire des pauses de sens « au 2, au 4, au 6 et rarement au 8 », c'est-à-dire au 2e, au 4e, au 6e vers… de la période poétique.

On voit que Racan oppose perpétuellement le poème épique au poème dramatique, en regardant celui-ci comme le genre essentiellement populaire, celui-là comme le genre artistique et savant destiné à être apprécié par une élite dans le silence de l'étude. C'est la conception générale du poème épique au 17e siècle [2], et cette grande erreur, venue de la Renaissance, durera jusqu'à la fin du 18e siècle. De nos jours on a mis en lumière tout ce qu'il y a d'éléments populaires dans les épopées anciennes, on a exhumé nos poèmes du moyen âge, on a étudié ceux de l'Allemagne et ceux de l'Inde, et l'on a vu que l'épopée était d'ordinaire un monument d'enthousiasme et de foi naïve, plutôt que le produit raffiné d'une intention savante.

Racan termine sa lettre par ce post-scriptum : « Je vous envoye tout ouvert ce que j'escris à M. Conrart du poème lyrique, pour lui

---

1. Cf. plus haut, p. 210. — Le même conseillait, à la suite d'Horace, de garder l'unité du caractère chez les personnages de l'épopée.
2. comme l'a bien montré M. Brunetière (*Evolution des Genres*).

faire tenir à Atys. Si vous jugez qu'il en vaille la peine, et je vous
avertis tous deux, et M. Ménage aussy, si vous jugez qu'il y ayt quelque
remarque dans ces rapsodies qui mérite d'estre gardée, de conserver
les lettres : car je n'en fays aucune copie, et les escris comme elles me
viennent dans l'esprit, en espérance de les revoir avec vous [1]. » Notre
homme avait donc un secret espoir que ces lettres pourraient dans
quelque bonne occasion être publiées.

Elles sont en effet intéressantes et forment un agréable fragment
d'Art poétique. Certaines idées ne sont ni bien complètes ni bien neuves,
et l'on y reconnaît des préceptes d'Horace, dilués, pour ainsi dire, à
plusieurs eaux, mais l'opposition de Racan à l'excès des règles est
remarquable : c'est à peu près la seule que l'on trouve entre 1639
et 1657 [2], et d'ailleurs tous ces développements ont un tour assez personnel. Le gentilhomme les suit avec une bonne grâce mêlée de malice
et de bonhomie fine et spirituelle, qui est bien rarement le ton de l'exposition dans ces matières ; il écrit de ces choses didactiques en homme
du monde [3].

En 1656 le vieux poète fit encore à Paris son séjour d'été annuel,
dont les procès prenaient maintenant la plus grande part. En s'entrete-
nant avec ses amis, il décida avec eux de préparer en collaboration
une édition complète de ses propres œuvres. Il avait l'excellente idée
de faire une sorte d'édition historique en disposant les pièces dans
l'ordre du temps de leur composition. Il dirigera le travail, Conrart
l'exécutera, et Ménage mettra au commencement de l'ouvrage, en guise
de recommandation, « une satyre » contre l'ignorance de son ami : on
sait que c'est là sa grande coquetterie de gentilhomme.

Il quitta bientôt la capitale au mois d'octobre, comme de coutume,
pour aller faire sa vendange, et, tout en la faisant, il songeait aux amis
de Paris, il rêvait à l'édition projetée qui présenterait dans une suite de
tableaux chronologiques l'ensemble de sa carrière poétique, il faisait
retour sur sa destinée qui avait été si différente de ce qu'il l'avait
souhaitée dans le principe, et il pensait à la raconter à ses amis et par
eux au public. C'est dans ces dispositions qu'il leur écrivit deux lettres
soignées dans leur négligence, si l'on peut dire, pleines de détails com-

---

1. V. Lex., RAPSODIES.
2. Arnaud, *Théories dramatiqaes*, p. 163. — 1639 est la date de la publication
d'un *Traité contre la prétendue règle des vingt-quatre heures*, et en 1657 parut la
Pratique du théâtre de d'Aubignac.
3. V. l'analyse que M. Faguet a faite de ces deux lettres dans son cours de la
Sorbonne, *Revue des Cours*, avril-juillet 1894, p. 450-452.

plaisants et charmants sur lui-même. Nous n'en ferons qu'une rapide analyse, nous en étant déjà servi beaucoup dans le cours de cette biographie.

La première est du 30 octobre 1656; elle commence ainsi [1] :

« Adieu paniers, vendanges sont faites [2]. Enfin nous voici délivrez des soins de la récolte; nous voicy en estat de gouverner les Muses et de rendre compte à mes amis du progrès que j'auray fait en leur conversation [3].

« Je me suis résolu d'escrire sans préparation tout ce qui me viendra en la pensée, en prose et en vers, à l'exemple de mon cher ami Montagne. Je le veux imiter en toute chose, fors à mettre le titre et ne pas dire un mot du sujet que l'on s'estoit proposé de traitter. Je veux me conserver la liberté d'escrire sans ordre et sans suite de ce que je voudray, et à ceux qui me liront celle d'y mettre le titre comme ils le jugeront à propos [4]. Je crois qu'ils y seront bien empeschez, et qu'ils feront mieux de ne point donner de nom à ce qui n'aura point de forme. »

Il fait alors un curieux parallèle entre son père « qui avoit estudié pour estre d'esglise » et qui « poussa sa fortune dans les armes », et lui-même qui « a esté nourri dans le grand monde, et n'a appris dans les exercices de la guerre qu'à ranger des syllabes et des voyelles ». Craignant que l'on ne blâme « la bizarrerie de sa conduite », il l'explique par la force du naturel, à ses amis, qu'il déclare « être tous trois *protecteurs de sa réputation* », et il reprend le développement qui lui est cher sur la vocation des poètes et des orateurs. « Ce sont, dit-il, de purs ouvrages de la nature. »

Dans sa jeunesse, lorsqu'il cherchait la voie qu'il prendrait « pour assouvir son ambition », il ne remarqua « que trois moyens pour aspirer à l'immortalité : les armes, les bastiments et les lettres ». Comment il ne réussit pas dans les deux premiers il l'explique en détail, et nous avons eu l'occasion de citer ces passages. Il conclut comme toujours en faveur des lettres [5]. Suit une parenthèse caractéristique qui prouve bien que notre homme écrit ici avec plus d'apparat qu'il n'en

---

1. T. I, p. 519.
2. C'est un vieux proverbe français. On le trouve dans la pièce *les Proverbes*, d'Adrien de Montluc, 1616 (Parfait, IV, 233).
3. Voir Lex., GOUVERNER.
4. Racan n'aimait pas décidément à donner des titres à ses œuvres, V. la léttre à l'Académie de l'éd. des Odes sacrées en 1651, II, 16. — L'idée seule qu'on pourra donner des titres à ses lettres trahit évidemment un certain souci du public.
5. Il cite encore les vers de Malherbe qui lui ont servi sur le même sujet dans la lettre de 1654 (p. 346), mais en commençant cette fois deux vers plus haut (*Lalanne*, I, 94, v. 207 et s.).

veut convenir en commençant. Il avait dit en avouant sa déception
d'architecte : « Le nom de Chapelain sera connu par sa Pucelle aux
extrémités du nord et sur les bords du Boristhène et de la Vistule —
[le poème venait de paraître] — avant que les peuples de la Sarte et
de la Meine sachent que Racan a élevé des pavillons et des portiques [1]. » Le développement fini, il ajoute en note :

« (*Mes amis me feroyent grande charité s'ils prenoient la peine
de mettre, au lieu du Boristhène et de la Vistule, les noms de deux
rivières de Suède. Je ne suis pas assez habile homme pour les trouver
dans la carte* [2]*; et c'est pourtant mon dessein de dire que la* Pucelle
*a esté lue en Suède avant que l'on eust su que j'eusse basty sur les
bords de la Sarte et de la Meine* [3].*) »*

La lettre continue par un trait qui n'est pas moins expressif :
« La fumée des vins nouveaux que je venois de quitter m'avoit
endormy en cet endroit. A mon réveil, je me suis souvenu que M. Conrart m'avoit convié de mettre par escrit les petites friponneries de ma
jeunesse, dont je l'ay quelquefois entretenu... Je vous demande à tous
trois le reste de ce papier pour les escrire, et le temps de les faire,
car je vous confesse ingénuement, encore que je ne prétende de
faire que des vers burlesques dans les mêmes licences que Voiture et
Sarasin en ont fait, qu'ils me cousteront toujours beaucoup plus que
ma prose [4]; et je consens que *dans la satyre que j'ai prié M. Ménage
de faire contre mon ignorance...* , il y employe que j'escrivois ma
prose en m'endormant, comme M. Pena faisoit les ordonnances pour
ses malades; mais je le supplie de ne point mettre que je faisois
soixante vers en me lavant les mains, comme Scaliger. »

Viennent les deux contes obscènes en vers, intitulés *Histoires
véritables*; le premier seul est spirituel. Le lecteur nous excusera ou
nous saura gré, selon son goût, de ne pas les transcrire.

Voilà assurément un trait de caractère bien nouveau qui se révèle
chez notre poète, cette grossièreté de pensées longtemps refoulée qui
reparaît sur le tard en pleine période de méditation religieuse. Nous
avions relevé quelques notes sensuelles dans ses poésies de jeunesse,
mais quand on songe qu'il s'applique laborieusement à ciseler ces
ordures à l'âge de 67 ans, on demeure confondu et quelque peu humilié
pour lui de cet accès de lasciveté sénile.

1. Le mot est rigoureusement juste. Nous avons vu qu'il composa son château
de deux *pavillons* unis par une galerie en *portique* : V. le ch. XVII.
2. V. Lex., DANS, II.
3. Ce n'est d'ailleurs pas au juste ce qu'il avait dit.
4. V. Lex., PRÉTENDRE.

La lettre qu'il déclare avoir écrite « la cervelle brouillée des vapeurs de son pressoir », a un post-scriptum ; or l'on sait que la vraie intention se trouve souvent logée dans le post-scriptum, et chez les femmes, et chez leurs frères les poètes.

« Si vous jugez ces deux histoires dignes d'estre gardées, vous prendrez la peine de les faire transcrire et d'en donner une copie à M. Conrart pour la mettre, avec les choses que j'ay faites estant page, parmi mes premières œuvres. Je dis en cas que vous ne jugiez pas à propos de lui bailler toute cette galimafrée pour la conserver », c'est-à dire la lettre tout entière [1].

A quelques jours de là, au mois de novembre, obsédé par la pensée de la satire commandée à Ménage sur son ignorance, il écrit encore aux amis sur ce sujet, entrant cette fois dans les détails [2]. Il commence d'une façon assez amusante sur son valet qui lui servait de secrétaire :

« L'illustre Brindamour, que M. Ménage a nommé assez plaisamment mon laquais poétique, disoit dernièrement, en sortant de Paris, qu'il avoit deux langages : l'un dont il se servoit dans l'Académie d'en bas, qu'il tient, avec ses camarades, dans la court de M. le chancelier ; — [au bas de l'ancien hôtel Bellegarde, où siégeait alors l'Académie] — et l'autre dont il entretient les paysans de Saint-Pater. Je le priay d'avoir pitié de l'ignorance de son pauvre maistre, qui à peine se pouvoit servir de la moitié d'un langage, et de me faire part de son langage de *court* pour vous escrire plus poliment que je ne fais [3]. Mais il me fit response qu'il l'avoit laissé au Bourg-la-Reine, et que le peu de séjour que je ferois en ce pays-ci ne lui donneroit pas le temps de le retourner quérir [4]. C'est pourquoi je vois bien qu'il faudra que vous me dispensiez — [que vous me permettiez] — encore pour cette fois de vous entretenir en mon patois ordinaire, tel que je le parle avec mes outirons et mes vendangeurs [5]. »

Il va « faire son apologie par ses défauts en faisant voir qu'il a eu raison de chercher de la réputation dans la poésie, puisqu'il ne pou-

1. V. Lex., Galimafrée.
2. Latour, I, 329.
3. Il semble y avoir un jeu de mot sur le mot *court*. Pour l'orthographe, voir Lex., Court. — On trouvera ci-dessus, p. 151, l'hôtel du chancelier Séguier représenté sur le Plan du vieux Paris, entre la rue de Grenelle Saint-Honoré et la rue du Bouloy.
4. On est au mois de novembre, c'est l'époque où Racan revient généralement à Paris pour y passer l'hiver.
5. V. Lex., Dispenser et Outiron.

voit espérer d'en acquérir par d'autres voies [1] », et il s'engage dans un développement piquant pour prouver que « la poésie, qui est la plus sublime et *la plus inutile* de toutes les productions de l'esprit — [voilà bien cette fois le disciple de Malherbe qui reparaît] — rend incapables de toutes les choses qui servent au monde ceux qui en sont inspirés ».

Suit le détail des points et comme des articles de son ignorance, et la peinture de sa difficulté d'apprendre dans son bas âge : manque général de mémoire excepté pour les vers français, dureté d'intelligence sauf pour les objets visibles, *stupidité* naturelle, c'est le mot même dont il se sert. Il attribue à ce tempérament la sauvegarde de sa foi, et, en une de ces digressions où il aime à s'abandonner, il donne son avis sur les querelles théologiques qui enflamment tout le monde en ce moment, car Arnauld vient d'être condamné et les *Provinciales* sont dans toutes les mains. N'en sent-on pas un écho dans ce passage sur « les opinions nouvelles qui sont contestées entre les jansénistes et les molinistes » ?

« J'ay fait ce que j'ay pu pour les ignorer; mais les amis que j'ay des deux partis m'ont forcé à m'en faire instruire, disant qu'il me seroit honteux de ne pouvoir parler d'une matière qui est tous les jours agitée dans les compagnies où je me vay divertir. Ils me l'ont appris par trois fois, chacun à sa mode, et trois fois je l'ay oublié, dont je suis bien aise, ne désirant point prendre party en toutes ces chicaneries de conscience, que je ne croy pas estre nécessaires pour mon salut, puisque je n'en trouve rien dans mon *Credo*, ni dans le catéchisme que ma mère m'a appris. »

Il est de l'avis de Coëffeteau et de Malherbe que *bien vivre est bien servir Dieu*, et je « croy, dit-il, que cette justice éternelle et cette bonté infinie qui daigne prendre soin de nous dispenser après cette vie les peines et les récompenses ne nous condamne point comme un juge *à quo* sur un petit manque de la forme, lui qui voit le bien et le mal jusqu'au fond de nos consciences [2] ». Voilà une déclaration catholique qui est peut-être un peu large : mais on comprend cet excès d'un bon esprit en face de toutes les subtilités théologiques qui masquaient le plus souvent l'importance réelle du débat.

Le catalogue des ignorances reprend alors, ou plutôt, tout en

---

1. V. Espérer, II.
2. Un juge *à quo* est un juge subalterne, *duquel* on peut appeler. Conrart, qui ne savait pas le latin, a écrit (peut-être comme Racan lui-même) *à co*.

    Devant ce juge *à quo* tu ne m'as intenté
    nul procès qu'il ne vuide et que tu ne l'emportes,

a dit le chevalier d'Aceilly (de Cailly); cité par Latour, I, 334 n.

tâchant d'en trouver de nouvelles, Racan montre, sans trop le vouloir, qu'il avait du goût pour les mathématiques, l'astronomie, la physique et la musique ; seulement il insiste sur ce qui lui manquait pour réussir tout à fait dans chacune de ces sciences, il finit par les défauts de sa prose : « Je n'ay jamais seu exprimer mes pensées *en ordre* ; outre que ma lettre [mon écriture] est fort mauvaise, je n'ai point de *liaison* en ma prose, ni de style formé [1]. »

Il conclut : « Voilà ce que j'avois résolu de vous dire..., et cela servira de mémoire à M. Ménage pour la satyre que je l'ay prié de faire contre mon ignorance... »

Nous n'en pouvons plus douter : Racan *se pose en ignorant* devant les contemporains et devant la postérité.

La fin de la lettre est consacrée aux deux contes « en vers burlesques », qu'il a envoyés par le précédent courrier et dont ses correspondants ne lui ont pas encore parlé. « Ceux qui prennent le soin de sa conscience » lui demandent de les supprimer : on devine là l'abbé de Rémefort, qui s'intéressait tant à lui à cette époque. En attendant qu'il les supprime, le pénitent cherche à les améliorer et soumet longuement à ses amis une variante, qui mettrait plus d'esprit, mais qui donnerait un hiatus.

Chapelain répondit à Racan que Ménage ne lui avait pas montré, pas plus qu'à Conrart, sa première lettre *Adieu paniers* et le priait de la refaire : Racan avoue qu'à cette nouvelle il fut pris d'une sueur froide au front, n'ayant pas gardé de copie de cette fameuse lettre, et il commence sa réponse à Chapelain par un dépit poli contre Ménage, qui a tenu sans doute pour indigne de son jugement raffiné « la langueur de la prose » de Racan.

Il profite de cette occasion pour faire avec beaucoup de charme sa profession de foi en matière épistolaire [2]. Il ne veut pas imiter l'un de ses voisins de campagne, un gentilhomme qui croit imiter la valeur des maréchaux de Toiras, d'Effiat et de feu Chantal (le père de Mme de Sévigné) en imitant leur mauvaise orthographe : « Pour moy, je ne passe point si à coup d'une extrémité à l'autre, et crois pouvoir estre soldat sans estre tout à fait brutal [3]. Il est vrai que j'estime qu'un peu de négligence sied

---

1. Il est certain qu'il manque d'ordre et de *liaison* ou du moins de *liaison forte*. Qu'entend-il par un *style formé*? c'est sans doute un style soutenu, à la Balzac. — Nous avons vu au ch. xv comme Malherbe et Racan avaient peine à se lire l'un l'autre.

2. Latour, I, 338.

3. V. Coup, I.

bien dans les lettres que les personnes de nostre profession escrivent à leurs amis familiers, et voudrois pouvoir trouver *un milieu entre le style de Balzac et celui du pays d'Adieusias* [le pays des Gascons] [1]; c'est ce que je cherche avec autant de soin que la quadrature du cercle, et ce que je ne trouverai jamais; et pendant que je seray en queste d'un milieu tant désiré, où je crois que consiste le style d'un honnête homme [2], je me suis résolu de commencer les lettres que je vous enverrai sans préparation, et de laisser conduire ma plume au hazard, comme mes pas dans mes promenades, où, quelquefois, *quand je me suis proposé d'aller le long de mes ruisseaux cueillir quelque fleurette champestre pour vous présenter, ma rêverie m'emporte au travers des landes, où je ne trouve que des ajoncs et des bruyères...* »

Il revient encore une fois aux contes, bien qu'il ait promis à son confesseur « de ne penser jamais aux vers de cette nature », mais, faisant comme ces casuistes dont il s'est moqué, il croirait, « au lieu d'une œuvre de piété et d'obédience, faire une action d'ingratitude » s'il ne remerciait Chapelain des bons avis qu'il lui donne sur ces pièces. Il discute donc longuement les critiques grammaticales de l'auteur de la *Pucelle*, après lui avoir raconté qu'il avait déjà essayé autrefois de faire ces vers avec Malherbe, à qui sa qualité de *Père Luxure* attribuait juridiction sur toutes les affaires de ce genre.

Il termine son épître par un tableau très vivant de ses nombreuses occupations : « Réjouissez-vous, cette lettre ne sera pas si longue que les autres : il faut que je ménage le temps qui me reste pour mettre *mon cantique* de Judith au net [3]; je le viens d'achever, et vous l'enverrois dès ce voyage si j'avois mon maistre maçon pour le transcrire. » Voilà un singulier copiste. Il s'agit probablement de son entrepreneur Gabriel, devenu depuis longtemps son ami. « Vous serez estonné quand vous saurez que je fais tout à la fois ces badineries que je vous envoye, des vers burlesques [4], un mémoire de mes affaires d'importance, pour laisser après ma mort à ma famille [5], et le cantique de Judith. Les deux premiers, je ne les fais que l'après-disnée, par divertissement, pour m'empescher de dormir; et les deux autres, j'y employe toutes les forces de mon esprit et y travaille de mon mieux,

1. C'est un mot de Malherbe qui appelait les gens de langue d'*oc* « ceux du pays d'adieusias » et les gens de langue d'*oïl* « ceux du pays de *Dieu vous conduise* ». Mém. LXXVIII.
2. *d'un homme du monde*, dirait-on aujourd'hui.
3. On en trouvera le texte au tome II, 391.
4. sans doute les contes.
5. Il n'est malheureusement pas arrivé jusqu'à nous. Malherbe avait laissé une Instruction du même genre à son fils.

au mémoire pour l'intérêt du repos de ma famille, et à l'autre pour
ma réputation... Je travaillerai encore cette semaine à ce cantique
devant que de vous l'envoyer pour l'achever de polir.... » Racan
composa alors, outre ce cantique, qui ne manque ni de grâce, ni de
force [1], 6 autres cantiques tirés de l'Ancien et du Nouveau Testament.
On voit qu'il se plaisait plus à faire du nouveau en prose et en vers
qu'à reprendre le travail de correction de ses psaumes.

Nous n'avons pas besoin de montrer comment cette dernière lettre
de 1656 est plus naturelle et plus sincère que les précédentes, étant
écrite, celle-là, sans souci de publication.

Cette nouvelle et dernière série des cinq lettres de Racan,
conservées grâce à la copie que Conrart en fit pour lui-même, ne peut
que renforcer la conclusion que nous avons tirée de l'étude des huit
premières [2]. Notre gentilhomme, avec beaucoup de goût, rêve pour ce
genre d'un ton intermédiaire entre celui de Balzac et celui de la conversation familière, et en attendant qu'il le trouve, il écrit avec soin, mais
sans préparation ni brouillon, au courant de la plume, et de la sorte il
montre des qualités épistolaires de premier ordre, du naturel, de
l'imagination, de la grâce, et surtout cette indolence qui forme le fond
de sa nature, qui en est la faiblesse et le charme, et qui le fait écrire
comme il devait conter, sans se presser et avec le souci gracieux de
plaire et de divertir.

---

1. V. surtout les stances 6, 7 et 8. — Le plus intéressant des cantiques de
Racan est le 3e, le *Cantique des Trois Enfants* : c'est un bel appel à toute la nature
pour louer Dieu, comme quelques psaumes que nous avons cités. — Le post-
scriptum de la lettre contient un dernier mot sur les contes.

2. Sept se trouvent au même endroit dans Latour (I-VII), la 8e est la lettre à
Malherbe (I, p. 14). — V. notre premier jugement sur le talent épistolaire de
Racan au ch. XV, ii, p. 357 et 358.
C'est probablement aussi pour la grande édition de ses œuvres que Racan avait
écrit à Conrart, avant 1652, une première lettre autobiographique très complète
sur son enfance, son temps de page, la connaissance de Malherbe et les vers qu'il
fit à cette époque. Conrart y renvoie plusieurs fois dans sa Notice manuscrite sur
Racan, que nous publions aux Pièces just., n° 48. Nous avons déjà déploré la perte
de ce précieux document, que nous n'avons pu retrouver dans les papiers de
Conrart.
On verra aux Pièces just., n° 29, que la lettre publiée par Latour sous le n° VIII
(t. I, 318) n'est pas de Racan. Nous n'avons donc en tout que 13 lettres de lui.
Sur ce nombre on compte 4 lettres à Chapelain : au moment de la mort de
celui-ci on en trouva 28 dans ses papiers parmi ses 4066 lettres (Briquet, *Bulletin
du bibliophile*, 1872, p. 34, dans Tamizey, *Lettres de Chapelain*, I, p. x). Dans le
même *Catalogue des livres et des papiers* de Chapelain (Bibl. Nat., Mss. fr., Nouvelles
acquisitions, n° 318) nous relevons aussi au f° 39 parmi les *livres de poésie* :
« 8° parch. Les Bergeries, de messire Honorat de Bueil, chevalier, Sr de Racan,
à Paris 1635 ». — Ce catalogue de livres de poésie est surtout composé d'ouvrages
italiens.

IV

Les relations de Racan avec ses trois amis traversèrent une terrible crise un peu plus tard, en 1659 [1]. Ce fut la conséquence d'une grande querelle qui agita l'Académie à propos de l'élection de Gilles Boileau, le frère aîné de Nicolas. Il était lui-même poète satirique et avait vivement attaqué Ménage. Il s'était au contraire ouvertement déclaré pour Chapelain, dont la *Pucelle* récemment parue était fort discutée et contre laquelle son cadet allait mener une si implacable campagne.

Ménage, bien qu'il ne fût pas de l'Académie, et Pellisson, qui en était, montèrent une cabale contre Gilles. Chapelain et Conrart s'acharnèrent à la déjouer; l'Académie se partagea en deux parties et finalement élut Gilles à quelques voix de majorité (mars 1659). Dans cette affaire, où furent mises en jeu toutes les petites et si vives passions des hommes de lettres, sombra l'amitié de Ménage et de Chapelain, qui durait depuis 22 ans.

Racan se trouvait à Paris au moment de l'élection, ou au moins peu après [2]. On pense si avec son indifférence de caractère il se souciait de cette guerre intestine, et à ceux qui cherchaient à l'entraîner dans un des partis il déclarait bonnement qu'il entendait garder la neutralité. Seulement il allait beaucoup, sans y voir malice, chez Ménage, qui demeurait au Cloître Notre-Dame : il n'en fallait pas plus pour le faire honnir des Chapelain et des Conrart. On croirait vraiment raconter là une brouille de la vie de province : au reste la république des lettres... à ce moment du moins, n'est-elle pas une province pleine de petites intrigues et de mesquines passions?

Ce qui compliquait le cas de notre héros, c'est qu'il était condamné à entendre de la bouche de Ménage maintes diatribes contre Chapelain,

---

1. M. l'abbé Fabre a raconté cette crise en détail au point de vue de Chapelain dans les *Ennemis de Chapelain*, p. 423. Nous nous servons largement de son récit.
2. Pour cette période, en dehors de la Correspondance de Chapelain, nous n'avons pas trouvé d'autre document sur Racan académicien qu'un *pouvoir* signé par lui, Corneille, Desmarets et d'autres confrères et délivré à Charpentier, directeur, et à Mézeray, chancelier, pour leur permettre d'opérer la conversion en un contrat de rente, des 2000 livres léguées par Balzac pour un prix d'éloquence. Daté de Paris 12 février 1663. Une page in-folio. — Cette pièce, qui vient de P. de Saint-Aubin et passa dans la collection Bouvet, fut achetée par M. Étienne Charavay pour 1785 francs (*Bibliothèque universelle* et *Revue suisse*, Paris, Didot, juillet-sept. 1884, p. 370; Phil. Godet, *A propos du Catalogue de la précieuse collection d'autographes composant le cabinet de M. Alfred Bouvet*. Paris, Étienne Charavay, 1884).

et comme il n'était pas homme à partir en guerre (n'oublions pas
d'ailleurs qu'il avait 70 ans), il laissait dire Ménage tout à son aise :
et encore, le croirait-on, c'est lui qui eut l'imprudente naïveté de
raconter le fait à Chapelain.

Mais voici qui acheva de compromettre l'infortuné Racan. A la
fin de septembre, sur le point de quitter Paris pour retourner à
La Roche, il dit à Chapelain, qui sans doute le lui demanda, qu'il
irait à Athis prendre congé de Conrart, retenu par la goutte dans son
fauteuil. Il n'en fit rien, négligea de s'excuser, arriva en Touraine, fit
sa vendange, tomba malade et perdit de vue Conrart et sa promesse.

Les deux amis blessés se montèrent la tête ensemble, comme il
arrive, et Chapelain envoya au vieillard une lettre fort vive, dont
celui-ci fut choqué. Il le dit franchement en commençant sa réponse,
où il parle aussi en détail de sa maladie : il a été affligé de longues
syncopes et de terribles dévoiements qui ont eu le singulier effet de le
délivrer de l'asthme dont il souffrait depuis si longtemps et qu'il pensait
garder jusqu'au tombeau. Il demande à Chapelain de donner de ses
nouvelles à l'Académie, qu'il supplie plaisamment de ne point lui
choisir encore de successeur : étant obligé de revenir bientôt à Paris
pour son procès [1], il aura le plaisir de revoir ses confrères à la Saint-
Martin, c'est-à-dire vers le 11 novembre. Nous n'avons pas malheureusement cette lettre et nous ne pouvons la reconstituer que par la réponse
que fit Chapelain le 25 octobre : il lui mande qu'il s'est acquitté de sa
commission et qu'il a lu sa lettre en pleine Académie : « Ne craignez
donc point, ajoute-t-il, qu'on vous donne de successeur. La Compagnie
s'aime trop pour se faire cette injustice, et vous aime trop pour commencer par vous à agir contre droit et raison. Je crois même que quand
vous la quitterez pour aller être d'une société plus sainte et plus
auguste, elle sera bien empêchée à remplir votre place, et qu'il y
aura peu de gens qui osent y aspirer... Mais, grâces à Dieu, nous
n'en sommes pas encore là... L'Académie vous attend donc à la Saint-
Martin, pour être juge en son siège, si vous êtes partie en celui du
Parlement, et ce sera en ce temps-là, — poursuit Chapelain après ces
amabilités, — que vous pourrez plaider votre cause devant M. Conrart,
qui, pour être partie intéressée en l'affaire dont est question, n'en sera
pas moins juste juge; et, si vos décharges sont valables, il prendra
plus de plaisir à se condamner, qu'il n'en a eu d'avoir trouvé que vous
aviez un peu péché d'être parti de Paris sans lui avoir dit adieu...

1. C'est le moment de sa grande lutte contre la coalition Du Bois-Sancerre.

Il a senti avec quelque douleur que vous n'ayez pas jugé à propos
de lui en donner au moins du regret ou par un valet ou par une lettre,
dans le temps qu'on lui mandoit que vous ne bougiez de chez une personne qui s'étoit déclarée notre ennemie, et qui vous étourdissoit du
mal qu'il dit continuellement de nous. Et n'allez pas vous imaginer,
de grâce, *que nous souhaitassions que vous ne la vissiez point, et
que vous rompissiez avec elle en notre faveur*... Nous sommes trop
discrets, pour demander à nos amis des déclarations qui puissent
troubler la paix de leurs vieux jours... Nous n'avons donc rien désiré
de vous en cela de contraire à votre repos, ni à cette neutralité de
laquelle il semble que vous croyez que nous vous voulions faire
sortir... etc., etc. » Toute la fin de la lettre est sur ce même ton
et constitue un vrai modèle d'irritation polie [1].

Le vieillard, malgré une nouvelle attaque de douleurs et un grand
abattement de corps et d'esprit, essaya de se justifier, et sa réponse lui
attira une réplique non moins aigre que la première. Elle est du
16 novembre (le poète avait été empêché par la maladie de réaliser
son projet de voyage à Paris) : « Ni lui, ni moi, écrit Chapelain, ne
chicanons point avec nos amis, et ne pointillons point sur ce que nous
croyons qu'ils nous doivent... Ce n'est pas que de certains amis que
nous avons honorés et chéris comme vous, et à qui nous avons donné
d'aussi cordiaux témoignages de notre affection, nous ne puissions
désirer davantage...; mais nous sommes plus commodes que cela,... et
nous nous servons de la modération que nous avons acquise par notre
étude, pour ne les obliger qu'à cette neutralité dans laquelle vous
m'écrivez que vous êtes résolu de vous tenir entre la personne dont
vous me parlez et nous. L'importance est, Monsieur, que vous vous y
teniez, ou plutôt que vous vous y remettiez, et que nous n'ayons point
de sujet de croire que vous ne l'ayez pas sévèrement gardée par les
démonstrations avantageuses que vous avez faites d'un côté, et par la
retenue que vous avez eue de l'autre à montrer cette égalité [2], etc..... »

On voit que la blessure est profonde dans les amours-propres
de Chapelain et de Conrart. L'étourderie et la nonchalance de notre
héros lui avaient encore attiré là une fâcheuse affaire, la plus fâcheuse
de toutes, puisqu'elle lui avait fait perdre deux amitiés qu'il goûtait
depuis plus de dix ans. Il n'y eut pas de rupture complète, mais nous

---

1. *Lettres de Chapelain*, Tamizey de Larroque. II, 62, La 1ʳᵉ partie de cette lettre
est reproduite dans l'*Histoire de l'Académie francaise*, éd. Livet, t. II, 505.
   2. Tamizey, II, 65.

avons des preuves du sourd et durable ressentiment que gardèrent les deux hommes de lettres.

Le témoignage qu'en donna Conrart dut être bien sensible à Racan. Il consista à ne point faire l'édition complète et chronologique de ses œuvres, qui avait tant souri à notre poète et pour laquelle il fournissait depuis cinq ans au moins des notes et des pièces à l'éditeur. Le privilège royal venait justement de lui être accordé pour dix ans (4 août 1659) [1]. Il est bien vraisemblable que le refroidissement survenu entre les deux amis contribua, non moins que les infirmités de Conrart, à suspendre l'entreprise.

Évidemment Ménage, qui avait déjà accepté de faire la notice sur Racan, aurait dû se charger de l'ensemble de l'édition; il devait en quelque sorte cette compensation à l'ami qui n'avait pas craint de se compromettre en sa faveur. Mais l'érudit vaniteux et batailleur était perpétuellement chargé de multiples besognes de science et de polémique; il avait depuis dix ans l'édition de Malherbe sur le chantier, et n'en venait pas à bout, malgré les secours que lui fournissait Racan lui-même [2] : la publication du maître était plus pressée et plus importante encore que celle du disciple.

L'édition que Racan avait rêvée, et préparée par lui-même, qu'il croyait bientôt tenir en la voyant exécutée par autant de mains savantes et amies, ne fut jamais faite. Une édition complète de ses œuvres devait être donnée en 1725 par Coustelier, une autre beaucoup meilleure en 1857 par Tenant de Latour, mais aucune des deux ne porte la chronologie des pièces qui permettrait de suivre l'évolution de l'auteur. Ne serait-il pas enfin temps de la faire? Nous nous sommes appliqué pour notre part à en fournir les matériaux et à faciliter la réalisation du dernier souhait si intelligent et en quelque sorte si moderne de notre poète.

Nous dirons bientôt la vengeance de Chapelain. Mais il faut parler d'abord de la publication des psaumes, qui lui donne toute sa portée.

---

1. Le privilège pour l'édition complète est publié avec le privilège des psaumes dans l'édition de ceux-ci (1660). V. la Notice bibliographique.

2. C'étaient non seulement les Mémoires, mais un grand nombre de conversations sur Malherbe. Ménage dit à chaque page, dans cette édition, qui finit par paraître en 1666 : « J'ay ouï dire à M. de Racan,... j'ay appris de M. de Racan », V. entre autres aux p. 387, 449, 450, 518, 523, 545, 551 et *passim*. — Racan donna en somme la plus grande partie des renseignements historiques et biographiques que contient l'ouvrage; le reste consiste surtout en remarques de langue. Un certain nombre de ces renseignements dus à Racan se trouvent mentionnés par M. Lalanne dans les notices qui précèdent les pièces de Malherbe au 1er volume de son édition.

Le libraire Pierre Lamy, avec qui Racan s'était déjà entendu, voyant la grande édition lui échapper, sollicita avec insistance le manuscrit des psaumes : l'auteur finit par les céder, désespérant, dit-il, d'avoir jamais « assez de repos pour leur donner la dernière main » [1]. Très désireux à cette époque de marquer les diverses étapes de son talent, il aurait voulu séparer les paraphrases selon le temps qu'il les avait composées, c'est-à-dire avant 1631, avant 1651, avant 1660. Mais ses amis l'engagèrent fortement à donner tout le psautier à la suite. Il le fit précéder d'une courte lettre d'hommage « à messieurs de l'Académie françoise », qui commence ainsi :

« Messieurs,

« Me voici au bout de ma carrière ; j'ay enfin achevé le Pseautier de la sorte que vous me l'avez ordonné quand je vous en présentay les prémices, et n'en ay changé que le titre. Je désire que désormais ils ne soient appellez que *les Pseaumes de Racan*, ne les estimant pas dignes de porter le nom de ce grand Roy prophete, puisque mon ignorance et la bassesse de mon esprit me rendent incapable d'en exprimer les hautes pensées. » Toujours très préoccupé, comme on le voit, du titre de ses œuvres, il renonce avec raison au précédent titre d'*Odes sacrées accommodées au temps présent*, puisqu'il a moins visé, nous l'avons vu, à *accommoder* ces nouveaux psaumes, et c'est, croyons-nous, une modestie sincère en dépit des apparences, qui le fait s'arrêter au titre de *Pseaumes de Racan*.

Il finit par ces mots, qui ne manquent pas de grandeur chrétienne : « La gloire de la terre est peu de chose à l'égard de celle du Ciel, et c'est le seul lieu où j'espere que l'eternité sera la recompense de mes œuvres [2]... »

En même temps que ses psaumes, Racan donna ses cantiques, son Ode à la Reine-régente, qu'il n'avait pas publiée en 1651, une Ode au Roi, qu'il venait de composer, et l'Épitaphe de son fils Honorat, toutes pièces qui étaient encore inédites. Il avait de plus dans ses cartons les Hymnes à la Sainte-Vierge, qu'il avait traduites dans son extrême jeunesse et qu'il avait toujours conservé l'espoir de publier quelque jour dans sa grande édition, en tête de ses premières œuvres, en en retranchant « ce qu'il ne croyoit pas digne de voir le jour ». Ses

---

1. Latour, II, p. 31.
2. Latour, II, p. 20. Nous ne mentionnons pas, puisque nous en avons parlé en détail, les obligations que l'auteur déclare avoir à l'abbé de Rémefort et à M. Nublé.

amis obtinrent qu'il ne supprimât rien, et son libraire lui persuada
« de mettre toutes les poésies pieuses en un seul volume, pour la
commodité des personnes dévotes [1] ». Il se laissait faire de toutes
parts.

Pendant l'impression, jusqu'au dernier instant, Racan, selon sa
coutume d'homme en retard, envoya des corrections pour les vers de
ses psaumes, si bien que l'éditeur dut publier à part une liste de
variantes qui n'avaient pu prendre place dans le texte [2].

Le volume parut enfin au mois de mai 1660 sous le titre de :

Dernières œuvres
et Poésies chrestiennes
de Messire
Honorat de Bueil,
Chevalier seigneur de Racan,
Tirées des pseaumes
et de quelques Cantiques du Vieux
et du Nouveau Testament;
à Paris,
Chez Pierre Lamy au second
Pilier de la Grande Salle du Palais,
au grand César.

Le faux-titre portait, comme le désirait Racan :

Les Pseaumes de Messire Honorat de Bueil sieur de Racan.

Après un Avis du libraire au lecteur et l'Épître à l'Académie
venaient les deux odes, puis le Privilège, une Approbation élogieuse
des docteurs de Sorbonne, enfin dans l'ordre numérique les 150 psaumes, dont 148 composés par Racan : le 8e et le 128e, qu'il avait refusé
de faire, étaient remplacés par les paraphrases correspondantes de
Malherbe [3].

A la suite de cet ensemble de 496 pages venait, sous une nouvelle
numérotation de 35 pages, une sorte de petit volume joint au gros [4] :
il comprenait les Cantiques, puis les œuvres de jeunesse, les Hymnes,

---

1. Latour, II, 32 et 405.
2. V. à la Notice bibliographique, Pièce just. 51.
3. Mais il faut observer que les deux odes étaient des paraphrases de ces
deux psaumes.
4. Il semble même avoir quelquefois paru séparément. V. la Notice bibliographique.

le Noël qui était chanté depuis quarante ans et dont le poète modifie un mot sur la demande des docteurs de Sorbonne avec une grande humilité chrétienne [1], le Sonnet de la Vraie Croix, enfin, pour clore le recueil, l'Épitaphe du jeune Honorat [2]. Tout cela était bien mélangé, mais il n'était pas facile de trouver une meilleure disposition.

Même après la publication, Racan continua à corriger quelques détails de ses psaumes pour leur conférer plus de force, de netteté et de précision. Nous le voyons par l'exemplaire qu'il donna lui-même au Noviciat des Jésuites de Paris et dans lequel il avait pris le soin d'écrire ces corrections en lettres d'imprimerie sur de petits papiers soigneusement collés par-dessus les passages modifiés : ce précieux exemplaire, qui porte une douzaine de ces changements, est conservé à la Réserve de la Bibliothèque Nationale [3].

L'une des parties neuves du recueil et l'une des plus belles assurément est l'Ode au Roi. Elle peut être considérée comme la dernière pièce de notre poète. C'est vraiment son chant du cygne, chant tout patriotique où l'on entend vibrer les sentiments que lui inspirent les heureux événements de l'intérieur et de la frontière.

A nulle époque, il ne s'était désintéressé des affaires publiques, et son sincère amour de la France lui avait successivement dicté de beaux vers sur la mort de Henri IV, sur la régence de Marie de Médicis, sur le mariage de Louis XIII, sur les campagnes de Richelieu, sur la nouvelle régence. Récemment le spectacle de la Fronde l'avait indigné et inquiété, puis il avait salué avec joie le rétablissement de la paix, et sa vieillesse se réchauffait d'enthousiasme à la vue de l'ardeur guerrière montrée par le jeune Louis XIV dans la lutte contre les Espagnols. Il avait applaudi, au mois d'août 1654, à la délivrance d'Arras; il avait suivi de loin avec fierté les hardies incursions de Turenne et de son royal élève dans les Flandres et les Pays-Bas, et voici qu'une grande victoire était remportée aux Dunes le 14 juin 1658, et après un long siège, les Espagnols étaient chassés de Dunkerque. Le poète septuagénaire applaudissait de ses dernières forces aux exploits du roi de vingt ans, et chaque fois qu'une éclatante nouvelle militaire arrivait à La Roche, il écrivait quelques vers dans son allégresse [4]. En même temps

1. Latour, II, 410 n.
2. V. la Notice bibliographique.
3. Ye 2182. — En voir la description à la Notice bibliographique.
4. Ainsi il avait fait une strophe sur Louis XIII dès 1656 (Latour, I, p. 324). Il parle de ses soixante ans dans la 7e strophe, citée plus loin; il dut donc la faire plus près de 1649 que de 1660.

il pensait à faire au jeune Louis XIV l'application que Malherbe avait
faite au jeune Louis XIII, il y avait quarante ans, du psaume 128, qui
commence ainsi : « Souvent ils m'ont attaqué depuis ma jeunesse; mais
ils n'ont rien pu contre moi. » Puis, par un retour sur sa longue carrière, il songeait que c'était le troisième roi dont les victoires lui faisaient ainsi battre le cœur, et qu'il avait contribué à celles des deux
premiers autant que les circonstances le lui avaient permis. De tous
ces sentiments et de ces souvenirs le vieux poète composa une ode au
Roi à la fin de l'année 1658 : l'ancien page de Henri IV, l'ancien enseigne
de Louis XIII jure, dans un élan touchant, d'être, autant qu'il vivra,
le chantre de Louis XIV. Le gentilhomme blanchi retrouve une dernière fois toute son ardeur guerrière pour sonner, avant de mourir, la
fanfare de victoire du nouveau règne. En voici quelques accents :

> . . . .
>
> 7.   Digne présent de l'Eternel,
>   Grand Roi que sa toute puissance,
>   dans les misères de la France,
>   accorde à son vœu solennel;
>   ce feu que tu vois dans mon âme,
>   conserver sa vivante flame,
>   des glaces de soixante hivers,
>   à ton nom consacre mes veilles,
>   et va faire à mes derniers vers
>   chanter tes premières merveilles.
>
> 8.   Bien que mon esprit, abattu
>   du travail et de la vieillesse,
>   ne produise, dans sa faiblesse,
>   qu'une languissante vertu [1],
>   je veux, malgré l'âge et l'envie,
>   en ce dernier jour de ma vie,
>   qui penche déjà vers le soir,
>   laisser à la France des marques
>   d'avoir vu sur son trône asseoir
>   les trois plus grands de ses monarques.
>
> 9.   Quand Henri de ses longs malheurs
>   l'eut par sa valeur délivrée,
>   mon Apollon sous sa livrée
>   a produit ses premières fleurs;
>   ton père, qui, toujours auguste,
>   prit dans la paix le nom de juste,
>   et dans la guerre de vainqueur,
>   a vu dans l'été de mon âge
>   éclater toute la vigueur
>   de ma force et de mon courage.
>
> 10.   Je l'ai suivi dans les combats,
>   j'ai vu foudroyer les rebelles,

1. *vertu* dans le sens latin de *force, vigueur*.

> j'ai vu tomber leurs citadelles
> sous la pesanteur de son bras,
> j'ai vu forcer les avenues
> des Alpes qui percent les nues,
> et leurs sommets impérieux
> s'humilier devant la foudre
> de qui l'éclat victorieux
> avait mis La Rochelle en poudre [1].....

Il passe aux victoires du présent règne :

> 17.   . . . .
> La mer encore épouvantée,
> dessus sa rive ensanglantée,
> voit l'orgueil du Tage abattu ;
> Dunkerque contre ta puissance
> la prend en vain pour sa défense,
> Neptune, l'effroi des vaisseaux,
> tremble aux éclats de ton tonnerre,
> et, se resserrant dans les eaux,
> t'abandonne toute la terre [2].

> 18.   . . . .
> Je prévois qu'au siècle à venir,
> la terre, pour toi trop petite,
> ne pourra non plus contenir
> ton empire que ton mérite.

> 19.   Tu vois l'ange qui prend le soin
> de les défendre de l'envie
> qui me conserve encore en vie
> afin de m'en rendre témoin ;
> que s'il veut me donner la gloire
> d'écrire toute ton histoire,
> o roi, la merveille des rois !
> qu'il obtienne des destinées
> d'avancer bientôt tes exploits,
> ou de prolonger mes années [3].

Racan était trop âgé pour espérer vraiment écrire toute l'histoire de Louis XIV, et il est permis de le regretter quand on constate que cette lyre, tombée toute vibrante de ses mains, fut ramassée par le froid et laborieux Despréaux [4].

Deux ans après cette publication, en 1662, Colbert voulut avoir

---

1. *de qui*, V. Lex., Qui, ii.

2. Il est fâcheux que Racan ait fait son ode quelques mois seulement avant la signature de la glorieuse paix des Pyrénées, qu'il n'aurait pas manqué de chanter. — V. Lex., Dessus.

3. Latour, t. II, p. 22. — Sur l'abus du verbe *voir* dans toute cette ode, consulter Lex., Voir, iii.

4. Il faut mentionner aussi les odes de Racine, qui sont précisément de cette époque 1660-63, et toutes de vive et élégante rhétorique, ainsi que celles de La Fontaine imitées de celles de Malherbe.

des *notes confidentielles* sur les gens de lettres pour leur distribuer à bon escient ses encouragements. Il ne faisait que continuer ainsi une tradition du gouvernement de Mazarin qui, vers 1657, avait chargé le littérateur Costar, le grand ami de Voiture, de lui dresser un « Mémoire des gens de lettres célèbres en France ». Costar avait mis dans sa liste : « *De Racan*. Le premier Poëte de France pour le Satyrique [c'est-à-dire pour le genre bucolique]. Il a si peu de naturel pour le Latin, qu'il n'a jamais pu apprendre son *Confiteor* ; et il dit qu'il est obligé de le lire lorsqu'il va à confesse. Il est de la maison de Beuil : son père étoit Chevalier des Ordres du Roi. Il a quarante ou cinquante mille livres de rente [1]. » L'agent n'était guère bien informé. Il le fait beaucoup plus ignorant et plus riche qu'il n'était en réalité. Sur le premier point, il croit sur parole Racan lui-même qui, nous le savons, aime à se vanter de son ignorance, et Costar a donné naissance à la légende qui fleurit depuis 200 ans. Quant à la fortune, il fait plus que de la doubler, s'en rapportant sans doute à l'opinion publique ou à l'évaluation des adversaires du poète [2].

En 1662, c'est à Chapelain que s'adressa Colbert pour faire une nouvelle enquête secrète sur les gens de lettres afin de dresser une liste de ceux qui seraient capables de se livrer à des travaux utiles, entre autres de chanter les louanges du roi, et à qui l'on accorderait des pensions royales. Ce n'est sans doute point par ignorance que pécha ce jugement de Chapelain sur son ancien ami Racan :

« Il n'a aucun fonds, et ne sait que sa langue, qu'il parle bien en prose et en vers. Il excelle principalement en ces derniers ; mais en pièces courtes, et où il n'est pas nécessaire d'agir de tête — [comme dans *la Pucelle* apparemment] —. On ne l'engageroit pas facilement à travailler, vu son grand âge, ses infirmités et ses procès qui l'exercent depuis vingt ans [3]. »

Un pareil jugement, après les Psaumes, au lendemain de l'Ode

---

1. *Mémoire des gens de lettres célèbres de France, par M. Costar*, dans les *Mémoires de littérature et d'histoire de Sallengre*, continués par Desmolets, p. 320 (se trouve aussi dans un *Recueil de Mémoires*, Coll. Fontanieu, Bibl. Nat. Rés., Z 2284, Z. F. 52, p. 116). Ce mémoire a été composé en 1657 ou 1658, comme on le voit par l'âge qu'il donne approximativement à certains hommes de lettres (Mézerai), et il a été fait pour Mazarin et non pour Colbert, comme on l'a dit quelquefois.

Costar donne un singulier sens au mot *Satyrique* ; il songe sans doute aux *Satyres*, qui sont des personnages obligés de la pastorale. Desmolets met en note : « Il veut dire, pour l'Eclogue ou le genre bucolique. »

2. Racan avait, depuis 1631, 15 000 ou au plus 20 000 livres de rente. V. ch. xvii.

3. *Liste de Quelques gens de Lettres François vivans en 1662 composée par ordre de M. Colbert par M. Chapelain* (*Recueil de Mémoires*, cité plus haut, p. 175, et *Mémoires de littérature et d'histoire de Sallengre*, p. 37).

au Roi, qui, pour les meilleures raisons, n'avait pu échapper à Chapelain et où Racan chantait Louis XIV avec une ardeur vraiment juvénile, un pareil jugement est une injustice et une déloyauté. C'était la
vengeance du procédé de 1659. Racan fut donc privé d'une pension qui
lui eût été bien utile après toutes les brèches faites à son patrimoine et
à l'héritage de sa cousine. N'est-ce pas une des éternelles et pitoyables
comédies de notre monde civilisé, celle à qui l'on peut donner pour
titre : *L'omission d'une visite?*

S'il ne s'en rapporta qu'à ses agents, Colbert ne dut point avoir une
haute ni juste idée du talent de Racan. Deux ans plus tard, en 1664, son
jeune frère Charles Colbert de Croissy, commissaire départi, lui adressa
un rapport secret sur la province de Touraine, où Racan, pour la 3e fois,
était ainsi jugé, on pourrait presque dire jaugé : « Le sieur Racan de
la Roche, estimé riche de 30 000 livres de rente ; sa maison estimée
bonne et ancienne dans le pays d'où il est originaire; seigneur de
Racan, Saint-Paterne et autres lieux. *Il se mêle d'écrire* [1]. » Après le
jugement sournois du confrère envieux, c'était l'exécution brutale du
commissaire ignorant.

D'autres hommes allaient heureusement venir, doués de plus de
talent et moins partiaux, qui allaient rendre publiquement justice au
vieux poète : en 1668 il avait la consolation de recevoir les éclatants
hommages de deux des meilleurs écrivains de la jeune école.

Cette année-là arrivait jusqu'au château de La Roche le premier
recueil des Fables de La Fontaine. En feuilletant ces pages où respirait
si bien l'amour de la nature qui l'avait lui-même animé, Racan trouvait, au début du livre troisième, une longue pièce qui n'était autre que
le récit de son entrevue avec Malherbe, empruntée à ses Mémoires pour
la Vie de son maître, à savoir « le Meunier, son Fils et l'Ane ». Le
fabuliste saluait, au commencement, de ce bel et vif éloge, les deux
poètes sans les séparer :

> Ces deux rivaux d'Horace, héritiers de sa lyre,
> disciples d'Apollon, *nos maitres pour mieux dire* [2].

---

1. *Rapport au roi sur la Province de Touraine*, par Charles Colbert de Croissy,
commissaire départi en 1664, publié d'après le manuscrit de la Bibl. Nat. par
Charles de Sourdeval, Tours, Mame, 1863, p. 33. On voit qu'il exagérait aussi les
revenus du poète. — Il jugeait plus favorablement, dans un français douteux, le
cousin de Racan, Honorat d'Acigné : « Le comte de Grandbois et trois frères qu'il
a, seigneur de Sonzay, estimé riche de 50 000 livres de rente, y compris le bien
qu'il a en Bretagne et en Anjou, sont gens pacifiques *qui ne se mêlent de rien* : ils
ont encore de grands biens en Touraine », p. 154. Sur le beau-frère de Racan,
Louis de Givry, V. dans le *Rapport*, p. 29 et la note.

2. Nous avons vu (ch. XVIII, iii, p. 441) qu'il avait couru, dès 1651, une édi-

La même année, Boileau, attaqué pour ses premières satires, en publiait une nouvelle, la IXe, où il tançait malicieusement son esprit pour le détourner de ce vilain genre. Il l'exhortait, entre autres choses, à « chanter du Roi les augustes merveilles », mais son esprit lui répond que tout le monde, lui, par exemple, n'est pas fait pour une si haute entreprise, et il ajoute :

> Sur un ton si hardi, sans être téméraire,
> Racan pourrait chanter au défaut d'un Homère.

Le rapprochement de ces deux noms semble de prime abord absolument bizarre et écrasant pour notre poète, et il a scandalisé plus d'un critique, mais il nous paraît explicable : si l'on ne peut pas célébrer Louis XIV dans un poème épique et composer une *Louisiade*, et certes tous les faiseurs actuels d'épopées, les Saint-Amand, les Coras, les Chapelain, ne donnent pas à penser que nous ayons un Homère, alors il se faut rejeter sur le second genre *noble*, sur l'*ode*; or, en jetant les yeux autour de soi, quel est le poète lyrique qui pourrait entreprendre de chanter Louis XIV, qui donc, en dehors de celui qui a si bien chanté nos rois et nos reines, Henri IV et Louis XIII, Marie de Médicis et Anne d'Autriche, et qui vient encore, il y a 7 années, d'adresser, malgré ses 70 ans, une ode si jeune à Louis XIV? quel nom (serait-ce celui de Godeau ou de Benserade?) mettrait-on à la place de celui de Racan dans ce vers qui signifie simplement en somme qu'il est le premier poète lyrique parmi les vivants de 1668?

La note défiante de Chapelain reçoit là comme un démenti direct lancé par un bon esprit; le courtisan dit au pouvoir : « Racan n'a aucun fond... On ne l'engageroit pas facilement à travailler, vu son grand âge, etc. », et le satirique déclare au public :

> Racan pourrait chanter au défaut d'un Homère.

tion des Mémoires; il en existait d'ailleurs des copies manuscrites chez beaucoup d'hommes de lettres, Tallemant, Conrart, etc.

La Fontaine s'inspira, pour sa fable, surtout des Mémoires, qu'il compléta par les récits du même apologue donnés antérieurement par le Pogge et Faërne : à ces dernières il emprunta surtout deux détails, l'intention du meunier de *vendre* son âne et la manière de le porter suspendu à un bâton « comme un lustre ». Cf. *Gaston Paris*. La Poésie du Moyen Age, 2e série, 1895, — p. 92-101.

Le fabuliste nous paraît avoir eu des réminiscences de Racan dans son livret de l'opéra de l'*Astrée*, par exemple dans son *Prologue*, placé comme celui des Bergeries au bord de la Seine, dans certains vers comme dans celui-ci sur *le soir*, qui est mis dans la bouche de Phyllis :

> L'ombre croit en tombant de nos prochains coteaux.

Racan avait donné l'exemple de l'imitation du célèbre vers de Virgile :

> Les ombres des coteaux s'allongent dans les plaines. (I, 134.)

Plus loin, dans la même satire, Boileau raillait les gens du bel air qui ne mettaient point Malherbe et Racan au-dessus des autres poètes :

> Tous les jours à la cour, un sot de qualité
> peut juger de travers avec impunité,
> à Malherbe, *à Racan* préférer Théophile
> et le clinquant du Tasse à tout l'or de Virgile.

Ces éloges durent singulièrement rassurer le vieux poète, et lui qui se sentait, à plus d'un indice, méconnu et dépassé, voyait que décidément la jeune génération poétique qui se levait au Parnasse, était remplie d'une juste admiration pour son talent. L'estime des La Fontaine et des Boileau dut le consoler des dédains et des aigreurs des Conrart et des Chapelain.

V

Racan trouvait-il aussi un adoucissement dans la famille, qui connaît si bien l'art de panser les plaies de tous les âges? C'est là qu'il nous reste à le voir vivre la fin de sa vieillesse et mourir en patriarche.

Pendant les longs mois qu'il demeurait chaque année à La Roche, l'affable châtelain continuait, avec sa femme et ses enfants, à servir de parrain aux enfants du bourg ou de père de noces aux jeunes mariés orphelins; dans cette période comme dans les précédentes, nous constatons que sa bienveillance s'étendait indistinctement à toutes les conditions, nobles, meuniers, cultivateurs, avec une préférence peut-être pour les membres de la colonie militaire représentée alors principalement par un capitaine de chevau-légers et par un garde du corps du roi [1]. Il ne montrait aucune morgue, contrairement à beaucoup de nobles qui commençaient à fréquenter la brillante cour de Louis XIV.

Nous le voyons aussi donner l'exemple de la piété en faisant à l'église de Saint-Pater une fondation perpétuelle de messes, dont nous avons retrouvé l'acte [2].

1. Pierre Deneu. V. aux Pièces justificatives, dans les actes paroissiaux de Racan le n° 64, dans ceux de sa femme le n° 37, dans ceux d'Antoine les n°s 17 et 25, etc.

2. Cette fondation est faite moyennant une rétribution qui se prendra sur les revenus des terres de La Roche. L'acte se trouve dans un Inventaire manuscrit des *Arch. d'Indre-et-Loire*, G. 465, qui commence par ces mots : « Il est pour constant, dans les titres du prévost d'Oé, contre M. de Bueil... »

Cette même pièce mentionne un échange, conservé dans le trésor de la fabrique, et fait par Racan de 6 setiers de blé qui lui étaient dus sur les détenteurs de Thoriau contre 10 setiers de seigle. Nobileau (V. Index) signale, à la p. 56

Des quatre enfants qui lui restent nous trouvons des signatures dans les actes paroissiaux. Antoine en est toujours le plus [prodigue. Mais il court aussi les aventures galantes où il se compromet, et il chagrine vivement par son inconduite ses parents qu'il a affligés par sa sottise[1].

Louis, le pétulant page de la Reine-mère, qui a fini son temps de service à la cour, commence sa carrière militaire dans le régiment de son oncle Louis du Bois de Givry, et ne revient que par intervalles à La Roche[2].

Françoise sort à 20 ans, semble-t-il, en 1657, du couvent de Beaumont-lez-Tours, et chacun se dispute aussitôt dans les cérémonies paroissiales la présence de la belle « Madamoiselle de Fontaine ».

Quant à la cadette, Madeleine, au contraire, il n'est plus question d'elle dans les registres paroissiaux à partir de sa 20ᵉ année (1659) et nous soupçonnons fort qu'elle entra dans la vie religieuse, selon l'usage courant des cadettes de noblesse, sans doute au couvent voisin de Beaulieu ou à celui de Beaumont, dans lesquels plus d'une de ses cousines et de ses tantes avaient porté la crosse d'abbesse.

Les grands événements de la vie de la famille furent alors les mariages de deux de ces enfants, Françoise et Antoine. Louis devait rester sans alliance[3].

En 1658 Françoise fut accordée à un jeune voisin de campagne, qui habitait un château situé à trois lieues de La Roche-Racan, dans un bel endroit plein de verdure, au bord de la forêt de Vaujours[4]. La famille, très honorable, était liée avec toute la noblesse du pays[5]. Le fiancé était messire Charles de la Rivière, sieur de Bresche, fils de Nicolas de la Rivière, sieur de Montigny. La mère était une de Broc, dont la famille s'était alliée jadis aux ancêtres de Racan[6].

Le contrat de mariage fut signé le 19 novembre 1658 : Françoise

---

de sa notice manuscrite, un échange fait de la rente de 7 setiers de blé et 7 de seigle contre 10 setiers de blé pris sur Forge du consentement de messire Charles Champeraux, curé de Saint-Pater, et il le date du 15 mai 1618. Il s'agit probablement de la même transaction.

1. V. plus loin la lettre de Chapelain sur son mariage.

2. V. les actes paroissiaux qui le concernent, aux Pièces just., nº 35. — C'est un manuscrit de la Bibl. Nat., Nouveau d'Hozier 8543, f. 32, qui nous apprend que Louis fut capitaine dans le régiment de son oncle de Givry. Cet oncle était alors la principale illustration de la famille du côté de Madeleine de Racan.

3. 8543 cité, f. 10, vº.

4. laquelle appartenait aux Bueil-Sancerre.

5. entre autres les Bueil-Sancerre de Vaujours, les Belleville de l'Erable, les Castelnau, comme on le voit par les actes paroissiaux de Couesme.

6. V. au Tableau généalogique, à la p. 1, la 2ᵉ femme de Georges de Bueil.

recevait en dot 50 000 livres (c'était le chiffre de la dot de sa mère);
15 000 livres devaient être versées la veille de la bénédiction nuptiale,
10 000 après la mort du premier des parents qui décéderait, les
25 000 autres sans doute à la mort du dernier [1].

Ce fut une grande fête à La Roche. On avait obtenu de l'archevêque de Tours l'autorisation spéciale de célébrer le mariage dans la
chapelle du château. La solennité eut lieu le 26 novembre. La bénédiction fut donnée par l'ancien curé de Saint-Pater, Louis Jarossay, « prieur-
curé de Neuillé Pont-Pierre, bachelier en théologie de la Faculté de
Paris et doyen rural de Neufvy », assisté des curés des deux familles,
celui de Couesme et celui de Saint-Pater. Les mariés étaient entourés de
leurs pères et mères, de leurs frères et sœurs, de toute leur famille,
de leurs amis, au premier rang desquels brillait le jeune ami de Racan,
René de Robert, sieur de Chantemelle. Vingt personnes pour le moins
signèrent l'acte, que nous avons retrouvé dans les registres de Saint-Pater
et dont la rédaction ample et soignée garde comme un fidèle reflet de
l'éclat de la fête [2].

Le mariage d'Antoine eut lieu deux ans plus tard, à la fin de
l'année 1660. Il se fit sous de moins heureux auspices. Le jeune
homme sortait de sa vie d'oisiveté et de débauche par un brusque et
bizarre mariage qui affligea ses parents. Ils accordèrent leur consentement, mais ne donnèrent aucune dot. Antoine épousait à l'âge de
28 ans une certaine demoiselle qui en avait 38, et portait un fort beau
nom, Louise de Bellanger, fille de Gilles de Bellanger, baron de Vautourneux, qui habitait sur les confins de la Touraine et du Blaisois, à
10 lieues à l'est de Saint-Pater [3].

Racan en ayant avisé ses amis, parmi lesquels il comprit même
Conrart et Chapelain, ce dernier lui répondit en lui envoyant ses
félicitations ironiques : « .... Pour n'estre pas le plus sage du monde,
— dit-il en parlant d'Antoine, — elle en a dû voir tant d'autres de cette
sorte-là qu'elle n'aura pas creu qu'il y eust plus de seureté à se tourner

---

1. Nous avons reconstitué ce contrat au moyen d'une analyse manuscrite de
sentence du Parlement, Bibl. Nat. Mss, dossier bleu, 3543, Bueil, f. 46.
2. V. la copie de l'acte aux Pièces just., n° 37, Françoise, acte 9.
3. Le château de Vautourneux, situé dans la commune des Hermites (Indre-et-
Loire), est aujourd'hui démoli ; ce n'est plus qu'un rendez-vous de pêche, appartenant à Mme de Brandes et dépendant du château de Fresnes, commune d'Anthon,
Loir-et-Cher.
Le contrat de mariage de Gilles de Bellanger, le père de Louise (5 fév. 1617),
est aux Archives d'Indre-et-Loire, dossier des Ecotais, I, 51, voir l'analyse dans
Sourdeval, p. 43, n. 1.
Un manuscrit de la Bibl. Nat., Nouveau d'Hozier, 8543, f. 32, révèle l'existence
d'un frère de Louise de Bellanger, « capitaine au régiment des gardes françaises ».

de leur costé quand ils eussent tous esté à son choix. Quoy qu'il en soit, *tout ce qu'il y a de bien en cette affaire est pour vous seul, qui n'avés esté obligé à rien en y consentant, et qui n'avés plus devant vos yeux un objet si désagréable.* Et qui sçait si le miracle de sa conversion n'estoit point réservé à cette sainte là et si vous n'aurez point à luy donner des chandelles et de l'encens pour une si grande grâce. Je n'en désespère pas, si l'amour est de la partie. C'est un grand ouvrier de semblables merveilles. Repassés dans vostre mémoire ce qu'il sçait faire. Vous trouverez qu'il a presque fait devenir *autant de fous sage* que de sages fous, temoin le Cimon de Boccace... etc. [1]. » Antoine, qui avait la réputation d'être un *sot*, semble donc bien l'avoir été jusque dans son mariage.

Racan n'était décidément pas heureux dans son fils aîné, mais il avait en même temps la joie de voir naître, au foyer de sa fille, son premier petit-fils, Honorat de la Rivière, au mois de mai 1660 : c'était un contemporain des *Psaumes*. Ondoyé le jour même de sa naissance, au château de Montigny, il fut baptisé le 22 novembre dans l'église de Couesme, la paroisse du château. Son parrain était « messire Victor de Broc, seigneur de la Ville-au-Fourrier », et sa marraine, Madeleine de Racan, une grand'mère de 44 ans [2]. Le poète n'était point parrain, mais il donnait à l'enfant son nom d'Honorat qu'avaient porté aussi et son oncle de Saint-Malo et son cher fils enlevé par la mort huit ans auparavant.

Le 20 août 1661 Françoise lui donnait une petite-fille, qui fut baptisée à Couesme le 12 septembre et nommée Françoise par lui-même et par sa belle-mère, Mme de Fontaines, encore vivante [3].

Racan vit aussi se peupler le foyer d'Antoine, qu'il n'aimait pas, par la naissance de deux héritiers de son nom, Honorat et Pierre de Bueil.

En guidant leurs premiers pas, le vieillard put reporter sur eux toutes ses espérances, et, envisageant l'avenir avec confiance, se reposer sur eux du soin de perpétuer et de porter haut l'antique et glorieux nom de la race. Colbert ordonna justement alors, en 1666, une revision de tous les titres de noblesse en France; notre gentilhomme ramassa et produisit sans crainte ses vieux parchemins, et il fut, avec son fils Antoine, déclaré de vraie et ancienne noblesse [4]. Il fallait

---

1. Tamizey de Larroque, *Correspondance de Chapelain*, II, 111. La lettre est du 19 novembre 1660, ce qui nous donne l'époque approximative du mariage.

2. Actes paroissiaux de Couesme. V. aux Pièces just., n° 42, son acte de baptême, qui nous a révélé son existence.

3. V. Pièce just. 43.

4. Une partie de ces pièces est à la *Bibl. Nat. Mss. Cab. des titres, dossier bleu,*

maintenant que « cette tige de Bueil », reconnue de bonne souche, refleurisse, arrosée de sang sur les champs de bataille : c'était l'affaire de ses petits-fils.

Ses espérances militaires ne devaient pas être trompées, et il ne pouvait se douter alors, dans son rêve de chef de race vieillissant, à quel point ses petits-enfants renoueraient la tradition glorieuse; qu'Honorat, parvenu au grade de brigadier d'infanterie, serait tué au feu, à Malplaquet (en 1709), et que l'autre, Pierre, monterait, comme son bisaïeul, jusqu'à la charge de maréchal de camp. Mais ce qui était bien plus invraisemblable, c'était que ces deux hommes disparaîtraient sans laisser de postérité et que le nom de Bueil-Fontaines et de Bueil-Racan, après avoir jeté un double éclat dans les lettres et dans les armes, était si près de s'éteindre [1].

Mais laissons nos regards se reposer un instant sur le vieux poète entouré de ses quatre petits-enfants : il faut convenir que si son berceau a été bien tôt sevré des joies familiales, elles se reforment nombreuses autour de son fauteuil de vieillard. C'est vraiment là son cadre naturel et juste, à lui qui par instants dans ses œuvres a chanté avec tant de charme et de mesure la famille, et qui a peint le bonheur domestique, sous la figure de l'*abondance* et de la *foison*, non seulement des moissons et des récoltes, mais encore des enfants et des petits-enfants. Son bonheur, tout comme celui de son vieux berger Alcidor, est de plus en plus dans le spectacle de *son foyer couronné de sa race*.

Hélas! les désertions et les vides ne devaient pas tarder à se produire. Comme nous écrivons une vie humaine, et non point une pastorale, il nous faut bien faire sentir la suprême amertume qui vint en corrompre les réelles douceurs.

---

de Bueil n° 1399. On voit que l'arrêt du Conseil d'État qui ordonne l'enquête est du 22 mars 1666; celle-ci est d'abord dirigée par M. Daubray, puis reprise par M. de Machault « commissaire depparty par sa Majesté en la généralité d'Orléans », qui prend une ordonnance le 6 août 1666. Racan pour lui et Antoine pour sa femme « fille et héritière de deffunt messire Gilles Bellanger, baron de Vautourneux » sont assignés à comparaître le 30 oct. 1666 et à « montrer qu'ils sont de noble extraction issus de l'antienne maison des comtes de Bueil, sans avoir jamais leurs prédécesseurs ny eux faict aucun acte dérogeant..... disent qu'ils sont dessendus des comtes de Bueil d'Italie et portent pour marque en leurs armes 6 croix fichées et recroisettées d'or au croissant d'argent qui sont les antiennes armes de Cicille (*sic*) que les antiens rois donnoient à leurs cadetz avec la comté de Bueil pour apanage » Ils furent le 22 juillet 1667 « maintenus et gardez aux privilèges, exemptions et franchises dont jouissent les nobles du royaume suyvant les ordonnances ». — Sur la prétention de cette origine italienne, voir plus haut, p. 2. — Racan produisit avec ses pièces un dessin à la plume de ses armes que nous publions plus loin en chromolithographie.

1. Sur les petits-fils de Racan, V. aux Pièces just. 40 et 41 leurs états de service et les actes qui les concernent.

RACAN.

La plaie d'argent, qui avait brûlé toute sa vie, et avant qu'il n'héritât et plus encore peut-être depuis l'héritage, le tourmenta de nouveau dans ses dernières heures de retraite rustique en prenant la forme la plus cruelle. Il fut poursuivi en justice par son gendre et par sa fille parce qu'il n'avait pas payé la dot de Françoise, pour laquelle il s'était engagé au delà de ses forces réelles, imprudence paternelle qu'il serait bien dur de lui reprocher : des 15 000 livres qu'il devait verser le 25 novembre 1658 il n'avait payé que 2 500 et n'avait pu servir les intérêts du capital non versé que jusqu'en 1664. Une sentence du Parlement du 15 novembre 1668 le condamna à payer à sa fille les 3 000 livres d'intérêts en retard, plus les 12 500 livres de complément de la dot [1].

Nous avons vu un exemplaire des *Dernières Œuvres et Poésies chrestiennes* de Racan (1660) qui porte sur le premier feuillet de garde cette inscription d'une douteuse orthographe : « Ce livre apartiens à Madame de Breche, fille de lauteur, qui demeure rue de la Harpe, vis à vis le colége de Bayeux; *ceux qui l'oront après moy pris Dieu pour mon cher père et pour moy* [2]. » Cette note pieuse ne cacherait-elle pas dans sa concision un sentiment de tardif regret et de repentir?

Racan ne put pas s'acquitter même avec sa fille. Lui-même n'était pas remboursé par les Bueil-Sancerre qu'il avait fait condamner définitivement, et il n'avait pu se couvrir encore des frais d'une succession ouverte depuis 39 ans! Et il assistait à la coalition de ses créanciers, dont il voyait le nombre et l'audace augmenter sans cesse, au point qu'il eut le chagrin de voir ses propres biens saisis [3].

Pauvres artistes! sait-on toujours au milieu de quels tracas ils produisent leurs œuvres, qui nous paraissent souvent si détachées des petitesses de la terre et si sereines!

Le vieux poète malade, dont les 80 ans avaient sonné, reprit

1. Bibl. Nat., Mss., dossier bleu, 3543, Bueil, f. 46. Cet acte, postérieur à 1681, nous montre qu'à cette date, 23 ans après son mariage, la dot de Françoise n'était pas encore payée : après la mort de Racan, Antoine était condamné, par sentence du Parlement du 12 février 1672, à payer à sa sœur 10 000 livres promises par le contrat de mariage.

2. V. Pièce just. 51, la Notice bibliographique, A, v, fin. — La demeure de Mme de Brèche devait donc se trouver un peu au-dessous du collège d'Harcourt (actuellement lycée Saint-Louis), entre ce collège et le collège de Justice, sur le boulevard Saint-Michel d'aujourd'hui. Françoise demeurait là en 1698, « rue de la Harpe, paroisse Saint-Cosme ». Sentence de 1698, *Arch. d'Indre-et-Loire*, E. 82.

3. *Arch. d'Indre-et-Loire*, G. 465, Inventaire ms. pour le prévôt d'Oé au sujet du droit de fondateur de l'église de Saint-Pater, appartenant à Antoine de Bueil et à son père.

encore une fois le chemin de Paris et décida d'y séjourner pendant
l'hiver de 1669-1670, au lieu de le passer tranquillement, comme
d'habitude, en son château de La Roche. Il pourrait s'occuper sur
place de ses affaires, qui devenaient pour lui de plus en plus critiques ;
il employait bien « toutes ses forces, comme il le disait lui-même,
pour l'intérêt du repos des siens » [1]. Il tomba loin de ses enfants, lut-
tant pour eux en vaillant père de famille, le 21 janvier 1670, à l'âge
de 81 ans moins quinze jours. Nous n'avons aucun détail sur sa mort,
qui ne put manquer d'être chrétienne comme l'avait été sa vie [2].

Trois mois après, au retour de la belle saison, son corps fut
rapporté en Touraine par le curé de Neuvy-le-Roi et inhumé le 21 avril
dans la sépulture de ses ancêtres, en la crypte de l'église de Neuvy-le-
Roi. Nous avons eu la chance de retrouver cet acte d'inhumation, qui
révèle le lieu et la date exacte de la mort de Racan ainsi que l'endroit
où maintenant il repose :

« Le vingt-unième janvier mil six cent soixante et dix, messire
honorat, sire de bueil, chevallier seigneur marquis de Racan, baron
de fonteines, seigneur de la Roche Racan, des chastellenies du Bois,
neufvi roy et aultres lieux mourut à paris et fut apporté de paris à
neufvy le roi par nous curé soubsigné dans la Cave sépulture de ses
ancêtres située dans l'église de neufvy dont il estoit seigneur le vingt
unième avril dudit an en présence de messieurs ses enfants et noblesse
circomvoisine.

Loppin curé [3]. »

1. Latour, I, 344.
2. Moins de 15 jours avant sa mort, ses enfants restés en Touraine, Antoine,
Françoise et son mari assistaient à une grande fête paroissiale, le baptême des
cloches de Saint-Pater. V. Pièce just. 37, acte 16, p. 612.
3. Nous avons publié cet acte dans le *Bulletin mensuel de la Faculté des Lettres de Poitiers*, janvier 1891. Ensuite M. Léon Palustre, qui ignorait notre travail,
a fait une communication sur ce sujet à la Société archéologique de Touraine le
25 janv. 1893 (*Bulletins*, t. IX, p. 134). — La pièce judiciaire citée plus haut (Bibl.
Nat., dossier bleu, 3354, Bueil, f. 46) donne le 10 janvier 1670 comme date de la
mort de Racan, mais cette pièce, étant postérieure à 1681, ne peut infirmer l'acte
d'inhumation. — On répétait généralement que Racan était mort en février 1670
à moins que l'on ne donnât 1669 ou même 1668 : V. notre article cité du Bulletin
de Poitiers, où nous avons exposé l'état de la question et la manière dont nous
sommes arrivé à la découverte de l'acte. — On ne savait pas non plus si Racan
était enseveli à Saint-Pater, à Bueil ou à Neuvy. Ses restes sont donc à Neuvy
dans le caveau de famille que ses ancêtres, les Bueil-Fontaine ont fait faire, comme
il le dit lui-même dans sa Notice généalogique, V. à la Pièce justif. 47. Il resterait
à retrouver sa tombe : on n'a rien découvert en refaisant le pavage de l'église
en 1891, non plus que dans le caveau de la chapelle de Baune qui fut rouvert au
même moment. M. Palustre, qui avait étudié la question, pensait qu'il faudrait
faire des fouilles sérieuses dans une rue voisine de l'église, au sud-ouest, là où se
trouvait la chapelle Saint-Nicolas fondée en 1543 et détruite à la Révolution.

« Messieurs ses enfants » étaient, comme l'on sait, Antoine et sa femme; Louis, le capitaine du régiment de Givry; Françoise et Charles de la Rivière, et peut-être Madeleine de Bueil. Avec eux venait la troupe des petits-enfants, dont l'aîné n'avait pas dix ans.

Madeleine de Racan, sa femme, n'est pas nommée, mais nul doute qu'elle n'ait été au premier rang pour rendre les suprêmes devoirs à son mari : elle devait longtemps lui survivre.

La « noblesse circomvoisine » était là aussi. Racan ne comptait en effet que des parents ou des amis dans les châteaux du voisinage : c'étaient ses beaux-frères du Bois aux châteaux de Fontaine et du Plessis-Barbe, ses cousins d'Acigné au château de la Mothe, ses amis de Robert dans l'ermitage de Berry, ses amis de Castelnau dans l'imposant château du Rouvre et bien d'autres encore.

Et l'acte laconique se tait sur le reste de l'assemblée; il passe sous silence les moines de la Clarté-Dieu, qui ne manquèrent pas de se faire représenter, et l'ancien curé de Saint-Pater, le vieux Maan, qui vint de Tours, si l'âge le lui permit, enterrer celui dont il avait baptisé les enfants; et tous ces bourgeois et manants de Saint-Pater, avec qui Racan avait entretenu les plus cordiales relations, le médecin militaire André Genest, et Pierre Deneu le garde royal, François Foucqué sieur de Ruchèvre, et les maîtres-maçons Gabriel qui lui ont construit son château, et ses fermiers, ses meuniers, comme les Barat, dont il a tenu lui-même les enfants sur les fonts, et ses anciens domestiques qu'il a établis dans le pays, tels que son ancien compagnon d'armes Romain de la Baume et ce Pierre Chauvin, son « homme de chambre » à qui il a fait donner la place de contrôleur du grenier à sel de Neuvy, enfin tous ceux qui purent venir des bourgs de Saint-Pater, Neuvy, Neuillé-Pont-Pierre, Rouziers Sonzay, Bueil, et qui rendirent, émus, les derniers devoirs au seigneur qui s'était montré pour eux ou pour leurs pères bon et secourable, à tel point que sa réputation flotte encore aujourd'hui dans ces vallons comme un durable parfum que les tempêtes révolutionnaires n'ont pas réussi à tout à fait chasser.

C'étaient bien là les funérailles qui convenaient à l'auteur des *Bergeries*.

Son devoir de père de famille l'avait fait mourir en exil, à Paris : on eut raison de rapporter, au « renouveau », le gentilhomme tourangeau dans sa Touraine. C'est dans ses champs que devaient reposer ses restes mortels, à une lieue de son château de La Roche-Racan qu'il avait construit, et qu'il avait habité plus d'un demi-siècle, tout près de son château du Bois, le manoir de sa race, aux côtés enfin de ses ancêtres, de son grand-père et de son père, le général de Henri IV, de tous ces preux qu'il avait incessamment enviés.

Pour mieux parler, l'admirable poète des Stances, le chantre inspiré des astres et des célestes immensités, réalisant pleinement son vœu constant de la retraite, rangea enfin « sa nef vagabonde [1] » dans les « eaux qui baignent les arènes d'azur » [2], et là haut, délassé de tous les tracas matériels, revenu de toutes les déceptions qui ont assombri sa vie aussi bien que celle de tant d'artistes, de tant d'hommes, et à jamais plongé dans la source immortelle de tout lyrisme,

> il voit ce que l'Olympe a de plus merveilleux,
> il y voit à ses pieds ces flambeaux orgueilleux
> qui tournent à leur gré la Fortune et sa roue,
> et voit comme fourmis marcher nos légions
> dans ce petit amas de poussière et de boue
> dont notre vanité fait tant de régions [3].

1. Stances sur la Retraite, v. 5.
2. Racan, Psaume 148, t. II, p. 383.
3. C'est ce que Racan disait du marquis de Termes dans cette belle stance qui faisait l'admiration de Malherbe. Latour, I, p. 201.

QUATRIÈME PARTIE

HISTOIRE POSTHUME DE RACAN
1670-1895

CHAPITRE XX ET DERNIER

I. — **17ᵉ siècle.** — Racan cité par Mᵐᵉ de Sévigné. — L'édition des *Mémoires pour la Vie de Malherbe*, par l'abbé de Saint-Ussans (1672). — Jugements du Père Rapin, du Père Bouhours et de Baillet.

La mémoire de Racan dans la *Querelle des anciens et des modernes.* — Racan et La Fontaine : leur sympathie de nature. La Fontaine éditeur de Racan (1671).

Racan et Boileau. — Racan dans l'*Art Poétique*, dans le *Bolœana.*

Racan dans la lettre de La Fontaine à Racine (1686), dans le poème de Charles Perrault à Louis le Grand (1687), dans l'épître de La Fontaine à Huet, dans l'épître de Perrault au roi, dans les *Caractères* de La Bruyère (1690), dans le *Parallèle des Anciens et des Modernes* par Perrault (1691).

L'anthologie de Racan faite par Fontenelle (1692). — L'édition d'une grande partie de ses œuvres par Breugière de Barante (1698).

Racan dans les *Réflexions critiques* de Boileau (1694), dans la correspondance de Boileau et de Maucroix (1695), dans la lettre de réconciliation de Boileau à Perrault (1700).

L'article Racan dans le *Dictionnaire historique et critique* de Bayle (1697).

II. — **18ᵉ siècle.** — Racan et l'Académie française : son successeur, l'abbé de la Chambre, 1670 ; l'abbé Genest, 1707 ; Fénelon, 1714.

Éloge des *Psaumes* par les Jésuites (1712). — Le Parnasse en bronze de Titon du Tillet (1718, 1732, 1760). — L'édition des *Mémoires pour la Vie de Malherbe,* par de Sallengre (1717).

La première édition des *Œuvres complètes* par Coustelier (1724). Le complément de cette édition par Des Forges-Maillard, 1741.

Racan cité par J.-B. Rousseau, Gresset et Voltaire.

Racan et les compilateurs : Niceron, Joly, Goujet. — Maupoint, de Beauchamps, La Vallière et les frères Parfaict.

La première critique d'ensemble par La Harpe. — L'anthologie de 1780.

III. — **19ᵉ siècle.** — Les anthologies de 1800 et de 1825. Le portrait de 1806. — Les *Historiettes* de Tallemant des Réaux, 1833.

Le *lundi* de Sainte-Beuve sur Racan, 1853. La leçon de Saint-Marc Girardin sur les Bergeries, 1855. L'édition Tenant de Latour, 1857. Les pièces annotées par Géruzez en 1859. Les *Mémoires pour la Vie de Malherbe* publiés par M. Ludovic Lalanne en 1862. Racan dans les *Causeries d'un curieux*, de Feuillet de Conches (1864). Les *Anecdotes inédites* de Racan sur Malherbe publiées dans la *Revue des provinces*, 1865.

Racan en Allemagne. Lotheissen (1877), le Dʳ Weinberg (1884), M. Dannheisser, 1888, 1889, 1892.

Portrait de Racan par M. Ch.-L. Livet, 1885. Le *Jouvencel*, par M. Camille Favre, 1889.

Racan dans le mouvement actuel d'histoire littéraire : Victor Fournel, 1888; M. Petit de Julleville et M. Rigal, 1889; M. Brunot, 1891; nos publications de 1891 et de 1893. Le cours de M. Faguet, 1894.

Racan et l'évolution poétique du 19ᵉ siècle. Racan cité par Victor Hugo en 1827 et en 1877.

Racan en Touraine.

Après avoir essayé de reconstituer dans le détail la vie de Racan, nous voudrions, avant de le quitter, ressaisir brièvement les variations de sa renommée, cette sorte de vie posthume plus ou moins florissante, plus ou moins maladive, que les écrivains vivent après leur mort dans la mémoire des hommes. Nous ne voulons pas nous contenter d'une sèche énumération bibliographique des mentions qui ont été faites de notre poète, car il nous semble possible de grouper certains faits et de distinguer certains courants dans son histoire pendant 2 siècles 1/4, dans la fin du 17ᵉ, dans le 18ᵉ, enfin dans ce 19ᵉ siècle qui est si près de finir.

I

Sa réputation fut évidemment prospère dans les 30 dernières années du 17ᵉ siècle. Nous en avons des témoignages bien divers, émanant à la fois des gens du monde, des humanistes du clergé et des écrivains de profession.

Le 8 mai 1680, **Mᵐᵉ de Sévigné**, en allant aux Rochers, ayant eu un accident de carrosse dans la Beauce, est secourue par un gentilhomme campagnard, et, avec son mélange exquis d'attendrissement et de raillerie, il lui prend, en le voyant, des ressouvenirs à la fois de la pièce de *George Dandin* et des *Bergeries* de Racan : le bonhomme, qui « sait profondément le ménage de la campagne », lui rappelle également M. de Sottenville et le Vieil Alcidor, et elle conclut sa spirituelle esquisse par une citation de notre poète : « Nous fîmes bien des réflexions, dit-elle, sur le parfait contentement de ce gentilhomme, de qui l'on peut dire :

> Heureux qui se nourrit du lait de ses brebis
> et qui de leur toison voit filer ses habits ! [1] »

Rappelons-nous que les Bergeries n'avaient pas été publiées moins de 55 ans auparavant [2]. Il est vrai qu'il existait une réelle affinité de nature, précisément dans ce sentiment de la campagne, entre Racan et la marquise [3].

Il ne trouvait pas une moindre faveur dans les rangs instruits du clergé. En 1672 un certain **abbé de Saint-Ussans** publia dans un recueil de *Divers traités d'histoire, de morale, et d'éloquence*, les *Mémoires de Racan pour la Vie de Malherbe*, dont la première édition devait être épuisée [4].

En 1674 un jésuite, le **Père Rapin**, faisait une place d'honneur à Racan, qui avait déjà été loué par son confrère le Père Garasse au commencement du siècle [5]. Il dit dans ses *Réflexions sur la poétique*, au VIᵉ chapitre, où il analyse le génie de la poésie : « Le génie est ce feu céleste qui donne de l'élévation à l'esprit, qui fait penser heureusement les choses et les fait dire d'un grand air. Heureux celui à qui la Nature a fait ce présent ! Il s'élève au-dessus de lui-même par ce caractère, au lieu que les autres rampent toujours, et ne disent jamais rien que de bas et de commun. Celui qui a du génie paraît poète jusque dans les petites choses par le tour qu'il leur donne, et par l'air qu'il a de les dire. Tel fut Racan parmi nous, il n'y a pas longtemps. Ce rayon étoit tombé dans son esprit : il ne savoit rien, mais il étoit poète : il eut bien des concurrents et peu de semblables [6]... »

---

1. Édition Monmerqué, des Grands Écrivains, t. VI, p. 383. — Nous avons déjà noté, à propos de Balzac, que le fameux vers de Racan tendit à se répandre sous cette forme au 17ᵉ siècle ; le véritable texte du poète est : Heureux qui *vit en paix*... Mᵐᵉ de Sévigné emploie ici le terme de *contentement*, qui termine précisément les Stances sur la Retraite. V. dans notre Lex., CONTENTEMENT.
2. *George Dandin* avait au contraire été représenté depuis peu de temps (1668).
3. V. p. 121 comment ils ont dû fréquenter et admirer les mêmes bois de Malicorne au Maine, à 50 ans de distance.
4. V. Notice bibliographique (Pièce just. 51, B, 2).
5. Dans la *Somme théologique*, en 1625. V. notre ch. xiv.
6. *Œuvres* (V. notre Index), t. II, p. 113, Réflexion VI. L'abbé de Marolles se plaint, en 1677, qu'on lui ait volé ce « bon mot » (la chute du rayon dans l'esprit), il l'avait, dit-il, écrit le premier dans son manuscrit des *Éloges des hommes illustres*. V. notes de Paulin Paris, dans l'édition de Tallemant, in-8°, t. II, p. 377. — Nous ignorons si ces *Éloges* ont jamais été publiés, nous n'en avons trouvé aucune

En 1687 le **Père Bouhours**, un humaniste de la même société, dans ses dialogues sur *La manière de bien penser dans les ouvrages de l'esprit*, prend un modèle de fiction dans la Chanson de Racan à Marie de Médicis, et plus loin le cite comme un modèle de *naturel*, « dont les ouvrages ne sentent ni la contrainte ni l'étude... [1] »

En 1686 l'érudit **Adrien Baillet**, qui appartenait également au clergé, louait ainsi Racan dans ses *Jugemens des Sçavans sur les principaux ouvrages des Auteurs* : « M. de Racan est un de ceux qui ont fait le plus d'honneur aux Muses françoises, tant par sa qualité que par ses ouvrages... C'est principalement aux *Odes sacrées sur les Pseaumes* qu'il est redevable de l'immortalité de son nom, quoique ses Bergeries lui ayent acquis beaucoup de réputation dans le monde : et on convient qu'il a réussi parfaitement dans le genre Lyrique de notre Poésie. Aussi étoit-il le véritable disciple de M. de Malherbe, auquel il ne cédoit pour la poésie qu'en érudition [2]. »

A ce moment la longue querelle des anciens et des modernes avait pris une nouvelle acuité, et Racan dut à son double caractère de disciple d'Horace et d'ignorant du latin le privilège d'être également cité dans les deux camps, sincèrement admiré par tous les combattants, La Fontaine, La Bruyère et Boileau du côté des *anciens*, Perrault et Fontenelle du côté des *modernes*. Racine seul n'en fait pas mention.

Nous avons déjà dit les vifs éloges que La Fontaine et Boileau avaient décernés de son vivant à notre poète [3]. **La Fontaine** fut incontestablement son plus profond admirateur, parce que l'admiration raisonnée se doublait chez lui d'une remarquable sympathie de nature. Ils furent d'abord grands distraits l'un et l'autre, grands *rêveurs*, comme disaient nos aïeux, la chronique de l'étourderie de La Fontaine

mention dans les bibliographies, pas même dans le catalogue si détaillé des ouvrages de l'Abbé, donné par le P. Niceron au t. 32 de ses *Mémoires*.

Certains auteurs, entre autres Baillet (*Jugemens des Sçavans*, 1722, t. 5, p. 283), renvoient également à la Réflexion XXX de cette même Poétique du P. Rapin : il y serait dit que Malherbe et Racan ont eu un génie merveilleux pour l'Ode, que Malherbe a plus de pureté, Racan plus d'élévation, mais que l'un et l'autre sont de bons modèles à suivre. — Nous ne savons au juste ce que signifie cette référence. La réflexion XXX roule en effet sur l'ode, et il y est question de Malherbe, mais Racan n'y est pas nommé, du moins dans les deux éditions que nous avons consultées, celle de 1725 citée à l'Index, et l'édition originale de 1674, Paris, chez Muguet, pet. in-8°.

1. 1er dial., p. 11, et 2e dial., p. 229 (V. Index).
2. T. V, p. 283 (V. Index).
3. P. 507 et 508.

fait comme la suite de celle de Racan, aussi quand le malin Tallemant des Réaux voulut faire une galerie des grands *rêveurs* du siècle, il prit nos deux poètes en leur adjoignant le fameux marquis de Brancas [1].

Rêveurs, tous deux l'étaient en même temps au sens moderne, qui d'ailleurs dérive de l'ancien, c'est-à-dire flâneurs, aimant la solitude et la retraite, craignant les obligations, les efforts et les importuns, par là vrais épicuriens de pratique et élèves d'Horace. Ils se plaisent à la lecture, mais ils lisent à leur guise, admirant ce qu'ils jugent bon, non ce qui passe pour admirable. Ils lisent les anciens comme les modernes (La Fontaine plus instruit use davantage du texte), ils les comprennent et les imitent de même, ne s'en parant jamais, mais butinant sur eux comme des abeilles. La Fontaine a continué l'imitation à la fois discrète et profonde dont Racan avait donné l'exemple [2]. Car ils ont une égale horreur du pédantisme, et dans ce siècle tout entiché de l'antiquité, quoique tous deux disciples des anciens, ils sont à cet égard les deux poètes les moins *érudits*. Mais il y a en général beaucoup plus de science de détail dans la poésie de La Fontaine, et Racan est plus réellement négligé, en dehors de ses recherches savantes dans le domaine de la métrique.

Ils sont encore les deux seuls poètes qui aient regardé la nature extérieure à cette époque, qui aient observé les champs, les animaux, les plantes, les paysans, Racan avec sobriété, nous l'avons vu, La Fontaine, en en faisant le fond même du genre où il travaille et où il excelle; de sorte que si la lecture de Malherbe a aidé, quoiqu'on l'ait exagéré, au développement poétique de La Fontaine, il est évident que l'étude de Racan, dont le génie s'accordait mieux avec le sien, l'a soutenu et fortifié, on le voit bien par mille détails dans la comparaison de leurs œuvres, par cette allure libre et flâneuse de leurs vers, par cette heureuse bonhomie pour parler d'eux-mêmes (avec plus de sentiment dans Racan, plus d'idées et de maximes chez La Fontaine), par cette demi-croyance à l'astrologie, par ces passages charmants du fabuliste sur les douceurs de la solitude [3], qui sont, ainsi que le dit Sainte-Beuve,

---

1. T. II. — M. Servois pense que Racan a pu servir tout comme le marquis de Brancas à faire le portrait de Ménalque dans La Bruyère (édit. des Grands Écrivains, II, 290).

2. Voir çà et là dans l'ouvrage, au ch. VIII, entre autres, la manière dont Racan imite Horace; cf. Sainte-Beuve, *Lundis*, t. VIII, p. 76 et suiv.; Faguet, *Revue des Cours et Conférences*, 21 juin 1894, p. 449.

3. par exemple la fin du *Songe d'un habitant du Mogol* (V. Pièce just. 10), et encore des passages isolés, tels les derniers vers de *L'homme qui court après la*

« comme la continuation des Stances sur la Retraite » ; mais il ajoute :
« dans la même nuance » [1], nous n'en pouvons convenir, car l'on
voit ici chez La Fontaine plus de vraie indolence, moins de souvenirs
profonds et sentis des déceptions personnelles de l'ambition.

La Fontaine fut en somme un admirateur, et, comme il le disait
lui-même, un disciple de Racan [2]. C'est un des meilleurs titres de gloire
de notre poète.

Au moment où celui-ci mourait, La Fontaine, par une singulière conjoncture, se faisait son éditeur. Un homme d'esprit, fou par
moments, le comte Loménie de Brienne, retiré dans la congrégation de
l'Oratoire qui allait le chasser, avait eu l'idée de faire, en collaboration avec les Solitaires de Port-Royal, une anthologie à l'usage du jeune
prince de Conti ; mais ni Brienne, ni les Solitaires ne voulurent,
on ne sait pour quelles causes, la présenter au public, et Brienne
demanda ce service à La Fontaine dont il se disait l'ami : le bonhomme, qui ne refusa jamais rien, s'exécuta de bonne grâce, et
mit son nom et une épître en vers en tête de l'ouvrage, qui parut
en 1671, comprenant trois petits volumes [3] : le premier, intitulé : *Recueil de poésies chrétiennes et diverses par M. de La Fontaine*, contenait au milieu une vingtaine de pages de Racan, 7 de ses
psaumes ou fragments de ses psaumes, et, chose curieuse dans ce volume
religieux, son Ode à Bussy, qui a une grande portée philosophique,
mais, on s'en souvient, une couleur nettement épicurienne. Les deux
autres volumes intitulés : *Recueils de poésies diverses par M. de
La Fontaine*, comprenaient les vers profanes : au second se trouvait

---

Fortune et l'homme qui l'attend dans son lit (VII, 12). Le coureur, de retour dans ses
pénates, a des accents qui rappellent bien ceux de Racan :

> *Heureux* qui vit chez soi,
> de *régler ses désirs* faisant tout son emploi !

Stances sur la Retraite : O bienheureux celuy qui.....
        vivant dans sa maison.....
        a selon son pouvoir *mesuré ses désirs.* —

La Fontaine :   Il ne sait que par ouï-dire
        ce que c'est que la cour, la mer, et ton empire,
        Fortune.

Stances :   Sa cabane est son Louvre et son Fontainebleau ;...
        et, sans porter envie à la pompe des princes,
        se contente chez luy de les voir en tableau, etc.

1. *Lundis*, t. VIII, p. 81. — V. aussi t. VII, p. 414, 419, où Sainte-Beuve montre
que Racan était aimé de La Fontaine.

2. *Le Meunier, son fils et l'âne*, v. 10.

3. Le Privilège est daté du 20 janvier 1669 ; Racan vivait encore. L'Achevé
d'imprimer n'est que du 20 décembre 1670 : le poète était mort. — Il parut une
seconde édition en 1679.

un choix judicieux en général des vers de Racan, 7 odes ou fragments
d'odes, les Stances sur la Retraite et les belles stances d'apothéose du
marquis de Termes, 2 sonnets, 2 épigrammes et 1 chanson. On notera
seulement que les Bergeries n'étaient pas représentées. La Fontaine
ne dut point être mécontent de ces extraits du poète qu'il chérissait,
peut-être même contribua-t-il à les faire. En tout cas il disait dans la
Préface en s'adressant à Conti :

> ... A l'abri de ton nom les mânes des Malherbes
> paraîtront désormais plus grands et plus superbes ;
> les *Racans*, les Godeaux auront d'autres attraits ;
> la scène semblera briller de nouveaux traits...

et il ajoutait avec une naïve et spirituelle appréhension :

> Pour moi, je n'ai de part en ces dons du Parnasse
> qu'à la faveur de ceux que je suis à la trace...
> Cependant à leurs vers je sers d'introducteur :
> cette témérité n'est pas sans quelque peur.
> De ce nouveau recueil je t'offre l'abondance,
> non point par vanité, mais par obéissance...
> Conti, de mon respect sois du moins satisfait,
> et regarde le don, non celui qui le fait [1].

Nous retrouverons bientôt La Fontaine disant son mot sur Racan
dans la grande discussion proprement dite sur les anciens et sur les
modernes.

Les éloges de **Boileau** sont encore plus connus que ceux du fabuliste. Nous avons cité au chapitre précédent l'éclatant témoignage qu'il
avait rendu à Racan dès 1668. Après la mort de notre vieux poète
parut en 1674 l'*Art poétique* où il était mentionné avec honneur, non
pas dans la description de l'*idylle*, où on l'attendrait plutôt, mais au
commencement du chant premier à propos de la variété d'aptitude chez
les poètes :

> La nature, fertile en esprits excellents,
> sait entre les auteurs partager les talents...
> Malherbe d'un héros peut vanter les exploits,
> *Racan chanter Philis, les bergers et les bois* [2].

Notons que « Philis » se trouve être le nom d'une des trois maîtresses
poétiques de Racan à laquelle il a adressé plus d'une pièce [3].

---

1. La Fontaine, épître VIII, *Grands Écrivains*, t. IX, p. 138. V. aussi, t. I, p. cii,
et notre Notice bibliographique (Pièce just. 51, B, 1).
2. Vers 18.
3. Il est vrai que c'est la moins importante des femmes qui l'ont inspiré, et
nous n'avons pu déterminer, comme pour les autres, à quelle personne réelle
répond ce nom.

Ainsi Boileau, qui regardait Racan comme le plus grand poète lyrique vivant en 1668, rend cette première place à Malherbe lorsqu'il considère tous les poètes du siècle, trouvant que le lot particulier de Racan est la poésie élégiaque et la poésie pastorale. Il faudrait donc se garder de prendre ce vers, qui est le plus connu de ceux de Boileau sur Racan, pour un résumé complet de ses œuvres; ses deux lyrismes, le profane et le religieux, échappent entièrement à cette formule, aussi nuisible en somme qu'utile à notre poète, puisqu'elle le fait connaître, mais en lui donnant une réputation de fadeur.

Nous pouvons compléter cette opinion en quelque sorte officielle de Boileau sur Racan par un texte officieux et intime, un passage du Bolœana : « Monsieur Despréaux soutenoit que l'églogue étoit un genre de Poésie où notre langue ne pouvoit réussir qu'à demi — [ne faudrait-il pas dire plutôt : notre esprit?], — que presque tous nos Auteurs y avoient échoué et n'avoient pas seulement frappé à la porte de l'Eglogue; qu'on étoit fort heureux quand on pouvoit attraper quelque chose de ce style, comme ont fait Racan et Segrais. Il donnoit pour exemple... Racan dans l'imitation d'une Eglogue de Virgile :

> Et les ombres déjà du faîte des montagnes
> tombent dans les campagnes [1]. »

On voit quels sentiments Racan inspirait à deux des principaux tenants des anciens, La Fontaine et Boileau; il en était de même, bien qu'avec moins de profondeur peut-être, chez les deux principaux modernes, Charles Perrault et Fontenelle, et nous allons voir quelle place privilégiée tint notre poète dans le grand débat qui s'agita de 1687 à 1700, non qu'on se soit battu à son sujet comme pour Homère, mais parce qu'il fut également revendiqué par les deux partis, si bien que sa réputation brilla sereine au milieu de la bataille.

Celle-ci fut précédée par plus d'une escarmouche; on le devine à bien des textes, entre autres à une charmante lettre mi-prose, mi-vers adressée par La Fontaine à Racine : il la termine en parlant, avec une modération qui touche à l'incertitude, des inconvénients de l'érudition en poésie, et en rapportant les bruits qu'il entend à la cour.

> « Cet auteur a, dit-on, besoin d'un commentaire :
> on voit bien qu'il a lu; mais ce n'est pas l'affaire;
> qu'il cache son savoir, et montre son esprit.
> Racan ne savait rien; comment a-t-il écrit? »

1. *Bolœana*, p. 99 et 100. V. à l'Index.

Et mille autres raisons, non sans quelque apparence.
Malherbe de ces traits usait plus fréquemment :
sous lui la cour n'osait encore ouvertement
     sacrifier à l'ignorance [1].

Les ennemis de l'école savante triomphaient donc du nom de Racan dont ils savaient l'ignorance. Ils exagéraient, comme il arrive dans toute querelle : « *Racan ne savait rien* », sauf tout ce qu'il avait retenu de ses lectures et ce qu'il avait appris de Malherbe.

La guerre éclata dans la séance de l'Académie du 27 janvier 1687, où **Charles Perrault** donna lecture de son poème du *Siècle de Louis le Grand* : après un jugement très leste sur Homère, il avouait le mérite des Ménandre, des Virgile, des Ovide et constatait avec plus ou moins de justesse que leur gloire ne s'est acquise qu'avec le temps :

Donc quel haut rang d'honneur ne devront point tenir
dans les fastes sacrés des siècles à venir
les Régniers, les Maynards, les Gombauds, les Malherbes,
les Godeaux, *les Racans*, dont les écrits superbes,
en sortant de leur veine et dès qu'ils furent nés,
d'un laurier immortel se virent couronnés [2].

Il ajoutait à cette énumération des gloires modernes, Sarrasin, Voiture, Molière, Corneille, et omettait à dessein Boileau et Racine.

Boileau, qui grondait pendant cette lecture, quitta brusquement la salle avec esclandre et alla aiguiser des épigrammes contre l'impertinent lecteur et contre l'Académie [3]. Racine se vengea, à sa manière, par des félicitations ironiques, à la fin de la séance, et La Fontaine, qui avait paru rêver pendant la lecture, porta à Huet, quelques jours après, son admirable épître sur les anciens, où, faisant à son tour la revue des gloires modernes, il finit en disant :

L'ode, qui baisse un peu,
veut de la patience, et nos gens ont du feu.

Notons en passant cette singulière théorie de l'ode, c'est donc la théorie de l'ode laborieuse, à la Malherbe, qui a prévalu, même auprès de La Fontaine. Il ajoute :

Malherbe avec Racan, parmi les chœurs des anges,
là-haut de l'Eternel célébrant les louanges,
ont emporté leur lyre ; et j'espère qu'un jour
j'entendrai leur concert au céleste séjour [4]...

1. La Fontaine, *Grands Écrivains*, t. IX, p. 374.
2. *Parallèle des anciens et des modernes* (**V.** Index), t. I, à la fin, p. 9.
3. V. le récit de cette journée fameuse dans le beau livre d'Hippolyte Rigault, *Histoire de la Querelle des Anciens et des Modernes*, ch. x.
4. Épître XXII, *Grands Écrivains*, t. IX, p. 205.

admirable image d'apothéose, touchante aspiration pleine d'une exquise sympathie artistique chez le poète qui, après s'être fait modestement le disciple de Malherbe et de Racan, souhaite humblement d'être admis à les entendre, pour sa part de paradis. La Fontaine a-t-il fait de plus beaux vers? en a-t-on fait jamais de plus glorieux pour Racan, dont le grand fabuliste admire, en somme, expressément et les Odes et les Psaumes?

Bientôt paraissait un nouveau poème de Perrault sous le titre d'Epître au Roi. Nous y relevons dans le commencement cette période animée :

> Lorsque des plus sçavans ardemment souhaitée
> la palme des beaux-arts fut entre eux disputée,
> qu'en l'art de discourir nos modernes auteurs
> osèrent s'attaquer aux plus vieux orateurs,
> qu'aux Homères divins, qu'aux Virgiles superbes
> on vit se mesurer nos *Racans*, nos Malherbes,
> qu'aux chantres de la Grèce en diverses façons
> nos célèbres Lullis disputèrent des sons ;
> que nos sçavans Le Bruns firent teste aux Apelles,
> nos fameux Girardons aux fameux Praxitèles,
> d'une aisle irrésolue on vit voler longtemps
> la victoire douteuse entre les combattants [1]...

Remarquons ce fait curieux que les deux adversaires Perrault et Boileau s'entendent au moins sur un point, à nommer Racan à côté d'Homère, le chantre des princes français à côté de l'aède des rois grecs. Nous avons expliqué que la raison en est dans les nombreuses odes militaires, patriotiques et quasi épiques qui forment une part importante de l'œuvre de notre poète [2].

Il se trouvait encore mis, en 1690, dans un rang d'honneur, à la première place parmi les restaurateurs de la langue, cette fois par un disciple déclaré des anciens : **La Bruyère**, avec sa brièveté vigoureuse, insérait dans la cinquième édition de ses Caractères, plusieurs jugements littéraires au chapitre des Ouvrages de l'Esprit : « Il est étonnant, écrivait-il entre autres, que Belleau, Jodelle et du Bartas aient été sitôt suivis d'un *Racan* et d'un Malherbe, et que notre langue à peine corrompue se soit vue réparée [3]. »

---

1. *Parallèle* (V. Index), t. I, p. 28. Le 3ᵉ vers cité est donné dans cette édition avec une singulière faute d'impression : *Quand* l'art de discourir.

2. P. 508, à propos du vers de Boileau :
> Racan pourrait chanter au défaut d'un Homère.

3. Edition Servois, des *Grands Écrivains*, t. I, p. 130. — Nous avons dit plus haut que La Bruyère prit peut-être Racan parmi ses originaux pour le portrait de Ménalque (Servois, II, 290).

Le parti des modernes se ménagea encore une journée de triomphe, ce fut la séance du 15 mai 1691, où Fontenelle fut reçu de l'Académie et où Perrault lut un fragment de son *Parallèle des anciens et des modernes* qui est, comme l'on sait, une suite de dialogues entre un *ancien* assez borné et deux *modernes* fort alertes d'esprit : l'un des modernes, le *chevalier*, s'autorisait, dès le premier dialogue, de l'exemple et des opinions de Racan, qui était une autorité communément invoquée par ce parti : « Pour vous montrer que quand la prévention ne s'en mesle point, et que le bon sens agit tout seul, on peut n'admirer pas plusieurs Ouvrages des Anciens, dites-moi, s'il vous plaît, Monsieur de Racan n'estoit-il pas homme de bon sens et de bon goust, il a fait des Ouvrages qui ont esté trop estimez, mesme des plus sçavants pour en disconvenir », et il conte fort spirituellement la boutade de Racan sur « la soupe à la grecque [1] ».

L'année suivante, **Fontenelle**, le nouvel académicien, publiait un *Recueil des plus belles pièces de poésie depuis Villon jusqu'à M. de Benserade*, en 5 volumes in-12. C'était un des meilleurs arguments à produire en faveur des modernes que de les faire connaître, vu qu'il y a toujours plus de gens que l'on ne croit pour étudier les anciens et méconnaître les contemporains. Racan occupait avec honneur 70 pages du second tome, avec un choix de pièces assez semblable à celui de l'édition de La Fontaine, bien qu'un peu plus abondant et varié [2].

En 1698, à un Recueil d'épigrammes latines, un lettré d'opinion « moderne », **Breugière de Barante**, voulut répondre par un *Recueil des plus belles épigrammes des poètes françois*. Dans un 1ᵉʳ volume il donna un choix d'épigrammes de plus de 35 auteurs, mais quand il voulut en fournir de Racan, il s'avisa que « le public, dans la rareté des premiers exemplaires du poète, souhaitait depuis longtemps avec justice qu'on en fît une nouvelle édition », et pour répondre à son « empressement », il consacra tout le second volume aux œuvres de Racan, dont il donna la moitié de l'œuvre lyrique environ et toutes les Bergeries, rien malheureusement des

---

1. Trouvant très insipides les épigrammes de l'Anthologie, Racan s'était attiré d'un savant cette réponse qu'elles étaient à la grecque; à quelques jours de là, interrogé par le même sur ce qu'il pensait d'une mauvaise soupe qu'on leur servait, il répondit : « Peut-être est-ce une soupe à la grecque. » — *Parallèle*, t. I, p. 35 et suiv.

Perrault omettait néanmoins Racan dans son volume des *Hommes illustres qui ont paru en France pendant ce siècle, avec leurs Portraits au naturel*, Paris, 1696, gr. f°; notre poète eût pourtant plus justement mérité une mention que quelques-uns des 100 noms contenus dans cet ouvrage.

2. Voir la Notice bibliographique, B, 4.

RACAN.

Psaumes. Il plaça en tête une note sur l'auteur, où il l'appréciait comme poète : « Ses pastorales lui ont attiré l'estime de quantité de beaux esprits, par la douceur qui règne dans cette Poésie.... Le genre auquel il a le mieux réussi sont les *Odes* et encore à présent il n'y a guère que Malherbe qui puisse lui en disputer le prix. Les critiques ont remarqué que M. de Racan avoit plus d'élévation que Malherbe, quoiqu'ils accordassent que ce dernier avoit plus d'érudition [1]. » Ainsi cet éditeur d'épigrammes modernes s'était trouvé entraîner à donner l'édition la plus considérable qui eût encore été faite des œuvres de notre poète [2].

Boileau, sollicité avec instance par ses amis, s'était décidé enfin à livrer bataille, et il avait publié en 1694, sous le titre de *Réflexions critiques sur Longin*, un « répertoire des bévues de Perrault [3] ». Deux de ces réflexions, la troisième et la septième, mentionnent Racan : dans l'une Boileau déclare que « si Perrault loue en quelques endroits Malherbe, *Racan*, Molière et Corneille et s'il les met au-dessus de tous les anciens, qui ne voit que ce n'est qu'afin de les mieux avilir dans la suite et pour rendre plus complet le triomphe de Quinault, qu'il met beaucoup au-dessus d'eux et, « qui est, dit-il, en propres termes le plus grand poète que la France ait jamais eu pour le lyrique et pour le dramatique? »

Dans la VIIe Réflexion Boileau développe cette idée juste que « l'antiquité d'un écrivain n'est pas un titre certain de son mérite, mais l'antique et constante admiration qu'on a toujours eue pour ses ouvrages est une preuve sûre et infaillible qu'on les doit admirer..... Ce n'est donc point la vieillesse des mots et des expressions dans Ronsard, qui a décrié Ronsard ; c'est qu'on s'est aperçu tout d'un coup que les beautés qu'on y croyoit voir n'étoient point des beautés, ce que Bertaut, Malherbe, de Lingendes et *Racan*, qui vinrent après lui, contribuèrent beaucoup à faire connaître, *ayant attrapé dans le genre sérieux le vrai génie de la langue françoise*, qui, bien loin d'être en son point de maturité du temps de Ronsard, comme Pasquier se l'étoit persuadé faussement, n'étoit pas même encore sortie de sa première enfance.... »

A la même époque, dans une lettre à Maucroix, il donne un avis d'ensemble sur Racan, en le comparant à Malherbe et en essayant de l'attirer un peu du côté des anciens, ce qui était au moins d'aussi bonne guerre que d'en faire un ignorant de l'antiquité.

1. V. plus haut la fin de la note sur Rapin.
2. V. la notice bibliographique B, 5.
3. Ce résumé spirituel est d'Hipp. Rigault (*Querelle des anciens et des modernes*, ch. xv).

« *Racan avoit plus de génie que Malherbe, mais il est plus négligé et songe trop à le copier. Il excelle surtout, à mon avis, à dire les petites choses; et c'est en quoi il ressemble mieux aux anciens, que j'admire surtout par cet endroit.* Plus les choses sont sèches et malaisées à dire en vers, plus elles frappent quand elles sont dites noblement et avec cette élégance qui fait proprement la poésie [1]. » Il explique dans la suite ce qu'il entend par *l'art de dire les petites choses.* Il s'agit des périphrases poétiques où Racan excellait en effet, comme il l'a bien prouvé, entre autres dans le psaume où il décrit l'artillerie moderne [2].

Le goût de Boileau vieillissant est très différent en vérité de ce que nous sommes habitués à le voir, et il paraît dans ces lignes un peu bien mesquin. Sans doute, pour dire d'une façon poétique des choses qui ne le sont pas, il faut avoir un certain sens de poète qui sache en distinguer le côté noble et élevé, mais on court le risque de faire de la recherche de la périphrase un simple jeu d'esprit, et la théorie de Boileau est bien près d'enfanter la pratique de Delille.

Nous ne sommes point surpris d'entendre Boileau reprocher à Racan ses négligences, mais le grief d'imitation excessive de Malherbe ne nous paraît aucunement fondé. Quoi qu'il en soit, ce jugement fut approuvé par **Maucroix**, qui répondit à son correspondant : « A l'égard de Malherbe et de Racan, selon moi vous en jugez très bien, et comme toute ma vie j'en ai entendu juger aux plus habiles [3]. »

A la fin, en 1700, le grand Arnauld, plus qu'octogénaire, obtint la réconciliation de Perrault et de Boileau, et celui-ci publia une longue lettre adressée à son adversaire de la veille où la gloire de Racan est une dernière fois constatée et proclamée [4].

---

1. Lettre du 29 avril 1695. Boileau, éd. Desoer, t. IV, p. 34.

2. Ps. 19. — Boileau, dans cette lettre, rappelle avec orgueil que M. de La Fontaine lui a dit plus d'une fois que les deux vers de ses ouvrages qu'il estimait davantage étaient ceux où il loue le Roi d'avoir établi la manufacture des points de France à la place des points de Venise :

> Et nos voisins frustrés de ces tributs serviles
> que payait à leur art le luxe de nos villes. (Ep. I, v. 141 et 142.)

Boileau paraît avoir pris le compliment argent comptant. — Cf. l'avis du P. Rapin, plus haut, p. 521.

3. 23 mai 1695, Maucroix (V. Index), t. II, 227. Dans la même lettre il nous apprend l'habitude de Racan d'écrire ses vers de suite comme de la prose (p. 228). — Il cite de plus un vers de la fin des Stances sur la Retraite dans un fragment de lettre rapporté à la p. 201. — Sur la parenté intellectuelle de Maucroix et de Racan, V. Sainte-Beuve, t. VI, 139. On remarquera d'ailleurs que c'est à Maucroix que La Fontaine envoya sa fable du *Meunier*, qui est un épisode de la vie de Racan.

4. Boileau, édit. Desoer, t. IV, p. 52. Il redemande compte à Perrault de son mépris pour les anciens : « ... est-ce le peu de cas qu'il vous a paru que l'on faisoit parmi nous des bons auteurs modernes?... Mais, pour ne nous arrêter ici qu'aux seuls auteurs qui nous touchent vous et moi de plus près, je veux dire aux

L'admiration de Boileau pour Racan s'adresse en définitive à son lyrisme héroïque, à son talent élégiaque et pastoral, à sa facilité poétique en général; contrairement à La Fontaine, il ne dit rien du poète religieux. Ce jugement a une particulière autorité, d'abord parce qu'il vient de Boileau, ensuite parce que ces deux esprits, loin d'être frères comme ceux de Racan et de La Fontaine, appartiennent à des familles différentes et presque opposées : c'est un gentilhomme d'inclination *précieuse* goûté par un bourgeois au cerveau *gaulois*.

Enfin en dehors de cette lutte des anciens et des modernes il convient de noter qu'en 1697 le philosophe sceptique **Bayle** donnait dans une œuvre capitale, dans son *Dictionnaire historique et critique*, un article sur Racan où il tâchait d'expliquer surtout l'épisode étrange de sa rencontre inconsciente avec Mathieu dans le Quatrain sur la Mort. Nous avons discuté son opinion au commencement de ce livre[1].

Si l'on jette un regard d'ensemble sur cette fin du 17ᵉ siècle, on verra aussitôt combien fut éclatante dans ces 30 années la vie posthume de notre héros. Tout le monde le connaît, le cite et le loue, on fait une édition de ses Mémoires et trois anthologies de ses vers; il n'est presque pas une année qu'il ne reçoive un public éloge, on parle certainement plus de lui que dans les 30 dernières années de sa vie; un seul nom, celui d'Homère, est plus souvent prononcé dans la grande querelle littéraire du temps, et encore les rapproche-t-on quelquefois. Cette dernière génération du siècle lui rend justice, le regardant comme celui qui a atteint le plus haut dans la pastorale française et sentant surtout le très grand vide qu'a laissé sa mort dans la poésie lyrique.

II

Cette renommée si florissante vers 1700 semble se soutenir encore assez bien au 18ᵉ siècle.

D'abord l'Académie française garde très vivant le souvenir d'un des plus illustres confrères de sa fondation. A la vérité son successeur direct l'abbé de La Chambre n'avait rien dit de lui, en 1670, dans son discours

poètes, quelle gloire ne s'y sont point acquise les Malherbe, les Racan, les Mainard!.... » Sur cette intervention d'Arnauld, V. le ch. xvi de Rigault.

1. P. 77 et Pièce just. 5. — Outre l'article *Racan*, il y a encore au bas de l'art. *Tirésias*, à la note F, un passage sur Racan et les femmes. Mais tout cela est peu décisif sur notre poète.

On peut encore citer une courte mention de Racan faite par l'abbé **Moreri** à la fin de l'article *Bueil*, lequel est surtout généalogique, dans son *Dictionnaire*, paru à Lyon, en 1674, 1 vol. f°.

de réception, se regardant comme succédant beaucoup moins au poète qu'à son propre père mort l'année précédente[1]. Mais, en 1707, l'**abbé Genest**, chargé par l'Académie de composer une étude d'ensemble sur la poésie pastorale, fait devant la compagnie une suite de lectures pleines de science et d'idées, où il appuie surtout sa théorie de l'églogue sur le triple exemple de Racan, de Segrais et de Godeau. Il publia aussitôt ce travail qui reste un document essentiel pour l'étude du genre[2].

Quelques années plus tard, **Fénelon**, à la fin de sa lettre à M. Dacier *sur les Occupations de l'Académie françoise*, en donnant son mot dans la querelle renaissante des anciens et des modernes, fait un chaud plaidoyer en faveur de la simplicité des mœurs rustiques et l'appuie de citations de Virgile, d'Horace et de *Racan*. Que voici un commentaire bien senti des Stances sur la Retraite! « Quand les poètes veulent charmer l'imagination des hommes, ils les conduisent loin des grandes villes; ils leur font oublier le luxe de leur siècle, ils les ramènent à l'âge d'or; ils représentent des bergers dansant sur l'herbe fleurie à l'ombre

---

1. A la mort de son père *Marin* Cureau de La Chambre, arrivée en 1669, *Pierre* Cureau de La Chambre, curé de Saint-Barthélemy à Paris, « souhaita passionnément de lui succéder », mais on élut avant lui l'abbé de Montigny et Quinault, puis Racan étant mort le 21 janvier 1670, l'abbé de La Chambre fut élu, et reçu le 24 mars de la même année. Son discours n'est qu'une longue et subtile flatterie de ses confrères avec un pompeux éloge de son père. Racan n'y est même pas nommé. On trouvera ce morceau dans le *Recueil des Harangues de l'Académie*, Paris, J.-B. Coignard, 1698, 4° (p. 98-102), ou dans le *Recueil des Harangues prononcées par Messieurs de l'Académie françoise*, Amsterdam, aux dépens de la Compagnie, 1709, in-12 (t. Iᵉʳ, p. 135). Ces deux recueils donnent aussi l'Épître adressée par Racan à l'Académie lorsqu'il lui envoya ses Odes sacrées en 1651 et la Réponse de Conrart.

L'abbé de La Chambre ne nous paraît pas avoir eu d'autre titre pour entrer à l'Académie que d'être fils de son père. Il fit ensuite quelques harangues académiques, entre autres en 1684 lorsqu'il reçut La Fontaine, dont il déclara n'avoir pas lu les ouvrages « sa profession l'ayant sevré de bonne heure des douceurs de la poésie » (V. le récit de cette séance dans G. Lafenestre, *La Fontaine*, 1895, p. 98 et s.). Il prononça, la même année, l'oraison funèbre de la reine Marie-Thérèse. Le successeur de Racan ne composa, dit-on, jamais qu'un vers. Il mourut en 1693, et eut pour successeur La Bruyère. Sur lui, V. Livet, *Académie*, t. II, p. 273, et *passim*; Vigneul-Marville, *Mélanges*, éd. 1702, t. I, p. 75, — et Moreri. On trouvera à la Pièce just. 30 la *Liste des 13 successeurs de Racan à l'Académie française*.

2. Ce livre (V. Index), qui est très approfondi, a selon nous le tort de faire de la pastorale un genre allégorique pour « décrire l'estat et les sentimens des personnes les plus eslevées ». Racan y est cité ou mentionné dans l'Épître, et aux p. 4 (le vers *Heureux qui vit en paix...* y est cité textuellement, et non comme la plupart du temps au 17ᵉ siècle), 105, 114, 115, 157, 158, 161, 162, 206, 213, 218, 219, 220, 228 et 229. A la p. 158, l'abbé Genest nous renseigne sur le degré d'estime où sont les Bergeries aux yeux de ses contemporains : « La noble simplicité de leur caractère plaist encore à beaucoup de personnes de bon goust. Mais selon les changemens si ordinaires dans le monde, la vie de la Campagne devenant chaque jour plus négligée, il est arrivé qu'on a pris moins de plaisir à ces Peintures pastorales. A quoy on peut adjouster que les jeunes Cavaliers brusques et emportez, ayant quitté les manières soumises et respectueuses de ceux de la vieille Cour, alors les beaux sentimens et le parfait amour des Bergers qui représentoient ces vieux Courtisans, parurent des chimères et des rêveries, dont il fut aisé de se mocquer... »

d'un bocage, dans une saison délicieuse, plutôt que des cours agitées, et des grands qui sont malheureux par leur grandeur même.

> Agréables déserts, séjour de l'innocence,
> où loin *des vains objets de la magnificence*
> commence mon repos et finit mon tourment;
> vallons, fleuves, rochers, plaisante solitude,
> vous qui fûtes témoins de mon inquiétude
> soyez-le désormais de mon contentement [1]. »

Voilà notre poète comparé encore une fois et même égalé aux anciens.

D'un autre côté, il est grandement estimé par **les Jésuites** pour sa poésie religieuse. Rappelons-nous que leurs confrères du siècle précédent prisaient fort son tempérament religieux et son génie naturel. En 1712, l'organe littéraire de la Société, les *Mémoires de Trévoux* donnent leur avis sur ses Psaumes. En faisant une sévère revue des principaux poètes français, à partir de Marot, « qui se sont essayés sur ce livre sacré », ils en viennent à Racan. « Dans ses Odes sacrées sur les Psaumes, il a surpassé tous ceux qui l'ont précédé et plusieurs de ceux qui l'ont suivi, et s'il avoit autant de feu que de régularité, autant d'élévation que de douceur, David auroit en lui un digne Interprète. » Ils accordent en somme la seconde place à Racan, et, ce qu'il y a de curieux, c'est que la première est donnée à une dame Le Hay, qui avait publié, en 1694 « une traduction exactement fidelle et véritablement sublime [2] ».

Les hommes du monde, ceux du moins qui avaient vécu dans le 17e siècle, avaient une haute opinion de notre poète.

Une sorte d'apothéose, nous l'avons déjà raconté [3], lui fut ménagée par un ancien capitaine de dragons nommé **Titon du Tillet**, qui fit exécuter, en 1718, pour Louis XV enfant, un riche ouvrage en bronze figurant le Parnasse français avec 9 statues de poètes ou de musiciens symbolisant les Muses : parmi eux se trouvait Racan pour représenter

---

1. *Lettre à l'Académie*, ch. x, fin. La citation de Racan placée entre 2 citations d'Horace est à peu près la seule française de ce chapitre.
Fénelon a corrigé le second vers qui était ainsi dans Racan :

> Où loin *des vanités*, de la magnificence,

Nous nous sommes assuré du texte de Fénelon dans une des premières éditions, celle de 1716, « Réflexions sur la grammaire, la rhétorique, la poétique et l'histoire ». Paris, J.-B. Coignard, petit in-8°, p. 168.
2. *Mémoires pour l'histoire des Sciences*, 1712, 1re p[ie], article 37, p. 486, à propos d'une nouvelle traduction des psaumes en vers par M. Le Noble, 1710. On y voit que cette dame engagea Mme Deshoulières à faire aussi une traduction des Psaumes. La Bibliothèque Nationale n'en possède aucune sous le nom de Le Hay.
3. P. 279.

l'Ode et la Pastorale. De beaux in-folio illustrés parurent en 1732, en
1760, pour donner la justification et la description du Parnasse français, pour rassembler tous les hommages en prose, en vers, en latin
et en français arrivés de toutes parts à cette œuvre originale et bien
moderne qui fit beaucoup pour entretenir le souvenir de Racan. Elle
décore aujourd'hui l'entrée de la Galerie Mazarine à la Bibliothèque
Nationale. C'est là qu'on peut voir la seule statue (et ce n'est même
qu'une statuette) qui, à notre connaissance, ait été élevée à Racan, et
elle ne paraît guère ressemblante, le débonnaire gentilhomme à perruque étant figuré par une sorte d'académie antique au masque plein
d'énergie [1].

Un autre monument lui fut édifié, et celui-là non moins efficace
pour sa réputation, c'est la première édition de ses œuvres complètes.

Déjà, en 1717, **de Sallengre** avait publié, dans ses *Mémoires
de Littérature*, la *Vie de Malherbe par Racan*, qui n'avait pas vu
le jour depuis 1672 : il en donnait une édition légèrement augmentée
et arrangée dans les détails en l'accompagnant d'une courte notice sur
l'auteur [2].

En 1722 le libraire **Urbain Coustelier** eut l'idée de publier un
« *Recueil des anciens Poëtes françois*, contenant la farce de Pathelin,
Coquillard, Villon, Cretin et Racan ». Le mélange était singulier. Il
s'agissait plus en réalité d'une affaire commerciale que d'une œuvre littéraire : Coustelier sentait le public désireux de ces réimpressions.

Racan parut l'année 1724 en deux volumes, petit in-8°, le premier contenant les Psaumes, le second l'œuvre lyrique et les Bergeries [3].
Malheureusement il n'y avait presque pas une note, même aux endroits
où elles étaient nécessaires, et l'on remarquait des fautes graves dans
l'ordre des pièces, dans la disposition des tables; des omissions, comme
celle des Lettres, de l'Ode à Richelieu, et d'autres pièces encore, sans
parler des Mémoires pour la vie de Malherbe, etc. Néanmoins, telle
qu'elle était, cette édition avait le mérite d'être la première édition d'ensemble des œuvres du poète. Elle paraissait 50 ans après sa mort :
tous les auteurs ne sont point aussi favorisés. Cette publication est
assurément au 18e siècle le principal événement de l'histoire de la
réputation de Racan, qui certes s'en fût trouvée mieux encore si l'ouvrage avait été plus intéressant et mieux fait. Le Mercure de France,

1. V. à l'Index *Parnasse françois* et à la Notice iconographique, III (Pièce just. 52).
2. V. Notice bibliographique, B, 6.
3. V. Notice bibliographique, B, 7.

dans son numéro de septembre 1724, ne se fit pas scrupule de relever tous ces défauts dans une lettre fort sèche adressée à Coustelier.

Plus tard, en 1741, un homme de goût et d'esprit, **Des Forges-Maillard**, dans un des nombreux recueils périodiques du temps, *Des Amusements du Cœur et de l'Esprit*, publiait l'Ode à Richelieu, le sonnet de louange et l'épitaphe, qui manquaient à l'édition de Coustelier. Il accompagnait ces pièces d'une lettre spirituelle adressée à M. Titon du Tillet « l'architecte et l'oracle du Parnasse françois », où il raillait avec une grande liberté d'humeur un *Nouveau Recueil des poésies de Malherbe et de Racan*, dont l'auteur s'était permis de rajeunir plusieurs vers [1]; il témoignait lui-même la plus vive admiration pour « M. de Racan.... Tout ce qui nous reste de ces hommes immortels n'est point à négliger. On retrouve dans leurs moindres ouvrages les vestiges de la flâme divine dont ils étoient animez. » Nous recueillons avec plaisir ce témoignage rendu, non par un érudit, mais par un homme du monde 70 ans après la mort du poète [2].

Le nombre des admirateurs ne manquait pas, mais plutôt leur autorité. Racan n'était guère loué par les plus célèbres écrivains du siècle, comme il l'avait été par les Boileau et les La Fontaine.

Jean-Baptiste Rousseau, qui semble avoir repris la lyre héroïque et religieuse de Racan, se contente de le nommer dans son Épître aux Muses [3]. Jean-Jacques Rousseau, qui développa si largement le goût de la nature contenu en germe dans notre poète, est muet sur son compte. A la fin du siècle, André de Chénier, son confrère en églogues, ne dit pas un mot de lui.

Gresset du moins fait entendre les doléances de la Poésie champêtre qui se plaint d'être délaissée en France depuis que Racan et Segrais ne sont plus [4], et **Voltaire** le nomme trois fois en passant;

1. V. Notice bibliographique, B, 8.
2. V. Notice bibliographique, B, 9.
3. Il se fait dire par les Muses :

> Ton rang y fut marqué par nous [sur le Parnasse] :
> et si ce rang à ton chagrin jaloux
> parait trop bas près des places superbes
> des Sarrazins, des *Racans*, des Malherbes,
> contente-toi de médiocrité
> et songe au moins au peu qu'il t'a coûté.

Cette épitre fut composée vers 1712. Comme elle est assez difficile à trouver, nous signalons à l'Index une édition moderne où on peut la lire.

4.　　　.... *Alcidor* sut calmer ma peine
> par ses airs naïfs et touchants,
> galantes Nymphes de Touraine,
> il charmoit vos aimables champs :
> mourant il laissa sa Musette

c'est d'abord en 1745 dans son *Essai sur les Mœurs*, au tableau de la France sous Louis XIII : « Les génies des Malherbe et des Racan n'étaient qu'une lumière naissante qui ne se répandait pas dans la nation [1]. » En 1749, dans un ouvrage anonyme qu'il désavoua, *la Connaissance des beautés et des défauts de la poésie et de l'éloquence dans la langue françoise*, il met Racan au-dessous de Malherbe dans une commune imitation qu'ils firent d'Horace [2]. La mention de 1765 dans le *Dictionnaire philosophique* à l'article *Aristote-Poétique* est la plus honorable pour le poète. Voltaire y réfute le passage où Pascal raille la beauté poétique : « S'il avait voulu savoir ce que c'est, dit-il, il n'avait qu'à lire dans Malherbe (Stances à Du Périer) :

> Le pauvre en sa cabane où le chaume le couvre, etc...

Il n'avait qu'à lire dans Racan (Ode au comte de Bussy) :

> Que te sert de chercher les tempêtes de Mars,
> pour mourir tout entier au milieu des hasards
> où la gloire te mène ?
> Cette mort qui promet un si digne loyer
> n'est toujours que la mort qu'avecque moins de peine
> l'on trouve en son foyer.
>
> Que sert à ces galants ce pompeux appareil
> dont ils vont dans la lice éblouir le soleil
> · des trésors du Pactole ?
> La gloire qui les suit après tant de travaux
> se passe en moindre temps que la poudre qui vole
> du pied de leurs chevaux [3]. »

Quelque flatteuse que soit cette dernière citation, on voit bien qu'il ne faut pas demander à Voltaire une profonde et vive admiration pour Racan (qu'y a-t-il d'ailleurs de profond chez lui?), et sa nature ironique est trop loin de la naïveté de notre poète.

> au jeune Amant de Timarète,
> dont l'Orne admira les doux chants. [Segrais]
>   Mais quand le paisible Élisée
> posséda *Racan* et Segrais,
> lorsque leur Flûte fut brisée,
> l'Idylle perdit ses atraits :
> à peine la Muse fleurie
> d'un nouveau Berger de Neustrie
> en sauva-t-elle quelques traits. [Fontenelle]
> *Euterpe, ou la Poésie champêtre, Ode à Virgile* — tome I (V. Index), p. 208.

1. Au ch. cxxv.
2. Voltaire, éd. Firmin Didot, 1862, t. IX, p. 132. Il s'agit d'une des stances de Malherbe à Du Perrier et de la 7ᵉ strophe de l'Ode bachique de Racan, toutes deux imitées de l'ode d'Horace I, IV, v. 13 et 14, comme nous l'avons montré dans l'examen de l'Ode bachique, p. 93.
3. Voltaire, éd. F. Didot, t. VII, p. 167. — Cf. plus haut, p. 312, n. 4.

Pour trouver beaucoup de mentions de Racan, il faut nous rejeter sur les catalogueurs, compilateurs, historiens de la littérature en général ou du théâtre en particulier, sur ces hommes (c'étaient souvent des prêtres érudits et patients) qui, dans le besoin universel de dresser des inventaires de nos richesses intellectuelles, travaillèrent en nombre au 18ᵉ siècle, pour présenter un ensemble, une suite chronologique ou alphabétique des écrivains français.

Le **Père Niceron**, en 1733, consacre à Racan une notice faite avec soin au tome 24 de ses *Mémoires pour servir à l'Histoire des Hommes illustres dans la République des Lettres, avec le Catalogue raisonné de leurs ouvrages* [1].

En 1748, l'**abbé Joly**, chanoine de Dijon, dans ses *Remarques critiques sur le Dictionnaire de Bayle*, insère, à l'article *Malherbe*, une dissertation sur les *Mémoires pour la Vie de Malherbe* et cherche à en enlever la paternité à notre poète; à l'article *Racan* il discute à son tour le problème du quatrain de Mathieu, et il enrichit la biographie traditionnelle du poète de quelques renseignements inédits sur ses séjours en Bourgogne, puisés dans un manuscrit de la bibliothèque de Dijon [2].

L'**abbé Goujet**, en 1756, écrit sur lui une étude détaillée et bien informée, au 17ᵉ tome de sa *Bibliothèque françoise* [3].

Les historiens du théâtre ne furent pas en reste, et les *Bergeries* sont mentionnées par **Maupoint** en 1733 [4], **de Beauchamps** en 1735 [5], le **duc de la Vallière** en 1768 [6], **Clément** en 1775 [7].

Dans ce genre d'ouvrages l'étude la plus consciencieuse est due aux **frères Parfaict** qui consacrèrent 25 pages à Racan dans le tome IV de leur *Histoire du théâtre françois* (1745). Ils faisaient une analyse assez complète de la pastorale, dont ils disaient « la versification élégante, le style naïf mais noble », et déclaraient avec indulgence « le plan heureux, la conduite sensée », en donnant d'abondantes citations [8].

---

1. T. 24, p. 159-169, et notes, Paris, in-8º.
2. V. Index. — Joly se sert, à la fin, du *Lantiniana*, dont nous avons, sur son indication, nous-même usé au ch. XV, II.
3. Ou *Histoire de la Littérature françoise*, V. Index. La notice occupe au t. 17 les p. 205-218. — De plus le t. 18 contient un catalogue bibliographique des Œuvres de Racan, p. 430-32.
4. *Bibliothèque des théâtres*, p. 55. V. Index.
5. *Recherches sur les Théâtres de France*, 2ᵉ partie, p. 97. V. Index.
6. *Bibliothèque du théâtre françois*, t. I, p. 546 et suiv. V. Index.
7. *Anecdotes dramatiques*, 1ᵉʳ vol., p. 149, et 3ᵉ vol., p. 418. V. Index.
8. Mais ils niaient l'imitation italienne! Ils terminent par une courte notice sur l'auteur. — p. 288-312. Nous les avons cités plus d'une fois dans le cours de cet ouvrage. V. entre autres notre *Discussion*, p. 183 et s.

La plupart de ces auteurs de dictionnaires et de catalogues se contentent de donner des renseignements de biographie ou de bibliographie plus ou moins exacts et complets, ils ne jugent guère par eux-mêmes et répètent d'ordinaire les jugements de l'âge précédent.

A la fin du siècle vint **La Harpe**, qui essaya de se faire une idée personnelle et de donner à ses auditeurs du *Lycée* une mesure précise de la valeur poétique de Racan. Il apprécie son œuvre lyrique qu'il met un peu au-dessous de celle de Malherbe, et lui décerne la palme dans la poésie bucolique. Tel est le premier critique qui lit et étudie consciencieusement les œuvres de notre poète, comme on le fera souvent au 19ᵉ siècle [1].

Il faut noter, pour compléter ce tableau, le 17ᵉ volume des *Annales poétiques*, publié en 1780 par **de Marsy et Imbert** : il s'ouvrait par un fin portrait gravé de Racan et contenait un choix de ses poésies accompagné d'une courte notice biographique [2].

Ce qui est singulier c'est que les règnes de Louis XV et de Louis XVI virent une floraison de poésie pastorale qui eut pour centre Florian et qui ne paraît rien devoir à notre poète. Florian, plus superficiel et plus raffiné, est un disciple des Allemands et en particulier de Gessner, et ses pastorales, bien loin d'être rustiques, ne sont qu'une variété de la littérature *sensible* [3].

En résumé, Racan, que l'on tendait maintenant à nommer Honorat de *Beuil* et non plus de *Bueil* [4], eut, au 18ᵉ siècle, sa première édition complète, sa première critique d'ensemble et sa seule apothéose en

1. T. IV, p. 93-96 (V. Index).

2. V. Notice bibliographique, B, 10, et Notice iconographique, I, 3. Le volume, qui donne des extraits de Monfuron, Arnaud d'Andilly, Racan, Patrix, Jean Auvray, Théophile, porte en tête le portrait de Racan comme celui du plus important de ces poètes.

3. V. le discours de réception de Florian à l'Académie française en 1788. — Pourtant Tenant de Latour (t. I, p. 156, n. 1) parle de vers de Racan cités et altérés par Florian dans son *Essai sur la pastorale*. Nous n'avons pu trouver cet ouvrage de Florian dans ses *Œuvres complètes*, et le Service des Imprimés à la Bibliothèque Nationale ne le connaît pas.

V. sur ce sujet de l'influence allemande en France au 18ᵉ siècle un article de M. *Virgile Rossel* dans la *Revue d'Histoire littéraire de la France*, 1895, p. 169-200 : *La littérature allemande en France au XVIIIᵉ siècle*. On y trouve (p. 180) un éloge enthousiaste de Gessner par Berquin, qui le déclare « égal en simplicité au Berger de Sicile ;... sensible et affectueux comme *Racan* et d'Urfé, sans que ses expressions tendres deviennent jamais langoureuses, etc... » (*Préface* de Berquin, 3ᵉ éd. 1775.)

4. C'est certainement une corruption de langage puisque Racan lui-même faisait de *Bueil* deux syllabes dans ses vers (Epitaphe d'Honorat). Mais on assimilait ce nom pour la prononciation à *accueil*, *Arcueil*, et l'on prit l'habitude d'accommoder l'orthographe à la prononciation. C'est probablement pour lutter contre cette orthographe et cette prononciation que le représentant du nom, Pierre de Bueil, petit-fils de Racan, signait, ainsi que sa femme, en mettant un tréma : de büeil, Cotignon de Büeil (V. Pièce just. 41, acte 14).

bronze; ses portraits gravés se répandirent[1]; il fut loué par des voix
bien différentes, Fénelon et les frères Parfaict, les Jésuites et Voltaire :
mais en réalité sa gloire perdait beaucoup de terrain. A mesure que
le siècle avançait, le poète cessait d'être goûté par les amateurs de
poésie, il devenait matière à court article de dictionnaire, et encore
sans que l'on déterminât au juste la place qui lui revenait dans notre
poésie; il cessait d'être une lecture vivante pour devenir un nom, et il
passait peu à peu pour un des multiples poètes de second ordre du
17ᵉ siècle, parmi lesquels il n'était pas distingué pour ses qualités
propres et si rares. Dans son tourbillon d'esprit, son agitation fiévreuse,
et son avidité des problèmes sociaux, le 18ᵉ siècle se désintéressait visiblement d'un écrivain tel que Racan, qui s'était contenté, sans chercher
bien loin, d'être le poète-honnête homme.

III

Au commencement du 19ᵉ siècle la réputation de Racan continua à
végéter doucement. En 1801 un choix de ses poésies fut publié à la
suite des *Poésies* de Malherbe (Paris, **Déterville**, **Debray**, in-18 [2]).
En 1806 son portrait figura dans la *Galerie historique des hommes
les plus célèbres de tous les siècles et de toutes les nations....*, publiée
par le peintre **Landon** [3]. Puis en 1825 parut une collection de *Poètes
français* ou *Choix de poésies des auteurs du second et du troisième
ordre des* 15ᵉ, 16ᵉ, 17ᵉ et 18ᵉ *siècles*, en 6 volumes in-12, par
J.-B. J. Champagnac. Une quinzaine de pièces de Racan y étaient
publiées au milieu des extraits de Pibrac, Guy de Tours, Bouchet, le
père André et autres poètes qui sont à peine du « troisième » ordre [4].

En 1833 **MM. Monmerqué et Taschereau** publiaient pour
la première fois les *Historiettes* de Tallemant des Réaux, qui avait
composé en grande partie ses portraits de Malherbe et de Racan d'après
les *Mémoires* ou les conversations de notre poète [5].

La seconde moitié du siècle fut plus favorable à notre poète. Vinrent d'abord dix années heureuses pour sa mémoire. Un grand critique,
renouvelant l'effort de La Harpe, essaya d'assigner à Racan sa place dans

1. V. Notice iconographique, I.
2. V. Notice bibliographique, B, 11.
3. Au tome X avec une courte Notice. signée D. D., qui contient un certain
nombre d'erreurs. Voir Notice iconographique, I, 5, et *Index* bibliographique.
4. V. Notice bibliographique, B, 12.
5. V. Notice bibliographique, B, 13.

l'histoire de notre poésie, **Sainte-Beuve** consacra avec sa finesse
ordinaire son feuilleton du 18 avril 1853 à *Malherbe et son école*. En
caractérisant dans des termes exquis le tempérament doux et modeste
de l'homme chez Racan, il s'attachait à quelques morceaux lyriques
du poète, entre autres aux Stances sur la Retraite, et y faisait valoir l'originalité de l'imitation d'Horace. Mais peut-être ne le mettait-il pas
assez aux prises avec Malherbe et condamnait-il trop vite les Bergeries [1].

Complétant précisément Sainte-Beuve, **Saint-Marc Girardin**
attirait bientôt l'attention de ses auditeurs de la Sorbonne, puis des
lecteurs de son *Cours de Littérature dramatique* sur les Bergeries,
qui étaient depuis deux siècles bien retombées dans l'ombre. Il déclarait qu'« elles ont leur place dans la littérature française ; qu'elles ne
sont pas seulement une curiosité, mais une lecture », et après les avoir
analysées et citées, il concluait « qu'elles marquent dans le genre de la
pastorale le moment où notre langue poétique atteint son juste point
d'élégance et de clarté... et que Racan est supérieur, comme poète,
non seulement à ses prédécesseurs, mais à ses successeurs » (1855) [2].
Fort de l'autorité du célèbre critique, **M. Poirson** en 1856 consacrait à Racan une page élogieuse dans son *Histoire du règne de
Henri IV* [3].

Bientôt le libraire Jannet, qui poursuivait dans la Bibliothèque
elzévirienne la réimpression d'un grand nombre de nos anciens poètes,
s'entendit avec **Tenant de Latour**, le vieux bibliothécaire du château de Compiègne, un ancien garde du corps, plein de science et de
jugement, pour donner une édition complète des œuvres de Racan. Il
n'en avait point paru depuis celle de Coustelier, c'est-à-dire depuis
123 ans. L'idée était excellente. N'y avait-il pas en outre une secrète
convenance entre ce vieux soldat-éditeur et le soldat-poète édité ? Son
fils Antoine de Latour, poète et littérateur distingué, ancien secrétaire
des commandements du duc de Montpensier, compléta, pour mettre en
tête de l'ouvrage, une notice à la fois brillante et documentée qu'il avait

---

1. *Causeries du Lundi*, t. VIII, 3ᵉ éd., p. 75-83. Voici les autres mentions de
Racan faites par Sainte-Beuve dans les 10 premiers tomes des *Lundis* (V. la table
du t. XI), ces références se rapportent à la 1ʳᵉ édition : II, 42, comparaison prise à
Pline par Racan (Consolation à Bellegarde) ; III, 361, R. ami du père de Bussy-Rabutin ; VI, 139, Maucroix et R. ; VII, 215, R. mentionné à propos de saint François de
Sales ; 414-419, R. aimé de La Fontaine ; X, 181, 182, 183, 189, R. et Maucroix ; XI,
296, mention de R. à propos d'un mot de Henri IV. — V. encore *Portraits littéraires*, I, 431, n. 2.
2. *Cours de Littérature dramatique*, t. III, Charpentier, p. 317-321.
3. P. 647. Voir l'Index.

déjà publiée dans la *Revue des Deux Mondes* en 1835 [1], et en 1857 on eut enfin une bonne édition de Racan.

Elle réalisait d'immenses progrès sur celle de Coustelier. L'éditeur y avait apporté le plus grand soin, il avait réuni toutes les œuvres qu'il avait pu retrouver, les avait beaucoup mieux ordonnées, les avait annotées, en avait rétabli le texte original. La lecture était bien préparée par la Notice du commencement, enfin la partie matérielle était traitée avec une sorte de luxe. C'est en somme un monument considérable de la critique moderne appliquée à Racan.

Malgré tout ce soin, l'édition Latour ne paraît pas encore définitive. Sans compter les erreurs [2], quelques pièces ont encore échappé à la sagacité de l'éditeur [3]. Ses notes ordinairement intéressantes sont trop rares et se dispensent trop souvent de rechercher les renseignements que réclamerait chaque morceau, tels que l'époque de sa composition; enfin la langue si noble ou si savoureuse du poète n'est, pour ainsi dire, pas étudiée.

L'année suivante, en 1858, **M. Robiou** faisait l'analyse des Bergeries dans son *Essai sur l'histoire de la littérature et des mœurs sous le règne de Henri IV* [4], et deux ans plus tard, en 1859, **Géruzez** publiait, à la suite d'une petite édition classique des *Œuvres lyriques de Jean-Baptiste Rousseau*, un choix *des plus belles odes des lyriques français*. Il donnait de Racan l'Ode à Bussy, les Stances sur la Retraite et les Stances sur la mort du marquis de Termes, et il les annotait avec cette fermeté de jugement qui fait de lui un des guides littéraires les plus sûrs. Voici la conclusion de la courte et bonne notice qui précède les citations : « Ce qui a établi et ce qui maintiendra toujours la renommée poétique de Racan, c'est l'*expression harmonieuse de quelques sentiments naturels* qu'il avait réellement éprouvés;... il est noble et touchant, il est tout à fait poète en célébrant la vie des champs comparée aux agitations des courtisans de la fortune; il atteint même au sublime lorsque, planant au-dessus de la terre, il exprime

---

1. 1er mars.
2. comme la distinction entre l'ode de la p. 178 (t. I) et celle de la p. 168, qui n'en est qu'une partie, la publication de la lettre VIII (t. I, p. 318), qui n'est certainement pas de Racan (V. notre Pièce justif. 29), la place donnée à un sonnet parmi les épigrammes (I, 222), à une épitaphe et à une ode en quatrains parmi les sonnets (p. 215 et 216).
3. une ode de 170 vers au maréchal d'Effiat, une strophe de la chanson de la p. 229 (t. I), un madrigal au duc de Joyeuse pour l'édition de Maynard, une épître en prose à la duchesse de Bellegarde pour lui dédier ses *Psaumes de la Pénitence*, la Notice généalogique de Racan sur ses ancêtres, le quatrain de la Mort, toutes pièces que nous publions (V. sur cette édition notre Notice bibliographique, B, 14).
4. P. 412-418 de la nouvelle édition de 1883.

par de nobles images la puissance de Dieu et les misérables vanités de ce monde [1]..... »

En 1862, **M. Ludovic Lalanne**, en faisant son important travail sur Malherbe dans la collection des *Grands Écrivains*, rencontrait Racan sur son chemin : il le cite souvent et donne le meilleur texte que l'on ait de ses *Mémoires pour la vie de Malherbe* [2].

En 1864, **Feuillet de Conches** faisait de lui un bel éloge au 3ᵉ volume de ses *Causeries d'un Curieux* [3] ; en même temps, dans un choix des *Petits poètes français depuis Malherbe jusqu'à nos jours*, par **M. Prosper Poitevin**, il paraissait quelques passages de ses œuvres poétiques [4], et en 1865 le **Bibliophile Jacob** et **Édouard Fournier** publiaient quelques *Anecdotes inédites de Racan sur Malherbe* dans la *Revue des Provinces*, nouvel organe de décentralisation, qui tomba très vite [5].

Le réveil d'attention dont avait bénéficié Racan s'arrêta alors, pour reprendre, après une quinzaine d'années, en Allemagne et en France.

En 1877, le professeur autrichien **Lotheissen**, dans son *Histoire de la littérature française au 17ᵉ siècle*, écrite en allemand, faisait une lourde et injuste critique des poésies de Racan [6]. Notons que c'est la première fois que nous rencontrons une semblable attaque dans la revision de plus de deux siècles que nous venons de faire. — En 1884, un disciple de Lotheissen, le professeur allemand **Weinberg**, dans une dissertation bien étudiée, replaçait les Bergeries dans l'évolution de la pastorale française au 17ᵉ siècle [7], et **M. Dannheisser** avait l'occasion d'examiner de près la pièce dans sa thèse sur *Jean de Mairet* en 1888, puis dans la *Revue* allemande *de la littérature française* de M. Kœrting, au cours de deux articles sur l'histoire de la Pastorale en France, 1889, et sur l'histoire des unités, 1892 [8].

En 1885, **M. Ch. L. Livet** en France peignit de sa plume, qui

1. V. Notice bibliographique, B, 15.
2. Au t. I, p. LXI-LXXXVIII. V. Notice bibliographique, B, 16.
3. T. III, p. 431. V. Index. « Malherbe a couvé sous son aile poétique ce Racan si aimable, chez qui la vérité de sentiment s'empreint souvent d'une teinte de mélancolie ; poète plus bucolique que lyrique, plutôt de la famille de La Fontaine par le génie que de celle de Malherbe, et qui parfois cependant a rencontré un essor d'âme, des notes élevées et pénétrantes dans le goût de son maître... » Il cite ensuite l'Ode à Bussy-Rabutin, qui remporte décidément des suffrages unanimes.
4. V. Notice bibliographique, B, 17.
5. V. Notice bibliographique, B, 18. — Il faut noter aussi la nouvelle et commode édition des *Mémoires* donnée en 1874 par M. Becq de Fouquières, V. Notice bibliographique, B, 19.
6. T. I, p. 203-217, 320-325. Ce volume parut en 1877-78 (V. Index).
7. V. Index.
8. V. Index.

a passé par l'Hôtel de Rambouillet, un portrait chatoyant de notre poète, à la fin de ses *Portraits du Grand Siècle*[1].

En 1889, **M. Camille Favre**, en éditant le *Jouvencel* de Jean de Bueil, pour la Société de l'Histoire de France, jetait une lumière nouvelle sur les ancêtres de Racan, et publiait sur eux une *Notice généalogique* qu'il attribuait avec raison au poète[2].

Mais ce n'étaient là que des tentatives presque isolées. Racan devait nécessairement se trouver bien du mouvement d'histoire littéraire qui tend depuis une dizaine d'années à débrouiller l'écheveau si confus des lettres au temps de Louis XIII, et nous reconnaissons volontiers qu'en entrant nous-même dans ce mouvement, nous en avons largement profité.

En 1888, **Victor Fournel** donna dans la revue *Le Livre* un article sur *la Pastorale dramatique au 17ᵉ siècle*, et avec son admirable mélange de science et de verve qui en faisait à nos yeux le critique littéraire le plus accompli de notre temps, il saluait les Bergeries de Racan comme « le Cid de la pastorale ». La mort vient malheureusement de l'enlever au moment où il préparait un volume sur *la Tragicomédie et la Pastorale au 17ᵉ siècle*[3].

En 1889, pendant que **M. Rigal** rapprochait la pastorale de Racan de celles de Hardy[4], **M. Petit de Julleville**, professeur en Sorbonne, la replaçait dans le tableau d'ensemble du *Théâtre en France*, reconnaissant qu'elle est la seule lisible de toutes les pastorales françaises, que le drame est insignifiant mais les vers parfois exquis, et l'amour de la campagne exprimé avec beaucoup de naturel[5]; en 1891, **M. Brunot**, en établissant la *Doctrine de Malherbe*, avait souvent recours aux assertions de Racan dans ses *Mémoires pour la Vie de Malherbe*[6]. Nous avons préludé nous-même au présent travail, en 1891 par la publication de l'acte d'inhumation de Racan dans le *Bulletin mensuel de la Faculté des Lettres de Poitiers*, en 1892 par un article de la *Revue bleue* sur *Un reporter au 17ᵉ siècle*, en 1893 par la publication des *Anecdotes inédites de Racan sur Malherbe, Supplément des Mémoires de Racan pour la Vie de Malherbe*[7].

Nos critiques philosophes se sont mis à dégager les idées générales de la vie et des œuvres de Racan. **M. Faguet** en 1894 lui a

---

1. V. Index.
2. Nous en avons donné de nouvelles preuves, V. Pièce just. 47.
3. V. Index.
4. V. Index, RIGAL, *Alexandre Hardy*.
5. P. 105. — V. Index.
6. V. Index.
7. V. Notice bibliographique, B, 22.

consacré, à la Sorbonne, plusieurs leçons fort intéressantes, dont a rendu compte la *Revue des cours et conférences* [1].

M. Brunetière n'a pas encore dit son mot sur le poète, et nous croirions que notre travail n'est point perdu, s'il pouvait suggérer au maître la tentation de le faire [2].

---

1. V. Index. Nous nous permettons de signaler quelques légères erreurs qui se sont glissées dans le compte rendu qui a été donné des conférences de M. Faguet : p. 418, Racan prétendait que sa famille était d'origine, non pas *savoisienne*, mais *niçoise*, en se rattachant aux Bueil-Grimaldi, dont le nom vient du fief de *Bueil* aujourd'hui dans le canton de *Guillaume* (Alpes-Maritimes). Cette prétention d'ailleurs n'est nullement prouvée ; — 2° la citation qui est faite de Racan et placée entre guillemets, l. 6 : « C'est une chose bien singulière... » n'est que le résumé familier d'une partie de lettre de Racan (Racan, éd. Latour, t. I, p. 320); — p. 420, 2ᵉ §, l. 5, Mᵐᵉ de Termes était non la *sœur*, mais la *belle-sœur* du duc de Bellegarde, frère de M. de Termes; — p. 421, 2ᵉ §, nous ne pensons pas que Racan ait publié un volume de poésies légères de 1606 à 1607, nous ne connaissons point de publication de ses vers avant les *Délices de la poésie françoise* de 1620, mais il dit qu'il a *fait* « estant page » les petites *Hymnes de la Vierge* (V. Latour, II, 405), nous ne pensons pas qu'il les ait publiées avant 1660; — m. page, 3ᵉ §, ce n'est pas en 1628 (date de son mariage), mais en 1631 que la fortune lui vint avec la mort de la duchesse de Bellegarde; — p. 422, 3ᵉ §, l. 5, faute d'impression : leur *ombre*, et non pas leur *nombre*; — p. 423, 3ᵉ §, nous ignorons la source de ce récit de l'anecdote des Trois Racans, mais Tallemant, qui en est un des principaux rapporteurs, le place en 1626, lorsque Racan avait non pas 18 ans, mais 37, et à l'occasion de l'envoi, non des vers de Racan, mais dè l'*Ombre* de Mˡˡᵉ de Gournay; — p. 424, Racan contait peut-être cette aventure, mais ce n'est pas lui qui nous la *rapporte*, c'est surtout Tallemant; — p. 451, 1ᵉʳ §, l. 7, faute d'impression : ses vers à trois *jambes*, et non *iambes*; — p. 482, 5ᵉ . avant le bas : xvɪᵉ, au lieu de xɪvᵉ siècle; — p. 483, ch. ɪɪɪ, l. 4, l'imitation de l'Aminte et du Pastor Fido est évidente dans plus d'une scène et plus d'un type des Bergeries, comme nous l'avons montré dans le détail, particulièrement au ch. x et à la Pièce just. 13; — m. page, l. 14 du ch. ɪɪɪ : la 1ʳᵉ partie de l'Astrée parut, non pas en 1610, mais en 1607, comme M. Tross l'a découvert depuis quelques années, V. *Supplément* du Brunet, t. II, p. 823; — p. 484, l. 2, peut-on bien dire que la pastorale de Racan est une *simple églogue sans allégorie* puisqu'il y a peint Mᵐᵉ de Termes? peut-on le dire de même des Italiens, l'Aminte étant une galanterie du Tasse à une princesse d'Este? — p. 485, 1ᵉʳ §, l. 10 et suiv. Arthénice n'est pas consacrée à Diane, et dès le début de la pièce (acte I, sc. 3) ses parents cherchent à la marier à un berger du pays, mais la *Bonne Déesse* lui apparaît en songe et lui impose sa volonté; — p. 555, 1ᵉʳ §, pourquoi la *citation des deux vers de La Fontaine*, placée entre guillemets, est-elle mise en prose? — Mais ces détails sont peu de chose en regard de toutes les idées qui remplissent l'étude.

Il faut citer encore la page délicate et raffinée que M. Lanson vient d'écrire sur Racan dans son *Histoire de la Littérature française*, et qui se termine ainsi : « C'est un vrai poète (il en avait l'âme et l'oreille), un amant de la campagne..., un doux mélancolique qui a pleuré la fuite des choses et le néant de l'homme en strophes lamartiniennes, du milieu desquelles parfois s'enlèvent puissamment de magnifiques images, des périodes nerveuses et fières », p. 379. — M. Lanson avait déjà fait une place à Racan, en 1891, dans son *Choix de Lettres au XVIIᵉ siècle*, V. plus loin notre Notice bibliographique, B, 21.

2. Nous ne mentionnons pas les très nombreux articles de dictionnaires, consacrés à Racan, tels que celui de la *Biographie générale* de Michaud, celui de la *Nouvelle Biographie générale* de Didot-Hœfer, qui est dû à Rathery, etc. — L'article du nouveau *Bouillet* de 1893 fait Racan maréchal de camp, rien n'est moins prouvé. Marolles seul l'avance, et avec beaucoup de doute (Tallemant, II, 378).

RACAN.

L'on voit que dans notre siècle bien des efforts ont été tentés pour étudier Racan et le mettre en sa place. Mais il est clair en même temps que ce sont les érudits qui cherchent ainsi à le connaître; le mouvement qui s'annonçait au 18ᵉ siècle s'est accentué. Racan est devenu décidément matière d'histoire littéraire en cessant presque de faire le charme des gens du monde. Pour eux, nous l'avons expérimenté même auprès des plus cultivés, le nom de Racan réveille dans leur mémoire un ou deux vers de Boileau, et le souvenir doux et confus des Stances sur la Retraite, et c'est tout. Ce n'est pas assez. Le poète mériterait assurément d'être encore connu dans ses grandes odes, dans ses meilleures pages des Bergeries et dans ses plus beaux Psaumes.

Il est vrai que l'évolution poétique du 19ᵉ siècle ne lui a guère été favorable, au triple point de vue du lyrisme profane, du lyrisme religieux et de la pastorale. Ce dernier genre, complètement abandonné et remplacé, comme nous l'avons vu, par l'opéra-comique, a paru à notre siècle épris de réalité, plus artificiel et faux qu'il ne convenait. En second lieu, pour des raisons analogues et d'autres encore, le goût s'est détaché de plus en plus des vers religieux, et, tandis que la majorité des lecteurs perdait cette foi vague, jadis entretenue par les institutions, la minorité catholique, devenue plus grave, ne se plaisait qu'aux traductions en prose ou même aux textes originaux des Livres Saints; l'Église, de son côté, n'encourage point la diffusion des psaumes, qui ont toujours été pour les protestants le principal arsenal de prières; de sorte que cette traduction des 150 psaumes par Racan, si fort vantée par les jésuites du 18ᵉ siècle, est aujourd'hui ignorée des fidèles et des prêtres, même les plus instruits. Enfin notre magnifique développement romantique a fait oublier ou plutôt a fait pâlir le lyrisme du 16ᵉ et surtout celui du commencement du 17ᵉ siècle : on a injurié Malherbe, et l'on a regardé Racan comme un Malherbe au petit pied, sans l'examiner de près et sans distinguer les germes romantiques que recèlent son imagination assez colorée et l'individualité de son inspiration [1]; les romantiques ont été en somme injustes envers lui comme envers beaucoup d'autres.

Cependant **Victor Hugo** ne l'a pas ignoré, et il l'a nommé 2 fois à cinquante ans de distance, en 1827 dans *Cromwell* où il oppose avec une injuste ironie la fadeur des Bergeries à la sauvage poésie de Milton, et en 1877 dans la *Légende des Siècles*, en donnant le titre de

---

1. Nous nous sommes appliqué à le montrer dans maintes pages de cette étude.

Racan à l'une de ses idylles les plus énigmatiques [1]. Il ne paraît point l'avoir goûté, et il n'a aucunement contribué à le faire connaître.

Voilà le mal dont souffre la réputation de Racan, c'est le mal des natures douces. D'autres on les admire, on les hait, ou on les méprise : lui on l'ignore. De tous les critiques des trois siècles que nous avons cités,

---

1. 1° *Cromwell*, acte III, sc. 2, Lord Rochester à Milton :

> Monsieur Milton?....
> Vous ne comprenez pas, d'honneur, la poésie.
> Vous avez de l'esprit, il vous manque du goût.
> Écoutez, — les Français sont nos maîtres en tout.
> Étudiez Racan. Lisez ses *Bergeries*.
> Qu'Aminte avec Tircis erre dans vos prairies,
> qu'elle y mène un mouton au bout d'un ruban bleu.
> Mais Ève! mais Adam! l'enfer, un lac de feu!
> C'est hideux! Satan nu sous ses ailes roussies!.... —
> Passe au moins s'il cachait ses formes adoucies
> sous quelque habit galant, et s'il portait encor
> sur une ample perruque un casque à pointes d'or,
> une jaquette aurore, un manteau de Florence;
> ainsi qu'il me souvient dans l'Opéra de France,
> dont naguère à Paris la cour nous régala,
> avoir vu le soleil en habit de gala!

Remarquons que V. Hugo cite Tircis des *Stances sur la Retraite*, mais il prend l'Aminte du Tasse pour une femme alors qu'il est le héros de la pièce, à moins que ce ne soit Tircis, comme il arrive quelquefois, qui soit pris pour une femme. De même l'opéra en France avant 1657 est un anachronisme de quelques années mais les grands poètes ne regardent pas les choses de si près.

2° *Légende des siècles*, Grande édition *ne varietur*, Poésie, t. IX, p. 175 :

RACAN.

> Si toutes les choses qu'on rêve
> pouvaient se changer en amours,
> ma voix, qui dans l'ombre s'élève,
> osant toujours, tremblant toujours,
>
> qui, dans l'hymne qu'elle module,
> mêle Astrée, Éros, Gabriel,
> les dieux et les anges, crédule
> aux douces puissances du ciel,
>
> pareille aux nids qui, sous les voiles
> de la nuit et des bois touffus,
> échangent avec les étoiles
> un grand dialogue confus,
>
> sous la sereine et sombre voûte
> sans murs, sans portes et sans clés,
> mon humble voix prendrait la route
> que prennent les cœurs envolés,
>
> et vous arriverait, touchante,
> à travers les airs et les eaux,
> si toutes les chansons qu'on chante
> pouvaient se changer en oiseaux.

Il faut reconnaître que cette pièce peu claire est bien éloignée de la poésie de Racan, on ne voit même pas ce qui a pu déterminer le choix du titre.

nous n'avons trouvé qu'un Allemand pour l'attaquer, et avec une grande injustice. La réputation de Malherbe, nous l'avons dit, pèse aussi lourdement sur lui et le souvenir confus de leur amitié le dessert. On ne lit plus guère Malherbe, on en fait autant de Racan, et l'on ne se doute pas comme il est plus varié, plus vivant, plus sincère, plus près de nous ; on le dédaigne en général par prévention et par ignorance.

Pourtant nous devons à la vérité d'ajouter que ce mépris n'est point universel. Il est un coin où le souvenir de Racan est resté très vivant, souvenir mêlé de son talent et de sa bonté et entretenu avec un soin tout filial ; le gentilhomme a tant aimé la Touraine que la fidélité de sa bonne province suffirait sans doute à le consoler de l'oubli général où il est tombé.

Les sociétés savantes de Tours ont beaucoup contribué au maintien de ce culte local. La *Société d'agriculture d'Indre-et-Loire* a possédé longtemps le portrait peint de Racan, comme un portrait d'ancêtre, dans la salle de ses séances, et l'un de ses membres, le **comte de Kergariou**, préfet du département, publia dans les *Annales de la société*, en 1821, une notice pleine de sympathie sur le poète [1].

La *Société archéologique de Touraine* a rivalisé avec sa sœur aînée. Son président **Charles de Sourdeval** a consacré en 1864 au *Château de La Roche-Racan* une étude faite sur place, qui est, à notre avis, la meilleure notice biographique sur le poète parce qu'elle fleure le sol de Touraine [2]. En 1877 un des membres de la Société, **maître Vincent**, notaire à Tours, publia dans les *Bulletins* le contrat de mariage de Racan, qu'il avait retrouvé dans les archives de son étude [3] ; en 1893 **M. Léon Palustre** y donnait l'acte d'inhumation du poète, ignorant que nous en avions déjà fait la publication.

---

1. Sur ce portrait voir la Notice iconographique, ii. — V. à l'Index *Kergariou*. Les *Annales de la Société* rapportent que cette Notice avait déjà été publiée en 1813.

2. Ce mémoire fut lu en séance privée le 23 juillet 1864, en séance publique annuelle le 20 août, inséré dans le t. XLIII, 2ᵉ série, des *Annales de la Société*, p. 139 à 189, et publié à part à l'imprimerie Ladevèze, de Tours, en 1865 (V. l'Index).

3. *Annales de la Société archéologique de Touraine*, t. IV, p. 156. — En même temps, ce contrat était publié dans la *Revue historique et archéologique du Maine*, t. II, nᵒ 6, 1877, par M. l'abbé Esnault, secrétaire de la *Société historique et archéologique du Maine*, puis tiré à part au Mans chez Pellechat (V. à l'Index *Contrat*). Cette société du Maine a toujours cherché à attirer Racan à elle, et elle avait demandé à l'un de ses membres les plus distingués, M. Kerviller, une étude sur le poète. M. Kerviller, qui avait commencé à réunir des documents, nous a fait dire en termes fort aimables qu'il n'avait pas le temps en ce moment de continuer ses recherches. Le secrétaire actuel, M. Brière, a été assez généreux pour nous laisser consulter les documents manuscrits et les estampes qu'il possède sur Racan. Nous pensons que cette laborieuse compagnie se réjouira de ce que nous avons rapproché d'elle le poète en montrant qu'il est né, non pas en Touraine, mais à Champmarin, sur la limite même du Maine et de l'Anjou.

La ville de Tours, qui possède une rue de *Racan*, a fait en 1891 une honorable place à son poète dans son exposition régionale, où l'on voyait entre autres les deux beaux portraits anciens du fils et de la fille de notre héros qui sont conservés au château de La Roche et dont nous donnons plus loin la reproduction [1].

Si l'on entreprend la pittoresque et artistique excursion de Saint-Paterne [2], on rencontre vraiment partout le souvenir de Racan : c'est la principale rue du bourg qui porte son nom, c'est la grande salle de la mairie qui est en quelque sorte présidée par lui, autant que par le buste de la République, c'est le *trésor* de la sacristie où l'on admire l'ornement d'église fait par sa femme, c'est surtout le beau château de La Roche-Racan, orné encore du blason du poète et somptueusement restauré par son propriétaire actuel dans le style Louis XIII, ce sont les *anciens* du bourg qui vous parlent encore par tradition de la bonhomie du vieux seigneur, même s'ils ignorent ses œuvres, tant il est vrai que la bonté a le divin privilège de survivre à tout le reste dans la mémoire du peuple ; ce sont enfin les curés, les instituteurs, les châtelains de toute cette région qui recueillent à l'envi les souvenirs épars du poète. Sa vie posthume s'est vraiment retirée dans ce coin vert de la Touraine.

Il s'agirait maintenant de rendre à sa mémoire un peu de cette large vie *nationale* qu'elle a connue pendant une cinquantaine d'années après la mort de l'homme et, puisqu'il est tant ignoré, peut-être conviendrait-il de donner aujourd'hui, à côté d'une édition critique en progrès sur celle de 1857 et destinée aux savants, une mince et fraîche anthologie à l'usage des gens du monde, pour que le fort et charmant poète qui a fait les délices de Mᵐᵉ de Sévigné, de Boileau, de La Fontaine et de Voltaire reprenne sa juste place dans l'esprit et dans le cœur des nombreux amateurs de poésie que la France compte encore.

Parviendrons-nous jamais par nos travaux à ce résultat ? L'espérer est sans doute une chimère.., c'est en tout cas la récompense suprême que nous ambitionnons.

---

1. Il y avait à Tours une ancienne *rue de Racan*, dont l'écriteau se voit sur une maison à l'entrée d'une cour, tout près de la place des Halles. La rue actuelle est dans un faubourg.
2. Cette promenade, qui est très facile (1 heure sur le chemin de fer de Tours au Mans), n'offre pas seulement l'intérêt des souvenirs de Racan que nous énumérons plus loin ; il faudrait y joindre la visite des ruines de La Clarté-Dieu, et, si l'on peut, celle de la collégiale de Bueil, monument historique. Cette excursion vaudrait d'ailleurs la peine d'être faite rien que pour admirer dans l'église de Saint-Paterne l'Adoration des Mages, en terre cuite, qui est assurément l'un des chefs-d'œuvre authentiques de la Renaissance française, et qui l'emporte sur bien des statues célèbres que l'on va voir au loin.

CONCLUSION

Le Caractère. — La Vie. — Le Talent.

————

Au terme de cette longue étude sur Racan, nous souhaiterions qu'apparût avec quelque clarté sa physionomie physique, morale et littéraire.

I

Il est difficile d'analyser son caractère avec une rigoureuse précision. C'est sur la poétique terrasse du château de La Roche-Racan reconstruit par lui, ou bien encore, comme il se peint lui-même, « rêvant au travers des landes » parmi « les ajoncs et les bruyères », ou « allant le long de ses ruisseaux cueillir quelque fleurette champêtre » qu'il convient le mieux de se le représenter. Il avoue à ses amis qu'il aime à « laisser conduire au hasard ses pas dans ses promenades » [1]. Voilà le trait caractéristique de l'homme : c'est un *indolent*. Aussi traverse-t-il la vie cheminant lentement, tout hanté par sa fantaisie, en éternel distrait, comme plus tard La Fontaine.

A bien regarder, encadrée dans la perruque, la face ronde du personnage qui rappelle certains types de bons Hollandais [2], on devine que chez lui l'indolence, cette forme ordinaire de l'indifférence, s'accompagne de bonté. Cette bonté teintée de bonhomie fine, il l'a portée partout, en premier lieu dans l'amitié, où il s'est attaché naturellement

————

1. Latour, I, 342.
2. Ce rapprochement très juste nous a été suggéré par M. Petit de Julleville.

et avec profondeur, en dépit des sévérités et des susceptibilités ; ses amis,
Malherbe, d'Armilly, Balzac, Rémefort, Nublé, Ménage, Chapelain,
Conrart, en dehors d'un seul malentendu qu'il a tout fait pour éteindre,
ne parlent de lui qu'en disant : « Ce bon M. de Racan ». C'est que, tout
en étant d'une des meilleures familles de France et en même temps
poète en renom, il ne connaît, chose doublement rare, ni la morgue
aristocratique ni la fatuité littéraire. Il est plein de naturel, tombe
même souvent dans la naïveté et n'a en tout qu'une seule coquetterie,
celle de son ignorance. Aussi est-il le confrère aimé dans le cercle
bourgeois et pédant de la première Académie. Ceux-là trouveront
que ce n'est pas un mince éloge, qui savent toutes les petites querelles,
jalousies et vilenies du monde des lettres, particulièrement à cette
époque.

En amour, il se montra gauche et naïf, mais en même temps fin et
tenace : sa nonchalance n'était pas de l'impassibilité et cachait la vivacité des sentiments. Dans la vie de famille, il semble avoir fait régner
l'indulgence autour de lui. Dans sa religion, sans avoir la foi du
charbonnier, il apporta une grande simplicité, n'essayant pas de tout
approfondir et frappé également de la commune subtilité des théologiens polémistes des deux camps et de la vanité des libertins.

Malgré un asthme il jouit d' « une assez bonne constitution, mais
qui avoit, dit-il, besoin d'estre choyée » [1]. Il la choya si bien qu'il a
vécu 81 ans.

En somme, faible était le ressort de la volonté, mais l'esprit et le
cœur étaient droits. Racan ne peut pas être rangé dans la classe
d'hommes que nous plaçons au-dessus de toutes les autres, parmi
les *caractères*, mais il appartient de plein droit au groupe aimable des
natures sympathiques : il excita en effet la sympathie de tous
ceux avec qui il vécut, à commencer par Henri IV, qui intervint pour
sauver son page maladroit des poursuites des créanciers, en continuant
par Malherbe, qui le considéra toujours comme son fils. La postérité
n'a pas résisté non plus à cette séduction générale, et, même sans
beaucoup le connaître, elle l'a, par un sûr instinct, regardé avec
une douce bienveillance : les nouveaux documents que nous livrons
aujourd'hui au public ne feront, croyons-nous, que confirmer, en la jus-
tifiant, sa naturelle sympathie pour ce gentilhomme d'armes et de lettres qui devait avoir dans notre pays un petit nombre de successeurs de
choix, tels que Vauvenargues et Vigny.

1. I, 323.

II

Indépendamment de son intérêt pour ainsi dire personnel, cette vie présente en outre l'un des exemples les plus frappants de *vocation poétique*.

Voilà un enfant qui naît gentilhomme, d'une illustre famille guerrière : il grandit isolé, en province, environné des guerres civiles, ne reçoit presque aucune instruction, et sa mémoire rebelle ne se plie qu'à retenir des vers français pendant que son seul plaisir est d'en faire. Orphelin à 13 ans, il est placé à la cour, où il ne réussit point, et il se console en rimant dans le silence. Il fait la rencontre de Malherbe, dont le tempérament si différent du sien lui prodigue plus de corrections que d'encouragements. Il essaie consciencieusement de la carrière militaire, qu'il a rêvée avec passion de par ses traditions de famille, mais les circonstances le desservent, et il se débat en même temps contre les plus graves difficultés matérielles. Il a de tous côtés des déceptions à subir et des luttes à soutenir, et c'est pourtant sa plus belle saison poétique.

Il égare successivement son amour sur deux coquettes ; il est si profondément épris de la seconde, qu'il se laisse railler par elle pendant 10 ans, et il chante ses souffrances de cœur avec une délicieuse harmonie.

Obligé à la fin de renoncer à son rêve, il se marie dans une famille pieuse, croit bientôt toucher à l'aisance, et un gros héritage lui apporte 40 ans de procès qui empoisonnent sans relâche toute la fin de sa vie : dans l'intervalle des audiences du Parlement, il compose, avec des mémoires d'intérêt, 10 000 vers religieux [1].

Et il faut se garder de croire que c'est par son énergie qu'il lutta comme poète contre des circonstances aussi défavorables. Le fond de sa nature était, nous l'avons dit, l'*indolence*, et il ne montra de fermeté que pour défendre contre l'empiétement général sa fortune et celle de ses enfants. Partout ailleurs il s'abandonna avec bonhomie à sa double destinée de gentilhomme obscur et de poète.

Racan n'avait pas l'intention d'être poète ; il ne le voulut jamais, ni personne pour lui autour de lui, il le fut naturellement, inconsciemment, par pur feu intérieur et inspiration sincère ; il l'eût été de même dans n'importe quelles circonstances ; il aurait jeté au dehors, en dépit de

---

1. Les Psaumes en contiennent exactement 10 409.

tout, cette pure et claire flamme dont il portait le foyer au dedans de lui. En quoi il est juste à l'opposé de Malherbe, qui, pour reprendre le mot d'un célèbre historien de Richelieu, « eut l'intention des grandes choses qu'il fit [1] ». L'un fut poète par raison et par énergie, l'autre par sentiment et par inspiration. Racan fit des vers tout comme un arbre se couvre de fleurs, et, régulièrement, pendant de longues années, malgré des printemps trop secs ou trop pluvieux, donne toujours son odorante moisson.

Que l'on ne croie pas que nous fassions là profession de déterministe ou de fataliste : nous croyons fermement à la liberté humaine et nous pensons qu'elle peut agir dans une large mesure sur la conduite de la destinée. Mais encore faut-il pour cela user de sa volonté, ce qui arriva rarement à notre poète; nous ne voyons qu'un point de son art et une période de sa vie où il influa volontairement sur sa carrière poétique : nous voulons parler de son effort constant pour trouver de nouvelles formes métriques (il en a inventé 42 [2]), et de la persévérance qu'il déploya de 1652 à 1654 pour arriver au bout de. la traduction des 150 psaumes.

D'une façon générale il remplit la première idée que nous nous formons d'un poète, celle qu'il a développée lui-même plus d'une fois en sa prose [3] : la poésie est un don de la nature, *nascuntur poetæ*.

III

Mais que fut-il comme poète, c'est-à-dire quelles étaient au juste ses qualités natives, et quel usage en a-t-il fait? Quelles sont les limites précises de son talent?

Ce Tourangeau né Angevin tenait avant tout de la nature l'élégance et la grâce de l'esprit [4], il y joignait la finesse spirituelle, alliant à ces dons une réelle profondeur de sentiment dans le goût de la nature, dans l'admiration, dans l'amour.

Avec ces dispositions, il fit ses délices de Ronsard, des autres poètes de la Pléiade et de Desportes; il goûta Montaigne, François de Sales et d'Urfé; il fréquenta le Tasse et Guarini; il lut, surtout dans la traduc-

1. Mignet.
2. Voir la Pièce justificative 50.
3. Discours de réception à l'Académie, I, 246; lettre, I, 321, etc.
4. Nous avons découvert qu'il n'était pas né en Touraine au château de La Roche, mais dans celui de Champmarin, qui se trouve exactement sur la limite du Maine et de l'Anjou (ch. ı).

tion, Virgile, Horace, Ovide et Claudien, les Hymnes catholiques, et ces
lectures faites au gré de son goût et de son caprice développèrent ses
qualités naturelles.

Il les fortifia en lisant les Psaumes, et, auparavant, en acceptant
la virile discipline de Malherbe, qui réussit un peu à lui faire travailler
ses vers, à lui donner une tenue plus ferme, et le détourna des fadeurs
où le jeune poète laissé à lui-même aurait apparemment glissé davantage.

N'ayant reçu presque aucune instruction et n'ayant jamais cherché
à combler cette lacune, son heureuse nature nous apparaît pure de tout
mélange favorable ou fâcheux, ni encombrée ni élargie par la culture,
légèrement modifiée seulement par quelques lectures et quelques leçons.
De quelle façon inspira-t-elle chez lui le poète élégiaque, le poète
lyrique, le poète pastoral?

Avec son charmant mélange de sincérité de cœur et d'élégance
d'esprit, il nous a donné quelques *élégies* achevées dans le genre touchant, non dans le genre douloureux qui, plus profond et moins aimable,
sera plus tard excellemment représenté par Lamartine et Musset. Dans
le premier de ces deux genres nous ne voyons encore rien de supérieur en notre langue aux pièces :

Plaisant séjour des âmes affligées [1]...

ou   Il me faut désormais d'une juste contrainte [2]...

ou   Dépité contre Amour, mon cœur s'était promis [3]...

Quant à Racan *poète lyrique*, il a trois tons principaux. D'abord il
est quelquefois *philosophique*, reprenant d'une façon personnelle 3 ou
4 lieux communs d'Horace ou de Malherbe : la nécessité de profiter de
la vie [4], la vanité des choses humaines, dont il aime à nous faire contempler la petitesse des hauteurs du ciel [5], l'inanité des constructions
de l'homme [6], l'égalité des hommes devant la mort, idée qui était bien
plus saisissante qu'aujourd'hui, au temps des inégalités monarchiques,
dont elle formait comme une compensation suprême [7]. Il a fait dans cet

---

1. I, 164.
2. I, 178.
3. I, 180.
4. L'épicurisme est partout dans Racan, dans beaucoup de ses odes, dans les
chœurs des Bergeries, etc.
5. Ode à Louis XIII, str. 8, 9, 10 (I, p. 8 et 9); Consolation à Bellegarde, fin
(I, 201).
6. Ode à Bussy, str. 5 (I, 157); Ode à Balzac, str. 7 (I, 363); psaume 101, str. 9
(II, 260); lettre *Adieu paniers*, etc.
7. Stances sur la Retraite; Ode à Maynard, str. 7 (I, 155), etc.

ordre deux chefs-d'œuvre, les *Stances sur la Retraite* et l'*Ode à Bussy*,
plusieurs pièces distinguées comme l'*Ode bachique* et l'*Ode sur la
venue du Printemps* [1], enfin d'admirables strophes dans plus d'une
autre pièce.

Les odes où Racan nous semble avoir le plus de mérite et dépasser
manifestement son maître sont celles où il chante la gloire humaine ou
divine des héros : il y fait preuve d'une élévation et, en maniant la
grande strophe de dix vers, d'une rapidité de mouvement incomparables, qui n'ont été surpassées que par Hugo. Nous admirons sans
réserve l'*Ode à Louis XIII*, l'*Ode à Bellegarde* et ces *Stances sur la
mort du marquis de Termes* qui eurent l'honneur d'inspirer de la
jalousie à Malherbe [2].

Enfin son *lyrisme religieux*, envahi trop souvent par l'abstraction
théologique, contient par places de beaux passages pleins de vivacité ou
de grandeur, qui sont peut-être les meilleurs échantillons de cette
branche de notre poésie : on peut juger des différents tons par les
Psaumes 36, 77, 130, 150.

Comme auteur des *Bergeries*, Racan occupe une place importante
dans notre histoire littéraire ; car premièrement en donnant sa pièce vers
1619, en plein règne dramatique de Hardy, il fut l'un des premiers à
composer une pièce régulière, à mettre de la *littérature* sur la scène, et
à faire prendre à la bonne compagnie, aux dames notamment, le chemin
du théâtre, préparant ainsi dans une large mesure un auditoire à Corneille. Puis, dans ce genre aisément faux de la pastorale dramatique,
il a donné la meilleure pièce que nous possédions. Il y réussit en développant les éléments les plus vrais qu'elle contînt en germe, à savoir
la partie religieuse et la peinture rustique : les *Bergeries*, comme d'ailleurs quelques pièces lyriques et, à la fin, un certain nombre de
psaumes, offrent un essai discret de poésie rurale, qui résumait, nous
l'avons vu, les aspirations de la noblesse du 16e siècle et qui n'a guère
eu de continuation chez nous [3]. Loin de choisir, pour décrire la nature,
ses aspects brillants ou terribles comme on le fera deux cents ans plus
tard, Racan se borne à chanter la vendange et surtout la moisson, et
en général l'abondance et *la foison* rustiques, avec une grâce et une
vérité qui lui sont restées tout à fait propres. Il a encore sur les astres

---

1. I, 196, 155 ; — 154, 151.
2. I, p. 6, 148, 200.
3. *Bergeries*, p. 26, 28, 33-37, 39, 43, 58, 61, 80-81, 90, 105, 109-110, 131, 134, etc. ;
Eglogue, p. 137 ; Stances des p. 186 et 196 ; odes des p. 151 et 164 (1re str.), etc. ;
Psaumes 4 (fin), 28, 36, 64 (fin), 71, 79, 91, 120, 143 (fin), etc.

CONCLUSION : LE TALENT

de fréquents et admirables accents que l'on ne connaît guère, mais qui pourraient suffire à sa gloire et qui font de lui, avant Lamartine, notre meilleur poète sidéral [1]. Tels sont quelques traits foncièrement originaux de sa physionomie poétique.

Un autre qui ne l'est pas moins, c'est son habitude, que l'on retrouve dans toute l'œuvre, de parler aimablement de lui, de ses espoirs, de ses amours, de ses souffrances [2]. C'était une grande nouveauté alors, Malherbe excellant surtout aux lieux communs et se mettant très rarement en scène, et la littérature française étant en train de devenir, pour 150 ans, de plus en plus universelle et impersonnelle. Racan, qui reprenait ainsi l'habitude de la Pléiade, devançait les romantiques, avec cette différence que leur *moi* s'étale souvent tout gonflé de vanité, au lieu que le sien s'introduit tantôt doux, tantôt fier, avec une gracieuse bonhomie.

C'est là sans doute une des raisons pour lesquelles à son époque il ne fut pas compris et apprécié à sa valeur. Il venait à l'encontre de l'évolution de son temps. Seul, La Fontaine, nous l'avons dit, l'admira pleinement, le prit pour son maître, et, probablement encouragé par cet exemple, osa entretenir de lui-même le lecteur avec tant de charme, en plus d'une de ses fables.

Racan remplit encore de la sorte l'une des conditions sans lesquelles nous ne concevons plus maintenant un poète et surtout un poète lyrique, ses vers, nous paraît-il aujourd'hui, devant être faits avec lui-même, avec son cœur, autant qu'avec son imagination et ses sens.

Ajoutons qu'il parla une langue poétique d'une harmonie naturelle et d'une pureté rare, toute parfumée de termes rustiques et de mots du vieux temps [3].

De tout cela il ressort que le mérite littéraire de Racan n'est ni mince ni banal, et encore ne parlons-nous pas de Racan prosateur et de ses précieuses qualités épistolaires de grâce, d'esprit et de vivacité.

En somme, un des meilleurs poètes élégiaques dans le genre moyen, un de nos meilleurs lyriques dans les genres philosophique, héroïque ou religieux, notre meilleur pastoralier [4] dramatique, en d'autres termes

---

1. *Bergeries*, p. 26, v. 19 et s.; p. 66, dern. vers et p. 67; p. 90, v. 10 et 11, et *passim*; odes, p. 8, str. 3; églogue, p. 137, v. 23 et 24; stances, p. 201, 1ʳᵉ st.; ps. 18, str. 1, 4, etc.; ps. 103; ps. 137, str. 5; ps. 148, str. 3 et 4. etc. etc. Nous avons maintes fois noté sa croyance à l'astrologie (I, 201, 1ʳᵉ st.; ps. 18, 1ʳᵉ str., etc.)
2. Eglogue, Ode à Richelieu, str. 12; à Bellegarde, s. 17; à Balzac, s. 2; Ode à d'Effiat, odes des pages 164, 166, 169, 171, 172, 174, 175, 178, 180, etc. (t. I), Stances des p. 186, 190, 196, etc., psaume 36, s. 11; ps. 70, s. 9 et 10; ps. 107, s. 3, etc., etc.
3. Voir l'Introduction du Lexique.
4. Sur ce mot voir la Préface, fin du *N.-B.*

l'un de nos seuls poètes rustiques, et notre seul poète personnel entre Ronsard et Chénier, tel Racan nous apparaît après une longue et impartiale recherche. C'est, d'un mot, un *vrai poète*.

Pour quelle cause n'est-il donc pas un grand poète, nous ne disons pas comme Malherbe, à qui nous refusons ce titre parce qu'il doit son importance à son influence plus qu'à ses vers et que nous continuons vraiment à l'admirer de loin par une sorte de préjugé classique, mais un grand poète comme Racine ou Victor Hugo?

La principale raison, nous semble-t-il, est que, soit faiblesse originelle de tempérament, soit défaut d'instruction première ou d'éducation classique, Racan manque de souffle : l'haleine est courte au moral comme au physique. Ses vers révèlent la vivacité et parfois la hauteur de l'imagination, présentent l'abondance et la facilité des détails, mais pour la solidité de la trame laissent souvent à désirer. Les pièces excellentes sont rares dans l'œuvre, les strophes achevées sont clairsemées dans une pièce.

En second lieu il est évident que Racan manqua de direction. D'abord il ne s'en imposa point à lui-même et se laissa aller bonnement à son inspiration personnelle et aux impulsions étrangères[1]. La nonchalance qui lui donnait de la grâce lui ôtait de la force et du nerf. Avec une pareille nature, il eût eu besoin, pour s'éclairer, d'un vrai conseiller et il ne le rencontra jamais. Malherbe d'abord disciplina, mais ne dirigea point son talent, plus tard Conrart, Ménage, Chapelain lui épluchèrent ses vers en ôtant çà et là un mot qu'ils jugeaient impropre ou incorrect, mais il lui manqua ce qu'il est si difficile de trouver à toute époque et ce qui en tout cas n'existait nulle part à la sienne, une critique large et ouverte pour l'avertir de sa voie, pour lui faire développer hardiment ses éléments d'originalité comme poète rural et comme poète personnel, pour lui faire tailler dans le vif de toutes ces abstractions plates qui encombrent les deux tiers de ses œuvres et qu'il croyait être de la poésie parce qu'il les enfermait dans des vers; s'il avait vécu plus tard, Boileau se fût peut-être, mais en partie seulement, acquitté de ce rôle[2].

On est vraiment frappé de la sereine inconscience avec laquelle se coudoient indistinctement dans ces 17 000 vers le bon, le mauvais,

---

1. De même plus tard La Fontaine, voir *Lafenestre* (Index bibliographique).
2. Il n'aurait sans doute pas goûté beaucoup chez Racan (lui qui goûta peu La Fontaine) le poète rural ni le poète personnel.

quelquefois même le très mauvais, et l'excellent[1]. Racan n'a que les parties éparses d'un grand poète, c'est ce que Sainte-Beuve appelait ingénieusement ses « accès de talent » et « ses accidents de génie[2] ».

En tout cas, même en apportant cette juste réserve à l'admiration que méritent les œuvres de Racan, il n'en reste pas moins que c'est un des plus distingués poètes de notre pays. Il y a loin de là à l'opinion courante qu'il n'est qu'une pâle réplique de Malherbe ; il lui ressemble peu au contraire, il ne tient guère de lui qu'une partie de sa facture, et, même suivi de La Fontaine, qu'il a eu le suprême honneur d'inspirer, il demeure un isolé au 17e siècle : il ne se rattache pas immédiatement au développement général de la poésie contemporaine, se trouvant être, par une singulière et double parenté qui l'attire à la fois en arrière et l'appelle en avant, un attardé plus naïf de la Pléiade et un devancier discret du romantisme.

1. Nous avons de Racan exactement 16 842 vers (5 493 vers profanes et 11 349 vers religieux, psaumes et hymnes). Il est, quant au nombre de vers, dans une honnête moyenne : Malherbe en a fait 4000 et Corneille 80 000 (Souriau, *Vers français*).

2. *Lundis*, t. VIII, p. 76 et 82.

FIN

RACAN

ERRATA

P. 6, l. 13, au lieu de : *une commission*, lire : *une composition*.

P. 13, n. 3, l. 9, au lieu de : *fin la légende... de Racan*, lire : *fin, après le* BLASON, *la Note sur les armes de Racan et de sa famille*.

P. 50, l. 9, au lieu de : *in-folios*, lire : *in-folio*.

P. 77, 5ᵉ l. avant la fin, au lieu de : *la solution ... impossible*, lire : *cette difficulté ne nous paraît point insoluble*.

P. 95, strophe 5, avant : *La jeunesse*, mettre : ...

P. 98, l. 4, au lieu de : *suivant ainsi*, lire : *observant ainsi*.

P. 103, n. 3, au lieu de : *OEuvre*, lire : *OEuvres*.

P. 110, l. 23, rétablir : 9. devant : *Paissez donc*.

P. 116, l. 7, au lieu de : *en prison*, lire : *emprisonné*.

P. 124, notes, 2ᵉ l., au lieu de : *avant 1628*, lire : *antérieurement à 1628*.

P. 166, n. 2, l. 2, au lieu de : *musical*, lire : *musicale*.

P. 189, III, l. 5, au lieu de : *faux?*, lire : *faux*.

P. 194, l. 10, au lieu de : *C'est Silvie... sans pouvoir*, lire : *Car Aminte aime Silvie sa compagne d'enfance, sans pouvoir*.

P. 207, 8ᵉ l. avant la fin, au lieu de : *devrait*, lire : *devait*.

P. 211, notes, l. 4 et 17, au lieu de : *la Siréine*, lire : *le Siréine*.

P. 236, n. 3, lire : *l'infinitif* FUIR *de deux syllabes*.

P. 242, n. 1, ajouter à la fin : *Cf. plus haut, p. 104, n. 2*.

P. 244, l. 4, au lieu de : *se refuse d'ouvrir*, lire : *se refuse à ouvrir*.

P. 245, n. 3, ajouter une *virgule* après : Clorise.

P. 247, l. 13, au lieu de : *l'a tonchée*, lire : *l'a enfin touchée*.

P. 256, n. 3 fin, au lieu de : N, ɪ, 1°, lire : Nɪ, ɪ, 1°.

P. 258, n. 4 fin, au lieu de : *Lucidas*, I, lire : *Lucidas*, I, 2.

P. 259, n. 2, avant-dernière l., au lieu de : *que dans*, lire : *que dans les*.

P. 263, n. 2, l. 2, au lieu de : *une, des*, lire : *une des*.

P. 272, au lieu de : I, lire : III.

P. 291, n. 2, l. 2, au lieu de : *boheur. - Ch. Malherbe*, lire : *bonheur. — Cf. Malherbe*.

P. 305, dernière l., au lieu de : *savait déjà*, lire : *connaissait déjà*.

P. 325, n. 3 : « *Ceux de votre village* : voir notre Lex., Cᴇᴜx. » doit être remonté à la note 2.

P. 373, n. 1, dernière l., au lieu de : *acte 50*, lire *actes 49 et 52*.

P. 396, dernière l. des notes, au lieu de : *actes 22, 24 et 31*, lire : *actes 23, 25 et 32*.

P. 421, l. 8, au lieu de : *appuyés*, lire : *adossés*.

P. 422, dernière l., au lieu de : *les hauts*, lire : *des hauts*.

P. 438, notes, rétablir : 2. devant : Tall., II, 366.

P. 451, l. 17, au lieu de : *rois*, lire : *rois* [1].

P. 540, 3ᵉ l. avant la fin, au lieu de : *La seconde moitié du siècle fut plus favorable à notre poète*, lire : *La seconde moitié du siècle lui fut plus favorable*.

P. 545, n. 1, l. 23, fin, au lieu de : *p. 482, 5°*, lire : *p. 482, 5ᵉ l*.